JN250639

古代寺院僧房の研究

鈴木嘉吉

中央公論美術出版

目次

遺構の復原を主とした
奈良時代寺院僧房の研究

遺構の復原を主とした

奈良時代寺院僧房の研究

1　元興寺極楽坊全景

2　禅室南側全景

3　禅室背面

4　禅室内部

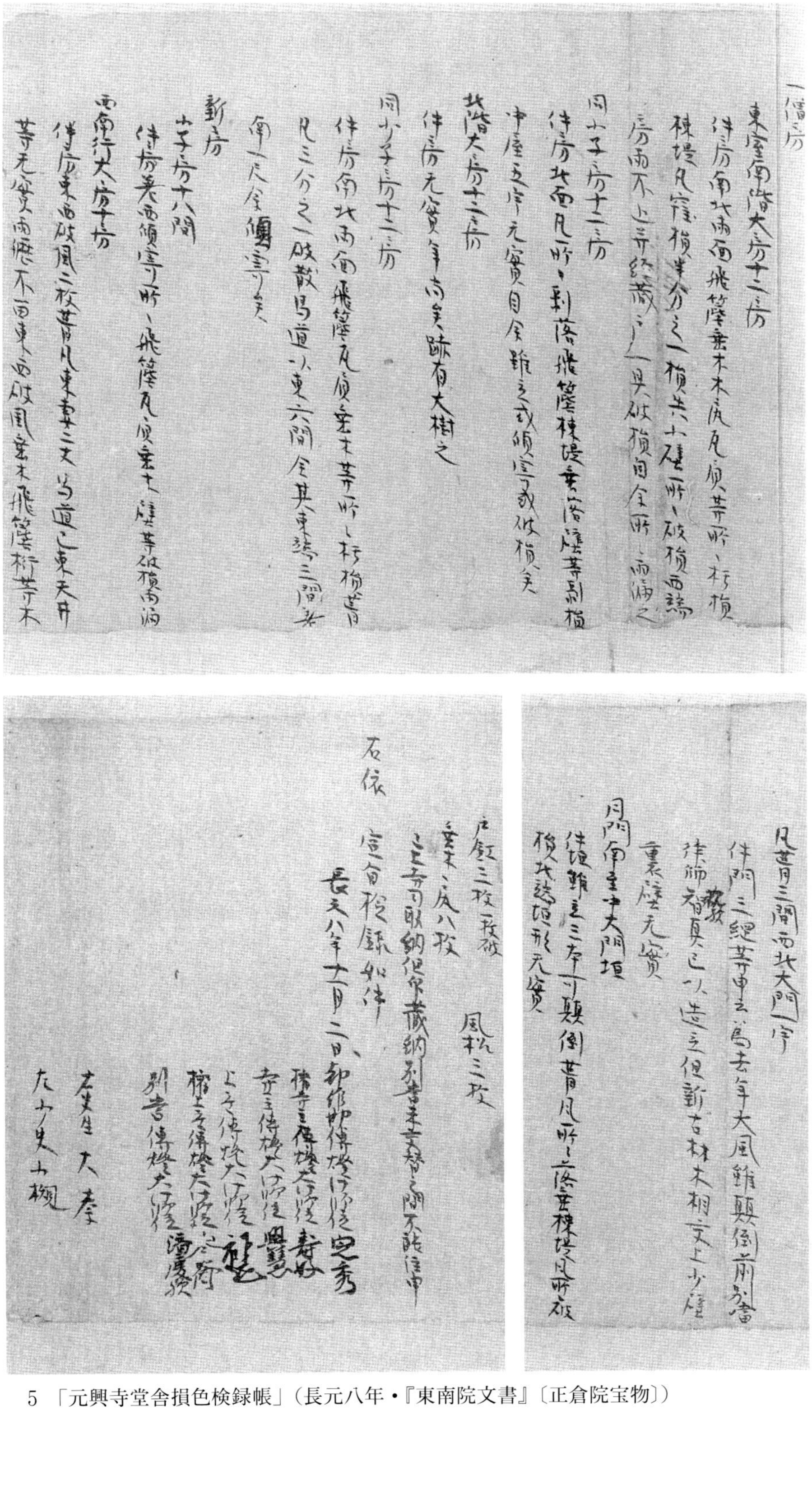

5　「元興寺堂舎損色検録帳」（長元八年・『東南院文書』〔正倉院宝物〕）

7　行基葺詳細

6　行基葺屋根

8　禅室旧斗栱再用状況

9　解体禅室軸部

10　本堂野棰

11　本堂野棰取除き後

12　本堂地棰取除き後

13　本堂繋梁に再用の旧天井桁

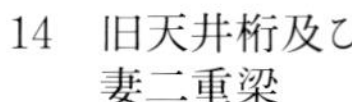

14　旧天井桁及び妻二重梁

15　旧天井桁下面

17　旧桁の継手

16　旧天井桁仕口

19　旧角間柱

18　旧角間柱

20　旧丸柱断片

21　本堂内陣東側角柱に刻まれた銘文

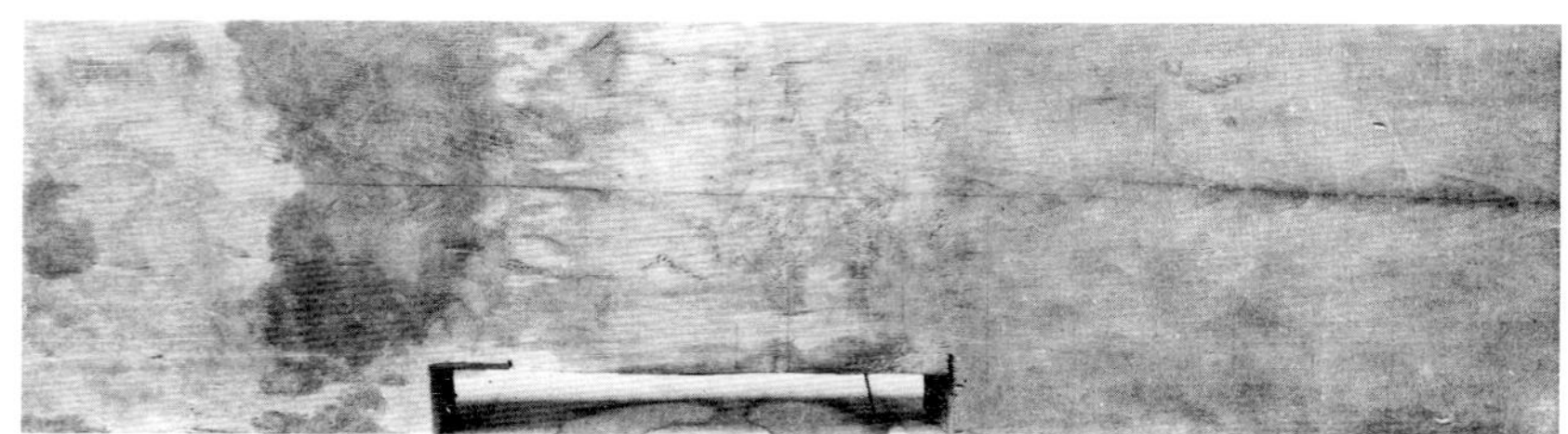

22　旧飛貫墨書

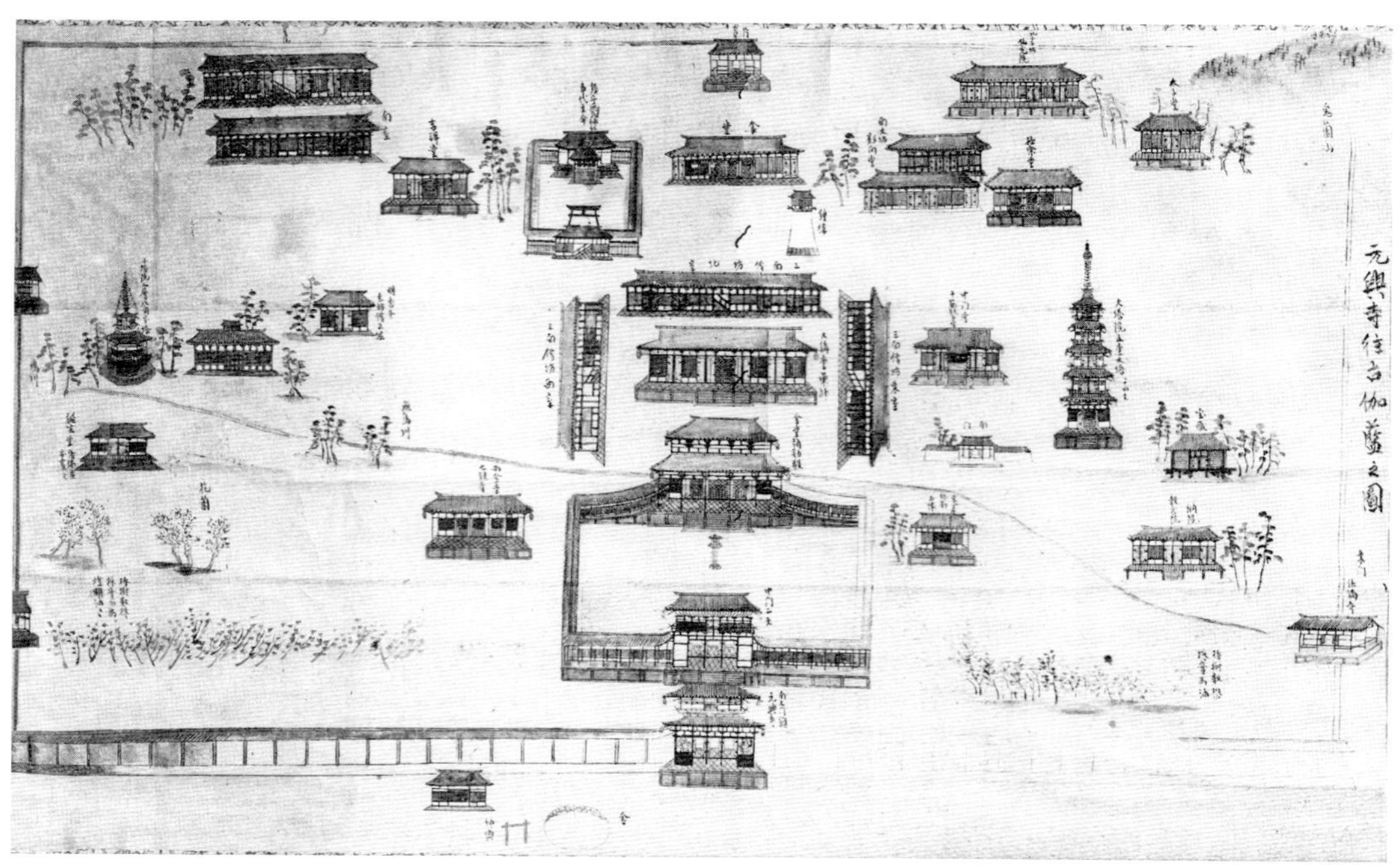

23　元興寺伽藍古図

24　復原僧房模型（完成正側面）

25　同（軸部）

26　同（背面）

27　法隆寺東室（西側）

28　同（北妻及び東側）

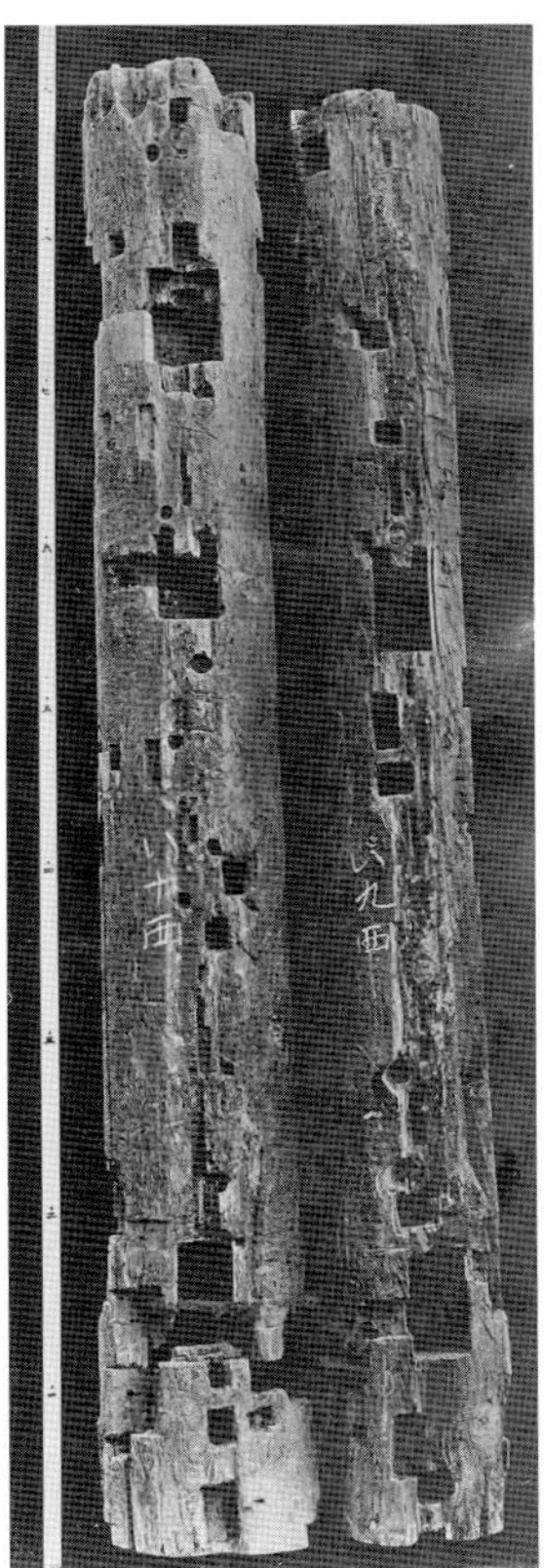

29　同　東室創建以来の柱

30　同　創建以来の虹梁及び陸梁

32　同　東室復原室内

31　同　東室東面

33　同　東室と妻室

34　法隆寺東室（修理前）

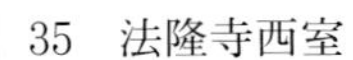

35　法隆寺西室

36　唐招提寺東室

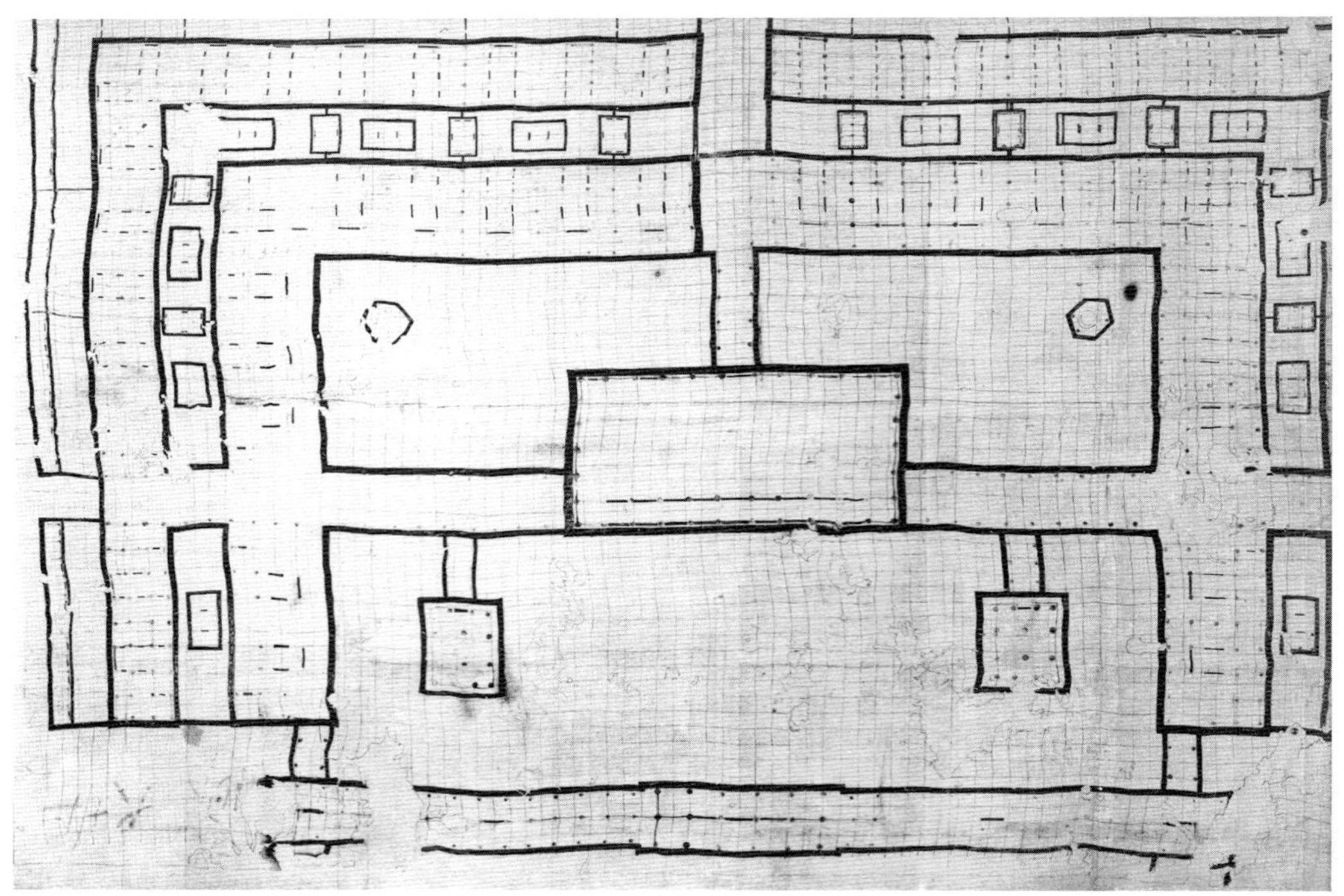

37　東大寺三面僧房図（正倉院蔵）

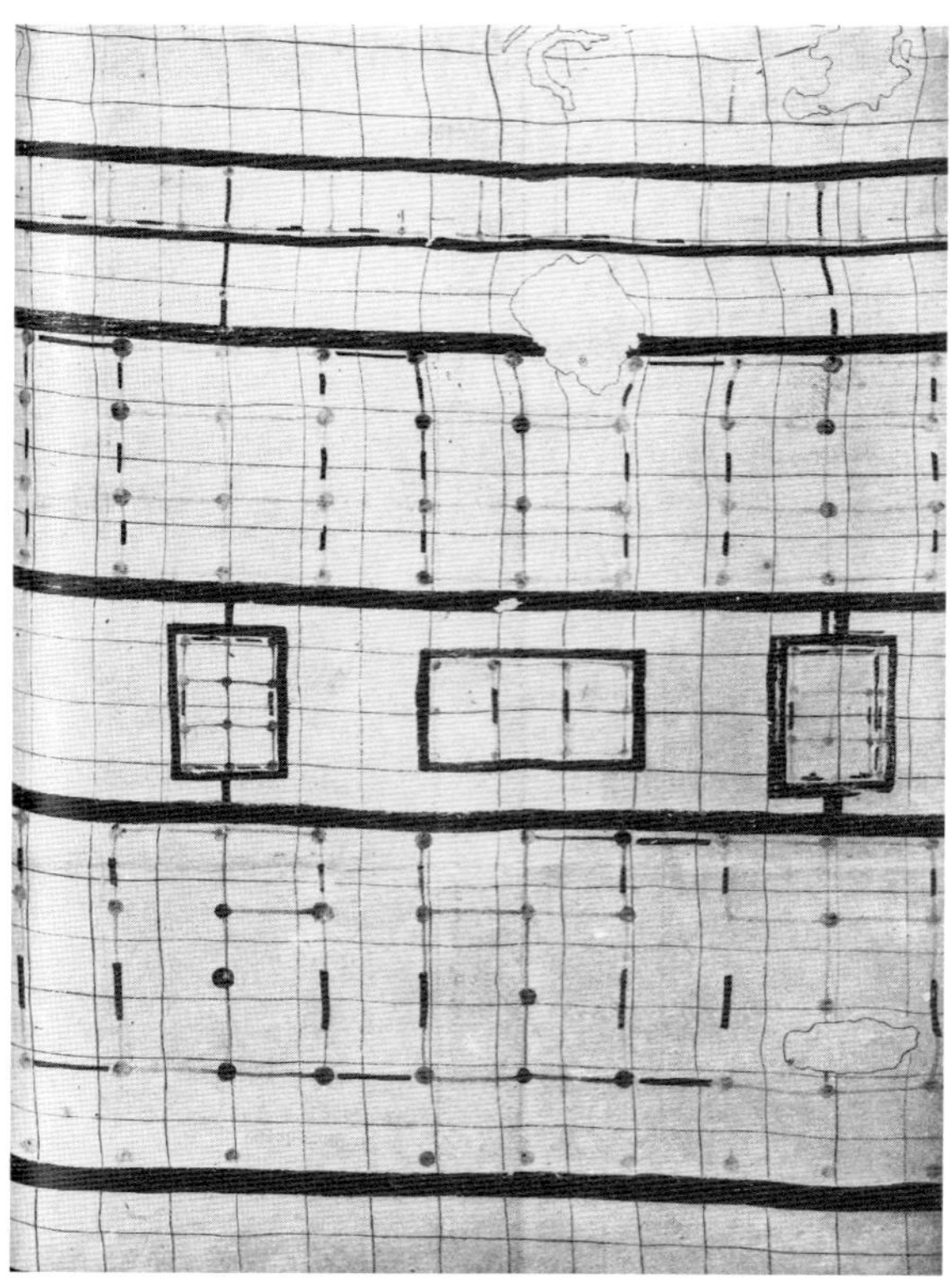

38　東大寺三面僧房（単位坊）

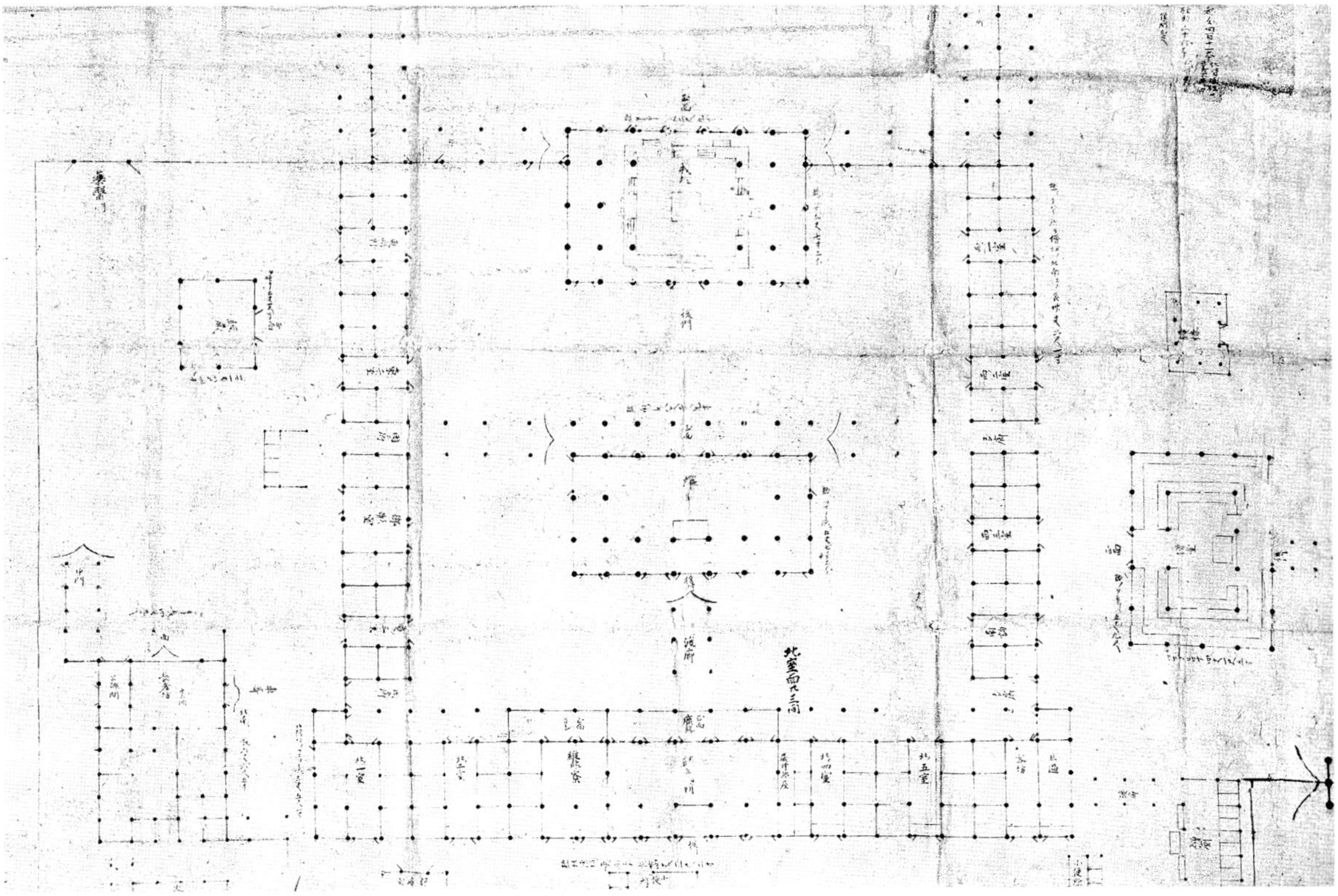

39　東大寺戒壇院古図

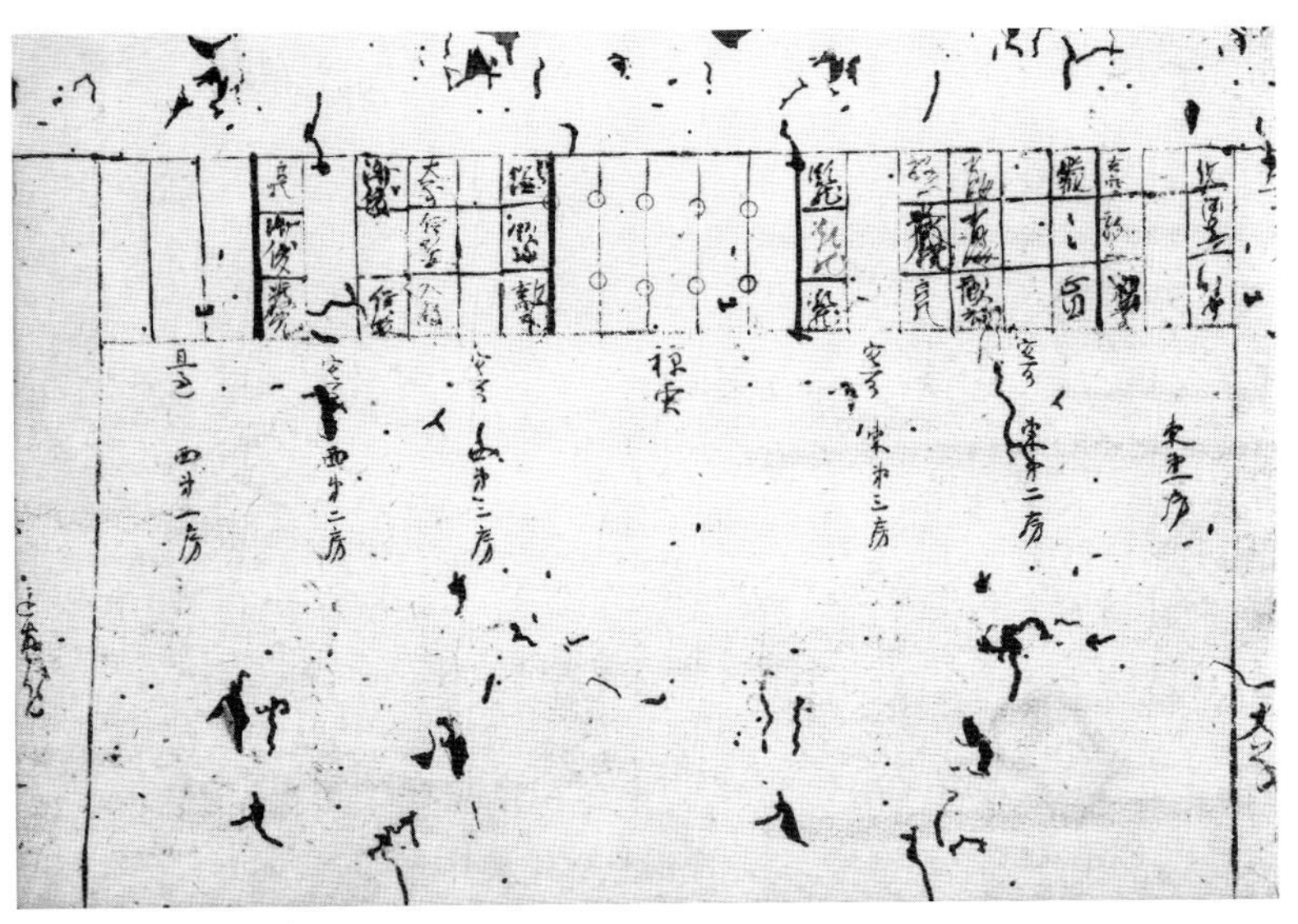

40　「梵網戒本疏日珠抄」裏書の図

41　興福寺僧房（『春日権現験記絵巻』）

42　興福寺僧房（『春日権現験記絵巻』）

序言

奈良時代の寺院では、僧房は塔、金堂、講堂、食堂とならんで伽藍の最も重要な建築の一つであった。しかし堂、塔、寺門、校倉等の類には、幸に奈良時代の建築遺構の現存しているものがあり、これによって古代伽藍の旧状をある程度まで察し得るのであるが、僧侶の住いである僧房には、奈良時代の建物がそのままに伝わったものはない。これは堂塔と違って実用的な住宅建築であるから、時代の変化とともに便宜に従って改装や建替えが行われるのは当然で、移り変りのはげしい日常の住居としてはやむをえないことであった。それでも古代伽藍の伝統をよく伝える南都の地には、鎌倉時代に至って再建された僧房がいくつか残されている。それは法隆寺東室、同西室、唐招提寺東室、元興寺極楽坊禅室、東大寺二月堂参籠所及び法隆寺妻室等である。僧房の配置とか、規模の大要を知るだけならば、これらの現存遺構は大体旧僧房をそのまま復興したものであるから、これによって一応の旧状を察し得るし、また奈良時代の寺院跡の発掘調査等によっても規模や平面が判明する例がいくつかある。しかし住居として最も大切な住い方となると、鎌倉時代に再建された現存遺構ですら内部の間仕切が変更され、今では広間のようにされてしまったり、あるいは物置に使われていたりして、その再建当初の間取を知ることは難しい。まして奈良時代の僧房が実際にどのように使われたかを知り得る資料は全くないといってもよい程であった。

当時貴族に近い社会的位置を得ていた僧侶の住いの実態を明らかにすることは、遺構のほとんど存在しない古代住宅にとって貴重な資料を提供するものであると同時に、寺院生活を深く探る上からも見逃せない資料である。従ってその研究は強く要望されていたのであるが、こうした研究は遺構の実際について行う以外に方法はなく、しかもその遺構の現状が上述のような状態であったために、今までほとんど手をつけられずに終っていた。ところが近年になって僧房建築の解体修理工事が、元興寺と法隆寺について行われ、僧房の旧状を解明し得る機会が与えられた。すなわち今簡単に本研究の行なわれた経過を記すと、修理工事はまず元興寺極楽坊の禅室について行なわれ、その際禅室の柱や桁等に残る様々な痕跡から、鎌倉時代に再建された当初の間取をある程度明らかにすることが出来た。引続いて本堂の工事となったが、ここでは思いがけず禅室や本堂の屋根裏に転用されていた古材が、すべて奈良時代の僧房の部材であることが明らかになり、それを調査することによって奈良時代の僧房の構造や間取を復原的に考察し得た。

次に法隆寺東室の修理工事に際しては、今の建物が中世以降数回の修理をこうむりながらも、奈良時代の柱や梁で引続き用いられているものを遺存することが明らかにされ、それらの痕跡をたどることによって創建当初の僧房を復原的に考察し得たと同時に、今日まで一二〇〇年に及ぶ間のこの建物の変遷を明らかにすることができた。引続いて同妻室の修理が行なわれ、ここでも前身建物の古材があることが判って、平安時代初期に建立された小子房を復原し得たのである。最初にも記した通り、これらの僧房はいずれも後世の再建、もしくは大改修にかかるもので、奈良時代僧房の姿とはかなり変ってしまっていたのであるが、その中に創建当初の部材が用いられていることが判り、それによって当初の僧房の構造や間取が明らかにされたことは、全く解体修理工事という機会なればこそである。遺構による研究は、建物が解体修理される際でなければ、徹底を期し難い。しかしその機会にめぐまれることもまたなかなかないことである。本研究はこうした千載一遇とでもいうべき機会を捉えて行われたもので、奈良時代の僧房の研究としては今後同じような資料を得られることはおそらく望めないであろう。

なお、奈良時代僧房を考察する資料はこうした修理工事にともなう発見資料の他にも、寺院跡の発掘調査の結果得られたものが多少あり、また中世に再建された現存僧房遺構は、単に中世の僧房というだけでなく、ある程度は古代の旧規を踏襲して当然参考となるべき資料であるので、本研究ではこれらを含めて現在およぶ範囲において奈良時代の僧房を論じた。

第一章　元興寺僧房の復原的考察

第一節　元興寺極楽坊

一　概　説

元興寺ははじめ飛鳥の地に建立されたが、平城京創設にともなって養老二年（七一八）新京に移し建てられ、大安寺、薬師寺、興福寺とならんで四大寺と称せられた。従ってその伽藍規模は雄大なもので、寺域も東西三丁、南北四丁の計一二坪と推定され、外京四条および五条の七坊にあたる。しかしこの寺は古代末期には寺勢がふるわず、さらに宝徳三年（一四五一）に金堂以下の伽藍中枢部が焼亡した後は、その復興を見ることもなく、[1]伽藍地の大半は町家の蚕食にまかされてしまった。その時辛うじて残された五重塔も、安政六年（一八五九）に至って火災に逢い、今日では旧元興寺の大部分は街中に没し、わずかに極楽坊にのみその旧影を伝えている。

元興寺極楽坊は奈良市中院町に属し、本堂と禅室の二棟が国宝建造物に、東門が重要文化財にそれぞれ指定されている。この寺は現在では西大寺末に属して普通の寺院と変らないが、もともとは元興寺の僧房にあたり、大伽藍中の一部分であった。そのことは『諸寺縁起集』等にも記されているが、[2]記録によるまでもなく、禅室が現在のように小さな寺の僧房としては不似合の大規模なものであることを見ればおのずから明らかで、現存する他の僧房建築（法隆寺東室、同西室、唐招提寺東室等）と比較しても、最も大きく、かつ堂々とした風格を示すのである。

本堂および禅室は東西にごく接近してならび建つが、その細部手法から見てこれらがいずれも十三世紀始めに建立されたことを識別するに困難はなく、様式的には大仏様が和様にとけ込む初期のものとして、典型的とすらいえる相当はっきりした時代的特徴をもっている。従って従来、禅室は旧僧房の面影をかなり濃厚に伝えてはいるが、これ自身としては中世にまったく新しく建てかえられたものであり、本堂はほぼ同時期に創建されたものと考えられてきた。現存建物に関するこの見解はもちろん誤りではないが、昭和十八年以降、二十九年迄にわたって行われた解体修理工事は、この寺の沿革をほぼ完全に明らかにすることが出来る資料を提供し、その結果現存建物ばかりでなくその前身にあたる旧元興寺僧房を復原的に考察し得ることとなった。すなわち、禅室および本堂には外から見えない天井裏におびただしい数の旧材が再用されており、それらがいずれも旧元興寺僧房に用いられていた部材であることがわかり、それを組合せることによって奈良時代に創建された僧房建築を、かなり細部にまでわたって復原し得たのである。そしてこの僧房が、現在の禅室の位置だけではなく、本堂の建っているところまで続いた大規模なもので、それが当初は四棟あった元興寺僧房の一棟であること、後に僧房の一部を改造して仏堂として使用したこと、現禅室および本堂はその後身であること等、建築史上重要な問題を含む諸事実が明らかにされた。

僧房のこうした変遷を建物の細部に立入って具体的にたどる前に、その沿革の大要を記すと次のようである。この建物は正式には東室南階大房と呼ばれ、桁行の長さ約二八〇尺、梁間は四三尺の長大な建物で、他にもよく似た大きさの僧房が三棟あってこれらを合せて四棟が並列して元興寺の僧房を形造っていた。しかしこれらの僧房はいずれも一一〇〇年頃までには、火災あるいは崩壊等によって失われてしまい[3]、東室南階大房だけが残された。その細長い建物の一部に、智光感得と伝える曼荼羅図がまつられたのが、極楽坊のはじまりである。この浄土曼荼羅図は古くから著名であったようで、『今昔物語』にもこれに関係する智光・頼光の説話が記されているが、それをまつる仏堂があったわけではなく、経蔵中に置いてあったらしい。この経蔵は東室南階大房という僧房建築中の一室を当てたもので、普通の伽藍建築で考えられる鐘楼・経蔵の形式ではない。ところが浄土信仰がさかんになってくると、これを中心に新しい信仰を盛り上げる動きが起り、たまたまその経蔵と一つながりの僧房中の一部を利用したのである。平安時代後期に浄土信仰が異常とも思える盛行を見せ、伝統ある古代寺院自体もその影響を受けて宗教的にも、また具体的な堂塔建築においても、今までとはやや異った歩みを示すが、極楽坊もその一例である[4]。

その状況は一一〇六年に記された『七大寺日記』によって明らかで、一室を智光の住房と称しこれにあてていた。さらにここで百日念仏講が行なわれるようになると、住居としての機能が失なわれて、道場と呼ばれる堂の形に変化していった。前記『七大寺日記』をへだたる八十五年後、建久二年（一一九一）の『建久御巡礼記』には、その様子がうかがえる。しかしここがはっきり僧房から仏堂に変るのは建久八年（一一九七）ころである。この時は旧僧房の軸部はそのままで床を上げ、造作を全面的にやり直したもので、その詳細は後に記すが、細長い僧房を馬道によって東と西に二分し、西は僧房のままで東半を仏堂としたのである。さらに十三世紀に入って根本的に改築し、西方の僧房部分を禅室、東方を本堂としたのが現状で、このことは現在の本堂が特殊な平面型式をもっている原因をなすものである。その後は建物の細部にいろいろな改変があり、とくに禅室に至ってはひどく荒廃したまま放置されたが、幸に構造主体にはほとんど変更がなく今日に伝えられた。修理工事後はそれらの改造のあとを取り除き、中世に再建された時の姿に復原され（但し禅室内部の間仕切は一房のみ復原）、国宝建造物となっているのである。なお東門は応永十八年（一四一一）東大寺から移建されたもので、僧房を考える上には直接関係はない。

二　僧房の復原資料について

以上は極楽坊に関する沿革の大要であるが、本論にとって必要なものは、まず創立時の僧房の構造および間取であり、次にそれを中世に再建した際の現禅室における住房平面であって、その具体的な姿を復原的に考察して捉えることが出来るならば、従来まったくかえりみられなかった僧房の実態を細部にわたって明らかにすることが可能なわけである。ところが軸部に変更を受けていない禅室の場合には、柱や貫に残る痕跡を頼りに建立当初の間取や造作を考えればよいが、その前身である八世紀に建立された僧房についてはそう簡単ではない。というのは、その復原資料となる旧材はすべて現本堂および禅室に再用され、その際に切り刻まれて当初使われていた時のままの姿を完全に伝えるものといっては、まったくなかったからである。建物の構造を復原するだけならばそれでも割合に困難はなく、他の遺構から類推することもできるが、内部の間取を復原するについてはいろいろな問題があった。それはまず僧房の間取で、遺構によって今までにわかっている例がなく、類推をしようにもし得なかったことであり、次には間取復原資料として唯一のものというべき柱類が、かなり種々な型式をもっていて単純な平面を構成してはいない点が判明したことであった。その場合でも建物が現に存続しているのならば、相当に大改造を受けたにしても柱等の軸部まで大きく動かされてしまうことはなく、大体の旧位置や旧規模がわかるのが普通なのであるが、今問題にしようとする僧房はすべての材が屋根裏に組みこまれていて、旧位置のみならず、もとはどの程度の規模であったのかさえ判らない状態であった。従って、限られた発見資料によって長大な建物を復原する際に、それが一定の規格をもった平面の繰り返しとはならないで、異種のものがあったとすれば、発見資料が任意に組合わされる可能性が生れてしまい、その結果は信頼度の薄いものとなってしまう。これを打開するためにはその長大な僧房一般の平面ではなく、その中のたとえ一間でも二間でも具体的に組合わされて、他に動かし難い部分を実証的に解明することが必要であった。そしてこのことは、まず禅室と本堂に用いられていた旧材を、同じ一続きの建物の中でもその西半および東半に用いられたものと仮定し、特に本堂では僧房の一部分を改造した前身堂を想定することによって古材の伝承をたしかめた後、その前身堂の時の平面を仲介として当初の間取を復原するという順序によって達成されたのである。

第二節　復原結果の概要

一　各建物の平面および構造

復原の詳細な過程は次章以下にゆずりここではまずその結果の大要を記そう。前述したように現在の禅室は中世に入って再建されたものであるが、その規模はまったく旧僧房の踏襲であって、平面についても一連の発展関係が認められるので、旧僧房を理解する便宜上、禅室に関する記述を先に行う。

a　禅　室

禅室はその規模および丸柱と間柱の配置関係等、平面に関しては旧僧房と密接なつながりがあるが、構造は中世に入って新しく起った大仏様によっているのでかなり相違している。従ってここでは復原された鎌倉再建当初の平面のみを記すことにする。奈良時代の尺に換算して桁行九〇尺、梁間四三尺を持つこの建物は桁行に四分されて桁行二二・五尺、梁間四三尺が一単位（一房）となる。そしてその側通と入側通には太い丸柱が立つ。但し西端の一房の南半は最初から間仕切されずに広い室（影向の間）となっていた。その他の各房は角間柱によって、桁行に三分割、梁行に四分割され、一二の小室に細分される。柱間装置はまず隣の房との境は完全に土壁で仕切られる。各房の外側柱筋の桁行に三分された中央間は戸口、両脇間は連子窓とする。但し南側の連子窓は高く上下の貫間一杯に造られるが（高さ約七尺）、北側の連子窓は、窓台、窓楣をつけて低い丈とされている（高さ約二・五尺）。

次に内部では梁行の中央棟下通りを中の間に潜戸を設ける他は土壁で仕切り、南半と北半に分割する。潜戸を通して中央を南北に貫く約七尺幅の通路のようなものが出来て、その両端が両開きの戸口となるのであるが（南側桟唐戸、北側板唐戸）、この両側には完全に独立した室が並ぶこととなる。これはまた連子窓に臨んだ（前側）室（広さ七尺に一〇尺程）と、内部（奥）の室（広さ約七尺に一一尺）に分れる。この窓際の室と通路との境には襖が三本引きに建ち、南側ではこの鴨居上が開放になっているものが多く、北側では壁になっているものが多かったらしい。通路と両脇奥の室との境は、上方土壁、下方は板壁を交えた片引の潜戸を設ける。また窓や戸口際の室と奥の室との境は、鴨居の溝幅から推して板戸引違いとしたらしく、通路の間仕切では最初鴨居上を開放にしていたらしい。各室共天井桁間に一通りの棹を入れた板天井を張り、床は勿論板張である。従って一房には少くとも四人の僧が住い、各々窓際の居室と内方の寝室を給されたこととなろう。外側は現在縁側に復原してあるが、ここは資料薄弱で或いは縁などはなく、戸口に直接階段のようなものを設けたのかも知れない。

b　創建当初の僧房

禅室と同様、切妻造り本瓦葺で、その構造は当時の仏堂等に見るものと大差はない。すなわち側、入側柱ともに本柱に丸柱を用い、頭貫をもってつなぎ、上に平三斗組の斗栱、中備えに間斗束を置く。側、入側間には繋虹梁を、身舎には大梁をかけ、大梁上には二重梁束組方式で母屋桁および棟木を支える。棰は棟木から入側桁まで一本、その外を地棰まで一本とし、軒には飛檐棰を打って二軒とした。僧房として特別なものは身舎に張られた天井で、これは頭貫の下方に天井桁をめぐらし、いわゆる大和葺に板を並べたもので、他に例を見ない珍しい型式である。但し庇の間には天井を張らず棰をそのまま見せていた。また床を張ったこともこれが住宅であることを思えば当然のことのようであるが、僧房でも床を張らない例もあるので、注意を要する。

次に平面については、桁行二二・五尺、梁間四三尺を一房とすること、その側および入側通りに丸柱を立て、その間に桁行に各間を三分割する角間柱が立つことなどは現禅室に等しい。但しこの方は棟通りには本柱・間柱位置ともに柱を立てず（妻は例外）、また梁行房境の通りも丸柱間を三分割する間柱を用いるから、その点ではやはり大分相違しているのである。これらの間柱が全部床下から立ち、その頂を身舎の周囲では天井桁に、側通りでは頭貫に枘差しで止めていることも、現禅室が丸柱を太い飛貫と腰貫で連結し、その間に間柱を立てる大仏様特有の形式であるのとは構造的に異っている。

両隣との境を壁で厳重に仕切られた梁行に長い一房の平面は、前面庇、身舎、背面庇の三部屋に大別される。外部に面しては正面三間を戸口（両開板扉）とし、背面は中央間戸口（但し楣・蹴放間開放）、両脇間を窓（連子窓）とした。入側通りは正面、背面ともに中央を戸口（両開板扉）、両脇間を壁とするので、身舎は両側を完全に壁で閉され、前後も中央に戸口を設けただけの広い空間となった。背面の庇は間柱間を仕切って三部屋に区分し、中央は通路にあてられ両脇間は窓をもった小室となる。従って一房の平面構成としては、南庇に開放的な室（二二・五尺×一〇・二五尺）を順次配置した形式となる。次に身舎の広い閉鎖的な室（二二・五尺×二二・五尺）、北庇に通路と両脇の窓に面した小室（約七尺×一〇・二五尺）を順次配置した形式となる。前後には縁を附したと思われるが背面はあるいは戸口の部分のみに附したものであろうか。

こうして復原された間取は禅室と比較すれば明らかなように、まことに大まかな、従ってまた原始的なもので、後庇に小部屋をもった点を除くと、当代の住宅である法隆寺東院伝法堂の前身建物と同一の平面構成を示している。

c　僧房の改変

創建当初の僧房の間取は、後に改められて禅室に見る中世平面へ移行する中間段階をもっていた。それは身舎の大和葺天井の棟に当る桁の下に、二本の間柱が入るからで、そうなれば側、入側、棟の各桁行通り全部に間柱が二本づつ立つことになって、柱の配置は禅室と等しい。この仕事が二次的なものであることは、仕口の形が異ること、間柱が床上から立っていたらしいこと等から明らかであった。この間柱によって三分された棟下通りも、中央間戸口、両脇間を壁とし、その方式は当初の入側通りのものと等しい。しかしこれで身舎の大きな空間が前後に二分された点は注目すべきで、とくに中央を通路のように使えば身舎は六分割されて、両側の四室（約七尺×一一尺）が禅室で寝室と考えた「奥の間」のような性格をもつこととなった。

この平面から禅室の平面へ移行することは容易で、房境の間柱を同じく角柱のまま一本にまとめて太くし、その後に発達した襖や引戸の造作を適当に配置すればよい。それでも、まだこの平面では前後の庇の柱間装置に変更がないので、禅室のように正背面をほぼ同型式（中央戸口、両脇窓）に扱い、創建時の一房を棟通りで分けて、実質的には前後の二房としたところまではいっていないのである。

d　本堂とその前身堂

長大な僧房の一室にまつられていた曼荼羅が浄土信仰の興隆に伴って広い部屋を必要とするようになり、そのために何房分かを改造して仏堂にしたことは先に述べた。この改造は軸部をそのままに柱間装置等を変えただけなので、僧房の間取や構造を考えるのに直接関係はないが、十二～十三世紀にかけて僧房の一部を改造して仏堂とする例が多く、現存する僧房建築である法隆寺東室、同西室、唐招提寺東室等が全部それにあてはまるので、僧房の変遷を考える上では見逃し得ない。その平面の詳細は今ふれないが、現在の本堂がその後身にあたり、仏堂としては特殊な平面をもっている原因が明らかにされたことを附け加えておきたい。

現在の本堂は桁行五八・五尺、梁間五六・五尺のほぼ正方形の平面をもち、側廻りは各面ともに六間という偶数間に分かれた珍しい平面をもっている。とくに方一間、二二尺角の内陣は、四隅に太い丸柱を立て、その間に二本づつ角の間柱を置いて、仏堂の内陣としては全く異例な形式となっている。これは位置は多少ずれているが、旧僧房の身舎をそのまま再現したもので、極楽坊の始まりが智光の住房であることを伝えるものである。内陣の天井を鏡天井としたのも旧僧房身舎の大和葺天井の名残で、実際に天井板には奈良時代の古材が使われている。

二　建物の改造および再建年次

今問題にしている僧房の創建時期については確証がない。しかし元興寺は養老二年（七一八）に新京に移されているから、その後あまりおくれない頃と考えて誤りはなく、斗栱の型式をみても例えば肘木の上面に笹繰りをもつ等、いわゆる奈良時代の様式に属し、すくなくとも八世紀前半を下らない。僧の生活に不可欠な建物としては、それで当然のことであるからこれ以上の詮索はやめて[5]、以下改造および現存建物の再建年次について、二、三記しておく。

a　僧房内部の改変年次

僧房身舎内部に二本の間柱をたて、身舎を前後に間仕切った時期を、適確に知りうる資料はない。この間柱を他の創建当初のものと比較しても、断面寸法や、壁間渡穴の大きさ等は殆ど変らず、わずかに材質が同じ檜材でも、多少質が落ちる程度である。例えば壁間渡穴を取り上げても、古代のそれはかなり大きいのが特色で、一・五寸角前後を普通とし、やや縦長のものと、正方形に近いものとがあるが、この形は大体十二世紀初め頃までは変化がない。従ってもう少し下って中世の壁間渡穴と比較すると、一見して区分されるが、今の場合には挿入時期を判定する役には立たないのである。ところで後述するように、中世の補足材としては他に榧がある。これには地榧および飛檐榧の両種があって、前者は全体の約一五％、後者は残存数量が少なすぎて比較にならないが、やはりその程度は補足取換えを受けたらしい。これ等の補足時期も明らかではないが、飛檐榧をみると、かなりの反りを持ち、風蝕もあまり受けていないので、これは平安時代後期、おそらくは十二世紀に入るものと判断される。とすれば、先の間柱もあるいは同時期かとも思われるが、柱の表面がかなり擦れているので、その経年は飛檐榧よりも長いと考えることもできて、やはり判定に苦しむ。構造主体に関係のない、こうした間柱の挿入時期といった問題は、部材そのものからは細かい年代を論じ得ないのである。

b　仏堂に改造した年次

僧房の一室中に曼荼羅を祀った状況は一一〇六年の『七大寺日記』に記されているが、(6)この時すでにそこが仏堂風に改められていたか否かは明らかでない。『覚禅抄』には智光曼荼羅の裏書に一一五五～八年頃これを経蔵から出したことを記しているから、(7)或は曼荼羅がまだ恒久的に安置される施設がなかったとも考えられ、そうなれば智光の住房という伝称とも関連して、普通の住房をそのままあてていた可能性の方が強い。ところがここで百日念仏講が行われるようになると、多少変化があった。百日念仏講のここでの初見は嘉応三年（一一七一）であるが、(8)『建久御巡礼記』（一一九一）には極楽房を「道場」と呼んでいる。(9)しかし名称だけで住房の改造を指摘することは困難で、具体的に仏堂に改められた痕跡をたどることが出来るのはもう少し後のことである。この改造は飛貫および腰貫を用いた技法から鎌倉時代に入ると判断されるが、その旧飛貫材に建久八年（一一九七）の墨書銘があり、(10)『讃仏乗抄』第八に記された同年付の願文(11)もこの改修に関係したものと思われるから、改造年次は建久八年ころと推定される。

c　禅室および本堂の再建年次

建築様式から見て、これ等の建物がいずれも鎌倉時代前半のものと判断されることは先に記した。従来からも本堂内陣柱には、文永二年（一二六五）の刻銘があって、これを下らないことは明らかであったが、修理工事を機会に棟札が発見され寛元二年（一二四四）の建立と確定された。[12]ところが禅室の再建年次については、これを限定する資料はない。しかし次のようには考えられる。旧僧房は東半を改造して仏堂としたが、この改造は軸組に手をふれず、床を上げたり造作を改めたりしたものであるから、西半はまだ僧房がそのまま存続していた。その改造仏堂を全く新しく造り直したのが現本堂で、禅室はその時の僧房の後身である。

この両者の改築年次の先後関係は、まず現在の建物の様式からすれば、大仏様の手法がより濃厚な禅室の方が本堂よりも先行したと判断されるが、これは次の二点からも立証される。すなわち旧僧房の古材は禅室および本堂の両者に存在するが、それを調査したところ、本堂の前身堂に用いられていた旧材は現本堂中にだけ転用されているのに対して、禅室のところに用いられていた旧材は禅室のみならず本堂にも入り込んでいることが判明した。これはまず禅室が改築され、続いて本堂が再建されたことを示している。

また、旧僧房を復原した結果、今の禅室はそれと全く構造方式を異にしながら、平面の寸法はもとより軸部の高さ、床高、軒出、母屋桁通り、屋根勾配等が殆ど一致していることが明らかとなった。これは単に旧僧房の踏襲と見るよりも、この時現本堂の前身堂として存在した旧僧房建築と並存させるためと思われ、あるいは再建当初には前身堂と一連の建物とした可能性すらある。[13]禅室が大仏様によって再建されたことも、東大寺法華堂の本堂と礼堂の場合と同様に、奈良時代の野屋根をもたない構造の屋根と並列する必要からであろう。こうしたことから禅室再建の年次は建久八年（一一九七）以降、寛元二年（一二四四）の間に限られるが、これがほぼ純粋な大仏様である点からすれば、その前半中に含まれると考えてよいであろう。

第三節　元興寺の伽藍

創建当初の元興寺の伽藍については、これを他のいわゆる南都七大寺と比較すれば、従来の知見はかなり貧しいものであった。南都七大寺は、例えば薬師寺・唐招提寺・興福寺・東大寺のように、旧寺地や建物が今日になお伝えられている寺や、あるいはまた寺自体はおとろえても「資財帳」等が残されている大安寺・西大寺等、幸に創建時の伽藍建築の大要を知り得る寺が多い。しかし元興寺は今日では、建物としてはわずかに極楽坊のみが残されただけで、あとは一八五九年に焼失した五重塔の土壇が知られる程度に止まり、それらの周囲には民家が建て混んで、旧寺地はすべて市街地と化してしまっている。従って伽藍の旧状を知る手掛りとしては、旧僧房である極楽坊と塔跡しかないわけで、これに『七大寺日記』以下の「順礼記」類の記事を加えて、伽藍配置等を想像する他なかったのである。ところが極楽坊に残された旧僧房の古材を復原的に考察する過程で、今まで東大寺の事を記したと考えられていた古文書が、元興寺に関したものである点が明らかにされた。この記録は当時存在した伽藍建築の一々について、破損の状況を検録したもので、これによって旧伽藍の状況をかなり詳細に知り得るものである。この中に僧房に関する部分もあり、とくにその配置状況が従来考えられていた型式と全く異ることが明らかにされたので、ここで元興寺全体の伽藍配置について二、三の考察をしておきたい。

一　長元八年堂舎検損色帳

この記録は東大寺「東南院文書」中にあって、現在では正倉院に蔵されている（口絵5）。従って従来はこれを東大寺のものと考え、例えば『平安遺文』には「東大寺堂舎検損色帳」として収録されていてこれを疑ったことはなかった[14]。内容を見れば明らかなように、これはかなり大規模な伽藍についての記録であり、しかも寺名を記した筈の巻首が失なわれているので、東大寺に蔵されている以上はその寺に関するものと考えられたのである。しかし元興寺のものであることは次の二点から明らかとなった。

第一はこの文書中三箇所に前別当律師智真の名が出てくる。すなわち、

1　（食堂）北三間瓦葺軒廊一宇
　　件廊新材木相交、三綱等申云、前別当律師智真之加修理也、（下略）

2　五重瓦葺宝塔一基
　　件塔加修理、三綱等申云、前別当律師智真相交新古材木所修造也、（下略）

3　瓦葺三間西北大門一宇

件門三綱等申云、為去年大風雖顚倒、前別当律師智真（観敷）巳以造之、（下略）

この智真は『三会定一記』によれば興福寺の僧で、長元二年に元興寺別当となり、同六年十二月律師、同八年七月二十一日卒、年七〇歳とある。『僧綱補任』の記事はこれとやや異なり、長元六年十二月権律師、八年七月二十四日入滅、七三歳と記される。しかし何れにしても長元二年（一〇二九）より同八年（一〇三五）七月まで元興寺の別当であり、検録帳が記された長元八年十一月二日は死去したすぐ後であった。同帳中に前別当とあり、しかも末尾には「巳上寺司取納、但印蔵納、別当末交替之間、不能注申」とあるのは、この間の事情に基づくものである。なお先に引用した智真の名の出てくる三項目の内、最後のものに「観敷」と追記されているのは注意を要し、早くから東大寺別当観真と混同されていたらしい。それはこの帳を東大寺に関するものと解したことから生じた誤解であったろう。観真は長元二年三月十九日に卒しており（『東大寺別当次第』）この帳に該当しないことは明らかである。そうした後世の誤解と考えれば、僧名を連署した最後に別当として、済慶の名がやはり後筆で書き込まれたこともうなずけよう(15)。済慶は観真の次の東大寺別当である。

次にこの「長元検損色帳」の記事と、『七大寺巡礼私記』の元興寺の記事を比べてみると次のような一致点が見られる。

建物名	巡礼私記	検損色帳
金堂	金堂一宇五間四面（瓦葺南向）有㆓重閣㆒	七間二重瓦葺金堂一宇
歩廊	又四面有㆓歩廊㆒	（自東軒廊至南中門卌六間 自西軒廊至南中門卌六間）
石燈炉	石燈炉殿一基去堂壇下三丈許高一丈許	□炉一基　件燈炉全
五重塔	五重塔一基瓦葺	東塔院　五重瓦葺宝塔一基
西小塔院	吉祥堂南向五間四面瓦葺	西小塔院　瓦葺七間小塔堂一宇
	此堂亦名㆓小塔院㆒	件堂五間四面南礼堂也
	（『七大寺日記』は、三間四面之堂に作る）	

講堂　　講堂　　　　　　　　　　十一間瓦葺阿（ママ）舎講堂一宇
食堂　　食堂十一間在二講堂北一　　瓦葺十一間四庇食堂一宇
鐘楼　　鐘楼一宇、件楼造様勝二於諸寺一、尤奇妙也　　瓦葺三間鐘堂一宇
僧房　　極楽房事依前出略了　　　東室南階大房十二房

以上、この「検損色帳」が長元八年における元興寺の破損状況を記したものであることは間違いない。

二　東室南階大房

長元八年（一〇三五）から『巡礼私記』の書かれた保延六年（一一四〇）までには一世紀の歳月を経ているが、この間に堂宇の破損も急速に進んだらしく、「検損色帳」には『巡礼私記』よりもずっと多くの建物の存在をあげている。この「検損色帳」は巻首を欠き、また現存部分も初めの上方箇所が判読し難いが、その主なものをあげれば、最初に南大門および中門と推定される記事があり、次いで金堂、燈炉、講堂、歩廊、食堂、同北軒廊、食殿、鍾堂、西小塔院、東塔院（瓦葺三間中門一宇、脇門二所、瓦葺歩廊廿一間、五重瓦葺宝塔一基、瓦葺十二間僧房）、僧房（東室南階大房十二房、同小子房十二房、北階小子房十二房、新房小子房十八間、西南行大房十房、同小子房十房、西北行大房十房、同小子房十房）その他中院、温室院、蔵院、大衆院、鳥居、花園院等にそれぞれ若干の建物があげられ、最後に四面大垣并東西北門が記されている。これらの建物も破損が甚しい様子であり、この他にすでに失われている建物も載せられている。それらの一つ一つに亘って検討する煩を避けるが、僧房についての記述を全部あげてみると次の通りである。

一僧房
　東室南階大房十二房
　　件房、南北両面、飛簷垂木木尻、瓦負等、所々朽損、棟提瓦窪損、半分之一損失、小壁所々破損、西端房雨不止、并経蔵戸一具破損、自余所々雨漏之。

同小子房十二房

件房、北面瓦所々剝落、飛簷棟提垂落、壁等剝損、中屋五宇無実、自余雖立或傾寄、或破損矣。

北階大房十二房

件房、無実年尚矣、跡有大樹之。

同小子房十二房

件房、南北両面飛簷、瓦負、垂木等所々朽損、葺瓦三分之一破散、馬道以東六間全、其東端三間、差南一尺余傾寄矣。

新房

小子房十八間

件房、差西傾寄、所々飛簷、瓦負、垂木、壁等破損、雨漏。

西南行大房十房

件房、東西破風二枚、葺瓦東妻二丈、馬道已東天井等無実、雨澌不留、東西破風、垂木、飛簷、桁等木尻、并大小斗、臂木、瓦負、木負半分朽損、葺瓦三分之一散失、大小壁或無実或剝落、自西第四房北面三間、桁、木負、瓦負、垂木、飛簷皆悉朽損。

同小子房十房

件房、上瓦或所窪入、或所損失、東破風并所々垂木、飛簷木尻、木負、瓦負、所々朽損、裏壁并大小壁等白土、三分之二剝落也。四間瓦葺中屋十二宇、内五宇無実、残朽損破壊、可顚倒矣。

西北行大房十房

件房、葺瓦所々破散、垂木、飛擔木尻、棟桁、斗肬木、三分之一朽損、雨不止、裏壁并大小壁等所々剝損也、西面飛簷一枝、馬道并西房天井、東妻破風二枚、其妻上瓦二丈等無実、従東第四房、南木負、瓦負、垂木、飛簷等朽損。

同小子房十房

件房、葺瓦并棟提、所々吹剝雨漏、南北垂木、飛簷、斗肬木、所々或朽損或垂落、壁白土無実、瓦葺中屋十二宇、内二宇無実、残十宇朽損雨漏。

以上の記載からすると、新房である小子房十八間を除けば、僧房は何れも東西に棟をおいたもので、東方に大房、小子房一二房づつ一組になったものが二列、南と北にならび、西方に大房、小子房一〇房づつ組になったものが、やはり二列、南と北にならんで、大房と小子房間には正倉院蔵の東大寺殿堂平面図に見るような中屋が建ったことが知られる。

極楽房が旧伽藍地の東方に位置することは、現に塔跡の北方にあたることによって明らかで、そうなればその北階大房一二房は長元八年にはすでに「無実年尚矣、跡有大樹之」なので、筆頭に掲げられた東室南階大房一二房に当るのはおのずから明らかであろう。これらの大房がよく似た構造のものであったことは、西南行大房一〇房の記事中に「自西第四房北面三間」とあることからも知られる。すなわちすでに記したように一房が三間に分れているのである。

なおまた東室南階大房中には経蔵があったことも、後述する旧材の中に多少型式を異にするものがあることと関連するので注意を要する。

三　元興寺の伽藍配置

長元八年の「堂舎検損色帳」は、建物の寸法こそ記されていないが、その種類、形式等を知る点では奈良時代の「資財帳」にも匹敵する内容をもっている。そこで、これを手掛りに元興寺全体の伽藍配置を復原的に考えてみたい。僧房の配置に見る特殊性は、全伽藍配置との関連で理解されなければならないからである。ここに記された建物の中でその位置が確実なものは、現在の極楽坊に当る東室南階大房と五重塔だけである。しかし僧房については、現在までに確かめられている部分が旧全長の三分の二に過ぎない点に不安がある。すなわち今の極楽坊本堂の地下から旧僧房の遺跡が発見され、禅室とあわせてここに八房分の建物が続いたことが判明したが、旧僧房は一二房なので全長にはおよばない。従ってその東西どちらに残りの四房分をつぎ足すかがまず問題になる。これは極楽坊の境内の発掘調査を行えば、すぐにでも解決できるのであるがまだその機会に恵まれない。しかし本堂地下の発掘結果を見ると、旧僧房礎石跡列の南側で雨落溝が外方へ曲折して旧馬道かと思われる部分があることは注目される。「検録帳」の東室南階大房中には馬道の記述はないが、他の僧房の例からこの中にも馬道があったことは間違いなく、東室北階小子房に馬道の東が六間であると記されることからすると、一二房を半分ずつ東西に分けてその中央に馬道をおいたらしい。とすれば、それによって旧僧房の位置を確定し得るわけであるが、残念ながら本堂の発掘調査の頃にはまだ「検録帳」のことが知られていないので、積極的に馬道を検出する仕事をおこなっていない。だから確実とはいえないが今の段階ではこれしか手掛りがないので、一応現本堂の下を馬道と考えると、丁度現禅室の西妻まで六房分あり、これが旧僧房の西端にあたることとなる。

これで塔と東室南階大房が確定したが、他の建物については次のように推定される。まず伽藍の中軸線はすでに先学が指摘しておられるように、[16]主要伽藍地を東西二町にとって[17]小路の線に合わせる。検録帳の四面大垣并東西北門の項には西面の大門を三棟記すから、これらがそれぞれ西へ向う大路・小路に面したとすると南北は四町となる。中軸線上に南から南大門、中門、金堂、講堂、食堂を並べるが、これらのうち旧位置の判るものは一つもない。しかし、金堂の土壇を中心とした一郭の跡がかなり後まで残っていたらしく、現在は芝新屋町と呼ばれ、周囲が方一町の旧条坊の名残を伝えているのにここだけ道路が湾曲して特殊な町割をもっている（第35図）。また小塔院が金堂院と近接していたことは、宝徳三年の火災が小塔院から起って金堂に延焼したことからも知られるが、芝新屋町の西方には現在でも小塔院と呼ぶ小堂が残っている。後世の俗称ではあるが、五重塔の近くに建てられた観音堂と小塔院堂とを東西金堂と称するものさえある。[18]こうしたことから金堂の位置はほぼ確定し得るのである。このように金堂とその東西に東塔と小塔院が押えられ、後方に東室南階大房の位置がきまれば、伽藍配置の旧状は他の諸大寺の例を参照して大体図のように推定される（第36図）。この場合注意されるのは回廊で、「検録帳」に「自東軒廊至南中門四六間」西方も同じく四六間とあることからすると、これを金堂から中門へ達したとするには長過ぎてしまい、[19]建物の記載されている順序からいっても講堂の両脇に取り付けたと考えられる。したがって中門、講堂、回廊の柱間寸法を他の例から仮定すると、金堂を中心に中門と講堂の位置が大体きまるわけである。

南大門は中門の前方に位置するが他の諸大寺の例からしてもこの間隔は割合接近しており、[20]元興寺の場合もそれがあてはまりそうである。中世の記録に「元興寺南大門前南口字花園」の語がいくつか見えるが、[21]これは現「花園町」にあたり、今想定した南大門との関係も悪くない。

また僧房の配置は東室南階僧房の北に北階僧房を置き、伽藍中軸線でこれを対称に折返して西方の僧房が想定される。この東西僧房間は、現禅室の西妻から想定中軸線まで約九五尺を計るので、[22]その二倍の一九〇尺ぐらいである。食堂は講堂の背後に位置したことが記録によって知られるが、[23]こうして広く空いた僧房の中間にあったか、或はもっと後方にあったかは確かめ難い。建物の規模が

「十一間四庇」とあるので、桁行一三間のかなり大きなものと想像され、一九〇尺の中に納まらない可能性も考えられる。[24] なおすでに記したように僧房中に経蔵があって独立した建物としての経蔵（楼）は存在せず、鐘楼だけがあったが、これが食堂の近くに位置したらしい記述が後世に見えるから、[25] 大体の位置を想定してみた。

こうして復原された元興寺の伽藍配置は他の南都諸大寺と比較してみるとかなり特色のあるものであるが、なかで最も注意すべきは僧房の配置である。これは興福寺や東大寺のように、講堂の東西北の三方を囲ったいわゆる三面僧房の型式とは全く異なり、また法隆寺や唐招提寺に見る東室、西室を南北に長く配置したものとも異っている。こうした僧房の配置は、おそらく講堂の北側に食堂を置いたことと関連すると思われ、その間をふさいでしまわないための配慮であろうが、今までに全く想像されなかった配置方式であるだけにここで復原された意義は大きい。[26]

註

（1）『大乗院寺社雑事記』（宝徳三年十月十四日）「一、自小塔院火出元興寺金堂悉以炎上了、霊亀二年建立以後炎上始之也（下略）」なお、金堂だけは寛正三年（一四六二）に再建されたが、それも文明四年（一四七二）に顛倒した（『大乗院寺社雑事記』）。

（2）菅家本『諸寺縁起集』極楽坊条
「安極楽万陀羅、故号極楽坊也、智光法師所書之万陀ラ也、則号智光万陀羅也、長広二尺許也、去宝徳三年十月十四日、於禅定院而焼失了
堂一宇、号万陀羅堂、在四方仁極楽万陀ラ、口伝云、此堂者、智光法師造之、其後破損間、西行法師勧十方、建立云々
室一宇、智光法師之坊也、口伝云、件室者、元興寺三面僧坊ノ内、北室之東端、于今相残在之、則智光法師□（坊カ）也」

（3）『中右記』長治元年（一一〇四）十月八日条に「御寺□禅得業来語云、□夜強盗入元興寺僧房、取雑物之間放火、僧房焼亡、但切留不及廣者」とある。東室北階大房は長元八年の「検録帳」の時点で「無実年尚矣」状態であり、この時西側の僧房が失われたと思われる。

（4）僧房の一部が仏堂に改築される例は後述するようにかなり多くの古代寺院で見られるが、ここでは『大乗院寺社雑事記』康正三年四月二十九日条に「極楽坊此寺者本来聖道ノ住持ノ在所也（下略）」とあるように、古代からの元興寺本体とは全く離れた存在となる。これは元興寺が衰微したための特殊な現象であるが、他の寺院でも多かれ少かれ、寺内の一部に大衆信仰にこたえる設備が作られるので

ある。

(5) 現本堂及び禅室には、奈良時代の瓦がかなり多量に用いられており、軒先瓦にさえも当時の瓦があった。奈良時代の建物が現存する例は必ずしも少くはないが、軒先瓦にまで古瓦をとどめている遺構は南都においても珍らしいものである。なお使用古瓦中にはさらに古い飛鳥時代の瓦（文様をもたない平瓦及び丸瓦で、特に丸瓦には行基葺式が多いが、同種のものが飛鳥寺発掘調査によって出土している）が見出されたが、これは元興寺の飛鳥寺からの移転と関連したものと考えられる。但し建物の古材には、奈良時代をさかのぼると思われるものは発見し得なかった。

(後注) その後、平成十二年に年輪年代法によって禅室屋根裏の古材を調査したところ、大梁・頭貫、巻斗などの中に伐採年代が六〇〇年代初頭に遡るものがあることが判明した。これらは飛鳥寺（本元興寺）から移築された可能性が高い。

(6) 『七大寺日記』元興寺条

「極楽房者、智光頼光両聖人之共往生セル房也、件房ハ塔之北ニ一町許行テ東西ニ横ル連房アリ、其中心馬道アリ、其馬道之東ノ第一房也、其房ニ為智光カ所現浄土相ヲ図写セル極楽曼荼羅、尤可拝見、」

(7) 『覚禅鈔』智光曼荼羅裏書「元興寺以極楽房正本図之、後白河院御宇、元興寺別当範玄時僧都自彼経蔵進覧之、件本板ニ図之（後略）」

(8) 百日念仏講の資料は後述するように大部分現本堂内陣正面の角柱に刻まれた土地の寄進文であるが、銘文の内容は省略してその年号のみをあげると、嘉応三年、建仁元年、承元三年、建暦元年、貞応元年、天福元年、文永二年等である。

(9) 『建久御巡礼記』元興寺極楽房条

「極楽房ノ曼荼羅ノ起ハ、昔智光者、南ノ大房ニ棲（スミ）（中略）是（コレ）ソノムカシノ跡也。御輿遶（メグラセ）オハシマシシ彼ノ道場也」

(10) 飛貫側面にケがきの界線を引き、横に長く墨書きされたものである。

「極楽房而一百日謹行

四月　十四日　十五日　十六日　十七日　十八日　十九日　廿日　廿一日　廿二日　廿三日　廿四日　廿五日　廿六日　廿七日　廿八日　廿九日　卅日

五月　一日　二日　三日　四日　五日　六日　七日　八日　九日　十日　十一日　十二日　十三日　十四日　十五日　十六日　十七日　十八日　十九日　廿日　廿一日　廿二日　廿三日　廿四日　廿五日　廿六日　廿七日　廿八日　廿九日　卅日

六月　一日　二日　三日　四日　五日　六日　七日　八日　九日　十日　十一日　十二日　十三日　十四日　十五日　十六日　十七日

十八日　十九日　廿日　廿一日　廿二日　廿三日　廿四日　廿五日　廿六日　廿七日　廿八日　廿九日　卅日

七月　一日　二日　三日　四日　五日　六日　七日　八日　九日　十日　十一日　十二日　十三日　十四日　十五日　十六日　十七日

十八日　十九日

右守月日次第可謹行如件

建久八年六月廿九□」

(11)『讃仏乗抄第八 願文諷誦』寛元四年四月二十六日宗性写

堂供養等部

元興寺極楽房願文

定　追修善根式（百人結衆、若及遷化者廿五人結衆同心合力　可訪彼後生也）

一　可奉図仏像事　阿弥陀如来廿五菩薩、次第可奉図之

一　可奉書経典事　八名経、阿弥陀経、法花経廿八品、輪転可書之

一　供仏施僧等事

右此院本縁ハ世皆知之、始テ述フルニ不及、但智光頼光二上人何故有テカ此寺此家ニシテ諸共ニ栖ミ給ケル　（中略）

建久八年　月　日

(12) 棟札「記録元興寺極楽坊造営事寛元二年甲辰（四月拾五日乙酉柱立　六月二日辛未棟上）大勧進主（人名中略）（往生講衆一百余人　結縁衆二百余人）」

この棟札は建物から取外されて寺に蔵されていたもので、本堂・禅室のどちらにあったものか明らかでない。しかし本堂と禅室を比較してみると、様式的に禅室の方が先行することは明らかで、しかもその濃厚な大仏様の手法はとうてい寛元二年まで下るものではないと判断される。またこの棟札に多くの人名を記し、往生講衆、結縁衆等とあることも、曼荼羅をまつる本堂の再建にともなうものとして適当と考えられる。

(13) 禅室の西妻と東妻とでは同じ二重虹梁蟇股式であるのに多少様式を異にしている。これは東方の現本堂の前身堂と連続していたか、あるいは実際にはそうでなくても工事の当初にはそうする計画であったといった事情が存在したためと思われる。

(14) この古文書は『大日本古文書　東南院文書之一』及び『平安遺文一』に収録されているが、ともに最後の年号を長久八年としている。しかしこれは明らかに間違いで正倉院蔵の原本では長元八年である（口絵5）。

(15) 原本によってこの後筆の部分を見ると、観真、済慶共に同一人の手になり書体からして中世以降の書き込みと判断される。
(16) 旧元興寺の寺地に関しては関野貞博士「平城京及大内裏考」(「東京帝国大学紀要」工科第三冊、一九〇七年)、大岡実博士「元興寺大安寺平城京移建に就て」(「建築雑誌」第四七輯、第五六九号、『南都七大寺の研究』昭和五十三年抄録)等がある。特に後者は極楽坊禅室を元興寺北室の東端と伝える『諸寺縁起集』の記事と、寺地の測量結果から、北室総長を三六〇尺と推定された点で注目される。これは今回の研究を機会に大きく訂正されることとなったが、伽藍配置を考える出発点となったものである。
(17) 『大乗院寺社雑事記』文明十五年九月十三日条の元興寺に関する記述中に当寺は南北四町、東西二町とある。
(18) 同前、同条、「一東金堂　号中門観音、一西金堂　此堂号小塔院」
(19) 金堂と中門とを結ぶ回廊は同じく片側だけをとって興福寺二七間、大安寺二六間である。
(20) 興福寺は地上に見える遺跡によって大体のことがわかり、大安寺、薬師寺は発掘調査によって確かめられている。大岡実等「大安寺南大門中門及び回廊の発掘」「薬師寺南大門及び中門の発掘」(いずれも「日本建築学会論文集」五〇、昭和三十年)
(21) 『平城坊目遺考下』元興寺条に「建久年間屋敷券文および元興寺中門堂懸板記録延慶四年(一三一一)寄進文に共に「元興寺南大門前南口字花園」とあることを記す。
(22) 前掲、大岡実博士の寺地実測結果による。
(後注) その後この附近の1/1000測量図が奈良国立文化財研究所によって作製されたので、条坊地割を仮定し、伽藍中軸線をそれによって定めて、現在の禅室西妻から中軸線までの巨離を計ると約一一二曲尺(一一五天平尺)となる。但し逆に西妻から東方へ僧房の長さを一三房分(一二房プラス馬道幅一房と仮定)とると東妻が寺域東側に想定される大垣にごく近接するので、現禅室西妻をそのまま旧東室南階大房の西妻とするのは疑問がもたれる。
(23) 『七大寺巡礼私記』元興寺条「食堂十一間在講堂北」
(24) 『大乗院寺社雑事記』寛正三年四月十一日　中院郷より元興寺竈殿の釜を掘出したとあるから、食堂が現中院町附近にあったことが判る。
(25) 『平城坊目遺考下』元興寺条「食堂鐘楼趾　芝新屋町あり」
(26) (後注) その後薬師寺の伽藍配置が金堂・講堂の後方に食堂を置き、その左右に密接して北僧房の東・西棟が建つ形式であることが判明した。鐘楼と経楼は講堂と食堂のあいだの東・西に配置されている。

第二章　旧元興寺僧房構造の復原

第一節　構造の復原資料

この復原の資料となったものは、すでに記したように禅室および本堂の主として屋根裏に使用されていた古材である。禅室の方では、柱のごく一部や天井桁（力肘木）等、下から見られる部分にも多少旧材を転用したものが混り、本堂でも内陣周囲の間柱の一部や内陣天井廻りの材、天井板等に古材が用いられていたが、その大部分は屋根裏に使用されていた。すなわち禅室では入側柱上に旧三ツ斗組斗栱をそのまま残す部分を始め、入側通り頭貫、同桁、身舎大梁、同二重梁等のほぼ三分の一は古材を用いており、特に身舎の野棰は大半が旧丸棰であった。また本堂では天井裏になる柱上の頭貫、および斗栱、桁、土居、梁、束、母屋、棟木、野棰等殆ど全部が古材であって、その量は実に夥しく、豊富な資料を提供したのである。部材の残り方としては柱等はそのまま使用することが困難なので、本堂の小屋束に角間柱が使用されていた以外は、丸柱の一部が禅室の柱やその頭つぎに、また割って本堂の土居に用いられていた程度にすぎず、長押もそのまま使用の場所が少いので、本堂の土居に転用されていたのみであった。頭貫や桁、母屋、棟木の類や梁はそのまま或は長さを切り縮めて、頭貫、桁、母屋、棟木、梁等に再用されていて、比較的原形を残しており、大斗や肘木も殆どそのまま利用され、棰もまたあまりきずつけないで野棰に再用されていた。そんな関係で、柱や長押のような間取の復原に関係深いものの資料不足に苦しんだのであるが、構造の方は、同じ方式が繰返されている関係もあって、よく判明した。多少資料として弱いものは床の一部とか、繋虹梁や妻の二重虹梁等で、これも大体推定することが出来るので、ほぼ完全に原形を復原し得たのである。

間取に関する柱に残された痕跡等については章を改めて取扱うこととし、ここでは構造の復原に関する資料をあげておくこととしよう。但し厳密に構造といえば戸口や窓、床等の構造も含むわけであるが、それは間取と深く関係するので、今は先ずこうした造作を除いた骨組のみを取扱うことにする。構造材は一般の仏堂等と同様に柱、頭貫、斗栱、小屋梁、棰等であるが、柱にも構造主体となる丸柱と、間仕切用の角柱があり、身舎に天井を張る関係でそのための天井桁を用いる等、僧房としての特別な部材がある。因みに発見古材の中、明らかに別建物に属するものと判定されたものは棰中に三棟造の門の地棰と見られるものと、廻廊のような梁間の狭い建物の地棰と思えるもの等が若干あったに過ぎなかった。これ等については後に附記することとする。

一　柱

丸柱と角柱があることはすでに記した。角柱は頭貫もしくは天井桁下端にその圧痕があることから、それ等の下に間仕切用として用いられたことが知られる。丸柱・角柱ともに側通りのものとそれより長い身舎のものとがあるが、実際にはほとんどが切り刻まれていて長さによる判別はなし得なかった。その詳細は次章に述べることにして、要点のみをあげる。

a　丸柱（図面21～23）

禅室の柱に再用されていたものが八本あり、内二本は継ぎ合わせて一本の柱にされていた。これらはいずれも転用の際に表面を削り直してやや細められており、内一本を除き入側柱と推定される。本堂では化粧棰上の土居に転用されていて、多少とも資料価値を残すものが一〇本あったが、何れも割りさかれたもののみであった。以上を通じて旧状を完全に止めるものは一本もなかった。唯本堂から出た割りさかれた柱の内に辛うじて頭貫仕口下端の痕跡や柱底の一部を残していて、側柱の総長を知り得るもののあったことは幸いであった。その内訳は側柱五、入側柱五と判定される。従って、禅室、本堂を合わせて、側柱六、入側柱一二の計一八本が残存古材である。これらの資料から知り得た要点は次の通りである。

1　側柱総長推定　一一・一八尺（図面21　③④）

底面より頭貫下端迄一〇・二五尺～一〇・三〇尺。これに頭貫の丈を加える。

2　入側柱直径　一・四八尺以上（図面22　⑦）

これは禅室柱に転用されたものの内最も太く、表面の余り削られていないらしいものによった。

3　柱頂には緩い傾斜の丸面を取る。（図面22　⑤）

本堂から出た入側柱の柱頂部分の断片によった。

4　側・入側通りは繫虹梁で連結する。（図面22　①⑥⑦⑧⑨）
　　入側柱で繫梁仕口を存するものがある。

b　角間柱（図面24〜29）

角柱は本堂内陣廻り、および東南隅力肘木に用いられていた三本を除けば、すべて小屋束に転用されていた。従って本堂内陣上部のように、小屋組の背が高いところに用いられた場合には、相当の長さを残しているが、軒先に近いところでは短く切断されて、もとは角柱であったということだけが判る程度のものが相当にある。身舎と庇の柱に分れるが、前者はさらに桁行に入側通りのものと、梁行方向に大梁の下方に配されるものがあり、やや時代が下ると思われるが、棟通りに配される柱もあって三種に分れる。

或程度の長さを遺存して資料価値のあるものが、総計三三本あり、そのうち禅室から出たもの四で、一本は側柱、一本は入側柱、他の二本は内部柱である。本堂から出たもの二九、そのうち側柱八、入側柱一二、内部間柱九を数え得る。柱の太さは異例的に小さいものを除くと短辺が六寸〜六・七寸、長辺が七・五寸〜八・八寸程である。側柱最長のものは九・七尺、入側柱一二・六尺であるが、何れも全長を残さない。但し側柱で枘を切られたのみで頂に当初の面を残しているものが三例（図面24・25　①②⑧）、入側柱で頂を完存するものが一例（図面26　①）あった。なお底を残すものはない。

二　斗栱（大斗、肘木、巻斗、間斗束および間斗）（図面6）

大斗・肘木の大部分は、屋根裏に野斗栱として使用され、禅室では旧状のまま平三斗に組んだ箇所さえあった。また巻斗・間斗束、間斗等は小屋組の「かいもの」に使われていた。大斗や巻斗の中には斗尻がくずれたものも少くなかったが、肘木は多く完存し、笹繰が附された奈良時代特有の形式をよく見せていた。これらの形式からしても、奈良時代以来の僧坊が鎌倉時代の初めに再建されるまでずっと残っていたことが判る。

大斗は長さ一・六四尺〜一・八二尺、幅は一・四尺〜一・七六尺で、中には正方形になっているものも少くない。斗尻の長さは一・〇五尺〜一・一八尺、幅は〇・九五尺〜一・一七尺、高さ最大一・二五尺。何れにしてもかなり不揃いである。下端の太枘は円形。肘木は長さ四・四尺～五尺、幅九寸～九・六寸、厚さ七・三寸～八寸。何れも中央下を欠きとり、虹梁と相欠きに仕口される。巻斗をすえる太枘は円形。本堂に長さ五・一尺、厚七寸で笹繰や太枘穴のない実肘木様の肘木が一つ混じていたが、中古の補足材であろうか。

巻斗は長さ一・一二尺～一・三尺、幅一・〇三尺～一・一五尺、斗尻長は七・四寸～八・五寸、幅は七寸～八・五寸、間斗の斗尻は長さ九・二寸、幅七・四寸である。間斗下端は短冊枘を片方へよせて穿ち、束と桁との間へ横から挿入するようになっている。間斗束は長さ一・五八尺と一・六八尺、幅八・七寸と九寸、厚さは七寸である。下の枘は角形であった。これらの残存数は左の通りで、これによって斗栱が平三斗組、中間に間斗を備える形式であったことがわかる。側・入側ともに斗栱組の方式が変らなかったことは続いて述べる頭貫や全体の矩計から明らかで、両者が寸法を異にしたとは考えられない。

	禅室より出たもの	本堂より出たもの	計
大斗	六（内一箇欅の中古材）	一一	一七
肘木	四	一四（内一箇笹繰なし）	一八
巻斗	一五	六	二一
間斗束	○	二	二
間斗	○	二	二

三　頭　貫

頭貫には側通りのものと、入側柱通りのものとがある。側頭貫であることの認定の拠所となったのは、

1　側面に風蝕が認められること。

2　下面三つ割に角間柱の建った丸枘穴とその圧痕のあること。

3　上面中央に間斗束の角形束枘とその圧痕があり、上面全体に小壁の間渡し穴があること。

である。入側頭貫は上面の間斗束および小壁痕跡は側頭貫と等しいが、風蝕がなく、下面には角間柱が直接取付かずに、枘穴なしの横木の圧痕のみが、大体三つ割位置に認められたことによって区別できた。従って入側通りでは角間柱の取付く横材がもう一本その下にくるわけである。その間は小壁にされたらしく、木舞をさした「のみ立痕」が入側頭貫下面に存し、これも側・入側を判別する目安となった。

a　側頭貫（図面7）

本堂から出たもの六、禅室から出たもの五、計一一である。その内本堂頭貫に再用されていたもの二（内一つは総長の三分一強を残すのみ）、本堂母屋桁に四、禅室では母屋桁に一、禅室天井桁に三、禅室鴨居に一本転用されていた。何れも端を損われていて接手の仕口を知り得るものはないが、かなりの長さをもった材でも鎌継手の仕口等はもたないから、相欠か或は胴付と思える。上面中央には二寸角位の間斗束の束枘穴と束のあたった圧痕の見付幅八寸〜九寸を残し、下面にはほぼ三分点に間柱の丸枘穴（径一・七寸〜二寸）と間柱の当った角形の圧痕を残す。個々のものについて略説すれば次の通りである。

①②は本堂母屋に転用されていたもの。転用によって受けた痕は比較的少ない。上面の壁木舞仕口穴中、正方形の小さい穴が最も古いもの、細長くなっている穴は途中で壁を改造した時のものと思われる。正方形の壁木舞穴を用いた例としては法隆寺東院伝法堂に同様のものが見られた。下面には間柱の当った圧痕と丸枘穴が見られる。丸枘穴が二つ並んでいるのは、一方が誤って掘られたものであろうか。②は上面中央に間斗束の当った圧痕があるが、①②とも束枘穴が正方形の枘穴になっていない。他の例ではこの穴が二寸角位になっている。この点は不審であるが、或は例外的に細長い枘を用いたのであろうか。①②の側面両端に残る柱当りの風蝕差間の寸法は二〇・八五尺、これから柱真々を推定すると二二・二尺程度となろう。

③④は本堂頭貫に転用されていたもの。④は長さが著しく切縮められている。③は頭貫に再用されたため、柱当りの痕跡、小壁の木舞穴等が追加されているが、これらを除くと、当初の下面の三分点にくる間柱の丸枘穴と柱当りの痕跡、上面中央の間斗束の角枘穴とその当りの圧痕、木舞仕口穴等を存している。③の両端下面柱当りの圧痕間の距離は二二・一八尺。以上①—④の材は断面形は元のまま使用されたものと見られ、材の厚さは七寸、丈は八・五寸〜九寸である。

⑤⑥は本堂の軒先の母屋桁に転用されていたもので、⑤は下半を⑥は上半を欠取って、元の上下面を側面にして転用されていた。従って⑤には上面中央の間斗束々枘穴のみを、⑥には下面の間柱丸枘穴のみを残す。厚さのみはもとのままらしいが、⑤は七・五寸、⑥は六・八寸。⑥の下面の一端の間には縄を通すように穿たれた中央に畔の残るえつり穴が二つ作られている。これは梁行天井桁下の各間にも存する（図面10）。この下に大壁を造る時に用いられるものと考えられるが（法隆寺東院伝法堂その他でも見られた）、これが仕事の誤りでなければ、間柱で分たれた一房の三間の一端を壁にした房もあったこととなろう。修理前の法隆寺東室では背面に壁と戸口を一間置きに配する箇所（中世の秘密経蔵）があったから、ここでも外方に向って窓や戸口（後述）ばかりでなく壁の間もあり得るが、しかし坊境に用いられた天井桁もこれと類似した材であるから、取りちがえて仕事を誤ったと見る方が無難であろう。但しこの材が天井桁でないことは、その長さが長過ぎることによって明瞭である。

⑦—⑩は禅室の天井桁に転用されていたもので、何れも厚さが減じられている。丈は八・三寸～八・九寸。⑪は禅室南側の飛貫に転用されていたもの。これらは現使用の下面間柱枘穴および圧痕、その上の束痕、連子々仕口穴等を除けば、上面中央の間斗束角枘穴とその圧痕、木舞仕口穴、下面三分点の間柱丸枘穴を存する。⑪の上面一端に半分残っている丸枘穴（径二寸）は元の大斗の太枘穴ではないかと思われる。そうとすると頭貫には二間以上に亘る長材を使用したか、柱上の継手なしに胴着でとりつけていったこととなろう。またこれによって、丸柱の中心から間柱の中心までの間隔が七・六九尺あったことが判る。しかし中央の二つの間柱枘穴間の距離にはかなり不同があり、またこれと上面の間斗束の位置も正しく対称になっていないので、間割はかなり不規則なものであったらしい。試みに中央二つの間柱枘穴間の距離を列記してみると、次の通りで（尺単位）その間に一尺近い差が見られる。

① 七・〇三　② 七・六〇　③ 七・七三　⑥ 七・三一
⑦ 六・七七　⑧ 七・一八　⑨ 七・〇五　⑩ 七・〇八
⑪ 七・三五

b　入側頭貫（図面8）

本堂から出たもの四、禅室から出たもの五、計九である。その内本堂頭貫に再用されていたもの二、同貫に転用されていたもの一、同母屋桁に転用されていたもの一、禅室小屋貫に転用されていたもの一、同頭貫に再用されていたもの一、同天井桁に転用されていたもの二、同鴨居に転用されていたもの一である。何れも端を損われていて、接手の仕口を知り得るものはない。上面中央には二寸角ほどの間斗束の束枘穴と束の当った圧痕、並に一寸角内外の壁木舞仕口穴を残し、下面にはほぼ三分点に束の当った圧痕のみを存し、枘穴を穿っていない。この点は側頭貫と著しく異なる。すなわち入側柱通りでは間柱は頭貫にまで達せず、天井桁の下面で終り、天井桁と頭貫の間にごく短い束ないし飼物を挿入したものと見られる。またここに小壁を作ったらしく、木舞をさした「のみ立」の列がある。個々のものについて記せば、

①～④はそれぞれ本堂の頭貫、貫および母屋桁に転用されていたもの。②の上面左方の角穴は間斗束の束枘穴に近いものであるが、使途不明。③の両端の仕口は現用途。上面には新しい壁木舞仕口穴が見られる。左端の丸枘穴は埋木されていたが、仕事の誤りか。④の両端の諸仕口は現用途。材の太さは丈七・三寸～八・七寸、但し七・三寸のものを除けば八寸以上。厚さは六・五寸～七寸である。

⑤～⑨はそれぞれ禅室の小屋貫、頭貫、天井桁および鴨居に転用されていたもの。⑤の両端仕口や圧痕、下面の圧痕と重なる枘穴は現用途。これは丈八・七寸、厚さ六・六寸。⑥～⑨は転用の際厚さや丈を減じられ、⑥⑧⑨ではそのため下面の痕跡が亡くなっている。⑥上面の大きい枘穴は現用途。⑦上面左端の角枘は間斗束の束枘穴に近いものであるが、使途不明。同下面右の圧痕と重なる枘穴は現用途。⑤には側面に柱当り風蝕差がわずかに認められ、その間の距離は二一尺であるから、それから推定される柱真々距離は二二・三五尺である。

以上から知られるように、旧入側頭貫の丈は七・三寸の例外を除けば八寸～八・七寸、厚さは六・五寸～七寸。間柱位置に当る束当り痕跡間の距離は①七・九尺、②七・七五尺、③七・七五尺、④七・一四尺、⑤七・四四尺、⑦六・七九尺といった数値で、最大と最小との差は一・一一尺におよぶ。

ここに今一つ例外的な材がある。この材は禅室天井上の入側頭貫に転用されていた材である。その仕口や痕跡は一応この入側頭貫に類するので、ここに挿入し⑩としたのであるが、下面に束代用のものを入れた型が三つあり、前面や下面がかなり風蝕している他、丈が九・七寸あって、断面もかなり大きい。上面中央には新古の仕口が重っているが、四つ割位置の仕口は今も小屋束に用いられて

いた。上面を四等分して束を立てる方式は、後述する大梁がそうであるが、しかしこれは大梁と考えても両端の仕口がうまく納らない。してみると相当な風蝕のできるものとしては側頭貫、しかもそれが下面まで風蝕しているのを見ると馬道のような下方が解放された場所のものでなくてはならない。下面三つ割位置に束枘穴があるが、これは現に使用していた。しかしこれが旧仕口の再用なら一応側頭貫であったこととなり、後に柱を除くためにその下に横材を加えて、その材との間に束材を入れたとしなくてはならない。そうすると馬道の側頭貫となろう。下面三等分点の枘や圧痕をすてれば、これを風蝕のあることから馬道の入側頭貫と見ることも不可能ではない。

四　天井桁

身舎に天井を張るために、入側通り、および梁行大梁の下方に頭貫とよく似た断面の材を廻らす。これを入側天井桁・梁行天井桁と名付けたが、天井桁にはもう一種、梁行天井桁の中央にかかって、桁行に棟下通りに存するものがある。これらの材を前記頭貫と区分する特徴は、風蝕がなく、入側天井桁は上面片側に天井板を落し込む切欠があること、下面に三つ割の間柱枘穴および圧痕のあること、梁行天井桁は上面に天井板欠きはなく、三つ割位置に大梁下面に応ずる束枘穴と圧痕のあること、下面には入側天井桁と同様に角間柱仕口があること等で判別され、棟下通り天井桁は上面両側に天井板の欠込をもった特色ある形態で一見して明らかである。こうして判別された天井桁によって、身舎天井を復原すると、いわゆる大和葺に天井板を梁行方向に張り並べる形式となる。それを桁行にする、すなわち入側天井桁と梁行天井桁を相互に入れかえることは、その上の入側桁および大梁との仕口関係から不可能である。

a　入側天井桁（図面9）

本堂から出た入側天井桁は九、禅室から出たもの二、計一一である。内本堂では母屋桁に転用されていたもの二、同頭貫に採用されていたもの三、同台輪に転用されていたもの二、同土居に転用されていたもの二で、禅室では母屋桁に転用されていたもの一、同力肘木（天井桁をかねる）に転用されていたもの一である。上面の片側に天井板を落し込む幅八・〇寸～九・〇寸の欠き穴が、間を七・〇寸～八・〇寸ぐらい明けて並ぶ。この欠穴は大和葺といわれている板のふき方に対応する仕口で、板を一枚おきに上下にならべ、側端が重なり合うようにしたものである。桁に欠込まれているのはその下方の板を落しこむためで、上方の板は天井桁上に載るのである。欠込仕口の中間には、その天井板を止めた釘穴をもつものもある。なおこの欠込み仕口は、口脇より奥の方がかなり深くなっていて、天井板は内方へやや上り勾配に張られたものと認められる。その板幅は八・〇～九・〇寸程度と推定されるが、後述するように現本堂内陣の天井板はすべてこの転用材であったことが明らかになり、完全に復原し得た。下面には三つ割位置に間柱の丸枘穴と間柱の当った圧痕が見られ、中央の間柱間および両脇の間柱・主柱間共に各二箇づつのえつり孔をつくる。えつり孔は縄を通すように中央に畔を残して穿たれたもので、これはその下に大壁が設けられる時使用されるものらしく、畔に縄を結んで木舞に絡みつけて壁芯と桁を緊結する目的を果すのである。両端の仕口を残すものも若干あるが（入側天井桁、図面9　①②③⑥⑦）、それによると、この材の端には下方に小さい枘が作り出されているが、入側柱にもこれに応ずる仕口穴が残されているものがあり、それによって柱間に固定されていたことが判る。中央を間柱で支えるとはいえ、このように幅二寸、丈三寸程の小さい枘でこんな大材を主柱に固定させることとは、今の考え方からすると不審に思われるのであるが、当時の手法としてはこれに近いものが法隆寺伝法堂で床桁を柱にとめるのに用いられていた。すなわちそこでは一・七～一・八寸角の太枘によって太い下桁を支えていたのである。入側天井桁の個々の部材について記せば、

①②は本堂母屋桁に転用されていたもの。ともに一端に旧仕口を残すが、②の一端には柱へ当った丸味も残っている。他の端は現用途の仕口を作られたり、切断されたりしている。②の上面の半分は腐っていて、板の欠込を不明にしている。

③④⑤は本堂頭貫に転用されていたもの。③のみ一端の木口を辛じて存する。天井板の欠込幅の狭いものを一つ混じるが、これは仕事の不揃いさを思わす。また③の下面左の間柱は枘穴を掘りかえた形跡が見られる。

⑥⑦は本堂内陣の台輪に転用されていたもので、上面の両脇を欠取られ、天井板落し込みの欠穴をわずかに痕跡として止める。また共に旧下端に現用途の壁木舞仕口穴を混じている。⑥は一端に⑦は両端に旧木口と枘を残しているのは貴重である。

⑧⑨は本堂の化粧棰上におかれる土居に転用されていたもの、⑪は禅室力肘木に用いられていたもので、いずれも欠損が甚だしい。

⑩は禅室の母屋に転用されていたもので、長さを切られている。上面の天井板欠き込みが間柱位置で終っているのが注意され、こ

のような場所もあったのであろうか。

以上によって知られるこの材の大きさは丈八・五〜九・〇寸、厚さ六・五〜六・七寸、総長の知られるものによれば、柱間内法は二〇・六尺である。これに柱径の推定寸法一・五尺を加えると柱真々は二二・一尺となる。また中央間柱間の距離は①七・一尺、②七・一八尺、③六・五四尺、④七・二五尺、⑤七・五四尺、⑥七・七五尺、⑦七・一尺、⑧七・一尺で、最小六・五四尺、最大七・七五尺、その差は一・二一尺で誤差が大きい。

b　梁行天井桁（図面10）

梁行天井桁は身舎丸柱間を梁行にかけられ、本堂から四本、禅室から二本の計六本がこれに当る。すなわち本堂小屋裏で側入側間を繋ぐ枠貫に二本、頭貫に一本、母屋桁に一本、禅室の母屋桁に一本、二重梁に一本転用されていた。下面三分点に角間柱の圧痕と、その丸い枘穴とがあり、柱間に各二箇のえつり穴が作られる。上面にはやはり三分点に小屋束の丸枘穴とその圧痕があり、中央に渡り腮の仕口が残っている。小屋束は大梁下面を支えるもので、その仕口と対応し、中央の渡り腮は棟通りの天井桁の取付いた仕口である。両端旧仕口を残すものはないが、柱に残された痕跡からすると、ここでも両端が丸柱へ枘差しにして支えられたものと見られる。個々のものについて述べると、

①②③は本堂の繋貫及び頭貫に転用されていたもので、①③は上下面の間柱束枘穴と小屋束枘穴との位置がほぼ一致しているが、②はそれが大きくずれている。なお下面には後補の壁木舞仕口穴あり、上面にも不明仕口を混じている。③の上面中央の渡腮仕口は失われている。

④は本堂の母屋桁に転用されていたが、下面を欠失している。上面の小屋束枘穴位置は中央の渡腮の仕口に対してひどく非対称的となっているが、このように仕事斑が甚だしかったのであろう。

⑤は禅室母屋桁に転用されていたもの、下面中央にも角柱の当りと同不整多角形枘穴を存する。これは後に間取の復原の項でふれるが、棟下通りに後補の間仕切壁を作るため、追加した間柱であろう。上面渡腮の仕口が左右喰違っているが、これは天井桁をここで継いだためである。

⑥は禅室二重梁に転用されていたものだが、その後下が大壁になって、風蝕を受け易い位置（おそらく妻）の頭貫に転用されている。そのため下面のえつり孔も二組重っている。古い天井桁の仕口としては下面の間柱丸枘穴と同圧痕、えつり孔および上面束枘穴（但し角）がある。

以上より知られる部材の断面の大きさは、丈七・七〜九・五寸（七・七寸のものを除けば、八・七寸が最小）、厚さは六〜七寸（六寸のものを除けば六・四寸が最小）で、間柱或は小屋束枘間の距離は①七・〇六尺、②七・〇六尺、③六・八九尺、④六・八五尺、⑤六・八七尺等で、最大と最小の差は二・一寸である。

c　入側通または梁行天井桁（図面11）

上面が欠損しているため、入側通天井桁か梁行天井桁か判定不能のものが六ある。①②は本堂の母屋桁に転用されていた。①は辛うじて両木口を残すらしく、総長二〇・五三尺、これに柱径推定一・五尺を加えると柱真々は二二・三尺となる。間柱間距離は七・三尺および七・三一尺である。③〜⑥までは禅室の力肘木に転用されていたものであるが、下面のえつり孔を残すので、それと識別される程度のものである（禅室間取復原の項「天井桁下面痕跡図」参照）。何れも総長約一二尺、これらは図示を省略した。

d　棟下天井桁（図面11）

本堂頭貫に一丁、禅室二重梁に一丁転用されていた。上面両側に入側通天井桁のものに応ずる天井板の欠込みがあり、大和葺の板天井の棟木にあたる。各欠込み穴の間に釘穴一つづつを存していて、ここで天井板を釘止めしたことが判る。両端は梁行天井桁にかかるはずであるが、旧仕口を存しない。①は上面中央に小屋束の角枘穴あり、下面三分点にも角枘穴を存しているが、ここは後に間柱を立てたものである。②の中央上下枘穴・下面にある細長い壁木舞仕口穴は現使用のもの。断面の大きさは丈九・五寸、厚さ八・二〜八・五寸で厚みが前二種の天井桁に比べて大きい。下面の後補間柱枘穴間の距離は七・五七尺。

五　繋虹梁（図面14）

上半が欠損し、下半も全長の三分の二ぐらいしか残らない断片が一丁、本堂の母屋桁に転用されていた。下面の反りの一部が判るほか、下面にえつり孔を存していて、その下が大壁になっていたことが判る。入側柱への仕口は残されているが、側柱通りの斗栱と組みあう部分は切断されているので、これをもって庇の間の梁行寸法を考察する資料とはなし得ない。

六　大　梁

身舎を梁行につなぐ大梁は、内部のものが直材、妻は虹梁型式であった。発見大梁総計九丁の内、前者が七丁、後者は二丁である。妻梁は一丁は確実、他の一丁は可能性が強い程度である。これらの大梁は大部分が現在も大梁として用いられていたため、全長をよく残しているが、柱間寸法を整えるためか、多少ずつ上面両端の肘木とのかみ合せ仕口をなぶっていた。

a　内部大梁（図面12）

本堂から三本、禅室から四本、計七本でている。すなわち本堂梁に三、禅室梁に三、同頭貫に一転用されていた。直材であるが、両端下面に大斗が当っていた痕跡、その上部に肘木の欠込みがあり、仕口は渡り腮で、現在は欠失しているものが多い。その内側に小屋組筋違の仕口がある点は注目される。下面三分点に角束の丸枘穴と同圧痕があり、上面には小屋束の角枘穴と圧痕を残す。これら上・下の束痕の大部分の原形は完存しているが、ここで注意を要するのは上面の束枘穴で、それは四分点に存する他に、三分点にも存する。しかし三分点には束の当った圧痕を残すものがないので、これは仕事の誤りにすぎず、実際には使用しなかったものと考えられる。

①②③は本堂梁に再用されていた。①②とも下面中央と右よりに角形の圧痕を残すが、これは現使用のもの。④⑤⑥は禅室の梁に再用されていたもの。下面中央の束枘穴と圧痕、上下面にある壁間渡仕口穴および両端大斗の当る部分の大枘穴は現使用のものである。⑤⑥下面の木舞仕口穴は正方形に近いから古いようで、そうすれば天井裏であるに拘らず、大梁下を壁で閉した部分もあったのであろう。⑦は禅室の頭貫に転用されていたもので、一端を切られ、厚さを減じ、下面も多少削られているようである。

以上によって知られるこの梁の総長は二五・五六尺～二六・一五尺、肘木仕口・大斗の圧痕等から知られる梁間真々距離は①二二・二三尺、②二二・二八尺、③二二・二五尺、④二二・三五尺、⑤二二・四尺、⑥二二・三七尺となる。その最大・最小の差は一・七寸、梁の断面の大きさは丈一～一・一五尺、厚さは七・五～九寸である。

b　妻大梁（図面15下①②）

妻大梁一、他に妻大梁と推定される断片が一つでているが、前者は禅室、後者は本堂に転用されていた。後者は両端と下面を欠いているので、正確には妻のものと判定できないが、風蝕が認められるので、妻のものと見た。上面の仕口は他の大梁と変らないが、下面には束枘穴なく、中央に大斗でうけた痕跡を残し、片面が風蝕していて、風蝕面では大斗の型がはっきり見られる。全体に少し上へ反って虹梁形をなし（反り上り約九分）、下面の壁木舞仕口穴は新しい。これによると妻でも束を立て二重梁を重ねる構造であったことが明らかに知られる。材の厚さは七・五寸、丈は一・〇四尺、両端肘木仕口間真々距離は二二・二五尺である。

七　二重梁

大梁の上には二重梁を置く。これも内部と妻のものとに分れる。内部二重梁は三本、いずれも禅室より発見され、妻梁一本は本堂力肘木に用いられていた。

a　内部二重梁（図面13）

禅室では三本共現在二重梁として再用されていたので、比較的よく原形をとどめていた。両端は桁上に渡り腮を逆にしたような仕口で取付き、上下面中央には束の角枘穴がある。①の上面束枘穴が二枚枘になっているが、②③は松材で、これは中古の取換材と推定されるから、①が当初の型式であろう。母屋桁へ掛る仕口も①は普通の渡り腮かもしれない。③の上下の壁木舞仕口穴は現在使用されていたもの。断面の大きさは丈七・六～八・五寸、厚さ七・五寸～八・二寸。総長一二・八～一三・三尺、両端仕口真々距離は①一一・三七尺、②一一・一四尺、③一一・〇七尺である。

b　妻二重虹梁（図面15上①）

これは本堂の西南隅肘木に転用されていた材で、一端が肘木に作られ、他端が入側柱に枘差しにされた上、上面を削平し、かなり損傷していた。幸に下面の反りが完全に残され、上面中央に叉首束の二枚枘、一方に叉首棹枘らしい痕跡を残し、元は虹梁の上に豕叉首を作ったものであることが明らかである。上面の厚さ八・五寸、下面厚さ八寸で断面も楔形になっている。下バ反上りの両端間の寸法は九・二尺であるから、この建物の二重梁とみて適当である。後述するように、本堂には梁間一五尺の回廊のような建物の榀や、また梁間一三尺の三つ棟造の建物の榀が、野榀として転入しているが、この梁をそれらの建物のものと考えることも困難で、僧房妻の二重梁に該当するものと思われる。前出の妻大梁とは下面の反りの造り方が多少異なり、これは両端に水平部分のあること、この方が反りが大きいこと等も問題ではあるが、先の繋虹梁下面とは類似しているので、一応そのように推定した。

八　側桁および入側桁（図面17）

いずれも本堂から三本づつでている。側・入側の相違は風蝕の有無のみで、その他変る所はない。両端は頭の小さい古風な鎌継の仕口となっており、上面外角に近く榀釘穴列が約一・一尺間隔にある。下面には丸柱上の平三斗組の巻斗や中備えの間斗の風蝕型が微かに見られるものがあり、また壁木舞の仕口がある。側桁①②は本堂母屋桁に転用されていたため、原形を相当よくとどめている。特に①は両端を残し、仕口を除いた総長は二二・〇四尺である。③は本堂敷桁に転用されていたため、多少現使用の諸痕跡を残すが、一端の木口と鎌継雌の仕口を残す。

入側桁の①②は本堂敷桁に、③は本堂母屋桁に転用されていた。いずれも一端木口と雌の鎌継仕口を残すが、①②は敷桁に用いられたため、新しい痕を持つ。以上から知られる材の断面の大きさは、丈九・〇〜九・八寸、厚さ七・〇〜八・〇寸。

九　母屋桁および棟木（図面16）

本堂から七本、禅室から六本、計一三本出ている。棟木は両側から榀がかかり、母屋桁は片側だけであるから、後世の建築では両者の判別は容易なのが普通であるが、奈良時代には元来榀当りに小返りをつけることをせず、榀釘穴もほとんど残されていないので、棟木と母屋桁の仕事の区別ができない。しかしいずれも下面両端近くに野肘木の太枘穴を存し、木口は胴付となっていたらしいので、母屋桁か棟木の他ではあり得ない。

①②は本堂敷桁に、③④⑤は同頭貫に、⑥⑦は同母屋桁に転用されていたもの。下面両端近くの枘穴以外は後の痕跡である。⑦は上面を欠失している。⑧は禅室内部頭貫に、⑨は同棟木に、⑩～⑫は同母屋桁に、⑬は天井桁に転用されていたもの。両端近くの野肘木用太枘穴と肘木当りの圧痕以外は後補の仕口である。太枘穴は二つ併用したものもある。⑧の一端には太枘穴を存しない上、総長も二二・九尺という長いものであるが、これは妻にくる部分で、野肘木ではなく三斗斗栱で支えられたことを示すのかも知れない。以上から知られる部材断面の大きさは、丈〇・八～一・〇尺、八寸のを除けば最小八・六寸。厚さは七・〇寸～八・二寸である。

一〇　棰（図面18・19）

棰は棟木から母屋桁を通って入側桁にかかる上方棰と入側桁から側桁を通って地棰となる下方棰と飛檐棰からなるが、この上方棰は天井裏にかくれるので断面が角、下方棰は化粧となるので、断面が丸である。角棰は元来棟で鋏仕口に組合わせて栓止めとし、下端は箱継ぎの女木の仕口に作られており、丸棰上端を枘（男木）に造ってこれに入れ込んで同じく栓止めとする。これらの仕口は転用の際先を切られているものも少くないが、完存しているものも数多くあった。上下両棰共に全体かなりの反りをもっていることは注目され、法隆寺金堂上層の上方棰とともに現存例としてはきわめて珍しい。なお残念なことに禅室では棰の調査が不徹底に終ったのであったが、ここでは主として本堂に再用されていたものについて調査した結果を記す。

a　上方角棰（図面19）

まず本堂に再用されていた上方角棰の数は一二四本、禅室に再用されていたもの五八本で、計一八二本。但し本堂に再用されていたものの内五五本は半割にして用いられていた。またその完全なもの六九本中、仕口まで完形で残されていたもの四七本である。その総長は一三・三～一三・八七尺。断面は丈三・二～五・一寸、厚さは三・八～五・六寸で、正方形よりもややゴヒラな感じである。そ直材でなく、全体に反っているが、ほぼ中央での反り寸法は最大二・三寸以下。棟木当りの型と入側桁当りの型とを存するものによるると、その間の寸尺が、一二・九七尺、一二・九四尺、一三・〇一尺、一二・九五尺、一二・九五尺、一三尺、一二・七六尺等となっており、これから棰勾配が略算できる。すなわち一二・七六尺はやや離れているので、これを除くと、その平均値は一二・九七尺となるので、これによって復原図を作成した。中間の母屋桁当りの圧痕を残しているものも多かった。

b　下方丸棰（図面19）

下方丸棰は上方が男木の継手になっているが、この方は軒先の木口まで完全に残ったものは極めて少い。本堂に再用されていた数は一一九本、禅室に再用されていたものは七三本で、計一九二本。但し本堂のものの中には断面馬蹄形状となって上面に水平部分のある後補材が三一本含まれていた。もっとも旧棰も断面円形とはいえ矩形の角を丸めた形で、真円ではない。断面の大きさは、丈三・五～四・七寸、厚さ三・四寸～四・四寸、総長の知られるものによれば、一五・三八～一五・七一尺。桁口脇より木負前下角迄の寸尺は三・七一尺、三・四四尺、四・七七尺、三・九四尺、三・九九尺、三・九六尺、四・一七尺等、最短のものと最長のものの長さの差は七・七寸に達する。木負より先の木口の出は、一・五寸、〇・五寸、一・三寸、一・〇寸、一・二寸、一・三寸、一・三寸、一・四寸、一・一寸、〇・九寸等である。また入側桁当りから側桁当りまでの距離は一〇・〇五～一一・八七尺で、平均一一・二八尺。反りはほぼ中央で〇・五～二・五寸。なお木負止め釘穴、飛檐棰尻止め釘穴、側桁にとめた釘穴等を存する。その他に上・下両棰とも上面に化粧板を止めた釘穴がある。

c　飛檐棰（図面20）

飛檐棰は長さも短く、形も不規則なため、廃物の利用がきかず、わずかに小屋内の飼物や突張り程度に数本が転用されていたのみであった。何れも本堂からでたもので、計五本の中三本は反りが強くて、中古に補加したものと推定され（③）、二本は当初材らしく、上面は殆ど直線よりなり、下面は一番先でやや細められている。但し茅負取付けの釘穴二箇を存し、その一つが茅負前面当り型より前方にあるので、当初の端木口は切られていることが知られる。下面に木負当りの痕跡があり、また一本には木負前面に面戸をはめ込んだ仕口を残すので（①）、元の飛檐棰の長さと、その形を大過なく復原出来る。この形式の比較的棰の出が少く、反りのない飛檐棰は奈良時代の実例である薬師寺東塔、法隆寺伝法堂、同夢殿、同七丈屋等の旧棰についてみられたものと類似するから、これを創建当初のものとしてよいと思われる。反りの強い飛檐棰は平安時代の後期頃から出現するが、ここで出た同種の棰は風蝕も余り認められず、これは平安末期ころの改造に当って補加したものと考えられる。

一一　茅負（図面20）

茅負断片が二丁本堂から出ている。断面L形で、上角に直接瓦繰を施し、下面に棰にとめた釘穴を存する。棰の当った型は判然としない。棰とめ釘穴も各棰毎には存在していないので、飛檐棰は尻で釘止めされ、茅負が移動しないように所々で飛檐棰に釘止めしたものとみられる。釘穴の間隔は一尺見当。瓦割は一・一尺位。茅負下幅は一つは三・五寸、他は五・〇寸、丈は瓦の谷で三・〇〜三・四寸。

一二　他の建物に属する旧材

以上の他、本堂に廃物利用されていた諸材の中には今ここに考えている元興寺僧房の古材に属さないものも多少含まれていた。しかしこれらも大半は奈良時代の建築に属するものと考えられ、少くとも鎌倉時代に本堂が再建される前に別の建物に使用されていて、廃棄されたものであることは明らかである。だから何れも元興寺の歴史上からはいうまでもなく、また古建築の資料という点からいっても貴重なものといわねばならない。よってここに一括記述して、出来るだけそれらの材の用いられていた建物の性質について考察しておきたい。

a　丸桁　二本

本堂の頭貫に転用され、長さも切られ、側面、下面も削られていて、僅かに上面に残る丸味によって丸桁と判定されるものである。現在の断面の大きさが厚さ七・三寸に丈九寸、及び厚さ六・六寸に丈八寸であるから、相当太い径一尺に近いものであったであろう。

b　丸桷第一種　六本

上方見え隠れ角、下方丸にされ、上端を欠く。角から丸に移る所に丸桷と拝みに欠き合わせた痕跡があり、明らかに三棟造の地桷である。桁当り、同止釘穴があり、木負をとめた釘穴や母屋桁へとめた釘穴を存するものもある。角部分の太さ、最小四・三寸×四・五寸、最大四・八寸×五・四寸、丸部分三・七寸×四・七寸～四・四寸×四・五寸。梁間二間二六尺（一三尺等間）ほどの三棟造の建物の桷と見られるものである。

c　丸桷第二種　一四本

丸桷で上端には鋏に組んだ仕口があり、拝みから桁当りまで八・一尺～八・五三尺で、梁間一五尺くらいの建物の地桷と見られる。僧房には普通小子房が附随し、元興寺のこの僧房にも小子房があったことは、長元八年の「検録帳」に明らかであって、しかも興福寺のそれが梁間一五尺であるので、この桷を小子房のものと見る事も不自然ではない。桁当りから木負外下角当りまでは三・一～三・六尺。木口の風蝕が少く、飛檐桷をとめた釘穴も存するので、二軒の地桷と推定される。太さは最小三・七×三・八寸、最大四・四×四・六寸。

d　丸桷第三種　一二本

丸桷第二種とよく似るが、木口の風蝕からして一軒の桷と判定されるものである。拝みから桁当りまで八・二～八・五五尺、断面の大きさは最小三・二×三・三寸、最大四寸の丸で前者よりやや細めである。茅負前下角の位置が判明しないので、軒出をおさえ難いが、桁釘穴と茅負釘穴の間の寸法は二・九八尺、三・一二尺などとなっている。

第二節　構造の復原

以上の資料に基いてまず僧房構造の復原を行うこととする。尤も間取と関連して考えなければ全体の平面は未だ明らかにならず、また床組や縁の構造などもそれらの部材が全く残存せず、柱に残された痕跡が唯一の資料となるので、それらは柱に残された諸痕跡の詳細な調査を経た後でないと解明出来ない。従ってそれらは次章で柱に関する調査を記し終った後にゆずり、ここでは造作や壁等を除いた軸部及び屋根構造のみを扱うことにしたい。

一　平面寸法

柱間寸法を知る資料としては地下発掘の遺跡も参考となるが、これは精密な数値を提供しない。今迄あげた旧部材の中で、まず身舎の梁間寸法を示すものは大梁の両端に残された肘木仕口の距離である。これから得られるほぼ正確な値は、

二二・三二尺、二二・三五尺、二二・三七尺、二二・四〇尺

の四つである。繋虹梁は一部を切断されているので、梁行庇の間の寸法を正しく知る資料はない。一方、桁行寸法を知る資料としては、入側天井桁に推定柱径一尺五寸を加えた値が、

二二・一〇尺、二一・八三尺

後述する地長押総長から知られるものは、

二三・〇〇尺

頭貫に残る柱際の風蝕差から推定されるものは、

二二・二〇尺、二二・二〇尺、二二・一八尺、二二・三五尺

随分と不同が甚だしい。大梁の肘木仕口間の距離は揃っており、正確そうであるが、頭貫位置の柱心々距離が上方梁の位置で開くような例は古代の建物では少からずあり、これによって梁行寸法の方が桁行寸法より長かったと判定するのは早計である。発見部材に

よる柱間寸法以外に参考とすべきは現在の禅室で、現禅室は本堂下から発掘された旧僧房の礎石跡に連続していた。これはおそらく旧礎石の上に再建されたものと思われるが、その桁行総長は八七・九七尺で、当初の尺の九〇尺に該当したものと見られる。

そうとすれば一坊の桁行総長はその四分一で二二・五尺となる。そして身舎の梁行寸尺もこれと一致させたものと考えられる。二二・五尺に〇・九七七を掛けると、二二尺となり、前掲の値の中にはこれより長いものが多いが、何れにしても仕事斑が甚だしいので、これらから使用尺と現尺との正しい換算値を見出すことは困難である。

次に庇の柱間寸法は正しい値を出す資料がないが、現禅室の庇の柱間寸尺は一〇・一尺で、これを奈良時代の尺になおすと一〇・三尺ぐらいとなろう。これは身舎の梁行柱間寸法二二・五尺の半分一一・二五尺から一尺を減じた値一〇・二五尺に当るのではないかと思われる。そうとすれば梁行総長が四三尺という完数となる。現在の資料からこれ以上の細かい数値を追求することは困難で、奈良尺の完数とみた以上の数値でとくに不合理な点は見出せない。

二　柱の配置（図面１）

大体の配置は現在の禅室と同様で、長さ約二二・五尺の各房境毎に側柱・入側柱が丸柱で配され、これが桁行に三分割されて角間柱が配される。現禅室と異なるのは身舎の間柱の配置で、すなわち禅室では入側丸柱間の身舎梁行を二分するように間柱がおかれ、その柱は角柱でもとくに太いものにされているが、旧僧房ではこの入側丸柱間が三分割されて、角間柱の一般型のものがおかれる。身舎内は大きな一室となり、最初間柱をおかなかったと思われるが、後に棟下通りに二本の角間柱を入れた。そのためか、ここの柱の枘穴は他のものが丸であるのに角となっている。これらの間柱は断面矩形であるが、桁行柱間におかれる間柱は桁行に長手を、梁行柱間におかれる房境の間柱は梁行に長手をおいている。

角間柱の配置が丸柱間の三分割とはいいながら、かなり不同があったことは各部材のところで前述した。数値の開きが大きすぎるので、平均値をとってみてもたいした意味はないが、それが大体七・二尺前後になるので、その柱間寸法を奈良尺の七・三尺と考えてみた。こうすると両脇の間は七・六尺となるが、丸柱が太く、角柱は細いので、柱の内面距離としては三間ともに五・五尺に揃うのである。大体の柱間寸法としてはこの程度でやむを得まい。

三　軸部および屋根構造（図面2）

軸部および屋根構造は床板張りである点は現禅室と同様であるが、現禅室が全面に天井を張っているのに対し、旧僧房は身舎のみに天井を張っており、そのほか現禅室の構造は大仏様の手法を濃厚に取入れているので、根本的に相違しているといった方がよい。

まず側通りの軸部構造は丸柱頂を頭貫でつなぎ、間柱は地上から立上って頭貫下面に枘差しとなる。丸柱上には平三斗組物が載り、中備に間斗束がおかれる。側桁は角材。平三斗の肘木と直角に咬合って大斗に載る繋虹梁は入側柱に枘差しとなる。肘木や繋虹梁は曲線をもったもので、肘木には笹繰りがつく。

入側通りの構造もこれに似ているが、間柱は頭貫まで達せず、その下方にあって入側柱に枘差しにしておかれた入側天井桁下面に枘差しになっている。そしてこの天井桁と頭貫との間には枘を用いずに束というよりも枕木のようなものを二箇入れる。

身舎梁行の入側柱間では、入側天井桁と同じ高さに梁行天井桁が柱に枘差しにして取付き、間柱二本がこの下に枘差しで入る（これは丸柱に残る天井桁仕口が、梁行・桁行共に同じ高さであることによる）。そしてその中央に桁行棟通りの天井桁が浅く渡り腮にして上にのる。大梁は入側斗栱の大斗上にのって肘木とかみ合い、梁行天井桁との間には二本の束が上下枘差しにして取付く。大梁上には四分点に束が立ち、両脇の束上には野肘木をおいて母屋桁があげられる。母屋桁には大梁の端から筋違が取り付いて、構造の補強をしていた。この母屋桁上に二重梁がかかり、それに短い束を立て（二枚の角枘を用いて立てられているものがあるのは棟木がふらつかないためであろう）、野肘木を支え、棟木がのる。これが二二・五尺毎に設けられる房堺の柱筋での小屋組構造で、いわば普通の二重梁方式であるが、支点の間がかなりはなれるので、長い野肘木（約八尺）を用いた点は他にあまり例を見ない。また棟下天井桁の上面と棟木下面に束枘らしいものが見られるので、この間に長い束を立てたこともあるかもしれない。なお側桁、入側桁、母屋桁、棟木共に断面矩形で、垂当りの小返りはつけられない。垂は棟木から入側桁まで一本、それから外が地垂まで一本とされて取付く。上方垂は角材で、棟木上で鋏に組み、込み栓でとめられる。下方の垂は丸垂で、上方垂の下端を箱形につくり、それに下方垂から枘を作ってはめこみ、込み栓でとめる。身舎は天井を張るが庇の間が化粧天井となるので、ここから垂を丸くしたのである。この垂の先に木負が釘どめされ、飛檐垂がかかり、飛檐垂はその尻を地垂に釘止めされる。飛檐垂の先に茅負を釘づけし、その上に直接瓦繰をして屋根瓦がふかれる。野地には板が用いられ、屋根面の葺地の肉づけは土を盛って加減したのであろう。

二重梁方式の小屋束に当る材が見当らないので、棟木および母屋桁の高さを確定する直接資料はなく、これらは棰を組んで復原される。その上方棰の勾配は棰の桁当り距離と桁間の寸法等から推算すると六寸勾配ぐらいになる。従って、棟木および母屋桁は位置がほぼきまるのである。これに対して、下方棰は五寸勾配ぐらいの計算となるが、これは庇の梁間一〇・一尺と棰に残る側・入側桁間寸法平均一一・三尺から算定される。そして後述する柱に残る繫梁仕口より知られる側・入側柱の長さの差とも大体合致するのである。次に飛檐棰の勾配を、その尻の地棰との納りとか、木負前面の勾配等の関連を辿って図式に算出して行くと、上面が三・五寸勾配ほどとなる。こうして屋根を図示して行くと、引渡しの屋根勾配がおおよそ五寸勾配ぐらいに納まる。これは奈良時代の建築の屋根勾配として妥当なものであろう。

身舎の天井は所謂大和葺で、入側天井桁から棟通り天井桁へ板を交互に上下にして両脇を少し重ねて張る。下の板は天井桁にしずめる。棟通天井桁が梁行天井桁の上に渡り腮にとりつくので、天井板は中央へ軽く昇ることとなり、天井板は桁に釘止めされる。現在、本堂内陣に用いられている鏡天井は、桁行中央に一本太い竿を通し、天井板はその上で継がれている。これは旧僧房の天井板を用いたための特殊型式で、その天井板には奈良時代以来用いられたことを示す釘穴が、木口に近く三種類認められた。

各部の接手、仕口について記せば、頭貫の接手は不明だが、柱際の風蝕差の生じている所から七寸ぐらい残されているものに何の仕口も残っていないので、どうも胴付になっていたのではないかと思われる。そうとすれば桁のつなぎに頼っていたとしなくてはならない。桁の接手は古代鎌継ぎ。母屋桁や棟木は野肘木で受けるので胴付とし、野肘木との間を太枘でつなぐ。斗を丸太枘で据えることは古代の一般と異ならず、間斗束の枘は角形。間斗との間には細長い一方よりの角枘を作り、間斗を横から挿入するようにされている。これも一般の方法と変らない。側柱上の平三斗は繫虹梁の上を欠きとり、肘木は下を欠きとって相欠きとする。入側通りでは大斗上で大梁を大きく欠きとり、肘木下端は少し欠きとって梁に渡り腮に取付ける。角間柱と天井桁や頭貫との取付きは丸枘。小屋束の枘は角。繫虹梁端や天井桁端の柱への取付きは下方枘。二重梁は桁に細い溝を横断し、梁に渡り腮の畔をのこしてこれにはめこんでいる。

妻の構造は妻大梁の中央下に大斗を咬ませた痕跡があることによって知られるように、中央に丸柱をおき、その上に大斗のみをすえて大梁中央を支えたもの。大梁から上方は、束の配置から推して、他の房境における構造と変らないと見ることもできるが、野肘木の代りに実肘木を用いたとしても庇の手法と比べて妻の構成があまりにも不調和なので、二重虹梁式の構架を用いていたかと思われる。そうとすれば、さきにあげた虹梁がここに用いられ、二重虹梁上は叉首組にされたこととなる。しかし、妻大梁に蟇股等をとりつけた痕跡がないから、大梁と二重梁両端を受ける斗栱との間には束が用いられたと考える他はなく、棟木下の斗栱を三斗にすると叉首勾配が緩くなりすぎて格好がとれないので、これは大斗肘木であったと見なくてはならない。しかし他の指桁（母屋）端は母屋桁に肘木の太枘を存しないもののあったことによっても知られるように（母屋および棟木⑧）三斗斗栱によって支えられたと考えられる。それを図示すれば図面第2図のようになる。

第三章　旧元興寺僧房間取及び造作の復原

第一節　間取及び造作の復原資料

軸部及び屋根構造の復原について僧房としての間取や柱間装置・床組等の復原に入るために、先ず柱及び長押に存在している諸痕跡を詳細に分析整理してその資料を整える。

柱についてはその大要を前に記したが、これらの柱の大部分に残された痕跡によると、その造作は中途で少くも一回徹底的に改造されている。即ち本堂から出た各柱には床の痕跡が上下二つあり、これに応じて戸口、窓等の高さや方式も変っているので、一つ一つの柱について少くとも当初の痕跡と改造後の痕跡を区別しなければならない。これは既に第一章で述べたように僧房を建ったまま改造して仏堂にしたためで、この改造後のものについて先ずその組合わせを究明復原しなければ当初の資料の関連を厳密に規定し得ないことになるので、かなり繁雑な問題であった。禅室から出た柱には大きな改造の痕跡はないが、両者を統一して扱うために、当初の痕跡によって分類を行い、その用途を考察したい。（分類表参照）

一　丸柱の分類

丸柱の旧材は禅室と本堂の双方から出たが、禅室のものには長さが切縮められ、表面の削られているものが多く、本堂のものは縦にさいて、土居等に転用されていたため、一面のみ判っても周囲の関連が不明であり、急所が欠けていたりして、何れも資料としては不完全なものばかりであった。

丸柱は側住と入側柱に分けられるが、その区別の拠所は、

1　頭貫仕口下端を残していながら、その総長が短いものは側柱と判定される（幸い頭貫仕口下端を残したもので、下方がひどく切られたものはなかったので、この判別は容易であった）。

2　総長が長いものは間違いなく、欠損したものでも繋虹梁仕口穴や天井桁を取付けた枘穴を持つのは入側柱である。またこの種

の柱には四面に壁間渡穴が掘られているので、他が全部失われていても四面に壁間渡穴をもったものは入側柱と判断される。

3　表面に風蝕差があり、腰長押が取りついているもので、側面に壁間渡穴のあるものは妻の柱である。角間柱によれば、平の側柱には壁間渡穴が必要なものはないからである。但しこの種の妻柱は長さによるか、繋貫や繋虹梁仕口の存在によるか、床桁の取付き具合などにより判定が出来ない限り、側柱であるか入側柱であるかの決め手はない。

a　側丸柱（図面21）

本堂より出た断片五①～⑤、禅室に再用されていた柱一⑥の計六本で、本堂よりのものはいずれも第二次の仕口として内法貫及び腰貫を存する。

1　第一次、第二次共に戸口の痕跡をもつもの　①②

共に約四分の一円の断片で、①は側面の中心より内方へ、②は外方へ四分の一円周の旧表を残している。当初の仕口としては上方に頭貫下面、内法長押を取付けた首切や止釘穴、その下の楣仕口穴を存し、第一次は戸口であったことが知られる。方立は普通は小穴（溝）を突いてそれにはめこむのであるが、角柱でも同様に、この建物の場合には上下二箇所に一・五寸角前後の太枘穴を穿ち、太枘を植えて方立を止める方式であった。下方には②に腰長押が取付いていた風蝕痕及び止釘穴を存する他、①②共に床板を取付けた欠取痕がある。改造後の仕口は内法長押及び楣仕口が第一次より約八寸上にあり、方立小穴をその下に決る。腰長押上バも七・四寸上って戸口の内法寸法は第一次と大差ない。

2　第一次、第二次共に窓の痕跡をもつもの　③

側面中央から内方へ約四分の一円周を残す断片で、当初の仕口として頭貫下面、窓楣穴、窓台下の羽目板小穴等があり、窓台は仕口穴なしに風蝕差のみで知られる。床桁の取付いた切欠き及び同止釘が下方にある。改造後は窓楣上に内法長押を新設しただけで、窓の位置は変化がなかったらしい。

3　第一次窓、第二次壁と思われるもの　④

側面中央附近の四分の一円周を残す断片で、柱底が残されており、頭貫下面より柱底までの寸法一〇・三尺は、側柱総長を復原する資料となった。頭貫よりやや下った所に太枘穴があるのを窓楣止め太枘と推定した。同様な手法で天井桁を支えるから窓楣と考えられるが、前記③の技法とかなり相違しているので多少問題はある。しかしこの建物では全体の手法に統一性を欠く所があり、僧坊内部の造作等は一時に完成されずに徐々に整備される場合が考えられるので、大局的には誤らないであろう。下方にやや大きな穴が三箇並ぶのは、何れも少し内方へ偏して穿たれているので、腰羽目を張った胴縁の仕口穴と推定した。窓台は今取付痕跡を止めないが、③でも仕口穴はないから風蝕が消えたとすればよい。第二次は全長にわたって壁間渡穴が配されているから、明らかに壁であった。

4　第一次、第二次共に壁の痕跡をもつもの　⑤

この柱は、今までの①〜④が第二次の仕口として持つ内法貫及び腰貫を、頭貫に対して直角、すなわち梁行方向に通しているのに対して、頭貫と二次貫とを同一方向に通すという特色を持っている。これは妻柱以外にはあり得ないので、妻隅側柱と推定した。従ってこの断片は妻柱の梁行方向の面を残していることになる。後世の仕口で混乱し、どの穴が当初で、またどの穴が改造時のものかを判別し難いが、大きな古式の間渡穴が存するから第一次、第二次共に壁であったことが判る。

5　第一次、両側に横連子型式の窓、背面入側柱との間は壁の痕跡をもつもの　⑥

両側面上方に横連子々を挿入した穴があり、その下に窓台仕口穴がある。窓の下は壁。頭貫、床等の仕口を残さないので高さ関係が判らないが、現在の底が旧底に近いようである。背面には壁間渡穴が残り、この間隔は次に述べる入側柱に残るものと対応して房境は壁で厳重に仕切られていたことが判る。なおこの柱には改造された第二次痕跡はない。

b　入側丸柱（図面22・23）

入側丸柱と判断されたものは本堂より出た断片五（①〜⑤）禅室に再用されていた柱七（⑥〜⑫）の計一二本で、側丸柱同様本堂よりのものはいずれも第二次の仕事として内法貫及び腰貫仕口穴を存する。

1　桁行（東西）側面を残し第一次、第二次共に壁の痕跡をもつもの　①②

共に約四分の一円の断片で①は長さが一三・二三尺と長いこと。②は繋梁仕口があることによって入側柱であると判別される。

①は上方に天井桁を支える太枘穴があり、下方は壁で、ここは改造後も壁であった。下方に床桁を取付けた欠取りと、やや上に床板を欠込んだ（厚さ三寸）らしい切欠、及びその止釘穴がある。天井桁下面から床板上面まで一〇・五尺を計るが、これは天井桁枘穴が後に下へ拡大されているので、もう少し長くなる筈である。

2　梁行（南北）側面を残し第一次には壁の痕跡をもつもの　③④

これも同じく四分の一円周を残す断片で、③は外側に腰長押取付痕跡があり、相当な風蝕があるので妻柱と判断された。さらにその入側柱または妻中央柱と考えたのは床桁の取付方向から、これを側柱となし得ないからである。この面は第二次には腰長押位置を高め、方立小穴をついて戸口とした。④は腰貫により梁行側面を残すと判定され、第一次壁、第二次には窓台とその下の羽目板決りによって窓であったことが判る。第二次に窓になるのはこの柱が「東三間堂」の東西どちらかの側面に使われたことを示すが、馬道に面する西側面は後述のように身舎三間と端の間一間が共に戸口と考えられるので、他端のみを窓とするより、同じく戸口と考えた方が無難で、この柱は東妻のものと判断された。以上この二本はいずれも東妻柱と判定され、当初は壁で、改造後は戸口及び窓であった。なお⑤は頭貫と繋貫の位置から入側柱であったことだけは判明するが、間取復原の資料とはならない。

3　四面に壁の痕跡をもつもの　⑥⑦⑧⑨⑩⑪⑫

これらはいずれも現禅室の柱に再用されていたもので、柱天及び底を切られている。再用に際して旧柱面を削り直したため、細かい痕跡は残っておらず、特に大部分が旧床位置附近から下方を切断されたので、これだけでは矩計としてまとまり難いが、前記断片資料と合わせて入側丸柱の大要が判明する。上方には一方に繋梁仕口を、他の三面にそれより約一尺上って天井桁を支える太枘穴をもつ筈であるが、これらが後の仕事で失われて、全痕跡を完存するものはない。下方は四面共に壁間渡穴が並んで、壁であったことが判る。⑪は相対する二面に壁の痕跡を止め、他の二面には全く痕跡を残さないが、これは表面を削り過ぎたために失われたもので、元は四面壁と考えられる。⑫は両脇二面が後に改造され、方立小穴を突いて戸口にしたらしいが、禅室から出た柱資料で、改造痕跡を明瞭に残す例は他に見られないから、その意義を捉え難い。

c　丸柱旧位置の推定

丸柱は構造的には身舎柱（入側柱）と庇柱（側柱）に分れるが、平面間取は構造のように対称とはならないから、平面を考える場合にはもう一歩進んで、細分類する必要がある。僧房は切妻造りの細長い建物で、側面（妻）は壁を原則とした。またこの建物では棟下通りには妻以外に丸柱を用いないので、これらの点を考慮すれば、側柱が南側と北側で分けられるか否か、同様に入側柱についてもそれが身舎の南側通りと北側通りとで変化があったか否かを検討しなければならない。

そこで以上の丸柱に残された痕跡によって、その旧位置の分類をすると、先ず入側柱は四面共に壁が取り付くのを原則としたことが注目される。③④の妻柱と推定されたものも、妻にあるためにその正面へ向っては壁を付けないだけで、他は一般と変らない。従って当初の間取を復原して考察する場合には入側丸柱は一種類としてよいことになる。次に側丸柱については、妻柱（⑤）は妻側面が壁になるのを当然と考えて除外しても、戸口のもの（①②）と窓のものとの二種に大別される。窓には縦連子と推定されるもの（③④）及び横連子のもの（⑥）があるが、これは一応類似例とする。とすればこの戸口と窓を正面（南側）と背面（北側）に分けて配置することが容易に想定され、これ等をそれぞれ南側柱及び北側柱とに分ける。角間柱や第二次の改造痕跡が関連するから、丸柱だけでは上のように確定することは出来ないが、それは後の検討にゆずってここでは以上の分類で充分であろう。すなわち側丸柱は南側と北側柱とで異り、入側柱には両者を区分する積局的な資料はない。

二　角間柱の分類

大部分は本堂小屋内に転用されていたものであるが、三本は本堂内陣間柱に再用され、禅室には側間柱一本と入側間柱一本並に内部間柱二本が再用されていたのみである。何れも断面矩形の角柱。長さを切断されているほか、再転用後の仕口のため資料の失われているものも少くないが、丸柱に比べると資料としては整っている。内訳は側間柱九本、入側間柱一四本、房境間柱七本、身舎内間柱四本と判定され、総数三四本である。これらの分類の拠所となったものは、側柱と身舎関係の柱（入側、房境及び身舎内柱）を分けることは、丸柱と同様にその総長の長短及び風蝕の有無が基準となり、切断されて短いものはこれに準ずるわけである。しかし同じ身舎関係の柱でも、入側通りに並ぶもの（入側柱）、梁行天井桁の下に建つもの（房境柱）、及び棟通り天井桁に仕口されて身舎内部に配されるもの（身舎内柱）の三種に分けられることを、構造の復原の項で述べたが、一つ一つの柱がそのどれに属するかを判定することは必ずしも容易ではない。これについては箇々の分類の処で記す。

a　側間柱（図面24・25）

本堂に転用されていたもの八（①〜⑧）、禅室に再用されていたもの一（⑨）の計九本である。本堂のものは何れも改造後の仕口が重なって二度分の痕跡が認められたが、以下の分類は最初の仕事に従う。

1　両脇に戸口の痕跡があるもの　①②③

上方両脇に楣仕口穴、その上の内法長押を止めた釘穴が正、背面に存するので、戸口であったことが判る。方立は側丸柱の項で記したように、上下約三尺強離れて穿たれた太枘穴によって支えられ、下方も蹴放を仕口せずに納めたことが、普通と相違している。下方には方立が当っていた風蝕型、腰長押が取り付いていた風蝕型、同止め釘穴がある。腰長押下方には側面に床桁を止めた釘穴、正面には縁桁の枘穴と考えられる仕口がある。①②は柱頂の丸枘を切られただけで旧面を存し、矩計を考える資料として重要である。改造後は床が八寸ほど上げられ、内法、腰両長押共それにつれて上に引き上げられ、側面には楣及び方立小穴仕口を存して、当初同様両側面が戸口であった。なお腰貫を梁行に通して、それが丁度床大引に相当している点は注目される。

2　両脇に戸口の痕跡があり、背面に壁跡のあるもの　④⑤

両側面第一次の仕口、痕跡等は、上記の1類と変らないが、背面に小さな壁間渡穴を存する。これは戸口脇の小壁が取り付いたと考えられる。改造後の床の高さ、戸口方式、床組等も1類と等しいが、正面下方に第二次腰長押上面より一・一六尺ほど下って、縁の痕跡が明瞭に判る。背面の壁は改造後はなくなった。

3　側面一方に入口、他方に窓の痕跡があるもの　⑥

上方正背面に内法長押を打ち、下方に腰長押、その下に縁桁枘穴等があることは、前記1、2類と等しいが、側面の一方（向って右）に楣、蹴放を取り付けて入口とし、他方を窓とした。この入口は取付方式が1、2類の戸口方式と異り、特に方立がなかったと思われる点は注意を要する。窓は上方に窓楣仕口穴を、下方に窓台下の羽目板決りを存するが、窓台そのものは仕口なしに取付き、風蝕型のみによってそれと知られた。改造後は入口の側が前記1、2類改造戸口と同方式の戸口に改められ、窓は動かされなかったらしい。また前記1、2類が腰貫を通したのに対して、これは飛貫を通し、正面下方の縁構造も相違している。

4　側面一方に入口、他方に窓、背面に壁跡のあるもの　⑦⑧

基本的には3類と大差ないが、背面上部に楣仕口穴があり、その下に小さい壁間渡穴が並ぶので、ここは楣下を戸口とし、その脇に小壁があったものと考えられた。⑦の窓は窓台仕口穴まであって明瞭であるが、⑧は窓楣のみ認められ、窓台の痕跡すら見当らない。しかし窓台を柱に添えた束で支える方式をとればよく、他に別な間仕切装置があったとは考え難い。改造後は⑦の両脇が戸口に改められ、⑧は窓をそのままに戸口のみを改めたもので、これらの仕事は前記3類と通ずる。

5　両側面上方を窓とし、窓下は一方入口、他方壁としたもの　⑨

これは禅室から発見されたもので、側丸柱⑥に対応する。

横連子窓の下方は一方に楣仕口があってこれは入口、他方は壁と判明する。

楣下には方立を取付けた痕跡が見えないから、この入口は3及び4類と等しい方式であった。

b　身舎間柱（図面26・27・28・29）

本堂に転用されていたもの二二、禅室に再用されていたもの三の計二五本で、入側柱であることとの認定は次の点によった。

一　寸法の長いこと、二　腰長押の取付痕跡がなく、風蝕が少いこと、三　床桁取付の仕口や痕跡が側柱と異ること、

但し、長さの切られているものや、床取付位置の欠けているものについては、ほぼ完全なものとの仕口や痕跡との類似に頼った。

1　側面の一方を壁、他を戸口として、入側間柱と推定されるもの（図面26・27）

これは本堂に転用されていたもの一三（②〜⑭）、禅室に再用されていたもの一（①）の計一四本である。本堂に用いられていたものの中には、現内陣周囲にそのまま再用されていたもの③④⑤⑥⑦や、東南隅力肘木に転用されていたもの②等がある。

側面の一方に壁間渡穴が上下を通して並び、ここが壁であったことが容易に判明するにもかかわらず、その反対側面にはほとんど当初痕跡を見出し得ないのが、この類の特色である。しかしよく見ると、この面にも床からかなり離れた上方に壁間渡穴が二

箇並んでおり①⑨⑬、上方のみは壁であったことが判る。柱天を切られた大部分の柱ではこの間渡穴が一つしか残らない。こうして上方のみが壁で、下方に何の痕跡ももたない仕事は、ここが戸口であったと推定され、法隆寺伝法堂の例のように枠組の辺付を用いた方式と考えられる。床板上面痕跡及び床桁取付仕口の判る例がかなりあり、特に床桁は同じ高さで側面に梁行方向の床桁が、背面に桁行方向の床桁が取付いた切欠仕口、同止釘穴をもっている点は注目される。これが後述する床復原の資料となるばかりでなく、丸柱断片を側及び入側に分類する規準となった。ところでこの入側間柱にも正面或は背面に当る長辺の面に小さな壁間渡穴を存するもの⑥⑦⑧⑨⑩⑪⑫⑬⑭と、存しないもの①〜⑤とがある。これは前記側間柱での1類対2類、または3類対4類に対応する関係である。

次に改造後の痕跡については、①は禅室の柱なので問題外とし、②も調査不充分に終ったのでこれを除けば、大体二種に別れる。その第一は両側面上方に楣仕口を設け、それに応ずる内法長押を正背面に取付けて、両側面を戸口としたもので、③④⑤⑥⑦がこれに当る（a類）。⑤⑥⑦の楣及び長押を上下二段に取付けた例は、この間を欄間としたものと推定され、基本的には変らない。この種のものは改造後の繋に腰貫を用いて、これが床大引となるが、その仕口は側柱に面した枘穴となって、背面へ抜けていない点は注意を要する。第二の型式は前種の楣位置よりやや高い所で、両側面に無目を取付け、その上方を薄い板壁としたもので、⑨⑩⑪⑫がこれである（b類）。無目仕口は一方を角太枘、他方を細長いスベリとし、無目自身がかなりの成をもった材であることを示している。この式では腰貫を用いずに無目よりやや低い位置で梁行に飛貫を通す。

このa類とb類とは貫の方式からすれば、a類が側間柱の1、2類に、b類が3、4類に関連することが注目される。⑧は飛貫がないので一応a類と見られ、第二次の仕事として梁行に無目及び敷居を取付けた痕跡をもつが、両側面は第一次と同様一方戸口、他方壁としたもので、側間柱における窓の箇所と同様、入側通りでも、第一次の間仕切型式を、第二次にそのまま再用した部分もあったことがわかる。

2　両側面に壁の痕跡を存し、房境柱と推定されるもの（図面28）

これは本堂に用いられていたもの六（①〜⑥）、禅室の柱として再用されていたもの一（⑦）の計七本である。1　寸法が長いこと。2　風蝕の少いこと。3　両側面に壁間渡穴を持つこと。これは間隔も比較的よく揃い、入側丸柱の壁間渡穴に対応する。

4　床桁取付痕跡のないこと、等が特色となって判別された。なおこの柱は構造復原の項で述べたように、梁行天井桁下面に枘差しとなって立ち、断面長手を梁行において使われることになる。従っていま柱の側面と称しているのが梁行方向の壁になるわけである。

このうち特に注目すべきは①②で、①は桁に転用されていた。当初の痕跡は両側面が壁で、これは別に変った点はないが、改造後には両側面共に方立取付けの小穴を掘り、その上方に楣仕口穴があって戸口にされた。しかもその楣仕口は上下に三箇並び、内法長押もそれぞれに取付いていた。最上の楣位置は入側間柱ａ類とほぼ高さが等しく、中間のものは側柱戸口の楣と同高であるから、何れか一方は仕事の誤りであろう。下方正面に腰長押取付上面痕跡、背面に床板をとめる切欠があり、その下には梁行に床板受けを兼ねた腰貫穴、桁行にコネ枘の大引貫穴がある。この腰貫の方式を前記入側間柱ａ類と比較すると、ａ類では側柱との間の「庇の間」だけに腰貫があるのに、ここではそれが十字型にあり、他の一面には腰貫を取付けるので、両者が同一には扱えないことが判り、この柱が坊境のもので、改造後にはその妻柱となることが推定される。

3　側面一方に壁の痕跡があり、身舎内間柱と推定されるもの（図面29）

本堂より発見されたもの三（①〜③）、禅室柱に再用されていたもの一（④）の計四本である。当初の痕跡としては、側面一方に壁間渡穴を上下に並列してここが壁であったことを示し、その反対の側面には上方にのみ壁間渡穴を存する。この型式は入側間柱の両側面とよく似ており、一方が壁、他方が戸口と推定される。しかもこの種の柱には、いずれも床下部分がなく、そうした点では入側柱との区別は非常に困難であるが、幸にこの種の柱に限り、壁でない三方の柱面にひどいすり傷があって、一見して見分けられるのである。またこの第3類柱は他の角柱頂がすべて丸枘であるのに、棟通り天井桁を見ると角枘で仕口されていること、この柱に向い合って坊境通りには当初柱がなかったこと、床下部分を全く残さないのはこれが床板上に立っていたのではないかと考えられること等の理由で当初にはなく、後に附加されたものと推定される。この柱が身舎内に立つようになると、これに対する房境の中央位置にも片蓋柱か仮柱が立ったと思われ、梁行天井桁下面にその痕跡をとどめるものがある（⑤）。

三　長押の分類

長押は本堂のみから出ており、しかも全部経年が少く、取付けられてから廃棄されるまでの期間が非常に短かったことを示す。住居から仏堂に改造された際取付けられ、現本堂が再建された時に廃棄されたものとみられる。中に円柱に欠込んだ旧痕跡を埋木して用いるものがあり（地長押①②⑤）、これらは旧長押の表面を削って再用したものである。当初の痕跡で間取の復原に役立つ資料は見当らない。従って長押によって復原されるのは、改造後の東三間堂の平面である。全部で一四本あるが、地長押が六本、内法長押が八本で、内五本は外側のもの、三本は内側のものである。

a　地長押（図面31）

1　連続三間共に戸口の痕跡をもつもの

①②③④の四丁がこれにあたり、間柱で分たれた各小間共、戸口であったことを示す扉軸摺穴を残す。①〜③は土居、④は母屋桁に転用されていた。これらの長押の見付丈は五・〇〜六・五寸、上面幅は七・五〜九・〇で、この著しい寸法の不同は改造の際、柱の並びや縁上面の水平が多少狂っているのを、長押で補正したためと思われる。

2　中央間戸口、両脇間窓の痕跡をもつもの

⑤⑥は間柱によって分たれた三間の内、中央間戸口、両脇間連子窓とされた所に用いられたものと判定される。即ち中央間には扉軸摺穴の痕跡またはそこに施された埋木を残し、両脇間中央には束枘穴と束の当った圧痕を存している。これは窓台をうけた束に該当する。

b　内法長押（図面32）

内法長押は前面のものと背面に取り付けられたものとがあり、扉軸摺穴等の痕跡を持たないものを後者とした。すなわち外側のものは①〜⑤の五丁、内側は⑥〜⑧の三丁である。地長押に対応して各間共戸口のもの三丁①②③、中央間戸口、両脇間窓のもの二丁④⑤がある。多少注意されるのは①で、他の長押が丸柱間約一二尺を一丁で取り付けているのに、①だけは丸柱が長押の中央に位置している。これは①が特別な位置に配されたことを考えさせ、妻に用いられたと推定される。とすれば①の左端には角柱へ取り付い

た切欠があるから、これは身舎の小間に、右方は庇の間に相当する。房境間柱①②が改造後戸口になったこと、①の内法長押止釘穴が一箇所に二つ並んで、ここで長押が接がれたことを示している等をこれに関連して考えれば、長押①を妻通りと推定して矛盾する点はない。内側のものを含めて、見付丈五・〇～六・五寸、幅は六・〇～八・〇寸である（⑧は丈を減じられている）。

以上の地長押及び内法長押を通覧して、両木口を有し旧全長（柱間寸法）の知られるものは、地長押の⑤で二二・〇尺、中央間六・八九尺、両脇間は七・七二尺及び七・三九尺である。その他脇の間の柱間寸法の判るものが地長押①の六・九六尺、内法長押⑦の七・一八尺。中央間は地長押で①七・七四尺、②六・九五尺、④七・六〇尺、⑤六・八九尺、⑥七・八〇尺、内法長押で④六・八五尺、⑥七・七四尺、⑦七・二二尺等が知られ、最大と最小との差は九・五寸に及んでいる。

第二節　造作の復原

一　軸部矩計復原の補正

軸部の構造については、先に一応考察したが、柱に残る諸痕跡の調査の結果に基いて多少の補足をしておく。

a　間柱の断面について

間柱は何れも長方形の断面を持つことは既に記したが、寸法にはかなり不同がある。しかし側柱、入側柱、房境柱、身舎内柱といった用途に従っての変化があるかどうかを吟味するため、実測値を挙げれば以下のようである。

断面寸法には非常に斑はあるが、特に用いる箇所によって差を附した意図は認められない。後補と考えられる身舎内間柱にしても、寸法、材質等は他の間柱とよく似ているのである。

角柱断面寸法一覧表　（寸法は分単位）

柱種別	長短辺別＼柱番号	1	2	3	4	5	6	7	8	9	10	11	12	13	14	
側間柱	短辺寸法	六五	六〇	六八	六七	六七	六五	六六	六六	六六						六〇―六八
	長辺寸法	七八	七八	七五	八二	八一	八〇	八〇	八四	七五						七五―八四
入側間柱	短辺寸法	六〇	六八	六〇	五八	六三	六〇	六八	六六	六五	六三	六七	六五	六六	六八	五八―六八
	長辺寸法	七四	八二	七八	七七	七六	七八	七八	八一	八八	七五	七五	七六	七四	八〇	七四―八八
房境間柱	短辺寸法	六六	六〇	六七	六四	五二	六五	五二								五二―六七
	長辺寸法	七七	七七	七七	七五	七二	七五	七二								七二―七七
身舎内間柱	短辺寸法	六五	六〇	六三	五六											五六―六五
	長辺寸法	七八	八〇	七五	（六四）											七五―七八

b　軸部矩計の補足と柱の床上寸法

先に軸部の高さを決めるには、側丸柱のうち唯一つ頭貫仕口下バから柱底までを残していたものによった。即ちその総長一〇尺三寸。それに頭貫の丈八寸八分を加えた値一一尺一寸八分を側柱の総長とし、これを基準にして定めた。勿論柱総長は礎石据付の高低や、その他の仕事斑によっても変るから、柱毎に多少の差異があるのは当然であるが、床上寸法の方がむしろ不同が少い筈である。よってここで前章から得られた資料によってこれを判定し直し、特に入側柱の矩計について再考しておきたい。

（イ）　側柱の床上バから頭貫下バまでの寸法。これは丸柱についても、確め得られるものであり、また角間柱は直接頭貫下バに取付いているので間柱からも多少資料が出る。資料をあげてみると、

柱番号　　腰長押上バから頭貫下バまで（丸柱は頭貫仕口まで、角柱は柱天まで）

丸側柱②　　八・〇一尺

同　③　　七・九六尺（窓台下羽目板小穴下端による）

同　⑤（隅柱）　　七・八〇尺（これは頭貫仕口下バが傷んでいるのでこの数値より一寸ぐらい高く見る必要がある）

角側柱①　　八・〇三尺
同　　②　　八・〇五尺
かなり不同もあるが、おしつぶれなどもあるから八尺五分を採っておく。
(ロ)　入側柱の床上バから同頭貫下バまでの寸法。直接にこれを知る資料はなく、次の三項目の組み合わせによる。①床上バから天井桁下バまで、②天井桁と繋虹梁の関係、③繋虹梁下バより頭貫下バまで。天井桁は繋虹梁より一尺くらい上にかかっているから、①－②＋③で床上バより頭貫下バ迄の距離が判明する。先ず天井桁下バまで、即ち間柱の床上バからその頂までの長さをさがす。資料は極く少い。

　柱番号　　床上バから天井桁下まで、
角入側柱⑨　　一〇・七〇尺
丸入側柱①　　一〇・五〇尺（但しこれは天井桁枘穴下バによる。この枘穴は少し下へ広められている恐れあり）

　ここでは多少疑いの残る後者を捨てて一〇尺七寸を採る。次に繋虹梁は残存する入側柱の枘仕口により、柱の仕口下バから虹梁下バまでは二寸を計るから、入側丸柱⑥⑦より繋虹梁下より天井桁下までを測ると、九寸二分～一尺五分となる。一方入側丸柱②により虹梁下バから頭貫下バまでは二尺九寸八分と知られる。床上バから頭貫下バまでは一二尺六寸三分～一二尺七寸六分となる。こうして復原された側及び入側頭貫の高さの差は四・六～四・七尺くらいである。その上の斗拱組方式は変らないが、入側通りでは大梁をかむので、多少積み上げ寸法が高くなり、側桁と入側桁では高さの差が四・八尺前後になる。庇の梁間寸法が奈良尺の一〇・二五尺と推定され、現尺にすれば一〇尺強となるから、従って庇の棰勾配は、これからすると四寸八分勾配と計算される。これは先に下方地棰の痕跡によって推定された五寸勾配に近いから、全体として矛盾した点はないとしてよい。なおこの程度の寸法の誤差は資料の性質からやむを得ない。
(ハ)　改造時の床上バの上り寸法は少々捉えにくい。それはかなり柱の不同沈下もあって狂った所へ床を水平にとりつけたため、場所により床上バから柱頂までの寸法も不同を生じていて、一定した床の上げ寸法を捉えることは不可能だからである。ここでは資料によって、改造後の床上バから間柱頂（側丸柱頭貫下バ、入側丸柱天井桁下バと同じ）までの寸法の判っているものと、床上バ

（腰長押上バ）の当初及び改造後の移動寸法の判るものをあげておく。

（単位尺）

側・入側別	柱番号	第二次床上バから頭貫下バまで	当初床上バより第二次床上バまで
側柱	丸②	七・二七	・七四
	丸⑤	七・一五	・六五
	角①	七・一五	・八五
	同②	七・一八	・八五
	同④	／	・八〇
	同⑤	／	・七九
	同⑥	／	・八〇
	同⑧	七・三五	／
		七・一五〜七・三五	・六五〜・八五
入側柱	丸①	九・九〇	・五五
	同③	／	・六六
	角②	／	・五〇
	同⑨	九・九〇	・八九
		九・九〇	・五〇〜・八九

（表頭：改造後床面移動寸法）

二　各部柱間装置の復原

a　房境壁の復原

房境壁の資料は最もはっきりしている。先ずこの壁間渡穴は次の柱に残されている。

側丸柱⑤⑥、入側丸柱③④⑥—⑫の梁行に面する面、房境角柱①⑦の短辺。

これらの穴は間隔が一定しているとまではいかないが比較的よく揃い、房境角柱など同一柱の両側の壁間渡穴は位置もよく揃っている。穴の間隔も三尺〜三尺五寸位の間に入るものが多く、身舎柱では床下のものを合わせて五箇の穴を用いたらしい。穴の大きさも一寸五分角内外のものが多いが、やや長方形のものもある。勿論、壁は床下まで続く。

またこの間の壁上に来る横材は庇では繋虹梁、身舎では梁行天井桁であるが、これらの材の下面には各柱間に二箇宛のえつり孔があって、下方が壁であったことを示している。従って房境に当る側丸柱と入側丸柱間、入側丸柱と房境間仕切用角間柱とのあいだに厚い壁の作られたことは極めて明瞭であった。またこの壁面には余り雑多な仕口はなく、壁間渡穴を新たにつけ足して、壁を作りかえた形跡も極く少いので、僧房として、房境を完全に壁で仕切っておくことが原則として続いたことと推定される。

次に改造後この壁はどうなったかの問題であるが、これは改造後の用途を総合的に考察しなければならないので、入側丸柱③、房境角柱①②に戸口に改めた痕跡、入側丸柱④に窓口に改めた痕跡の見られることのみを指摘するにとどめ、詳細は次節にゆずる。

b　側通り連続三間戸口の復原

1　最初の側戸口の復原

この資料を持つ柱は、側丸柱①②、側角柱①―⑤である。

これらから知られる戸口の構造は楣を柱へ大入にし、その上に内法長押を釘止めする。丸柱にこの長押の首切りしたものもある（側丸柱②）。次に一寸五分角ほどの太枘を二つ用いて方立を柱にとりつける。蹴放の取付痕跡は柱に残らないから、柱へ直接取付けたものでないことは明らかである。戸口下には腰長押を床上バと上バ揃いに取付ける。蹴放は或は門の蹴放のように、少し幅の広いものにして、方立後方から欠込んで、方立とほぼ前面合わせに取付けられ、取外し出来たものであったかもしれないが、或は南面の庇が広縁のような使途を持っていたらしいので、特に蹴放を用いなかったことも考えられる。楣仕口穴の丈は四寸二分～四寸五分、幅は三寸、長押下の見付丈は三寸五分、方立厚も三寸以下であったであろう。方立見付幅は不明。腰長押上バから楣下バまでの寸法は（尺単位）、

六・二四　　六・一四　　六・一五　　六・一五

楣と頭貫の間は壁となっていた証拠に壁面渡穴が二つある。床下両脇にも壁が取付いていたことが壁間渡穴の存在によって知られる。

2　改造戸口の復原

この際は床も上っているが、戸口上の楣や内法長押も上り、内法長押は頭貫下一杯まで達している。腰長押上バから楣下バまでの寸法は（尺単位）

六・三〇　　六・三二―六・三〇　　六・四四―六・四一　　六・〇五　　六・〇二―六・〇五

―でつないだのは同一柱の両側で差があったことを示す。寸法に著しい不同があるのは、先にも指摘したように、狂った建物をそのままにして取付けたためで止むを得ない。方立は柱に小穴をついてはめこまれ、小穴の幅は一寸七分～二寸一分で、一寸八

分のものが多い。方立の見付幅は発見旧長押の仕口から知られ、寸法には甚だしい不同があるが、特殊なものを除き六～七寸ぐらいと見られる。楣や蹴放もこれと同厚。楣穴の丈は四寸三分～五寸。内法長押下端より下の見付丈は三寸六分～四寸二分。蹴放丈三寸ぐらい。内法長押下バには首切を作ったものが多い。長押の丈は五寸～六寸五分、丸柱面からの出二寸ぐらい。両脇床下は壁。

なお一部の柱（④の片側⑤の両側）では、戸口の中間に鴨居を挿入している。その仕口下バから腰長押上バまで五尺一寸五分。鴨居仕口の大きさは丈三寸五分～三寸八分、厚二寸五分。

c　側通り中央入口、両脇窓の復原

この種のものも改造に当り戸口が改められ、また一部窓が戸口に改造されているが、改造戸口の方式は前記2と等しい。しかし最初の方式は中央入口の方式も前節のものとはかなり違う。この入口の資料となるものは、

側角柱⑥⑦⑧⑨

側丸柱③⑥

窓の資料を具えるものには以上の他に、

がある。丸柱に窓の痕跡を残すので、三間のうち中央間が入口、両脇が窓であったことが知られるが、改造長押に残る痕跡によっても、中央間戸口、両脇窓であったことが判る（地長押⑤⑥）。連子、入口共方式に二つあるが、このうち上方に横連子を入れたものは特殊な例と考えられる。

1　最初の中央入口の復原

この方式は柱に残る痕跡としては、上に楣、下に蹴放があり、楣の上に内外から内法長押を取付けており、蹴放は腰長押即ち床板上バに載っている。楣・蹴放間内法寸法の判るのは側角柱⑦のみで五尺五寸。楣穴の大きさは丈五寸五分、厚二寸三分と丈四寸八分、厚二寸五分。蹴放仕口は丈三寸三分と三寸一分、厚二寸五分である。

ここで問題はこの処に扉が用いられたかどうかである。蹴放もあり、内法長押すらありとすれば、扉を吊った筈であるが、方立

なくしては納らない。とはいえ柱と方立の間に脇小壁を作って方立を楣と蹴放に仕口して納める方式はこの頃未だ行われていないと思われるし、もしそういう構造なら、楣の実際の丈は楣仕口穴より枘の丈だけ小さく作ってはめこめねばならないこととなり、楣の実際の丈は三寸位となろう。決定的な判定は下し難いが、恐らく扉を用いず、開放のままにしたか、或は何か帳のようなものを垂れたのであろう。後に推定するように、ここから入ると両脇の部分と身舎との境の三方に扉が吊られるので、ここは開放でも構わないことになる。

2　改造戸口の復原

この方式は三間戸口の改造後の方式と同一であるが、楣下バから九寸五分～一尺五分をへだてて鴨居がおかれる。丈四寸一分及び五寸、厚三寸。方立とは前面合わせ。

3　両脇窓の復原

上方窓楣は中央間の入口楣よりも上方に取付き、頭貫との間は壁とする。内法長押は用いない。窓台は柱へ枘差にした痕跡もあるが（側角柱⑦）、他の例では柱へ全く仕口していない。窓台下の羽目板のみでこれを支えることは困難に思われるから、その中間に束を立てたであろう。改造後の長押ではあるが、両脇間中央に束枘穴とその圧痕を残している（地長押⑤⑥）のは、その手法が踏襲されたものと見てよい。腰長押上バから窓台上バまで三尺一寸五分（側丸柱②）または三尺二寸（側角柱⑥）。窓台と窓楣間の内法寸法は三尺九寸二分（側丸柱②）三尺九寸一分（側角柱①）三尺八寸五分（側角柱②）となり、かなり寸法がよく揃っている。窓台幅は角柱の外面一杯らしいが、その丈は四寸八分～五寸（風蝕型による）。窓楣は丈四寸五分、幅は窓台と同じくらいであったと見てよさそうである。窓台受束の見付寸法は改造後のものながら地長押に見られる圧痕に従えば、五寸七分～七寸四分。かなり大小が認められるが、最初のものも六寸～七寸位であったろうか。

なお窓と思われるにもかかわらず窓台等の痕跡を止めない例として、側丸柱④と側角柱⑧とがあり、前節で述べたように前者は下方を板羽目とする方式、後者は柱に接して窓台受の束を立てる方式と考えられた。しかし実際は窓ではなくて壁であったとか、開放のままておかれたような事情がなかったとはいい切れない。

以上からみてもどのような窓形式であったかの確証はないが、窓台の寸法や当時の実例から推して、連子窓を用いたと見てよいであろう。現禅室にも戸口の両脇間に連子窓を用いているのは、その伝承と見られる。

4　横連子窓とその下方入口の復原

この資料となった側丸柱一本⑥と、側角柱一本⑨は、何れも禅室から出たものである。共に両側上方に横連子々の取付いた仕口があり、その下に横材の取付いた枘穴があって、それから下は丸柱の両側とも壁、角柱の片側は壁、他側は開放もしくは戸口である。窓台の丈は仕口から推して薄く、三寸位と見られる。戸口の間では、更にその下に丈四寸五分、幅三寸の楣を入れているらしい。

窓の高さの規準となるものとしては、直接資料がなく、丸柱の現柱底を旧底に近いと考えれば、窓台上端が腰長押上端から五尺五寸位となる。そうなれば角柱の方は、丁度腰長押上端位で切られていることになり、従って窓下入口の内法高さも、四尺七寸位にはなる訳で、辛うじて出入は出来る。しかしこれでは余りに抵すぎるので、仮に開口の高さを側柱⑥⑦⑧の楣位置と、同じ高さと仮定し、上の連子の納りを見ると、横連子々が四本入るだけの余裕があるが、これは丸側柱⑥に残る連子々の数より多く、角側柱⑨に残る横連子の数と一致する。だからこう推定した方がよさそうである。連子々穴に大小あるが、一方が大入、他方が枘の仕口で、大きい方の二寸五分角の連子々であったと見られる。これが「検録帳」に記す東室南階大房中の経蔵に係わることは間違いないであろう。

d　入側通り中央入口両脇壁の復原及び庇間仕切の復原

1　入側通中央入口両脇壁の復原

この資料となる柱は数が多く、入側丸柱①、⑥～⑫　入側角柱①～⑭である。これらによって入側通り三間の中、両脇間が壁であったことは明瞭で、またこの上に当る入側天井桁下面にも、各柱間に二つづつのえつり孔があり、ここが床下まで厚い壁になっていたのが房境の場合と同様であったことが判る。

角間柱にはさまれた中央間も、上方に二つの壁間渡穴があり、上の天井桁下面にもえつり孔二箇があるので、上方に厚い壁のあったことが知られる。しかし下方は特段の仕口痕はなく、ここには辺付等を用いて柱に何の仕口も残さない方式の戸口を設けたものと考えられる。その入口の高さは入側角柱①⑤⑫等からすると、天井桁下から四尺位が壁、床上バから六尺八寸位から上が壁と見られる。それで丁度側柱通り入口と上が揃う。入側角柱⑥⑨⑩⑪では壁間渡の配列からすると楣位置を五寸～一尺高くしたいように思われるが、結局これも仕事斑で楣位置としては先の推定が穏当であろう。戸口の構えは、上下に厚さ三寸位の厚板を横たえ、その両端にこれと同厚で幅はやや狭めの板を立てて箱に組み、その枠の内に楣、蹴放、方立を入れ、上下の枠に扉をはめて開閉する方式と推定した。この入側通の造作は改造に際して著しく変り、しかも各様に変ったが、これは次章で改めて考察したい。

2　庇の間仕切の復原

入側角柱の外面と側角柱の内面には壁間渡穴を残すものがかなりあり（側角柱④⑤⑦⑧・入側角柱⑥～⑭）、中にはその上に楣の仕口を残しているものがある。その壁間渡穴は房境や庇・身舎境両脇壁の壁間渡穴に比べると少し小さく、間隔も接近して、二尺内外のものが多く、都合四箇位がつくられるらしい。上に楣の仕口があるものとその位置及び大きさは以下の通りで（単位尺）ある。

	楣位置	楣仕口穴寸法	
		長	幅
側角柱⑦	推定床上バから七尺五寸を下バとする	・三八	・三一
同⑧	柱頂のすぐ下にある	・三三	・二四
入側角柱⑦	推定床上バから八尺一寸を下バとする	・二三	・二一
同⑩	床上バから八尺五寸を上バとする（下バ不明）	不明	・二五
同⑪	同	不明	・二八
同⑫	床上バから七尺九寸を下バとする	・二〇	・二〇

位置、大きさとも一致しないが、余りひどくかけ離れることもなく、大体側柱頂か頭貫にかかる当りである。これがどのような間仕切か判断が難しいが、間取からすればここを壁でふさいだのでは、身舎との境が壁となっているので、外部からしか出入

り出来ないものとなり、特に庇脇間の外側が窓となる所では、どちらからも入れないものとなってしまうので、この間仕切は中間に出入口をもちその両脇を小壁と考えるほかない。こうした出入口は後世ならば引違戸口とする処だが、奈良時代に引違戸を用いた例はないので、ここでも普通の扉装置としてみた。しかし両開扉を用いるのも戸が邪魔になって不便だから、帳とか他の何かの類を用いたかも知れない。いずれにしても脇に小壁がつくのであるから、その入口の両脇には竪枠が作られ、それと柱の間を壁とした筈で、その竪枠を支えるためには、その上と下に横枠がつけられ、それが柱に達していたのであろう。その上枠の枘穴が、現在間柱に残る楣仕口に当ると推定されるが、これだけの高さを全部戸口とすれば、戸口の高さが余り大きくなるので、戸口の楣は竪枠内に適当な高さで設けられたと考えられる。なお、これの改造後の状態についても次章にゆずる。

e　身舎内部間仕切の復原

身舎の床から棟通り天井桁に立てられた間柱は、先にも挙げたような理由で、後に附加されたものと考えられるが、これの仕口について検討しておく。資料は身舎内間柱四本である。この四本の柱では、短辺の一方に三尺間隔程に、一寸五分角大の間渡穴が配され、これと反対の面には、上方にのみ壁間渡穴が見られる。この間渡穴の配置は、入側柱と同方式で、ここでもまた庇との境同様、両脇間壁で中央のみは上方に壁を作り、戸口を設けたと考えられる。なおこの面の下方には、八分角か、一寸足らずの壁木舞穴があるから、戸口の脇に小壁があったことが判る。しかしこの壁小舞穴は不整形で、仕事も不統一であるから、小壁が作られた時期はかなり遅れたと推定される。そうなれば戸口の幅も随分小さくなり、結局は潜戸のようなものになろう。

以上のように仮定すれば、まず身舎が南北に二分されてその中央に出入口が作られ、次にそれが狭くされることによって、棟下通りで一房を前後に仕切る傾向が強められたと考えられ、これはやがて再建禅室の間取に向って一歩近づいたこととも なる。

f　床構造の復原

1　最初の床構造

この資料を残すものは、側丸柱①②③⑤、入側丸柱①②、側角柱①②④~⑧、入側角柱②⑤~⑧⑨~⑫、房境角柱①②である。

以上からすると、先ず庇の床構造は、床桁が側柱から入側柱に向って渡されているとみられる。即ち柱のいずれかの脇に桁を渡し（丸柱の脇では両側に取付けたかも知れない）、これを柱に釘止めし、全部ではないが、多くは桁の一部を柱に少し欠き込んで、下へ下るのを防いでいる。切欠の位置が床上バ痕跡に対して不揃いなので、床桁の上バに近い部分を欠込んだ場合と、下バに近い部分を欠込んだ場合とがあったらしい。欠込の丈の大きいものによれば六寸（入側丸柱①）七寸（側丸柱④）に及んでいるから、それぐらいが桁の実丈であったのであろう。幅は知る術がないが、当時一般には丈と幅の差は少く、差一寸位が普通である。床板厚もいずれ不同であったと想像されるが、床桁切欠き上バと床板上バ痕跡との間が比較的少いものは、その場所の床厚に相当するであろうし、他に床板そのものを柱へ欠込んだらしい箇所もあり、おおよその厚さを推定出来る。それによれば、

四寸（側丸柱②）　三寸（入側丸柱①床板のかきこみ）

二寸六分（入側角柱⑨⑪）

等が知られる。

このように床板厚が、二寸五分〜三寸五分にも及び、それを受ける桁の丈が六〜七寸に、幅が五〜六寸にも達したとすれば、床桁を各丸柱と角柱毎に梁行方向に配し、その上に直接床板を桁行方向にならべたとみるべきであろう。

次に身舎の床構造については入側柱の内側の床下の仕口を見ると、床桁を桁行にわたし、これを柱へかなり深く咬ませていることが察せられる。そして上下いずれか一方の角で、柱にかみこませた上、釘どめにしている。この桁の欠込みも、その上半を欠込んだもの、下半を欠込んだらしいもの、または全体を欠込んだと思われるもののあることは、庇の床の場合と同様である。

このように入側柱通りの床桁が桁行におかれたとすれば、これと平行して、房境間柱の位置毎に、桁行に床桁が配されたと見ることに無理はなかろう。そうすれば床桁間の距離も庇と揃うわけである。房境柱には改造後の床板止め切欠と思える痕跡をもつ例（③④⑥）はあるが、当初の床痕跡はない。これは房境柱に添えて床束を立て、柱通りに桁行方向の床桁を置いた方式をとったために、側柱や入側柱のように床桁痕跡を残さないと考えられる。こうして身舎及び庇の床構造を復原すると、床板を身舎では梁行に、庇では桁行に張ることになるが、板の長さは共に約二一尺で等しくなる。

2　改造床の構造

この方が資料としては乏しく、その方式を明確に捉えることは困難である。しかし資料を多少とも備えた柱は側丸柱①～⑤、入側丸柱①③④、側角柱①②④～⑧、入側角柱②⑨、坊境角柱①③④等で、少くはない。

先ず庇の床構造からみて行こう。

丸柱には必ず梁行の腰貫が通っている（貫孔丈六寸～七寸五分）。同時に梁行内法貫も通っているので、これは補強のためのものであると解されるが、腰貫が床構造に利用されていないかを吟味しなくてはならない。この貫の仕口上バは床上バの痕跡よりかなり下にあり、その差は、（単位尺）

・七四（側丸柱②）　・六五（側丸柱⑤）　・六六（入側丸柱③）

になっている。この仕口上バと床板上バとの隙は、

間柱でも側角柱と入側角柱の間に、腰貫の通された痕跡のあるものがある。この貫穴の丈は五寸程で、入側柱へは大入れ或は枘

・七〇（側角柱①）　・六五（同②）　・七〇（同④）　・七三（同⑤）

こうしてみると丸柱・角柱共にこの貫上バは大体よく揃っている。一方、床板を欠込んで取付けた切欠をもった柱があって、床板厚が判る。（単位尺）

・二五（側角柱①②⑤⑦）　・二六（側角柱④⑧入側角柱⑨坊境角柱①）　・二四（側角柱⑥）

これは不思議なくらいよく揃っている。

以上からすると、庇では梁行腰貫のある所では、腰貫と少しかみ合うか、その上に載るようにして、桁行に丈五寸位の床板受（根太）が渡され、床板は梁行に張られたと考えられる。床板受は側、入側柱際の他に、恐らく中間にも一通り通されたであろう。この床の構造方式は大引、根太を組合せる中世以後の方式への過渡的なやり方である。

次に身舎の床構造については、非常に資料が乏しいが、房境角柱①を見ると、梁行腰貫の上に直ちに床板がのっていることが注目される（ここでは床板下バが柱へ欠込まれている）。またこれと直角方向に小根枘にした貫穴が作られ、床板下バとの間が二寸五分程すいている。庇の間のようにこれを上に根太を置いた式の大引仕口と考えるには、二・五寸は小さすぎるから、根太を用いない床桁と推定される。その床桁の丈は、貫穴の丈に二・五寸を加え大体六・五寸前後と見られる。そうとすれば、その構造

原理は最初のものと変らず、桁行に床桁を通し、床板を梁行に張ったものと思われ、床厚が二寸五分もあったというのは旧床板を再用していることを考えさせる。庇は床板の方向を変えて張ったために方式を変える必要を生じたが、身舎は元のまま、ただ床高をあげ仕口等を完全にしたのであろう。

g　縁構造の復原

1　最初の縁構造

資料を提供する柱は側角柱①②④～⑧で、いずれも正面腰長押下に作られた二寸角内外の穴である。穴の上バと腰長押上バ取付痕跡との間の寸法をとると、両側戸口の痕跡を持つ側間柱では八寸五分位、一方窓の痕跡を持つ側間柱では一尺程となり、穴の上バが縁板下バにあたると考えて丁度よい。即ち、腰長押の丈を五寸五分～六寸、縁板厚を二寸五分～三寸とすれば、八寸五分となるからである。一尺の場合には、腰長押と縁板の間が、明いていたか、或は縁板なり腰長押が厚かったのかも知れない。ここに縁桁をさしこみ、縁桁先は束で支え、縁板、恐らくは簀子を桁行に張ったと想像される。こんな構造であれば縁の出はあまり深くなかったと思われ、また窓の所には縁を設けずに、入口になる所のみ踏段の意味で縁を設けたことも考えられる。

2　改造縁の復原

改造縁の痕跡としては、先ず両側戸口の所で、側角柱①②には何の痕跡もなく、④⑤では腰長押上バからそれぞれ一尺一寸六分及び一尺一寸七分下って、はっきりした風蝕差がある。そしてその風蝕差から八寸七分及び七寸八分下った所には角太枘穴がある。これは縁つなぎの枘穴で、その穴下バを縁つなぎの下バに合わせたのであろう。従って縁の方式は、最初のものと等しく、縁板上バの取付痕跡が明瞭に残ったのは、縁長押下との間がかなりすいており、風蝕がここまで及んだためと考えられる。

一方が窓になっている所の痕跡は大分異り、ここでは戸口脇偏りの角に大きい切り欠きがある。この切かきの寸法は、

	腰長押上バから切かき上バまで	切りかきの丈	計
側角柱⑥	・九六尺	・七四尺	一・七〇尺
同　⑦	・六九尺	・八八尺	一・五七尺

同　⑧　　　　・六五尺　　　　・八一尺　　一・四六尺

これは縁桁の欠き込みと推定されるもので、戸口の間のみに踏段を付けたと考えられる。この縁桁先は束で支えられ、柱際にも束をおいたのであろう。そしてこの上に桁行に厚い一枚板をのせて踏段としたことが考えられる。

第三節　間取の復原

一　間取復原の問題点

各部分の造作の復原も終ったのでこれを組み合わせて全体の間取を考察する。しかし問題を創立当初の間取に限れば、既に復原資料によって知られたように、房境は先ず完全に壁で仕切られる。そして一房は角間柱で三間に分けられているが、側通りではこの三間共戸口の連続するものと、中央が入口となって両脇が窓になるものとあり、これに対して入側通りでは中央が戸口、両脇が壁になるもの一種に限られる。だから、大体の見当としては南側か北側の何れか一方が連続戸口となり、他方が中央入口・両脇窓であった、と考えてよさそうである。そして身舎は殆ど壁で閉され、間柱で作られる三間の中央間のみに戸口が設けられて前後の庇と連絡した。庇は窓のある方では三室に仕切られて、入口を入った中央間から両脇の部屋へ戸口を作って出入していたこととなろう。問題をこのように蓋然性にとどめるならばこれですでに結論に達したとしてよいが、もう少し詳細に立入ってみると未だ色々な疑問が残されている。先ずそれらの疑問点を挙げてみると、

1　入側通りの間柱の最初の痕跡によると、中央間戸口・両脇間壁に限られるようであるが、入側柱と全く同じ形式と大きさを持つ房境の間柱との区別は必ずしも容易でないものがある。特に改造後の痕跡によると、この種の柱で戸口が三間連続しているものがあり（房境間柱①②）、また長押の中にも三間戸口型式で、ほとんど風蝕を受けないものがあるから、少くとも入側柱と同じ形式の柱で、改造後三間連続戸口となっていたもののあることは明瞭である。そうすると最初入側通りにも側通りと同様に戸口が三間連続したものがあったのではないかという疑問が起きる。

2　先に一方の側通り（仮に正面）は連続戸口、反対の側通り（背面）は中央入口・両脇窓と推定したがこれは飛躍であった。というのは、入側柱と側柱を結びつける資料としては、丸柱は必ず房境の壁がくるからどれをとっても同等で問題にならず、わずかに角柱の小さな壁小舞穴だけなのである。この小舞穴はここに梁行方向の間仕切を設け、それで庇の部分を三つの小さな室に分けたと考えられるもので、間取としては重要な意義をもっている。ところが困ったことに、三間連続戸口の側間柱内面にもこの木舞穴を持つものがあり（側間柱二類）、逆に窓側の間柱内面には木舞穴がないものがある（側間柱三類）。こうなると先の結論はあやしくなってしまいもう一つ何かはっきりした証拠を捉えないと安心できないこととなる。

この問題は更に徹底的に疑うことも出来る。即ち、今仮に窓のある間柱裏面と入側柱の間柱の表面に木舞穴のあるものがあるという理由で、窓のある側は窓のある間で揃い、連続戸口となる間はこれと反対の側に揃うと考えたのであるが、これだけの資料では一方の側に連続戸口のものと、窓のある間と交互におかれる可能性もある筈である。従ってこれは、他の類例によって判断するなり、その他の方法を工夫するなり、何等かの拠所によって確認しない以上、確実な判断とはならない。

3　窓の構造手法にしても一定していなかったが、それに止らず、横連子が高い所で三間共続いたと見られる資料が出ており、しかも丸柱の両脇にそれが見られるから、少くとも連続二房はこの型式のファサードを持っていたことが判る。これが前記の連続戸口、或は戸口、窓型式と混在するとなると、収拾がつかないことになってしまう。

4　特に改造後の間取は問題で、最初戸口であった処がふたたび戸口になる場合はよいが、壁や窓の部分が戸口に改められた箇所がかなりある。そうなると連続戸口型式と戸口・窓型式は、ほぼ同等に扱われているわけで、上記の不安を一層増大させる。

元来この復原で一番難点となるのは、最初の僧房の規模が漠然と長大であると考えられるのに対し、出た資料が限られていることである。もっとも僧房が如何に長大であろうとも、単位である一房の型が一定しておりそれが連続して繰り返されているのであれば問題の解決は容易である。しかし以上の資料はむしろこれを裏切って様々の型を示すようであるから、そうなると偶然残された若干の資料を勝手に都合のよいように組合わすことになる恐れが多分に生じる。従ってここで痛切に要求されることは、第一に今問題にしている元興寺僧房の全体の大きさがはっきりすることで、さらに残されている資料がそのどの部分のものに相当するかが限定されれば申し分がない。それが望めないとすれば出来るだけ他の資料の助けを借りて、幾分主観的にはなるが資料の組合わせを合理的にする他ないこととなる。他の資料といっても奈良時代のものとして知られているのは、東大寺僧房の発掘資料や正倉院蔵の殿堂平面図に見られる同僧房の間取図ぐらいのものに過ぎない。それにしても、そうした間接資料によったのでは根本資料としての価値を著しく減ずることとなるのはいうまでもない。

二　問題の転機

この問題を解決する手掛りは次の二点から得られた。即ち一つは本堂地下の発掘調査によって旧僧房全体の規模を再考する必要に迫られ、その結果長元八年の「検録帳」にこの僧房が記載されていることが判って、創建当初の僧房全体の規模が明らかにされたことである。それによって現在の資料が旧僧房の何割程度残されているかの見当がつき、いたずらに長大なものをわずかな資料で復原する不安は多少共解消された。第二は現本堂内陣柱に、再建時（寛元二年）より古い紀年をもつ刻銘が発見されたことに端を発し、現本堂には前身堂がありそれが旧僧房の一部を改造して成立った、と想定されるに至ったことである。先の資料に上げた改造痕跡はこの前身堂に関するものであり、従って現本堂に再用されている古材はかなり限定された部分に使われたことになる。こうして復原対象を狭い範囲に限ると同時に、この前身堂が旧僧房を建て直したりせずにそのまま改造したのならば、柱位置は動かされていない筈であるから、改造時の痕跡で組合わされる柱は当初も組合っていたと考え得る点は重要で、旧柱位置を確定し得る可能性が生れた。このことは僧房の間取を今までかなり主観的に想定したのを、一挙に確定したものに引き上げた点で、復原全体の実証精度を著しく高めたのである。

a　僧房の旧規模

旧規模の問題を再考する端緒となったのは本堂地下の発掘調査である。この発掘の動機は建物の解体を終って床下を清掃してみると、現本堂の柱通りには無関係で使用されていない礎石が四つ程、現われたことである。これらの礎石は禅室の柱通りとよく一致し、もし禅室の前身建物である当初の僧房が更に東へ延びていたとすれば、丁度本柱、もしくは間柱礎石に当る位置である。もっとも禅室自身は地下調査を行わなかったので、旧礎石上に再建されたという確証はないが、屋根裏にかくされた大梁を初めとする主構造材が大部分旧材を再用しているので、旧位置に旧規を踏襲して再建されたと見て誤らない。そこで旧柱位置と推定される箇所を本堂の床下全面にわたって探した結果、一部のものからは礎石下詰石が現われ、また他のものからは礎石を据えたり掘起したりした掘方が見出された。これで禅室が旧僧房の上に建ちそれが元来は更に東に延びていたことが判明したのである。

こうなると改めて問題となるのは旧僧房の長さである。現在の禅室は三面僧坊のうち北室の東端が残されたとする伝承が中世に書かれた『諸寺縁起集』にあり、その規模が興福寺の僧房に近似することや、元興寺全体の寺地から考えても妥当なものとみられていた。例えば大岡博士は元興寺の寺地を考察された中で、禅室の東妻を北室の東端と仮定し、元興寺の伽藍中軸線からこの東端までの距離を西に折返してその総長を三六〇尺と算出されている。しかしこの北室の東端が更に東に延びるとすると、その総長は実に五〇〇尺をこえることになって余りに長い。これは興福寺北室の総長四〇八尺（『興福寺流記』）を遥かに越え、東大寺北室の総長五八六尺（発掘結果や正倉院蔵殿堂平面図などによって推定）に近い。

その点で大きな示唆を与えたのは大安寺僧房の配置である。大安寺僧房は後にも記すようにまだほとんど実証的には確められていないが、「資財帳」にかなり詳細な記録がある。この中、特に注目されるのは北室が二つに分れていたことで、「二列北太房長各十二丈五尺、広三丈九尺」と記されている。このように大安寺で北室を二棟としたのは食堂を講堂の北方へ配置したことと関係するらしく、北室で食堂の前面をふさいでしまわないための配慮と思われる。一方、元興寺では食堂を講堂の北に置いたことが、『七大寺巡礼私記』に「食堂十一間在講堂北」とあることによって知られる。とすれば元興寺でも大安寺と同様、北室を伽藍中軸線に対して対称に、東西二棟並べたのではあるまいか。この疑問は意外なところから解決され事態は一度に明瞭となった。それは『東南院文書』中に含まれる長元八年の「寺院検損色帳」に、僧房が東西に二棟づつあったことが記されているのを手掛りにこれを検討したところ、今まで「東大寺検損色帳」と呼ばれていたこの記録が、実は元興寺のものであることが判明したからである（第一章参照）。この中には僧房に関するかなり詳細な記述があり、特に今問題にしている極楽坊禅室及び本堂の前身僧房は、東室南階大房と称して一二房分の大きさをもった東西に細長い建物であったことが明らかになった。僧房の配置全体を記せば、僧房はいずれも東西に長いもので太房と小子房とが並んでこれが一組となり、東方には一二房分の長さの組を南北に、西方では一〇房分の長さのものを、同じく南北に二組づつ配して、都合四組の僧房を並列した。これは興福寺や東大寺のような三面僧房型式とは異り、また大安寺の僧房配置とも違う。従って極楽坊を、『諸寺縁起集』に「三面僧房ノ内、北室」と記したのは誤りで、東西に長い点の類似性から北室と称する場合にもいわゆる三面僧房型式中のそれと混同してはならないのである。

b　残存資料と規模の縮小

古文書によって今問題にしている僧房が中央に馬道をはさんで東西六房づつ、計一二房の長さをもったものであることが明らかにされた。そこで前に戻ってもう一度発掘結果を見ると、禅室の地下調査が行われなかったこと、本堂地下の調査も床下部分だけに限られたこと等、種々不充分な点があって、旧僧房と現禅室・本堂との関係が全面的には確められていない。しかし禅室は旧僧房の礎石をそのまま利用し、旧規を踏襲して再建されたと考えればこれは旧僧房の四房分にあたる。本堂地下からは禅室東端より測って二二尺のところに礎石列があり、これから東に二二尺づつ二房分の礎石跡と、さらに三房目に当る礎石跡列が二列分発見された。従って禅室東端から旧僧房は少くとも四房分は東へ続いたわけで、禅室分と合わせれば計八房（約一七六尺）となり、これは旧僧房の三分の二に当る。とすれば旧僧房は、禅室の西、或は本堂の東へもさらに延びていた筈で、これには改めて現在の建物外方部の発掘調査を必要とする。この調査は禅室の西側に民家が近接して建っているのでここを発掘することは不可能であり、本堂の東をそれもごく少規模に行われたが礎石跡を発見するには至らなかった。しかしこれから逆に、本堂の東へは旧僧房はなかったと断定し得るほど徹底的な調査ではない。旧僧房に対してその三分の二の長さをもつ現禅室・本堂の分が、どの部分に当るかは未だ明確にされていないのである。

一方、残存する旧材の方からこの問題を考えると、まずその数量を調べなければならない。その中、特に注目されるのは大梁の数で計九丁残されており、内一丁は妻梁、もう一丁も妻梁かと考えられる材である。するとこれは少くとも八房分の大梁に当り、しかも一応両妻梁が出ているから八房分で完結したと考えてもよいことになる。この考えを他の残存古材で検討するために、試みに八房分として必要な主要構造材の数量と、その残存数量とを比較すれば、（カッコ内が残存数量）、側丸柱一八（一六）、入側丸柱二〇（一二）、側角柱三二（九）、入側角柱三二（一四）、房境角柱一六（七）、側頭貫一六（一一）、入側頭貫一六（一〇）、入側及び梁行通り天井桁二四（一三）等となる。これを見れば、最後の天井桁だけはかなり残存量が多く、必要量から一丁不足しているに過ぎないのに、他の部材にはかなり余裕がある等、部材の残り方自体決して平均したものではないが、それでも八房分を越えることはない。しかも旧梁行天井桁が後に妻頭貫に転用され、鎌倉時代以降は禅室の二重梁に使用されているので（梁行天井桁⑥）、中世以前に元は普通の房境であったところを、切断して妻側面に改造したことが知られる。とすれば当初は一二房であったものが、長元八年以降に八房分に切り縮められ、その後身が禅室及び本堂であると推定して大きな矛盾はなさそうである。長元八年の「検損色帳」にも、この僧房の北側に並んでいた筈の北階大房はすでに跡かたもなくなって、その跡に大樹があると記されており、南階大房についても西端房は雨漏りが止まないほど荒廃していたことが記されているから、僧房の縮小は充分に考えられる。長元八年に未だ残存していた西方の僧房（西南及び西北行大房・小子房）が、保延六年には全く失われてしまっていたらしいことを『七大寺日記』によって知り得るが、その原因には『中右記』長治元年（一一〇四）の火災のほかにも「損色帳」からうかがえる建物の自然荒廃による退転もあったであろう。従って現存資料からは、一二房全体を復原しようと試みるよりもその中の八房分だけを考えた方が実証的であり、対象がかなり限定されて来たのである。

c　本堂発見の紀年銘と前身堂

本堂内陣東北隅丸柱の表面に文永二年（一二六五）の年号をもつ昼夜念仏衆への寄進文が刻まれていることは既に知られていたが、今回の修理に当ってその南に隣る二本の角間柱の表面に張られていた化粧板を除いてみると、その表面に七通の同種の水田寄進状が発見された。（口絵21）（図面30）ところが、その寄進状の年号を見ると次のようで、いずれも文永二年を大きくさかのぼる。

嘉応三年（一一七一）、建仁元年（一二〇一）（二通）、承元三年（一二〇九）、建暦元年（一二一一）、貞応元年（一二二二）、天福元年（一二三三）、正嘉元年（一二五七）

もともと現本堂の再建された時期については、建物の様式上、文永二年より多少さかのぼると考えられた程度で確証はなかったが、今回の修理を機会に棟札が発見され寛元二年（一二四四）と判明した。そうなると、角柱に刻まれた寄進状はすべて現堂の再建以前に刻まれたこととなる。その上角柱には鴨居や楣の仕口穴、その上に長押をとりつけた痕跡等があるのに丸柱にはそれらがない。しかし角柱には僧房の柱としての仕口や痕跡をとどめておらず、またその柱の断面の寸法が一つは長辺八寸四分、短辺七寸四分、他は八寸二分と七寸三分で、旧僧房の角間柱と比べて太く、特に短辺がどの柱よりも遥かに広い。

もう一つの新発見は現本堂の東面外陣天井上の軒桁繋材に用いられていた部材で、その側面に建久八年（一一九七）の紀年をもった墨書がある。この材は現長一〇尺七寸五分、丈七寸、厚さ三寸五分で貫材と思われ、墨書は百日念仏講の日次を記している。こうしたものは目につきやすい場所に書かれたであろうから元は飛貫のようなものであったと考えられる。以上のようにこれらがすべて百日念仏講に関したものである点は注目すべきで、このことは唐招提寺東室の例などと相通じ、僧房の一部を念仏道場としたことがうかがえる。『建久御巡礼記』に「道場」と記すのはこれを裏書するものである。そこで思い合わされるのは本堂から出た柱に見られた改造の痕跡である。これは床高をあげ、戸口その他の造作を改装した大変更であった。そしてこの改装された建物こそ本堂の前身に当る中間的存在ではないであろうか。さらにもう一つ考えられることは、改造されたのは僧房全体ではなくてその一部ではなかったかということである。思えば平安時代末から鎌倉時代にかけて僧房の一部が堂に改められた例は余りにも多い。法隆寺聖霊院は保安二年（一一二一）に東室を再建するにあたり、その南端三房を堂に改めて聖徳太子を祀ったのに始まるし、同三経院も寛喜三年（一二三一）に再建されるに当って南端二房を堂にあてたものである。また唐招提寺礼堂は同寺東室の南半を建仁二年（一二〇二）に解脱上人が堂に改造したと伝え、今は焼失した同西室もその南端を堂にしていたらしい。こうした例に従えば、この極楽房と呼ばれた大房の一棟も、その東半を堂にあらためたものではなかろうか。そのことは『七大寺日記』にあるように、馬道の東に智光感得の極楽曼荼羅を置いた記事からも示唆されるが、西四房が禅室（僧房）として再建され、その東半の遺跡の上に今の本堂が再建されていることからも帰結される。即ち想像を逞しくすれば一二房の僧房が先ず八房とされ、次にある時期にその中間、東より第四房が馬道となってその東脇の房に智光曼荼羅がまつられるようになり、やがてこれが改造されて東三間の堂となったと考えられる。改造には補強のために飛貫や腰貫が用いられたから鎌倉時代に入ってからと考えられ、恐らく建久八年の墨書はその新しい飛貫（楣）に念仏講行の定書として記されたのであろう。しかしこの古い僧房はそのままでは存続し難くなって、先ず西方四房が改築されて今の禅室となり、やがていったん修理された東方三房が現在の本堂に改築された。

以上のように想定すると西四間に使用されていた古材は禅室に再用され、東四間に使用されていた古材は本堂に転用されたわけで、後者には改造の痕跡が残されている筈である。そうなれば両方の材を先ず分離することが出来るし、創建時の痕跡によっては組合わせが不可能であっても、この改造の痕跡によって組合わせの緒がつかめるかもしれない。

三　東三間堂の復原

a　古材の伝承

本堂から出た柱を見ると殆んどどれにも床を高めたり、造作をやりかえたり、或は貫を挿入した痕跡が認められ、仏堂に変更された部分に使用された柱であることを察せしめる。前述の仮定に基いて三間堂を復原するには、まずこれら旧材を三間の堂に使用された材としてその過不足如何を調べる必要がある。なおこの際には西四房との間に馬道があって、その分も含めた四房分を考えるべきであるが、禅室を再建した時にこの馬道は取り払われたであろうから、その後に再建された現本堂には東三間堂の分が主となっていると考えるのである。改造痕跡は柱に限られ、軸組に関しては僧房と変らないので、三間の僧房として必要な材と、現堂再用古材とを比較してみると次頁の表のようになる。

表によって知られるように、数が多過ぎるのは入側天井桁三本と他に天井桁らしい材二本である。従って少くともこれは禅室の方の前身建物の残材が別に保存されていて、再用されたものと考えねばならない。因みに本堂野棰中には、先にも記したように三棟造の建物及び回廊状の建物の地棰が転用されており、別建物の古材が混入していることが判る。即ち現本堂に再用されている旧材は東三間堂に用いられていた部材だけとはいえないが大部分がそれに当り、一部に西方四房分の材その他が転入していると考えられる。従ってこれらの材によって推定通り三間の房を改造した堂が構成されていたとしたら、その具体的なものがある程度復原出来る筈である。そしてこの堂は旧僧房の柱や構造材を組直さないで、造作の改造のみによって出来たものであるから、これらが僧房であった時の材の組合わせも同時に実証されるわけである。従って少くともこの三間に関する限り僧房間取の復原は確実なものとなろう。そこで問題は三間堂の復原へ転進して行った。

名称		前身堂に存在した筈の数	本堂に残っていた数	過不足
側柱	両側戸口のもの	六	五	一本不足
	一方戸口、一方窓のもの	六	三	三本不足
内部柱	一方戸口、一方壁のもの	一二	一二	過不足なし
	二方壁のもの	六	六	〃
	四方開放のもの	六	三	三本不足
側頭貫		六	六	過不足なし
入側頭貫		六	四	二本不足
側入側不明			一	これを入側頭貫とみて、これで一本不足となる
大梁		四　内一つ妻のもの	四　内一つ妻のもの	過不足なし
二重梁		四　内一つ妻のもの	一　妻のもの	三本不足
側桁		六	三	三本不足
入側桁		六	三	三本不足
棟木又は母屋桁		七	七	過不足なし
入側天井桁		六	九	三本過剰
棟通天井桁		三	一	二本不足
梁行天井桁		四	四	過不足なし
大斗		一六	一一	五箇不足
肘木		一六	一四	二箇不足
巻斗		四八	九	三九箇不足
間斗束		一二	二	一〇箇不足
他に天井桁らしい材			二	

b　柱の組合わせ

先ず柱の組合わせであるが、この堂は旧僧房を解体しないでそのまま造作のみを改めることによって堂にされたと仮定すれば、柱の組合わせは最初の仕口や痕跡によれば僧房としてのまとまりを示し、改造痕跡に従えば堂としてのまとまりを満さなければならない。特に先に問題となったのは最初の痕跡のみによっては側通りと入側通りの結びつき関係を明らかにする資料のないことであった。従って改造痕跡によって前面と背面を分つ確証を得るか、或は側通柱と入側通柱を結ぶ関係が見出されなければ問題の解決にはならないのである。ところが改造痕跡をよく見ると次の諸点が注意された。

（1）丸柱には側・入側共に梁行に腰貫と内法貫を通した痕跡が見られる。

（2）角柱については内法貫で側・入側柱間を繋いだものと、腰貫によって両者を繋いだものとがある。

（3）入側角柱に於ける改造仕口及び痕跡によれば、両脇共に無目を入れ、その上に内法長押を渡した類のものと、内法長押取付の痕跡はなく、片脇に楣枘の仕口、他の脇にやや低い鴨居様のものの仕口のある類のものとがある。

従って先ず1、2の貫の方式に基いて入側柱と側柱の組合わせをつくり、その結果が3に示す二種の形式をうまく分類できるかどうかを見、上記の仕口や痕跡を残さないものについてはこの組合わせの骨子の出来た後、全体の組合わせを考慮の上適当に配置することによって、堂の平面が合理的にまとまるか否かを吟味して行くこととした。勿論この組合わせに当って、同時に改造前の仕口や痕跡も合理的に納めることが必要条件であることはいうまでもない。

腰貫の仕口があって、内法貫の仕口のない側角柱は①②④⑤である。③は下半が欠失しているが、内法貫の仕口がないから、一応この部類に入れる。次に入側角柱で、腰貫の仕口があって内法貫の仕口のないものは⑤⑥⑦である。③④⑧は下方が欠失していて腰貫の有無が不明であるが、内法貫を持たないので一応ここへ入れる。次に側角柱で腰貫の仕口を持たず、内法貫の仕口を持つものは⑥⑦⑧であり、入側角柱（図面第26・27）で、腰貫仕口を持たず内法貫の細長い仕口を持つものは⑨～⑫である。⑬と②は上半を欠失しているが腰貫がないので一応この類に入れる。以上の結果を表記してみると、

腰貫で繋がれるもの ｛ 側角柱　①②③④⑤（一類及び二類）
　　　　　　　　　　　入側角柱　③④⑤⑥⑦⑧（a類）

内法貫で繋がれるもの
- 側角柱　⑥⑦⑧（三類及び四類）
- 入側角柱　②⑨⑩⑪⑫⑬（b類）

次に最初の僧房の時の仕口である側・入側柱が、相対する面の戸口脇小壁木舞穴を持つものと持たぬもので限定すると、

腰貫で繋がれるもの
- 側角柱　①②③（一類）（戸口脇小壁木舞穴を持たぬもの）　④⑤（二類）（同上を持つもの）
- 入側角柱　⑥⑦⑧（a類）

内法貫で繋がれるもの
- 側角柱　⑥（三類）　⑦⑧（四類）
- 入側角柱　②（b類）　⑨⑩⑪⑫⑬（b類）

次にこの間柱の右左を定めることの出来るものを整理してみよう。腰貫でつながれている側角柱は、改造前後とも連続戸口であるから、左右を定め得ないが、他の側柱・入側柱とも、最初は中央戸口、両脇窓となっているので、それによって左右が分けられる。今左右を定めるのに、正面と背面と混乱しないように、三間連続戸口であった側を正面と仮定し、すべての柱を皆、この正面から向って右左を区別することとする。そして右を前に記し、左を後に記し、—を入れて組をあらわし、—を下にしたものは右、上にしたものは左を示すこととする。その他、側角柱④⑤には楣仕口下に鴨居の仕口を持つが、④の右にはその仕口がないので、④が右、⑤が左に来ることが判る。それによって左右の区別をした表を作ってみると、

腰貫で繋がれるもの
- 側角柱　①②③（戸口脇小壁木舞穴を持たぬもの）　④—⑤（同上を持つもの）
- 入側角柱　③—④　—⑤⑧—　⑦—⑥

内法貫で繋がれるもの
- 側角柱　⑥—　⑦—⑧
- 入側角柱　②—　⑨—⑩⑪—⑫—⑬

以上のうち側角柱④⑤を組にしたのは前記のように鴨居によって関連がつくからであるが、入側角柱③④は諸仕口が類似しているのみでなく、他に組にすることの出来るものがないからである。なお入側角柱⑤は⑥⑦と同様、改造仕口として鴨居を持つので連続

すべきものと見られる。しかし⑧は⑤と接続出来ないので結局⑧は東三間の内に加わり得ず、馬道に用いられたものと判断すべきであろう。また②は上方の仕口や痕跡が明瞭でないので、正しい関連を捉えにくいものである。この他、配列順序を定める要素となるものとして、側角柱④⑤には梱下に鴨居の仕口らしいもののあることの他、この二つには改造縁の取付痕跡があって他と区別されること、側角柱⑦は改造後両脇とも戸口に改められていて他と区別されることである。また側角柱④⑤は入側角柱⑦⑥と共に、小壁木舞穴を持つことで関連する。

以上を整理すれば、腰貫で繋がれたものが側通りで二房半、入側通りで組になったもの二房分と一本づつで二房分の計四房分、内法貫の方では側通り一房半、入側通りで同じく組のもの二房分及び一本づつ二房分の計四房分であることが判る。この内、入側通りの⑧及び②は他との関連をつけ難いのでこれを除外すれば、前記各類で二房半、二房半、一房半、二房半となり、大体平均する。従って三房の配列には、この分類方式、即ち腰貫の側・入側通り二房半づつと、飛貫の側・入側通り一房半、二房半とを組合わせ、それを一群として扱って誤らないことが判明した。仮定に従って両脇戸口方式のものを正面（南側）とすれば、南側柱通り二房半、南入側柱通り二房半、北入側通り二房半、北側柱通り一房半に当る。角柱資料が整えられたわけである。

c　平面の復原

角間柱の組合わせが終ったのでこれを各柱通りでどのように配置するかが次の問題である。しかしこれらの順序を決める拠所とし得るのは平面計画的判断しかなく、それにはこの堂が東妻正面となっていたものか、それとも南を正面としていたものかを決める必要がある。従ってその前に丸柱の旧位置を推定して出来るだけ両妻の造作を明らかにしておかねばならず、また身舎房境の角間柱間の装置をも復原してみなくてはならない。

先ず側丸柱①②は戸口の仕口を持ち連続戸口の間のもので南側柱列に属し、何れも正面からみて戸口の右脇の柱に当る。③④は窓の仕口や痕跡を持つものであるから北側柱通りに当り、③は窓の右の柱④は左の柱となる。⑤は妻柱の入隅部分に当るので、東南隅か西北隅に擬し得る。次に入側丸柱①②⑤は限定し難いが、③④は腰貫穴及び長押の取付痕跡があり、脇は最初壁、後に戸口に改造されているので、妻柱であり妻から向って柱間の左脇にくる柱である。

次に身舎房境角間柱についてみると、①②は最初壁、次に戸口に改造され、長押もつけられているので、馬道に面した間柱と判断される。③～⑥は限定し難いが、先に指摘した寄進文が刻まれて現本堂に再用されている二本の新しい柱は、現在と同様に身舎のこの房境に用いられた筈である。今仮にこれが東より第一房と第二房の境に用いられたとすれば、ここに鴨居が通ることとなる。第二、第三房の境はどうされたであろうか。ここに従来の房境が引続き用いられていたとしたら、それには他の仕口が全然ないから、従前通り壁の連続にされたか、或いは完全な開放であったと見られよう。

次に改造に際して新たにされたものと見られる長押類では、中央間戸口、両脇窓の箇所の腰長押が二本（地長押⑤⑥）、連続戸口の地長押が四本（地長押①～④）、五間分残っていた。また内法長押中に妻通り脇の間から同中の間の角間柱にかけて渡されたものがあり、その両間共戸口とされていることが知られる（内法①）。これは馬道に面した柱間に相当するものであろう。これによるとその南端の間が戸口であったことを示すが、北端間の直接資料はない。東妻は丸柱のみで四間に分れている筈であるが、入側丸柱③④をここに擬すると、その中に戸口と連子の間があったこととなる。

ここで以上の各側面の大要をまとめれば、南側面は三房とも連続三間戸口、北側面は一房連続三間戸口、二房は中央戸口、両脇窓、東妻側は身舎二間分を戸口、庇の間を窓、西側の馬道に面しては全体五間連続戸口と推定された。

以上の資料によれば東妻を正面と見るのが妥当に思われ、北側を主席、南側を客席と見て、図面第1図及び第34図のような復原図が考えられたのである。

四　僧房間取の復原結果

a　復原平面について

以上のように東方三間分の改造後の間取りを復原してみるとほぼ統一ある状態を再現することが出来た。そしてこれは解体を行わず、旧僧房の造作を変更することによって改修されたものであるから、このままの柱の配列で同じ柱に残る最初の仕口や痕跡をたどって行けば、自然最初の間取りが明らかにされる筈である。その平面の復原結果は図面第1図の通りで、先ず一房、即ち桁行二二尺五寸、梁間四三尺の一区が隣の房と厳重に壁で仕切られ、各房桁行が間柱で三間に分れることは現禅堂と同様で、この一房は前面庇、身舎、背面庇に分割される。前面庇の前面は三間共戸口である。身舎は前後面とも中央間のみ戸口、その両脇間を壁とする。身舎内は最初は広い一室になってその中に柱を用いなかったと見られることは既に記した。背面側通りは、各房共中央間楣・蹴放間開放、両脇間連子窓となる。次に背面の庇では、原則として側・入側角柱間に両脇を壁とした戸口を設け、中央の間を通路、両脇間を独立した部屋とする。例外として側角柱⑥に見るように戸口脇の壁の痕跡のないものがあったことを知り得る。前面庇は原則として一房一室になっているが、例外として一房に限りこれを三分したらしく、戸口脇小壁の壁間渡穴を残す（側角柱④⑤、入側角柱⑥⑦）。また逆に背面庇にも間仕切を用いないものもあったらしい。

この結果は、前節の極めてまわりくどい吟味を経ない以前の、漠然とした理由に基く組合わせによったものと殆ど異ならない。しかし重要な相違点は前には様々の疑いに対する確固とした解答が与えられなかったことである。例えば改造後、馬道に面する身舎の間柱間の壁が除かれて、そこに戸口が三間続くことが明らかになったのであるが、この最初の壁間渡穴は側柱通りの最初の戸口の方立どめ太枘穴と近似しているので、考えようによっては入側柱通りに三間戸口が連続する所があったのではないか、という疑問をぬぐい去り難かったのである。一方、前面は開放戸口の連続、背面は両脇に連子窓を配した形式と決定したものの、それらが同じ側に交互におかれなかったことを実証することは出来なかった。

このように例外の箇所があり、また経蔵や馬道など他にも不明な点が多いので図面では標準的な間取を八房分全体にあてはめて作図している。図で明らかなように、こうして出来上った間取は現在の我々には一寸想像もつかない原始的なものとなった。中央の大きな室はわずかに前後に戸口を持つだけで周囲を完全に壁で囲まれて薄暗いガランとした空間になり、その前の庇は相当に広い開放的な部分である。後庇に小部屋を持った点を除くとこれはいわば「堂と室」とに当るわけで、その平面構成は伝法堂前身の住宅建築や大嘗宮正殿と同一のものである。

なおこの当初の間取は改造されて禅室に見る中世の間取へ変化する過程を示す。それは各房身舎内部の改造で、身舎内におかれた二本の間柱が最初から存在したものではなかったことは既に記した。しかしこれはかなり古い時期に挿入され、房境の壁に向って壁が造られた。この時房境では三分点に柱があって二分点には何もなかったのであるから、何か薄い柱型のようなものでも立ててそれに壁間渡を取り付けて壁を作ったであろう。そしてこの二本の柱の向い合う間では上方にのみ壁間渡穴を存して楣の仕口を残さないので、入側通りと同様な戸口を設けたものと思われる。これによって身舎が二分され、最初の漠とした広い空間より寝室としての好条件を具えるに至ったものと見られるが、それにしてもこの棟通りの間仕切が段々強化され、もとは南側から北側まで通して一房であったものが二分されて、それぞれに一房としての機能をもった平面に変化する点は、僧房平面の発展として注目すべきものである。

b　残された問題

以上東三間堂の復原を中介として、創建当初の僧房間取を少くとも三房分は明らかにすることが出来た。それは単に平面間取にとどまらず各部分の造作までかなり詳細に復原し得たもので、僧房というやや特殊なものを通してではあるが古代住居の具体的な一例を加えたものといえよう。しかし住居としての機能を考える場合にはまだ色々と判らない点が多い。例えば背面庇を中央の戸口通りの通路に当る部分と両脇の窓に面した小部屋とに分ける間仕切とか、後に棟下通りに補なわれた間仕切の中央戸口とかは、その詳細を知り得ない。資料として細かい造作材が残らない限りこうした細部の復原までは望めず、奈良時代の建具に関する知識に乏しい現在、これを一応普通の板扉型式に復原してはみたが納まりがよいとはいえない。さらに細かくいえば扉の形式とか、恐らく連子窓であろう窓の詳細とかも不明である。

ところで、こうして復原した三房分の間取を今問題にしている僧房全体で考えるとどうなるであろうか。禅室から出た資料に丸柱・角間柱共に側面上方に横連子を入れその下を戸口または壁としたものがある。戸口の型式が東三房背面の両脇を窓とした中央入口の方式と似ているから、これも同じく背面にあったものと思われ、少くとも二房分はこの横連子窓型式であった。長元八年の「検録帳」によれば本僧房に擬せられる東室南階大房中には経蔵が含まれているので、恐らくそれに当ると思われるが確証はない。さらに問題になるのは馬道の存在である。「検録帳」にはこの僧房中には馬道の記載はないが、北階僧房の小子房十二房に「馬道以東六間」とあることから見ても一二房の中央にあったと推定される。ところで、本堂地下の発掘調査の結果を見ると、禅室東端より三房目に当る間の中央南側に、幅約一二尺で両側に溝をもった部分がある（図面33）。この溝は僧房の雨落溝がここで折れ曲ったものなので、僧房自身と密接な関連があった筈でありここが馬道の可能性が高い。とすればこれより西は現在の禅室西端まで六房分あって、これは丁度旧僧房の西半に当り、東半は一房しか判っていないことになる。『七大寺日記』に「極楽房者……其中心馬道アリ……」とあるから、「中心」を文字通りに受けとればこの時（一一〇六年）にはまだ創建時のまま一二房で中央に馬道があったのかもしれない。ところが今までの仮定では古材を重視し、現在の禅室と本堂の関係から改造後にその中間を馬道とした点のみを考えた。これは古材中に創建時の痕跡として確実に馬道の部材といえるものがないので、現資料からは止むを得ない。しかし現本堂の中に創建時の馬道があったとすればそれは復原した東三房中に当るわけで、そうなると廃棄されたと思われる旧馬道材を加えれば、少くとも四房と考えなければならないことになる。もと三間のものを三間に復原するのと、四間分の材で三間しか復原し得ないのとでは、後者の精度が低いことは明らかである。以上のような次第なので間取の基準形らしいものが判ったというだけで、なお残された問題も多いといわねばならない。

第四章　元興寺極楽坊禅室平面の復原

第一節　修理前に於ける禅室の状態

禅室の修理前の状況は実に惨澹たるものである（図面４）。軒傾き雨漏による朽損が著しく、既に倒壊にひんしていたこと等は別にしても、明治以後の改造や破損が甚だしく北側庇の西端三間と三分一は除かれてそのため柱位置も一部動き、西妻は螻羽を切断されて妻に大壁をぬり妻飾を全く隠していた。間柱等も内・外部共に一部が撤去され、内部は東半を広間とし、西半には床や押入を設けた居室が造られ、西端房の南半のみは多少堂らしい面影を残していたが他は建具も腰高障子や舞良戸を用い、北側と東側の大半にはガラス障子をはめるといった状態で乱雑を極めていた。これは明治初年から大正末年まで学校等に使用され、その後は全く利用されることもなく放置されていたためである。しかし構造の根本にはほとんど変更を加えておらず、軸部、斗栱、屋根の構架、妻飾等には鎌倉時代再建当初の形式をよく残していた。従って原型回復のために復原的な調査を必要としたのは造作と平面に関する点である。その造作についても幸い外側に面した戸口や連子窓については柱や貫に旧仕口の痕跡をとどめていたので、背面連子窓の連子々や扉等の細部を残しては、これを完全に復原することが出来た。但し正背面に元々縁が存したか否かは問題で、その明瞭な痕跡は残っていなかった。今回は縁が復原されたが元来は戸口毎に踏段を設けたのみであったかもしれない。

ここで復原された結果を折込んで構造形式を簡単に記すと以下の通りである。禅室は南面して、桁行四間、梁間四間、切妻造、本瓦葺（一部行基葺）。軸部は本柱をすべて丸柱とし、その間に断面矩形の角間柱を立てる。桁行各間は間柱によって三分され、正背面ともその中央間を戸口、両脇間を連子窓とする。但し正面戸口は上方連子附桟唐戸、背面戸口は板唐戸、正面連子窓は腰貫、飛貫間一杯に作られるが、背面連子窓はその間に窓台と窓楣を入れ上下を壁にして低い窓とされている。本柱には腰貫、飛貫、頭貫を通し、側間柱は腰貫と飛貫の間に挿入される。頭貫と直交して天井桁がかかり、その先は延びて挿肘木となる。組物は変形の一手先組で丸柱上を平三斗とし、その肘木と直交して入側柱と繋ぐ繋貫の先を延ばし、挿肘木上の実肘木・出桁と組む。内部間柱は天井桁に枘差しになって終っている。

妻の構架は蟇股を間に挿んだ二重虹梁で、頭貫の先端や二重梁の先端は、大仏様の繰形を作る。軒は一軒、角直棰で鼻隠板を打ち、屋根には野屋根を用いず棰上に木舞をかき、土をおいて瓦を葺く。要するにこのあたりは妻飾が二重虹梁式である点以外は、ほぼ純粋な大仏様の技法になるのである。内部天井は、各丸柱及び間柱通りで分たれた一郭を、南北の棹縁で二分し、平板天井とする。西南隅桁行一間・梁行二間（棟通りまで）は別室とされ、その内部に立つ間柱がぬかれて堂となっている。そしてその背面に当る桁行一間梁間二間の一房には、今回の修理によって僧房の間取を復原したが、他は間仕切を設けず開放的な広間とした。

これらの柱位置や柱間隔等は奈良時代の僧房のものと一致するのであるが、身舎の坊境梁行を禅室では二分して、中央に面取り角大柱を用いているのに対し、旧時はこれを三分して他の角間柱と同大の柱を配していた点が異っている。

なおその外部に現われている部分に旧僧房の古材を用いたのは、丸柱の一部、角間柱一本、天井桁の一部ぐらいであったが、小屋内の材が殆んど旧材であったことが前述のように創立僧房の復原を可能にしたのであった。

最後に柱間寸法の現状を記しておこう。

梁行身舎柱間	梁行庇柱間	梁行総長
一一・一〇尺	一〇・一〇尺	四二・四〇尺

		桁行各間柱間	桁行各丸柱間
東端間	東小間	七・三二五尺	二一・九五尺
	中小間	七・三一五尺	
	西小間	七・三一五尺	
東より第二間	東小間	七・三三五尺	二二・〇〇尺
	中小間	七・三三五尺	
	西小間	七・三三尺	
東より第三間	東小間	七・三一尺	二一・九二尺
	中小間	七・三一尺	

西小間　七・三〇尺

西端間　｛東小間　七・三六三尺／中小間　七・三一尺／西小間　七・四二七尺｝　二二・一〇尺

桁行総長　八七・九七尺

相当不揃ではあるが、大体において桁行総長は奈良尺で九〇尺、梁行総長は四三尺に該当するものと考えられる。

このように旧柱間が踏襲された理由は旧礎石をそのまま再用したためと思われるが、現建物に旧僧房の大梁、桁、天井桁等を多数再利用したのも、その一原因と考えられる。

第二節　禅室間取の復原資料

一　資料の残存状況

禅室の平面復原の資料となったのは、主として柱に存する壁間渡、敷鴨居、貫等の仕口の痕跡とそれらに対応する発見旧材及び側通り腰貫及び内法貫並に天井桁に存する各種仕口や痕跡等である。このうち発見旧材は床下や後補間仕切等に転用されていたものである。但し既に記したように後世内部柱の取除かれている箇所や旧天井桁の失われているものが少なからずあり、また旧敷鴨居等の発見された数も限られている点に問題が残る（通計鴨居四種五丁、敷居一丁、図面51）。それでも、もし各房の構成が均一で揃ったものであればよいのだが、実は得られた限りの資料によっても部分の扱いの不統一が認められるので、資料としてはなお不充分なのである。しかし不統一さは、小壁の有無等割合細部に限られたので、間取の大綱だけは窺うことが可能となった。

さらにこの禅室の場合には、これを容易に解決し難い次のような難点があった。

1　再建当初の仕口と後世改造時の仕口の或るものとの間に、手法上の差が少なく、区別の画然とし難いものが少なからずある。

2　当初の各種仕口の寸法や配列の間隔等は大体揃うのが普通なのに、ここでは一部に最初から揃っていない所があったらしい。

3　平面計画は大体は規則的に出来てはいたが、既に触れたように細部に及んでは決して対称性を持たず、各室が同じ方式の繰返しではないと考えられる部分があったらしい。

4　柱の失われているものが少なくなかったため、一方の柱の仕口のみによって判定しなければならない場合も少なくなかったが、片引戸を使用している所があったりするので、一方の柱の仕口のみでは決定を下し難い箇所がある。

5　特に内部間仕切用角間柱二二本のうち、一〇本が失われていたので、部分的に確定的な判断を下し得ない場所も生じた。

二　資料の考察

根本資料となるのは柱なのでこれを桁行及び梁行の各柱通り毎に並べ、相対する面を対照してその間の間仕切装置を考え易いように配置した（図面37～49）。横架材では、飛貫及び天井桁を一括して扱い（図面50）、腰貫は省略した。

a　床及び縁

内部が床張であったことは本柱・角間柱に腰貫・足固貫を通し、特に側通りでは腰貫の側面に床板を突き付ける大仏様独特の納まりをもつ点で全く疑う余地はない。しかし縁についてては材料が悉く新しくて再建当初の材も見当らず、柱にも古い縁の取付痕跡がないのでその存在が疑われる。腰貫外面の上バから七寸五～八分に風蝕型があり、今回の修理ではこれを資料に縁を復原したが、当初の縁板の納まりとしては不合理で後補にかかるものであろう。当初は、或は『春日権現験記絵巻』中の興福寺西室に見るように、戸口毎に踏段が設けられたのではないかとも考えられる。

b　房境壁の復原

妻通りと桁行を四等分した列には、太い丸柱の側柱と入側柱が配され、妻中央には丸柱、内部棟下通りには西より第二列目のものを除き、やや長方形の面取大角柱がおかれる。西より第二列目棟下通りの柱に限り丸柱になっているのは、その西南一区画を広間として、仏堂として使用したためであろう(1)（但し西妻北端柱は欠けていた）。これらの柱の梁行方向の面には、ほぼ一尺五寸間隔（妻のものは少し間隔が広い）に長二寸内外、幅六〜七分の壁間渡穴を存し、各柱を通じてその配置も揃い、貫穴に対しても手頃な距離を保っているので、当初から壁であったことが明瞭である（図面41・43・45・47・49）。

この壁によって、建物全体は厳重に四区画に分割される。それが一房にあたるのである。但し西妻柱両側面の飛貫（正背面の頭貫と同一高さに通す貫）から下方には、この間渡穴を存しないので奇異であるが、釘穴列を存するので、柱に打添えをしてそれに間渡を挿入したのかもしれない。但しここが開放になっていて建物が更に西方へ続いたような痕跡は認められなかった。

c　南側通り柱間装置の復原

南側通り桁行各柱東西両面には何の仕口も存在しない（但し東より第二房の西方間柱は欠）。これは飛貫や腰貫に残された仕口で知られるように、各房共、中央間は飛貫と腰貫に藁座を打って扉をつり、両脇間は飛貫と腰貫の間一杯に連子々をはめて窓としたからである。

1　四房とも飛貫及び腰貫が完存しその外面中央間に、藁座当りの風蝕痕跡とがあり、釘穴を存していた。また桟唐戸の縦框断片が床下から発見され、これによって扉を復原した。

2　東より第三房及び第四房の腰貫上面には埋木を施していたが、これを除くと中央間を挟む両脇間に連子々の仕口穴底が残されていた。なお東より第一房及び第二房の腰貫上面は後世戸口改造の際欠取られて痕跡が失われている。

3　各房とも飛貫下面には、中央間を除き連子々の仕口穴が残されていた。

d　北側通り柱間装置の復原

北側通り桁行各柱に存する東西両面の仕口は（図面40）（西妻丸柱欠、東より第一房東間柱、第二房西間柱、第三房西間柱、西端房間柱二本とも欠）、丸柱には連子窓台と同楣の大入れ仕口（高四寸、幅五寸内外）、及び楣と飛貫間の壁間渡穴二つ（長さ二寸、幅七分内外）がある。間柱の丸柱に対する面にはこれに応じて連子窓台及び楣の枘の仕口（丸柱には大入れ、角柱には枘差し）と、楣上の壁間渡穴二つがある。そして間柱同志互に向き合った面には、上下を通じ幅一寸五分程の小穴（溝）が突かれている。これは戸口方立の仕口で腰貫や飛貫にも次の通り扉軸穴を残していた。

1　東より第一房、第二房、第三房共（第三房は桁行の西方三分の一が欠失していた）飛貫下面の中央間に、楣嵌込みの溝穴及び扉軸摺穴があった。

2　東より第一房の中央間の腰貫上面に、蹴放しのはめこみ溝及び扉軸摺穴が僅かに残っていた。

3　他の腰貫は既に失われていた。

従って扉は飛貫、腰貫間にはまりこんで釣られ、薄い板唐戸と推定される。(2)

e　棟通り間仕切装置の復原

棟通り桁行各柱に存する東西両面の仕口は（図面38　東より第一房東間柱、第二房西間柱、西端房間柱欠）丸柱及び角大柱の面にはほぼ一尺五寸間隔に長一寸七～八分内外、幅六～七分内外の壁間渡穴があり、角間柱のこれに対する面も同じ。(3) また大部分の柱には床上に壁止めや敷居の枘と見られるものがある。間柱同志相対する面には通じて天井桁下三尺四寸を下バとして長四寸位の鴨居の枘穴（幅五～七分）があり（⑤E—⑥W、—⑨W、⑪E—）、相対する柱二本とも存する所では一方は上から滑り落す仕口になっている（⑥W）。そしてこの鴨居から上には壁間渡穴が三つ作られている。天井桁には三間各間共色々な仕口もあるが（図面50）、共通に柱間二つ割位置に壁間柱の枘穴が作られている。なお西端の房では南側の仏堂内に設けた須弥壇の後壁として後世に丸柱をたてたために当初の角間柱が失われていたが、天井桁には各間とも中央に壁間柱の枘穴を残す。次は鴨居から下であるが、ここに壁間渡穴がほぼ中心、或は少し一方に偏って存在するもの（⑤E、⑨W）と、方立とめ合釘の穴と考えられるものの存するもの（⑥W、⑪E）とある。その仕事が不揃いな点に疑問があり、或は最初は鴨居下が開放になっていたかとも思われるが、最終的には片引戸が用いられるようになったものと解される。片引戸も東より一及び二房では東へ引き込まれ、東より第三房では西へ引き込まれた。その理由は東第三房では、東間柱に方立合釘穴、西間柱に壁間渡穴があるから、ここが西半を壁とした片引戸口であることは明らかで、東一及び二房ではその一方の柱しか残されていないが、⑨は壁側、⑪は戸口側と考えられるからである。

f　各房内部梁行通り間仕切装置の復原

各房の中央間、戸口のある通りの両側の間柱通りの梁行方向の旧仕口痕跡は次表のとおりである（図面42・44・46・48・及び50）。

この列の柱間装置の判定は最も困難であるが、大体において庇の間の室の間仕切（柱番号①②及び④⑤間）は引違戸で鴨居上を開放にしているもの（東二房東側北庇、東三房南庇両側）と、壁にしているもの（東一房全部、東二房東側南庇、東三房北庇両側、東四房北庇両側）とあり、南側には開放のものが多い。また身舎の間の室の間仕切は、全部片引戸になるらしいが、鴨居が高く標準高のものと、低いものと二種あり、何れも戸の立つ所には方立を取り付けたようである。方立の取り付けには合釘を用いたものと太枘を用いたものがあるとみられ、仕事が不均一なためこの太枘と壁間渡穴との区別のつきにくいものも少なくない所に難点がある。また中には模様替されたらしいもの、造作が一時に作られなかったのではないかと思われる点などもあって複雑であるが、更にこの考察を助けるものに鴨居及び敷居の古材がある（図面51）。

これらの敷鴨居は鴨居、大引、半柱等に転用されていたもので、かなり欠損してはいるがその長さから見てこの部に使用されたものと見られる鴨居が四丁、敷居が一丁あり、うち鴨居二丁は引違戸用のもの、他は片引用のものと判断される。引違戸用のものは幅四寸〜四寸二分、厚さ三寸六分あり、両端に方立の枘を残し、下面にアゼ木を打った釘穴四列があって三本溝になっていたことを示す。溝幅が割合狭いのでここには襖のようなものを用いたのであろう[4]。上面には壁間柱を取り付けた痕跡があり、鴨居上が壁となっていた部分のものであることがわかる。他の敷居一と鴨居二は一本溝であり、一端から三分の一ぐらいの位置に入口の立框を枘差にした仕口があり、この框は鴨居とは外面で留に取り付いている。鴨居幅は四寸五分、厚さは三寸六〜七分、敷居は幅五寸、厚さは三寸と見られるが、敷居下面には逃げがとってあって床上に取り付き易くしている。立框の見付幅は四寸程度であったと推定される（枘穴幅では四寸が最小）。これらの鴨居の上面にも壁間柱の仕口が残されていた。なおこの鴨居の方式に二つあり、一つは柱間の三等分点位の所に今一つ柱枘らしいものがあって、それより一方には壁木舞の取付跡を存し、先の竪框との間には板決り（幅五分）を存しているものである。発見された敷居はこの種には関係しない。これであると戸の反対側の壁は柱真に納まるが、他種のものであればその壁が偏心することとなろう。前者の方が仕事は丁寧である。一本溝は突止めなのでこの小柱はなくともとまるのであるが、

東より第一房東側列（図面42・右）

柱位置	面	柱の痕跡	天井桁の痕跡	判定
南より一	北面	鴨居上壁間渡穴、鴨居下方立太枘穴或は壁間渡穴あり	壁間柱枘穴二箇あり、他に古いえつり孔あり（古材転用）	鴨居上壁、下方立附引違戸
二	南面 北面	柱欠	天井桁後補	
三	南面 北面	柱欠	天井桁後補	
四	南面	埋木のため鴨居仕口が見られないが、その上方には壁間渡穴、下方には方立合釘穴らしいものあり	壁間柱枘穴二箇あり、他に古いえつり孔あり（古材転用）	鴨居上壁、下方立附引違戸、後に南半に壁をつけて片引戸に改めたか
	北面	鴨居仕口穴の上に壁間渡穴、下に方立太枘穴及び壁間渡穴、敷居枘穴あり		
五	南面	鴨居枘穴、上壁間渡穴、下方立太枘穴あり、柱下欠		

東より　第一房西側列（図面42左）

柱位置	面	柱の痕跡	天井桁の痕跡	判定
南より一	北面	鴨居枘穴あり（すべりおとし）、その下に方立合釘穴あり	壁間柱枘穴二箇あり、他に壁木舞仕口穴あり	鴨居上壁、鴨居下方立付引違い戸
二	南面 北面	後補柱	天井桁後補	鴨居上壁、鴨居下片引戸（鴨居内法は高い方）
三	南面	鴨居仕口穴、上下とも壁間渡穴あり	天井桁後補	
	北面	鴨居仕口穴、上壁間渡穴、下前身建物の時の痕跡のため不明（柱下方欠）		
四	南面 北面	柱欠	壁間柱枘穴二箇、他に新しい枘穴二箇あり他に古いえつり孔あり（古材転用）	鴨居上壁、鴨居下方立付引違戸、後に片引戸に改めたか
五	南面	鴨居枘穴、上壁間渡穴、下方立太枘穴及び壁間渡穴		

東より　第二房東側列（図面44右）

柱位置	面	柱の痕跡	天井桁の痕跡	判定
南より一	北面	鴨居枘穴、上壁間渡穴、鴨居下方立合釘穴、敷居枘穴あり	壁間柱枘穴二箇あり、他に壁木舞仕口穴あり、他に古いえつり孔あり（古材転用）	鴨居上壁、鴨居下方立付引違戸
二	南面	鴨居枘穴、上不明、鴨居下方立太枘穴、敷居枘穴あり		
	北面	鴨居枘穴、上壁間渡穴、鴨居下方立合釘穴及び太枘穴、敷居枘穴あり	天井桁後補	鴨居上壁、鴨居下片引戸（鴨居内法は高い方）
三	南面	鴨居枘穴、上壁間渡穴、鴨居下方立合釘穴、太枘穴、壁間渡穴、敷居枘穴あり		
	北面	鴨居枘穴上下二箇あり、その上壁間渡穴、下方立太枘穴及び壁間渡穴（偏心）敷居枘穴	天井桁後補	鴨居上壁、鴨居下方立付片引戸、鴨居高に変更あり、片引戸の位置も変更あり、鴨居の低い方確実か
四	南面	鴨居枘穴上下二箇あり、その上壁間渡穴、下方立太枘穴及び板決り、敷居枘穴あり、		
	北面	鴨居枘穴下に方立太枘穴及び敷居枘穴あり	痕跡なし	鴨居上開放、鴨居下方立付引違戸
五	南面	鴨居枘穴、下方立太枘穴あり		

東より第二房西側列は柱が全部失われているので省略する。

東より　第三房東側列（図面46右）

柱位置	面	柱の痕跡	天井桁の痕跡	判定
南より一	北面	鴨居枘穴（すべりおとし）下方立合釘穴あり、敷居枘穴あり	新しい壁間渡穴あり	鴨居上開放、後に壁、鴨居下方立付引違戸
二	南面	鴨居枘穴、下方立合釘穴あり、敷居枘穴なし、		
	北面	鴨居枘穴、上壁間渡穴、鴨居下方立太枘穴あり、敷居枘穴あり	天井桁欠	鴨居上壁、鴨居下方立付引違戸（内法は高い方）
三	南面	鴨居枘穴、上壁間渡穴、鴨居下壁間渡穴あり、敷居枘穴あり		
	北面	鴨居枘穴、上壁間渡穴、鴨居下壁間渡穴あり、敷居枘穴あり	壁間柱枘穴二箇あり、他に新しい間柱枘穴一つあり	同右
四	南面	柱欠		
	北面		新しい壁間渡穴あり	鴨居上開放、鴨居下方立付引違戸
五	南面	鴨居枘穴、下方立太枘穴、敷居枘穴あり		

東より　第三房西側列（図面46左）

柱位置	面	柱の痕跡	天井桁の痕跡	判定
南より一	北面	鴨居枘穴、下に方立太枘穴（新しい壁間渡穴に再用か）、敷居枘穴あり	新しい壁間柱枘穴、同木舞仕口穴あり	鴨居上開放、後に壁、鴨居下方立付引違戸
二	南面	鴨居枘穴、下方立合釘穴、敷居枘穴あり、上下に通じ新しい壁間渡穴あり		
	北面	鴨居枘穴、上下壁間渡穴あり、敷居枘穴あり	天井桁欠	鴨居上壁、鴨居下方立付片引戸（内法は高い方）
三	南面	鴨居枘穴、上壁間渡穴、鴨居下方立太枘穴あり、敷居枘穴あり		
	北面	鴨居枘穴の上下壁間渡穴あり（鴨居下間渡穴は左へ一寸偏心）敷居枘穴あり	天井桁後補	鴨居上壁、鴨居下方立付片引戸、後に壁にしたか（内法は低い方）
四	南面	鴨居枘穴の上壁間渡穴、鴨居下方立合釘穴及び新しい壁間渡穴あり、敷居枘穴あり、		
	北面	鴨居上壁間渡穴、鴨居下方立合釘穴、新しい壁間渡穴あり、敷居枘穴あり	壁間柱穴二箇あり、他に木舞仕口穴あり	鴨居上壁、鴨居下方立付引違戸
五	南面	柱欠		

東より　第四房東側列（図面48右）

柱位置	面	柱の痕跡	天井桁の痕跡	判定
南より三	北面	柱欠	天井桁欠	鴨居上壁、鴨居下方立付片引戸（内法は低い方）
四	南面	鴨居枘穴、上壁間渡穴、鴨居下方立合釘穴と偏心壁間渡穴あり、敷居枘穴あり		
	北面	鴨居枘穴、上壁間渡穴、鴨居下方立太枘穴と合釘穴あり、敷居枘穴あり	天井桁欠	鴨居上壁、鴨居下方立付引違戸
五	南面	柱欠		

東より　第四房西側列（図面48左）

柱位置	面	柱の痕跡	天井桁の痕跡	判定
南より三	北面	柱欠	天井桁欠	鴨居上壁、鴨居下方立付片引戸、鴨居は高い方の仕口が用いられたか
四	南面	上下二つの鴨居枘穴あり、その上壁間渡穴、鴨居下方立太枘穴或は壁間渡穴、敷居枘穴あり		
	北面	鴨居枘穴、上壁間渡穴、鴨居下方立太枘穴あり、敷居枘穴あり	天井桁欠	鴨居上壁、鴨居下方立付引違戸
五	南面	柱欠		

間柱があればそれが戸当りともなる。間柱の方をみてもこの鴨居の低くすえられたものでは壁間渡穴が偏心しているので、低い内法のところには、後者の簡単な工作の柱間装置が採用されたものと考えられる。これらの仕事の相違は住者の格式に関係があるのかも知れない。

g　各房内部桁行通り間仕切装置の復原

最後に身舎と庇の境の桁行方向の柱面を見て行こう（図面37・39）。この列には総じて敷鴨居の枘穴があり、丸柱には枘穴がなくてその取付型のみ存するものがあった。内法高は梁行庇の間の鴨居、つまり先に上げた高い方のものと同じである。そして各房両脇間鴨居上には間渡穴があって、必ず壁となっていたことが判るが、中央間には開放のものもある（第二房）。また鴨居下の柱面には合釘穴を存するものと、太枘穴を存するものとあって不統一である。そして太枘穴と壁間渡穴の区別の困難なことは先にも述べた通りで、この中には後に壁を作って片引戸に改めたものもあるかも知れない。この鴨居に該当すると見られるのが一本だけ発見されたが、幅三寸八分、厚さ三寸二分、但し現在も鴨居に使われていて表面が削られている恐れがある。これにはアゼ木を三列打った釘穴列が残っており二本溝であることが判る。このアゼ間の距離は庇の間の梁行に用いた三本溝のものよりも広く、溝幅は一寸以上となろうから、この方には板戸か舞良戸のようなものが用いられたと推定される。これに対し一本溝のものは溝幅八〜九分程度であるから板戸であろう。

念のため柱に太枘穴を存したものと合釘穴を残したものの区別を表示してみると次の通りである。

東より第一房		南列	北列
妻丸柱	西面	なし	太枘穴
東間柱	東面	柱欠	太枘穴
	西面		合釘穴
西間柱	東面	後補柱	柱欠
	西面		

東より第三房		南列	北列
丸柱	東面	なし	柱欠
	西面	太枘穴	
東間柱	東面	合釘穴	柱欠
	西面	合釘穴	
西間柱	東面	合釘穴	合釘穴

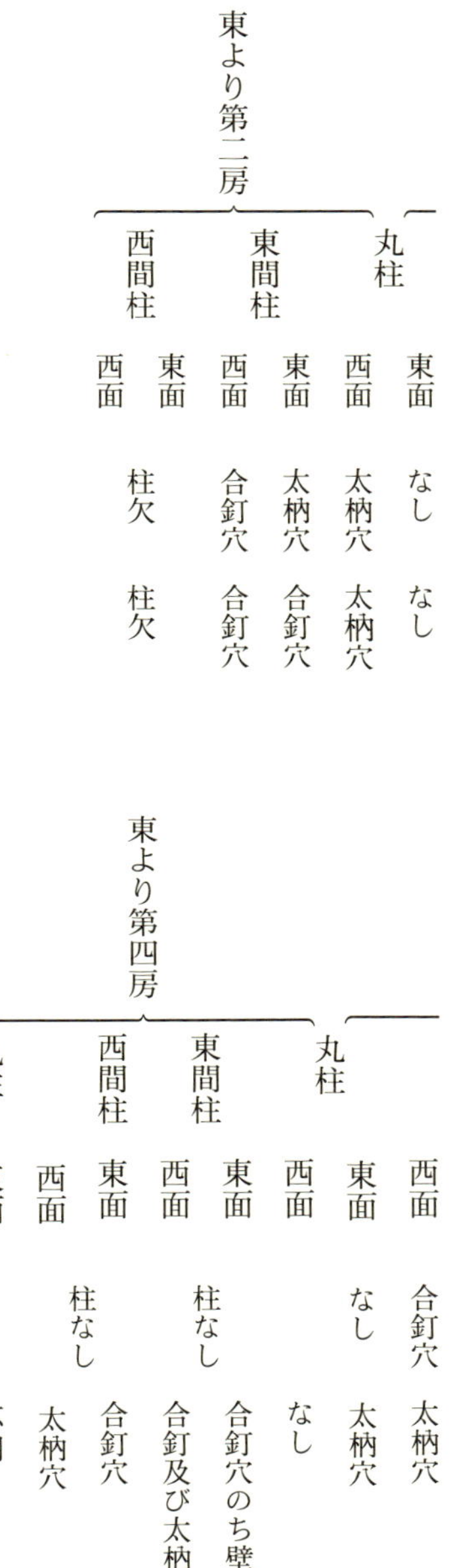

第三節　禅室間取の復原

この建物は桁行四間、総長八七尺九寸七分、約八八尺、梁間四二尺四寸の建物として一応完結したものと思われるが、西妻については些か疑問が残る。即ちこの妻飾の虹梁や蟇股の形式が東妻のものと異なり、脚端や虹梁端の繰形が省略されていること、現在は螻羽が切断されて短くなっていること、繫貫（側頭貫と同じ高さで妻にまわっている貫）から下には柱に壁間渡穴を存しないこと、西妻の身舎の柱三本は何れも頭部に継木をしていて西端一間の棟下通り間仕切壁の間渡穴の間隔が不揃いなこと、さらにこの間の両端にくる丸柱に残る間渡仕口穴も互に揃ってもいないこと等が注意される。柱頂に継木した例はこの建物では他所にもあるが、それらは古材（旧柱）を再用して二つを継合わせたものであり、西妻のものは上に新材をついでいた点が異る。棟下通り間仕切壁の間渡穴が他の同所のものと一致しない点も異例で、他では房境の壁と棟下通りの壁に関しては整然と揃っていた。

これらの疑問に関して明快な解答は与えられないが、西妻から西方に向って腰貫とか天井桁の類を取り付けた仕口はなく、螻羽軒先下方に旧雨落溝の遺構も発見されたから、更に西方に延びていたものを後に撤去して新しく妻を造ったと見ることは出来ない。(5)

以上の疑問点を別にすれば、この禅室が先ず桁行を四等分した四房に分れ、各房境は完全に壁で仕切られたことは明瞭である。但し西端の房の南半には間仕切りの存在した資料を残さない。(6) その他には悉く間仕切の痕跡を残すが、一房の基準的な間取を考えてみると、以下のようになる。(図面1・3・52)

先ず房境には丸柱からなる側柱と入側柱が立ち、棟下通りには角形の太い柱が立つ。但し西端房との境の同所のみは丸柱となる。これは西南の開放室の東北隅に当るからである。各房は桁行二二尺、梁間は身舎の間二二尺二寸、庇の間一〇尺一寸、計四二尺四寸で、身舎はほとんど正方形とみてよい。次にこの一房は角間柱によって桁行に三分される。間柱は各柱通りにおかれるので、一房内はこれによって三行四列の一二部屋に分たれるのである。間柱は小さい面を取った断面長方形の材で、桁行方向に長くおかれ、正背面からの見付が広く見える。外に面した正背面の間柱によって分たれた三間の内、中の間は戸口、脇の間は連子窓となるが、その取扱い方は正面と背面で異る。正面の扉は藁座でつられ扉軸も太い桟唐戸（旧縦框発見）であり、両脇の連子窓も腰貫と飛貫の間一杯に開かれているのに対して（高さ約七尺）、背面中央間は間柱の内側に方立をつけ、腰貫、飛貫内に直接扉軸をはめこむほど薄い板唐戸であったと見られる。またその両脇の連子窓は別に窓楣と窓台を入れたもので、窓台は坐居に適するよう低く設けられ窓高も内法二尺五寸にすぎない。このことは背面が外観に余り左右されず防寒の意味で窓を小さくしたといった事情も考えられるが、正面とは格式の差がつけられていることも見逃せない。

内部ではまず棟下通り桁行三小間の中、両脇の小間が壁になることは疑いの余地がない。中の間は鴨居を入れてその下に片引戸を設けたらしいが、この部分の敷鴨居等の古材が発見されなかったので詳細は決定し難い。しかし何れにしてもここで南北に二分され、南半と北半はほぼ対称的な扱いを受ける。

次にこの南或は北の半房は間仕切によって桁行に三分、梁行に二分され、外側の室と内側の室が一組となる三通りに分れる。外面して戸口のある中通りは左右の室に入る通路ともなるのでプライバシイを欠き、住居としては著しく価値が低い。その両脇に並ぶ各一対づつの部屋は四組共大体等しい利用価値であるが、内方の室と中央通りの室境の戸口の取扱い方に二種あることからみても、やはり格式の差は考えられる。

このように一房には連子窓に面した室とその内方の室とを一対とする部分が南北各二組と、戸口に面する部屋とその内方の室を一対とする部分が二組出来ることとなるが、先の四組のうち内方の室は二面を壁で閉され、中央通りの室との境も片引の潜戸を設けるのみで板壁や土壁とする。窓際の室との境は鴨居上を壁とし、厚みのある建具、即ち舞良戸或は板戸を引違いにして区切っている。これに対して窓際の室と中央通りの部分との境は、鴨居上を壁にした箇所もあるが開放のものも多く、間仕切も厚味の薄い襖のようなものの三本引になっている。中央通りの部分でも戸口際と内方の室の間には間仕切が作られ、鴨居上は壁と開放の両方がある。下は引違い戸である。

以上のように一房には両脇の四組の住居部と、中央通り二組の通路状部分が成立する。四組の住いについては先にも指摘したように、連子窓の方式の相違や片引潜戸の内法高の相違等があげられるが、その点を除けば大体において似た方式よりなり、窓際の室は居室として、内方の室は寝室ないし納戸として使用されたものと考えられる。寝所を厳重に囲い暗室にして使用したことは、寝殿造における塗籠にも見られる伝統で、この室は正にその条件を具えたものである。そしてこの寝所に相当する室は柱中心間を測って長さ一一尺一寸、広さ七尺三寸程であり、壁厚等を四寸位と仮定すれば内法では長一〇尺七寸、広さ六尺九寸で今日の京間の畳数にして三・八帖位にすぎず、ここに所持品等をも納めておいたとすれば一人の寝所と考えて無理のない広さである。この点で一房の住僧は四人が定則であったと見ることが出来よう。しかし難題は中通りの部分でここが単なる通路でなかったことは棟下通で分たれて片引戸を設けていること、戸口際と奥の部分との境には引違戸を設けた形跡のあることからして明らかである。しかし完全な独立の室とは考えられずその用途は、他の中世僧房の間取を復原考察した後の検討課題とする他ない。

註

（1）この室は（春日明神）影向堂と呼ばれ、禅堂再建当初から間仕切をせずに使われていた。
（2）扉の形式を知る直接資料はないが、薄い扉なので、桟唐戸のようなものは考えられない。
（3）但し東より第一房西間柱は古材を再用したもので、他に正方形に近い大きい間渡穴を持つ。
（4）この間仕切装置としては三本引の戸口であることは間違いなく、鴨居下面の釘穴間隔が約一寸で、これにアゼ木幅を最低三分五厘としても溝幅は六分五厘になる。あまり狭すぎるのでこの鴨居自体の時代を下げて考えることも出来るが断定は困難である。

（5）今回の修理後は東妻にならって軒の螻羽の出を復原された。

（6）但し天井桁下面には間柱枘穴と柱の圧痕があるので当初は間柱を入れ、その枘穴の埋木が古い点からみて、柱の撤去は再建後間もないと考えられた。

図面　元興寺僧房復原総図

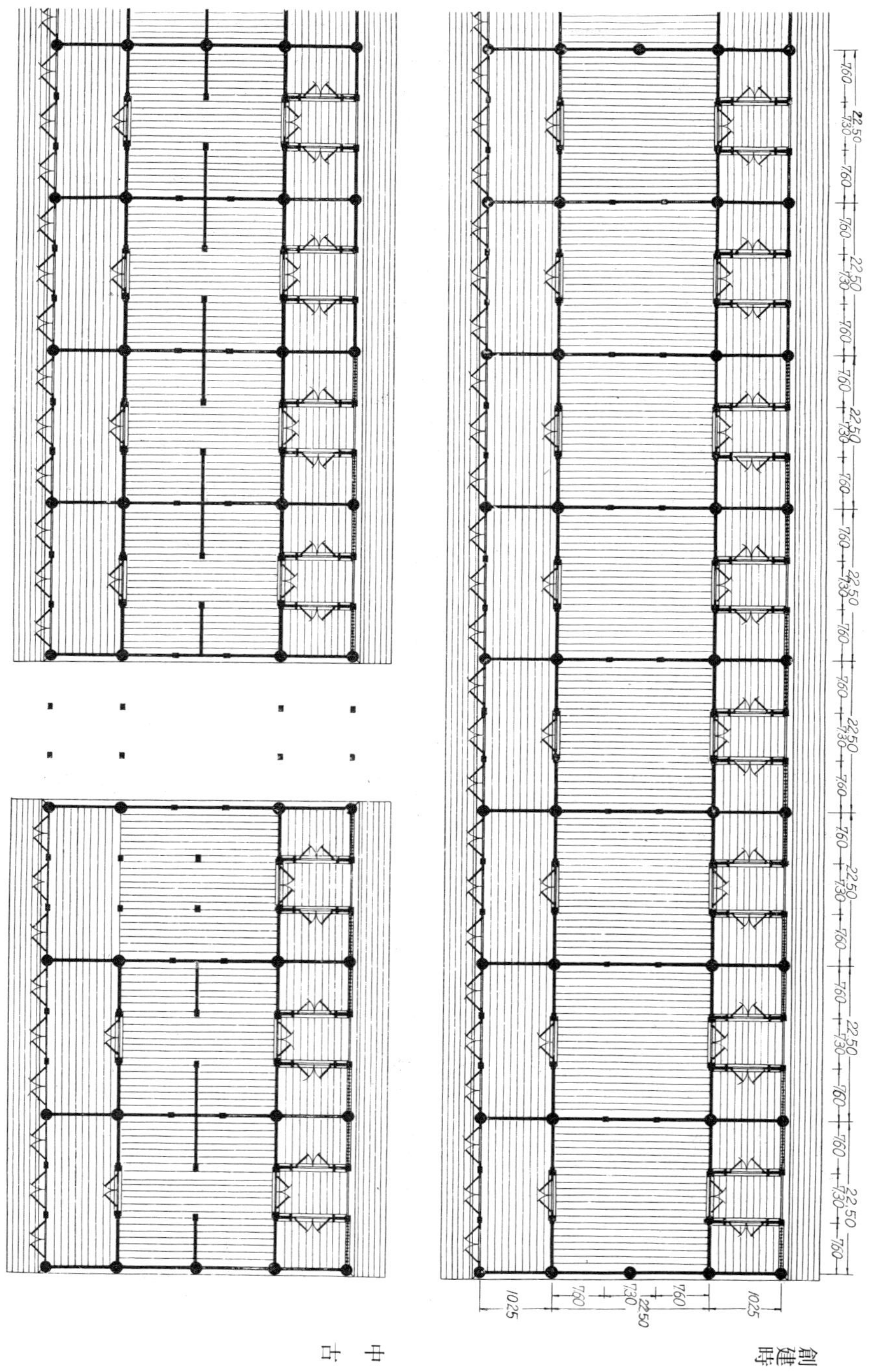
760
22.50
730
1025
中古
創建時

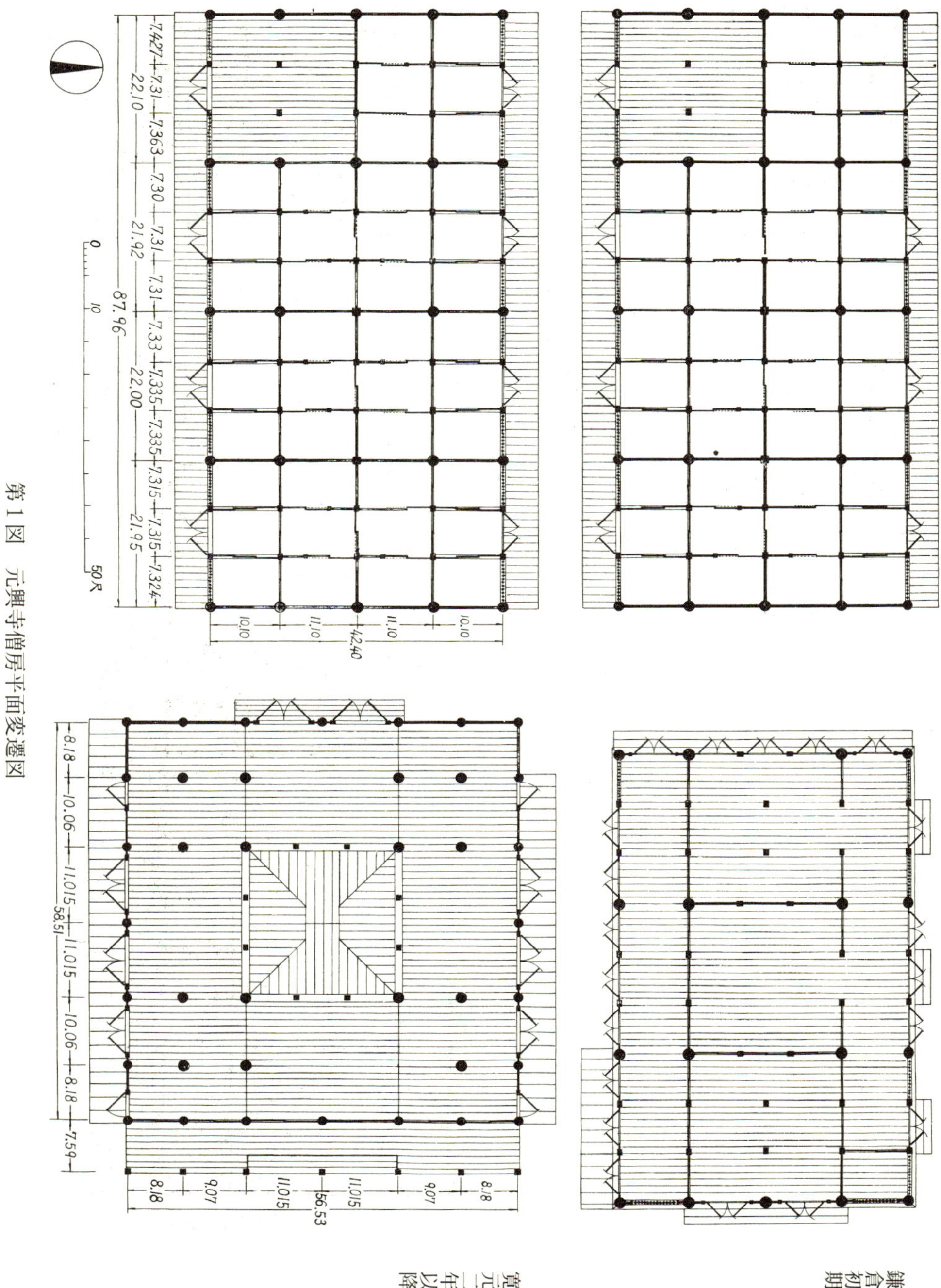

第1図　元興寺僧房平面変遷図

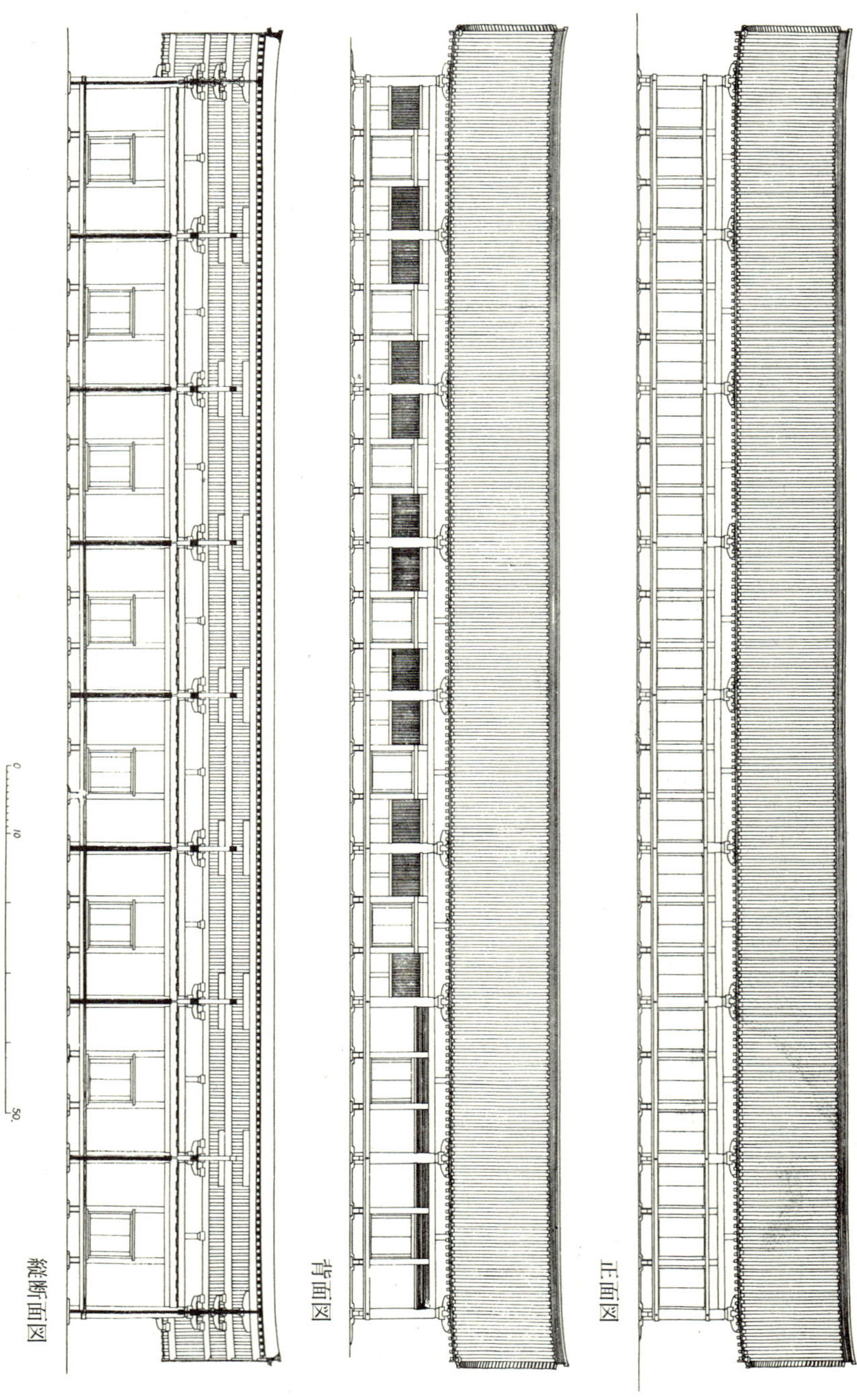
縦断面図
背面図
正面図
0
10
50

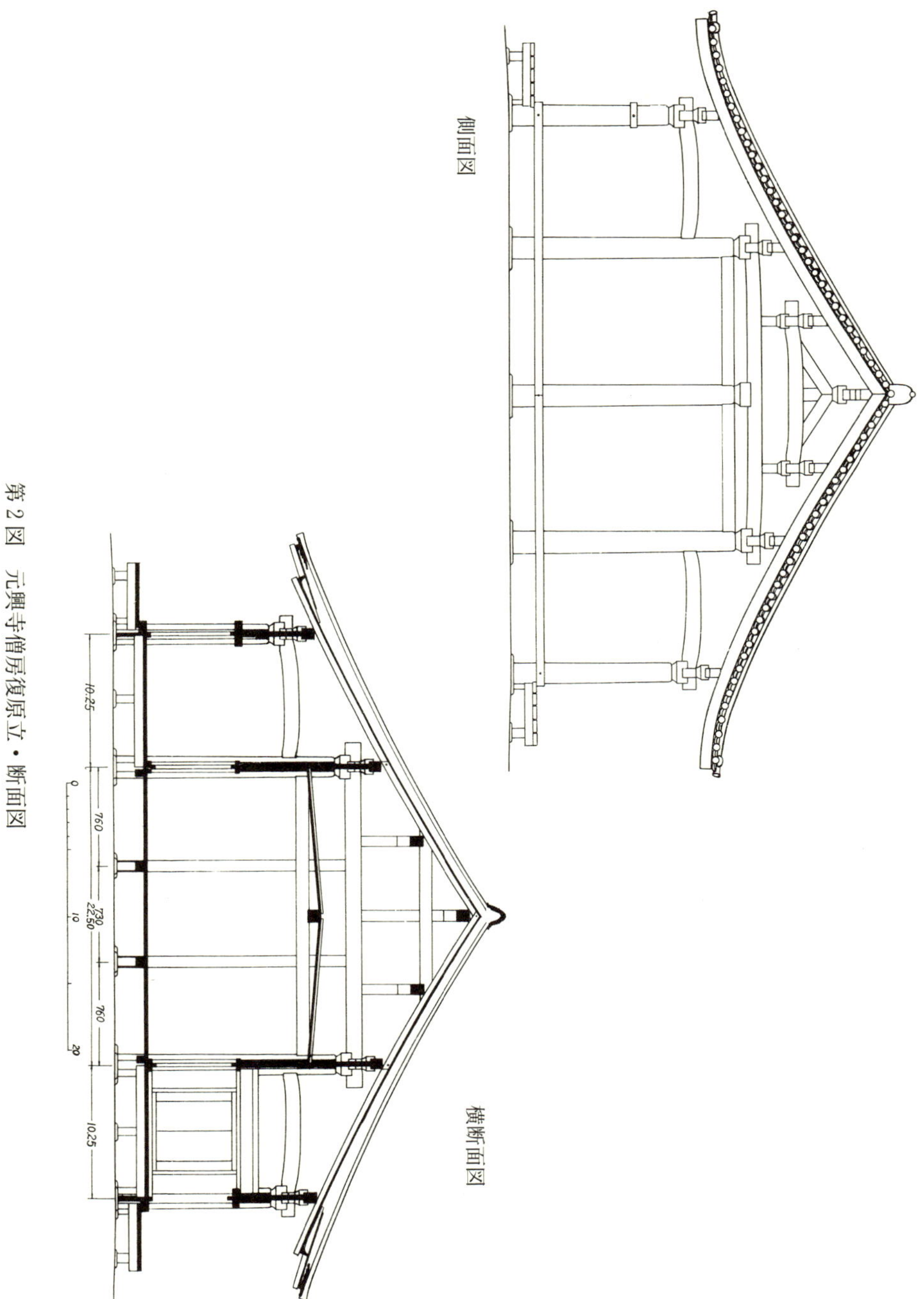

第2図　元興寺僧房復原立・断面図

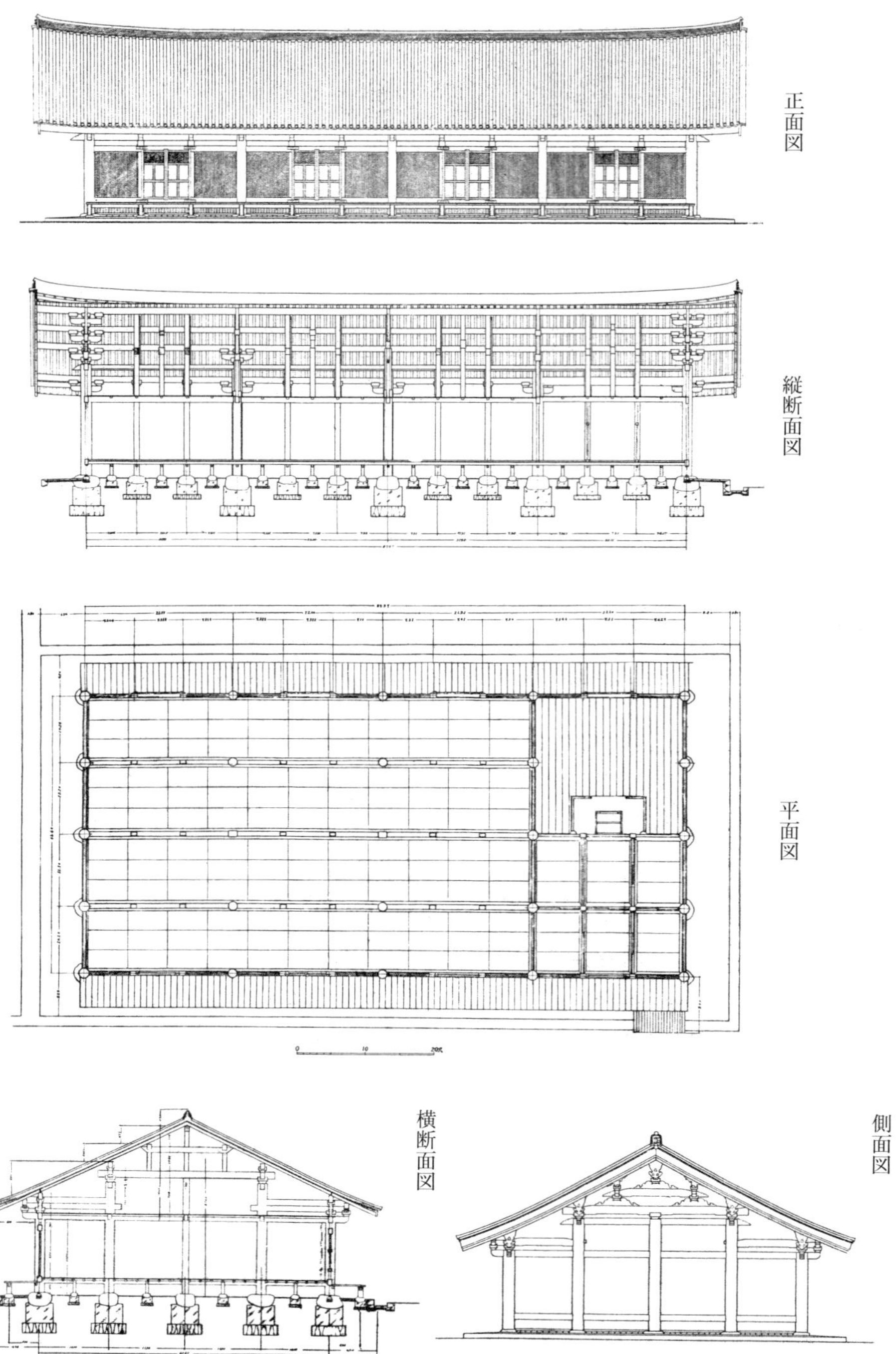

第３図　元興寺極楽坊禅室現状図

図面　元興寺僧房復原総図

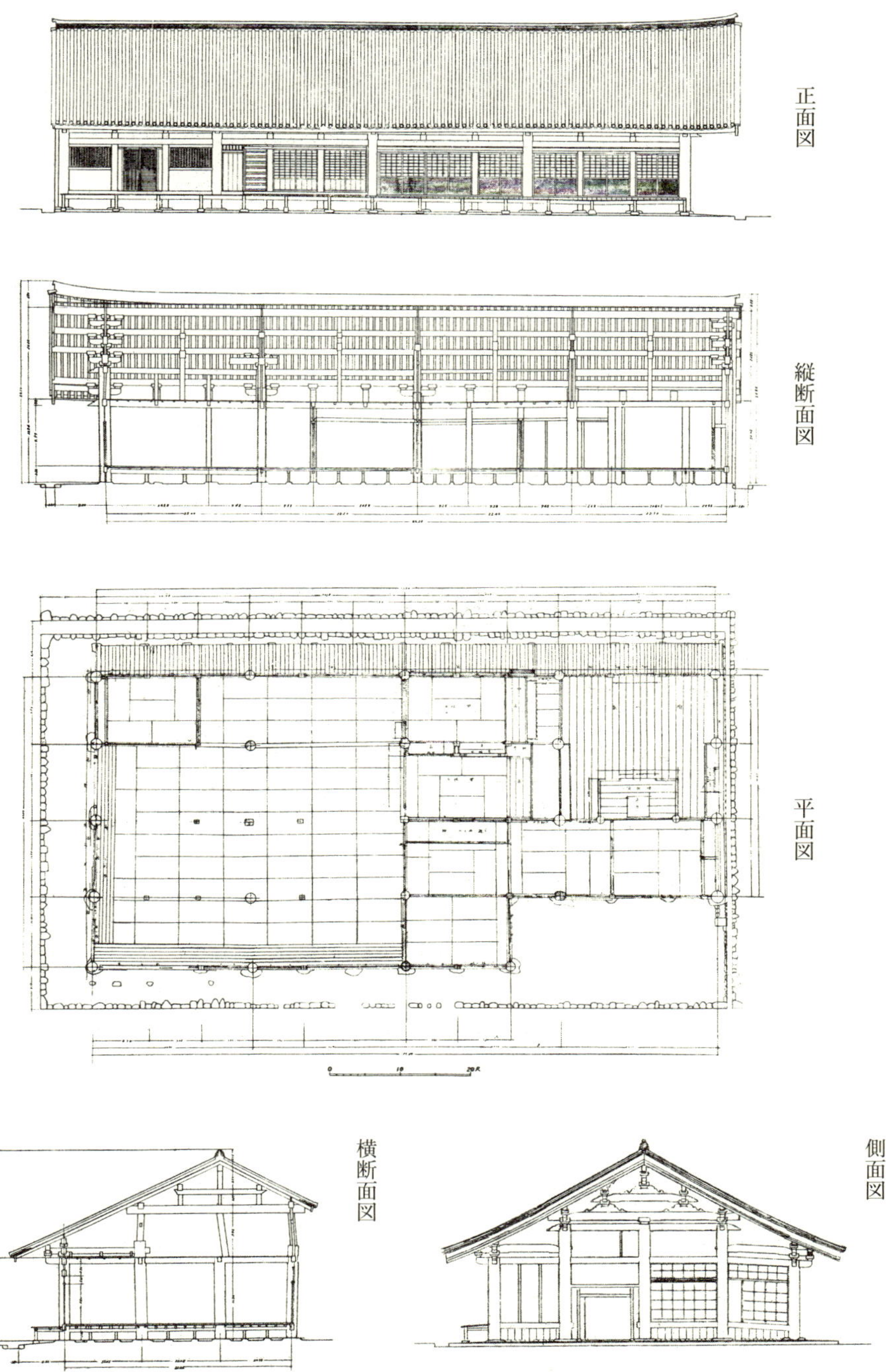

第４図　同修理前図

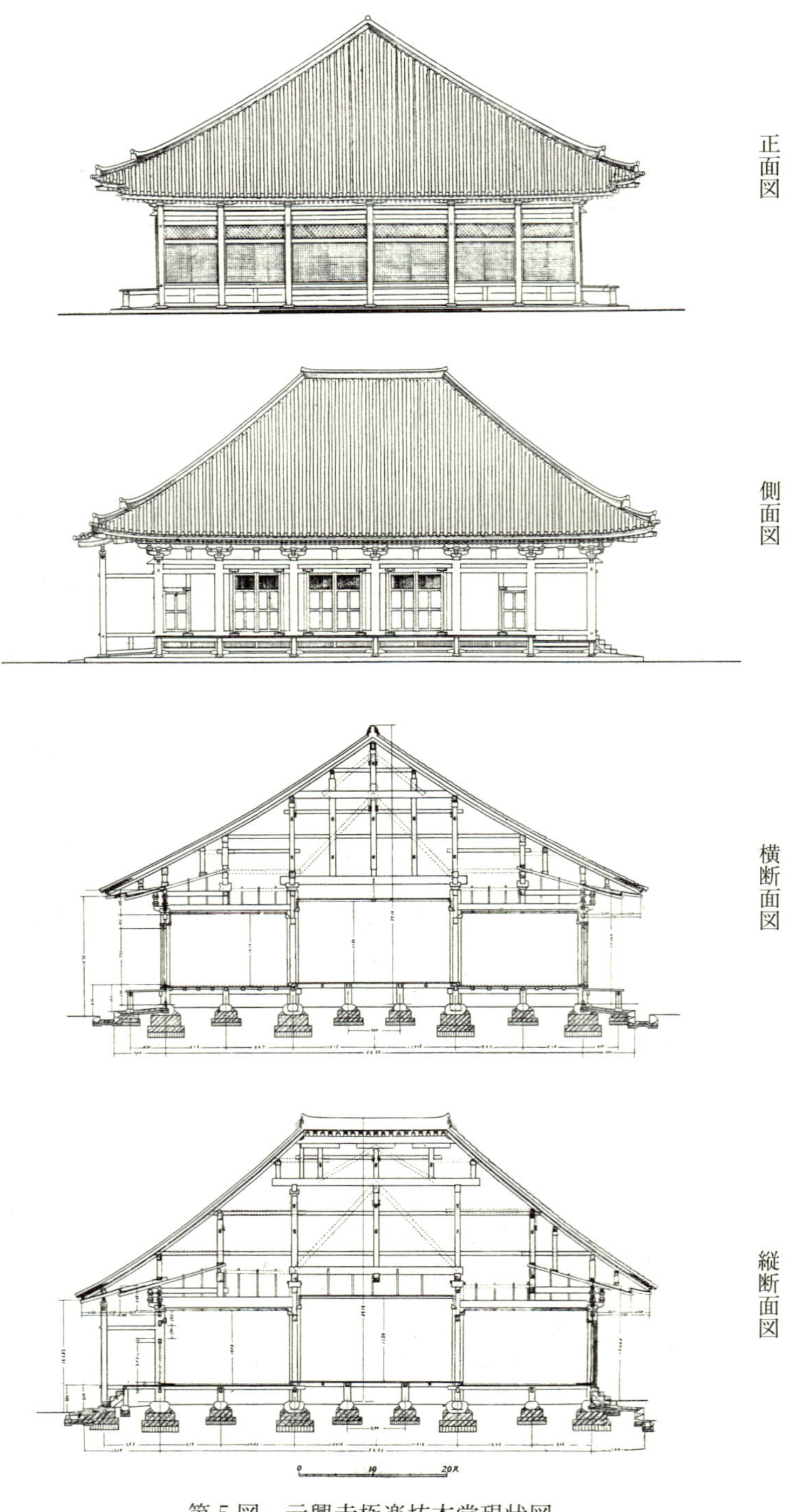

第５図　元興寺極楽坊本堂現状図

旧元興寺僧房構造復原資料図

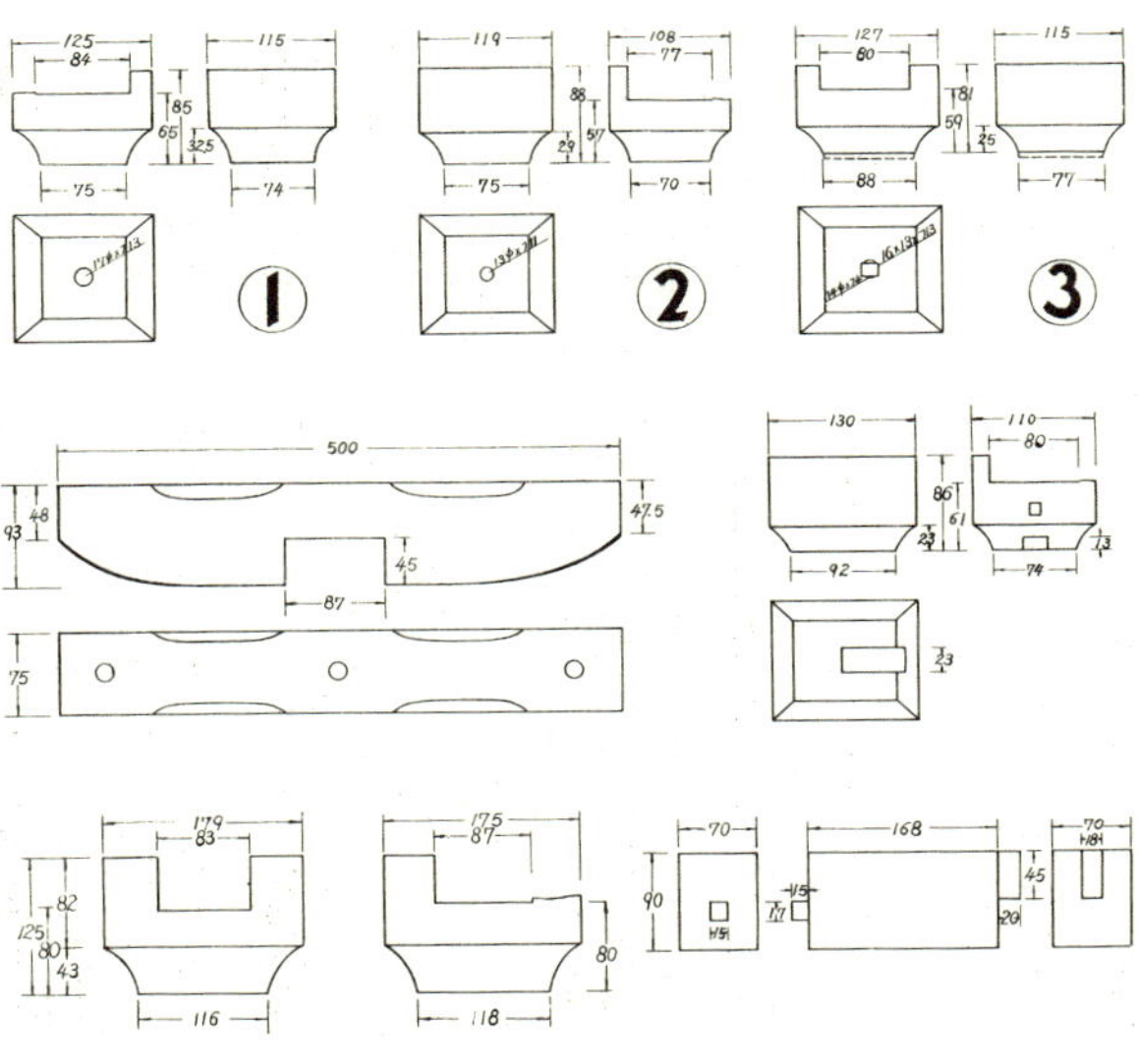

第６図　本堂及び禅室発見の代表的旧斗栱実測図

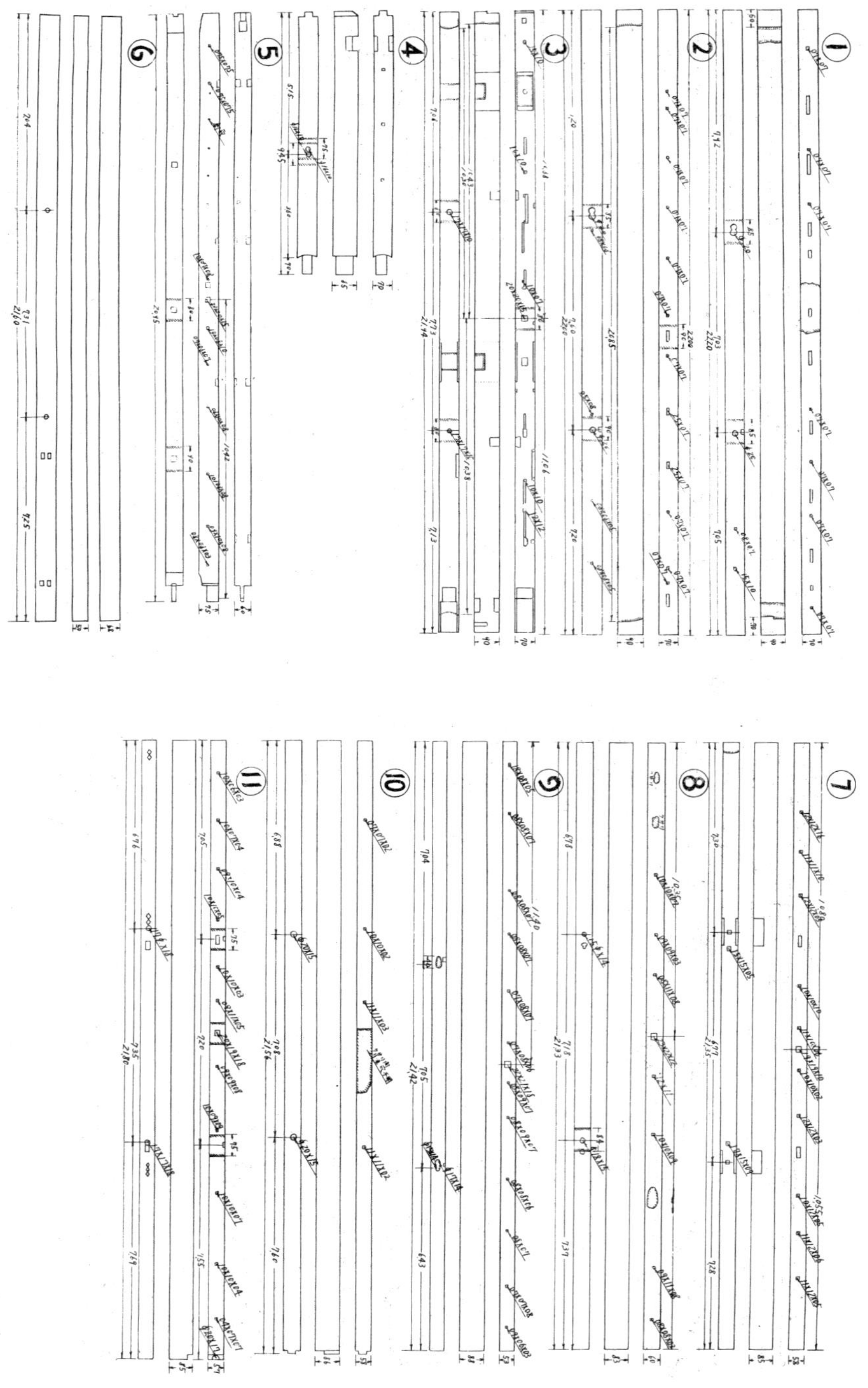

第7図　同所発見旧側頭貫資料実測図

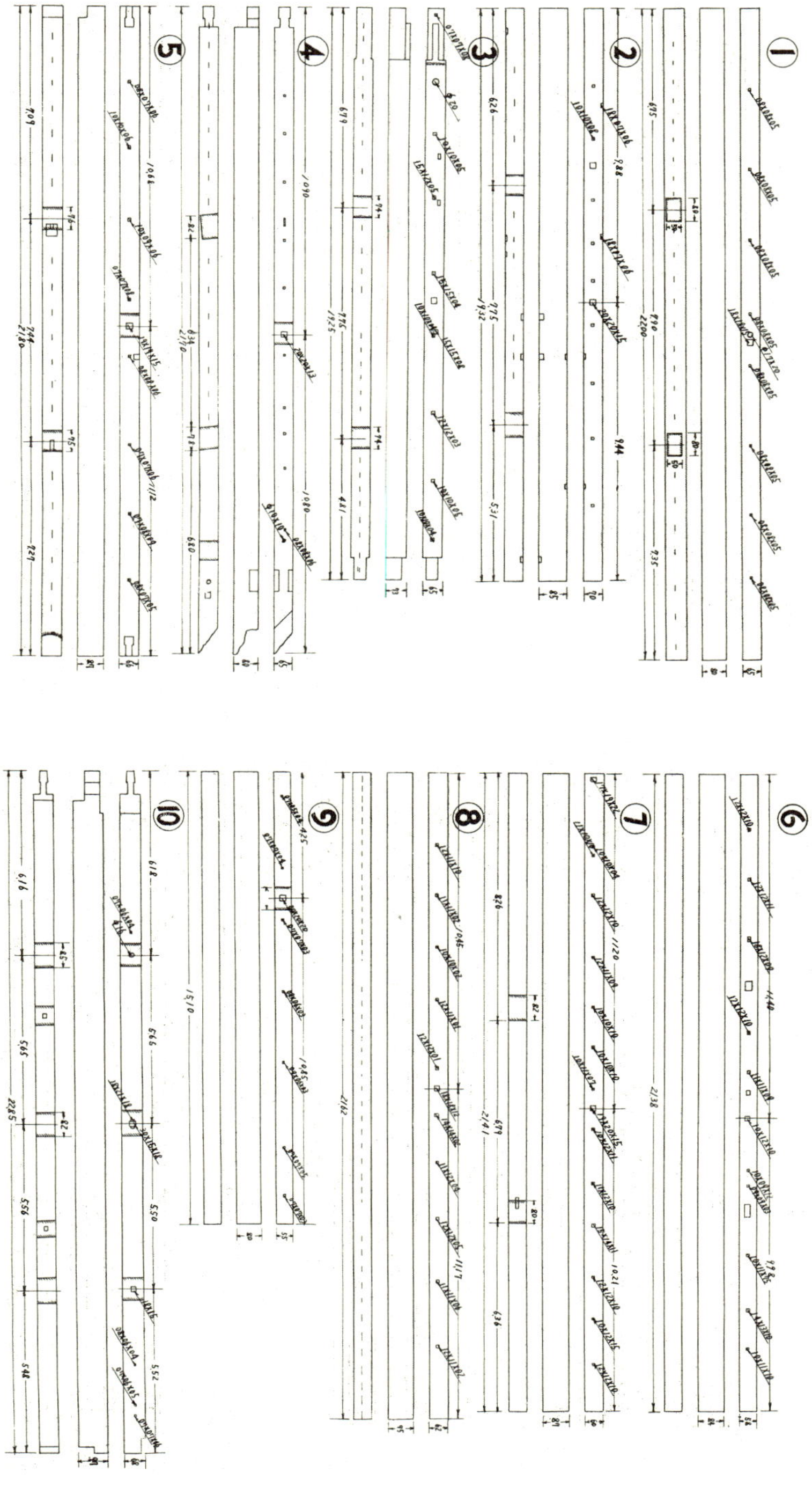

第８図　同所発見旧入側頭貫資料実測図

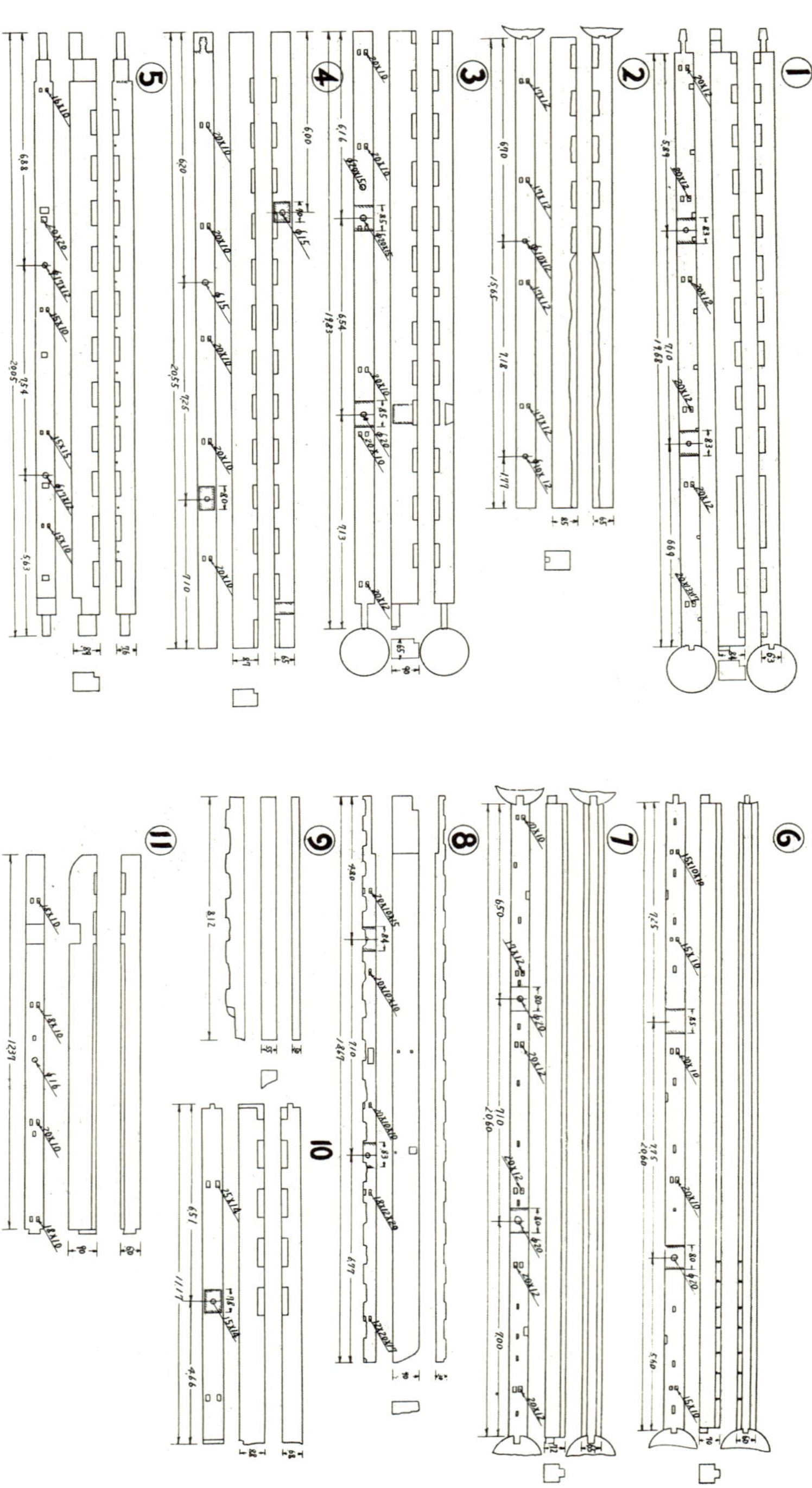

第9図　同所発見旧入側天井桁資料実測図

第10図　同所発見旧梁行天井桁資料実測図

第11図　同所発見旧棟下天井桁附旧入側・梁行不明天井桁資料実測図

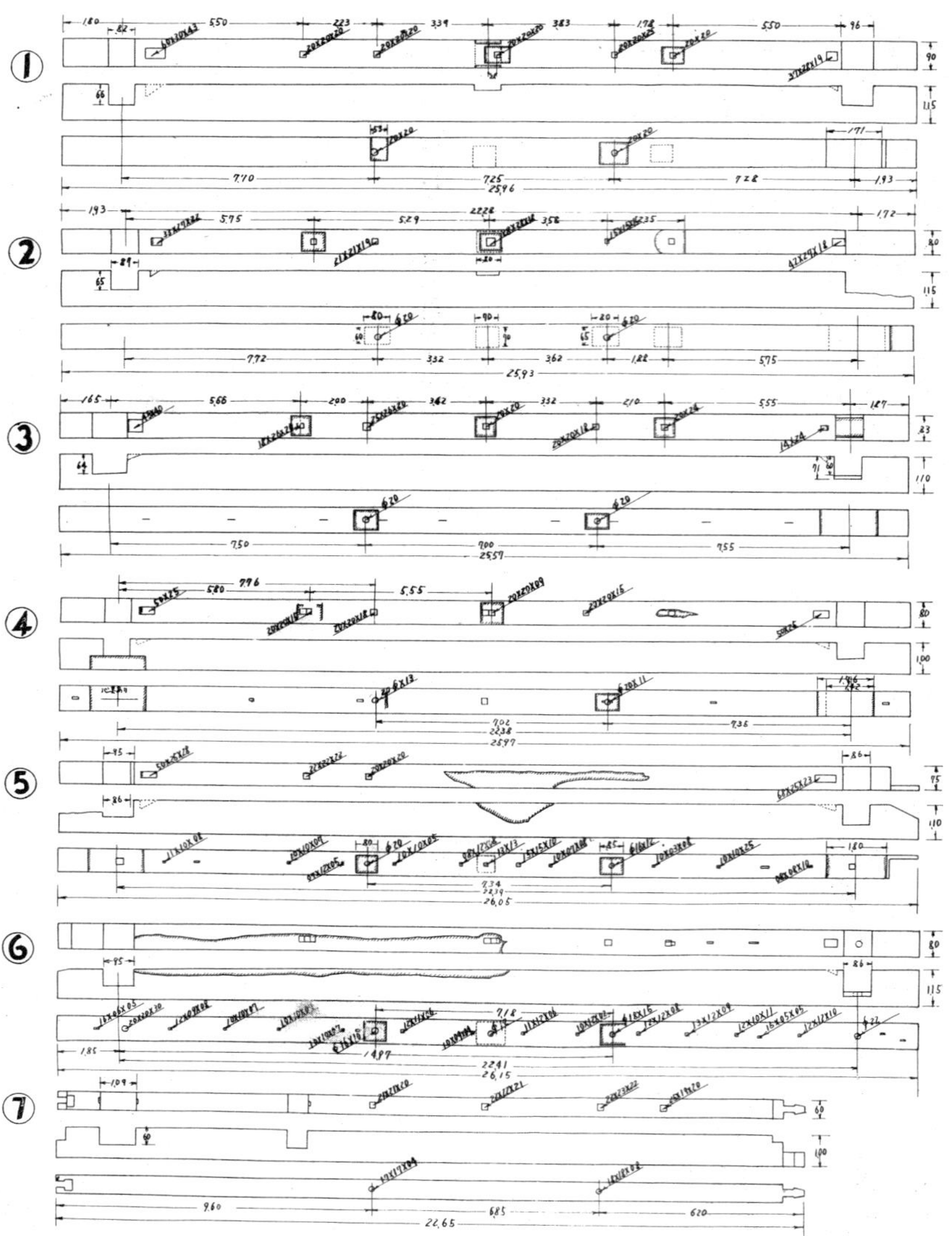

第 12 図　同所発見旧内部大梁資料実測図

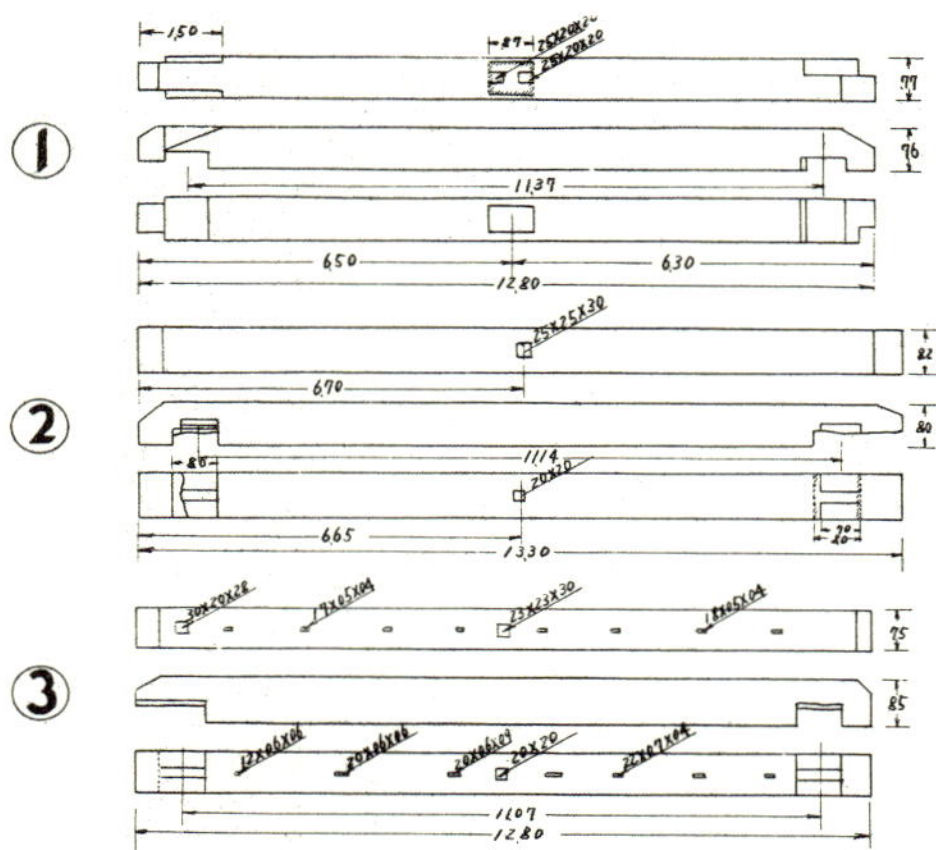

第 13 図　同所発見旧内部二重梁資料実測図

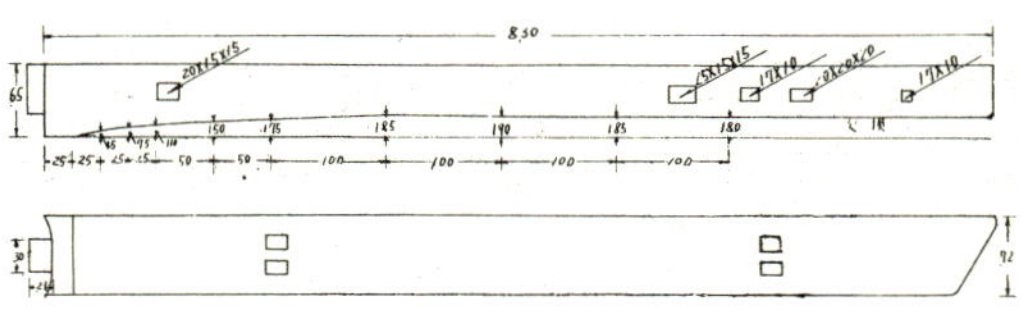

第 14 図　本堂発見旧繋虹梁資料実測図

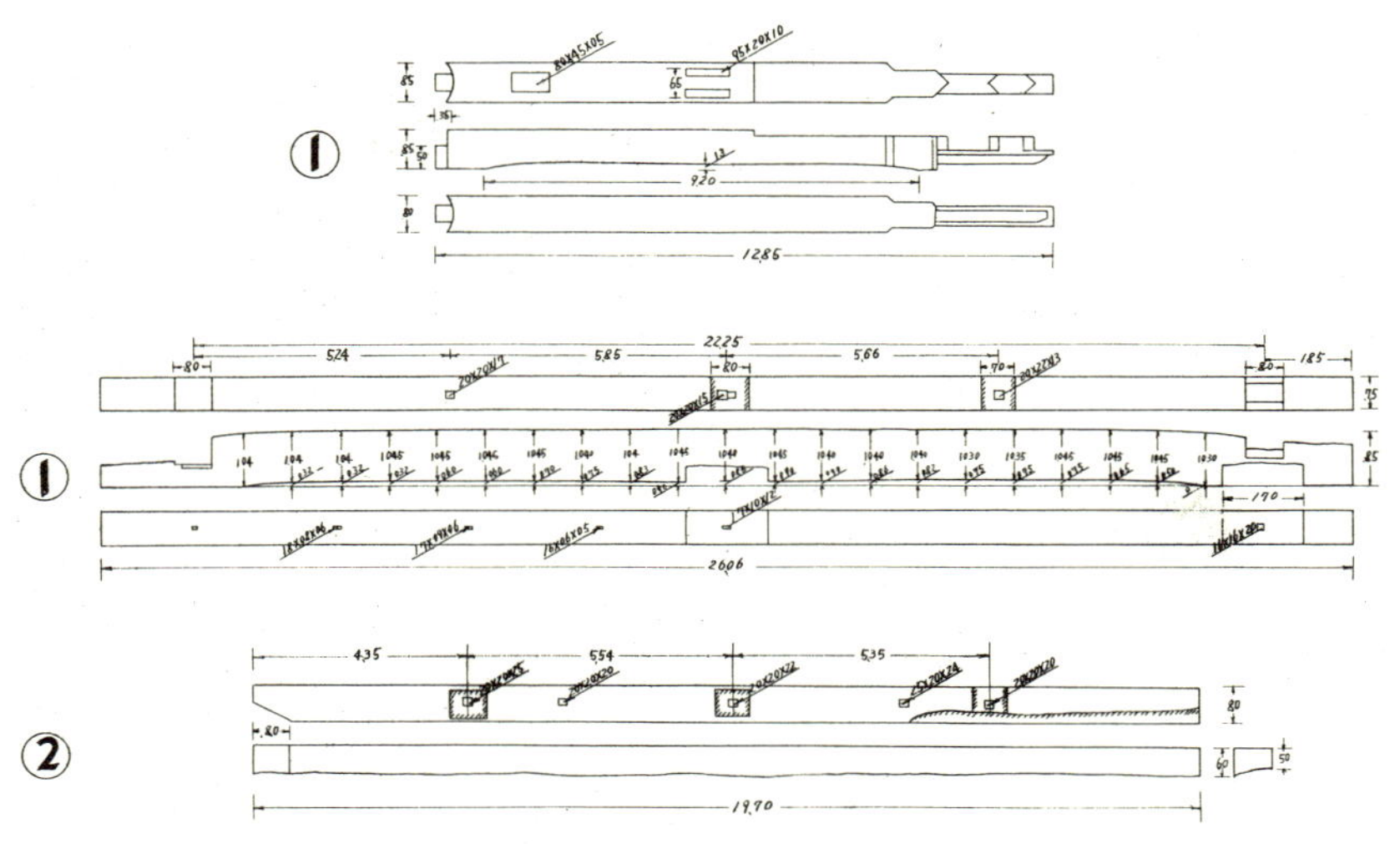

第 15 図　本堂及び禅室発見旧妻梁資料実測図

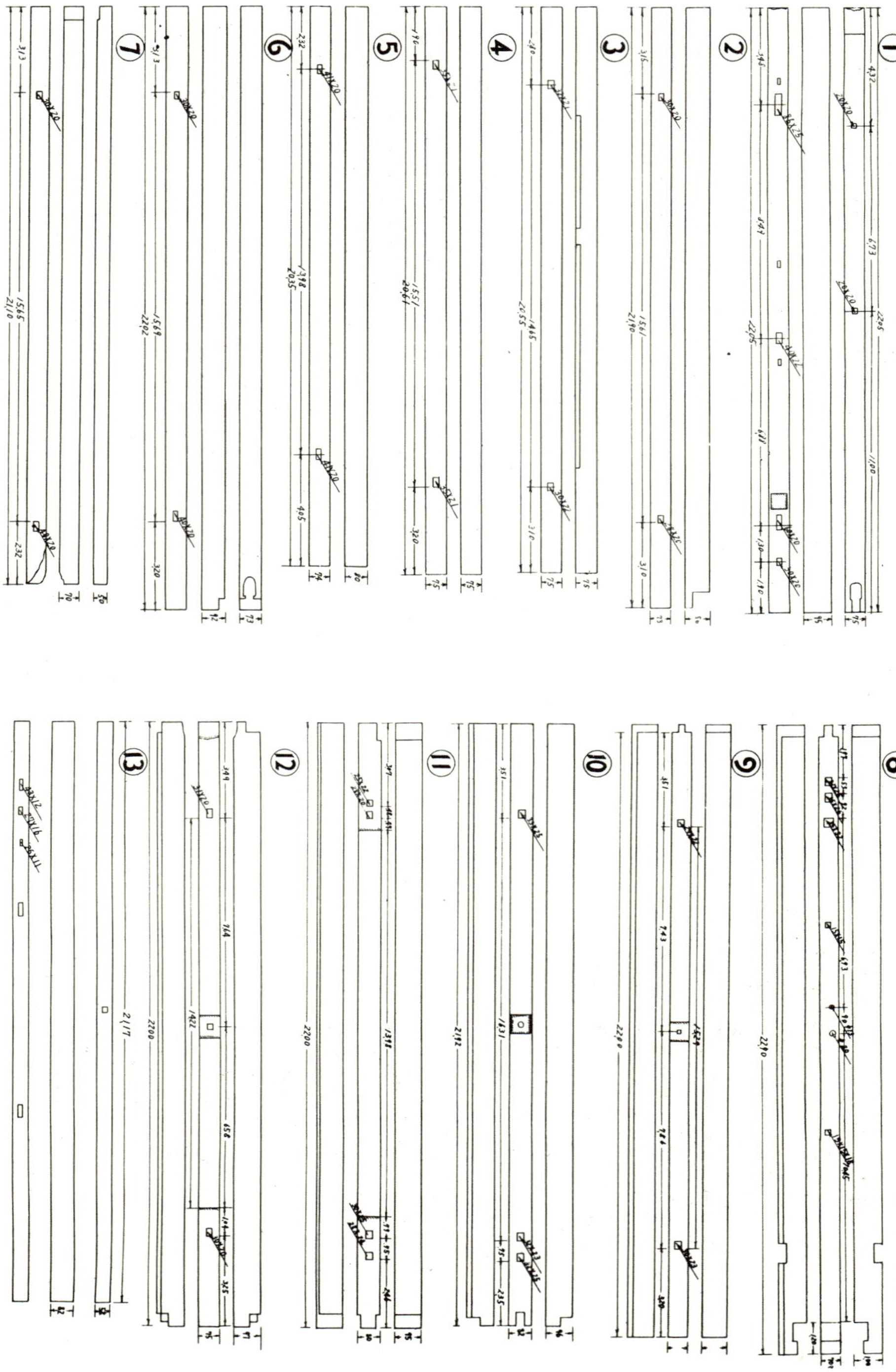

第16図　同所発見旧棟木及び母屋資料実測図

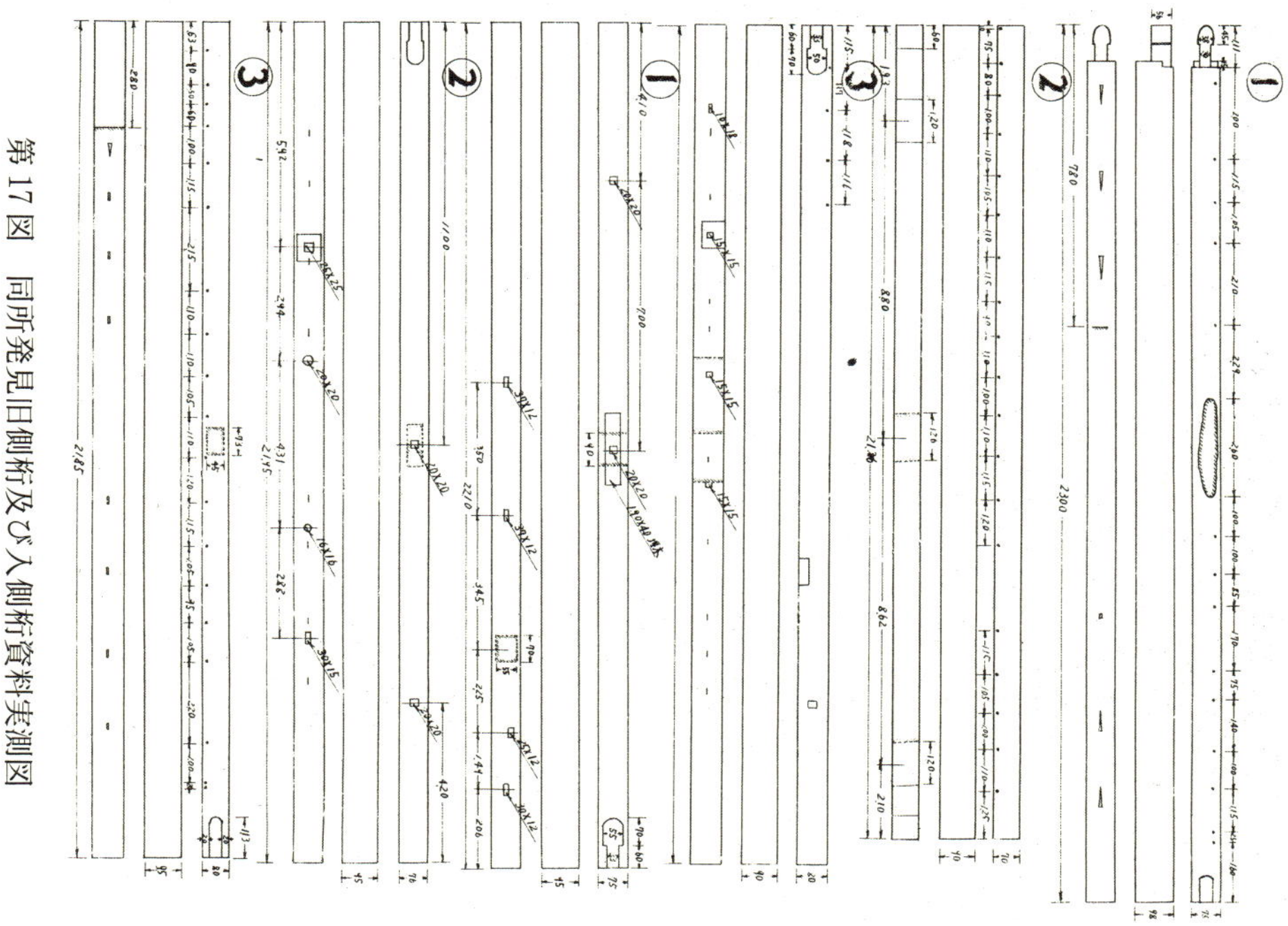

第17図　同所発見旧側桁及び入側桁資料実測図

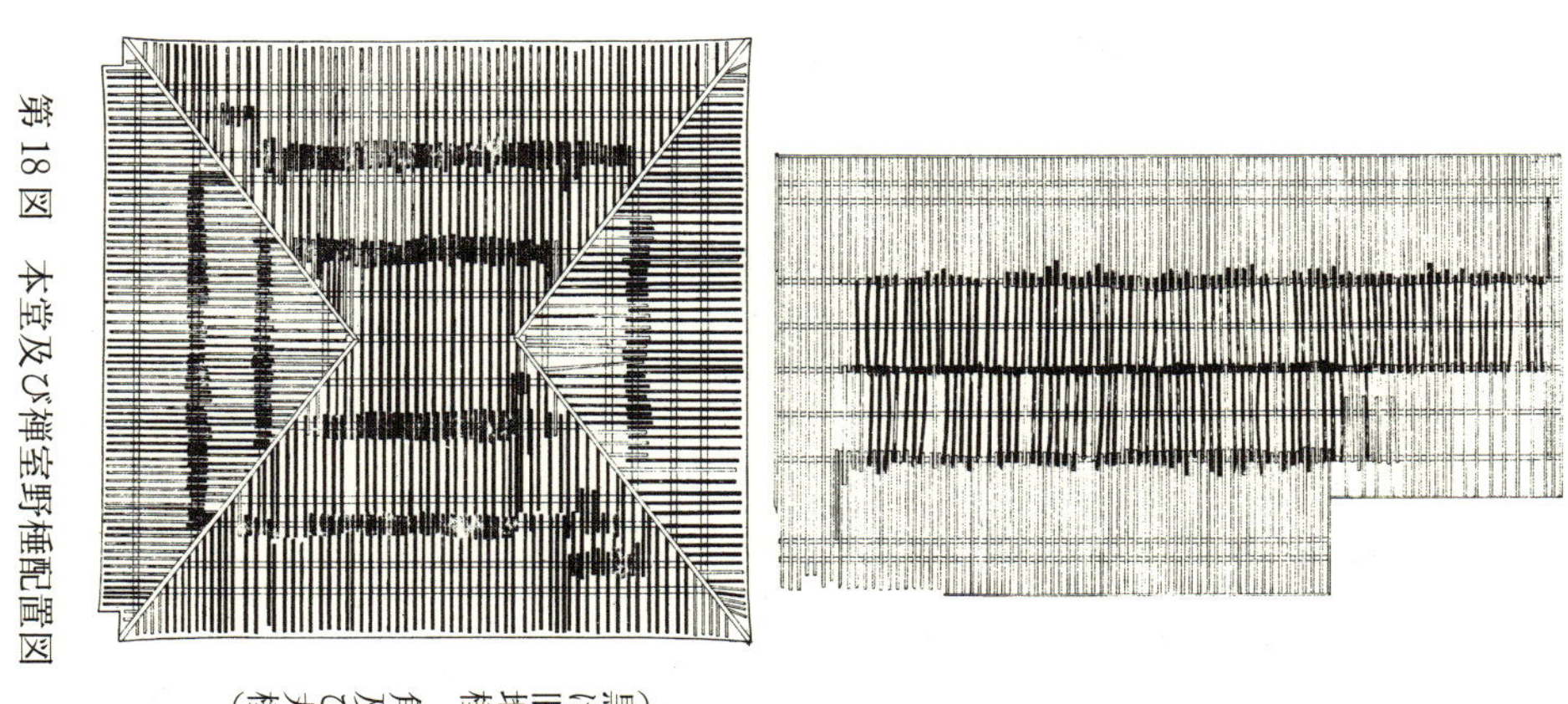

第18図　本堂及び禅室野棰配置図

（黒は旧地棰角及び丸棰）

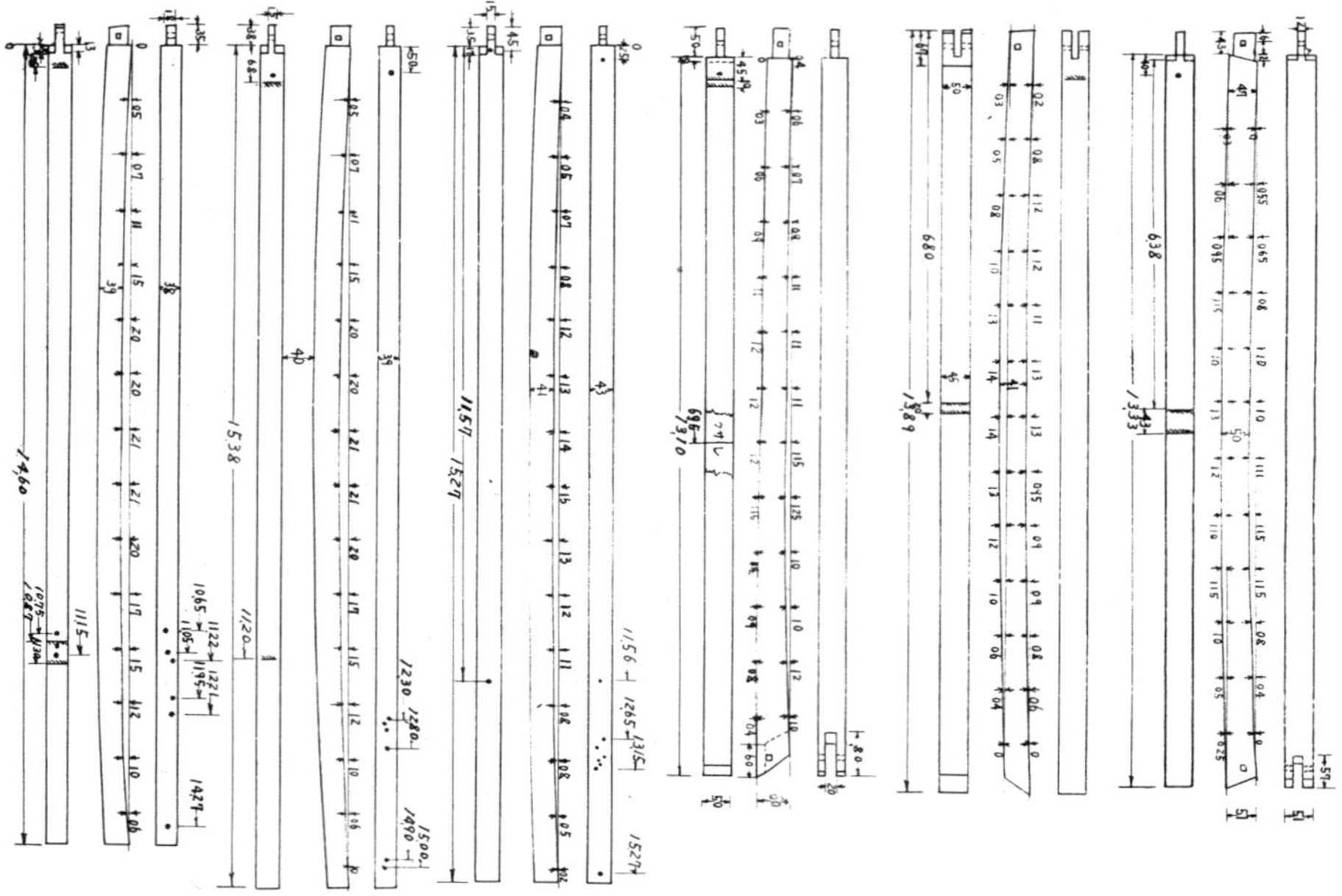

第19図　同所発見代表的旧地棰実測図

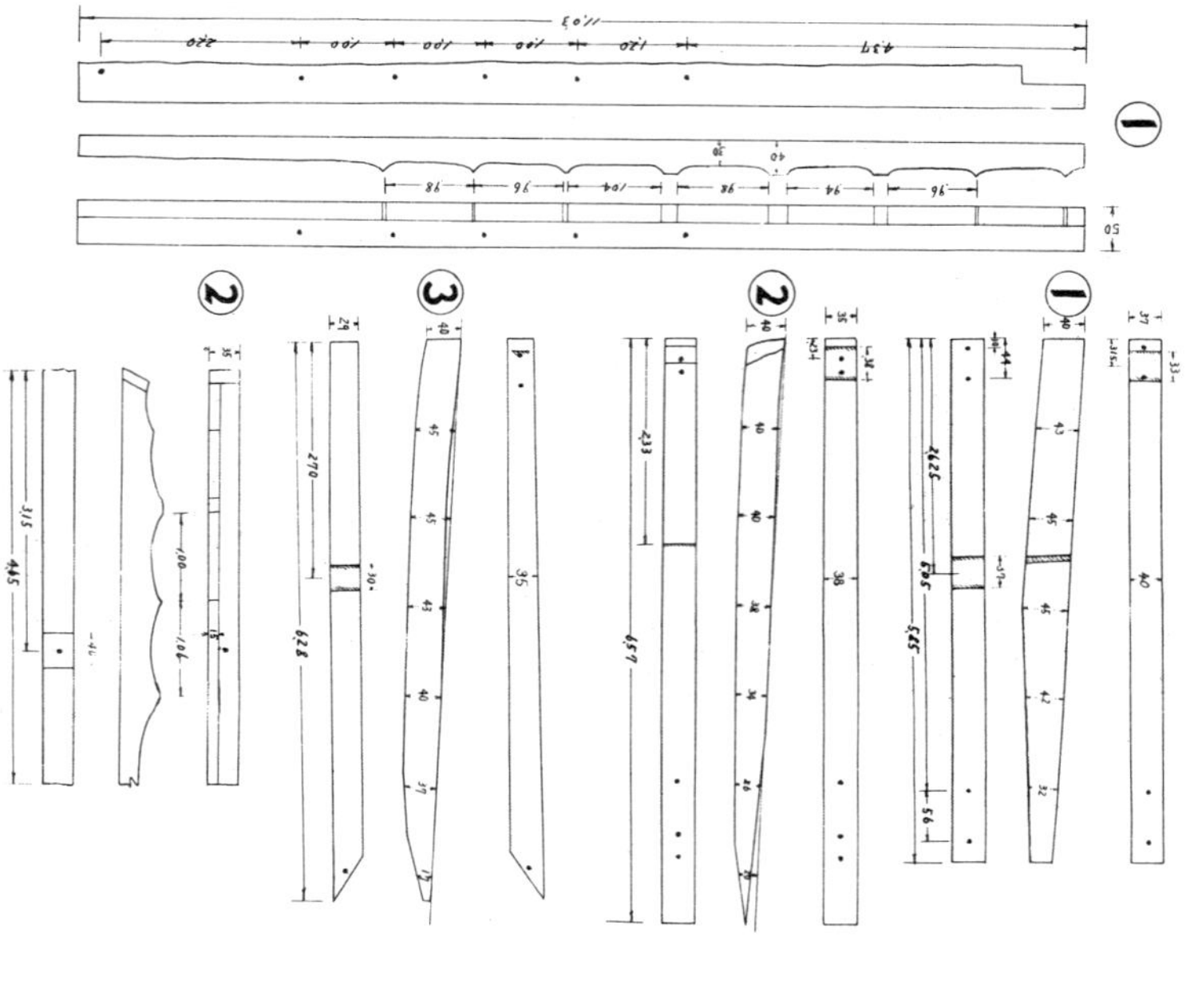

第20図　本堂発見旧飛檐棰及び茅負断片実測図

旧元興寺僧房間取及び造作復原資料図

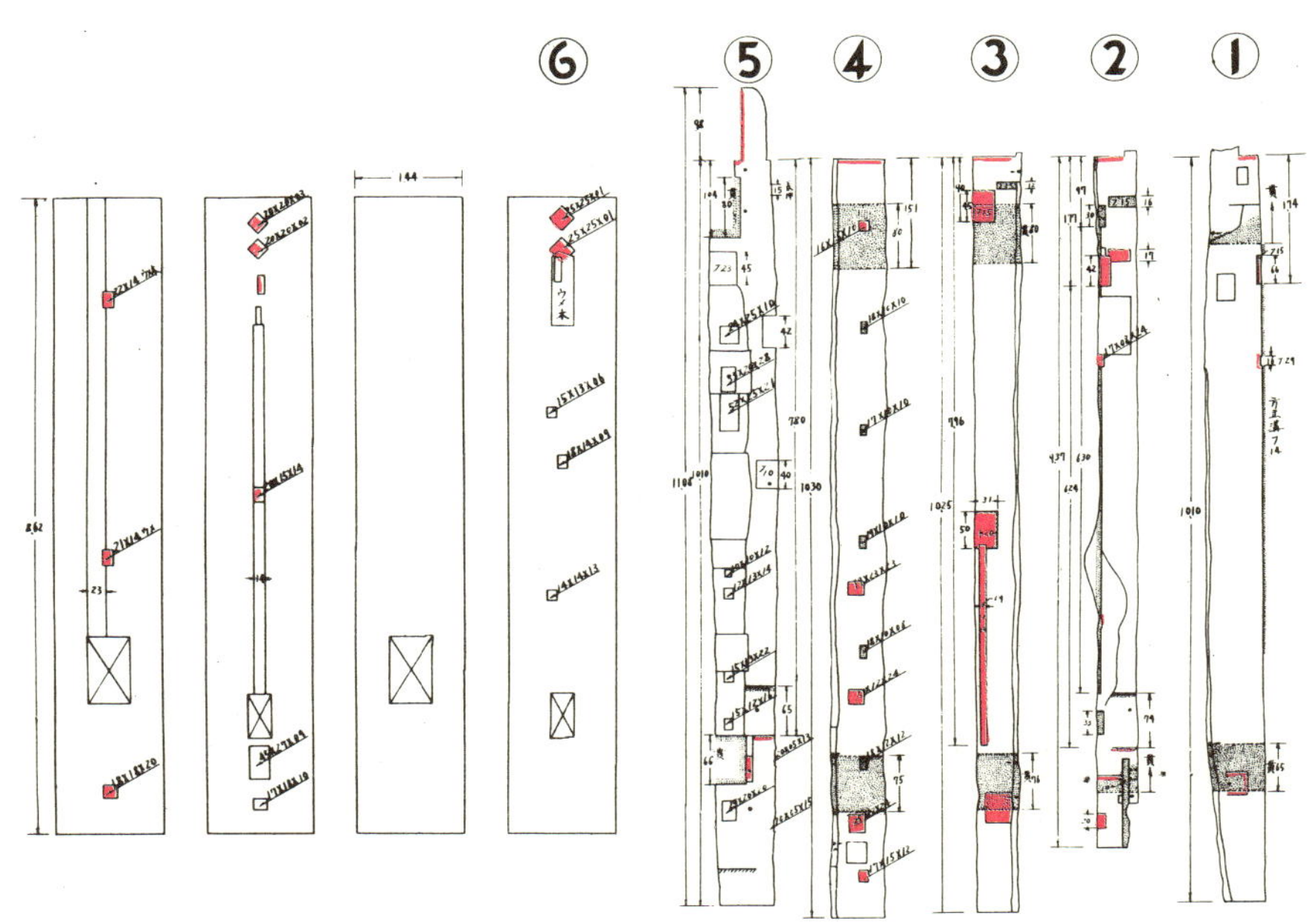

第 21 図　本堂及び禅室発見旧側丸柱断片実測図

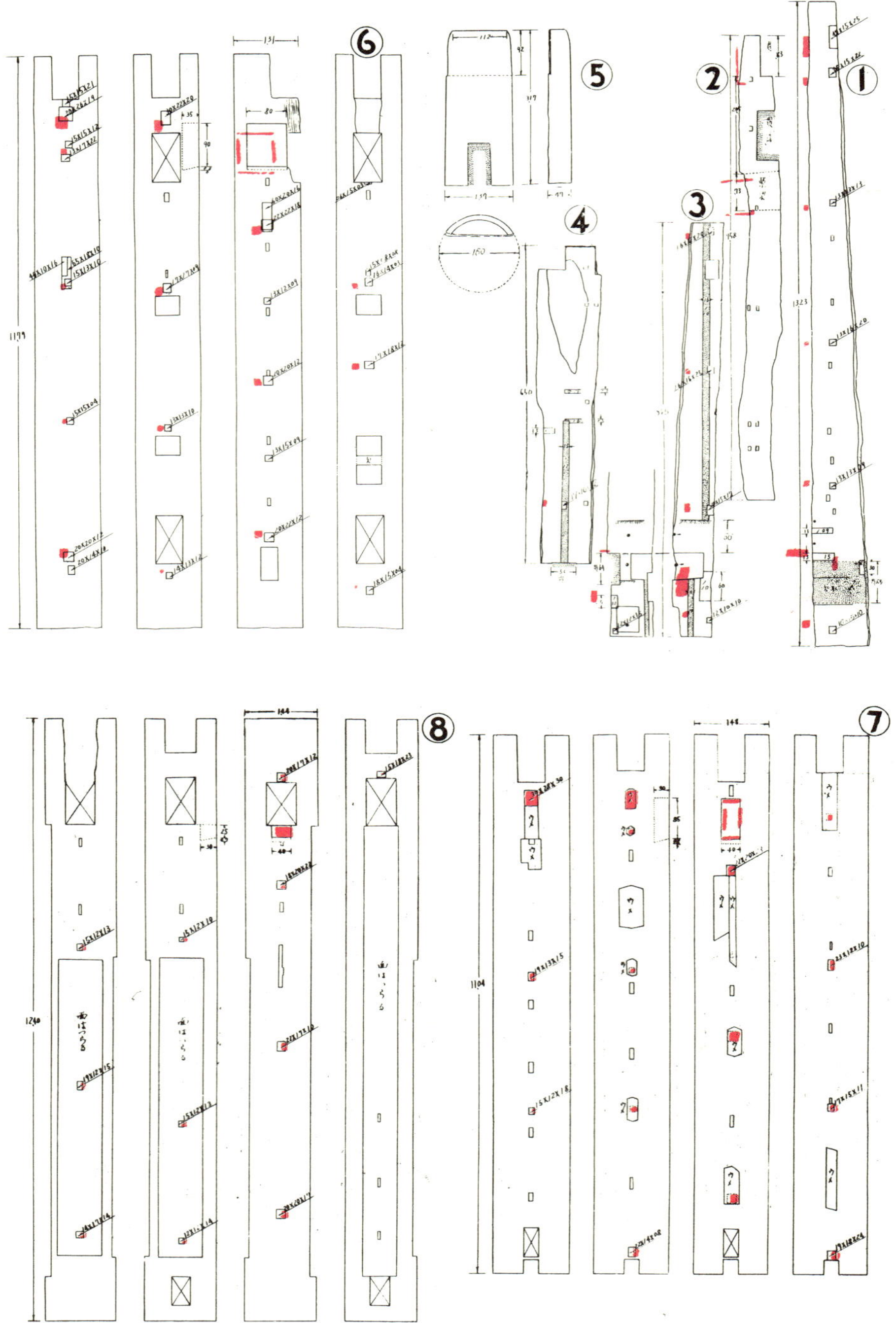

第 22 図　本堂発見旧入側丸柱断片及び禅室に再用されていた旧入側丸柱資料実測図①～⑧

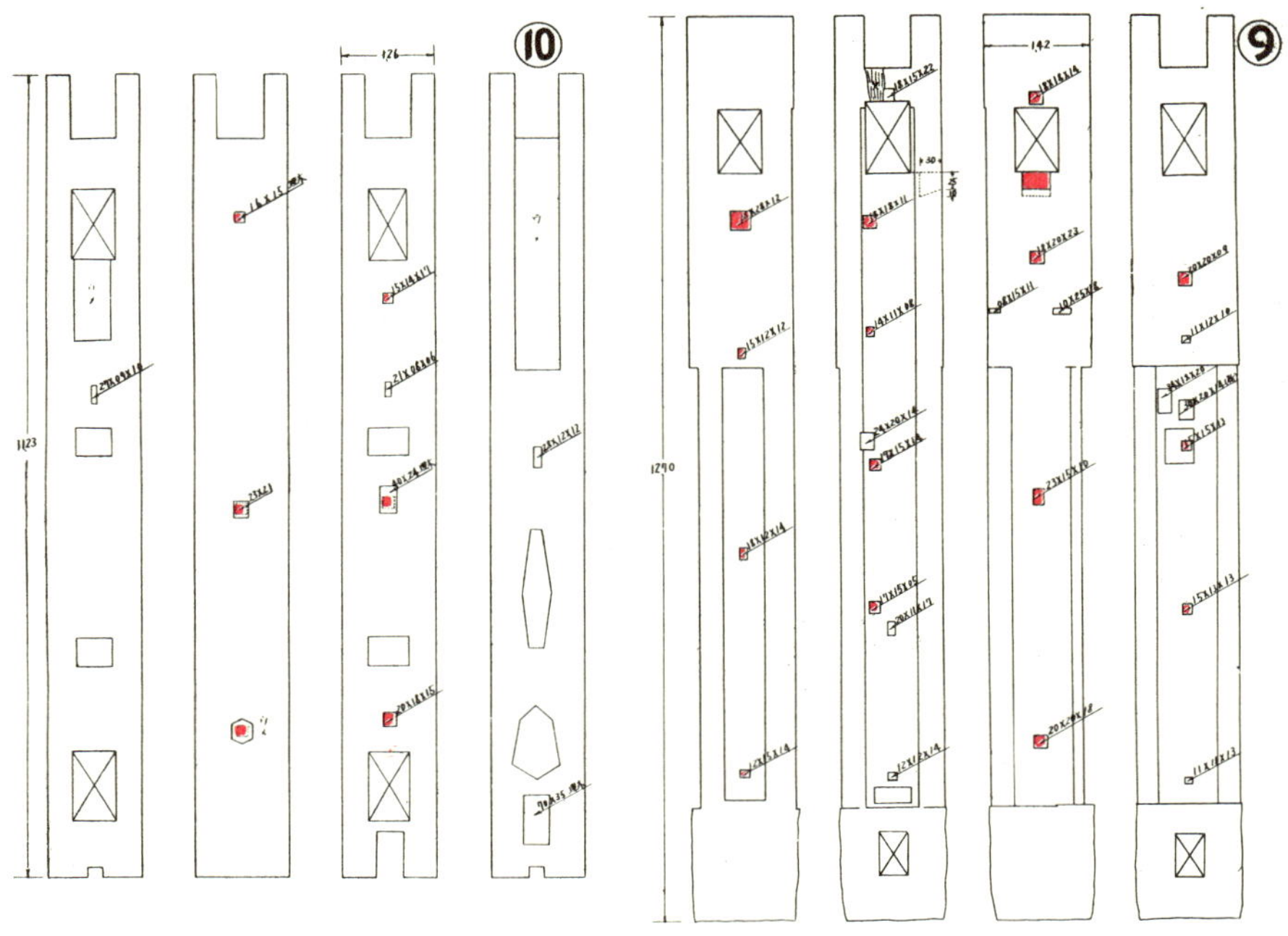

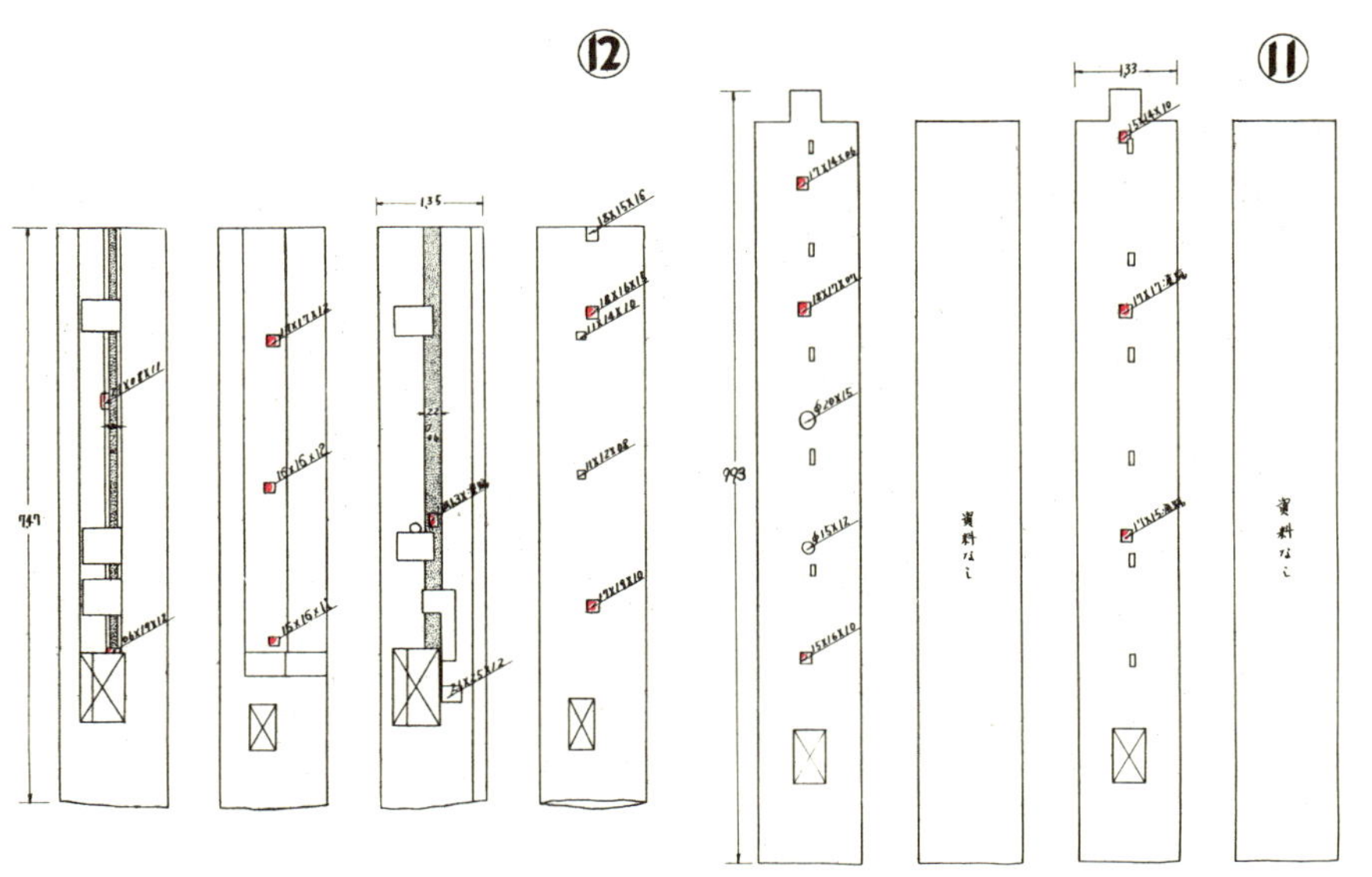

第 23 図　同前⑨〜⑫

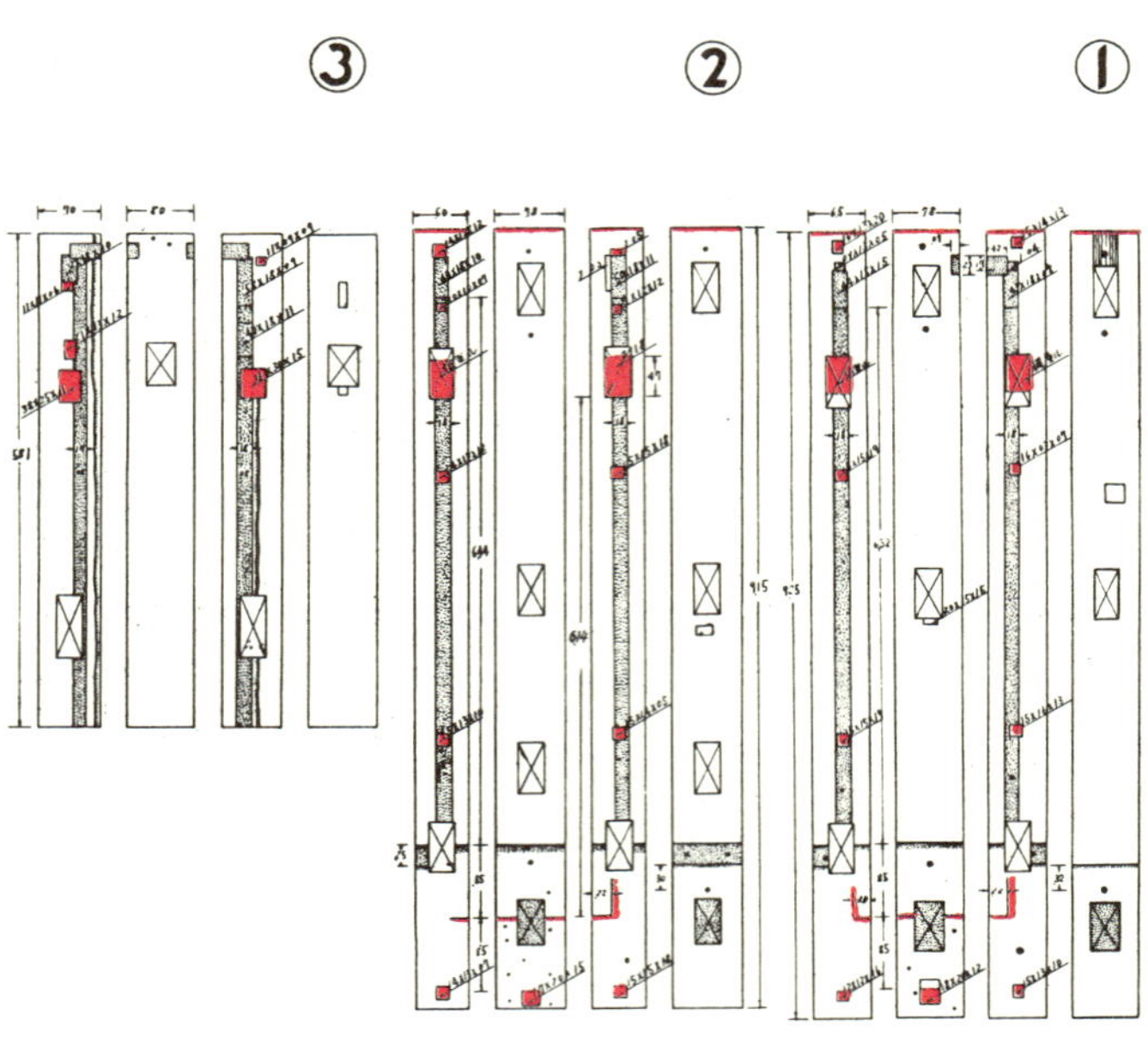

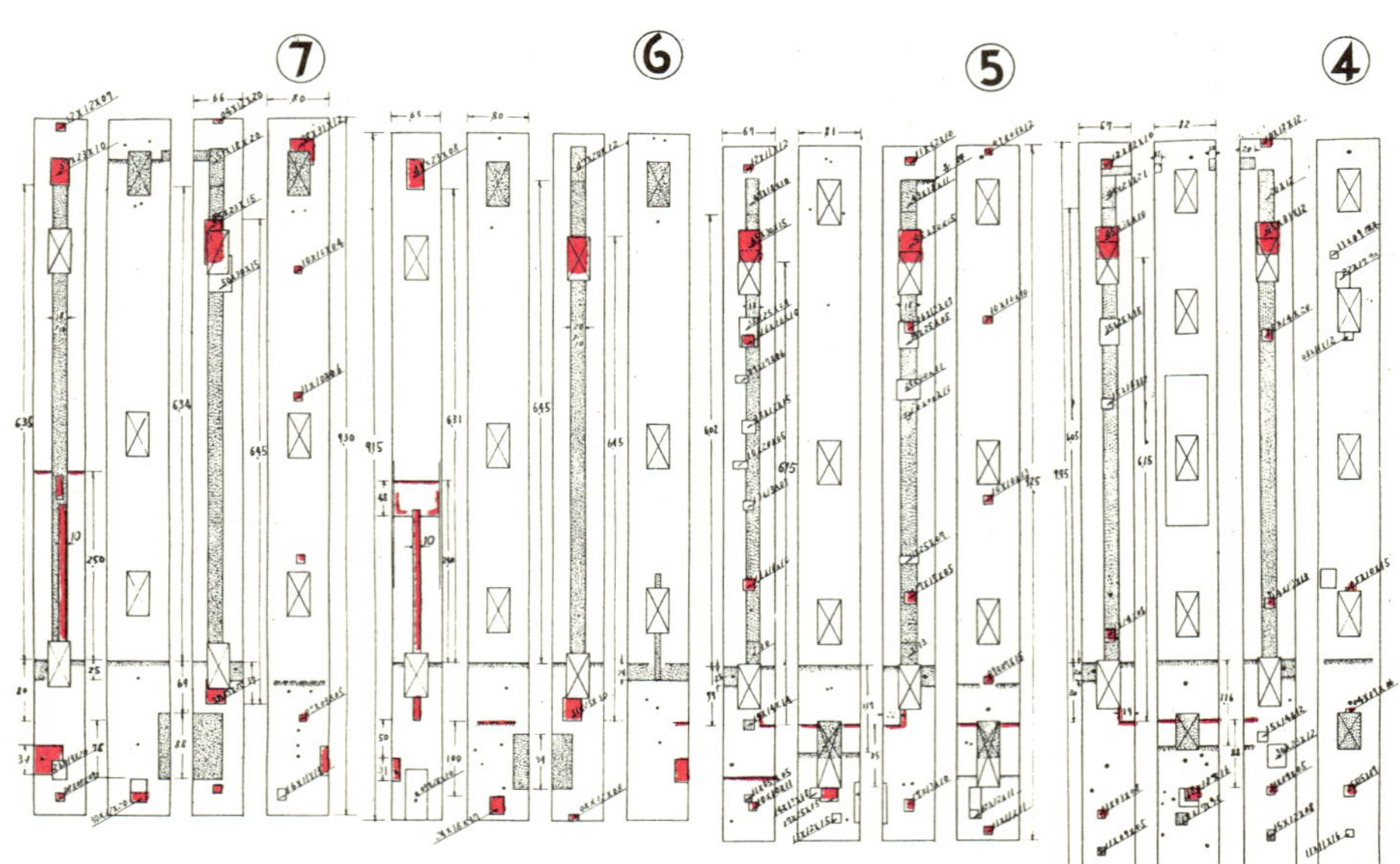

第 24 図　本堂及び禅室発見旧側角間柱資料実測図①～⑦

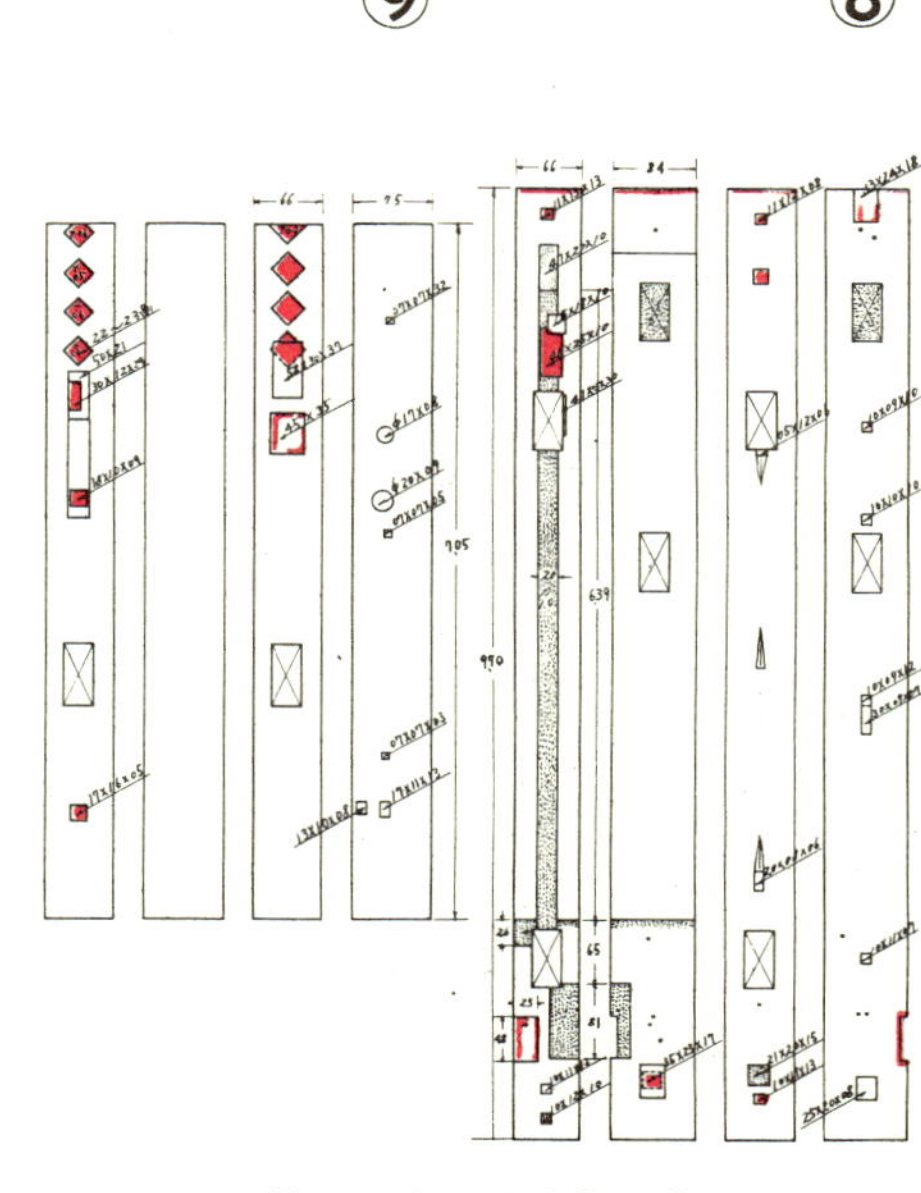

第 25 図　同前⑧～⑨

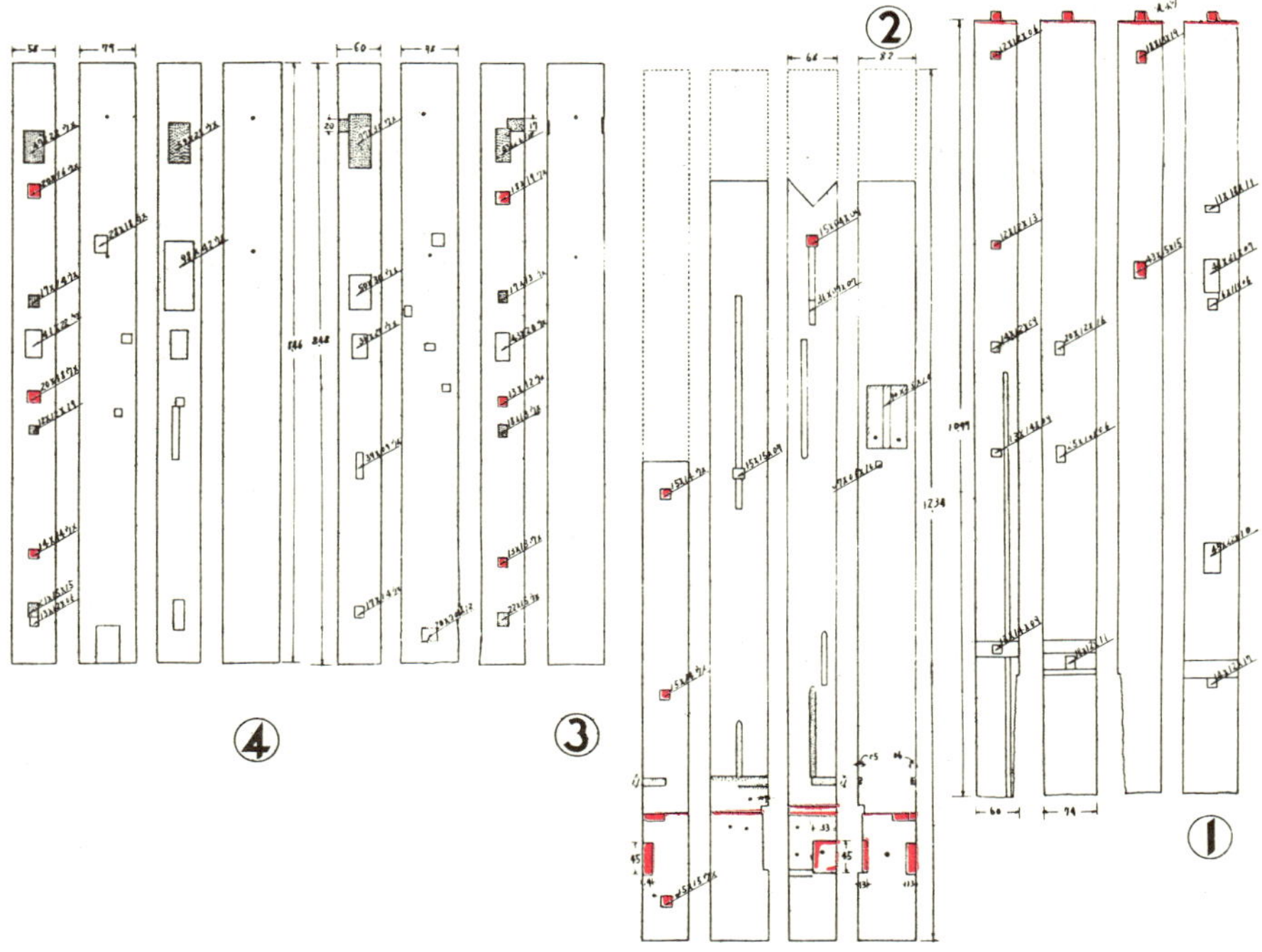

第 26 図　同所発見旧入側角間柱資料実測図①～④

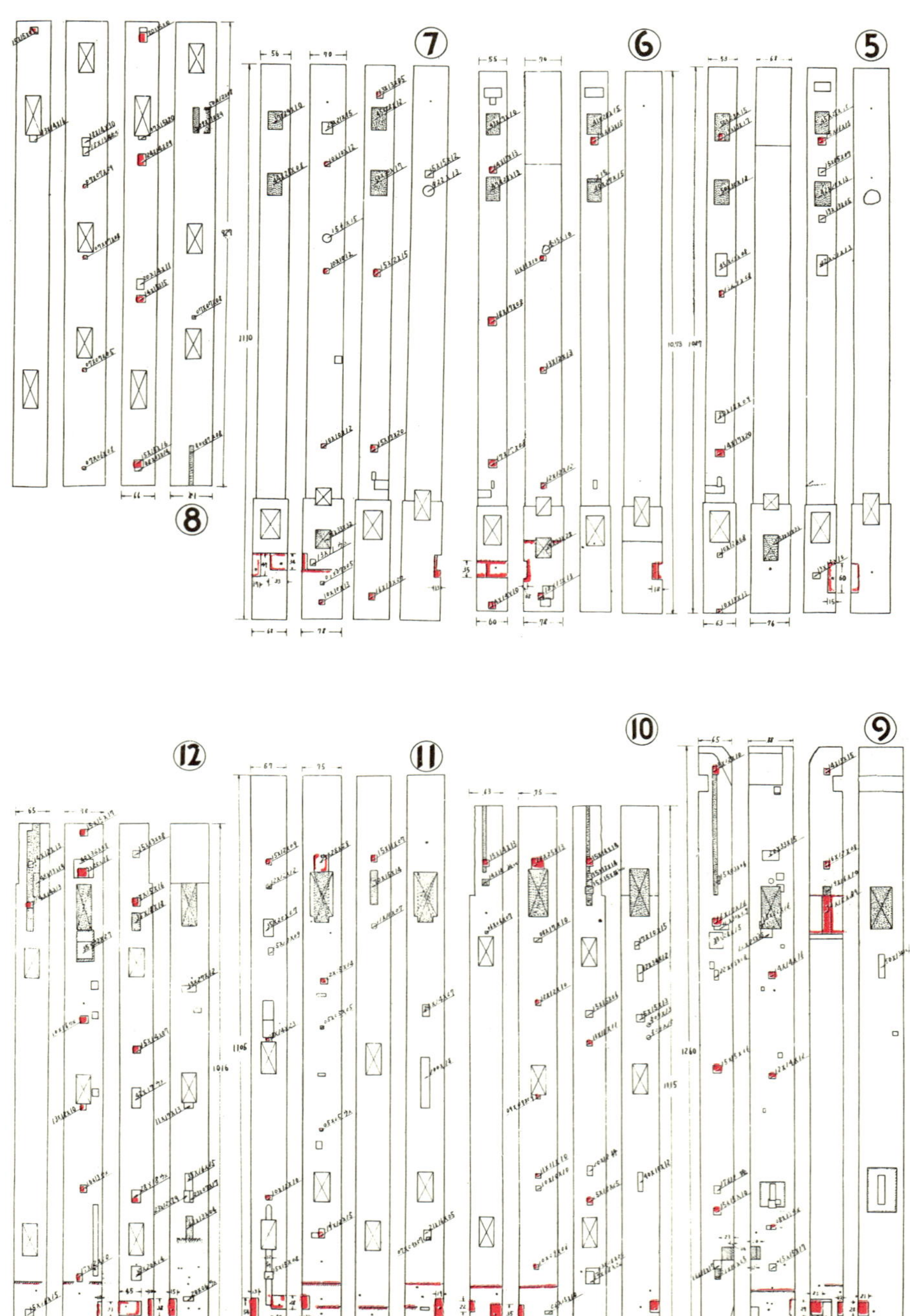

第 27 図　同⑤～⑭

第 28 図　同所発見旧房境角間柱資料実測図①～⑦

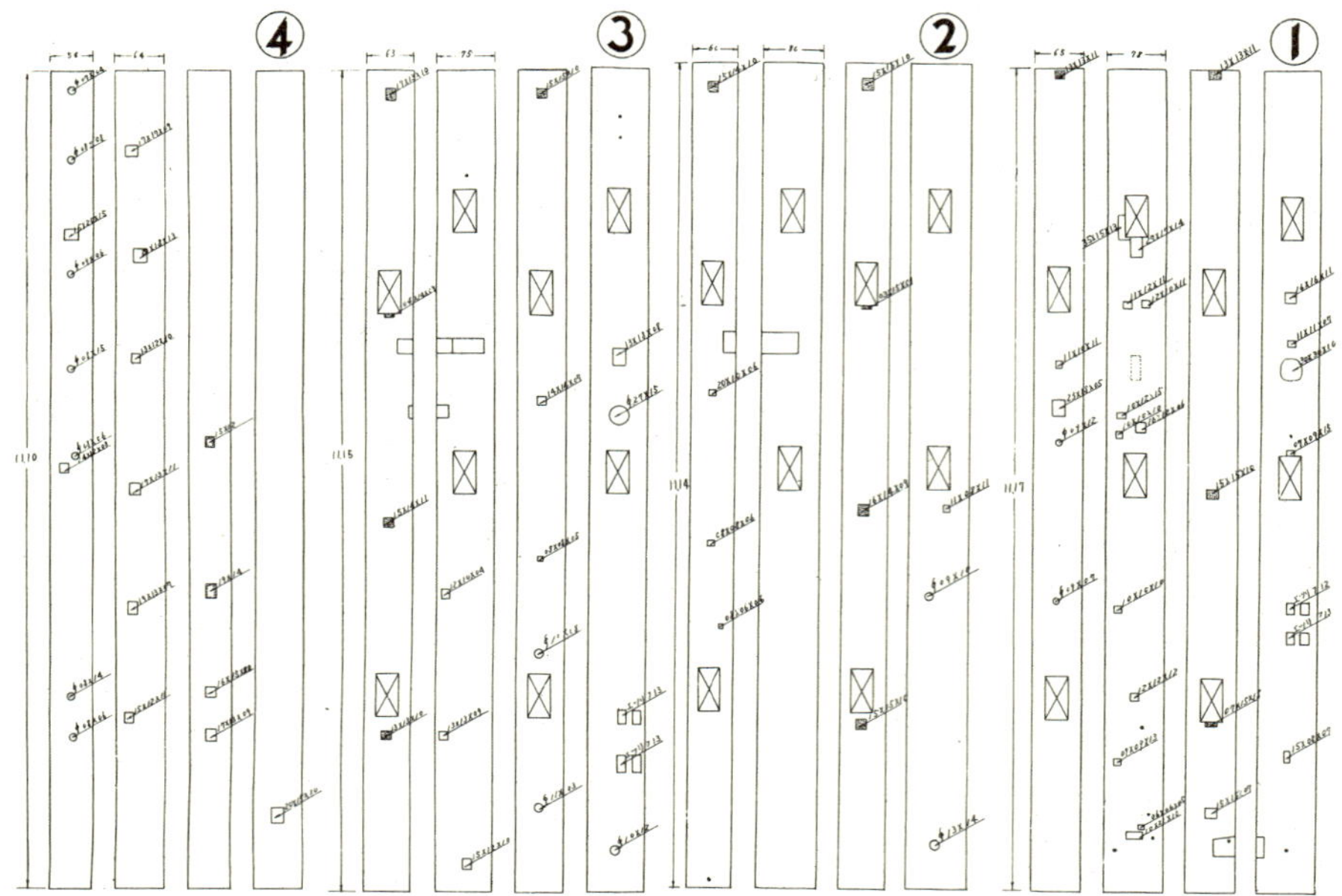

第 29 図　同所発見旧身舎内角間柱資料実測図

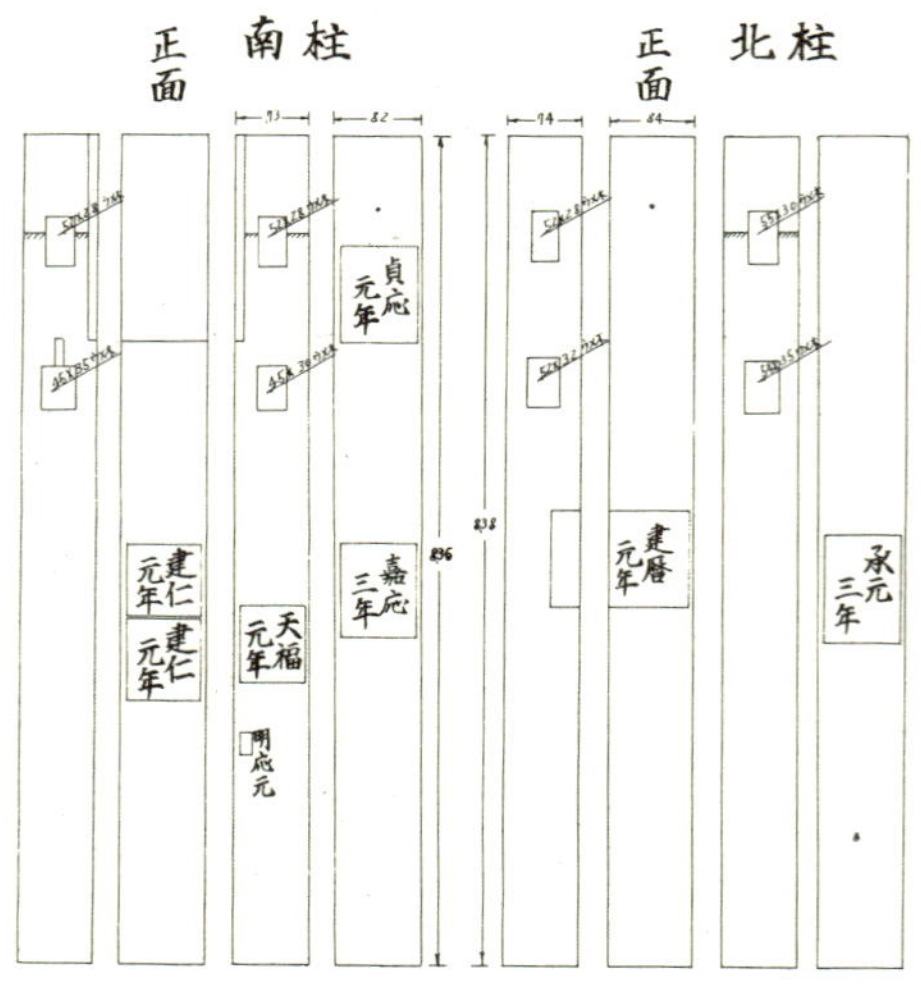

第 30 図　本堂内陣東面後補間柱実測図
（田畠寄進文を墨書陰刻）

第31図　本堂発見旧地長押資料実測図

第32図　同旧内法長押資料実測図

旧元興寺僧房東方三間改造堂復原図

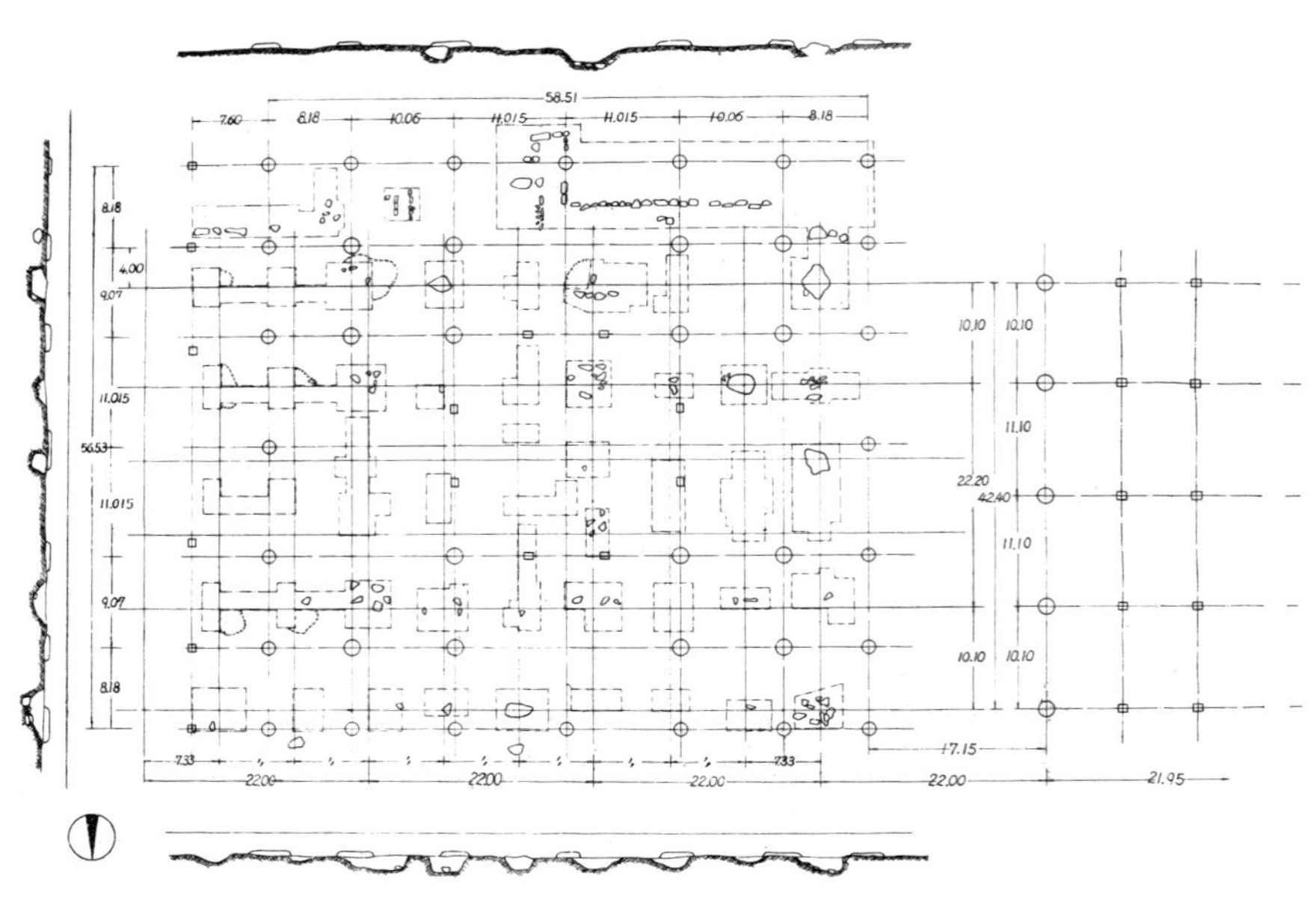

第 33 図　極楽坊本堂地下発掘調査実測図

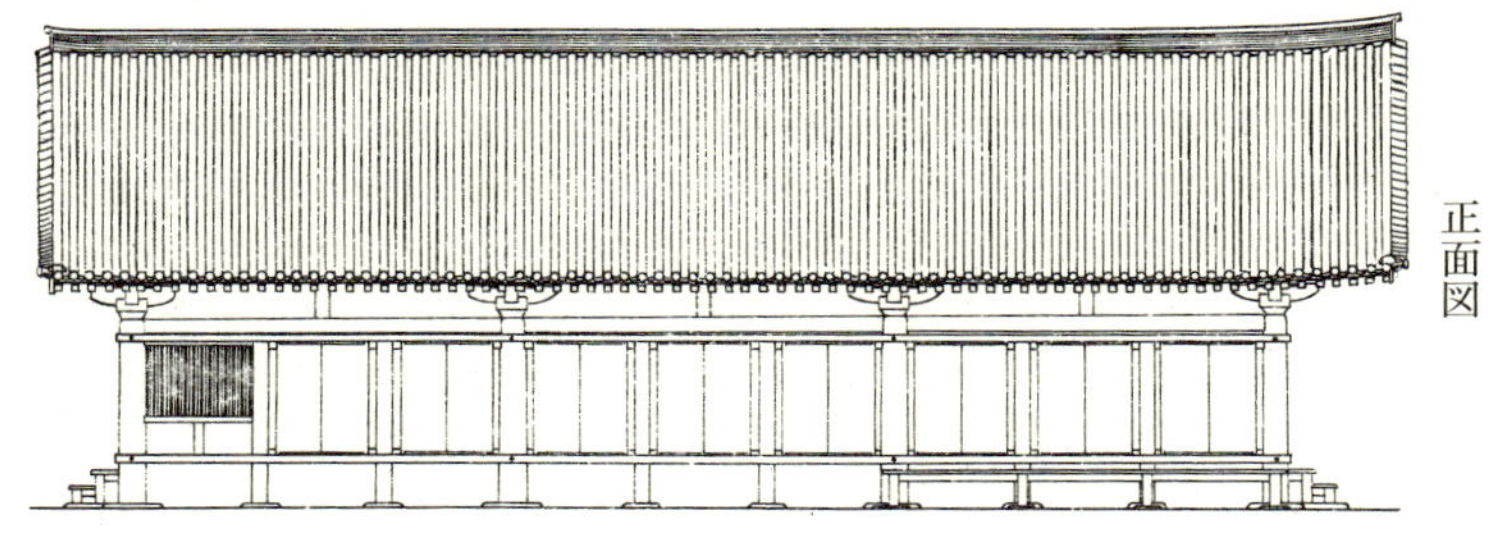

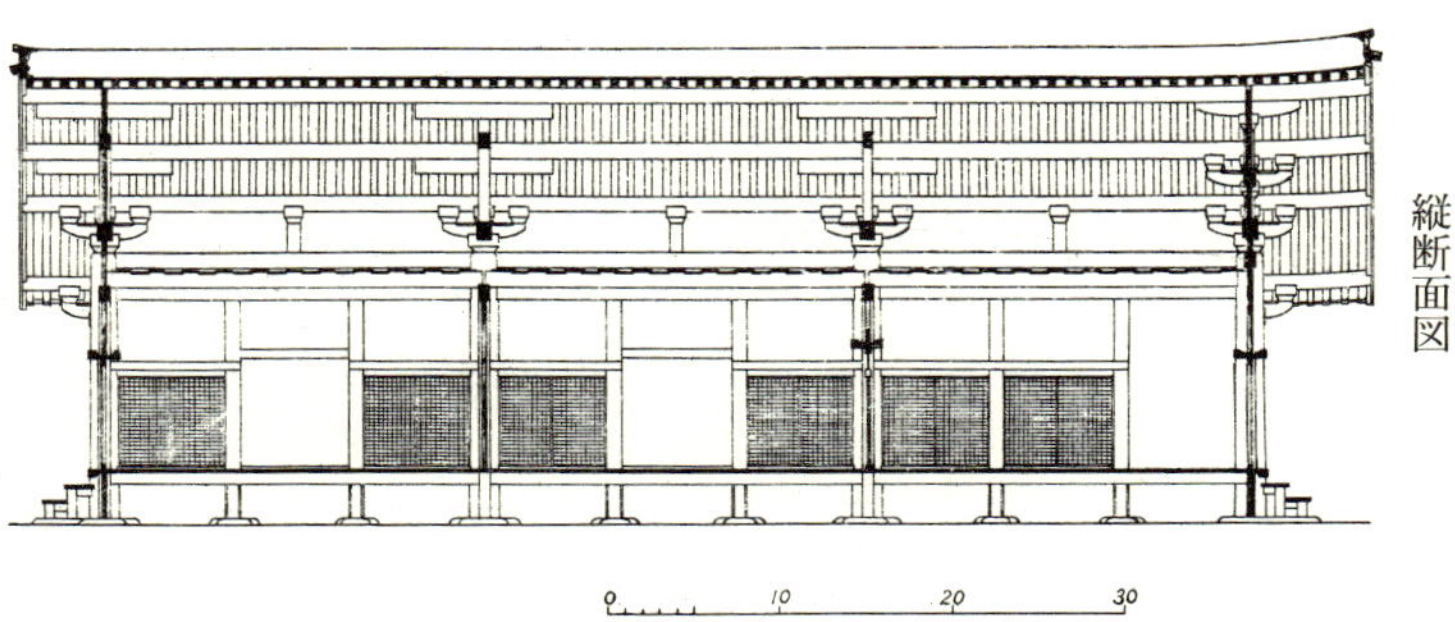

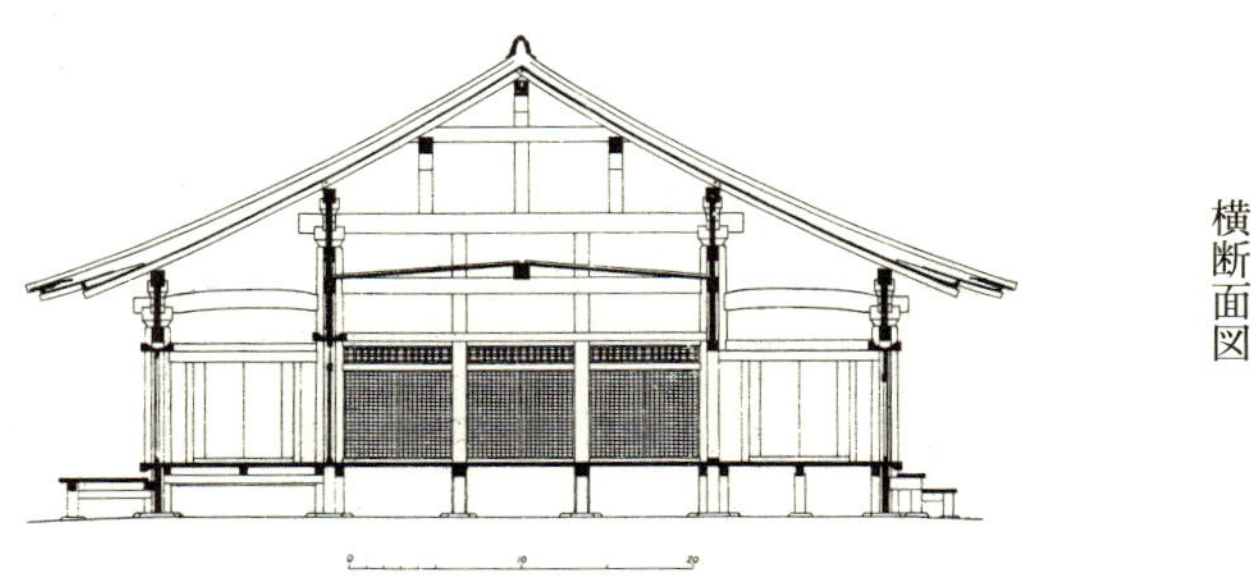

第 34 図　元興寺東室南階大房東三間を改造した堂の復原図

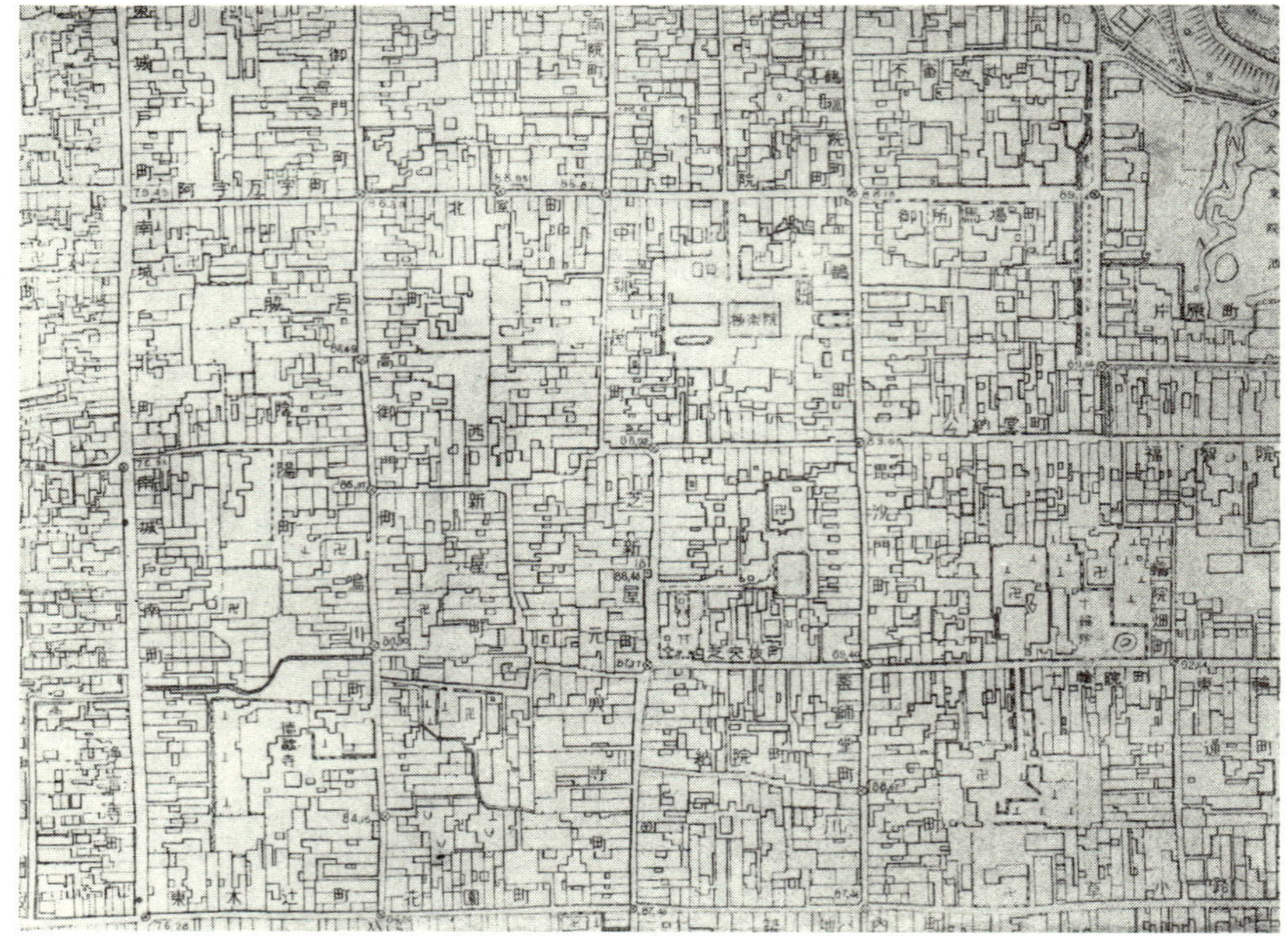

第 35 図　旧元興寺附近地図

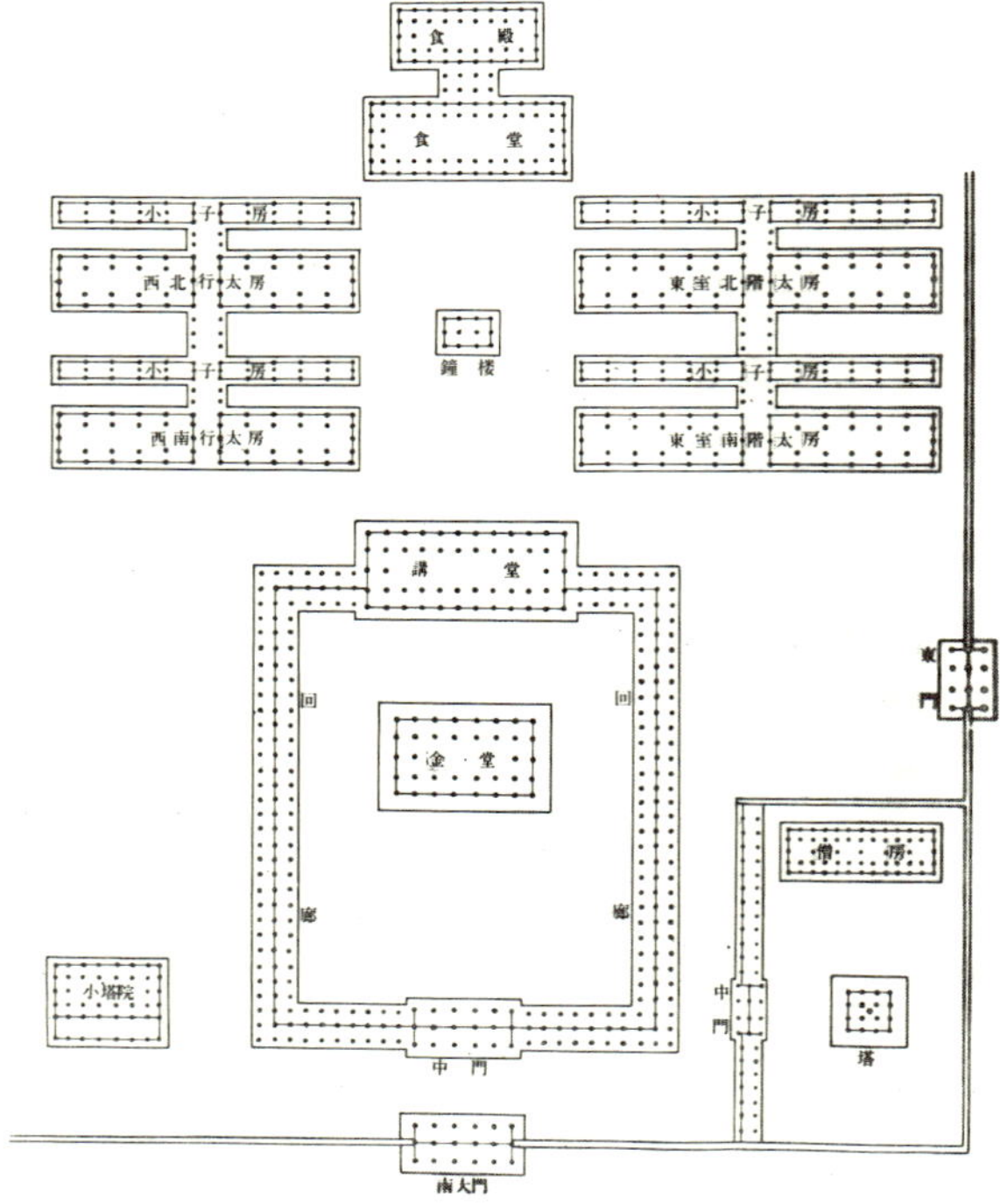

第 36 図　元興寺伽藍配置復原図

元興寺極楽坊禅室間取復原資料図

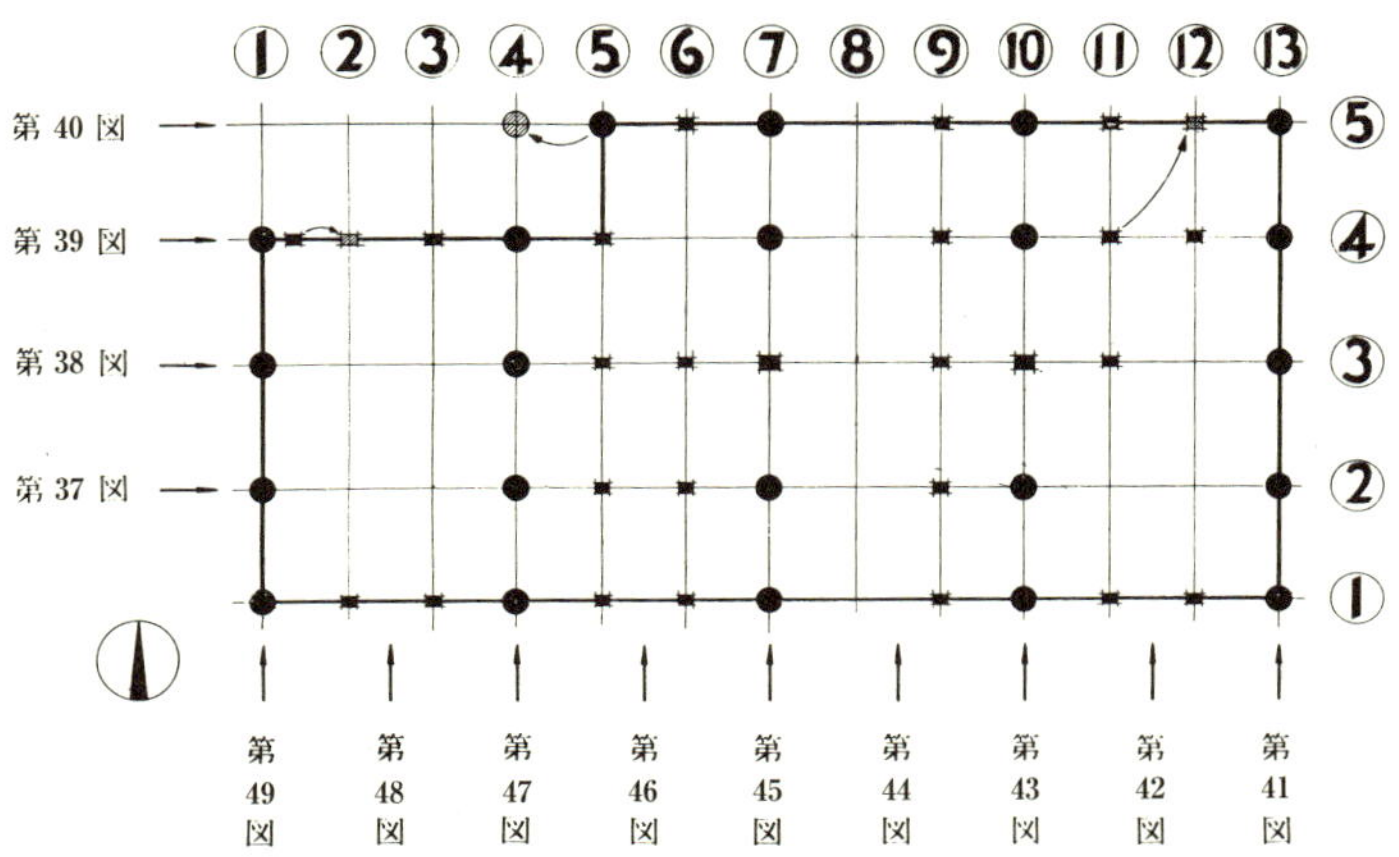

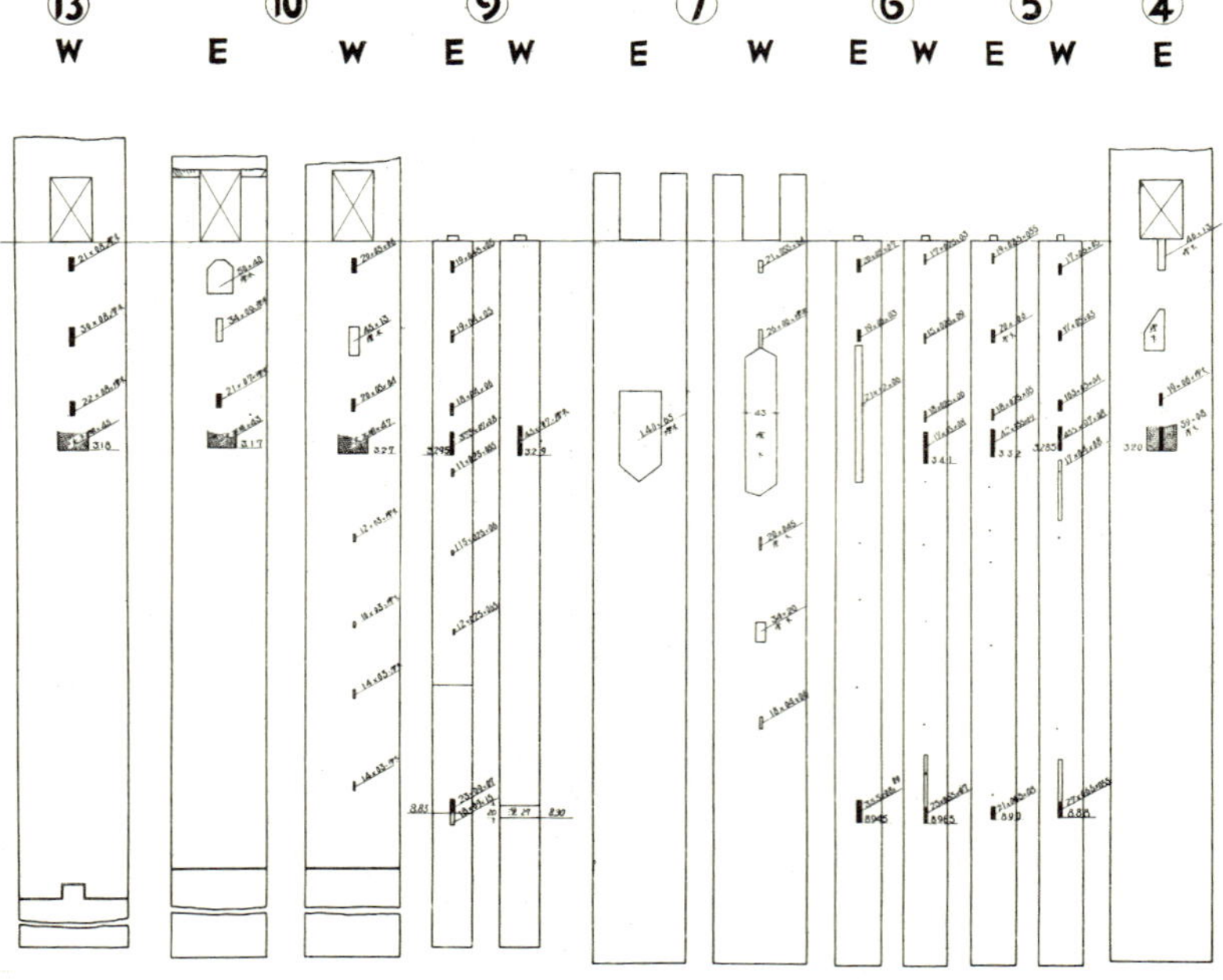

第 37 図　禅室桁行南入側通り柱に残る間取復原資料

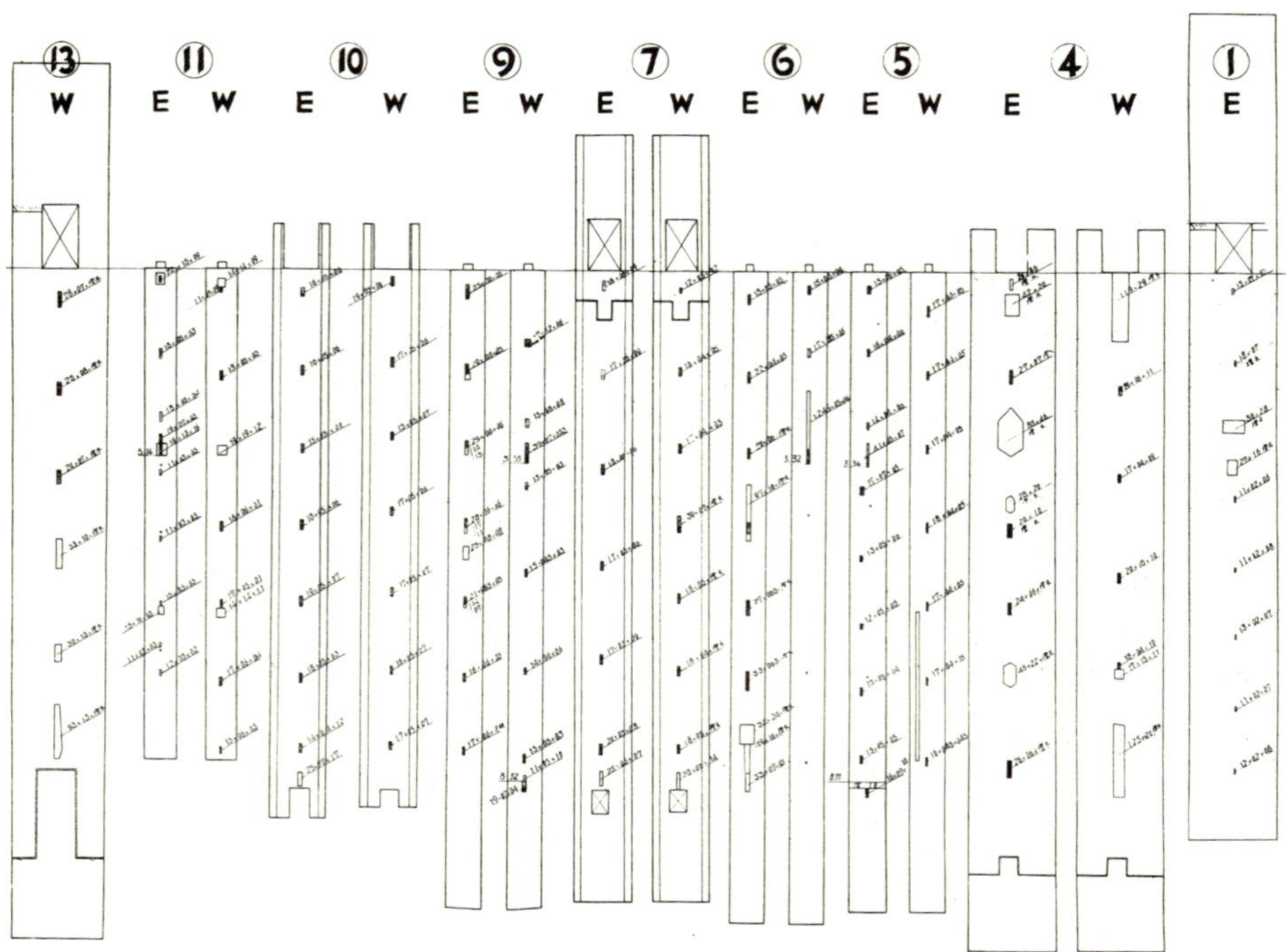

第 38 図　同桁行棟下通り柱に残る間取復原資料

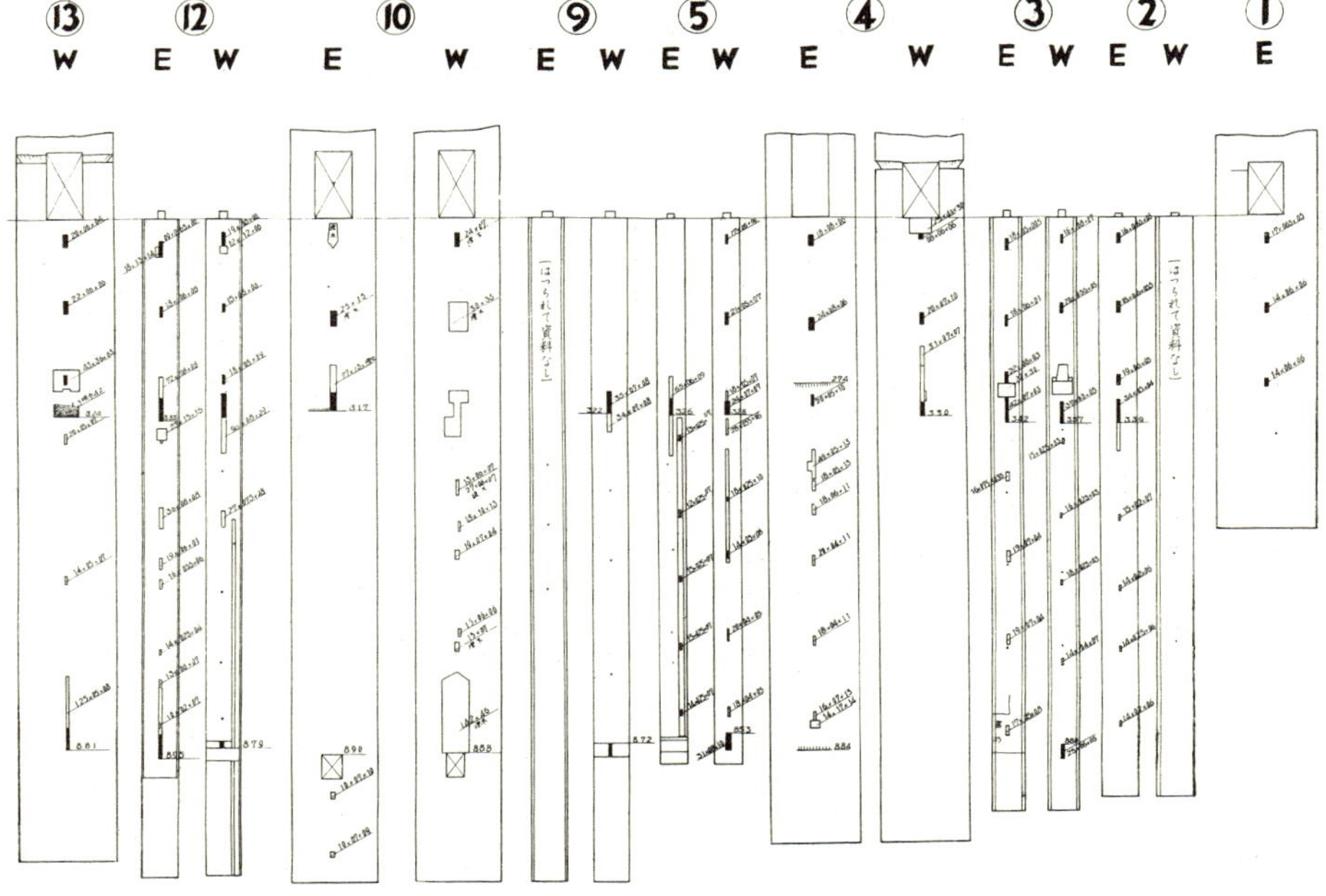

第 39 図　同桁行北入側通り柱に残る間取復原資料

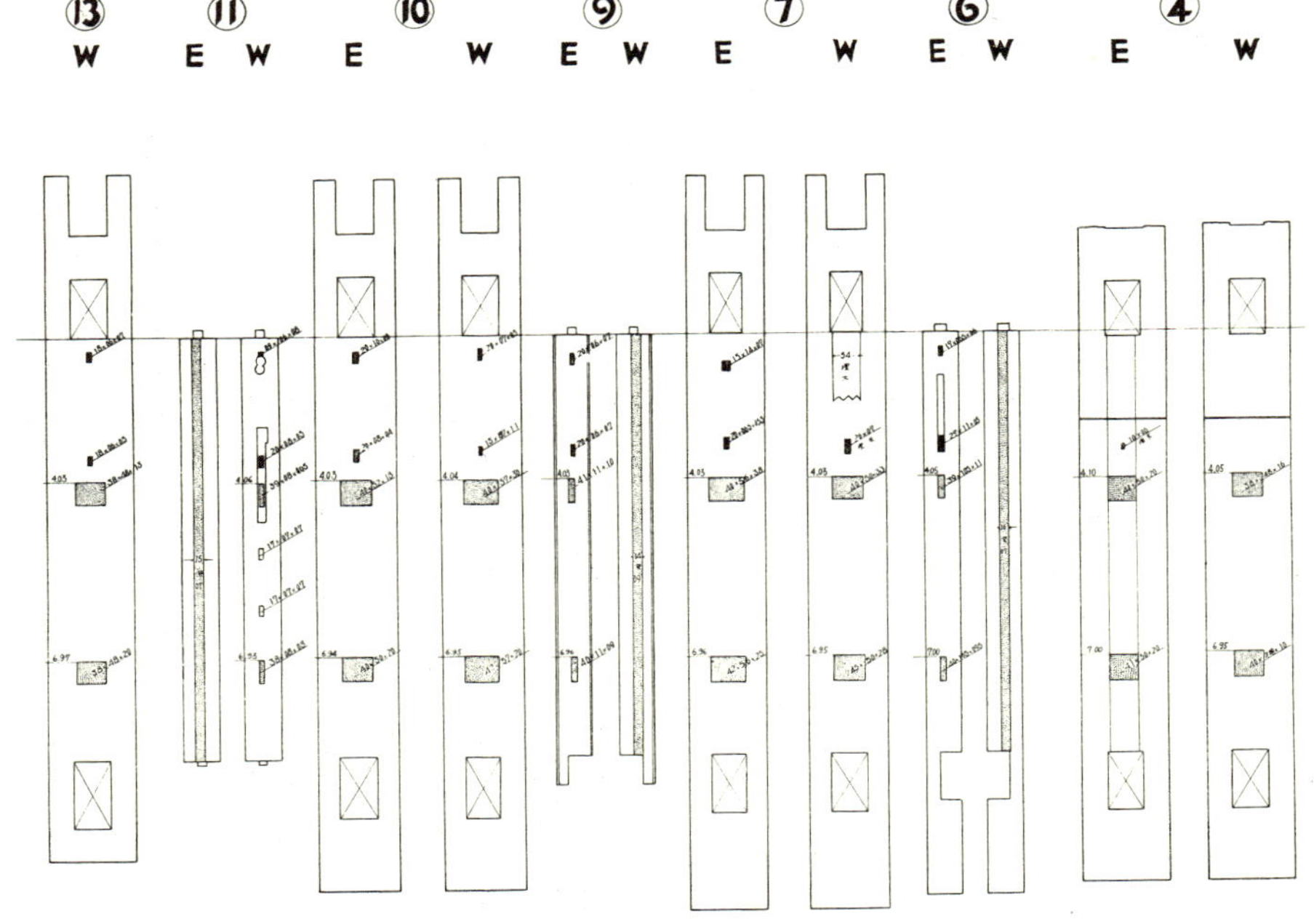

第 40 図　同桁行北側通り柱に残る間取復原資料

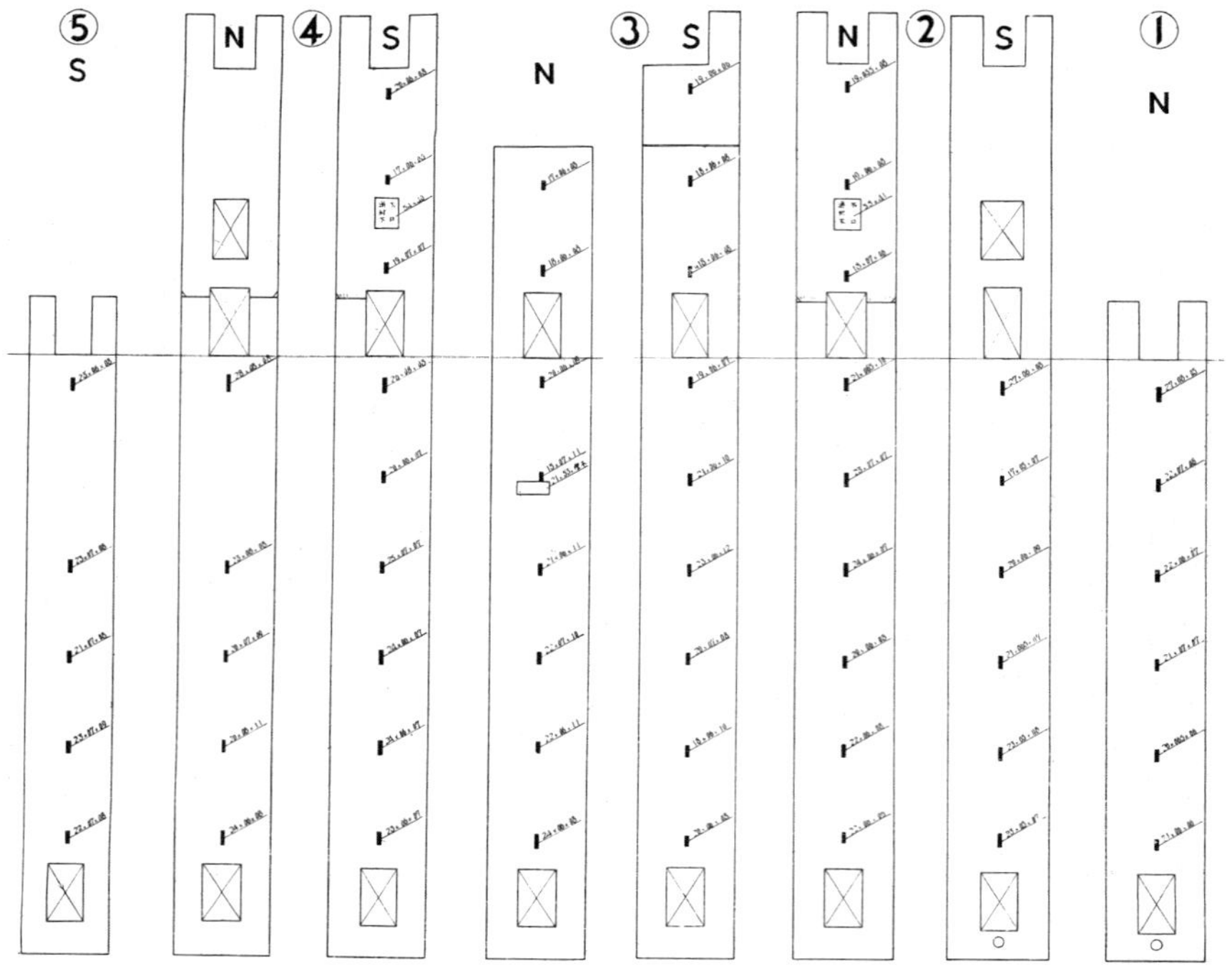

第 41 図　禅室梁行東妻通り柱に残る間取復原資料

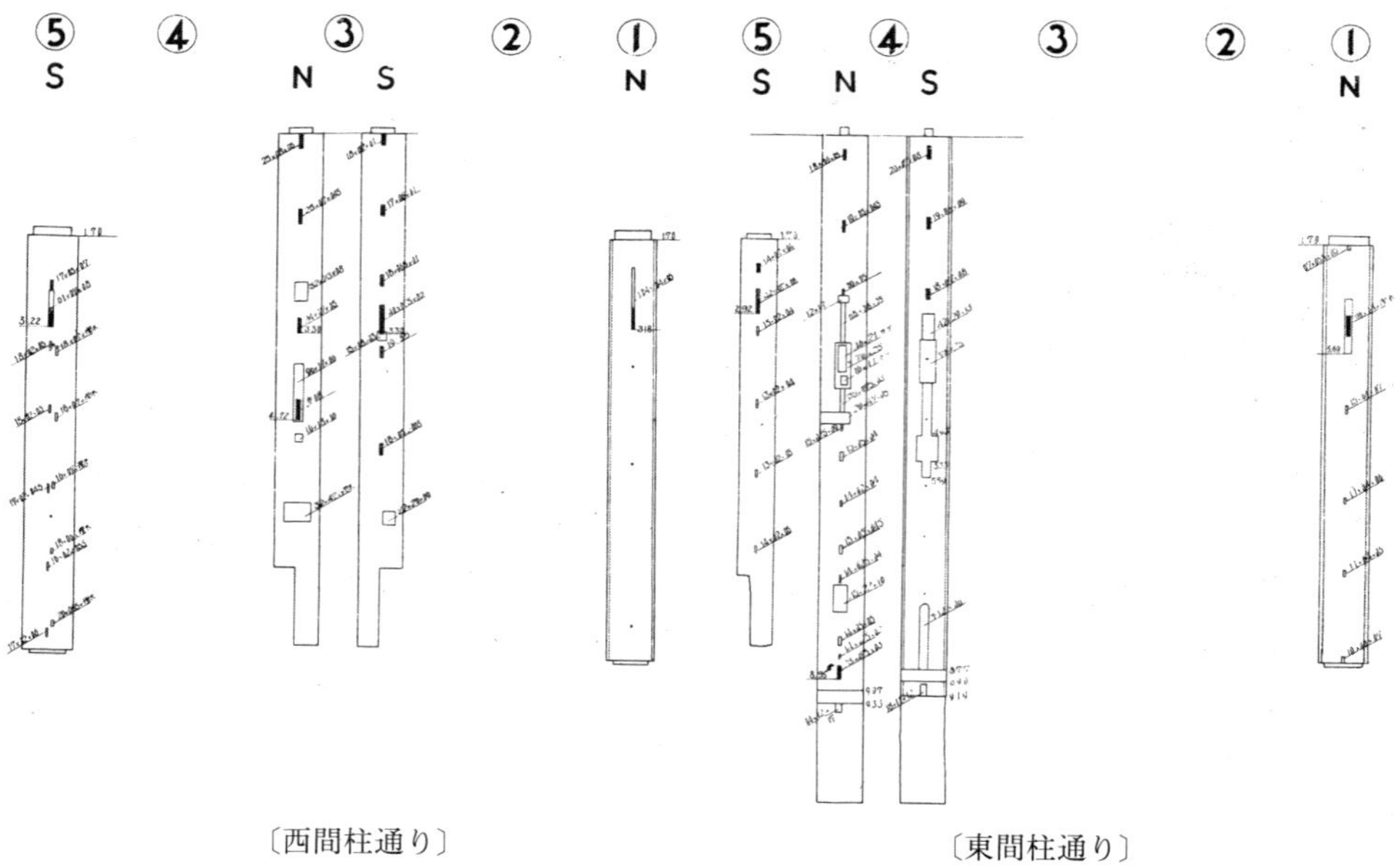

第 42 図　同梁行東第一房間柱通り柱に残る間取復原資料

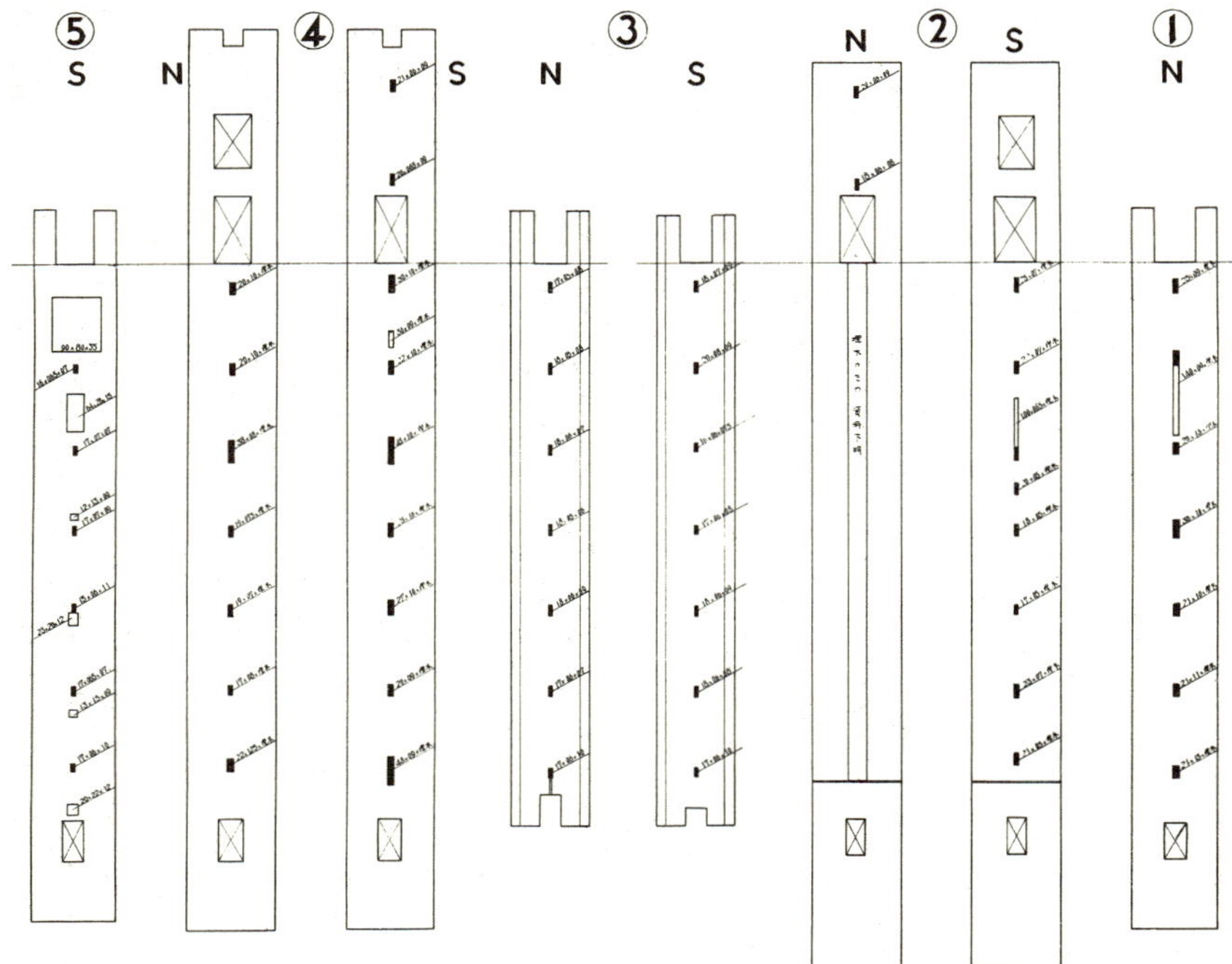

第 43 図　同梁行東第一、第二房境通り柱に残る間取復原資料

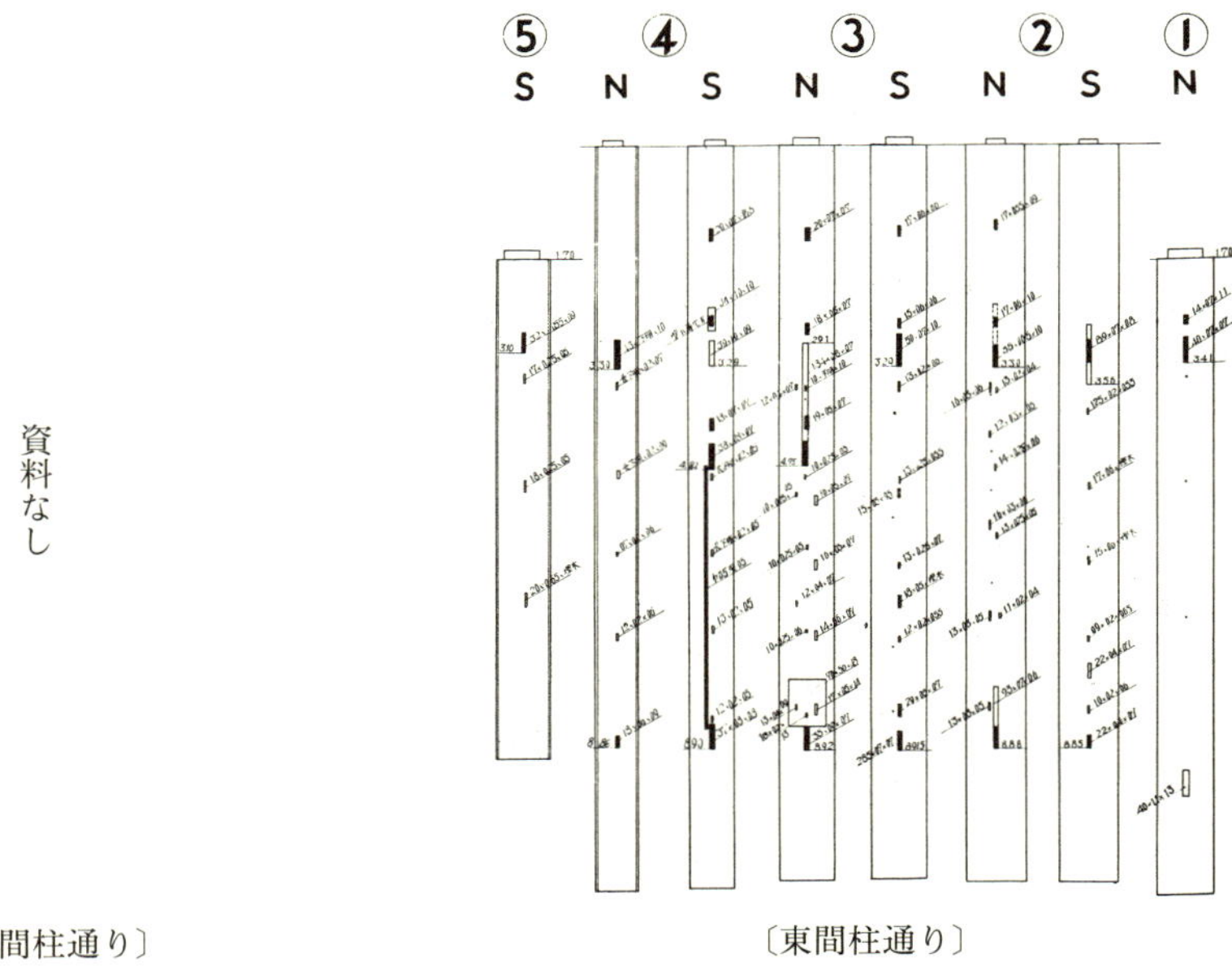

第 44 図　同梁行東第二房間柱通り柱に残る間取復原資料

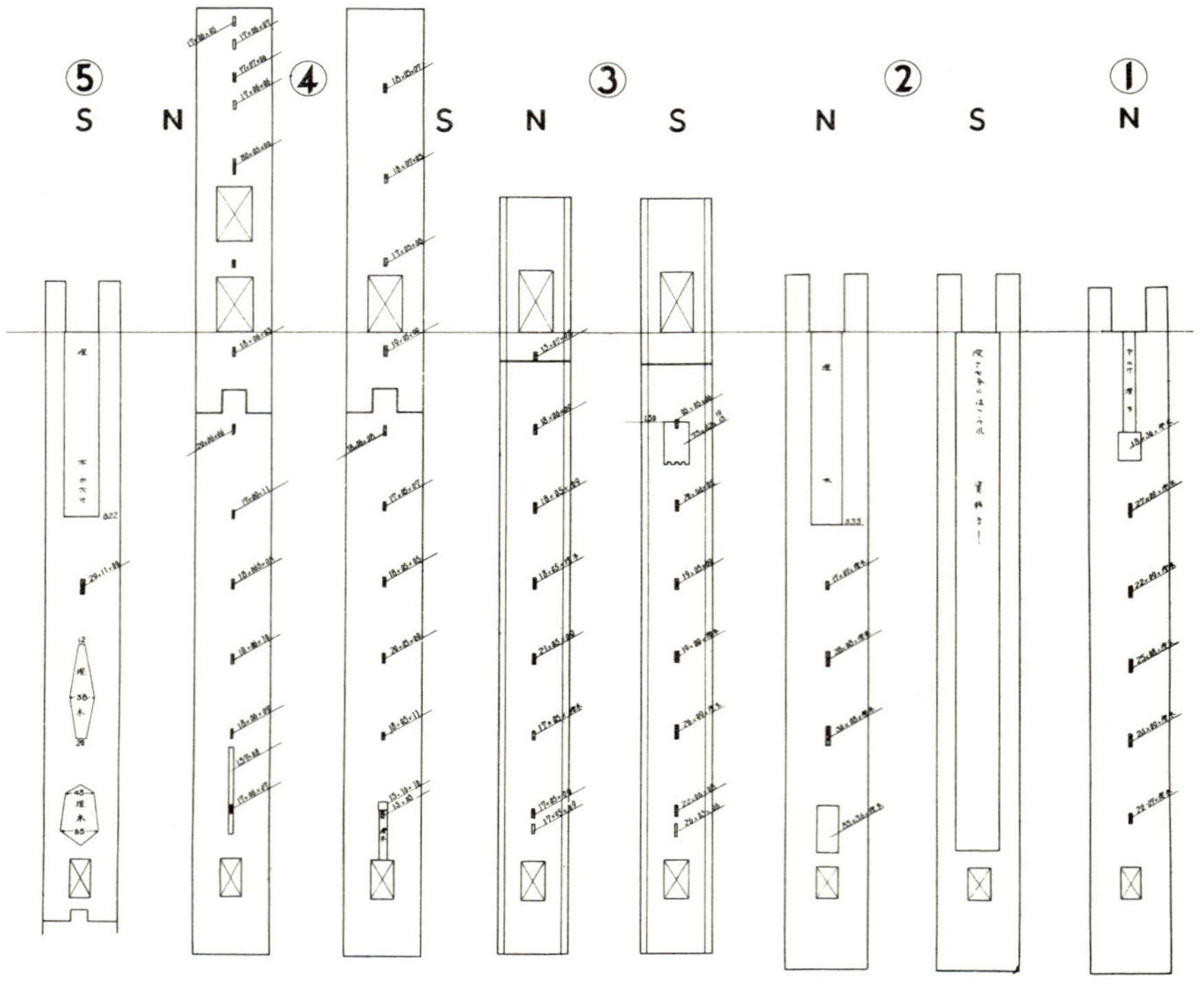

第 45 図　禅室梁行東第二、第三房境通り柱に残る間取復原資料

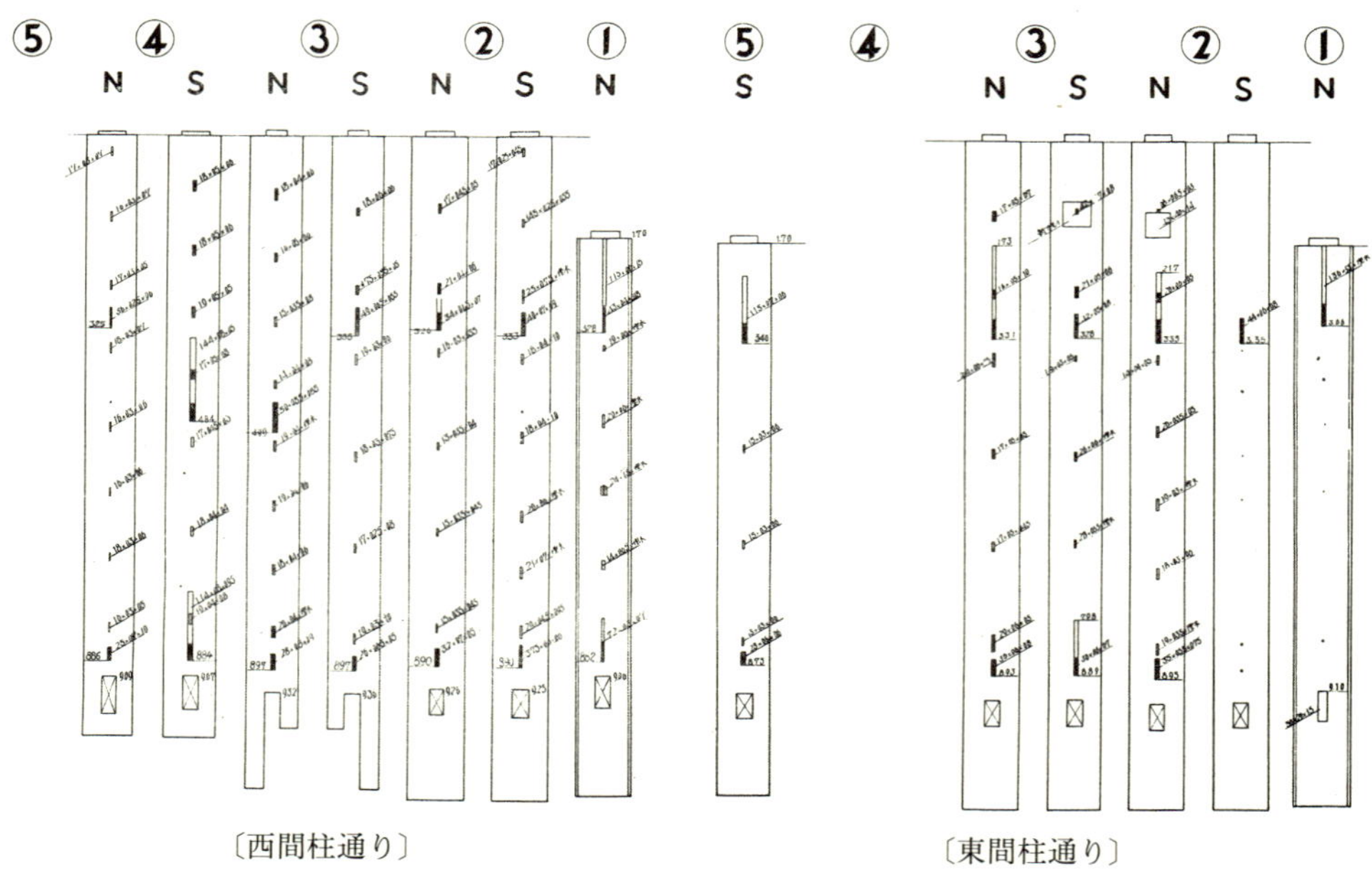

第 46 図　同梁行東第三房間柱通り柱に残る間取復原資料

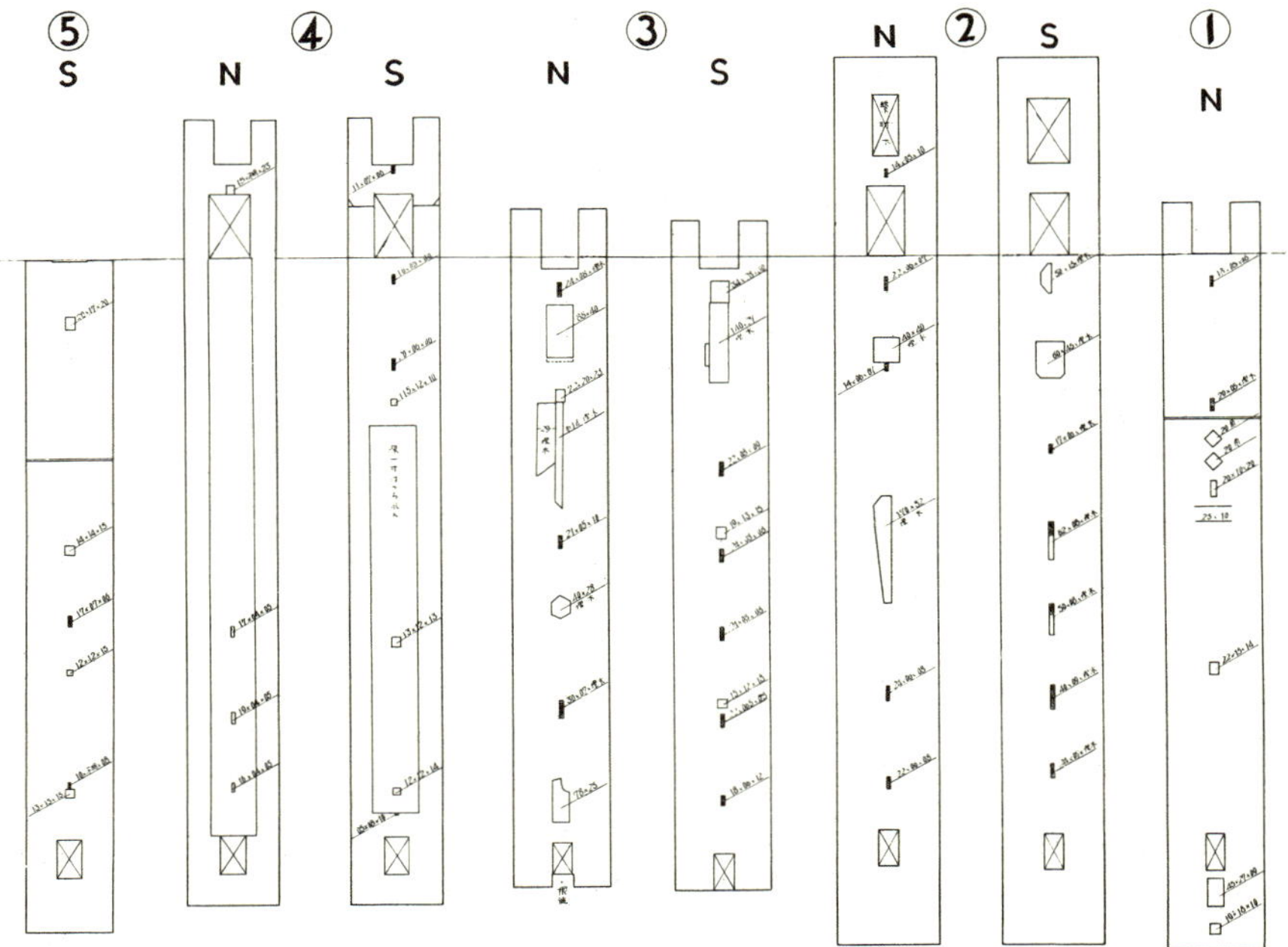

第 47 図　同梁行東第三、第四房境通り柱に残る間取復原資料

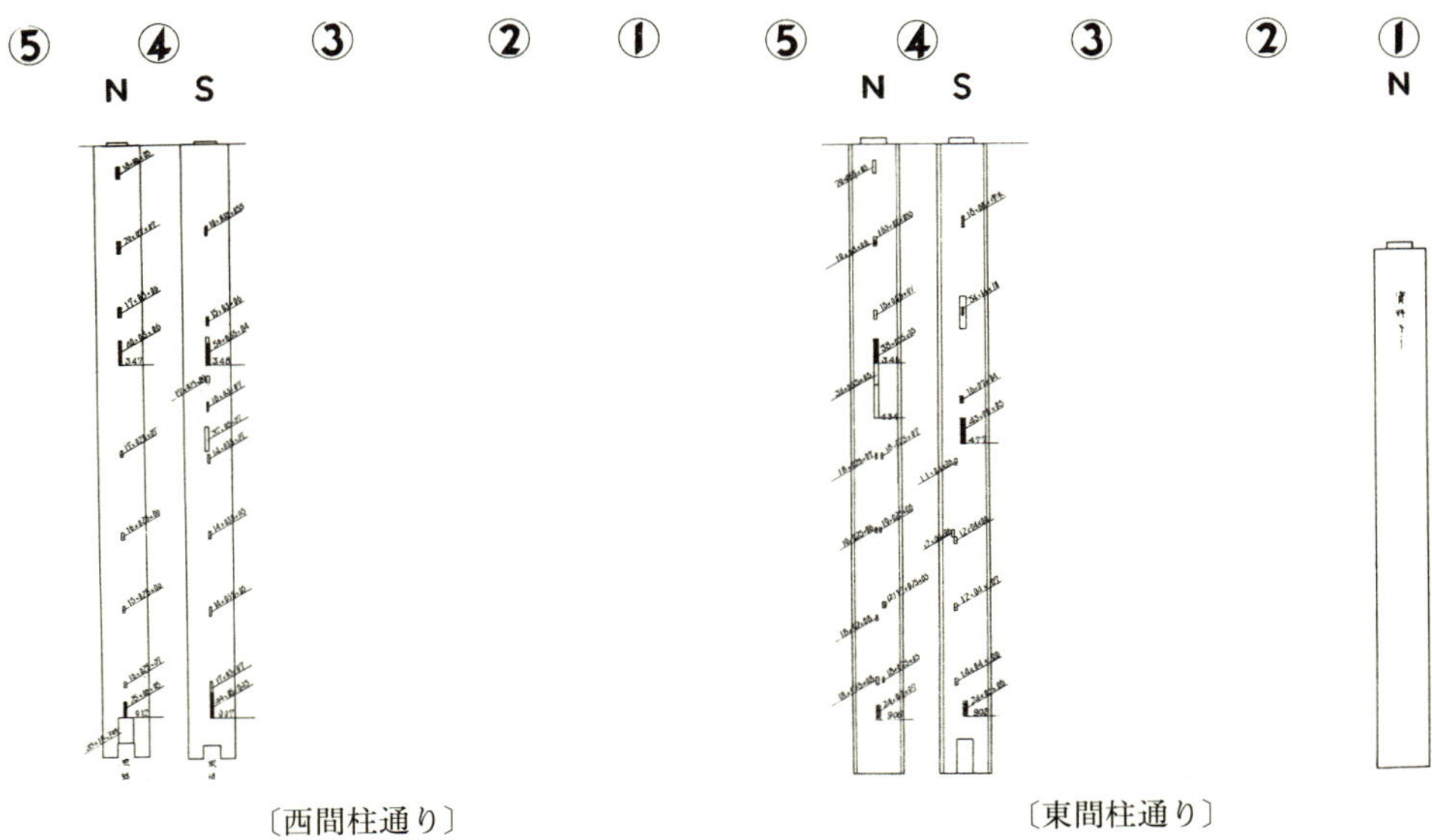

第 48 図　同梁行東第四房間柱通り柱に残る間取復原資料

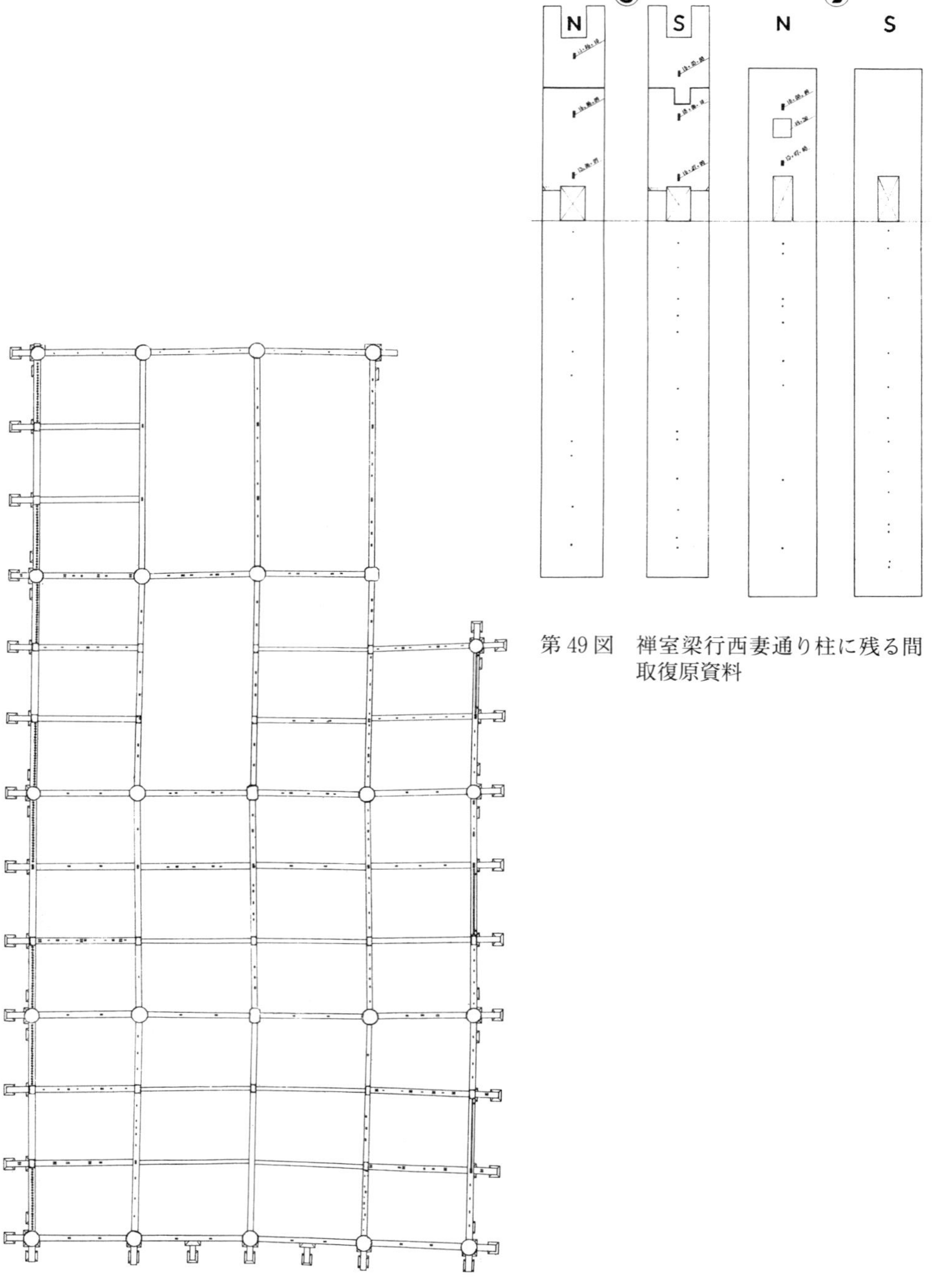

第 49 図　禅室梁行西妻通り柱に残る間取復原資料

第 50 図　禅室天井桁に残る間取復原資料

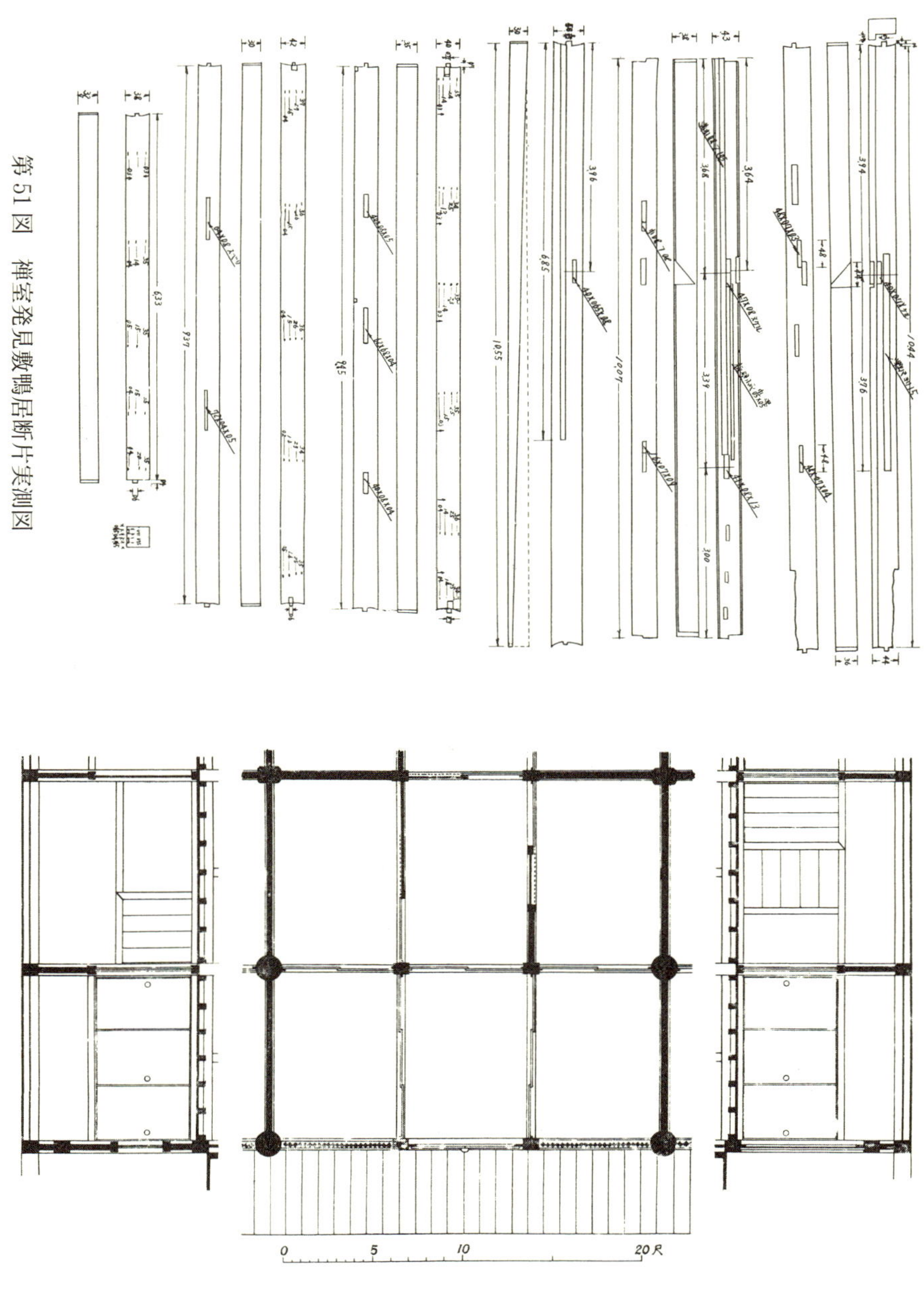

第51図　禅室発見敷鴨居断片実測図

第52図　復原禅室室内詳細図

元興寺僧房復原資料一覧表

資　料　一　覧　表

名　　称	本堂より出た数	禅室より出た数	計	摘　　要
側丸柱	5	1	6	戸口痕跡（楣、方立太枘）或は窓取付痕跡。外部風蝕。
入側丸柱	5	7	12	繋虹梁、入側及び梁行天井桁取付仕口。並に四方壁間渡穴。
側間柱	8	1	9	側丸柱と同じく戸口又は窓の痕跡。
入側間柱	13	1	14	片側壁、他方上部のみ壁あり、その下開放。
坊境間柱	6	1	7	両側面壁間渡穴、前後面に仮設と思える種々な痕跡あり。内2後に両側戸口となる。
身舎内間柱	3	1	4	片側壁間渡穴。下方五尺程非常に荒れている。
大斗	11	6	17	
肘木	14	4	18	
巻斗	9	12	21	
間斗束	2	0	2	
間斗	2	0	2	
入側天井桁	9	2	11	上バ　片側に大和葺天井板を落しこむ欠込 下バ　三ッ割にした間柱仕口、その間エツり穴
梁行天井桁	4	2（内一つ後に妻頭貫に転用）	6	上バ　三ッ割にした束柱仕口、中央渡リアゴの如き仕口、 下バ　三ッ割にした間柱仕口、その間エツり穴
入側或は梁行天井桁	2	4	6	下バのみ残存し天井桁である事がわかる。
棟下天井桁	1	1	2	上バ　両側に天井板落しこみの欠込 下バ　三ッ割にした間柱仕口、但し之は前二者と異つて角穴で仕事もややきたなく二次的なもの
側頭貫	6	5	11	上バ　間斗束、小壁の痕跡 下バ　三ッ割に間柱仕口
入側頭貫	4	5	9	上バ　間斗束、小壁の痕跡 下バ　三ッ割にした束の如きものの型、仕口はない
側入側不明	0	1	1	
繋虹梁	1	0	1	下バのみ全長の⅔程残る。上バ欠損。 下バに大壁痕跡(エツリ穴)あり。
妻大梁	1	1	2	上バ　四ッ割に束柱仕口 下バ　中央に大斗の型、風蝕甚しい。
内部大梁	3	4	7	上バ　四ッ割に束柱仕口 下バ　三ッ割の束柱仕口
妻二重梁	1	0	1	上バ　叉首の束及び棹の仕口
二重梁	0	3	3	上バ　中央に束柱仕口 下バ　両端、母屋への欠込仕口
側桁	3	0	3	上バ　約一尺間に棰釘穴 下バ　両端三ッ斗、中央間斗痕跡
入側桁	3	0	3	側桁に近似して、棰釘穴が少く、又風蝕がない為、斗の痕跡は見出せない。
棟木及母屋	7	6	13	下バに野肘木仕口、型。 棟木と母屋の区別はつかない。
上方角棰	完 69 欠 55	58	182	全体に反りあり、上部は女木、男木に交叉させて栓止め、下部は箱の仕口、伝法堂と全く等しい。
下方丸棰	159（内31後補材）	73	232	全体に反りあり、上部枘に作り出して、上方棰の箱に差入れ栓止め。
飛檐棰	5（内3後補材）	0	5	当初のものは鼻を切られて、現本堂以前に二度使い
茅負	2	0	2	約一尺間の瓦繰りあり
地長押	6	0	6	全部堂に改造後のもの
外側内法長押	5	0	5	同　上
内側内法長押	3	0	3	同　上

以下他の建物の部材

虹梁	1			
丸桁	2			

名　　称	本堂より出た数	禅室より出た数	計	摘　　要
三つ棟造丸桁	6			片梁間　13尺位
一　軒　丸　桁	12			梁間　15尺位
二　軒　丸　桁	13			同　上

発見柱分類〔本堂から出た柱〕

名　　称	類別	僧房当時の痕跡	堂に改造後の痕跡	摘　　要	数量	図中番号
側　丸　柱 （断片）	1	頭貫仕口、内法長押、戸口(楣、方立太枘穴）腰長押、床桁取付の痕跡、床下壁間渡穴。	内法長押、戸口(楣、方立小穴)腰長押取付痕、床板受仕口、梁行の内法及び腰貫。	第1次戸口、第2次戸口	2	1 2
	2	頭貫仕口、窓楣仕口穴、窓台取付痕跡、窓台下羽目板小穴、床桁取付仕口。	内法長押、梁行の内法及び腰貫	第1次窓、第2次窓	1	3
	3	頭貫仕口、窓楣仕口穴、窓下腰羽目板胴縁仕口穴	壁間渡穴、床の取付痕跡、梁行の内法及び腰貫。	第1次窓、第2次壁	1	4
	4	頭貫仕口。妻側面に壁間渡穴。床板上端痕跡。	内法長押。妻側壁間渡穴。床上端取付痕跡。平側床下壁間渡穴。妻側に梁行の内法及び腰貫。	第1次壁、第2次壁妻隅側柱と推定	1	5
入　側　丸　柱 （断片）	1	繋虹梁天井桁仕口。壁間渡穴。床桁取付仕口。床下壁間渡穴。	壁間渡穴を補加。壁受台取付仕口。梁行の内法及び腰貫。	第1次、第2次共に壁	2	1 2
	2	側面に壁間渡穴。妻正面に腰長押取付痕跡。床桁取付仕口及床下壁間渡穴。	側面戸口（方立小穴）。正面腰長押取付痕跡。梁行の腰貫。	妻柱。第1次壁、第2次戸口	1	3
	3	壁間渡穴。	窓台取付痕跡。羽目板小穴。梁行の腰貫。	妻柱。第1次壁、第2次窓	1	4
	4	頭貫仕口。	繋貫仕口。	入側柱と判定出来るだけ	1	5
側　間　柱	1	正背面内法長押。長押上壁間渡穴。両側面戸口（楣、方立太枘及型）正面腰長押。腰長押下壁。縁桁取付枘穴。	正背面内法長押。両側面戸口（楣方立小穴）正面腰長押。床板及床板受取付痕跡。梁行の腰貫。	第1次戸口、第2次戸口。（但 No.3は第1次開放か）	3	1 2 3
	2	同上。背面に小さな壁間渡穴。	同上。縁板受取付仕口。	同上。第1次に背面に小壁あり	2	4 5
	3	正背面内法長押。片側楣は現仕口で失われているが蹴放仕口穴あり、他方窓楣仕口、窓台取付痕跡、窓台下壁板小穴、下方腰長押痕跡、腰長押下壁。縁桁枘穴、床桁取付仕口。	正背面内法長押、第1次の開放側に戸口（楣、方立小穴）正面腰長押取付痕跡、床上端及床板受取付痕跡、床下踏板受取付仕口。梁行の飛貫。	第1次片側開放入口、他方窓。第2次開放側を戸口、他方窓	1	6
	4	同上、背面上方に楣仕口、その下小さい壁間渡穴。	正背面内法長押、側面戸口(楣，方立小穴）途中に鴨居仕口。腰長押取付痕跡。床上端及床板受取付痕跡､床下踏板受取付仕口、梁行の飛貫。	第1次片側入口他方窓。第2次両側とも戸口。背面に小壁あり	1	7
	5	片側楣仕口、下の蹴放は現仕口と重なる。他方一番上に壁間渡穴あるほか仕口らしきものが見当らないが窓と思える。背面上方に楣仕口その下小さい壁間渡穴、床下正面縁桁枘穴、床桁取付仕口、床下壁間渡穴。	正背面内法長押。第1次の開放側に戸口(楣、方立小穴)途中に鴨居仕口、正面腰長押痕跡、床板取付痕跡、踏板受取付仕口、梁行の飛貫。	第1次片側入口、他方窓。第2次開放側を戸口、他方窓。背面に小壁あり	1	8
入　側　間　柱	1	片側壁間渡穴。他方上方に壁。下方痕跡なく戸口と推定。床桁及床板受取付仕口。	他に例を見ない仕口があり、推定不能。重要ではなさそう。下方床板取付痕跡。	第1次片側戸口、他方壁。第2次不明	1	2
	2	片側壁間渡穴、他方戸口と推定。	正背面内法長押、両側楣仕口、下方開放と見る。	第1次同上。第2次両側開放	2	3 4
	3	片側壁間渡穴、他方上方のみ壁、下方戸口。床桁取付仕口、床下両側壁間渡穴。	正背面内法長押、両側楣仕口、その下鴨居仕口、梁行腰貫。	第1次同上。第2次両側戸口	1	5
	4	同上。　正面側壁に向い小さな壁間渡穴。	同　上。	第1次同上。側間との間に戸口脇小壁あり。第2次同上	2	6 7
	5	同上。（床下を切られる）	顕著なものを認めず堂に改造された部分に使われたかどうか疑問。背面に横架材仕口。下方に敷居を落し込む溝様のもの。	第1次同上。第2次不明	1	8
	6	同上。　正面に楣枘穴。その下小さな壁間渡穴。	梁行内法貫、片側楣。他方やや下つて鴨居仕口穴。鴨居上鏡板小穴、床板差し込み跡。	第1次同上。第2次片側開放、他方戸口	5	9. 10. 11. 12. 13
	7	同上。	不　明	第1次同上。第2次不明	1	14

元興寺僧房復原資料一覧表

名　　称	類別	僧房当時の痕跡	堂に改造後の痕跡	摘　　要	数量	図中番号
坊境間柱	1	両側面壁間渡穴。床下にもあり。	両側面上方楣仕口穴三つ上下に並ぶ。上方二つに対し正背面、最下に対し正面内法長押取付跡痕。楣下方立小穴。正面腰長押、背面床板止痕跡。両側面を貫く腰貫、それと直角に小根枘穴。	第1次両側壁。第2次両側戸口。第3次迄あつて両側戸口	2	1 2
	2	同　上。	不明。片側面に壁間渡穴を追加せるもの（No. 4, No. 6）あり。	第1次同上。第2次不明	4	3. 4. 5. 6.
身舎内間柱	1	一側面に壁間渡穴。他方上部に壁間渡穴。	不　明。	第1次片側壁、他方戸口か。第2次不明	3	1.2.3

〔禅室から出た柱〕

名　　称	類　別	僧房当時の痕跡	摘　　要	数　量	図中番号
側　丸　柱	5	両側上方横連子窓（連子々及窓台）痕跡。下方壁か、入側柱との間壁。	両側横連子窓。下方壁	1	6
入側丸柱	5	繋虹梁、天井桁仕口穴、四面に壁間渡穴。	四方壁	4	6.7.8.9.
	6	上部欠失、二面に壁間渡穴。他の二面は埋木、現仕口で失われる。	同　上	1	10
	7	両側壁間渡穴。直角方向の面はけずられて痕跡を残さず。	両側のみ壁とすれば妻柱	1	11
	8	上部欠失、四面に壁間渡穴。	四方壁。両側に小穴あり、戸口にされたことがあるか。	1	12
側　間　柱	6	両側上方横連子窓（連子々及窓台）痕跡。下方片側入口。他方壁間渡穴。背面に小さな壁間渡穴。	上方横連子、下は一方戸口、他方壁。背面小壁	1	9
入側間柱	8	片側の上方壁間渡穴、下方戸口、他方壁間渡穴。	片側壁、他方戸口	1	1
坊境間柱	3	両側壁間渡穴。	両側面壁	1	7
身舎内間柱	2	片側壁間渡穴。他方上部に壁間渡穴。	片側壁、他方戸口か	1	4

大　　斗　（敷面をなぶられているものは後補を捨て，当初のものを痕跡からとる）

旧使用位置	長	巾	斗尻長	斗尻巾	総　丈	斗繰丈	敷面高	摘　　要
本堂ほ3柱上大斗	165	170	114	125	103	28	62	斗尻をなぶる
〃　と3　〃	173	159	112	109	122	45	91	完
〃　り3　〃	178	175	116	116	117	37	75	斗尻をなぶる
〃　ほ5　〃	178	176	114	112	110	35	70	同　上
〃　と5　〃	176	148	112	108	98	40	74	同　上
〃　り5　〃	174	173	115	115	115	35	70	同　上
〃　る5　〃	175	175	115	115	117	40	75	同　上
〃　は9　〃	175	176	117	117	122	42	80	完
〃　と9　〃	177	175	110	105	102	25	62	斗尻をなぶる
〃　り9　〃	179	175	116	118	125	45	80	完
禅室に2柱上大斗	172	170	115	114	93	41	74	斗尻をなぶる
〃　と2　〃	166	142	104	91	101	40	82	
〃　に4　〃	181	148	98	98	95	39	80	欅。中古材
〃　不　明	176	146	117	95	92	35	69	上端欠損、斗尻をなぶる。
〃　〃	164	140	114	95	101	40	75	
〃　〃	182	176	118	114	(68)			上部欠損

肘　　木

旧使用位置	長	太枘心々	丈	厚	木口丈	摘　要
本堂は3柱上肘木	470	390	95	77	46	
〃 と3 〃	510	—	82	70	43	上部欠損、笹繰及太枘穴なし
〃 る3 〃	470	395	90	78	45	
〃 ほ5 〃	445	367	93	75	44	
〃 と5 〃	550	417	94	73	47	
〃 り5 〃	450	372	95	77	48	
〃 は9 〃	470	394	92	80	46	
〃 ほ9 〃	440	370	93	75	45	
〃 と9 〃	450	375	90	75	44	
〃 り9 〃	500	420	93	75	48	
〃 ほ11 〃	440	—	95	75	49	片側上端欠損
〃 と11 〃	440	363	95	75	47	
〃 り11 〃	500	421	90	75	45	
〃 る11 〃	500	420	96	74	47	
禅室と2肘木	440	358	92	79	48	
〃 に4 〃	468	389	92	80	48	
禅室不明	470	391	95	80	48	
〃	440	370	90	78	47	

巻　　斗

旧使用位置	長	巾	斗尻長	斗尻巾	総丈	斗繰丈	敷面高	摘　要
本堂	115	125	74	75	85	32.5	65	木口斗
〃	119	108	75	70	88	29	57	
〃	115	127	77	82	(81)	(25)	(59)	木口斗、斗尻をなぶる。
〃	130	103	80	75	(68)	33	65	略敷面より上方欠損
〃	125	105	74	70	(69)	30	65	上方欠損
〃	115	130	75	80	(64)	34	58	木口斗、上方欠損
〃	125	115	75	78	(65)	(25)	(55)	斗尻をなぶる、上方欠損
〃	124	125	82	84	(62)	(25)	(55)	木口斗、斗尻をなぶる、上方欠損
〃	125	110	75	70	(68)	28	58	上方欠損
禅室にの2柱上斗栱	120	125	84	85	(70)	(19)	(50)	木口斗、斗尻をなぶる
〃 との2 〃	117	120	75	75	(69)	33	63	木口斗、上方欠損
〃 〃 〃	123	127	82	87	(47)	(20)	—	敷面より上方欠損
〃 〃 〃	117	126	75	82	(64)	33	63	木口斗、ほぼ敷面より上方欠損
〃 にの4 〃	115	124	76	75	(63)	32	57	木口斗、上方欠損
〃 〃 〃	122	124	78	78	88	31	62	木口斗
禅室	113	105	75	70	85	30	64	

元興寺僧房復原資料一覧表

旧使用位置	長	巾	斗尻長	斗尻巾	総丈	斗繰丈	敷面高	摘要
禅室	115	128	75	80	(75)	30	64	木口斗、上方欠損
〃	120	125	85	85	(80)	(20)	(50)	木口斗、斗尻をなぶる
〃	130	105	75	70	(78)	(28)	(60)	斗尻少しなぶる
〃	114	105	80	75	(72)	(22)	(57)	斗尻をなぶる
〃	112	105	70	75	85	30	56	

間斗束

旧使用位置	束長さ	束見付巾	束厚	摘要
本堂ほ7頭貫上束	168	90	68	
〃 ち7 〃	158	70	87	

間斗

旧使用位置	長	巾	斗尻長	斗尻巾	総丈	斗繰丈	敷面高	摘要
本堂	130	110	92	74	86	23	61	
〃	123	110	76	70	(68)	30	61	上方欠損

側頭貫

図面番号	旧使用位置	断面 巾×成	全長	痕跡 上バ	痕跡 下バ	摘要
1	本堂内陣北側通母屋	70×90	22.20	間斗束 木舞穴	三ツ割丸枘 792｜703｜705	側面柱風蝕型間 20.85　推定桁行柱間心々(柱径1尺5寸とする) 22.20
2	本堂内陣南側通母屋	70×90	22.00	同上	同上 720｜760｜720	同上 20.85　同上 22.20
3	本堂は9～は13頭貫	70×90	21.94	同上	同上 713｜773｜708	下端柱丸型間 2068　同上 22.18
4	本堂り11～り13頭貫	70×85	10.05	木舞穴	丸枘	
5	本堂西側北端母屋	75×60(欠)	20.95	間斗束 木舞穴	欠	東心より側面風蝕型迄 10.42　同上 22.19
6	本堂南側西端母屋	68×50(欠)	21.60	欠	三ツ割丸枘 704｜731｜725	端の間にえつり孔二つあり、天井桁とするには長すぎる。特殊な間の頭貫と見る。
7	禅室わ2～ぬ2天井桁	58×85	21.34	間斗束 木舞穴	同上 730｜677｜728	東心より下端柱丸型迄 10.38　推定桁行柱間心々(柱径1尺5寸とする) 22.26
8	禅室ろ2～は2天井桁	67×85	21.33	同上	同上 678｜718｜737	
9	禅室と2～に2天井桁	53×88	21.42	同上	同上 794｜705｜643	
10	禅室ぬ2～と2天井桁	58×86	21.56	同上	同上 688｜708｜760	
11	禅室と5～ち5鴨居	57×85	21.80	同上	同上 676｜735｜769	

入側頭貫

図面番号	旧使用位置	断面 巾×成	全長	痕跡 上バ	痕跡 下バ	摘要
1	本堂ほ11～り11頭貫	65×80	22.00	間斗束 木舞穴	三ツ割の型 675｜790｜735	
2	本堂る1～る5頭貫	70×85	19.32	同上	同上 626｜775｜607	
3	本堂内陣外北側枠貫	65×73	19.25	同上	同上 669｜775｜481	
4	本堂南側東端母屋	65×80	21.70	同上	同上 739｜714｜717	
5	禅室い2～に2頭貫	66×87	21.77	同上	同上 709｜744｜727	側面柱風蝕型間 21.00　推定桁行柱間心々 22.35

図面番号	旧使用位置	断面 巾×成	全長	痕跡		摘要
				上バ	下バ	
6	禅室い4～に4頭貫	58×84	21.38	間斗束 木舞穴	——	
7	禅室に4～と4天井桁	60×87	21.41	同上	三ツ割の型 785 | 680 | 676	
8	禅室ぬ3～わ3天井桁	62×75	21.62	同上	——	
9	禅室り1～と1鴨居	55×80	15.10	同上	——	
10	禅室に4～と4頭貫	68×97	22.85	四ツ割丸及び角枘	四ツの割型 616 | 565 | 556 | 548	一側面風蝕著しい、馬道頭貫か

入側天井桁

図面番号	旧使用位置	断面 巾×成	全長	痕跡		摘要
				上バ	下バ	
1	本堂北側東端母屋(い1～ほ1)	68×92	19.68	片側天井欠	三ツ割丸枘、エツリ穴 589 | 708 | 671	一端柱への仕口残
2	本堂北側西端母屋(り3～を3)	65×85	15.65	同上	同上 665 | 718 | 177	同上
3	本堂り3～わ3頭貫	68×90	19.83	同上	同上 616 | 654 | 713	同上
4	本堂い3～ほ3頭貫	65×87	20.55	同上	同上 620 | 725 | 710	
5	本堂い5～ほ5頭貫	76×89	20.05	同上	同上 563 | 754 | 688	
6	本堂内陣南側枠貫	65×72	20.60	同上	同上 725 | 775 | 560	
7	本堂内陣北側枠貫	65×72	20.60	同上	同上 650 | 710 | 700	
8	本堂は3～は7土居	45(欠)×90	18.67	片側天井欠の部分を欠損	同上 480 | 710 | 677	
9	本堂る3～る5土居	66×52(欠)	8.13	片側天井欠	欠	
10	禅室る通り母屋	68×88	11.17	同上	三ツ割丸枘、エツリ穴 651 | 466	
11	禅室ろ1力肘木	60(欠)×90	12.37	同上	三ツ割枘、エツリ穴	

梁行天井桁

図面番号	旧使用位置	断面 巾×成	全長	痕跡		摘要
				上バ	下バ	
1	本堂い5～ほ5枠貫	64×77	20.56	三ツ割丸枘、中央渡リアゴ	三ツ割丸枘、エツリ穴 669 | 706 | 681	
2	本堂り7～わ7枠貫	67×93	20.48	同上	同上 668 | 706 | 674	
3	本堂る9～る13頭貫	65×93	19.46	同上	同上 550 | 689 | 707	
4	本堂わ1～わ3母屋	67×45(欠)	16.28	同上	欠	
5	禅室と2～に2母屋	70×95	20.19	同上	三ツ割丸枘、エツリ穴 630 | 687 | 702	
6	禅室ぬ通二重梁	60(欠)×87	13.36	三ツ割角枘	三ツ割丸枘、エツリ穴	後に妻頭貫に転用

天井桁下端材

図面番号	旧使用位置	断面 巾×成	全長	上バ	下バ	摘要
1	本堂を3～を7母屋	68×42(欠)	20.53	欠	三ツ割丸枘、エツリ穴 663 | 732 | 658	一端柱仕口残、他端丸い柱への胴付わずかに残
2	本堂り11～を11母屋	68×50(欠)	10.61	欠	同上 660 | 404	

棟下通り天井桁

図面番号	旧使用位置	断面 巾×成	全長	上バ	下バ	摘要
1	本堂り5～わ5頭貫	82×95	20.07	両側天井欠 中央束穴	三ツ割角枘 795 | 757 | 455	
2	禅室ぬ通二重梁	85×95	12.93	両側天井欠	痕跡なし	

元興寺僧房復原資料一覧表

繋　虹　梁

図面番号	旧使用位置	断面 巾×成	全長	痕跡		摘要
				上バ	下バ	
1	本堂母屋（番付不明）	72×65	8.30	欠	繰形半分欠、エツリ穴	創建材

妻　大　梁

1	禅室小屋梁るをの2	75×104	26.055	四ツ割角枘	中央斗型	梁間心々22.32（両仕口、一方斗型残）
2	本堂西側南端母屋（を8～を11）	80×70(欠)	19.75	三ツ及び四ツ割の角枘	欠	

内　部　大　梁

1	本堂内陣東側梁	90×115	25.96	三ツ及四ツ割の角枘	三ツ割丸枘 770｜725｜728	梁間心々22.23(一方仕口、他方斗型残)
2	本堂内陣西側梁	80×115	25.93	同　上	同　上 772｜694｜762	同上　22.28(一方仕口、他方斗型残)
3	本堂内陣中央梁	83×110	25.57	同　上	同　上 750｜700｜755	同上　22.25(一方仕口、他方斗型残)
4	禅室に4大梁	80×100	25.97	同　上	同　上 780｜702｜753	同上 22.35（両仕口、両斗型残） 11.355(一方仕口心ズミと中心心ズミ間、但このスミは後のものか)
5	禅室ろの2小屋梁	75×110	26.05	同　上	同　上 758｜734｜748	同上　22.40(両仕口、両斗型残)
6	禅室ぬの4小屋梁	80×115	26.15	同　上	同　上 779｜718｜740	同上　22.37(一方仕口、他方仕口の片壁残)
7	禅室に1～と1頭貫	60×100	22.65	同　上	同　上 760｜685｜—	

二　重　梁

1	禅室ろの3二重梁	77×76	12.80	二枚枘（東当り87）	両端母屋への欠こみ心々　1137	
2	禅室ほの3二重梁	82×80	13.30	単　枘	同　上 1108	（松　材）
3	禅室にの3二重梁	75×85	12.80	同　上	同　上 1107	（松　材）

妻　二　重　梁

1	本堂わ13隅肘木	上85 下80×85	12.85	欠、中央二枚枘残	繰形完形	創建材にあらずか？

側　　桁

1	本堂北側中央母屋	75×98	23.00	極釘穴	——	仕口両カマ残、但端面は一方ややけずられているらしい。端面間　21.965
2	本堂北側西端母屋	70×90	21.36	同　上	両側巻斗及中央間斗型	斗中心間距離 ｜193｜880｜862｜20｜
3	本堂内陣北西敷桁	74×95	21.97	同　上	——	一端欠カマ残

入　側　桁

1	本堂内陣西南敷桁	75×95	22.10	——	——	一端欠カマ残
2	本堂内陣東北敷桁	76×95	21.95	——	——	同　上
3	本堂南側中央母屋	80×95	21.85	極釘欠	一端に肘木型あり	同　上

棟木又は母屋

1	本堂内陣東南敷桁（は9～と9）	75×95	22.05	資料なし	野肘木ダボ穴 360｜　｜335	
2	本堂ほ3～り3敷桁	73×86	21.90	同　上	同　上 330｜　｜325	
3	本堂い11～ほ11頭貫	77×77	20.55	同　上	同　上 328｜　｜310	
4	本堂い9～ほ9頭貫	75×75	20.61	同　上	同　上 368｜　｜208	
5	本堂り9～わ9頭貫	74×80	20.35	同　上	同　上 232｜　｜191	
6	本堂南側東方母屋	80×92	22.02	同　上	同　上 331｜　｜340	
7	本堂西側南方母屋	70×50(欠)	21.10	欠	同　上 328｜　｜253	

図面番号	旧使用位置	断面 巾×成	全長	痕跡		摘要
				上バ	下バ	
8	禅室ぬ4木間側受	70×100	22.90	資料なし	一端野肘木太枘穴 他端はケラバか	
9	禅室ぬ3棟木	70×90	22.00	同上	両側野肘木太枘穴 365┃ ┃335	
10	禅室と4〜ぬ4母屋	82×96	21.92	同上	同上 334┃ ┃326	
11	禅室に2〜と2母屋	80×99	22.00	同上	同上及野肘木型 341┃ ┃336	推定野肘木長 800
12	禅室に4〜と4母屋	75×97	22.00	同上	同上 334┃ ┃340	
13	禅室に3〜と3天井受	58(5欠)×82	21.17	欠	一端野肘木太枘穴	

上方地棰(角)

旧位置	種別	断面 巾×成	全長	棟木当りより				7尺点に於ける反り	摘要
				母屋当り迄	桁当り迄	栓穴心迄	先端迄		
南側上東より 1	女	49×44	13.63	—	—	12.68	13.23	(800) 14	完
〃 2	女	44×36	13.63	652	—	12.97	13.25	(820) 09	完
〃 3	女	49×47	13.28	658	—	—	12.96	(400) 10 (1000) 09	先端箱の部分が落されている
〃 4	男	48×41	13.61	655	12.95	12.75	13.19	14	完
〃 5	女	56×43	13.50	656	—	—	13.10	08	ほぼ完(箱の途中で切られる)
〃 6	男	48×39	13.49	662 (現と重)	—	—	13.11	(600) 13	完 先端斜そぎ、古
〃 7	男	44×39	13.83	656	—	13.00	13,40	(900) 12	完
〃 8	男	49×38	13.48	—	—	12.84	13.17	(500) 12 (800) 10	完
〃 9	女	42×42	13.35	657	—	—	12.99	(500) 20 (900) 10	ほぼ完、先端斜そぎ、新しいか?
〃 10	女	48×42	13.85	663	—	—	13.40	(400) 17 (600) 18 (800) 17	完、先端斜そぎ、古
〃 11	男	44×44	13.44	656	—	12.93	13.03	(800) 12	ほぼ完、箱の栓より先を斜にそいでいる
〃 12	女	49×41	13.77	(現と重) 656	—	—	13.31	07	完、先端斜そぎ(箱を作りかけて止めている)
〃 13	男	49×39	13.77	651	—	12.85	13.28	(900) 08	完
〃 14	女	48×43	13.20	677	—	12.47	12.93	(900) 13	ほぼ完、頭の女木の部分が少し切られている
〃 15	男	50×38	13.62	656	—	—	13.26	(900) 08	完、先端斜そぎ、古
〃 16	女	49×46	13.60	—	—	12.78	13.17	14	完
〃 17	女	(半割) 26×45	13.87	652	—	13.18	13.42	(500) 13 (900) 09	半割なれど 完
〃 18	男	44×42	13.32	645	—	—	12.86	(600) 14 (900) 11	(特殊,天より120位から下,一側面及その側の上面巾20程,並びに下面全体風蝕) 先端斜そぎ新、
南側下東より 5	女	50×44	13.52	682	12.97	—	13.17	10	完 長さは全長あるが 先端斜そぎ釘打.古
〃 7	—	45×37	(13.73)	—	—	—	—	13	頭を切られて不明 先端斜そぎ
〃 8	男	49×41	13.60	—	—	12.90	13.20	14	完
南側配付東より10	男	38×36	13.48	—	—	12.60	13.03	05	完
〃 13	女	47×37	13.49	725	—	12.66	12.96	(450) 09 (750) 11	完
〃 14	—	45×43	(13.85)	—	—	—	—	15 (1000) 12	頭切られて不明 先端斜そぎ,古 } 頭尾共に斜にそがれている。こういふ形のものか,但し上の頭切は新しい。
〃 15	女	45×35	13.60	—	12.94	12.69	13.14	16	完
〃 16	男	40×38	12.28	—	—	—	11.83	10	先端新

元興寺僧房復原資料一覧表

旧位置	種別	断面 巾×成	全長	棟木当りより				7尺点に於ける反り	摘要
				母屋当り迄	桁当り迄	栓穴心迄	先端迄		
南側配付東より18	女	45×42	13.37	—	—	—	13.01	15	先端斜そぎ、新
〃 26	男	46×42	13.41	—	—	12.78	12.96	(550) 14	完
東側中北より 1	女	45×43	13.80	685	—	—	13.45	18	完、先端斜そぎ、古
〃 2	男	47×40	13.69	—	—	12.69	13.34	(450) 13 (750) 14	完
〃 3	男	50×40	13.20	645	—	—	12.85	(600) 13	ほぼ完、箱が切られている
〃 4	男	45×40	13.40	690	—	—	13.00	08	先端斜そぎ、新
〃 5	男	40×45	13.75	665	12.95	—	13.45	15	完、先端斜そぎ、古 （現在側面使用）
〃 6	女	43×45	13.40	675	—	—	13.00	13	ほぼ完。箱が切られたものらしい
〃 7	女	50×42	13.70	650	—	13.02	13.30	15	完
〃 8	女	47×40	13.55	640	—	—	13.15	09	完。先端斜そぎ。古
〃 9	女	45×40	13.65	637	—	—	13.22	08	完、同　上
〃 10	女	42×35	13.60	695	—	—	13.20	08	完、同　上
〃 11	女	40×37	13.67	671	—	—	13.25	(350) 06 (900) 10	完、同　上
〃 12	男	45×40	13.40	670	—	—	13.00	14	ほぼ完、箱が斜に切られている
〃 14	女	51×44	13.58	—	—	12.85	13.26	(600) 12 (900) 10	完
〃 16	男	48×46	13.71	—	13.00	13.00	13.36	(500)10.5 (900) 12	完
〃 17	男	50×40	13.70	—	—	12.90	13.30	10	完
〃 18	女	40×40	13.40	685	—	12.65	12.95	15	完
〃 19	男	42×48	13.29	—	—	—	12.90	9	先端斜そぎ、新か
〃 20	男	40×40	13.57	647	12.76	12.66	13.09	(600) 11 (900) 8	完
〃 21	女	43×40	13.30	635	—	12.40	12.95	10	完
東側下北より22	女	48×43	13.50	—	—	—	13.22	12	完、先端斜そぎ、古
〃 40	女	50×36	13.43	688	—	—	13.03	(900) 05	先端ハツラレテ箱の有無不明、木口やや風蝕か
東側配付南より23	男	50×45	13.07	—	—	—	12.57	12	先端配付のため切断
〃 24	男	47×39	13.72	—	—	—	13.30	15	完、先端斜そぎ、古
東側配付北より24	男	50×40	13.45	680	—	—	13.00	10	先端斜そぎ、新
北側配付東より26	女	46×45	(13.06)	—	—	—	—	14	先端斜に切らる、新
〃 27	—	47×35	(13.47)	—	—	—	—	09	頭、尾共に新
北側上西より 4	男	48×39	13.57	660	—	—	13.16	10	完、先端斜そぎ、古
〃 7	女	48×45	13.43	(釘) 654	—	—	13.03	(900) 08	完、同　上
〃 8	男	48×40	13.58	655	—	12.91	13.16	(900) 12	完
〃 9	女	51×38	13.31	653	—	12.59	12.81	(900) 10	完
〃 10	男	48×44	13.60	664	—	12.94	13.29	13	完
〃 11	男	54×43	13.50	—	(釘穴迄) 12.78	12.67	13.10	(900) 18	完
〃 13	男	55×40	13.50	670	—	12.71	13.10	(820) 23	完
〃 14	女	48×46	13.46	—	—	13.08	13.28	(850) 14	完
〃 15	男	51×51	13.25	643	—	12.70	13.05	15	完

旧位置	種別	断面 巾×成	全長	棟木当りより				7尺点に於ける反り	摘要
				母屋当り迄	桁当り迄	栓穴心迄	先端迄		
北側上西より16	女	51×43	13.64	644 (現と重)	—	12.89	13.27	(800) 10	完
〃 17	男	49×42	13.67	642	13.01	12.81	13.17	13	完
〃 18	男	53×32	13.57	650 (現と重)	—	13.03	13.16	(850) 16	完
〃 19	男	45×42	12.89	563	—	—	12.81	0	(直極) 先端新
落	女	48×47	13.54	—	—	—	13.16	(550) 15 (900) 12	完、先端斜そぎ古
〃	男	45×40	12.80	680	—	—	12.45	15	先端新

下方地極(丸)

旧位置	断面 巾×成	全長	入側桁当りより		側桁当りより勾配に直角に上つた上端より		木負前下角より木口まで	反り		備考
			側桁当りまで	側桁止釘まで	木負前面下角まで	木負止釘まで		12尺点	7尺点	
南側中東より 1	41×43	14.26		桁釘ナシ				06	14	木口腐朽
〃 4	38×38	15.52		同上				07	15	木口切断
〃 5	41×45	14.77	11.32	10.85	340	318	05	11	16	頭継手切断
〃 6	38×39	14.45	11.15	11.00				06	07	木口切断
〃 7	40×40	14.75		桁釘ナシ				07	09	木口切断
〃 8	42×42	1 497	11.31	同上				10	15	頭継手及び木口切断
〃 9	37×37	14.76		10.80				09	11	木口切断
〃 10	38×40	14.50	(11.10)	桁釘ナシ				08	14	頭継手及び木口切断
〃 12	39×39	15.23		同上				07	09	木口切断
〃 13	39×39	14.63	11.52	同上				04	13	木口切断
〃 14	36×38	15.13	11.29	同上				10	25	木口切断
〃 15	42×41	14.81	10.96	10.81		345		08	13	木口切断
〃 16	38×38	14.84		桁釘ナシ				10	20	木口切断
〃 17	40×40	14.95	11.03	10.84		347		06	14	頭継手及び木口切断
〃 18	40×40	14.95	11.20	桁釘ナシ				07	15	頭釘止、木口切断
〃 19	35×36	14.48		同上				24	13	木口切断
〃 20	38×41	14.75	10.98	同上				07	12	木口切断
〃 21	40×40	14.63		同上				07	12	頭及び木口切断
〃 22	40×42	14.55		同上				06	13	木口切断、断面やや馬蹄形なれど反りあり
〃 23	37×42	15.54	11.45	同上		365		10	16	頭継手切断
〃 24	35×40	15.21	11.17	11.11		357		05	11	木口切断
〃 25	39×38	15.17		11.20				07	13	木口切断
〃 26	40×41	15.59	11.57	11.49	389	358	13	07	13	完
〃 27	40×40	15.33	11.29	桁釘ナシ				06	12	木口風蝕少い、材質も異り補足材か
〃 28	39×39	15.28	11.24	同上				08	14	頭継手及び木口切断
〃 30	43×45	14.77		11.37				09	17	木口切断
南側下東より 2	38×38	13.70		桁釘ナシ				08	13	木口切断

元興寺僧房復原資料一覧表

旧位置	断面巾×成	全長	入側桁当りより		側桁当りより勾配に直角に上った上端よ		木負前下角より木口まで	反り		備考
			側桁当りまで	側桁止釘まで	木負前面下角まで	木負止釘まで		12尺点	7尺点	
南側下東より 9	40×41	15.10		桁釘ナシ				06	11	木口切断
〃 10	41×39	14.58		同上				09	19	頭及木口切断
〃 13	39×39	14.86	11.00	10.80		341		09	12	木口切断
〃 14	36×37	15.01	10.92	桁釘ナシ				10	14	木口切断
〃 15	40×39	15.22	11.25	同上				05	16	頭継手及び木口切断
〃 16	41×41	14.72	11.27	同上				07	11	木口切断
〃 17	39×40	15.35		11.15				09	17	頭継手及び木口切断
〃 18	37×42	14.92	10.82	桁釘ナシ				07	14	木口切断
〃 20	38×39	14.85	11.18	同上				07	14	頭釘止、木口切断
〃 23	38×39	14.78	(10.90)	同上		356		09	19	頭切断
〃 24	39×39	14.43		同上				07	13	木口切断
〃 25	38×41	14.38	11.01	10.94				03	06	木口切断
〃 26	40×39	14.38		桁釘ナシ				06	11	頭及木口切断
〃 27	40×40	15.05	11.09	同上		346		02	07	木口切断
〃 30	39×40	15.06	11.22	桁釘ナシ		371		09	19	木口腐朽、断面やや馬蹄形なれど反りあり
〃 31	40×40	14.80		同上				09	13	頭及木口切断
〃 32	40×38	14.67	(10.90)	(10.90)				08	17	頭継手及木口切断
〃 33	39×40	14.80		桁釘ナシ				02	05	頭切断、木口腐朽
〃 34	41×41	14.63	10.73	同上				04	09	木口腐朽
〃 36	36×40	15.17		11.20				03	07	木口切断、断面馬蹄形補足材か？
〃 38	40×40	14.76	11.01	10.78		332		06	14	木口腐朽
〃 39	35×41	15.55	11.20	桁釘ナシ		394		11	23	完
〃 40	40×45	14.60	11.43	11.35				07	12	木口切断
〃 44	38×36	15.12	11.15	桁釘ナシ		384		07	10	木口腐朽
〃 45	42×42	15.32		同上				08	14	完
〃 46	40×43	15.39	11.31	11.26		386		0	08	頭釘止、木口やや腐朽、ほぼ完
南側配付西より11	38×38	15.57		桁釘ナシ				0	0	完（直なれど木柄はよく似ている）
〃 18	38×38	14.94	(10.95)	同上		348		03	09	頭切断
西側下南より 4	40×40	14.83	(10.80)	(10.65)		377		09	19	頭及木口切断
〃 6	40×40	15.60	11.56	11.50		362		08	14	完
〃 7	37×42	14.78	(10.73)	(10.48)		379		10	18	頭切断
〃 9	38×40	15.61	11.48	11.34				08	12	頭釘止、完、但し木負当りハツられる
〃 11	39×39	15.21		桁釘ナシ				04	10	頭切断
〃 13	40×40	14.93	11.13	10.97		365		09	14	木口切断
〃 14	37×40	15.33		11.35				05	13	頭継手及木口切断
〃 15	(32)×40	15.58		11.36				07	11	両側面を削つて馬蹄形に近い形としている
〃 16	39×39	15.27		11.44				08	20	木口腐朽

旧位置	断面 巾×成	全長	入側桁当りより		側桁当りより勾配に直角に上つた上端より		木負前下角より木口まで	反り		備考
			側桁当りまで	側桁止釘まで	木頁前面下角まで	木負止釘まで		12尺点	7尺点	
西側下南より18	40×42	15.67	11.77	11.57		356		08	11	完
〃 19	41×40	15.09	11.59	11.47		350		02	07	木口切断
〃 20	36×39	15.40	11.42	11.26		367		13	15	木口腐朽
〃 21	39×39	14.74	(11.12)	(10.68)				07	10	頭切断
〃 22	40×42	15.16		(11.22)				07	14	頭腐朽
〃 23	43×43	15.28	11.53	11.45		362		06	08	木口切断
〃 24	38×42	15.47	11.55	11.40		359		09	15	ほぼ完
〃 25	40×47	15.31	11.48	11.29		350		08	13	木口切断
〃 27	40×40	15.60		桁釘ナシ				08	14	頭切断
西側配付南より17	43×41	14.86	(10.97)	同上				10	13	頭及木口切断
西側配付北より29	40×40	15.04	10.72	10.64				03	10	木口切断
北側中西より 1	40×40	11.64	11.03	桁釘ナシ				—	—	先端4尺程を切つて梁間15尺程の短棰とす
〃 6	38×40	14.69		同上				05	10	木口切断
〃 8	43×41	15.27	11.37	11.37		356		04	11	木口切断
〃 11	38×40	14.88		10.96				08	10	木口切断
〃 13	40×40	15.35		桁釘ナシ				15	20	頭継手切断
〃 14	40×40	15.54	11.28	同上	407	376	09	10	17	完
〃 15	40×40	15.44	11.37	同上	396	368	11	10	15	頭継手切断
〃 16	40×39	15.38	11.25	同上	399	370	14	09	18	頭継手切断
〃 17	40×41	15.26		同上	377	360	10	08	14	頭切断
〃 18	44×43	15.18		同上				12	19	木口切断
〃 19	38×38	15.43	11.48	同上		334		07	13	頭継手切断
〃 20	40×41	14.95	11.56	10.86				06	18	木口切断
〃 21	41×42	15.35	11.35	11.20		357		08	15	頭継手切断
〃 24	40×38	15.41	11.58	11.38		363		07	12	頭継手及木口切断、2度使用
			(11.41)	(11.23)		367				
〃 25	40×41	15.52	11.58	11.58	381	358	13	05	13	完、型による木負巾44
〃 26	36×40	15.42	11.47	11.36		381		11	19	完
〃 27	41×40	15.35	11.24	桁釘ナシ		363		08	16	頭継手切断
〃 28	41×42	15.36	11.38	同上		359		10	18	木口切断
〃 29	40×41	14.93		同上				04	07	木口切断
〃 30	41×41	15.51	11.72	11.54		370		10	22	完、但し、木負当り腐朽
〃 31	37×38	15.59	11.58	桁釘ナシ		364		12	18	頭継手切断
〃 33	43×42	15.41	11.55	11.47	371	349	15	13	12	完、型による木負巾48
〃 34	40×40	15.50		11.17				11	13	頭継手切断
北側下西より 2	41×38	11.70		桁釘ナシ				—	—	先端4尺程切つて梁間15尺程の短棰とす
〃 9	37×41	15.27	11.48	11.18		342		03	07	木口腐朽

元興寺僧房復原資料一覧表

旧位置	断面 巾×成	全長	入側桁当りより		側桁当りより勾配に直角に上った上端より		木負前下角より木口まで	反り		備考
			側桁当りまで	側桁止釘まで	木負前面下角まで	木負止釘まで		12尺点	7尺点	
北側下西より10	36×40	15.13	11.23	桁釘ナシ		340		09	17	木口腐朽
〃 11	40×39	15.61	11.55	11.12	393	365	13	03	05	完
〃 12	40×40	15.43	11.87	11.28				10	16	木口腐朽
〃 13	41×39	15.22	11.45	桁釘ナシ		367		07	13	頭継手及木口切断
〃 14	40×38	14.92	11.54	11.21				08	13	木口腐朽
〃 15	40×42	14.95		桁釘ナシ				08	17	頭腐朽、木口切断
〃 16	38×43	15.51	11.31	11.16		363		12	18	頭釘止、木口切断
〃 17	34×38	15.32	11.54	桁釘ナシ				13	16	頭継手切断
〃 18	37×40	15.17	10.91	同上				37	40	木口腐朽
〃 20	41×40	15.30	11.48	同上		354		10	15	
〃 21	39×41	15.55		同上				04	12	頭釘止
〃 22	41×41	15.43		同上				13	15	木口腐朽
〃 23	39×41	15.48	11.53	同上				10	16	頭継手切断
〃 24	41×38	15.56	11.50	同上				06	13	頭継手切断、木口腐朽
〃 25	40×40	15.52	11.25	11.18				12	16	完、腐朽の為木負釘不明
〃 26	36×39	15.30	11.40	11.23		350		11	16	木口腐朽
〃 28	39×40	15.31	11.41	桁釘ナシ				09	11	頭継手切断
〃 29	39×40	15.30		同上				05	10	頭継手切断
〃 30	40×41	15.71	11.42	11.35				09	12	頭釘止、木口切断
〃 31	38×42	15.03	11.18	10.95		340		12	20	頭継手切断
〃 32	39×40	15.30	11.12	桁釘ナシ		370		08	17	木口腐朽
〃 33	38×38	15.36		同上				05	10	頭継手切断
〃 34	39×39	15.39		同上				12	18	頭及木口切断
〃 37	40×40	15.34		11.42				10	15	頭釘止、木口腐朽朽
〃 38	39×41	15.23	11.17	桁釘ナシ				06	09	木口腐朽
〃 39	42×38	15.22	11.18	同上				10	18	木口腐朽
〃 41	38×39	15.53		同上				13	25	木口切断
〃 42	39×37	15.26	11.25	11.03		366		13	17	木口腐朽
〃 43	40×38	15.28		桁釘ナシ				08	14	木口腐朽
〃 44	40×40	13.65		同上				03	08	木口切断
北側配付西より20	40×39	15.31		同上				09	11	木口腐朽
北側配付東より20	39×39	15.52	11.62	同上		340		05	15	完
落	40×38	15.27		同上				05	09	頭切断
〃	38×45	14.86		同上				10	14	木口切断

下方補足地棰（補足材は断面馬蹄形，直材）

旧位置	断面 巾×成	全長	入側桁当りより 側桁当りまで	入側桁当りより 側桁止釘まで	側桁当りより勾配に直角に上つた上端より 木負前面下角まで	側桁当りより勾配に直角に上つた上端より 木負止釘まで	木負前下角より木口まで	備考
南側中東より 3	38×41	14.50		桁釘ナシ				木口切断
〃 11	38×45	14.71	10.8 2	10.65	376	347	13	完
〃 29	34×36	14.83		10.34				頭継手及木口切断
南側下東より11	33×39	14.54		桁釘ナシ				木口切断
〃 12	33×42	14.86		10.75				頭継手及木口切断
〃 19	33×41	14.77	(10.48)	桁釘ナシ		390		頭切断
〃 28	35×43	14.80		10.68				木口切断
〃 35	32×40	15.08		11.36				頭釘止、木口切断
〃 43	35×40	14.95		(10.83)				頭及木口切断
〃 47	37×42	15.10		(10.98)				頭及木口切断
南側配付西より16	34×41	13.70		桁釘ナシ				頭及木口切断
西側下南より 1	39×40	15.19		11.41				頭釘止、木口切断
〃 2	32×41	14.82		10.90				頭継手及木口切断
〃 3	37×42	15.07		11.43				頭釘止、木口切断
〃 10	34×37	15.09	11.51	11.39		343		木口切断
〃 12	30×41	15.35		11.24				ほぼ完
〃 17	32×40	14.83		10.75				木口切断
西側配付南より12	(26)×41	15.96		11.55				頭釘止、ほぼ完
〃 19	34×41	15.61		11.51				頭釘止、木口切断
北側中西より32	40×37	15.00		桁釘ナシ				木口腐朽
北側下西より35	41×42	15.45		11.60				頭釘止、ほぼ完
〃 36	40×40	15.00		桁釘ナシ				頭切断、木口腐朽
〃 40	37×41	14.72	(10.40)	10.05		373		頭腐朽
北側配付東より12	45×45	13.85		918				両端切断
東側中北より13	37×40	14.14		桁釘ナシ				両端切断
〃 15	36×41	14.81		同上				頭切断
落	32×41	14.45		同上				頭切断、木口腐朽

飛　檐　棰

旧使用位置	長	丈	厚	摘要
本堂小屋内	585	45	40	完、上端直、木負取付型及面戸の如きものの型あり。茅負取付釘及び型、鼻を切つて4寸程くり出し二度使いと推定される。尻止釘穴も二箇ある。創建材
〃	657	40	38	鼻腐朽、茅負当り附近が腐蝕している外上端直、茅負釘及尻止釘、2 回分あり。同じく二度使い。創建材
〃	628	43	35	完、上面に反り及び先細りあり、茅負型、止釘及び尻止釘あり、一度使われただけ。中古の補足材
〃	658	42	30	同上、但し木口附近上面を残して現仕口が作られている
〃	565	43	30	同上、但し大体の形をなすのみで細部の仕上はしていない。亦木口の風蝕も少い

元興寺僧房復原資料一覧表

茅負断片

旧使用位置	長	丈	厚	摘要
本堂母屋繋ぎ	11.03	40	50	断面L形、極割1尺程で止釘穴、上面瓦繰りあり
〃　〃	4.65	42	35	同　上

地長押

図面番号	旧使用位置	断面 成×巾	全長	痕跡 第一次痕跡	痕跡 第二次痕跡		摘要
1	本堂ほ13～ち13土居	50×90	20.22	中央丸柱欠同止釘穴 1099　923	一端　三ツ割　同 丸柱欠　角柱欠　止釘堀 552　774　696	三間共戸口 470以上　590　481	
2	本堂南側ほ～り土居	50×75	20.66	同上　同上 926　1140	同上　同上　同上 775　695　600	同　上 545　515　500以上	
3	本堂へ1～ち1土居	59×80	15.15	——	中央　両端　同 丸柱欠　角柱欠　止釘 765　735　15	丸柱両側戸口 552　498	
4	本堂南側ほ～り母屋	65×75	20.79	——	一端　三ツ割　同 丸柱欠　角柱欠　止釘 683　760　636	三間共戸口 430　552　496	
5	本堂ほ12～り12土居	50×88	22.00	中央丸柱欠同止釘穴 1111　1089	両端　三ツ割　釘無し 丸柱欠　角柱欠 739　689　772	中央戸口、両側窓 マド　509　マド	
6	本堂へ12～り12母屋	50×73	17.60	——	一端丸柱　三ツ割　同 での継手　角柱欠　止釘 255　780　725	同　上 マド　573　マド	

内法長押

図面番号	旧使用位置	断面 成×巾	全長	第一次痕跡	第二次痕跡		摘要
1	本堂土居（番付不明）	60×70	15.25	——	中央　両側三ツ割　同 丸柱欠　見当角柱欠　止釘 837　688	丸柱の両側戸口 543　500以上	
2	本堂土居は2～ほ2	60×72	12.00	——	中央角柱欠　同止釘 555　645	角柱両側戸口 465以上　545以上	
3	本堂土居に12～ほ12	58×80	8.45	——	一端　三ツ割見当　同 丸柱欠　の角柱欠1ツ　止釘 75　747　23	丸柱の脇戸口 485	
4	本堂土居ほ～り	60×70	21.50	——	両端　三ツ割　同 丸柱欠　角柱欠　止釘 733　685　732	中央間戸口、 両脇マドか？ 505	
5	本堂は11～ほ11土居	62×80	10.25	——	一端丸柱　三ツ割見当　同 様欠取　の角柱欠1ツ止釘 300　725	一間戸口、 脇マドか？	
6	本堂土居ほ2～ち2	50×60	20.66	——	両端　三ツ割　同止釘 丸柱欠　角柱欠 632　774　660		
7	本堂土居ほ11～り11	65×73	17.65	——	一端　三ツ割　同止釘 丸柱欠　角柱欠 345　722　718		
8	本堂土居（番付不明）	41×60	13.39	中央角柱欠　同止釘 648　691	中央　同止釘 角柱欠 694　645		

以下他の建物の古材

丸桁

旧使用位置	断面	全長	痕跡 上バ	痕跡 下バ	摘要
本堂る11～わ11頭貫	73×90	10.50	痕跡なし	痕跡なし	両者共、上バがカマボコ型に丸くなつているのみで他に痕跡をもたない。現在頭貫に使われており、その様に作り直されているらしいので、旧形が円なのかどうかをきめる事は出来ない。
本堂い1～い3頭貫	66×80	9.40	同上	同上	

三つ棟門棰（上方角、下方丸に作られた棰であるが、大部分は上方角の部分を適当に切り落して使つている。）

旧使用位置	断面		全長	端より母屋釘まで	丸部分の長さ	端より桁釘まで	同桁当り型迄	桁釘迄の丸部分の長さ	母屋釘から桁釘迄	端より木負釘まで	桁釘より木負釘まで
	角部分巾×成	丸部分巾×成									
南側中東より 31	47×47	44×44	15.46	—	12.76	10.97	11.03	827	—	15.12	415
北側中西より 12	47×43	47×42	15.41	—	13.71	11.02	—	932	—	15.06	404
北側配付東より13	54×48	44×45	15.46	627	9.76	—	13.59	789	732	—	—
〃 14	46×45	45×43	17.75	—	11.15	—	—	—	—	—	—
西側配付南より31	43×45	40×42	16.06	—	12.76	11.00	—	770	—	—	—
落	—	38×47	16.36	—	14.26	11.50	—	940	—	15.87	437

丸短棰（二軒）（木口の風蝕少く、飛檐棰尻止釘穴と思えるものあり。）

旧使用位置	拝み手種別	断面巾×成	全長	棟木当りより					桁当りより木負下角当りまで	木負前下角より先端まで	摘要
				桁当りまで	同止釘まで	飛檐棰尻止釘まで	木負前下角当りまで	木負止釘まで			
北側中西より 1	男	40×40	11.82	—	810	977	—	11.35	—	—	完、全体反りあり、僧房下方棰を転用せるもの 現上面は曲棰の下端
〃 2	女	40×41	11.48	815	桁釘なし	—	—	—	—	—	
北側下西より 1	女	46×44	11.74	845	同上	—	11.61	11.37	316	13	
〃 2	男	41×38	11.70	—	同上	956	—	—	—	—	完、僧房下方棰を転用
〃 3	女	41×40	11.54	852	837	933	—	—	—	—	木口切断
〃 4	男	43×42	11.38	820	桁釘なし	940	11.30	10.95	310	8	完
〃 5	男	39×40	11.65	842	同上	—	11.55	11.16	313	10	
北側配付西より10	男	40×39	11.65	822	同上	937	11.56	11.30	334	9	完、型による木負巾42
〃 13	男	40×38	11.70	—	同上	—	—	11.26	—	—	完
西側配付北より18	女	40×38	11.80	810	同上	991	11.70	—	360	10	完
〃 25	切断	41×36	11.57	843	815	923	—	11.00	—	—	
〃 26	女	39×39	11.54	—	835	910	11.47	11.33	—	7	木口やや切られる
落	女	37×38	11.73	853	桁釘なし	945	—	—	—	—	完

丸短棰（一軒）（木口の風蝕が相当あり、飛檐止釘穴らしいものがない。）

旧使用位置	拝み手種別	断面巾×成	全長	棟木当りより				桁当りより茅負止釘まで	摘要
				桁当りまで	同止釘まで	茅負下角当りまで	同止釘まで		
北側上西より 1	女	39×38	11.75	—	—	—	—	—	木口切断
〃 3	男	40×40	11.62	820	—	—	11.22	302	完
北側中西より 3	男	37×37	11.89	830	823	—	—	—	完
〃 4	女	41×36	11.70	842	—	—	11.28	286	完
〃 15	女	38×38	11.68	830	830	—	11.28	298	完
北側下西より 6	女	39×37	11.60	838	826	—	—	—	木口切断
〃 8	男	33×36	11.68	822	—	—	—	—	完
北側配付西より 8	男	35×38	10.83	855	—	—	—	—	木口切断
〃 14	男	40×36	11.70	853	823	—	—	—	完
西側配付南より27	男	33×32	11.88	850	—	—	11.25	275	木口切断
〃 28	女	38×31	11.73	—	833	—	11.45	312	完
西側配付北より17	女	38×40	11.95	850	815	—	—	—	木口切断

第五章　法隆寺東室の復原的考察

第一節　概　説

一　修理前の現状

法隆寺西院伽藍には回廊で囲まれた塔・金堂院の東および西側に、南北に細長い僧房建築が二棟現存している。これらがそれぞれ東室、西室と呼ばれ、いずれも南約三分の一の部分が仏堂に改められてはいるが、天平十九年（七四七）の「法隆寺伽藍縁起并流記資財帳」に記された「僧房四口」の後身であることはよく知られた処である。(1) 東室は桁行一二間、梁間四間で、南北約一一七尺、東西約三六・五尺の大きさをもち、南端の二間を土間の馬道として、そのすぐ南に接して桁行六間、梁間五間の聖霊院が建つ。ともに切妻造、本瓦葺の建物で、もとは一続きであったことが記録に明らかであり、(2) 聖霊院の解体修理に際してはその事が実証されると同時に、現在の建物が旧僧房の位置を動いていない点が確かめられた。(3) ところで現聖霊院は弘安七年（一二八四）に建立され、中世建築遺構としても代表的なもので、とくにその住宅風な平面および立面の構成は寝殿造の遺風を伝えるものとして著名であるが、その北に存在する東室については、今まであまり建築史の面からも注目されなかった。それは修理前の東室が、建物の細部に統一性がなく外観がはなはだ蕪雑であったこと、内部の間取等も近世の改変と荒廃のために全く攪乱され、建物全体が物置にされてしまったことと等、現建物自体の建築的評価をきめかねる状態であったからで、伽藍配置の上からは重視されても、遺構そのものはむしろ中世以降のあまりとりえのない建築と考えられてきたのである。

例えば、柱上の組物にしても舟肘木を用いるが、その型式に二種類あり、古いと思われる方でも室町時代初期をさかのぼらぬと推定され、新しいものには明治末年の材があり、場所によっては舟肘木なしに柱で桁を直接受ける部分さえも混じっていた。また軒先の榧が、西側を全部江戸時代初期の角榧とするのに、東側の大部分は丸榧である点も、この建物自体の不統一という問題より、実は法隆寺に現存している建築中に、丸榧を用いた建物が他には全くないことと関連して、その解釈に苦しむものであった。建物の軸部のみから判断すれば、その一部に室町時代の様式をもつが、大部分は江戸時代初期の再建にかかり、その後も何回かの修理を受けて、明治・大正年間にもかなりの部材が取り換えられたことが知られ、現東室の建立時期さえもきめかねたのである。また内部間取も明治末年に南半分（桁行六間）が大改造されて大広間となり、従って建具等も東側全部がガラス戸とされていた。ただ回廊に面した西側には扉と連子窓を配して僧房らしい外観を保っていたが、それもよく見ると北端に四間つづいた連子窓は古材を用いて明治末年に造ったものであり、戸口にしても南より三および五の間に用いられた扉は同じくこの時、他の建物から転用されたものであることが観取された。従って戸口と窓の配列による僧房らしさも、それが規則正しく一間毎に並んでいる西室と比較すれば、まことに乱雑なもので、しかも近年になって外観を僧房にふさわしく整えたことが明らかであった。東室は記録によれば、創建当初の僧房は十二世紀の初頭に一度顚倒し、保安二年（一一二一）に新造されたことが知られるが、[4]修理前の東室にはそうした奈良時代もしくは平安時代の面影は全く失われており、わずかに散見された古材もあるいは寺内の他の建物からの寄集めではないかと疑われた程なのである。

昭和三十三〜三十五年にわたって行われた東室の解体修理は、この建物の歴史的経過を或程度明らかにし得た。とくに現在用いている柱の約半数が、奈良時代に創建された時の材であることが判明し、その他の構架材も何本づつか残されており、それによって奈良時代創建時の僧房を始め、保安年間再建時、さらにその後の改造時の平面および構造の大要を、復原し得た点は重要である。さきの元興寺僧房に続いて、僧房の変遷を具体的にたどれる第二の例となったが、仏殿のように後世あまり改修されないものと違って、時代の移り変りとともに大きく変化してゆく住居の、かくも長期間にわたる変遷を明らかにした意義は大きい。

二　東室の沿革

調査の結果明らかにされた東室の沿革を、その構造や平面等の変遷を折り込んで次に記す。

a　創建東室

現聖霊院の地下を発掘調査した際に、今の建物とは無関係な礎石跡および基壇雨落石列が発見され、その発見遺構と現東室の長さを合わせたものが創建当初の僧房であることが明らかにされたが、その長さは現尺で約一七一尺、天平尺に換算すれば約一七五尺となる。従って東室は「資財帳」中に記された「僧房四口」の中、その筆頭にある「長一七五尺、広三八尺」とあるものに当るらしい。

この建物の創建時期については天平十九年（七四七）以前であることは明らかで、おそらく現西院伽藍中心部の造営に引続いて行なわれたものであろう。今回の調査によって創建時の旧材が柱で三一本、梁で五丁、桁で三丁、棟木一丁、棰が約七〇本発見され、また地下調査によって礎石位置が確認されるなど、この創建時の僧房の構造および平面を復原し得る資料が得られ、その大要を明らかにすることが出来た。

創建当初の東室は桁行一八間、梁間四間の南北に細長い建物で、回廊に面した西側を正面とする。柱間寸法は桁行柱間には、広狭の差があるが、約一〇・五尺、一〇尺、九尺、八・五尺の四種の間があり、梁行は身舎二一尺、庇の間八尺である。北より九間目の間が馬道にあたり、従って馬道から北は八間、南は九間となるが、ともに四房ずつ計八房に分割されていた。その構架法は軸組に斗栱を用いず丸柱の頂部に直接幅広の桁をのせ、桁上に相欠きにした大梁（身舎）および繫梁（庇）で梁行方向をつないで、反りのない一軒の丸棰をかけた簡単なものである。古い形式を伝える神社建築や、古文書等で知られる奈良時代の住宅の構造形式がこれと全く等しいのはすぐ気付く処で、法隆寺のような大寺の伽藍内でも、僧房には仏殿や塔とは異なるこうした手法を用いた点は注目される。ところで僧房としての特別な構法はその間取に関連して、棟通りの柱および大梁の配置にある。普通の仏堂ならば棟通りの柱は両端の妻にだけあって、内部には建たないのであるが、この場合には一間おきに丸柱を立ててこれが房境になる。そして身舎にかかる大梁もこの房境通りには水平材（陸梁）を置き、その上に叉首組を用いて棟木を支えるが、房の中央通りには大きく反った虹梁をかけ、虹梁上には中央に棟束を立てる屋根構造である。すなわち桁行の柱間二間が一房分で、このことは『古今目録抄』に「東室ハ九房ナリ、一房ニ二間宛ナリ」とあるのに相応するが、それが大梁や小屋組にまで現われているのである。桁行の柱間寸法に不同があるが、一間は大体一〇尺程、身舎の梁間は約二〇尺であるから、こうした柱と梁の配置で身舎に方約二〇尺の部屋がとれ、それに前後の庇（梁間約八尺）がついてこれが一房にあたるわけである。その方二〇尺の身舎には梁上に天井を張り、住居らしさを現わしているが、庇は棰をそのまま見せている。先の元興寺僧房が三間一房であったのに対して東室は二間一房であるが、柱の配置や構架の取扱いが全く共通している点は、奈良時代僧房の基本的性格を示すものとして重視される。

次に間取については後述するように資料の関係から大体の様子を知り得ただけで、元興寺僧房のように造作を復原することが出来なかったが、構造と同様にその基本的な構成は全く等しいことが明らかにされた。すなわち、桁行約二〇尺、梁間約三七尺の一房は、房境に厚い壁が作られて隣の房と完全に遮断され、桁行の柱間二間は回廊に面した西側柱通りでは二間とも戸口（もしくは二間とも開放）、入側柱通りは西、東列共に南の間を戸口、北の間を壁とし、背面に当る東側柱通りも同じく南を戸口、北を壁とする。従って前庇は桁行二間、梁間一間（二〇尺×八尺）の横長な開放的空間となり、身舎は前後に一間ずつ戸口を開くだけで周囲を壁で囲まれた閉鎖的な大きな室（方約二〇尺）となる。背面の庇は中央で南北に分割されて、一方が通路に、他方が小部屋（約一〇×八尺）になる点も元興寺僧房と等しい。ただしこの場合には小部屋の外面が連子窓とならずに壁であった。また床を張った痕跡が不明瞭で、土間のままか、或はころばし根太程度の低い床であったらしい。

b　保安再建僧房

『別当記』によれば東室は一一〇〇～一一一〇年の間に顚倒し、その後間もなく前方三分の一ほどを聖霊院に改めて保安二年（一一二一）に再建された。(4) 聖霊院はその後弘安七年（一二八四）に至って全く旧規を改めて新造されたが、近年の修理工事に際して旧材が発見され、保安創立の姿が復原されてこの時には東室と一続きの建物であったことはさきに記した。この保安再建の東室は旧馬道を廃止して、北端から聖霊院まで一二間を全部住房にあてて六房としたが、できるだけ創建当初の材を用い旧礎石上にそのまま作られた。聖霊院の古材中には、極以外には創建僧房の材と思えるものがないから、この時には旧材を北方に集めて組みたてたらしい。現在東室に用いられている創建材の柱は三一本であるが、その半数はこの時旧位置から動かされ、とくに旧入側柱を切り縮めて側柱としたものがかなりある。側、入側柱共に約八寸～一尺切り縮めたほかは軸部の構造に変化はなく、取換材も断面寸法等はやはりこの時代の比例をもっているが、構造技法は全く旧状を踏襲した。こうした点からすると、『別当記』の「東室大坊皆悉顚倒」というのは多少誇張があるようで、少くとも北端の三房分位は、たとえ倒れたにしてもすぐにそのまま組み立てられるような状態であったと想像される。(5)

なお構造的にもっとも大きな変化は床板を張ったことで、それに伴って外部に面した西および東側柱通りに内法長押・腰長押を打ち、建物内に大引を柱際に抱かせて柱の足元が固められた。創建時には壁止めおよび戸口の敷居用として、おそらく地覆を用いたと考えられるが、長押等を一切用いず柱頂の枘だけで軸部を繫いでいたのであるから、その構造は古代建築としてもとくに弱い方で、床組と長押によって大分強化されたわけである。

間取の変化としては、身舎大室の中央に小柱が立ち、これによって広間が四等分されることが重要で、そのために旧一房が棟通りで東西の二区画に分れる傾向が生じた。側柱通りを正面（西側）背面（東側）ともに桁行二間の中、南の間を戸口、北を壁として、全く同等に改めたのも、その室内変化に対応するものであろう。この中央の小柱は径六・〇〜七・〇寸の細い丸柱で、北側を大壁とし、他の三方は戸口とした。また側柱通りで旧背面の戸口、壁の形式を正面にも用いたことと関連して、前面の西庇も中央で間仕切をして小間に区分した。これらの室内戸口はすべて敷鴨居を用いた引違戸で、その内法高さは約五・四〜五・七尺を計り、かなり不同がある。しかしとにかく、これで一房は横に二列、縦に四列の計八室に分割され、その変遷の状況や時期が元興寺僧房で身舎内の棟通りに二本の間柱が立つのと、非常によく似ている点が注意される。

c　寛元修理

『嘉元記』に寛元四年（一二四六）東室修理の記事が見えるが[6]、この時には構造材にほとんど手をふれず、内部の造作を多少変えた程度であったらしい。間取変更の主眼はまず身舎中央の小円柱が、この時角柱に変るものがある点で、それと共にその周囲四面を壁とした。小円柱を再用した箇所も四辺を大壁として、身舎を四等分し、その結果とくに棟下通りは完全に壁が続いて、旧一房を東西に二分し、同時に入側通りにあった壁は撤去され、ここがすべて引違戸口とされた。こうして旧一房を棟下通りで分ける傾向は、すでに保安再建時に明瞭であるが、保安にはまだその東西両室は戸口によって連絡されていたので、これは元興寺極楽坊禅室の間取と類似していたものといえよう。しかし禅室のように三間一房の場合にはそうした通路的な空間を存置し得ても、二間一房の東室では棟通りで厳重に仕切ってしまわなければ、住居としての用途に不便をきたしたのであろう。保安の間取りの場合でも、東、西をそれぞれ別の住房として使われていたことが、嘉禄二年（一二二六）の寺蔵文書に「東室第六房合二間者但西面」「東室第四室西面事」をそれぞれ沽却、充行したとあることによってうかがわれる[7]。一房の中、東と西では所有者が、従って居住者も異なるわけである。

d　永和修理

『古今一陽集』東室条に「此室内設経蔵自北第四間（中略）貞治之比所営造也（下略）」とあって、この頃修理が行なわれたことを伝えているが、今回の調査中、内法貫の柱内にはめ込まれた側面に永和三年（一三七七）の墨書が発見され、この時かなり大修理が行なわれたことが明らかになった。[8] 軸部では貫を通し、小屋組を改めることがまず第一の改変で、そのために身舎は大梁以上を庇は柱だけを残してほとんど解体する工事を行っている。同時に床の高さも、保安再建時より約三寸程上げ、床組も変更しているから、東室としては半解体ともいうべき工事であった。とはいえ工事自体は決して徹底したものではなく、例えば身舎のゆがみをそのままにして、側柱通りだけを揃えたために、庇の梁間寸尺が場所によって大分差があり、最小七・六尺位から最大八・三尺位までいろいろあること、また腰貫および飛貫にしても高さが不揃いで、とくに房境柱筋のように壁があるところでは、貫を省略していること等があった。間取では西側面の大壁を連子窓に改め、この時始めて戸口、連子窓を一間置きに並べる外観となったことは重要で、東側も一応これにならい、北端四間のみは多少型式を異にした。また内部では棟通りに飛貫を通して壁を造り、旧一房を中央で東西に分割する間仕切が先の寛元改修時より一層強化された。そして小さくなった単位房は、戸口から入った部屋とその奥の間の二間を一続きに使うことが特色で、従って一房としては三部屋の構成となった。しかしこの時には先にあげた秘密経蔵のような僧房としての用途以外の室が出来始め、今述べた間仕切もそれが一応標準的なもので、実際には非常に不規則であった。

　柱上に舟肘木を用いたのもこの改修時からであるが、それも北方五間分のみ（一三～八通りまで）に用い、南の方は相変らず柱頂で直接桁を受けていた。また梁行に挿入された飛貫についても、北方五間分（一三～八通り）は内法長押の下面と飛貫上面を合わせるのに、南方四間分（六～三通り）は長押上面と飛貫下面を合わせた高さにしているから、南と北では飛貫の高さが約一尺異なっていた。こうした構造材の取扱い方の差はおそらく七通りを境として北方六間（三房分）と南方四間（二房分）の使われ方がはっきり分れたためと思われる。なお南端二間（一房分）は馬道にされたらしい。『嘉元記』には延文二年（一三五九）に「東室四室蔵西面」とあって、[9] 秘密経蔵（これは東面）以前からすでに蔵があり、また観応元年（一三五〇）には東室中に会所があったらしい記事も見えるから、[10] 僧房がだんだん住居としての用途を失ってきたことが知られ、永和三年の修理も外観を僧房らしく整える一方、住居としての内容は逆に低下していることを知るべきである。なお修理前の東室は北妻の肘木、梁、叉首組等、妻飾りがすべてこの時改修されたものであり、軸部の肘木、桁、繋梁、貫、小屋材等も永和改修時の部材がかなりあって、その構造形式は次の慶長修理にもそのまま踏襲されて現在に及んでいた。また造作にしても東および西側面の連子窓および戸口に、永和改修時のものがいくつか残されており、それが現存する造作材としては最も古いもので、その型式も後世の改修時に大体踏襲されていた。従って修理前の東室の構造および造作の基本は永和改修時の状態で、それに慶長修理の改変が加わったものなのであった。今回の修理工事後は大部分をこの永和改修時の旧状に復原し、慶長改修の材がよく残されていた西側地棰等は、多少部材の断面や形状が異なっているが、構造形式、軒出寸法等は変らないので、これをそのまま再用している。

e　慶長修理

永和改修後、文安二年（一四四五）にも部分的小修理が行われたことを、内法貫側面の墨書銘によって知るが[11]、下って慶長年間に法隆寺内の他の建物同様、東室も大きな修理を受けた。大講堂大棟鳥衾銘によれば[12]、慶長七年（一六〇二）に出来上ったらしいが、この改修はかなり撤底的なもので解体修理に近い。軸部でも柱を始め桁、梁、繋梁、小屋束、母屋桁等の相当量がこの時取換えられ、とくに回廊に面した西側は桁、棰を全部新調してその外観を一新した。永和改修時に北半のみに用いられた肘木を、聖霊院との間の馬道部分のみを除いて外廻り全体に取り付けたのも、そうした外観整備の一部である。ところで間取としては、ここに至って僧房の本質的な機能である居住空間が全く消えてしまい、衆会所や物置のような部屋ばかりになってしまう点は重要で、永和改修時の住居機能の低下という傾向が進展して、僧房は人が住まない建物に化した。

従って建物の外形は奈良時代以来の伝統をもった僧房建築であるが、その内容は全く変化しているのである。側通りの造作にしても、創建以来永和改修時までは、戸口に壁（もしくは窓）を一間おきに配して、二間一房の制をよく示していたが、慶長改修時には例えば西側では、窓がふえて外観を全く崩してしまった。

なお、この時取換えた柱は側通りのものは丸柱であったが、内部の柱をすべて角柱とした。内部柱を角柱とした例は、法隆寺西室、唐招提寺東室等があり、これらはいずれも一三世紀中葉に再建された僧房である。後述するように、角柱の使用はおそらく引違建具の戸当りとか、小さな部屋に対しては丸柱より角柱の方が釣合っているとかいった、いわば寝殿造から書院造への変化に対応するような理由があったと思われる。東室の場合でもすでに述べたように角柱の使用は寛元改修時に始まるが、実はこの時に旧丸柱の表面を少し削って、楕円形にした箇所がかなりあった。この傾向は永和改修時のように二間を通して使うようになると、その中央に向合って立つ丸柱面をさらに削って、細長い部屋としての落着きを求めるといったふうに進展するのである。そして遂に慶長修理には新補柱はすべて角柱を用い、旧丸柱も、とくに衆会所のような座敷部分に面しては、表面を大きく削り、一見角柱のように見せるまでになった。

この後、元禄五年（一六九二）、同七年（一六九四）、同十年（一六九七）、正徳二年（一七一二）、元文五年（一七四〇）、天明四年（一七八四）等に小修理が行われたことを寺蔵文書によって知るが、いずれも内部の造作に関するものであろう。

f　明治修理

明治二十六年に東室南半の桁行六間（三房分）の改修が行われた。今回の調査中に発見された内法長押裏墨書に「東室此間ハ衆議所ナルヲ柱四本抜キ講堂トス」とあって、その改修の目的は明らかであるが、この際桁行六間のうち馬道に面した一間の中央に南面して仏壇を置き聖徳太子像を祀ること、桁行五間の中央に上段風の一室を造り周囲を大広間とする等の工事を行った。この広間の部分は柱四本を抜いたが、それ以外にも東側柱を全部取り換え、また上段周囲の柱六本のうち三本までが取り換えられる等、軸部の大改修があり、それと同時に旧丸柱の残存したものには、表面を削り取って上から薄板を張りつけ角柱のように見せ、貫を撤去して天井を全面的に張り代える等の改修があった。従ってこの講堂部分では、元の間取を復原するのに一番重要な柱の大部分が失なわれ、残っているものでも床下と天井から上は丸柱であるのに、その間は細く落されて角柱となり、旧痕跡は消えて復原資料とはならない、といった状態となってしまった。その他、北方の物置の部分でも引違戸口の戸当りのために、柱の側面を削り落したり、内部の造作を変更したりした箇所があった等旧資料をかなり消滅させた。朽ちかかった古い建物を使うのであるから、或程度の改修は止むを得ないが、この明治二十六年の改装はかなり思いきったもので、古代以来の伝統を伝える僧房建築としては大きな痛手をこうむったのである。この節の冒頭に述べたことであるが、修理前の東室に対して今まであまり高い評価を与えられなかった原因のかなりの部分を、この明治改修工事が占めている。なおこの後大正二年に西側面の連子窓等が古材を使って改められたことは先に記した。修理前の東室を外から眺めただけでは、まったくどこを捉えたらよいのか判らない筈であった（図面53）。

第二節　構造の復原

一　復原資料について

東室は前節で述べたように創建時の僧房が一度顚倒し、旧材を集めて一二世紀の始めに再建された後、一四世紀中頃および一七世紀初頭の二回に亘って解体修理に近い大改修を受けて、今日に存続している。その間にも何回かの小修理が行なわれたが、仏殿等と違って人の住居であるから、住い方の変遷につれて内部の間取や造作が次々と改修されるのは当然で、そうした建物自体の保守とは無関係な内部の使い方の変化に関連した改装をこれに加えるならば、修理回数は一〇回以上にも及んだらしい。元興寺僧房の場合でも同様であるが、こうした建物を現在残されている資料を組合せて復原的に考察する際に、構造の復原はそれほど困難な仕事ではない。もちろん規矩的な寸尺とか細部の納まりを問題にすれば、かなり面倒な調査を必要とするが、構造の大要を知るだけならば、極端にいえば柱、桁、梁等軸部の構成材が一本ずつあれば間に合うわけである。実際には、一般的にいって途中で解体修理を受けている建物では、旧時の細かい規矩は判らないのが普通で、この東室のように何回も大修理があると、その時々に都合の好い仕事が行なわれ、しかもそれが徹底した工事とはならないから、例え或時期の規矩的な納まりが捉えられたにしても、大して重要な意味はない。

東室の創建時および保安再建時の構造を復原する資料は、次項に述べるように非常に限られているが、それでも大体の構造は判明する。次の永和改修時の旧材はかなり残存しており、慶長改修時の状況は大体現状に伝えられているから、中世以降の構造は相当細部まで判るが、それは貫を通したり、あるいは屋根構造を変えたりして旧建物を強化するのが主眼で、僧房建築の構造としてとくに問題とする必要はない。従ってここでは創建時および保安再建時の構造を復原すれば充分と考えられる。

しかし建物の内部間取の復原についてはそう簡単ではない。奈良時代の住居を具体的に復原し得た例としては、今までに法隆寺伝法堂前身建物およびさきに挙げた元興寺僧房の二棟にすぎないが、前者は早く仏殿に改装されてしまい、後者では居住空間の変遷を中世初頭までしかたどることが出来なかった。[13] しかし東室の場合には、創建以来今日に至るまでの変遷を、柱や梁に何重にも重なった痕跡として残しており、それによって今まで考えられもしなかったような長期間に亘る居住空間の変化を、追求し得るかもしれないと思われたのである。そこで東室の調査の重点は間取の復原に向けられたのは当然で、それも改修されるたび毎の変遷を考えなければならなかった。ところが改修のたびに、古い痕跡を出来るだけなくして新しく見せたいというのは、何時の世にも変らぬ人情である。また居室としては、寝殿造で用いられた丸柱が書院造の角柱へ変るように、歴史的な内部意匠の変遷につれて、元は丸柱であったところを角柱にしたくもなる。そうしたことから柱の取換えや、或はまた旧柱の表面を削りとって変形してしまうことが、仏殿等とは比較にならぬ程、甚だしかったのは止むを得ないことであった。桁行一二間、梁間四間の現東室に必要な柱は棟下通りもすべて立つとすれば六五本、その中現存した柱は五九本であったが、それらは創建柱三一本、保安および寛元柱三本、永和柱五本、慶長柱八本、元禄柱五本、明治柱一〇本という内訳である。なおこれらの総計が六二本となって、現在立っていた五九本より三本増えているのは、床の大引や屋根裏に用いられていた柱を加えたからである。間取の復原はこの柱の残存率によってまず左右される。明治以降の間取は問題外として、元禄改修時の平面を考えるとすれば、これ以前の柱の痕跡が全部判ったとしても、六五本中五一本の柱であるから、約八〇％の部分しか判らないことになる。保安再建時ともなれば柱は当時の丁度半分しか残っていない。しかもこれ等の柱は旧痕跡を完存するわけではなく、むしろそれを削り落す努力が次々に行なわれ、実際には今挙げた比率の更に何割かが復原不可能となるのであって、それも時代がさかのぼるほど条件は悪くなる。また現在用いられている柱が旧位置のままではない場合もあって、その元の場所が判らない場合にはその柱の資料価値はきわめて低いものとなる。創建時の柱は三一本残されて数量的にはかなり多いが、これはさらに長い建物からの寄集めであるから、実際には間取の復原資料となるものは、旧位置を動いていないと思われる一六本に限定されたのである。元興寺僧房の例と同様、僧房の間取は必ずしも全部同一方式の繰り返しではないから、こうして限定された資料を用いて復原的考察を行えば、その結果も部分的なものとならざるを得ず、全体の間取はそうした部分の寄集めによって判断するしかない。従って間取も各時代の標準的な形を捉えることが精一杯なのであった。

二　構造の復原資料

東室創建時および保安再建時の構造を復原する資料は、数量からいえばまことに少いものではあるが、それらが大体旧用途のままに現在の建物に再用され、何回にもわたる大改修にもかかわらず、中には創建以来の位置を動かされなかった部材もあった。これは平面寸法や構造方式を根本的に変えてしまうような工事が行なわれなかったからで、その点はさきにあげた元興寺僧房の場合と根本的に相違する。従って現存資料による構造の復原は、それ自体がまことに簡明な方式であったこともあるが、割合に容易で、資料のない部分については現状から類推しても、大きな誤りをおかさない利点がある。資料としては柱、桁、梁、棟木、棰等が発見されたが、創建当初は床を張らず、また上下共に長押を用いないので、これで大体軸部材が揃う。なお保安再建時、永和改修時に別建物に属する古材が流入したが、そのうちに校倉の校木がある点は、現法隆寺に古建築が多数残存しているにもかかわらず、校倉がないのを不審に思われていいただけに興味がある。

a　柱（図面59〜67）

創建当初の柱が三一本残存しているが、現在の用途としては入側通りに一五本、棟下通りに三本、側通りに一三本である。身舎に使われている柱（入側通り、棟下通り）は問題ないが、側柱には元来の側柱以外に、旧入側柱または棟下柱を切り縮めて再用した柱がある。これは保安再建時に旧材を寄集めたためであるが、その旧用途の判別はかなり困難でその詳細は次節に述べる。ここでは結果のみを記すと一三本の中、旧側柱六、入側柱三、棟下通り柱四である。これらの資料から知り得る点を列挙すれば次のとおりである。

1　創建時の柱はすべて丸柱で、上面に径二・〇〜二・三寸、長さ約二・五寸の丸太枘を造り出し、桁に枘差しとする。

2　入側柱、棟通り柱共に、直径は柱天で〇・九七五尺、底で一・二二尺。入側柱総長は一三・三尺。

3　側柱直径柱天で〇・八八尺、底で約一・一尺。総長は推定一〇・六五尺。

これらの柱は先にも述べたように、後世に多かれ少なかれ旧表面を削られて、旧状を完存するものはないが、床下および天井にかくされた部分は大体もとの丸柱形を残していた。また柱天が直接桁に当るので、桁の下面にその圧痕を止めて柱径の判るものがある。入側柱の上下径および側柱の上径はこうして判明したが、側柱下径は風蝕や後世の破壊のため確実な旧径を知り得なかった。柱の総長については、保安再建時に全部切り縮められ、創建時の全長を残す資料はない。しかし入側柱を見ると保安再建時に旧繋梁仕口を大体そのまま再用しているもの（ろ二、ろ三、ろ八、ろ九、ろ一〇、に五、に七）と、旧仕口の下に新しく仕口を掘り直したもの（ろ一一、ろ一二、ろ一三、に八、に九、に一〇、に一三）とがある。[14] これは再建に際して柱の底を切ったものと、柱天を切ったものとがあるためで、もちろんその中には底を切っておいて、柱頂を多少削って桁の高さを調整した柱もあるが、幸に創建時の柱天および柱底を残している柱がある。柱頂には丸太枘を造り出すが、旧太枘まで残っていた柱は（に九柱）だけで、（に七）および（に八）等は太枘の根元が腐って、円形の型を止めていた。当初の繋梁仕口下端から現存柱天までの寸法を大体旧頂に近い面が残されていると思われる柱について列挙すれば、

に七（一二・〇七尺）、に八（一二・〇〇尺）、に九（一二・〇八尺）、ろ二（一二・〇三尺）、ろ三（一一・九五尺）、ろ八（一二・〇六尺）、ほ六（一二・〇一尺）

等である。多少のつぶれを考えれば、これは一二・一尺としてよい。柱底はくさり易く、もともと保安再建時にも大部分が底を切られたが、その後にも床の改造と関連して根継された柱が多い。しかし一本だけかなり古い底を残した柱があり（ろ一一）、当初の繋梁仕口からの寸法もそれが一番長く、一一・二尺ある。これを創建時の底とすれば、入側柱の旧総長は一三・三尺と推定される。

側柱の総長を直接に知る資料はない。それは創建時には頭貫や長押を用いず、戸口も柱に何の痕跡も残さない方式であったから、側柱には横に連絡する高さの規準となるものが全く存しなかったからで、柱の天あるいは底のどちらを切られたかの判別すら困難であった。従って側柱総長は、側・入側通りを繋ぐ繋梁の高さから、間接的に求めるしか方法はない。後述するように繋梁の入側柱に対する仕口は枘差しで、枘下面から繋梁下面まで一寸ある。繋梁と側桁とは渡り腮で仕口され、繋梁下面から側桁下面までは三・五寸である。とすると側柱天は入側柱繋仕口下端より四・五寸低いことになるが、繋梁に多少勾配をもたせれば、[15] その差は約五・五寸、従って柱総長は一〇・六五尺と推定される。

次に保安再建時の柱高については、現状が大体それを踏襲していると見られるが、根継や頭継、もしくは飼物等を挿入されて、その寸法にはかなりの不同があった。現状の桁高をあまり礎石の沈下がない北端の九～一三列ぐらいで計ると、入側桁下面で一二・三〇～一二・六〇尺、側桁下面で九・六～九・八尺となる。これを創建時の一三・三尺および一〇・六五尺と比較すれば入側柱で〇・七～一・〇尺、側柱で〇・八五～一・五尺短かい。従って保安再建に当っては全部の柱を〇・七～一・〇尺程度切断したことが判る。

一方、この時の繋梁仕口と、柱天との間の寸法を見ても、次表のように数値が一致しない。

柱番号	に七	に八	に九	ろ一一	ろ一二	
保安繋梁仕口下バより柱天までの寸法	二・〇七	二・三四	二・三八	二・四〇	二・五五	尺
創建繋梁仕口より保安仕口の下り寸法	〇	三・四	三・〇	一・〇〇	八・七	寸

表の中（ろ一二）を一応除外して考えると、繋梁仕口下バより柱天まで二・四尺位の数値が並び、これが創建時の二・一尺より大きくなっている点は、一見奇妙に思えるが、この時にも（に七）のように当初と同一寸法の柱もある。これは繋梁の側桁に対する仕口が変ったからで、前には渡り腮であったものがアリ落しに変化し[16]、繋梁下面と側桁下面とが接近したためである。側桁の丈は七寸、繋梁は六・五寸で創建時には側桁丈の丁度半分のところに繋梁がかかったが、それが三寸も下ると側桁と繋梁とが上面揃いの納まりとなるが[17]、実際には後述するように多少繋梁の方が高かったらしい。しかし繋梁の勾配も多少変化したかもしれないから[18]、入側桁と側桁の相対位置は変らなかったと考えられる。（に七）（に八）（に九）は保安再建時に柱底で同じ長さを切断し、（に七）には旧繋梁を再用したのに、（に八）（に九）では繋梁を代え、そのために旧仕口より三寸程下げて新しい繋梁仕口を作ったと思われる。そうすれば（ろ、一一）で繋梁仕口が一尺下っているからといって、必ずしも柱天を一尺切断し、その分を下げたとはいえなくなり、七寸切ってあとの三寸は繋梁の取換えによる下りかもしれない。この柱には創建時の底と思われる面があって、保安の切縮めを知る絶好な資料であるが、仕事のニゴリ等を考慮すれば、それが〇・七〜一・〇尺の間と限定されるに止まるのである。

なお、保安再建時に補足された柱は側柱（ほ一二）一本である。

b　桁（図面55）

創建時の桁は、入側桁が二本、側桁が一本発見された。入側桁一本は（に八〜に一〇）に、他の一本は（ろ八〜ろ九）に今でも入側桁として使われていたもので、いずれも創建以来この位置のものである。桁下面に柱の枘穴と圧痕があり、柱間寸法が判明するが、丁度（八〜九）の間が他とは少し違った寸法であることが地下調査からも実証されるので、この桁の使用箇所が限定され、旧位置のままと推定し得る。（に八〜に一〇）入側桁は二間続きの材で、下面中央および両端に柱の枘穴および圧痕がある。枘穴は両端は円形で径二・五寸程、中央は方形で三寸角位、柱間寸法は九・九六尺及び一〇・五二尺である。各柱間にはエツリ穴が二箇ずつあるのが古い仕事で、その他何回分かの壁間渡穴がある。上面には各柱上に大梁のかかる渡り腮仕口があるが、（に一〇）は腐りのためにはっきりしない。渡腮は幅一・〇〇尺、深さ四・五寸で、中央に幅五・八寸、高さ三・一寸のアゼを残す。アゼはやや外寄りである。上面外角に近く棰止め釘穴が約一・二尺間隔に並ぶが、慶長以降現在まで用いられた釘穴を除けば、二回分の穴がある。永和改修時には、繋梁上に桁を通し地棰をこれに釘止めして入側桁には釘を打たなかったから、二回分は創建時と保安再建時のものと推定される。上面内側寄りには、柱間を四等分する位の位置で、釘穴が三箇、各柱間共に並ぶが、これは後述する天井の納まりに関係した添木止めの釘穴と考えられる。なおこの桁は二間続きで一端に鎌継手の雌仕口、他端に雄仕口の腐った痕がある。（ろ八〜ろ九）入側桁は上記（に八〜に一〇）と全く同じで、ただ（ろ九）で切断されている。八通りに継手雌仕口があること、九通り柱枘穴が方形であること等もひとしい。以上入側桁の断面寸法は幅九・九寸、厚さ七・七寸。

側桁は現在（い八〜い九）に側桁として用いられていた一本のみが、創建材である。もとは二間続きの長さであったものが両端を切られ、今は一間分の長さしかない。下面に柱枘穴および圧痕、その上に繋梁の渡腮仕口を作るのは入側桁と同様で、上面外角に棰釘穴、下面柱間中央にエツリ穴一箇がある。繋梁仕口は幅四・七寸、深さ四寸で、中のアゼは幅五・五寸、高さ三・五寸である。断面寸法は入側桁より小さく、現存するものは幅七・五寸、厚さ六・八寸であるが、幅を少したたまれている。

柱には、保安再建の新材は一本しかないが、桁には入側桁一丁、側桁三丁の新補材がある。入側桁は現在（ろ一〇〜ろ一二）に用いられているもので、旧位置のままと認められる。柱や大梁に対する仕口が多少創建材と相違し、（ろ一一）柱の枘穴がなく、圧痕だけなのは、現（ろ一二）柱頂に枘の痕跡がないことと相応じている。また、その上の大梁渡腮仕口が、幅八〇、深さ九分であるのは、この位置の大梁もこの時同時に取換えられたためであろう。しかし大体の仕事は創建材とよく似ており、保安再建時には全く旧構造を踏襲したことが判る。断面寸法は小さくなり、幅八・六寸、厚さ八寸。側桁は三本、いずれも西側柱通りの地長押に転用されていた。（ほ七〜ほ八）地長押は二間続きの長い材で、下面中央に柱枘穴、その上面に繋梁仕口がある。繋梁はアリ落しで、上面に少しビンタを延し、釘止めされる仕口に変化した。下面には一方の柱間に小さな壁間渡穴があり、他方にはない。これは間取の項で述べるように下が戸口の間と壁の間であることと対応する。（ほ八〜ほ九）、（ほ九〜ほ一〇）地長押は、側桁であることだけが判る。これら三本はいずれも厚さがたたまれており、幅も最初の一本のみ、七・八寸の旧幅を残す。この幅は創建材と等しいから、側桁の断面寸法は入側桁のように小さくせず、旧状をならったと推定される。

c　大梁（図面55）

大梁には房境に用いられる陸梁と、房の中央に用いられる虹梁とがある。虹梁三本、陸梁二本のうち一本は旧全長をそのままに存し、位置も創建以来動かないと推定されるが、陸梁一本は切り縮められて今は入側桁に用いられている。虹梁は両端下面に入側桁にかかる渡り腮仕口（幅約六寸）を作り、上面中央に約五寸×三寸の枘穴を穿ち、その上に棟束を立てる。両側面上角の中央棟柱通り、および柱間の丁度中央位置に、幅五・五寸、深さ三・五寸程度の仕口穴を存するが、これは天井棹縁を落し込んだものと推定される。

以上が創建時の痕跡で、後世の仕口としてはまず下面中央に柱が立つ点が注目される。現在（は一〇）には角材（慶長材）、（は一二）には丸柱（永和材）が存するが、その前にも径六寸および七・八寸の丸柱があったことを、虹梁下面の圧痕から知り得るが、これはおそらく保安再建時に挿入されたものと考えられる。（は八）には角柱の圧痕が二重にあり、この下に立つ柱は明治改修時に除かれて、今は根太に転用されていた。発見された角柱は寛元改修時のものと推定される。中央に柱が立つようになるとそれに間仕切がつき、虹梁下面にも壁の間渡穴が掘られる。また（ろ八〜は八）間中央には間柱が立ったと思われる枘穴さえある。虹梁の断面は大体のところ、下幅八・五寸、中央よりやや上で九・二寸、上幅八・八寸といった寸法で、中央がふくらんだバチ形をしている。厚さは両端で九寸、中央は一・一四尺、下面の反り上り寸法は中央で約四寸である。

陸梁は下面両端に渡り腮仕口をもち、中央に柱枘穴、同圧痕を存する。入側桁に転用された陸梁では、その圧痕が二重になり、径九寸の大きい方が当初のもの、径八・六寸の丸柱は保安もしくは永和に取換えられたものである。下面両柱間には、エツリ穴が二ケずつあり、その他後世の壁間渡穴がある。なお二本共に中央柱以外にやや片寄って径八寸程の柱の圧痕（一本には枘穴も）があり、中世の柱と思われるが、何故この位置に柱を立てたのか判らない。上面には叉首棹の枘穴（長さ一・一尺、巾三寸位）、および圧痕

(長さ一・二八尺、幅六・五寸)がある。また両側面上角に天井棹縁仕口穴があり、断面寸法は幅九・九寸、厚さ七・四寸。

なお虹梁、陸梁ともに上面の両端、丁度入側桁のすぐ上の部分を平らに削られ、ここに母屋桁を置いた痕跡をもつ。母屋桁をとめた釘穴等がないからあるいは仕事の誤りかもしれないが、保安再建時に使われたと考えられる。とすれば創建時には連続していた上方棰と下方棰が、保安には喰い違い、下方棰は入側桁に釘止めされるが、上方棰はその上に置いた母屋桁と棟木とにかかって、庇部分には懐の狭い野屋根が作られたことになろう。(19) また大梁の上面に、全体を四等分する位置で小屋束枘穴があるのは慶長改修時の仕事である。

d 繋梁(図面55)

繋梁は創建材と思えるものは一本だけで、他に永和改修材が五本残存し、他は慶長以降のものである。古材の一本は材質からいえば創建材と認められるが、上面に径二・五寸程の枘穴が二ケ並んで穿たれ、或は保安の転用材かと思われるので、資料としては多少弱い。しかし入側柱への枘仕口、側桁への渡腮仕口等は、創建材の柱や桁の仕口とよく合うから、これをもって当初の形として差支えない。入側柱へは、枘にたたんで「さばの尾」に落し、下面及び両側面が胴付きとなる。梁下面と枘の下面とは一寸差で、入側柱に差込んだ際には、その仕口穴下端より梁の下面が一寸下る。側桁への仕口は先端を切られているが、深さ三寸、幅六寸と推定される。入側柱の胴付から、側桁仕口内側まで七尺丁度で、側桁仕口心まではそれに三寸を加えた七・三尺となる。現存する側桁は渡り腮のアゼが約三分内側に寄っているから、これと組合わせれば側桁心までは七・三三尺。入側柱の太さは繋梁附近では一・〇尺丁度位で、従って庇の間の柱間寸尺は七・八三尺位と推定される。断面の寸法は幅四・五寸、厚さ六・五寸。なお保安再建時に繋梁や側桁を新補した部分では、両者の仕口が渡り腮とならずにアリ落しとなることは、すでに柱および側桁の項で述べた。因みに現存する五本の永和修補材のうち、四本はアリ落し仕口で側桁と繋梁とは上面揃い、一本のみはアリ落しでも上面のビンタを延して、繋梁の先端が桁にのる納まりである。

ｅ　棟木（図面55）

発見棟木は一本で、北妻の野棟木に使用されていた。下面一方に肘木太枘穴二ケ、その中心に壁小舞穴、他方に束の枘穴及び圧痕がある。肘木はここが妻通りであったために用いられたもので、この棟木がもともと北妻のものであったことを示している[20]。なお保安再建時には前へ送り出すために、螻羽の先端を切り、肘木を後方へ送って、同時にもとはもう一間続いていたのを一二通りで切断してしまった。肘木と棟束間の真々距離は一〇・四七尺、圧痕から判明する棟束の断面は八寸×六・五寸。棟木の断面は幅七・一寸、厚さ七・八寸。また下面に方杖を差込んだ斜めの仕口穴が二箇あるが、これはおそらく全部の柱間に設置されたのであろう。

棟木としてはその他に現在（は二〜は五）、（は五〜は八）のそれぞれ三間分の長さに亘って使われている旧校木がある。現存長さ三〇・九五尺及び二六・三五尺の長大なもので、断面は厚さ八・五寸、幅も八・五寸である。校木の積み重ね面（幅約一・七寸）に上下一箇ずつの目違枘穴（長さ一・六寸〜二寸、幅〇・八寸〜一・〇寸）を持つが、これを校木の中心と仮定すれば、現在の端まで約一六尺あるから、旧総長は三二尺以上と推定される。なおこの校木が東室に転用された時期については、直接知る手掛りはないが、同様な校木が聖霊院にも用いられており、それは保安創建以来のものと推定されるから[21]、ここでも保安に流入したのであろう。棟木としては各柱通りに小屋束が立つ方式で、創建時の棟束と叉首組を一間置きに並べる構架とは相違するが、すぐ南に続いた聖霊院前身建物も同じ方式だから、小屋組がこの時変ったと見られる。

ｆ　棰

棰には棟木から入側桁までかかる上方棰と、庇の下方棰とがある。いずれも丸棰の直材で、径は四・二〜五・五寸位まであって、大体五寸位が標準である。これらはすべて、東側の地棰として用いられていたが、旧下方棰は先端を切って送り出し、上方棰は地棰に転用された際に必ず上・下どちらかの組手を切断され、旧形を完存するものはない。

上方棰は三二本あり、棟木上で拝みに組んで込み栓で止め、棟木には釘を打たない。下方棰との継手は箱仕口を残す棰が一本だけあり、下方棰から枘を造り出して継ぐか、込み栓を用いずに下方棰のほうを桁に釘止めしたと推定される。下方棰は三三本あり、反りがなく、飛檐棰を用いた形跡はない。下方棰には入側桁および側桁の当りを明瞭に残すものが見当らないので、釘穴の間隔を記せ

ば、（単位尺）

八・四〇　八・一五　八・二七　八・〇〇　八・四〇　八・二三　八・四〇　八・一〇　八・三〇

等の数値が得られる。側・入側桁の位置から算定される外角間の寸法は、八・二五尺であるから、上記の数値は大体手頃である。次に側桁との釘穴から、茅負とめ釘穴までの寸法を計ると、（単位尺）

三・八五　三・七五　四・〇二　三・七〇　四・一〇　四・七五

最小三・七尺、最大四・七五尺で、一尺も差がある。しかしこれらの茅負とめ釘穴も創建時と思われるものはなく、保安再建時と推定されるので、或は棰の軒の出にかなり長短があったのかもしれない。創建時としては、これより長かったものが鼻を切断された筈であるから、一番長い四・七五尺をとって差支えない。そうすれば茅負の外下角は、側柱心より約五尺と推定され、これを当初の軒の出寸法としてよいと思われる。なお棰には上下共に上面にエツリ穴をもったものと、もたないものとがある。エツリのある棰は大部分「心去り材」で材質もよく、ないものは「心持ち材」で、この両者は異種のものである。これを一方は後世の補足材と考えることや、或はまた校木のように他の建物から入り込んだものと考えるのもあり得るが、桁にとめた釘穴の回数や、その間隔等に差はないので判断に苦しむ。とくに上方棰には、ほぼ中央に母屋桁へとめたと思える釘穴を存する棰が一四本あるが、そのうち九本はエツリ棰、五本はエツリなしの棰である。東室で母屋桁を用いるのは中世以降で、とくに創建時の構造では母屋桁を用いる余地はないのに、棰にこうした釘穴があるのは不審である。(22) ここでは両者は一応同時期、即ち創建以来東室に用いられたものと考えておく。エツリ穴は瓦の葺下地をとめるためであるが、これは一本置きにあっても差し支えないからである。

三　平面寸法の整理

現東室は桁行一二間、梁間四間であるが、その柱間寸法は各間によってかなりの差がある。『古今目録抄』にも「東室者ハ間ニ寛狭不定ナリ」とあって、元来から柱間寸法に広狭があったところへ、後世の改修によるニゴリが加わって、現在の柱間寸法は全く乱雑なものであった。こころみに修理前の梁行柱間寸尺を記せば、北妻で東庇七・八六尺、身舎東の間一〇・〇九尺、同西の間一〇・三五尺、西庇八・三一尺、南妻（聖霊院と接した柱通り）で上記各間がそれぞれ八・〇七尺、一〇・一六尺、一〇・一一尺、八・一四尺であった。梁間の合計は北妻三六・六一尺、南妻三六・四八尺で、この程度の差はやむを得ないが、庇の間の寸法に最大と最小の差が四・五寸もあることは問題で、これは修理工事の都度身舎のユガミをそのままに、側柱の心通りだけを主として引き通したために生じた誤差の積み重なりである。こうした修理前の柱間寸法を多少整理して、創建当初の平面を以下に考察しておきたい。

a　礎石の配置

現東室の礎石には凝灰岩切石、安山岩自然石、花崗岩加工石等が混用されており、そのうち最も多いものは凝灰岩切石であった。ところでこの凝灰岩礎石には、上面に径二尺程の円形柱座を造り出したものと、それのないものとがあったが、ないものは礎石表面の仕上げが荒く、これは前者を反転して用いたものと推定された。そうすればもともと柱座のある方を上面に用い、それが破損した礎石を反転再用したと考えるのは当然であろう。建物の解体後に地下調査を行ったところ、周囲の地層と密着して東室創建以来動かされていない礎石と、まわりに汚い土が詰められて後世に動かされたことを示す礎石とが判明した。そして意外なことには、現在円柱座を上面に出している礎石はすべて後世に動かされたものであり、当初はすべて反転して用いられたことが明らかになった。これは常識とは逆であるが、東室創建以来動かされていない礎石を掘り起して、今は下面になっている円柱座造り出し面を見ると、かなり風蝕しているから、この礎石は元来さらに古い時代の建物に用いられていたもので、それが奈良時代に現在地で東室を建立した際に、反転されて再用されたと認められた。凝灰岩礎石は現在四六箇残存し、内円柱座を下にして用いられているものが三六箇、柱座を上面としたものが一〇箇ある。前者には全く動かされていないもの二五箇と、少し上に持ち上げられたもの一一箇があり、これは現東室の地盤が北方では固い地山なのに、南方では地山が急傾斜で下り、その上に厚い盛土をした状況で、そのために盛土の部分ではかなり礎石の沈下が起り、後世これを引き上げたからである。中には沈下が甚だしいためにそのまま放置され、現在はその上に自然石の礎石を重ねて置いてあった箇所もあった。これ等の後世に動かされた礎石の下方には、もとの底面である円柱座の圧痕が、かなりよく残されており、いずれも旧位置のまま少し上に引き上げ、礎石上面の高さを揃えたものであることが判ると同時に、礎石の中心もほとんど変っていないと認められた。従ってそれらの礎石上に建つ現東室の柱間寸法は、創建時と変らないわけである。しかし礎石は本来ならば底面であった面を、上面にして用いてあるので、その中心を求めることは困難であり、これから精密な寸法を実測して、現柱間寸法の不同を訂正するわけにはゆかない。

b　旧部材による柱間寸法

まず身舎の梁間寸法については、大梁下面両端に残された入側桁への渡り腮仕口の距離である。そのうち正確な仕口心々間の寸法を知りうるものは二〇・四〇尺、二〇・四六尺、二〇・四八尺、の三つで、（一二通り虹梁）は仕口内側間で一九・七五尺、これに仕口の幅六～七・四寸を仮定すれば、二〇・三五尺～二〇・四九尺と推定される。次に庇の間の寸法は一本だけある繋梁によって七・八三尺となる。桁行の柱間寸尺は、まず北端の間（一二～一三）は棟木によって一〇・四七尺、（一一～一二）間一〇・五四尺、（一〇～一一）間一〇・五九尺、次の二間は入側桁創建材によって（九～一〇）間一〇・五二尺、（八～九）間九・九六尺および九・九〇尺と判明する。八通りから二通りまでは保安転入の校木が棟木として使われており、その下面の小屋束太枘穴から各間の柱間寸法を知り得る。従って南端の一間を除けば、創建および保安再建の旧材によって一応桁行各間の寸法が判明するが、それを現状と並べて記せば次のとおりである。

桁行寸法＼柱通り	一三 一二	一二 一一	一一 一〇	一〇 九	九 八	八 七	七 六	六 五	五 四	四 三	三 二	二 一	計
現状 東側柱通り	尺一〇・四二	一〇・三六	一〇・八七	一〇・六二	九・八九	一〇・六九	一〇・四七	九・〇三	八・九五	八・五六	九・二五	八・五二	一一七・六〇
現状 西側柱通り	尺一〇・四二	一〇・四七	一〇・六九	一〇・七三	九・八三	一〇・五五	一〇・六二	八・九五	九・〇五	八・四八	八・九八	八・四九	一一七・二六
旧部材によって判明する柱間寸法	尺一〇・四七	一〇・五四	一〇・五九	一〇・五二	九・九六 九・九〇	一〇・六九	一〇・六二	八・九三	八・九二	八・五〇	八・九四	／	／

こうして見ると桁行柱間寸法としては一〇・五尺前後、一〇尺弱、九尺前後、八・五尺の四種類あることが判る。最初にも記したようにこれらの柱間の寛狭は当初からのものと思われる。ところで以上に挙げた柱間寸法をもう少し整理するために、使用尺度を考えてみよう。数値が一番整っているのは身舎の梁間で二〇・四尺～二〇・四八尺である。これは奈良尺に換算すれば二一尺、高麗尺では一七・五尺にあたり、これからすると完数である奈良尺を用いた可能性の方が強い。庇の間の七・八三尺も大体奈良尺の八尺とな

る。ところが桁行の柱間寸法は、まず一〇・五尺を検討すると、これは奈良尺の一一尺よりはやや短く、むしろ高麗尺の方が適合しそうに思えるが、それも九尺及び八・五尺の間には完数が得られず、無理に作れば七・七五尺および七・二五尺と換算される。こうした四分の一尺という端数が用いられなったとは断言し得ないが、やや不合理である。ところで、ここに注意すべきはこれらの桁行柱間寸法がむしろ現在の曲尺に近いということである。とすれば奈良尺、高麗尺のいずれでもない曲尺に近い尺度を考えた方がよさそうに思える。大化の改新後、天智朝（六六二～六七一）に建立されたとみられる川原寺金堂では、その柱間寸法が現尺にきわめて近いものであることを思えば(23)、東室の場合にも同様な尺度を用いた可能性がある。身舎の梁間の寸法も、完数とはならないが二〇・五尺と見てよい。庇の間の寸法、七・八三尺は多少問題があるが、これはただ一本の繋梁から算定された数値で、現梁間としても最小値である点からすると、もう少し大きくとって、八尺とした方が現状とも近くなるのである(24)。従って柱間寸法はいずれも現尺で梁行身舎二〇・五尺、庇八尺の計三六・五尺、桁行は一〇・五尺、一〇尺、九尺、八・五尺間で、計一一七尺と整理される。

c　東室創建時の平面

聖霊院の解体修理工事の際に地下調査が行なわれ、現在の建物とは無関係な位置に礎石跡及び建物周囲の雨葛石が発見されたが、それは現在の東室の柱通りと一致していた。現聖霊院が東室の南端を利用して作られたことは、『別当記』や『古今目録抄』に明らかであるが、それが遺跡の上でも実証されたわけである。この際発掘された礎石位置は、現聖霊院北より二列目の柱通り心から、少し南へ寄った位置に三箇所、それから約八・五尺南に三箇所、さらに約九尺南に隔てて三箇所であった。東室南妻柱と聖霊院北妻柱はほぼ密着していて、その心々距離は一尺、聖霊院北端の間は七・四尺であるから、現東室南端柱列心より聖霊院北より第二柱列心までは八尺強、発見礎石跡心までは約九尺と推定される。従って現東室の南には九尺、八・五尺、九尺の順序の桁行寸法で、建物が続いたことになる。またこの際南側基壇が発掘されて、現聖霊院の南側柱列（庇ではなく本建物）が大体旧東室の南妻に当ることが判明したが、それより現東室南端柱列心までは五三・四尺である。これから発見礎石跡による三間分、二六・五尺を引くと二六・九尺となる。これも大体今まで述べた柱間寸法と同じ数値を用いたであろうから九尺間二間と八・五尺間一間位と考えられる。ところで東室には細長い連房の中間に、馬道があったことが礎石調査の結果明らかにされた。東室は二間一房なので、棟通りの柱は当初は一間置きにしか立たないが、北より四房目の南房境列（四通り）には凝灰岩礎石がある。そしてこれから南は四通りを起点にして一間おきに柱が並び、聖霊院地下の発見礎石列に連続する。この桁行三列の礎石跡はすべて身舎のものであるが、特にその中央列の中央礎石跡（棟通り）が小さい点は注意すべきで、南北両列が房境通りにあたることが明らかで、その棟通り礎石位置が現東室四通り柱列から丁度一間おきになるのである。ということは（四～五）間が馬道で、その北に四房（八間）、南にも二間一房制の房が三房（六間）続き、その南に三間あまることになる。このうち馬道から南の桁行寸尺を見るとまず馬道が九尺で、それから八・五尺―九尺、八・五尺―九尺、八・五尺―九尺と並んでいることに気付く。―で結んだのはこれが一房分であることを示す。とすればその南に続く三間も八・五尺、九尺と並んで、最後の一間のみは馬道と同じ九尺となるのかもしれない。この南端の一間は東大寺僧房の例（後述）のように、とくにここのみを大きくとって三間一房としたものか、あるいは現法隆寺西室北端の間のように馬道状に用いられたものか明らかでない。東室は『古今目録抄』等には一八間で、一房二間あての九房であると記されているが、馬道をとると北に四房、南に四房半で九房にはならない。『目録抄』の記事は馬道がなくなった保安再建以後の状況から逆に推定したものであろう[25]。

なおこうして想定した創建東室柱間寸法の総計は現東室が一一七尺、聖霊院地下の分が五三尺、合せて一七〇尺である。これは東室北妻より聖霊院南側柱列までの真々距離一七〇・五七尺に近く、奈良尺に換算すれば一七五尺となる。従って東室は『資財帳』に記された長さ一七五尺、広さ三八尺の僧房にあたることが判る。もっとも梁間はすでに述べたように三六・五尺と推定され、これを奈良尺に換算しても三七・五尺位にしかならないが、この程度の誤差は長い建物では始めからあったのかもしれない。

四　構造の復原

a　構造形式

復原の資料によって明らかなように、創建時の構造は誠に簡明なものである。側・入側柱列共に凝灰岩礎石上に丸柱を立て、上面に大枘を造り出してその上に斗栱を用いず直接桁を置くが、桁は断面矩形で厚さより横幅の方を広くとったゴヒラ使いである。身舎は棟通りに一間おきに丸柱を立ててここを房境通りとし、ここに陸梁を、柱を置かない房の中央柱列には虹梁を配する。従って陸梁と虹梁が交互に置かれるわけである。大梁はいずれも入側桁上に渡り腮に仕口される。側柱通りとの繋ぎは、繋梁を側桁に渡り腮仕口、入側柱に枘差しとし、繋梁は全部直材であった。小屋組は陸梁上に叉首組（束なし）、虹梁上中央に棟束を立てて棟木を支える。屋根は棟木から入側桁までの上方棰と、入側桁から側桁にかかる下方棰とで構成されるが、これらの棰はいずれも断面円形で、反りや増しがなく、上方棰は棟で鋏に組まれて込み栓でとめられる。その下端を箱形につくり、下方棰から枘を作ってこれにはめこむが、ここには込み栓を用いず、入側桁に釘止めされた。軒は一軒であった。なお身舎には大梁の側面上方に、入側桁上面から梁の上面までは陸梁に断面矩形の天井棹を落し込み、この上に天井を張った。大梁は入側桁上に渡り腮となるから、身舎を四等分して桁行方向で三寸、虹梁で五寸すき間があるが、これをふさぐ面戸状の添木を入側桁上に釘止めして天井縁とした。従って天井は房境の陸梁のところでは水平であるが、虹梁上ではその上面曲線に沿って張り上り、全体として房の中央を頂点とした曲面に構成される。(26) 庇は天井を張らずに丸棰を見せていた。以上各部材の寸法および矩計についてはすでに項目別に記した。

軸部の構造で資料的に弱い部分は棟高寸法である。棟束や叉首棹の全長が判ればこれは簡単であり、そうでなくても上方棰の全長さえ判ればその勾配が算出され、棟高寸法も押えられる。しかし東室では上方棰は後世全部地棰に転用されたために、その際上下どちらかの継手仕口を切断され、旧全長を残すものはない。また棟束は裏甲に用いられて断片となったものが発見されたが、全長は不明である。ところで叉首棹については、現在北妻に用いられている材が、少くとも永和改修時を下らぬもので、今はそれを縦に引きさいて使われていた。また西側柱通り（六〜七）間の地長押に旧叉首棹が転用されていた。これ等の叉首棹は、断面寸法が創建陸梁上面に残る圧痕から知られる寸法と一致するし、側面の壁小舞穴の形も古式である点からすれば、保安改建時の材である可能性が強い。そうすればこの長さから保安の棟高が押えられるわけで、現在のところではこれ以上に旧棟高を知る方法はない。現存する叉首棹の全長を、陸梁の叉首仕口にあてはめ、その勾配を算出すると七・三五寸、これに棟木を置き上方棰をかけると、棰勾配は約七寸位である。そうして棟の拝みから、茅負の外方下角まで引き渡した屋根勾配は、約五寸となるから、これは奈良時代の屋根勾配としては適当と考えられる。

これで一応棟高が決まり、尾根勾配も復原されたわけであるが、細部を検討すると次のような問題がある。それは下方棰の勾配

（三・五寸）と上方棰の勾配（七寸）が違いすぎて、棰が入側通りでかなり強く折れる点である。こうした折点は、瓦を葺く時にはその部分に葺土を厚く置けばよいから、屋根面の構成には差支えないが、切妻造の場合にはここに箕甲をつけないと破風が納まらない。しかし今まで判っている奈良時代の切妻造の建物は、棰の折れもあまりひどくなく、破風板も割合せいの低い直線的なもので、箕甲はまだ生じないと考えられる例ばかりである。(27) そうすれば東室の場合のみ、棰の折れがきついのは疑問で、これはやはり資料が保安再建時の材であって、その時には後述するように屋根構造が多少変化し、棟高が少し高くなったと考えられるから、創建当初にはもう少し棟高が低く、上方棰の勾配がゆるかったと考えた方がよい。(28) 今仮りに上方棰の勾配を一寸ゆるくして六寸とすれば、引渡し屋根勾配は四・六寸位になり、これでもまだ破風の納まりは苦しいが、多少無理は緩和される。なお妻飾りを直接知る資料はないが、房境通りの小屋組が叉首組であるから妻も叉首構造であろう。

b　東室の建築様式と前身建物

次にこうして復原された東室の建築様式について二、三記しておきたい。まず構造方式はこれが神社建築等に現在も用いられているきわめて古式なものであることは、改めて記すまでもない。特に桁をゴヒラ使いにした点は注目され、現存するこの種の構造の建物が、いずれも後世に建て代えられたものばかりで、構架方式としては古式を踏襲するが、部材の断面等は変化して今では普通の桁のように断面を縦長に用いているのと比較して、(29) 古代の構架方式を知る上に重要である。遺構としては残存しないが旧建物に此の構造方式を用いたことが残存する古材によって判明する例には、法隆寺東院舎利殿絵殿前身建物（七丈屋）、当麻寺曼荼羅堂前身建物（二棟）、唐招提寺経蔵前身建物等があり、いずれも切妻造の建物と推定される。(30) 次に柱については側、入側柱共に上下径にかなりの差があり、一見エンタシスをもったように見える点が注目される。現存する柱はいずれも旧表面の破損が甚だしく、上から下まで旧表を存するのはごく僅かで、それも建物の妻や、房境通りで創建以来いつの場合でも壁が取り付いていた面に限られるが、それを見ると柱底面から三尺位まではあまり柱径が変らないのに、その上方は徐々に細められて柱頂に至っている。これは見方によっては、法隆寺金堂、塔、中門等のように柱にエンタシスを附したものとも思われるが、その細まりは直線的で、普通いわれるエンタシスではない。しかも注意すべきは柱上面の直径を入側柱約一尺、側柱約〇・九尺として、これがそれぞれの上に直接のる桁の幅と等しい点で、この事は現存する桁の下面の柱の圧痕からも明らかである。すると柱の細まりは、この上面での桁との納まりと関連したものであり、従って普通のエンタシスとは多少性質を異にするものである。先に記した東院七丈屋以下の例では、旧桁がすべて断面を縮少されていて柱との関連を知り得ないので、こうした柱の細まりが建築様式的に時代判定の手掛りとなるものかどうかも判らないが、注意する必要はあろう。(31)そうした様式の面からは、虹梁の形も問題で、下面両端に水平部分がないこと、上下面共に円弧曲線であること等は、法隆寺伝法堂、東大寺三月堂、唐招提寺金堂、同講堂等の代表的な奈良時代の虹梁形式とはいちじるしく相違する。法隆寺西院回廊の虹梁がこれに似ている唯一の例であり、両者は建築年代が接近していることが判る。これは常識的にいっても伽藍中心部の造営と関連して僧房を作る筈であるから、当然のことであろうが、同じ西院伽藍中でも鐘楼や政所（現食堂）がいわゆる奈良時代の建築様式を持っていることと比較して、伽藍の造営順序を示すものとして注意する必要があろう。なおこの様式上の問題と関連して創建東室のさらに前身建物のことをここに記しておこう。

現東室に用いられている凝灰岩礎石は、東室創建当初から裏返しになって使われたもので、礎石自身は更に古い時代のものであることは、さきに述べた通りである。ところが東室創建以来の柱にも、東室とは無関係の痕跡をとどめるものがあって、これも更に古い時代の柱であることが、間取の調査のために柱の痕跡を調査しているうちに明らかとなった。それは壁の間渡を取り付ける仕口穴が、古式であるのに非常に浅く、しかもその割付けが、創建時の繋梁位置と重なって、両者が同時には存在し得ないことから判明したもので、もとは柱がもっと太く、長さも一五尺以上あったと推定される。旧礎石には円形柱座面にもとの柱当りの痕跡を残しているものがあり、それを実測すると径一・三五尺位ある。現在の柱は径約一・二尺であるが、前記のようにこれが削られたものと判明すれば、もとは径一・三五尺あって、礎石とはもともと一組の建物であった可能性がある。現存する柱でこうした古い痕跡をとどめるものは、三一本中の約半数あり、(32)凝灰岩礎石は東室に四六箇、聖霊院地下に一九箇あって、総計六五箇の多数に及ぶ。こうした同一形式の礎石を多数用いる建物は金堂や講堂等の仏殿にはありえず、回廊とか僧房のように長大な建物に限られるが、もしこれと柱が同一建物であれば、その長さからいって回廊ではなく、僧房と考えるのが妥当であろう。そうとすれば東室はさらに古い時代の僧房建築の材を再用して、現在地に建てられた可能性が高いのである。先に述べた古い間渡仕口穴の配列によって、大壁の部分と戸口の箇所があることも判り、その点も僧房建築と考えるのに好都合である。その規模は柱の太さや長さが、創建東室より一廻り大きいから、かなり大規模であったと考えられるが、残念なことにこれ以上のことは判らない。礎石に焼けた形跡がなく、柱も残っていることであるから、これを推古朝創建の法隆寺（若草伽藍）の僧房と考え、有名な『日本書紀』の「一屋あますなし」の記事を疑って、その際焼失をまぬがれたとする説も成立ちそうであるが、それはこの前身建物のあった場所が問題で、金堂と塔しかわかっていない現在のところでは速断の誇りをまぬがれない。

ところでこうした前身堂との関連で、柱以外にも古材の転用されたものがあるかといえば、それは見当らなかった。先に述べたように東室の建築様式はかなり古く、西院回廊と近似するが、現在の桁や梁には柱のように旧痕跡をとどめず、また使用尺度からいってもあまり時代をさかのぼらせることは困難である。だから東室の建築様式は、前身堂を考慮に入れてもやはり現西院伽藍造営の中で成立しているものと思われるのである。

c　保安再建時の構造

保安再建時には柱を七寸～一尺程度切り縮めたが、柱間寸法、軸部の構造等は全く旧規を踏襲した。というよりも実は、現存する大梁や、入側桁等は創建以来同じ場所に用いられていると考えられるので、再建に際しては北端の三房分位は大きな組み変えはなかったと推定されるのである。

軸部の構造は旧状のままであるが、この時新補された入側桁の断面寸法が旧材と異なり、幅が狭くなってやや正方形に近くなったことや、繋梁の側桁に対する仕口がアリ落しに変ったこと等は、やはりその時代の技法によったためである。そうした変化で最も大きなものは屋根構造である。当初は上方棰と下方棰が入側桁上で繋がれていたが、この時には下方棰尻に母屋桁を置き、上方棰はこの母屋桁にかけられた。母屋桁から下方は、新たに野棰を並べ、屋根面はこれによって造成される。小屋組も北方の旧大梁が存する部分は変らず、南方では大梁中央に棟束をたてる旧虹梁上の方式に全部改められた。これは虹梁下面の柱痕跡から知られるように、保安再建時には棟通り全部に柱がならび、もとの房境通りと房中央通りとの構造の相違が意味を失ったこととも関係するが、野屋根を生じた点と合わせて、当時の技法と見るべきであろう。なお、創建当初にはおそらくなかったと推定される床が、保安再建時に張られ、それに伴って側柱通り外側に上下長押を打って軸部が固められるが、その詳細は次章にゆずる。

第三節　間取及び造作の復原資料

復原の資料となるものは、主として現存する柱に残された諸痕跡であるが、住居であるために間取や造作の改修が度々行なわれ、その都度戸口や壁の仕口穴が掘り直されるので、それらの痕跡が何重にもかさなって、一見蜂の巣を思わせる状況であった。しかもこれらの柱が何回にもわたる修理のたびに、少しずつ新材と取り換えられ、古い柱もその時々に都合が好いように表面を削ったり、場所を置きかえたりされていることは、すでに述べた通りである。とくに柱表面の改削は、修理前には全く角柱のように見えていた柱が、床や天井を取り外して、初めてもとは丸柱であることが判ったほど甚だしいもので、そのために旧仕口穴が全く失なわれた柱さえある。こうした乱雑な仕口穴を分類して、その用途を判別し、さらに各時代の組合せを判定して、始めて旧間取が判明するわけであるから、その調査は容易ならぬものであった。こうしたわずかな痕跡から、それが使われた時代や、用途を判別するには、各時代毎の間仕切技法をあらかじめ知っておらなければ全く不可能なことで、さらにそれを実際の痕跡について前後関係が判るものによって検討しなければならない。従って一本の柱について判定した結果が、他の柱に依って逆転するといったことが、調査の始めには何回もあり、それを繰り返すうちに現存する柱全体の痕跡を総合的に判別し得るようになって、ようやく旧用途や、時代の判定が行なわれたのである。

なお、この復原は各柱間について創建当初から現在に至る間の間仕切装置を一々明らかにしたのであるが、僧房の間取としては慶長改修時の平面までを明らかにすれば充分なので、以下の記述をそこまでにとどめる。また現存する柱は慶長以前の材が四七本であるが、ここでは創建材がよくまとまって残存している北より第二房および第三房の柱だけをとりあげ、他は省略して結果のみを復原図に示した。

普通の建物では、長押や戸口楣等の痕跡が一番はっきり残るのは側柱通りであるが、東室では創建当初には長押を用いず、床も張らない構造であったから、側柱の痕跡は壁の間渡穴だけに限られた。さらに保安再建時には旧身舎の柱を切り縮めて、側柱としたものが少くない。従って現在側柱に用いられている柱の判別は、むしろ身舎柱とは異なった痕跡をもつことによって、本来の側柱であると判定されたのである。こうした点から以下の記述もまず入側柱から始める。

一　桁行東入側柱通り（ろ一一）～（ろ八）各柱間・間仕切の復原（図面59）

（ろ一〇）柱が標識的なものとなるので、まずこの痕跡を時代別に記す。

a（ろ一〇）柱北面

当初の痕跡は大壁の間渡仕口穴で、現在の柱天から約二尺下ったところから始まり約三尺間隔で下方に三ケ並んで、一番下のものは柱底に近い。この間渡仕口穴は長さ一・八寸、幅一・六寸程で少し縦長である。繋梁の位置から推定して当初の柱天はもう五寸程長かった筈であるから、その切られた部分にもう一つ間渡穴があったと考えられ、そうすれば全体で五箇の間渡穴があり、最上のものは柱天に近く、最下のものは地面に接近していることになる。従ってここは柱の全長にわたって大壁が付いていたものと想定される。これを（ろ一一）柱南面と対称すると、（ろ一一）柱にも同様な間渡仕口穴が三箇あるが、現状ではこの方が（ろ一〇）柱の間渡穴よりもそれぞれ五寸～一尺位高い。ところが保安再建時の繋梁仕口穴の変更からみると（ろ一〇）柱は一寸下げただけであるのに、（ろ一一）は旧仕口の一尺下に作り直しているから、この際には（ろ一〇）柱は底を、（ろ一一）は柱天をそれぞれ切断されたと認められる。そこで（ろ一〇）柱の底を補って、当初の繋梁仕口穴が揃う位置まで上げてみると、間渡穴も大体揃ってくる。壁の間渡仕口穴であるから、両柱の仕口が全く一致することまでは望めないが、こうした柱の旧長を復原する操作によって旧仕口穴が揃えばこれは当初にも向き合って立っていたものと考えてよい。

次に保安再建時を飛ばして、寛元改修の痕跡と推定されたものは飛貫穴（慶長）と重なった無目の仕口穴（穴の大きさ不明）、その二・七尺下方の鴨居仕口穴（幅四・七寸背三・三寸）、及びその中間にある不整円形の壁間渡仕口穴である。鴨居は（ろ一一）柱では細長い痕跡を残しているから、これは「枘差し」（ろ一〇）柱へは「大入れ」仕口であったことがわかる。これは下方が引違戸口と推定される。ところでこの時には床が張られており、その上面は現在の床面より三・五寸低く、この柱面下方にある厚さ一・五寸程の大きな切り欠きがそれに当ると考えられるので、鴨居の内法寸法は約三・五尺であった。永和改修時の痕跡は、一番上の当初壁間渡穴のすぐ下にある天井板と天井縁の仕口穴だけで下方には何もない。但し天井から下方をこの時平面状に削っていることが重要で、これは（ろ一一）柱南面も同様である。このことは、ここに間仕切を作らず柱間が開放されていたことを示す。慶長時の痕跡は、永和の天井より約七寸下に天井長押の首切り、その下方の飛貫で壁間渡穴はないから、やはり開放と推定される。今までの痕跡をもう一度時代順に整理すれば（ろ一〇〜ろ一一）柱間は当初―大壁、寛元―引違戸口、永和・慶長―開放となる。

b（ろ一〇）柱南面

当初の痕跡は現在の柱天から始まって約二・五尺間隔で下方に二つ並ぶ計三箇の壁間渡仕口穴である。ところがこの間渡穴はそれから下へは続かず、下方では長さ一寸、幅八分程の小さい間渡穴が並び、前述したこの柱の北面とは配列状況が異なっている。これは（ろ九）柱北面も同様で、当初の繫梁仕口下バから約四・五尺下った辺りを境にして、それから上方には二寸×一・八寸位の大きな間渡穴が三箇、下方には小さな穴が一・七尺間隔位で四箇並ぶことが判る。これは上方が厚い大壁、下方は薄い小壁であったことを示しているが、ここで思い起されるのは、元興寺旧僧房の入側間柱の痕跡である。すなわちその角間柱の両側は、一方は上から下まで壁間渡仕口穴が並んで大壁と推定されたが、他方は間渡穴が途中でとまり、その下の部分は戸口と考えた。この戸口は周囲に辺付を用いた方式で、そのために柱には楣や方立の仕口を全くとどめないと想像された。この東室の場合も全く同様で、ここに戸口を想定し、その両脇には小壁があったとしてよいであろう。元興寺僧房の柱間寸法の七・三尺に対して、東室は一〇〜一〇・五尺であるから、戸口の内法寸法については上方の大壁間渡仕口穴の最下端のものが、繫梁仕口下面から四尺丁度位であるから、辺付との間に小舞を編みつける余裕を四寸とみて、辺付上面までは四・四尺位と推定される。繫梁仕口下面から柱の石付までは一一・一尺であるから、石付から辺付上面までは六・七尺となる。これは今二本の柱だけから計算した寸法で、それも間渡仕口穴と辺付との距離を適当に仮定したのであるから、二〜三寸のところはどうにでもなるわけであるが、同様な痕跡を持つ他の柱を集めれば、大体の数値は決定される。そのことは後に述べるが、戸口の高さが地表面から測って普通の内法寸法位である点は注目され、床の痕跡が見当らないことと関連して、当初は床がなく土間であったと思われるのである。

再び（ろ一〇）柱に戻って、次に保安再建時の痕跡と推定されたものは、現柱底から約七尺の所にある楣仕口穴（幅四・八×背三・〇寸）、その上方の壁間渡仕口穴である。楣穴の下面から保安の床上端までは五・三尺。（ろ九）柱北面にも対応する楣仕口穴があるが、これは幅三・〇寸×背三・〇寸、内法高さは同じく五・三尺である。寛元改修時の痕跡は、北面と同様、現飛貫穴下方と重なった楣仕口穴（幅三・〇寸×背三・〇寸）で、内法の高さも六・二尺と揃うが、その下方の低い鴨居はない。永和改修時の痕跡は上方に天井縁を両脇から取付けた欠き込み、そのすぐ下に接する無目仕口穴、無目から約三尺下にある鴨居の枘をスベリ落しした細長い仕口穴、及び敷居の同様なスベリ落し仕口等である。鴨居の内法高さは床上端から測って三・五尺。慶長には改修されず、永和のままであったらしく、痕跡はない。ここに低い戸口が用いられ、しかもそれが慶長以降まで続いたのは、丁度この間が秘密経蔵にあたるためで、（ろ一〇）柱南面、（ろ九）柱北面とも削平されずに旧表面をよく残しているのも、ここが他のように居室ではなかったためである。以上をまた順に整理すれば創建―戸口、保安―楣（内法五・三尺）下戸口、寛元―楣（内法六・二尺）、下おそらく戸口、永和―低い鴨居（内法三・五尺）、下戸口、慶長―永和のまま、となる。

こうして間仕切の判定を一々の痕跡について行うわけであるが、他の柱間も大体似た状態なので一括して表示すれば次頁のとおりである。

この表のうち、（ろ一二）柱南面に創建時の痕跡がないのは、この柱が実は四面ともに旧痕跡をもたないためである。従って（ろ一二）柱は（ろ一三）柱の痕跡とも合わず、保安再建時に始めてこの位置へ転入したものと推定されるが、それにしても繋梁仕口以外には間仕切仕口穴を見出せないのは不審である。また保安再建時の戸口でない部分は目立った痕跡を全く持たず、壁間渡仕口穴でこの時に新しく掘ったと考えられるものであるので、大体は創建時の壁間渡穴を再用して、同じく壁であったと推定したのである。

二　桁行西入側柱通り（に一一～八）各柱間・間仕切の復原（図面60）

この通りの柱は、いずれも南・北両側面をかなり大きく削られており、東入側通りに比較して痕跡の判り難いものが多い。標識的な（に九）柱の痕跡をまず記述しよう。

（に九）柱北面　当初の痕跡は柱天（これは創建時のまま）の三寸下から始まり、約二・五尺間隔で三ケ並ぶ壁の間渡仕口穴で、穴

東入側柱通り（八～一二）各柱間・間仕切の変遷

柱位置	間仕切	創建		保安		寛元		永和		慶長	
		痕跡	判定	痕跡	判定	痕跡	判定	痕跡	判定	痕跡	判定
ろ八	南面	上方壁間渡穴 下方不明	戸口	楣（内法五・二〇）	戸口	楣（内法六・二〇）	戸口	天井（無目なし） 下方痕跡なし	開放	同右	開放
	北面	上下を通して壁間渡穴	壁	創建間渡穴を再用	壁	楣（内法六・二〇）	戸口	天井無目（内法七・一〇）	開放	同右	開放
ろ九	南面	同上		同上		痕跡不明		痕跡不明		同右	
	北面	上方壁間渡穴 下方小壁間渡穴	戸口	楣（内法五・三〇）	戸口	楣（内法六・二〇）	戸口	楣（内法三・五〇）	低い戸口	同右	低い戸口
ろ一〇	南面	同上		同上		同上		同上		同右	
	北面	上下を通して壁間渡穴	壁	創建間渡穴を再用	壁	楣（内法三・四〇）	低い戸口	天井（無目なし） 下方痕跡なし	開放	同右	開放
ろ一一	南面	同上		同上		同上		同上		同右	
	北面	上方壁間渡穴 下方不明	戸口	楣（内法五・七〇）	戸口	楣（内法五・九〇）	戸口	天井無目（内法六・四〇）	開放	同右	開放
ろ一二	南面	なし		同上		同上		同上		同右	

の大きさは長さ二寸、幅一・五～一・八寸位である。この配列は東入側柱（ろ一〇）南面と全く同様であるから、ここが戸口と推定されるが、下方の削平が甚だしいために小壁間渡穴の有無は判らない。これと対応する（に一〇）柱南面では、上方三箇の壁間渡穴のうち中央のものがあるだけで、上端の穴は慶長改修時に行なわれた柱天の切断によって　下端の穴は同貫穴のために失なわれている。しかし残存する間渡穴は高さがよく揃い、また戸口部分にあたる下方には同様に間渡穴が見えないから、この両柱は創建時にも現位置で向き合っていたと考えられる。次に保安再建時の痕跡と推定されたものは、創建壁間渡穴の最下のもののすぐ上にある楣仕

口穴で、穴の大きさは長さ五寸、幅四・二寸である。この楣穴はかなり大きく縦長であり、また穴の底の削り方からしても二回分の仕口穴が重なっていることが判るが、こうして旧表面が削平されて底しか残らない状況からは、その前後を判断することは至難である。寛元改修時の痕跡と思われるものが他に見当らないので、この楣仕口穴を保安及び寛元時に用いられたと推定する。東入側柱通りでは保安時の楣より寛元時の方が全部高い位置にあるから、ここでも下方を保安、上方を寛元時と考えておく。そうすれば楣下面から床上面まではそれぞれ五・七尺、六・〇尺となる。楣の上方は壁の間渡穴があり、下方は引違戸口であろう。永和改修時と推定された痕跡は、この楣から約一尺上方にある無目仕口穴（三・八寸角）およびその上面を下バとする両脇の欠込みで、これは天井縁を取り付けた仕口穴である。無目の内法高さは六・四尺、すぐ上に天井があって、無目から下方は開放と考えられる。慶長改修時の痕跡は上方に天井縁の仕口穴だけで下方は何もないが、現在面取角柱のように見えているこの柱の表面を削り落したのがこの時の仕事で、従ってここは開放と判明する。もっとも柱の表面を削平したのは、おそらく永和改修時にも行なわれたと推定されるが、慶長時にさらにそれを削り取って角柱に仕立ててしまうと、その痕跡は残らないのである。以上の間仕切装置を整理すると、創建当初—戸口、保安・寛元—引違戸口、永和・慶長—開放となる。

（に九）柱南面　当初の痕跡は柱天の四寸下から始まり三尺間隔で下方に四箇続く壁の間渡仕口穴で、最下のものは根継のために失なわれている。これと対応する（に八）柱は、現在身舎の内部側である東面に、創建時およびやや下に保安再建時の繋梁仕口穴があるから、これが旧西面に当り、後世一八〇度回転されたことが判る。従って現在の南面がもとは北面で、それが（に九）柱南面と向き合うことになるが、この面にも三尺間隔の壁間渡仕口穴があって、両柱面の痕跡は一致し、ここが大壁であったと判明する。次に保安再建時の痕跡と思えるものはないが、これは創建時の間渡仕口穴を再用して、やはり壁であったと推定される。寛元改修時の痕跡と推定されたのは、楣仕口穴で、穴の大きさは幅五・〇寸、背四寸、内法高さは六・一尺である。北面の同時期の楣より一寸程高いが、この程度は仕事のムラと見てよく、下方はやはり引違戸口と推定される。

次に永和改修時の痕跡は、寛元時の楣仕口穴から九寸上の無目の枘仕口穴（長さ四寸、幅一・二寸）、およびその九寸上の無目大入れ仕口穴（約三寸角）で、下方の無目上バには向って左に、上方は右側に天井縁取付の欠込がある。これは無目を二丁通して庇の天井を低く、身舎の天井を高くしたものである。上方の無目の内法高さは七・四尺、下方の無目の内法高さは六・五尺、下は開放と考えられる。対応する（に八）柱をみると、この痕跡は現在の北面に一致しているから、前記一八〇度の回転は永和改修時の仕事と判断される。もっとも（に八）柱の痕跡は各面全部にあって、それを同様にして対応する柱の痕跡と対称すれば、この回転の時期は確定するわけで、こうした判断は実際には総合的に行われるのである。慶長時の痕跡と思えるものは、天井をほぼ同じ位置でやり直した位で目立つものはないが、丸柱を角柱に直したのであるから、北面同様開放に近いものであろう。寛元時の楣仕口を埋木した上から、長さ一・二寸、幅三分位の壁間渡穴があり、その形からいってこれが慶長時の壁小舞仕口穴と推定され、ここが壁であったと思われるのに、下方にはそれが続かず、代って戸当りをとめた釘穴があるから、ここには鴨居が挿入されて下が引違戸口とされたらしい。鴨居の内法高さは五尺位である。以上をまとめれば、（に九〜に八）間は、創建―大壁、保安―大壁、寛元―引違戸口、永和・慶長―開放で、慶長には軽い引違戸口があったことになる。これを各柱間について行った結果を一括して表示すれば次頁の表のようである。

この表中で（に七）柱北面の創建時の痕跡が、（に八）柱南面と合わないのは、（に七）柱が保安再建時にここへきたもので、もとは別の場所にあったことを示している。（に七）柱の繋梁仕口穴を見ると、その大きさが標準的なもの（長さ七・〇寸、幅三・五寸位）より少し大きく、長さ七・八寸、幅四・八寸程あるが、その側面に釘穴が二本ある。この釘穴は創建時の繋梁仕口には全部一本ずつあるもので、繋梁の枘を側面から縫いつけて止めた釘痕である[33]。現存する入側柱（妻柱も含めて）は一五本であるが、その内（に七）と同様に釘穴を二本もち、繋梁仕口穴も広げられて大きくなっている柱は（に七）（に五）（ろ三）（ろ二）の四本で、これらは全部七通りから南に置かれており、他の一一本はまた全部八通りから北方に集中している。しかも（に七）柱が創建時には現位置とは異なった所に用いられたことが判ったのと同様に、（に五）柱も旧位置のままではないことが、壁や戸口の付き方から判断されるので、（に七）柱以下の四本は八通りより北方の柱群（これは今まで述べたように（ろ一二）以外は全部旧位置のまま）とは違って、これは南の方で用いられていた柱が、保安再建時に寄せ集められたと推定されるのである。細長い建物であるから創建以後十二世紀初頭に顚倒する間に、南半だけに繋梁を改める修理が行なわれたとしても不思議はない。側柱でも七通りから南で現存する創建材は六本であるが、それ等は旧痕跡によって旧入側柱二本、旧棟下柱三本と判断され、いずれも保安再建時に身舎回りの長い柱を切り縮めて、側通りへ転用したものである。また一本のみは旧側柱であるが、これも旧位置のままではない。従って七通りから南の柱で、創建時の間取を考えても、これらの柱のもとの組合わせが判らないから無意味なのである。

西入側柱通り（七〜一一）各間・間仕切の変遷

柱位置	間仕切	創建 痕跡	創建 判定	保安 痕跡	保安 判定	寛元 痕跡	寛元 判定	永和 痕跡	永和 判定	慶長 痕跡	慶長 判定
に七	北面	上下を通して壁間渡穴	戸口	楣があったか	戸口と推定	同右	戸口と推定	痕跡不明	開放	痕跡なし	開放
に八	南面	上方に壁間渡穴		同上		同上		天井無目（内法七・四〇）		同上	
	北面	上下を通して壁間渡穴	壁	創建間渡穴を再用	壁	楣（内法六・一〇）	戸口	天井無目（内法七・四〇）	開放	同下	戸口
に九	南面	同上		同上		同上		同上		鴨居（内法五・〇）上に壁間渡穴	
	北面	上方に壁間渡穴	戸口	楣（内法五・七〇）	戸口	楣（内法六・〇〇）	戸口	天井無目（内法六・四〇）	開放	痕跡なし	開放
に一〇	南面	同上		同上		同上		同上		同上	
	北面	上下を通して壁間渡穴	壁	創建間渡穴を再用	壁	楣（内法五・八〇）	戸口	楣（内法五・八〇）	戸口	通して壁間渡穴	壁
に一一	南面	同上		同上		同上		同上		同上	
	北面	上方のみ壁間渡穴	戸口	楣（内法五・八〇）	戸口	痕跡不明	戸口か	天井無目（内法七・四〇）下方小壁	小壁	痕跡なし	開放か

三　梁行房境通り（九通り及び一一通り）各柱間・間仕切の復原（図面61・62）

まず身舎梁行の間仕切が最も簡単なので、その中央の（は九）柱の両側面をとり上げよう。この柱の両側面には長さ一・八寸、幅一・六寸位の大きな穴から、長さ一寸、幅三分程度の小さな穴まで、色々な形の穴が掘られているが、これ等は全部壁間渡仕口穴である。大きな正方形に近い穴が創建当初のもので、保安再建時にもこれを再用したらしい。東面にある長さ一・五寸、幅一・〇寸位の穴は永和改修時のもの。小さく細長いのは慶長時の壁小舞穴である。こうして壁間渡仕口穴が古い時代には大きく、しかも正方形に近く、それが中世に小さくなり、近世ではごく細長い小穴となるのは、壁の骨組となる須立構造の変化に伴うものである。床から四・五尺位の処にある縦四寸、幅一寸程の穴は慶長時の胴差し枘穴で、これに対する（ろ九）柱西面では大入れ仕口となるが、この胴差しの上下にうまく壁小舞穴が割付けられているから、全体はやはり壁であったことが判る。（は九）柱西面で痕跡が少いのは、保安再建時の壁がそのまま長く続き、慶長時にふたたび壁にやり直したためとみられる。そして（は九）柱両側は、現在でも壁であった。従って九通り身舎梁行柱間は創建以来常に壁であったわけで、この柱の南北両面がひどく削られているのに、東・西面は当初の柱面をそのまま残しているのである。この房境壁の存在は一一通りでも同様で、例えば（ろ一一）柱西面の痕跡は、二・五〜二・八尺間隔に並ぶ大きな正方形に近い間渡仕口穴が創建当初のもので、これを保安再建時に掘り拡げて再用したこと、寛元改修時に丁度中央位の高さで胴差しを大入れ仕口で差し込み、その上下を共に壁とした（径一寸位の不整形の間渡仕口穴）こと等が判明する。永和改修時の壁間渡穴はないが、この時には寛元時の壁をそのまま用いていたのである。従ってこの間も創建以来永和改修時までは引続いて大壁であった。ところが慶長改修時の痕跡はなく、この壁は取り払われてしまった。一一通りの身舎中央に立つ（は一一）柱は、慶長改修時に新材と取り換えられて、現在はその角柱が残されているのであるが、その東面をみると壁貫及び小舞穴の仕口があって、ここが壁であったことが判る。しかしこの壁はその技法からすると江戸時代中期以降のものと推定され、慶長時の痕跡は天井から上方の壁小舞穴及びその下方の鴨居仕口穴と考えられる。そこで（ろ一一）柱を西面から見ると、この面にもやはり慶長時の痕跡はなく（ろ〜は）間は慶長時には戸口とされたことが判る。これは（は〜に）間も同様で、（は一一）柱西面には飛貫より下方には壁の痕跡はなく、（に一一）柱には壁小舞仕口穴（長さ一・八寸、幅四分）があるから、この間は西半を壁、東半を戸口とした。こうして創建以来房境を仕切っていた壁が慶長時に戸口に改められたのは、僧房としての二間一房制の間取の基本が崩壊したことを示している。

房境通りの壁は庇の間でも同様で、例えば（い九）柱西面と（ろ九）柱東面の痕跡では、永和改修時の胴差し仕口穴がある他は、全部壁の間渡仕口穴ばかりで、ここが創建以来現在まで壁であったことを示している。ところでこの柱間で重要なことは、創建当初の間渡穴の位置である。（ろ九）柱東面には、繋梁仕口穴下バから四寸下を起点として、約二・五尺間隔で並ぶ大きな間渡穴が、柱底に半分かかったものまで含めて七箇ある。このうち上から三つ目の穴とその次の穴、六箇目と柱底の穴との間隔は四寸で、これは同一時期の仕事とは思えないから、どちらかが当初のもの、他方は改造時のものとしてよい。しかし穴の形は大体似ているから、これだけではその判別は困難である。一方（い九）柱西側を見ると、これには現在の柱天から一・二尺下った処にある穴から始まって、その下一尺までに三ケの穴が接近してあり、二・五尺程離れてまた二箇の穴がすぐ近くにある。下の方は現腰貫穴の上方に一箇、下方柱底のものを含めて二箇の穴があって、全体としては八箇である。両柱の間渡穴で、現状の高さ関係で一致しているのは、穴の番号を仮に上から順に附け、（ろ九）を前に、（い九）の穴を後にして、―でつないで示せば、②―③、③―⑤、⑤―⑥、⑥―⑧の四組である。ところが柱の高さを現状からずらして、（ろ九）柱の②と（い九）柱の②を一致させるように変えると、この時には、②―②、④―⑤、⑦―⑧の三組が合うが、（い九）柱⑥に対応する（ろ九）柱位置には腰貫穴があって、そのために痕跡が失われたと考えれば、ここも一致することになる。そうすれば後者の組合わせが創建当初のもので、保安再建時に柱を切り縮めたために両柱の高さ関係がずれ、現状のようになったと考えられ、（ろ九）柱では①②④⑤（貫穴中のもの）⑦が創建時のもの、①②③⑤⑥が保安再建時のものと推定される。①②は二回とも使われたわけであるが、穴の形も掘り拡げられてやや大きい。また（い九）柱では②⑤⑥⑧が創建時、③⑤⑥⑧が保安再建時で、（ろ九）が上方の間渡穴を再用しているのに対して、これは下方の穴を再用している。保安には旧間渡穴をどちらかの柱で適当に再用し、他方を新しく掘り直したことが判る。両柱痕跡のこうした関係から、次の二点が注意されねばならない。すなわちまず第一は、両柱が創建以来現在の位置にあったことが確認された点であり、第二は創建時と保安再建時の壁間渡仕口穴が非常によく似ており、穴の形だけでは判別が困難で、しかもその際には旧間渡穴を出来るだけ再用する方針をとったことが明らかにされた点である。先に入側通り柱間の間仕切装置の復原について記した際に、創建時に大壁であった処を、保安再建時にも壁と推定したのは、旧仕口穴の再用を考えなければ他に痕跡が見当らないこと以外に、上述のような方針からもそれを認め得るからである。また第一の点は、現在の側柱中にはもとは身舎の柱であったことが判るものがかなりあり、現入側柱に比べると、保安再建時に旧材の取換え、または位置の変動のおそれが多分にあることと関連して、その中で旧位置のままの柱を確かめうることが、重要なのである。

なお、もう一度間渡穴の組合わせに戻って、痕跡の中（い九）柱の①及び④が、（ろ九）柱と全く一致しない点も重要で、穴の形もこの二箇のみはやや縦長で他と相違する。これと同様な穴が外側にあたる東面にもあって、これも現在の柱位置としては使えない。[34]とすればこれは東室以前のもので、（い九）柱はさらに古い建物からの転用材と考えられる。同様な関係は北妻通りの（ろ一三）（は一三）（に一三）柱では一層明瞭で、これ等の柱間には東室創建以来の壁間渡穴が存する他に、やや縦長の穴が二・四尺間隔で並び、しかもそれは非常に浅い。[35]これは東室を建てた際に旧柱を再用し、表面を一皮削り落して細くしたためで、これらの柱がさらに古い建物に使われたと考えられるのである。この前身建物については前節で述べたのでここでは繰り返さないが、間渡穴の形が多少異なるだけであるから、実際には一本、一本の柱について、この痕跡を確かめるのは容易ではなく、しかも同じ穴を東室の創建時および保安時に再用した場合もあって、間仕切装置の復原は難行したのである。

但し、房境通りの間仕切はいつの場合でも壁であったから、前身建物の痕跡が混入しても結果は同じで、この問題は特に側柱通りを復原する際に、旧身舎柱を保安時に転用したものと、前身建物の柱を用いて東室としては始めから側柱であったものとを判別するために重要であった。房境通りについては、慶長改修時に戸口になる箇所があるだけで、それは常住の居室としての用途が変り、僧房としては機能的な意義を失ったことを示し、それまでは壁で厳重に仕切られていたことが明らかなので、変遷を表示する必要はなかろう。

四　桁行西側柱通り（ほ七〜ほ一〇）各柱間・間仕切の復原（図面64）

標識的な（ほ一〇）柱の痕跡について記述すると、まず正面（西側面）では現在の柱天から一尺下の首切溝が、保安再建時の長押下面の仕口で、その上方に長押とめ釘穴がある。保安長押の四寸下に風蝕型があり、これが永和改修時の長押下面にあたる。その一・八寸下には現状の長押が存しているがこれは慶長改修時の仕事である。腰長押は一・〇寸の間隔で、近接して二回分あり、上方が永和改修時、下方が現状で慶長時と推定される。保安時の腰長押は風蝕型がはっきりしないが、東面に保安時の敷居仕口穴があって、床上面の位置がわかるのでそれを正面に回すと現状（慶長）の一・六寸下にあたる。この柱には梁行に飛貫及び腰貫を通して、その仕口穴があるが、飛貫は上面を永和時内法長押の下面に、腰貫は下面を同腰長押上面に揃え、貫と長押とが同時期の仕事であることを示している。内法長押下面と腰長押上面との間の寸法は、保安―六・七七尺、永和―六・〇九尺、慶長―六・〇〇尺である。永和時腰長押痕跡の南脇に、背三・〇寸程の風蝕型がありその中央に釘穴があるのは、半長押の取り付いた痕跡である。以上正面には三回分の長押痕跡があるが、寛元時には保安時をそのまま踏襲したと推定される。この長押痕跡に対して、南側面には楣仕口穴が上方に二箇ある。すなわち最上の長さ四・五寸、幅二・一寸の穴が保安時、その下の長さ七寸、幅一・二寸の細長い痕跡が永和時のものであるが、後者は楣の枘を下方からスベリ込ませる仕口である。蹴放仕口穴は保安時にはなく、永和時に長さ四・八寸、幅二・六寸の大きな大入れ仕口穴。慶長時の痕跡は壁小舞仕口穴。その他この面には明治以降引違戸口とされ、現在では窓となっているための諸仕口を存するが、これは省略する。この痕跡を（ほ九）柱と比較すると、まず正面長押の痕跡は全く同様で、内法、腰両長押間の寸法も永和六・一〇尺、慶長六・〇四尺で近似する（保安長押は内法長押のみ明瞭で、腰長押位置不明）。永和時の楣及び蹴放の仕口穴、腰長押の北脇に背二・九寸の半長押痕跡も（ほ一〇）柱と対応する。但し保安時の楣仕口穴はなく、これは他の例からすると一・〇寸角位の小さな壁間渡穴が並ぶ。従って（九～一〇）間は保安（寛元）、永和、各時期共に戸口、慶長時は壁（小舞穴の間隔が狭いので小壁）と推定される。一方これと反対の（一〇～一一）間は、（ほ一〇）柱北面で二尺間隔に配された一・五寸角程の間渡穴が保安時の痕跡と考えられる。永和時と推定されるのは内法長押のすぐ下に接する窓框枘穴、四・五尺下の同下方框枘穴及び窓台仕口穴である。慶長時の痕跡はなく、永和時のままと思われる。すなわちこの間は保安（寛元）―壁、永和・慶長―窓と推定されるのである。（ほ一〇）柱に関する以上の痕跡は西側柱通り全体にほぼあてはまるもので、特に保安時の戸口と大壁が一間置きに配される痕跡と、永和時の戸口と窓を交互に配する痕跡とは明瞭である。また上下長押間の寸法も保安―六・七三～六・八〇尺、永和―六・〇〇～六・〇七尺、慶長五・九五～六・〇〇尺とよく揃っている。床高（腰長押上面）寸法はかなり不同があるが、（ほ一〇）柱では礎石上面から保安―一・二五尺、永和―一・六尺、慶長一・五尺。（ほ四）柱ではそれぞれ一・二五尺、一・八〇尺、一・九三尺である。これ等の柱間の造作のうち、慶長の戸口は（七～八）柱間に現在し、また永和時の窓も（六～七）、（八～九）両柱間にそのまま現存しているから、これは問題ない。永和時の戸口は、幸に内法長押下の無目が発見されて（ほ八柱のハギ木となっていた）、それによると面取の方立柱を立てて、本柱との間に小壁を設け、方立柱の内側に楣、蹴放、方立を取付け、扉は無目と下方の半長押間に吊られることが判った。次に保安時の戸口については、現在この通りの（七～一〇）（一〇～一三）間に三間通して一本の長押が二丁用いられているが、この長押は少くとも寛元改修時を下らぬものと推定され、その下面には扉の軸摺穴はなく、無目の当った風蝕型が一間置きに残されている。従って永和時の戸口型式と大体似たものと考えられる。しかし無目の仕口穴が対応する柱の一方のみにあり、他方には小壁の取り付いていた痕跡と思われる小角穴があるから、左右は対称ではなく、一方へ寄せて戸口を作ったと考えられ、方位柱を用いて両脇に小壁をつける永和時の戸口とは多少異っていたのであろう。なお柱の根元の方には、永和改修時の腰長押上面から約八寸下を上バとする枘穴を存するものがあり（正面に枘穴を存する）、枘穴のない柱では戸口にあたる側面に同じ高さを上バとした背二・五〜四寸の切欠、及び釘穴を存するから、これ等は縁繋の痕跡と考えられる。腰長押の厚さを六寸、縁板の厚さを二寸と見て丁度八寸に納まるのである。繋ぎ桁の切欠きが戸口の側にだけある点は注意を要し、縁といっても全体を通したものではなく、戸口部分のみ踏段状に設けられたと考えられる(36)。なお保安再建時と思われる縁または踏段の痕跡はないが、この時には床高が低いから、沓脱石程度を据えればそれでも間に合うのである。ところでこの西側柱通りの創建時の間仕切については全く手掛りがない。現存する創建時の柱は七本であるが、そのうち③④⑤⑥の四本は痕跡によって旧身舎柱と推定されるが、⑧⑨⑩の三本については全く何の痕跡もない。特に（ほ九）柱は坊境にあたり、（に九）との間に壁があって、その間渡穴の配置からもともとこの位置の柱と判断されるものであるが、その両側には当初の痕跡はない。（ほ八）および（ほ一〇）柱は後述するように、入側柱との間を開放としたので、これは両面共に当初の痕跡がなく、旧位置か否かを確かめる方法がないのであるが、すでに述べたように入側通り、坊境通りのいずれにしても、柱のどの面かに壁の痕跡があるはずであるから、それが全くなければやはり当初から側柱であり、場所も旧

西側柱通り各間・間仕切の変遷

柱番号＼判定	創建	保安	永和	慶長
一				
		不明	不明	戸口
二				
		壁	窓	窓
三				
		戸口	戸口	窓
四				
		壁	窓	窓
五				
		戸口	戸口	窓
六				
		壁	窓	窓
七				
	戸口	戸口	戸口	戸口
八				
	戸口	壁	窓	窓
九				
	戸口	戸口	戸口	小壁
一〇				
	戸口	壁	窓	窓
一一				
		壁	戸口	窓
一二				
		戸口	窓	窓
一三				

位置のままと判定してよい。するとこの側通りの間仕切は全部開放か或は全部戸口かということになる。痕跡が全くなくても戸口と考えられることは入側柱通りのところで記した。ここでは一応全部を戸口と考え、以上述べた西側柱通り各柱間の間仕切をまとめるが、保安時の壁と戸口、永和時の窓と戸口部分は、いずれも痕跡がよく似ており割合判り易いので、一々の痕跡を省略して判定の結果のみを表示する。

五　桁行東側柱通り（九〜一二）**各柱間・間仕切の復原**（図面63）

東側柱通りの柱は一三本のうち、七本までが明治年間の修理の際に取り換えられ、残り六本のうち二本（②および③）も、あまりにも破損が甚だしく、周囲の柱との関連が慶長以降の痕跡でしかたどれないので、創建以来の間仕切装置を復原する資料としては、わずかに⑨〜⑫の四本に過ぎない。そのうち最も旧柱面の残存状態がよい（い一〇）柱について、痕跡とその判定を記すと次のようである。創建時の痕跡を最後にまわして、まず保安再建時の痕跡と推定されたものは、正面（東面）では現柱天から六・三寸下の内法長押下面当り、同とめ釘穴、南面では長押下面よりやや下って楣仕口穴（長さ三・七寸、幅一寸）、下方には現腰貫穴の左脇にある床板を挿し込んでいた切欠（厚さ一・七寸）、北面は柱天に半分かかった穴から始まって、二尺間隔で並ぶ約一・六〜一・八寸角の壁間渡仕口穴である。正面下方の腰長押取付痕跡は明らかではないが、同とめ釘穴はあり、南面に存する床上面痕跡から、内法長押下面までは七尺丁度。床高は現在の柱底から一・一尺あるが、これは慶長改修時に切断され、「かいもの」が挿入されているので、礎石上面からは約一・三〜一・四尺を計る。すなわち保安再建時には西側と同様、一方が戸口、他方が壁となり、上下長押間の内法寸法も大体西側に近似している。寛元時の痕跡は南面、柱高のほぼ中程にある楣の枘穴（長さ五・八寸、幅二・三寸）、および同上の不整形壁間渡仕口穴で、保安時の戸口が改修されて、低い戸口（床上面より楣下面まで四・〇尺）となった。

永和改修時の痕跡と推定されるものは、正面では柱天より一・二尺下の上長押取付の風蝕型、同とめ釘穴、下方の腰長押当り風蝕型（内法寸法は六・〇尺）及びその下方七寸を上バとする縁板掛取付欠込仕口、同とめ釘穴等である。床高は推定一・七尺。またここでは西側面で推定された戸口前だけの踏板ではなく、縁板を通して取りつけた。南面では上下長押に接して、楣及び蹴放の仕口穴、北面も同様に楣、蹴放の仕口穴がある。従って、その際には柱の両脇がともに戸口であった。慶長時の痕跡は正面上下長押、縁板掛取付けの切欠、南面は上長押に接して鴨居仕口、北面は長押よりすこし下ってL字形の仕口穴があり、これは床上面に接しても同形の仕口穴を作り、その間に幅一・一寸の板決りをする。上下長押の内法寸法は五・九尺、推定床高は一・九尺。南面は引違戸口、北面は窓と考えられる。[37] 従って以上をまとめると、長押位置や床高等は各時代共西側面とよく似たもので、保安再建時に戸口と壁を両脇に配したのも、全く同じ方式であるが、その後はまず寛元時の改修があり（西側には見当らなかった）、永和時には両脇を共に戸口とし、慶長時には一方戸口、他方を窓としたという変遷をたどり、西側面のように整然としたものではない。永和時の痕跡もこれに対応しているから、（一一〜一三）の二間のみは、この時には他より約五寸低い床面であったことが判る。なおこれ等永和改修時に床高をかえず、古い床面をそのままにして蹴放（南面）や、窓台（北面）を取り付けた仕口穴があり、（い一一）柱北面の造作については、永和改修時の戸口上框が二丁発見され、うち一丁は（九〜一〇）間に、他の一丁は（一〇〜一一）間に用いられたものと判断されたので、各柱間戸口の旧形式を知り得た。修理後の東室はその形式によって復原されているが、（九〜一〇）（一一〜一二）両間は開口部を片方に寄せて両開板扉を釣り込み、その前面に片引の格子戸を建てる形式、（一〇〜一一）間は中央にやはり柱間の半分幅だけ入口をとって、内側に両開板扉、外側に引き分けの格子戸を建てたものであった。従って戸口の形式は西側面のものとはかなり相違するのである。

ところで創建時の痕跡と思われたものは、まず確実に旧位置のままと判定された柱から見ると、（い九）柱では南面の約二尺間隔に並ぶ大きな壁間渡仕口穴、及び北面の約一寸角位の小さな壁間渡穴（間隔は約一・五尺）である。南面の大きな壁間渡穴は保安再建時にも再用され、北面では同様な小角穴をその際に掘り改めたらしい。そうすれば南面は大壁、北面は戸口脇の小壁が取り付いたと判定される。しかしこの大壁と戸口脇小壁の方式は、保安再建時にも全く同様で、そのことは西側柱通りで旧身舎柱を保安時に転用した側柱の痕跡から明瞭である。とすれば、この（い九）柱両側面の痕跡は、実はその時の新しい仕口穴で、創建時には西側柱と同様、何の痕跡も残さないのではないかという疑問が生れる。そこで（い一〇）柱の痕跡を調べると、南北両面には保安以降の痕跡しかなく、現在外側である東面と、裏の西面に大きな間渡穴が並ぶこと。それとは四五度回転した方向で、東南面にやはり大きな間渡穴が並び、反対の西北面に小さな角穴があることが判る。この二種類の痕跡は穴の形や、配置間隔からして、前者が前身建物のもの、後者が東室のものと判断された。すでに何回も述べたように側柱には保安転用材がかなりあるので、この場合でも例えば前者を東室のものと考えれば、柱の両脇に壁が取り付くのは棟通りの柱であるから、これはその転用材と判定される。しかし後者の痕跡をもつ柱は、身舎柱にはあり得ないから、その場合にはこの柱を創建以来の側柱と考えてよい。残存資料が限られている今の場合には、この判定は極めて重要な意義をもつが、壁間渡穴のようによく似た単純な仕事をこうして判別し得るまでには、予想以上の調査日時を必要としたのである。（い一〇）柱の一方が壁、一方が小壁の痕跡を側柱本来の痕跡と判定すれば、（い九）柱に関する疑問も氷解する。すなわち東側面には壁と入口が交互に配されたことが確実となり、しかも（い九）柱は旧位置のままなので、一房二間の内、南を入口、北を壁としたことが明らかにされた。この場合（い一〇）柱は身舎柱との間の間仕切痕跡による以外には、旧位置のままか否かを確かめる方法はないが、後述するようにその痕跡もまた殆んどなく、それを実証し得なかった[38]。しかし旧側柱であることが確実となり、その痕跡が旧位置のままに存続する柱（い九）と一致すれば、同一方式の繰り返しと考えて以上のような推定が行えるわけである。なお（一一）及び（一二）の両柱は身舎柱の転用材と判定され、創建側間仕切装置復原の資料とはならなかった。以上を整理して表示すれば、

東側柱通り各柱間・間仕切の変遷

判定＼柱番号	一三	一二	一一	一〇	九	八
創建	／	／	壁	戸口	壁	以下資料なし
保安	戸口	壁	壁	戸口	壁	
永和	窓	戸口	戸口	戸口	窓	
慶長	窓	戸口	窓	戸口	戸口	

六　梁行房中央通り（八通り及び一〇通り）各柱間・間仕切の復原（図面65・66）

この柱通りは、創建時には身舎が大きな一室であったから、内方への間仕切はなく、庇の間の間仕切のみを考えればよいが、その痕跡がまたほとんどないので、後世の痕跡を先に判定し、その結果残るものを考えてみよう。（ろ一〇）柱の痕跡をみると、東面で保安時と推定されたものは、現柱天より四・五尺下にある楣仕口穴、及びその上にある一寸角程の小壁間渡穴。寛元時には楣を一・

五尺さげ、下に小壁を造ったことを示す楣仕口穴と径一寸程の壁間渡穴。永和時と考えられるのは、保安楣と下面を揃えた飛貫仕口穴と下方の壁間渡穴、慶長時には壁をやりかえた間渡穴。以上の痕跡は（い一〇）柱西面とよく一致し、これには保安時の敷居仕口穴もある。従って（い一〇〜ろ一〇）間は保安―戸口（内法五・七尺）、寛元―戸口（内法四・二尺、両脇に小壁）、永和・慶長―壁と判定される。そこで残った痕跡は、当初の繋梁仕口下面から二・五尺下の長さ一・八寸、幅一・五寸の穴だけとなるが、これは創建時の太枘穴痕跡と考えられる。（い一〇）柱は前述のように四五度回転しているから、もしこの太枘穴の相手があれば東北面に当るが、現柱天から一・五尺の穴が大体揃うと見てよい。保安再建時には柱を全部切縮めたから、唯一ケの穴から確証は得られないが、この柱間の痕跡としては他に見当らないのである。この太枘穴の高さは当初の柱底から八・六尺で、ここに横材を一本通して、その下方に間仕切を造ったものと考えられる。[39] 次に西庇の間に当る（に一〇）柱の西面を見ると、保安再建時の痕跡は現柱天から四・七尺下方の楣仕口穴、及び敷居仕口穴（床上面から楣下面まで五・七尺）。寛元時はなく、永和時には飛貫を通し、その上方を壁とした壁小舞穴。慶長時の痕跡はない。永和時の飛貫は現存して、その下面にヒバタを打ち附け、二本溝に造るので、ここは引違戸口と判明する。従って（に一〇〜ほ一〇）間は、保安・寛元―戸口、永和―戸口、慶長―戸口または開放となる。ところでこうして残るものは、大きな壁間渡仕口穴であるが、これは東面にもあって、前身堂のものと判断されるので、痕跡は全くないことになる。（ほ一〇）柱東面の痕跡も大体一致し、これには寛元時の小壁の痕跡（径一・五寸の不整形の穴）が多いだけで、東室創建時、前身建物共に痕跡はない。従ってここは創建時には開放と考えられる。

次に身舎の内側の間仕切は、保安再建時に虹梁下の柱が加えられるので、この柱との間に造られた。但しこの柱は全部取り換えられて現存せず、わずかに野極中からそれと思えるものを一丁発見したが、旧位置が（は二）と推定され、この附近の柱の破損が甚だしいために、細部痕跡までは判らなかった。（ろ一〇）柱西面で、その痕跡を見ると、現柱天から四・九尺下の楣仕口穴、その上方の壁間渡穴、下方のやや小さい小壁間渡穴が保安時、前記楣位置に重ねて胴差しを枘差しとし、上下を壁（円形の間渡穴）としたのが寛元時、永和にはそれが変らず、慶長も胴差しをおいたまま壁をやり直した木舞穴がある。従ってここは保安―戸口（内法五・三尺、楣下小壁）、寛元・永和―胴貫入大壁、慶長―壁となる。なお八通りでは（は八）柱が保安にはまだなく、寛元に始めて入ったのでそれ以降の痕跡ばかりである。以上各柱間の痕跡とその判定を表示すれば次頁のとおりである。

梁行八通り各柱間・間仕切の変遷

柱位置	面	創建 痕跡	創建 判定	保安 痕跡	保安 判定	寛元 痕跡	寛元 判定	永和 痕跡	永和 判定	慶長 痕跡	慶長 判定
ろ八	東面	痕跡不明	不明	楣（内法五・七〇）上下痕跡不明	戸口	楣か（内法五・三〇位）下方小壁穴	戸口	飛貫、下面に戸口溝	戸口	鴨居（内法五・九〇）	戸口
ろ八	西面	痕跡なし	開放	痕跡なし	開放	上下を通して壁間渡穴（円形）	壁	飛貫上下壁穴	壁	鴨居（内法五・六〇）	戸口
は八	東面					同上		同上		同上	
は八	西面		開放		開放	同上	壁	飛貫上下壁穴	壁	飛貫（永和）上下壁穴	壁
に八	東面	痕跡なし		痕跡なし		同上		同上		同上	
に八	西面	同上	開放	楣か（内法五・七〇位）下方、小壁穴	戸口	楣（内法五・〇〇）上下壁穴	戸口	飛貫下面に戸口溝	戸口	鴨居（内法五・六〇）下方壁穴	戸口
ほ八	東面			楣か（永和飛貫と重なる）		楣（内法同上）		同上		痕跡不明	

梁行一〇通り各柱間・間仕切の変遷

柱位置	面	創建 痕跡	創建 判定
い一〇	西面	柱底より八・六〇に大枘穴	戸口
ろ一〇	東面	同上	
ろ一〇	西面	痕跡なし	開放
は一〇	東面		
は一〇	西面		開放
に一〇	東面	痕跡なし	
に一〇	西面	同上	開放
ほ一〇	東面	同上	

保安 痕跡	保安 判定	寛元 痕跡	寛元 判定	永和 痕跡	永和 判定	慶長 痕跡	慶長 判定
楣（内法五・七〇）	戸口	楣（内法四・二〇）上下に壁あり	戸口	飛貫 壁穴	壁	永和の壁をそのまま	壁
同上 上方に壁穴		同上		同上		同上	
楣（内法五・三〇）	戸口	胴差し 上下壁穴	壁	寛元のまま	壁	飛貫 上下壁穴	壁
						飛貫 壁穴	
	戸口		壁		壁	飛貫 下痕跡なし	戸口
楣（内法三・六〇）上壁、下小壁穴あり		上下を通して壁穴		飛貫 下壁穴		飛貫、下壁穴か（永和再用）	
楣（内法五・七〇）敷居	戸口	保安のまま	戸口	飛貫、下面に戸口溝	戸口	壁穴あり	壁
同上		同上		同上		同上	

七　桁行棟下通り柱間・間仕切の復原（図面67）

棟下通りの柱で創建材は房境通りに限られるわけであるが、現存するものは、③、⑨、⑬（北妻）の三本に過ぎず、そのうち③は明治改修時に新材と取換えられて、床大引に転用されていた。虹梁下に立てられた柱も保安時のものは野棰中にそれと思えるものが一本ある程度で、寛元時と推定される角柱（八）がようやく床大引に転用されて残っていたに過ぎない。この棟下通りは創建時には開放であったことが明らかであるが、保安時の痕跡と思われるものは、（一三）柱南面に約二尺間隔に配された四角い壁間渡穴および（九）柱北面の楣仕口穴（床上面より楣下面まで五・六尺）位である。九柱南面には痕跡はなく、これは八柱が保安時にはまだ存在せず、開放のままであったことを示している。（は三）柱は南面に壁間渡穴がかろうじて残されているから、南を壁としたらしく、北面では丁度内法五〜六尺の高さに当る附近が大きく欠き取られて、楣の有無が不明であるが、この上方に壁の間渡穴、下方には小さい間渡穴があるから、これは楣の上を壁、下を戸口として、小壁をつけたものと推定される。以上の痕跡からすると、一房二間のうち、南の間を戸口、北の間を壁としたらしく、野棰中から発見された小柱（径六・〇寸程）も一方のみに壁の取り付いた間渡仕口穴を存して、これと矛盾しない。次に寛元時の痕跡は（は八）柱南北両面では径一・五寸程の円形の壁間渡穴が上下を通してあるから、両面共に壁と推定され、（は九）柱南面にもこれと一致した痕跡をもっている。またこれとよく似た間渡穴が、三及び九両柱の北面にも見られ、そうすればこれ等はすべて大壁が取り付いたことになるから、棟下通りは各間全部壁であったと考えられる。永和改修時の痕跡は、各柱とも明瞭ではないが、この時保安の小柱を普通の太さのものと取り換えた（は一二）柱では、南北両面に壁小舞穴があって壁としたことが判るから、他の間も寛元時の壁を大体踏襲したと見られる。慶長改修時には壁を取り払って戸口とした間が（七〜八）（八〜九）（一〇〜一一）（一二〜一三）各柱間、床の間を設けたのが（六〜七）といった状況で、むしろ壁の間の方が少い位になるが、一々の痕跡にはふれず結果のみを復原図に示すこととする。（図面58）

第四節　間取の復原的考察

前節では北より第二及び第三房を中心として、各柱間ごとについて間仕切の復原を行ったが、本節ではその組合せの結果生ずる間取の基本的な性質を各時代別に考察し、間取の変遷を明らかにする。しかし前節で明らかなように、復原資料がほとんど柱に残る痕跡だけに限られ、戸口や窓等の造作材で現存もしくは発見されたものも、すべて永和改修時以降の部材であった。僧房が必ずしも同一間取のくり返しとはならないことは、すでに元興寺僧房（創建及び中世禅室）で明らかにされたが、東室の場合も大体以上のような平面構成の房が並ぶとはいえ、やはり細部では大分相違した点があるが、その詳細は不明の箇所が多い。しかも桁や梁に残された痕跡からすると中柱を用いた箇所があり、相対する柱面の痕跡からしても、中柱の存在を考えなければ合理的な間仕切装置を復原し得ない柱間もあるので、その場合にはかなりの推定が加わる。また戸口にしても一方に壁の痕跡があると、これを片引戸口とするか、あるいは引違戸口を柱間一杯にとらずに脇に小壁を附した型式とするかの判断は至難である。従って造作をかなり細部まで復原し得る箇所は少く、それも永和改修時以降に限定されたのであって、それ以前のものは大体の見当がつく程度にとどまらざるを得なかった。仏殿等と違って住居の場合には単なる平面のみでなく、造作までを含めて旧状を復原することが最も望ましいわけではあるが、資料的な制約が大きく東室の場合も間取の大要を知り得たにすぎないのである。

一　創建時の間取

a　間取の復原（図面57）

一房は桁行に柱間二間をとった「二間一房制」であることはすでにくり返し述べたとおりで、各房境は壁で厳重に隣の房との間を仕切られる。正面である西側面の柱間は二間共戸口、入側柱通りは正、背面共に南の間を戸口、北の間を壁、背面も同じく南の間を戸口、北を壁とした。梁行には正面庇に間仕切を設けず、背面庇にのみ間仕切を作って、南北二つの小室に区分したらしい。大壁と復原された部分については問題はないが、戸口と考えた所はその細部を知る資料を全く欠いている。例えば入側柱通りの戸口は、上方に壁の痕跡があるにもかかわらず、下方には小さな壁間渡穴しかないから、ここが開口部であったことは間違いないが、普通の戸口のように長押、楣、蹴放、方立等の痕跡を残さず、特殊な方式を用いたと推定される。すなわち柱に接して両脇に幅一尺・厚さ三寸位の辺付を立て、上方もほぼ同断面の材を横に置いて箱のように造り、楣、方立、蹴放、扉軸摺穴等をこの内側に仕口して取り付けたもので、辺付と柱の間を小壁とした。この種の戸口は、先の元興寺僧房の入側柱間でも用いられたと考えられたが、実例としては法隆寺伝法堂に用いられ、同金堂、五重塔等の戸口も大体似た方式である。古文書によってかなり細部まで建物の形が判る奈良時代の藤原豊成の住宅にもこの種の戸口が用いられたらしいから、古代では普遍的な戸口方式であるが[40]、何分にも柱に痕跡を殆んど残さないので、長押や楣の痕跡をとどめる戸口方式に比べて細部を全く知り得ず、類推による他ないのである。その戸口の高さだけは上方の壁の間渡仕口穴のうち、最下のものが柱底（創建時の）から計って七・一尺〜七・五尺でとまるので、それよりやや下方に上框が置かれたことが判り、柱底から框上面まで六・七尺〜七・一尺と推定される。壁間渡穴と框との隙は、小舞をからむために適当な間隔があればよく、一定した寸法とはならないから、戸口の高さを一定にしたとすれば最小値六・七尺をとるべきであるが、これは床がある建物とは違って礎石上面からの寸法であるから、多少の不同は当然で大体七尺と押える位が妥当であろう。また背面の戸口も両脇に小壁をつけた同形式のものと推定され、上方の壁間渡穴位置が近似しているから、高さもほぼ同じと考えられる。正面に二間並ぶ戸口もやはりこの方式と推定されるが、ここには柱間に全く何の痕跡もないので開放の可能性もある。古代の僧房には前面を吹放して廊とした例が、川原寺僧房、東大寺三面僧房、同戒壇院僧房等かなり多く、東室の場合でも房境に壁があるから、連続した廊とはならないにしても、似たような開放的な空間であったことも考えられるからである。しかし西側の側桁が残存していれば、その判定も不可能ではないが、今のところではここはやはり戸口と考えておく。そうすれば戸口脇に小壁をつけず、柱間一杯を開いたもので、入側通りや背面のように戸口幅を柱間より狭くしたものとは相違するが、これは西庇の部分を開放的に用いることを示すものと推定される。背面の庇を小部屋に分割する間仕切は、床から高さ八・六尺程に無目を置き、その下方に何かの装置をしたらしいことが判る程度である。元興寺僧房の背面庇の間仕切もあまり明瞭ではなかったが、この場合には背面外側に面しては戸口を設けず開放であったと推定されたために、内方で一応整った間仕切を作ったものと考えた。しかし東室では全く室内の間仕切であるから、ここを厳重に仕切る必要はなく、開放の場合もありうるが無目を生かしてやはり間仕切と考えたい。復原図では元興寺僧房にならって戸口を設けてみたが、実際にはおそらくもっと簡単な間仕切装置を用いたのであろう。

b　復原平面の性格

こうして復原された間取を見ると、三間一房と二間一房の相違はあっても、元興寺僧房とよく似た平面構成であることは明らかであろう。すなわちまず正面の庇の間を開放的な空間とし、身舎は周囲を壁と扉で厳重に区画されて大きな一室となり、背面の庇は小部屋に分割された。すでに述べたようにこの平面構成は大嘗宮正殿や伝法堂前身建物に通じ、閉鎖的な身舎の大きな空間を「室」、正面の開放的な庇部分を「堂」にあたると考えれば、この二つの空間による古代住宅の基本的な性質が、そのまま僧房にもあてはまるもので、逆にいえば遺構の少い古代住居（伝法堂前身建物が唯一の例）を、僧房の具体的な例から或程度想像し得るわけである。ところでこうした平面を実際にどのように用いられたかは、全く判らないといってよい。しかし法隆寺の「資財帳」には僧房の規模と当時の住僧の人数が記されているのでこの問題を少し考えてみよう。資財帳には「僧房四口」とあって、それぞれの大きさは次のとおりである。

1　長一七五尺、広三八尺、2　長一八一尺、広三八尺、3　長一五五尺、広三二尺、4　長一〇六尺、広三八尺、

また見前僧は二六三人（僧一七六人、沙弥八七人）とある。これらの僧、沙弥が全員僧房の中に住んだかどうかは不明で、また僧房自身にしても東室の中央には馬道があったことから明らかなように、全面積が居住空間ではあり得ないわけであるが、全く機械的に僧房の全面積を人数で割ってみると、一人当り約八五平方尺、すなわち大体四・五帖位の広さとなる。同じように「資財帳」から大安寺僧房の一人当りの面積を計算するとこれは一一〇平方尺、約六帖位の広さである（後述）。そうすると一人当り四・五帖～六帖が一応の標準となるらしく、これを東室の一房にあてはめれば、一房は桁行約二〇尺、梁行約三八尺であるから、その面積は七六〇平方尺、これを先の規準で割れば、六～九人ということになる。一房にかなり多数の僧が生活したことは、後に東大寺の戒壇院僧房や二月堂参籠所の項でふれるが、その事情は東室にもあてはまりそうである。後述するように、参籠所の場合には各房毎に主人となる僧が一人ずつおり、その補佐役とさらにそれぞれの従者が一房中に同居するが、主人側と従者とは相接する別室に住む。東室の場合にも住僧の階級差が当然あり、従って同様な主従関係のもとに、一房を使用する筈である。そうするとやはり身舎の大室が主人の居室で、西庇がその前室にあたり、閉されて密閉される身舎を寝室に、前室を昼間の生活にあてたものと考えるのが常識的で、背面の庇は主に従者の部屋と推定される。

二　保安再建時の間取

a　間取の復原（図面57）

保安再建時には身舎の中央に細い円柱を立て、その周囲に間仕切を設けて、もとは大きな一室であった身舎を四部屋に分けた。また西庇にも間仕切を造ったから、一房は縦に四列、横に二列の計八室に細分された。それからの各室の間仕切は、各桁行通りとも南の間を戸口、北の間を壁とし、中央の梁行通り各間はすべて戸口とした。西側面および東側面の戸口構えは全く同一方式で、上下長

押を打ち、その内側に上下共に框を置いて、両開扉を釣込んだものと推定される。上框の仕口穴が北脇の柱にしかなく、南脇の柱には小壁の痕跡があるから、戸口は一方に寄せて設けられたらしいが、方立柱と本柱との間が南脇のみは大きかったと考えられる。内部の戸口はいずれも鴨居仕口穴があり、敷居の仕口穴がある処もあるから、これは全部引違い戸口で、内法寸法も床上面から鴨居下面まで、五・七尺に大体揃えられている。それでも入側柱通りの戸口と梁行通りおよび棟下通りの戸口とでは多少相違したらしく、前者は柱間一杯を戸口とするが、後者で戸口脇の柱の一方に小壁が取り付いた痕跡を残しているのは、戸口の幅を狭め、余った部分を壁にしたためと考えられる。従ってここは片引戸口であった可能性もあるが、そうした細部は鴨居か敷居のどちらかが発見されなければ判らない。とくに棟下通りはその後、寛元改修時に壁とされたことからすると、出入口としても他よりやや閉鎖的なもので、片引戸口程度と考えたい所であるがその実証は困難である。それにしても元来の一房が棟下通りで全く対称な前後の二区画に分割された点は重要で、縮小された新しい単位房が並列した結果となった。なお復原平面について二、三の点を記すと、創建時の馬道がなくなって、聖霊院まで一二間六房となったが、北より三房目は身舎を分割せず、北端房は外面する戸口と壁の配置が普通の逆であった。こうした点は各房の用途が必ずしも画一的ではないことを改めて考えさせるものとして注目されるが、実際にそれが如何なる意味をもっていたのかは不明である。

b　復原平面の性格

保安再建時の間取の住まわれ方を推測せしめる資料が、地下調査の結果発見されている。地下調査によって礎石位置や旧地形の状況が明らかにされたことについては先に述べたが、建物を解体して地表面を清掃してみると、東西両側に建物内部から基壇外に向って、梁行方向の排水溝が何本も発見された。この溝は一間おきの柱間毎に各間のほぼ中央にあり、東西全く対称であったが、溝は側柱通りから約三尺内側に入ったところから始まり、瓦の凹面を上向きにして溝状に敷き並べたもので、わずかな勾配を附けて外側軒先の雨落溝へ達している。丸瓦を用いたものと、平瓦の溝との二種類あるが、同時期の仕事と認められ、用いられていた瓦はいずれも古く、奈良時代を下らぬものばかりであった。しかし創建時の馬道にあたる柱間にも溝が造られているから、溝が作られたのは保安再建時と考えられた。ところでこの溝が各房の北の小部屋、すなわち外方を戸口とした部屋ではなく、その北側の外面を壁とした部屋に附属している点は注意を要する。排水口があることは、ここで日常の雑事が行なわれたことを推測せしめるのであるが、東大寺二月堂参籠所を見ると、ここにも各房ごとに排水の水溜があり、後述するようにその部屋は従者の居室にあてられている。とすれば東室の場合にも、この戸口脇の部屋が従者に、従ってその奥の部屋が主人にあてられたと推測され、身舎の二部屋の中、外面戸口から光線の採れる南の間を居室に、北の間を寝室にあてたものと想像される。この場合にも一房中に住む僧の数は主人一人と従者一人だけではないかも知れないが、庇の間を従者が、身舎の間を主人が使うという基本的な性格は、人数の多少にかかわらず認めてよいであろう。そして復原平面と溝の配置が共に東西対称である点からすると、その住まわれ方も東・西一区画ずつに分れ、居住の単位となる一房がもとの半分の大きさになったことが判明する。

単位房の大きさが縮小された点については、間仕切装置として引違戸口等の簡便な方式が用いられるようになったために、小部屋を造作することが容易になったという技術的な面も勿論見逃せないが、それ以上にやはり僧房自体の変質を考うべきものと思われる。沿革の項でも記したが「法隆寺文書」には嘉禄二年（一二二六）の年号をもった僧房の充行および沽却を示す記録がある。これによれば東室第六房西面、及び第四室西面はともに今までそれぞれ慶憲院、僧実善が相伝領掌したこと、この時前者を弟子信覚に、後者を毗沙門講衆に譲り渡したことが知られるが、この事実は細分化された各房が住僧の私有に帰していたことを示している。古代寺院内部における僧房の変遷の一般的な傾向として、いわゆる三面僧房以外に子院を営むことが時代が下るとともに益々盛行する点についても、すでにふれたが、そのことは三面僧房自身にもあてはまるのであるのである。従って僧房を研学修行のための共同生活の場とした本来の意義は崩れ、その結果は一房中に居住する僧の構成が、奈良時代におけるいわば職階制によるものから、師弟といった個人的な関係へ移行するのは当然であろう。そうした居住者の構成の変化が共同生活に適した旧間取を改めて、新しい住まい方に向くように細分化する必要を生じたものと考えられる。とすれば僧房内部の間取の変化は、寺院機構全体の変質がもたらした具体的な一例を示すものと解されるのである。

三　寛元改修時の間取（図面58）

寛元改修時には室内の間仕切だけを変えたが、この間取で注目されるのは棟下通りを全部壁で仕切って、東西房を完全に区画したこと、入側柱通りの壁を撤去し、ここを戸口とした代りに、今まで戸口であった身舎梁行柱間を壁にしたことの二点である。戸口の方式はやはり引違戸口で、内法寸法を六尺位とした箇所が多いが、三・五〜四・二尺の低い戸口の所もある。しかし基本的には保安時と変らないと見られるから、これ以上詳説する必要はあるまい。間取の変化が注意された二点の中、前者は保安間取の性格からしても、当然ここへ移行することが予想される位であるが、あるいは前述した房の私有化が、保安時にはまだそれ程顕著でなかったものが、中世に入って急速に進展して、その結果戸口で連絡されて創建時僧房の居住型式を多少ともまだ残していた東西両房の関係を完全に遮断する必要を生じたのかもしれない。後者は保安時の間取が、庇および身舎のそれぞれ二間ずつを横に通して使われたと考えられるのに対し、これは庇の間と身舎の間の一間ずつを縦に組んで一組としたことを示すものとして重要である。身舎と庇の間を一組として使う間取は、元興寺極楽坊禅室に見られ、その住まい方について臆測を試みたが、東室の場合も基本的には同じで、身舎の間を寝室、庇を居間と考えられ、一房はその二組から構成されるのである。

四　永和改修時の間取（図面58）

永和改修時には、西側面に戸口と窓を交互に配して外観を整えたが、間取の基本は寛元時と変らない。西側面の窓は当時のものが現存する箇所があり、戸口も上框材が発見されて復原可能となって、修理後の東室はこの時の外観に復原されたことはすでに記した（図面54）。東側面では三間連続戸口の部分があり、その戸口型式も西側とは異なるが、同様に復原されて現状に見る通りである。内部間仕切についても飛貫を用いて軸部を固めたために、その下面にヒバタを打ちつけ、腰貫上面には溝を掘ってその間を引違戸口としたことぐらいが特別な方式で、他は普通の引違戸口であった。間取としては今まであった入側通りの間仕切を撤去し、二部屋を連続して細長い一室を用いるようになった点が注目される。しかし間取復原図で明らかなように、各房ごとに少しずつ内部間仕切が相違し、秘密経蔵といった部屋もあるから住居としての機能が低下してきていることを思わせる。東室中の一室が蔵にあてられていたことは『嘉元記』延文二年の記事[9]によっても明らかであるが、その他にも会所としても用いられたらしい記事[10]（観応元年八月二十五日）もあって、居室でない部分が増えてゆく傾向を指摘し得る。そうした居住部分の縮小は、おそらく寺内のいわゆる塔中寺院の増加と反比例とするものであろう。ところでそうした建物内容の変質、すなわち僧房本来の住居機能の衰退にもかかわらず、とくに回廊に面した外観を画一的に整備した点は西室と関連して考えるべきもので、聖霊院・東室と三経院―西室とを対称的に扱った意匠と思われる。西側面に比べて東側面の戸口や窓の配置が不規則であり、縁を設けた点等は、実用的な部分を主に東面にとったためであろう。この点は僧房が本質的な機能を失っても、古式を保つ伽藍型式の上からは建物として欠くことが出来ないことからすれば当然の措置と思われる。また内部間仕切の中、入側柱通りの戸口を撤去して庇の間と身舎の間とを一続きの細長い部屋とした点も、西室の間取にならったと考えられる。

五　慶長改修時の間取（図面58）

復原図に示したように間取が乱雑になり、二間一房制も全く崩壊した。住居に替って集会所が東室の主要な用途となり、『斑鳩古事便覧』にも「東室下臈分山之集会所」とある。古代以来の住房もさまざまな変遷の後に遂にここに至って終止符を打ち、伽藍制度上残された建物だけは、集会所としてようやく存在の意義を見出したに過ぎないのである。

なお最後に修理後の東室について簡単に記すと、外部に面した西側及び東側通りは、永和改修時の旧状に復原することを基本とし、東側面南半の資料がない部分については西側にならった。北妻の構架や、柱上の肘木にもかなりの数の永和時の旧材があり、慶長改修時にもほぼそれを踏襲していたので、こうして外面の造作を復旧すると東室の外観は大体永和時のものとなった。内部の間取りについては北より第二及び第三房を創建時の旧状に復して、古代住房の状況を再現することとしたが、実際には外観がすでに永和時の状態であり、床も全面的に張りつめてあるので完全復旧は出来ず、戸口の高さ等も元の内法高さを永和時の床面から測って復原した。北端の第一房は内部間仕切も永和時のものに復した。また七通りから南半部は間仕切の復原資料がないことや、今後の建物の用途とも関連して、柱の配置だけを復旧してあとは間仕切を設けず大広間とした。同様な理由で南端の二間は慶長時の馬道に復した。従って修理後の東室平面は、或時代の旧状に統一的に復原したものではなく、かなり鵼的なものとなったが、これは古代以来の僧房の変遷を、実際に目にふれる形として多少でも再現したいためである。

註

（1）「法隆寺伽藍縁起并流記資財帳」

僧房肆口　　一口　長十七丈五尺　広三丈八尺　一口　長十八丈一尺　広三丈八尺

　　　　　　一口　長十五丈五尺　広三丈二尺　一口　長十丈六尺　広三丈八尺

（2）『古今目録抄』「東室ハ九房ナリ十八間也、一房ニ二間宛ナリ、小子房モ又九房也、此モ二間ヲ爲ス一房ト、但シ大房ノ南三房ヲ新メテ為ス聖霊院ト」

（3）『国宝法隆寺聖霊院修理工事報告』（法隆寺国宝保存工事報告書第十二冊）昭和三十年

（4）『別当記』定真大僧都（康和三年～治十年）条「此任中…又東室大坊皆悉顚倒已了」、同　経尋律師（天仁二年～大治四年）条「此任中東室大坊新造立之、即南妻室為堂殿。被安置聖霊御影像并仕者惣五躰、（中略）保安二年辛丑十一月廿一日壬午御開眼有供養（下略）」

（5）法隆寺西室が焼失後長く再建されなかったのに東室が転倒後十年程度で再建されたのは、こうした理由によるものと考えられる。

（6）『嘉元記』顕真得業小双紙云「寛元四年丙午九月下旬　東室大小子房修理畢」

（7）『大日本史料』五―三所収　法隆寺文書十

「沽却　東室第四室西面事　　合一間者但南間也

右件房之元者、実善先師相傳所也、而今依有要用、限直米本斗貳斛、永年毗沙門講衆于賣渡畢　但於本券者、依爲連券不能副進、仍爲後日證券、放新券文状如件

　嘉禄二年丙戌正月廿六日　　　僧（花押）」

「充行　東室第六房事　　合二間者但西面

右件房者、慶憲院相伝領掌之房也、而俄不慮被殺害畢、仍依爲年来之弟子、僧信覚、相副本公験令処分畢、更不可有相違、仍爲後日証文、放新券状如件

　嘉禄二年十月　　　僧（花押）

　　　　　　　　　□（花押）」

（8）寺蔵の修理記録中にも応安年中に東室の修理を行ったことを記すが、これと永和三年の工事とは一連のものであろう。

（9）『嘉元記』「延文二年丁酉三月十六日夜子具以前　幸前二郎子息金剛丸東室四室蔵西面爲盗人密入ヌ、而顕宗房一室東面令止住人也（後略）」

（10）『嘉元記』「観応元年庚寅八月廿五日　会所太子堂坊」

『嘉元記』にはこの他に太子堂坊の記録はなくこれがどの建物にあたるものか明らかではないが、法隆寺で太子堂と呼ぶのは聖霊院であるから東室のことを指すと考えられる。

(11)「文安二年二月此南室造営了日祐三二借住」永和に新補した内法貫の表面を削って書いたもので、この室だけの造作を改めたものと考えられる。

(12)『大講堂修理工事報告書』「大棟西鳥衾銘」「慶長五年之時御奉行ました衛門殿…同七年東むろなる（下略）」

(13)禅室は中世初頭に再建され、その後引続いて住居として何回も内部の改装を受けている。修理前に各所に設けられていた床の間や押入れ等から慶安、寛文、享保、明和等各年次の改修銘が発見された。しかしこの工事が戦後の混乱期に行なわれたために、そうした後世改修による間取の変遷を追求し得なかったのは残念である。

(14)（に一一）は慶長改修時に上方を継木して、繋梁部分は新しくなっている。

(15)法隆寺伝法堂では繋虹梁は、庇の柱間八・八尺に対し一寸三分の勾配をもつ。東室のような斗栱なしの建物では、繋梁も直材であるからこれと同様には扱えないが、多少勾配を持たせないと繋梁が入側柱の方で逆に下って見えてしまう。

(16)保安改修時に取替えられた側桁はアリ落し仕口になっている。

附図第55、保安側桁実測図参照。

(17)永和改修時には上面揃いの納まりとなる。

(18)中世以降では、奈良時代のような勾配をもたず、ほとんど水平に納まる例が多い。

(19)保安新造の聖霊院の小屋構造がこれと同じである。同『修理工事報告書』参照。

(20)南妻は旧東室南端の間の柱間寸法が九尺と推定されるから適合しない。

(21)『聖霊院修理報告書』参照。なお報告書では何故かこれを校木として取り上げていないが、小屋裏に現在も用いられているのでそれを再見したところ、東室と同じ校木と認められる。

(22)奈良時代の建物では上下棰を込み栓でつないで、棟木、桁等に釘をあまり打たない例が多い。とくに母屋桁に釘を打つのはむしろ異例に属する。従ってこの場合も母屋釘をあまり問題にしてみても、仕方がないのである。

(23)『川原寺発掘調査報告』（奈良国立文化財研究所学報第九冊）参照。

(24)保安新造聖霊院の庇の間は八・二尺と推定された（同『報告書』参照）。

発見繋梁にやや疑問がある点については註33参照。

(25) 保安再建時には東室は一二間で六房、これに連続して六間の聖霊院があって、中間に馬道を置かなかった。聖霊院は三房分であるから、全体では一八間九房と考えたのは当然であろう。『古今目録抄』は嘉禎（一二三五）頃に書かれている。

(26) 天井縁の断面寸法は幅五・五寸、厚さ四・〇寸程度と推定されるが、梁行に約五尺間隔に入ることになるから、かなり間隔があく。これと全体が曲面であることから考えると、あるいは板張りの天井ではなく、竹または綱代等のように軽くて曲りやすい材を使った天井かもしれない。その場合は民家の天井にあるように、上面に土を塗ったのであろう。

(27) 法隆寺伝法堂、同食堂、唐招提寺講堂等。

(28) 古代建築で上下棰の折れが強い例は法隆寺金堂、室生寺金堂等すべて入母屋造である。東室は梁の配置からいって、南妻には入母屋の可能性はあっても、北妻は切妻である。保安聖霊院の形をみても、やはり切妻造であるから、創建当初も全体切妻造とした方が無難であろう。

(29) 伊勢神宮でも現在の正殿の棟木や側桁は正方形でゴヒラ使いではない。しかし中世まではゴヒラであったことが造営文書からわかる。

(30) これ等はすべて解体修理の際に、旧材の存在によって復原されたもので、詳細は『工事報告書』を参照。

(31) これに関連して考えつくのは、奈良時代の柱上端に丸面を取る仕事で、これは大斗を大きく見せる意匠的な効果をあげている。平安時代に入ると面が消え、中世の大仏様にはまた東室と似た柱の細まりが見られる。

(32) この判定は間渡穴の配置だけが頼りであるが、柱表面の破損が甚だしく、確定困難なものがかなりある。確実なものは一〇本位で、他に不確実なものを加えると大体半数としてよい。

(33) 繋梁の枘を側面から釘止めする技法は法隆寺金堂・同五重塔の裳階や伝法堂前身建物に見られ、枘を鯖尾にして柱に落し込む形式より古い形式である。構造復原の項で記した現存繋梁には釘穴がないので、その点からもこの材は創建以来の繋梁ではなく、古材を転用された疑いが強いのである。

(34) 東大寺僧房では大房と中房の間の中庭にも房境通りの間仕切があるから、東室の場合も妻室との関連でここに壁をつける可能性があり、それと思える間渡穴もあるがまた別に細長い穴が存するのである。（後注）薬師寺僧房では大房と小子房間の中庭が房境通りで仕切られていたことが、発掘調査によって明らかにされた（三七三頁、第27図参照）。

(35) 仕口穴は間渡の先を枘状に細めて、やり返しで嵌め込むために、穴の深さが左右でやや異なり、その形もあまり厳密にきまったもので

(36) はない。しかし法隆寺金堂・塔にはやや縦長の間渡穴が、伝法堂には正方形の間渡穴が用いられていることも参考になろう。元興寺僧房も正方形である。
(37) 『春日権現験記絵巻』には、興福寺僧房（西室）の戸口部分にこの種の踏板を画いている。
仕口の形だけからは、むしろ戸口にふさわしいと思われるが、元禄九年の修理仕様書（寺蔵）によればここが連子窓とある。格子のすぐ内側に引違障子を立てた近世の民家風の型式であろう。
(38) （い一〇）柱には、入側柱との間の壁の痕跡はないから、房境の柱ではなく、現在の位置でも矛盾はない。
(39) 太枘で横材を支える方式は法隆寺伝法堂の床桁や前記元興寺僧房（創建）の天井桁に見られる。
(40) 中世の例では、承久元年（一二一九）の法隆寺東院舎利殿絵殿背面の戸口がこの型式で、この場合はおそらく前身堂（奈良時代）の形式を伝えた特殊例と考えられる。

法隆寺東室復原資料図

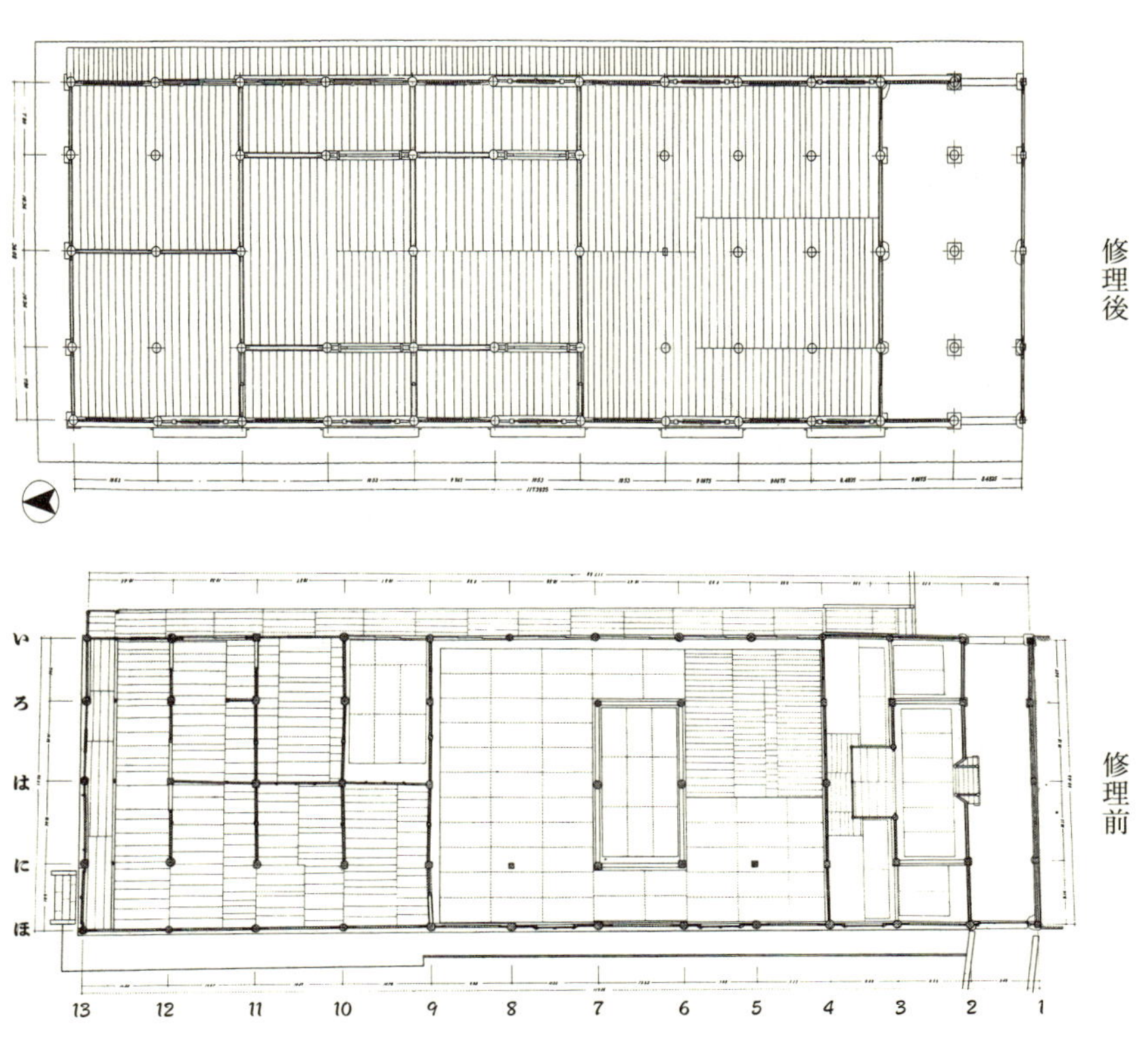

第53図　法隆寺東室平面図

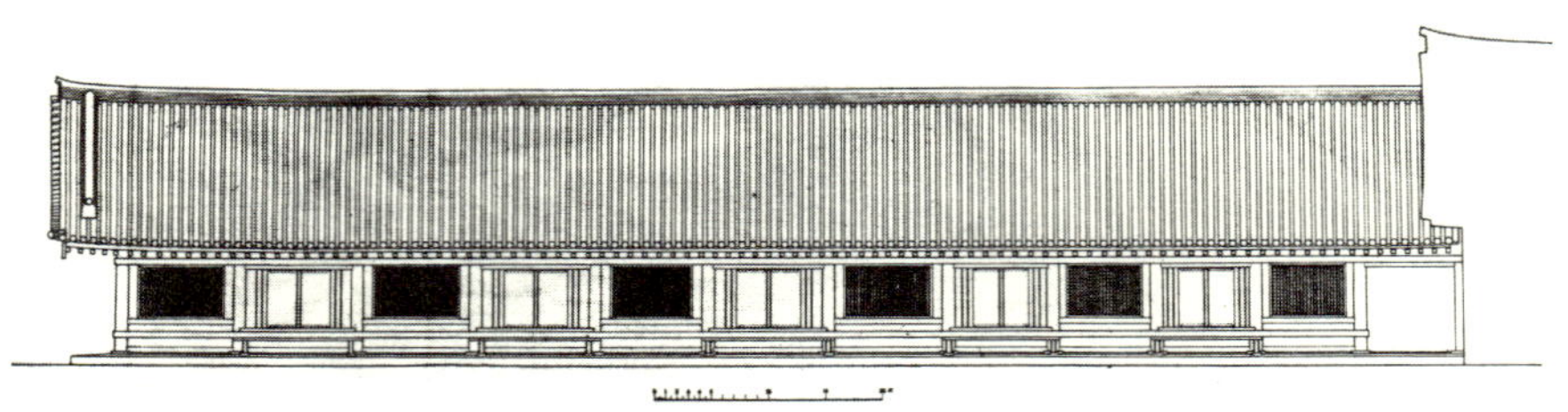

西側面図

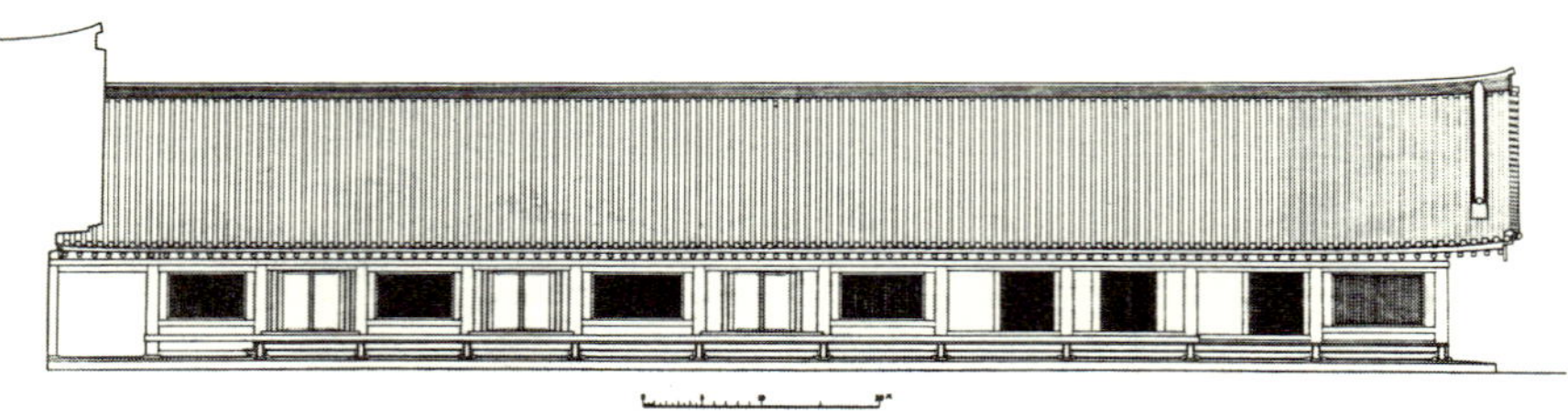

東側面図

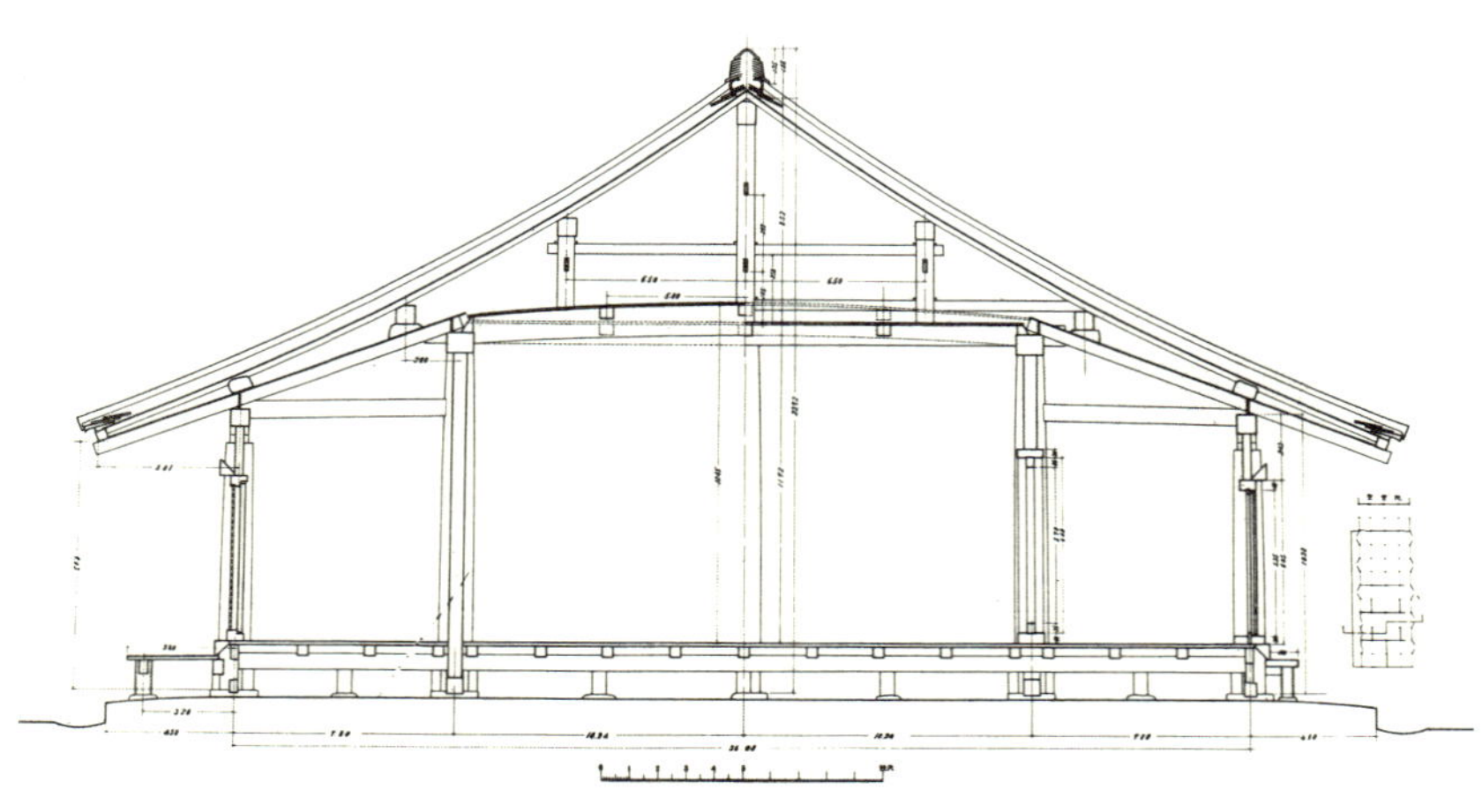

梁行断面図

第 54 図　東室修理後現状図

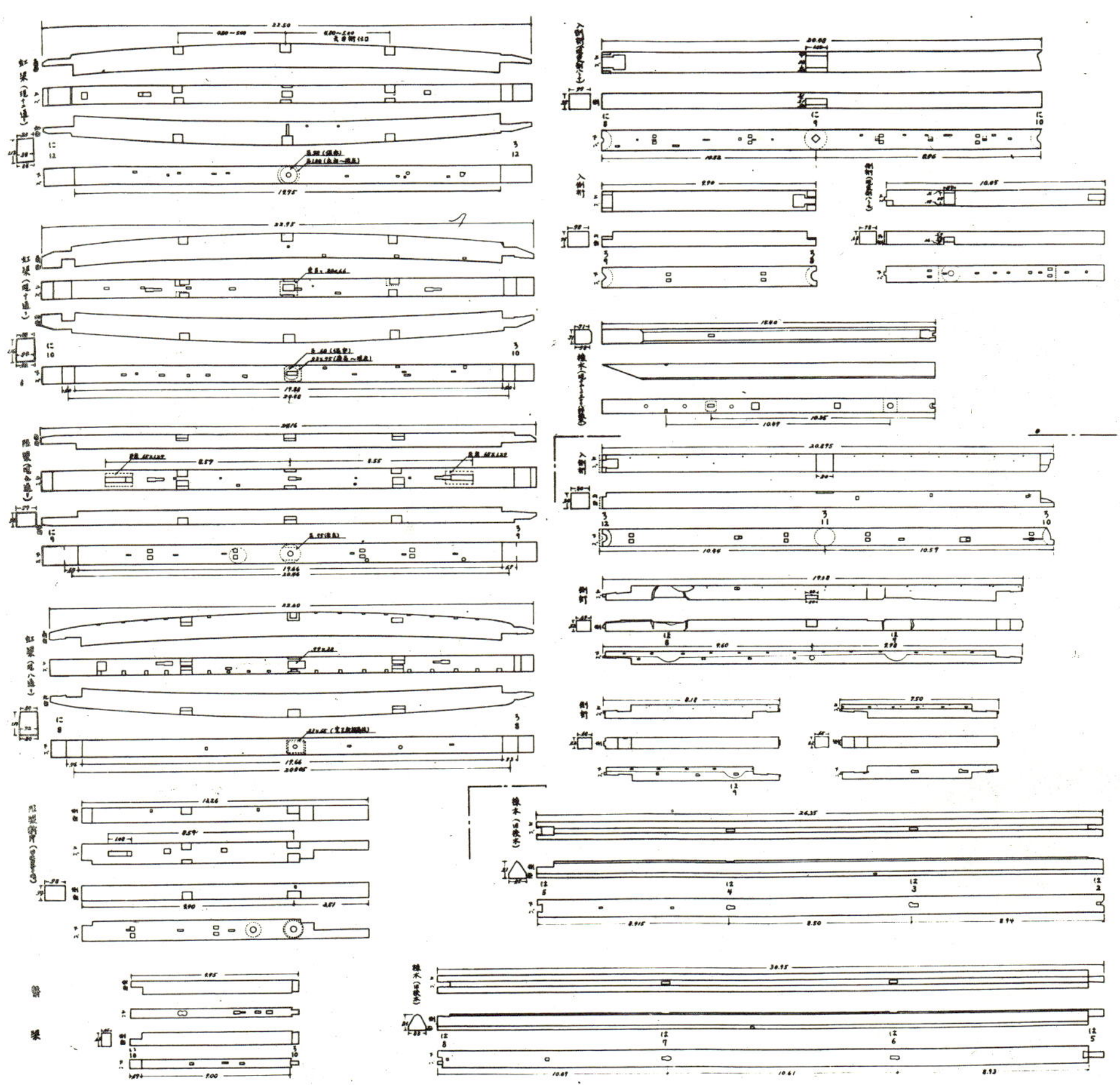

第 55 図　東室発見構造復原資料実測図

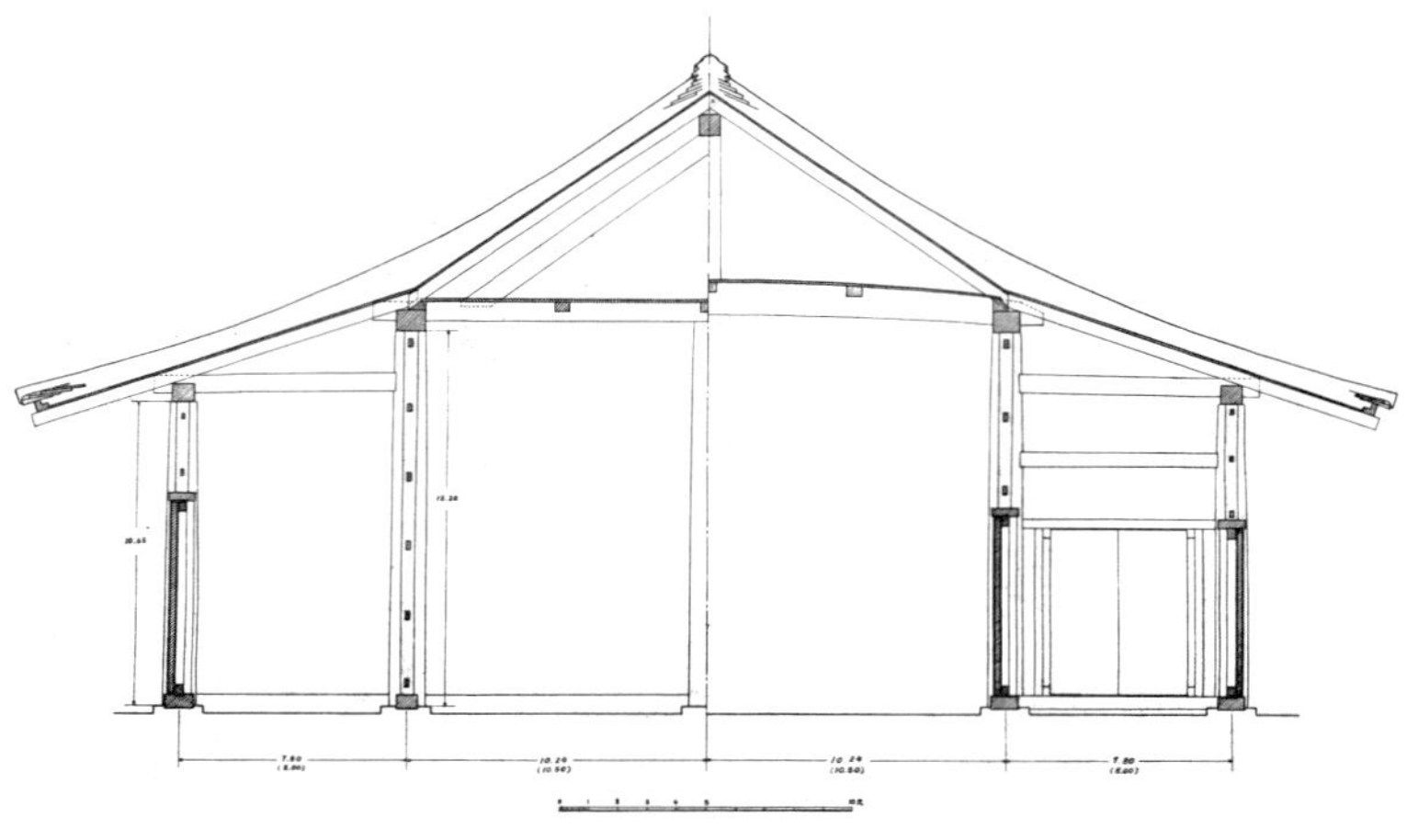

第 56 図　創建東室復原断面図

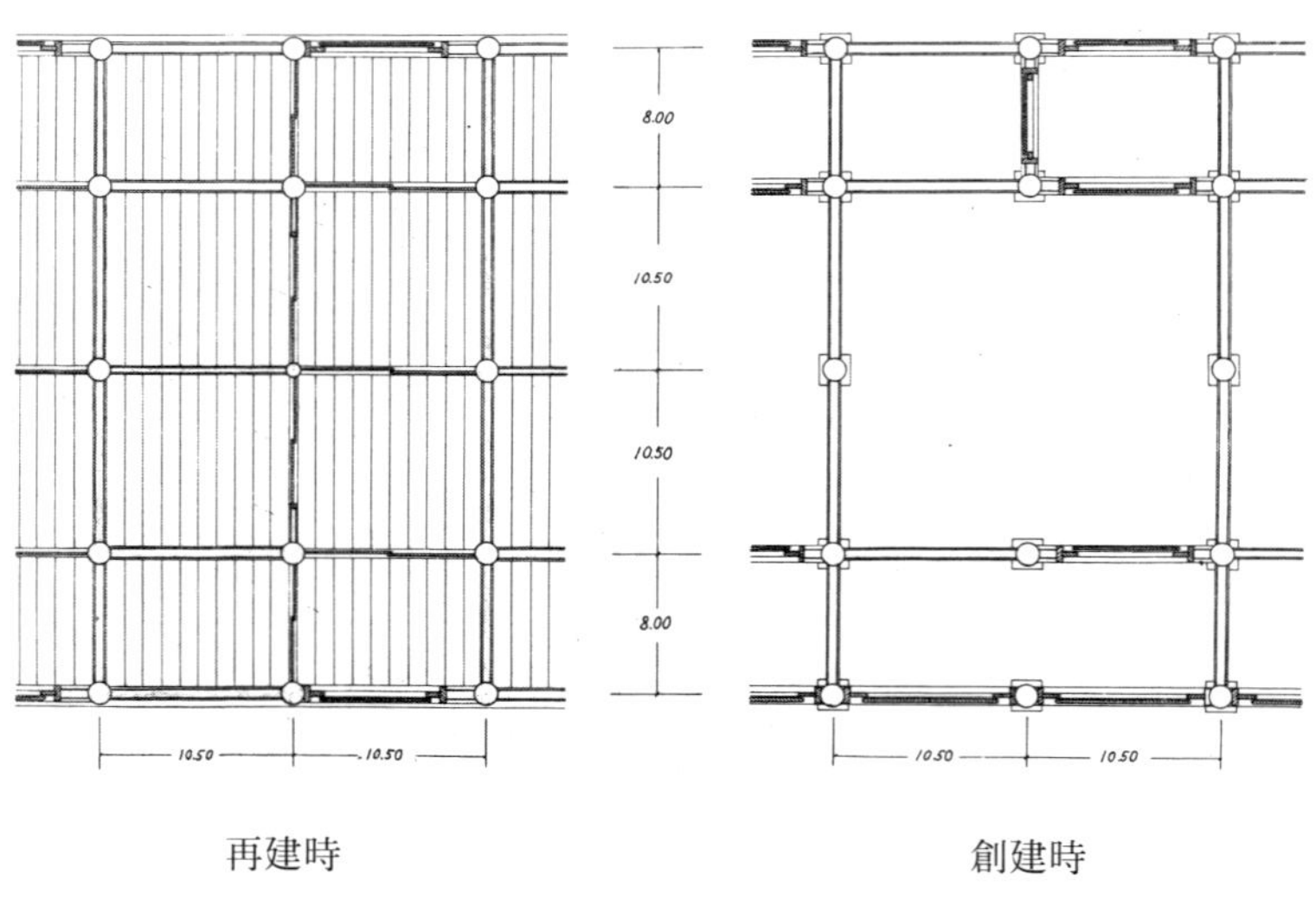

第 57 図　東室一房復原平面図

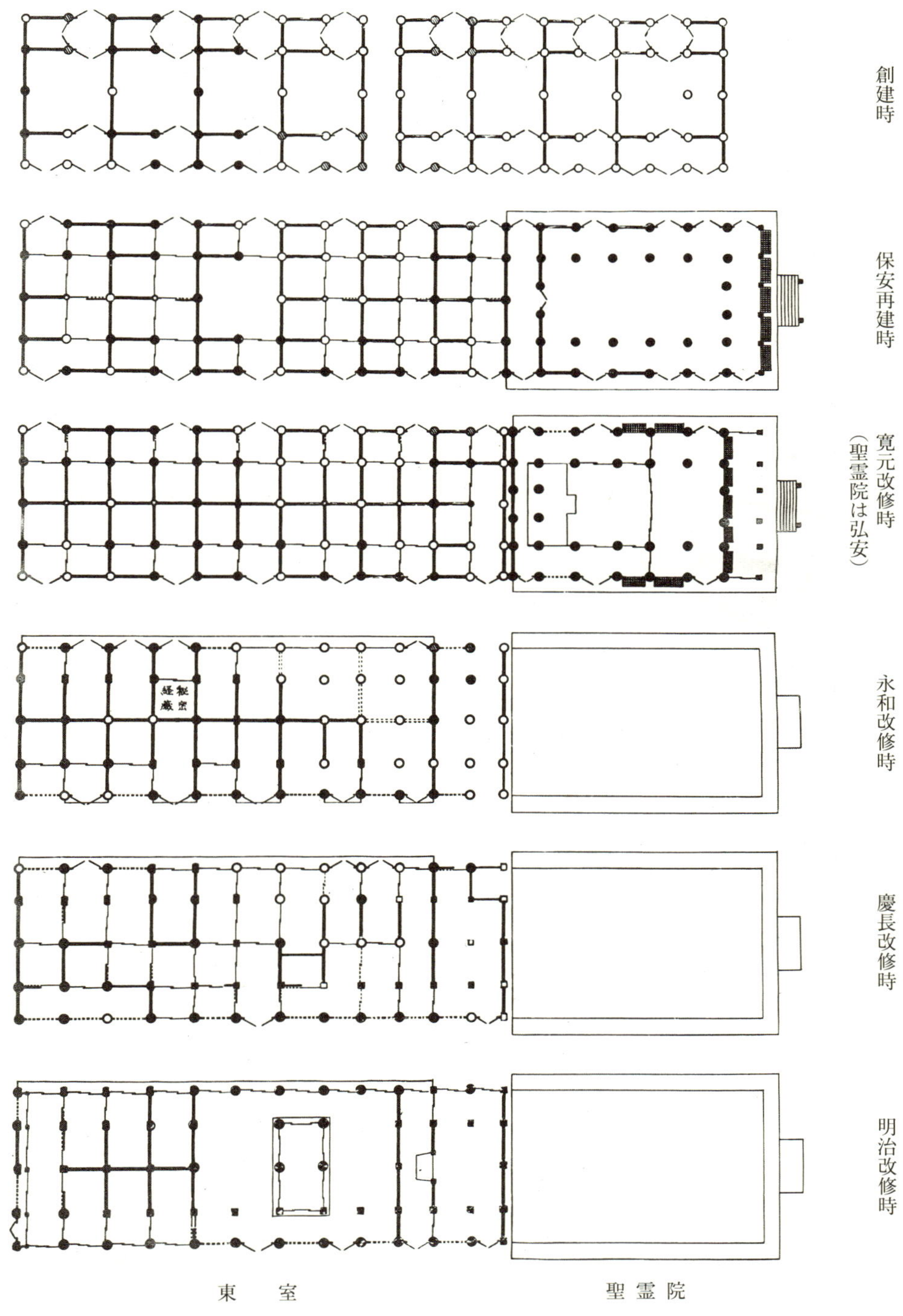

第58図　東室平面変遷図

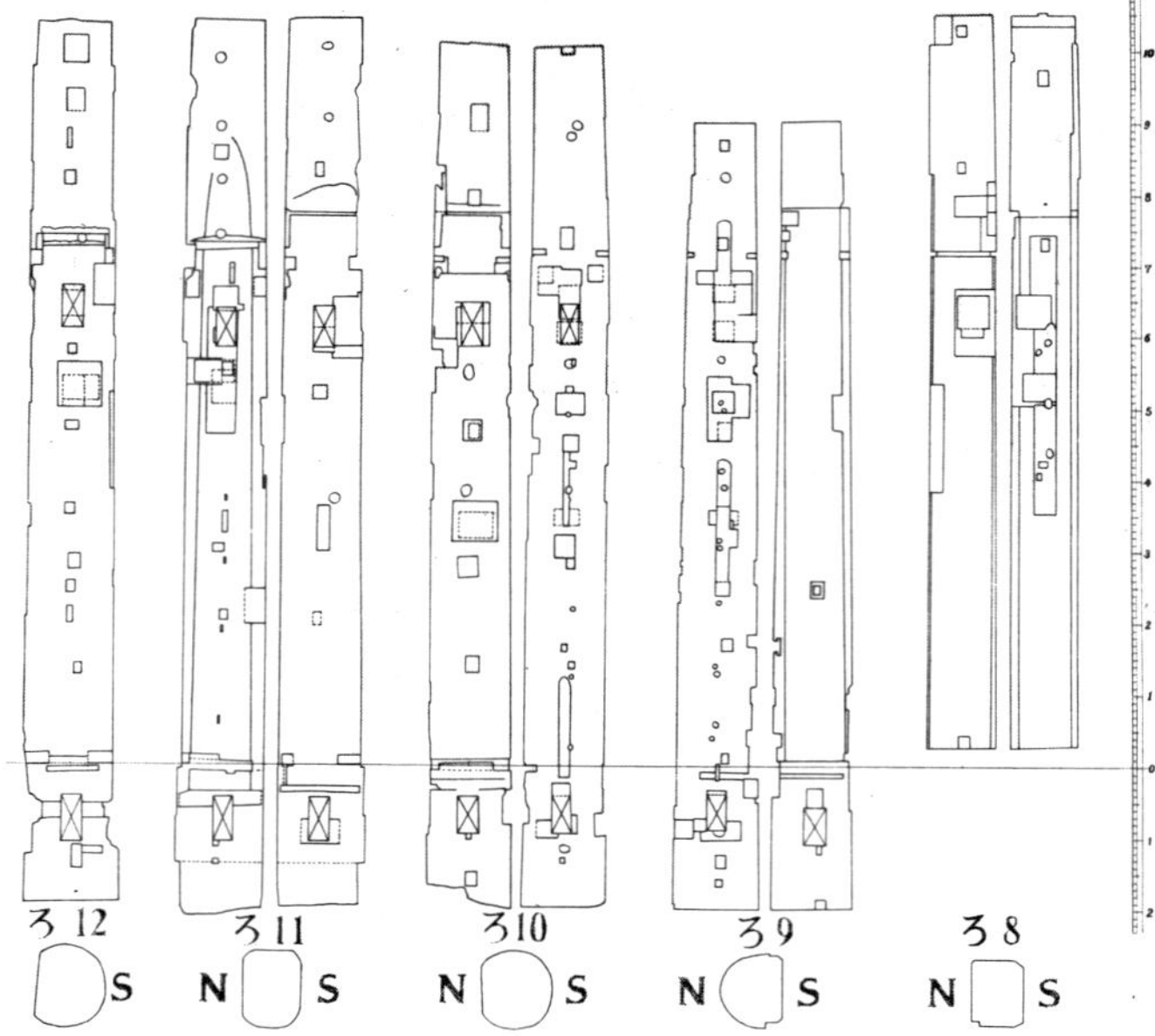

第59図　東室桁行東入側通り柱（8～12）に残る間仕切復原資料

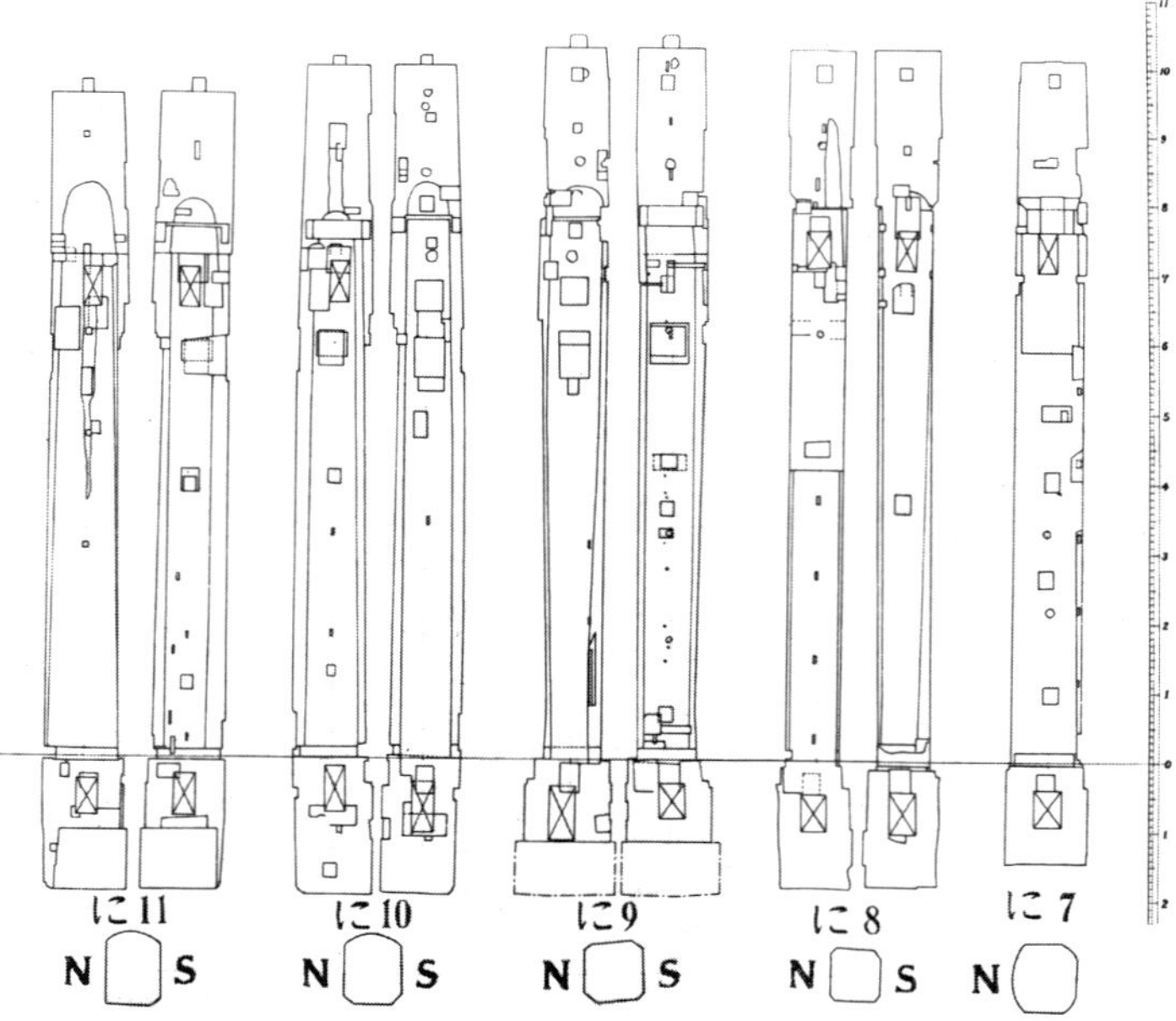

第60図　同　桁行西入側通り柱（7～11）に残る間仕切復原資料

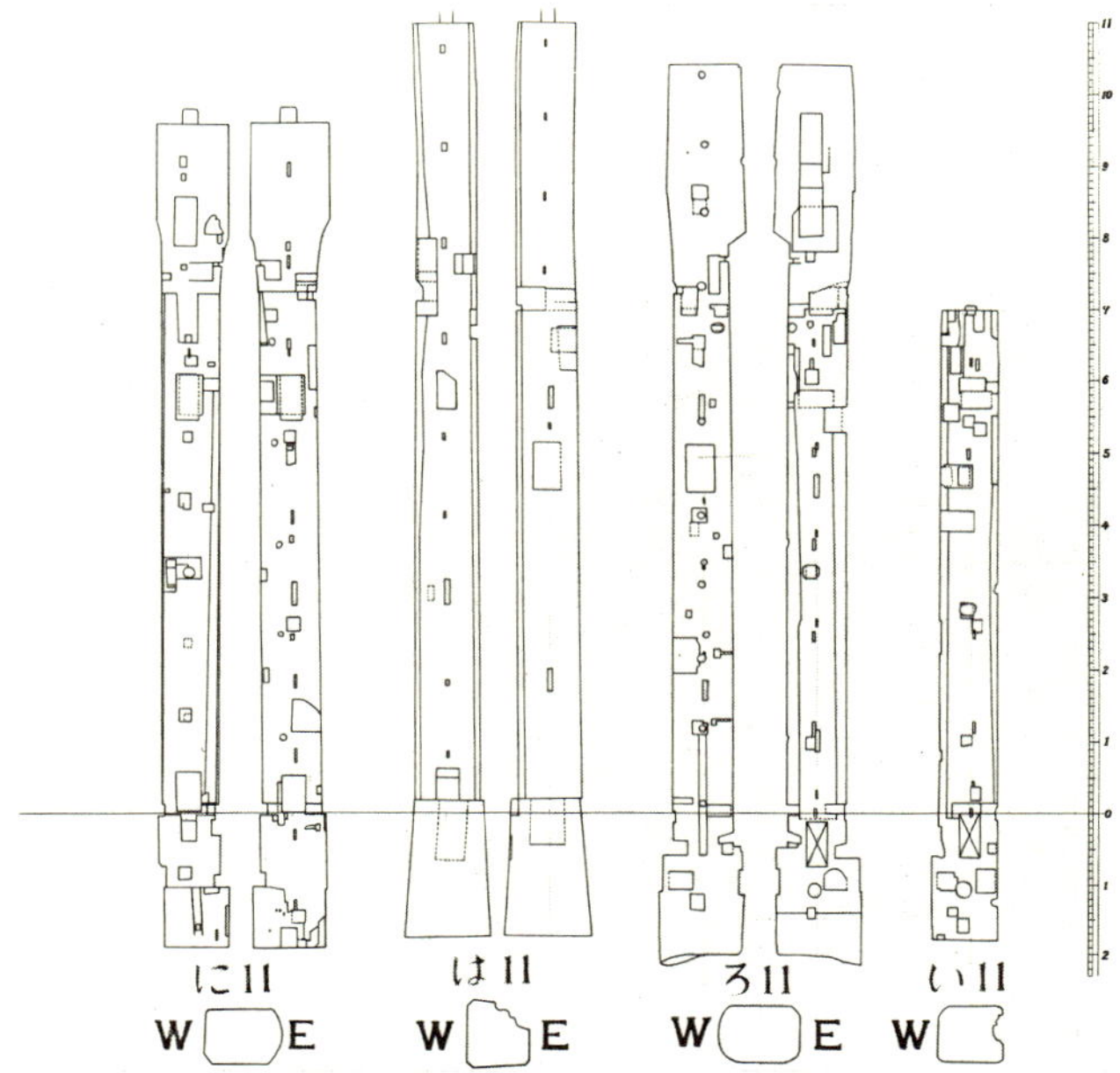

第61図　同　梁行北第一、第二房境通り柱に残る間仕切復原資料

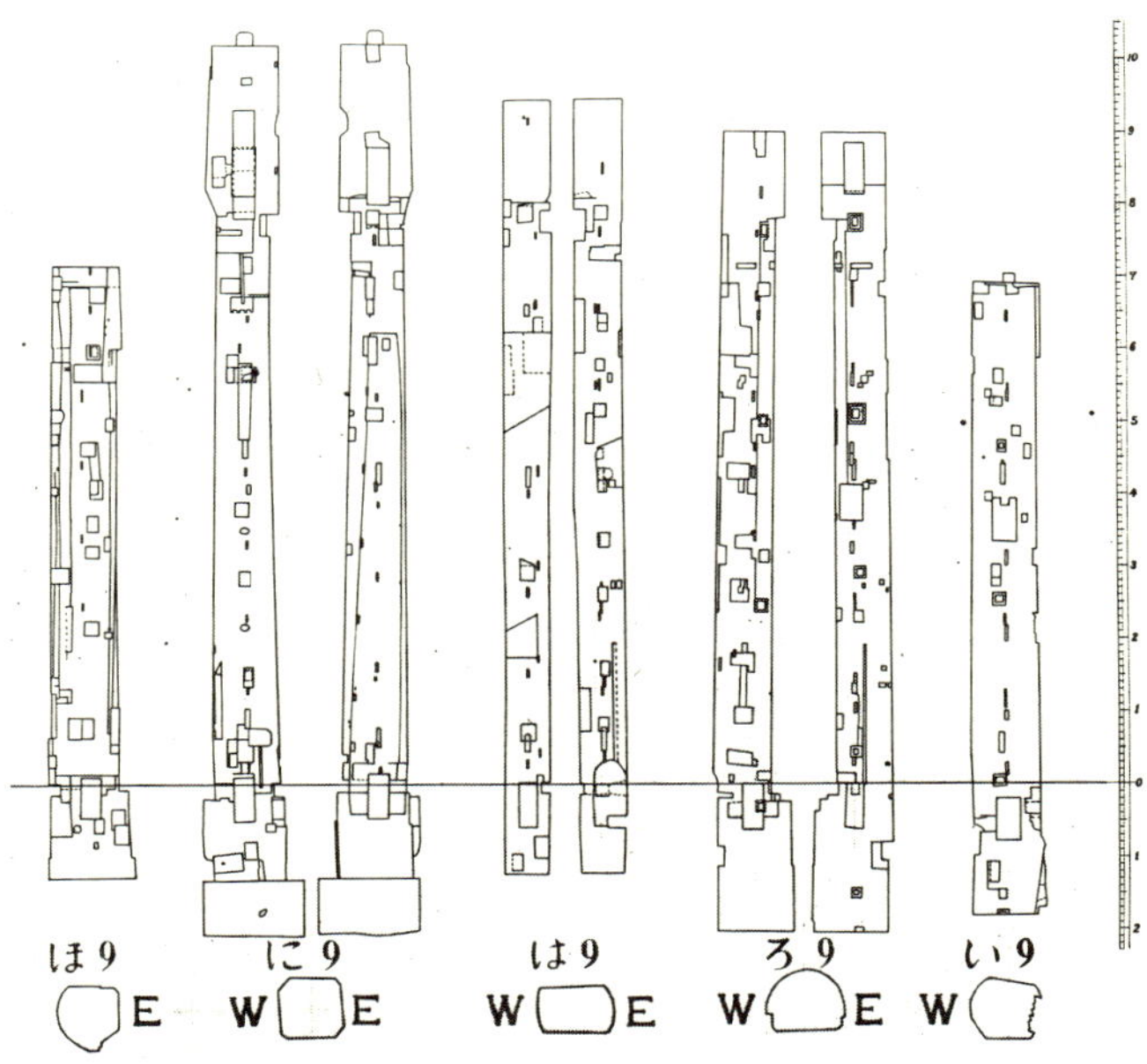

第62図　同　梁行北第二、第三房境通り柱に残る間仕切復原資料

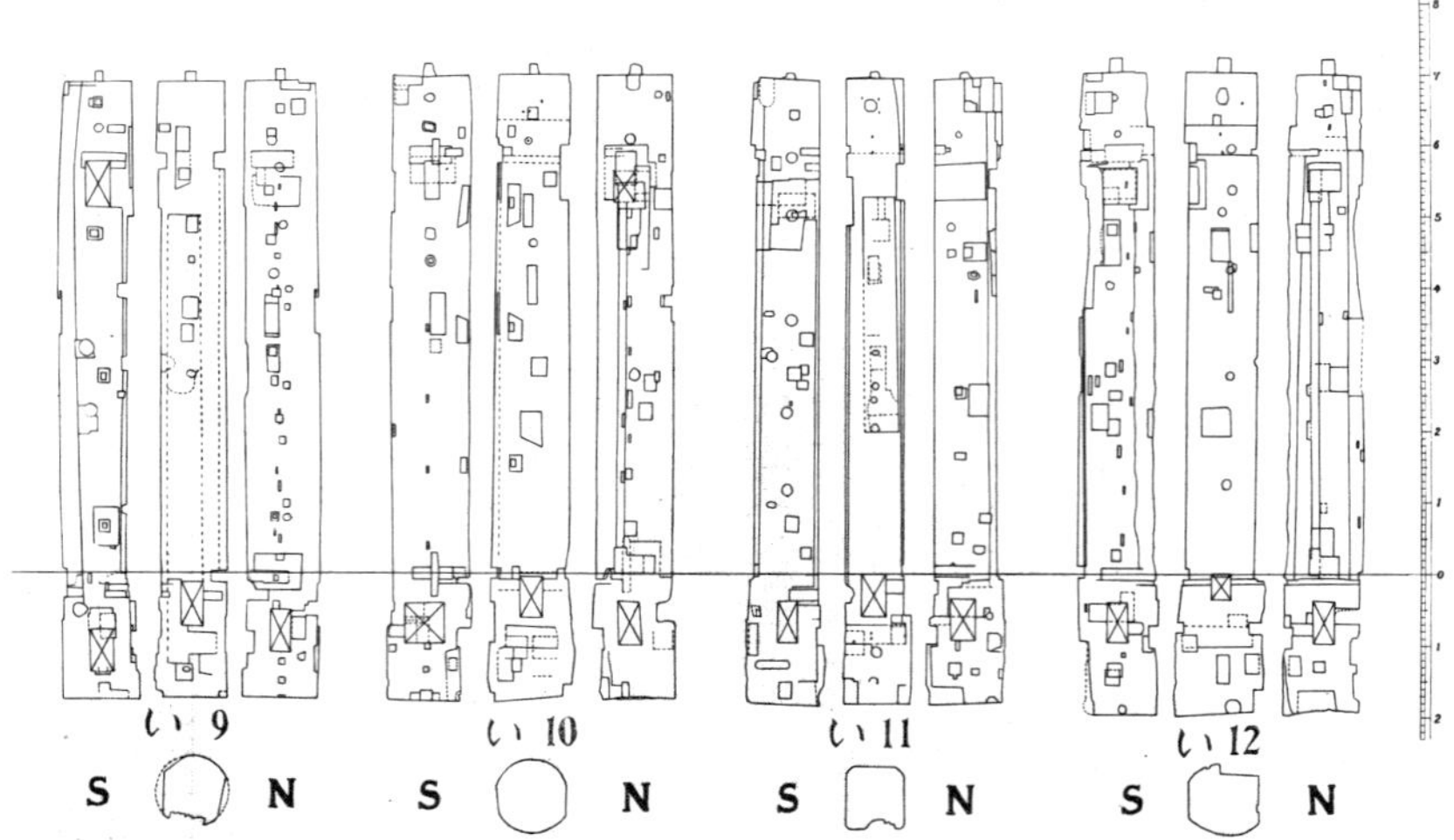

第 63 図　同　桁行東側通り柱（9〜12）に残る間仕切復原資料

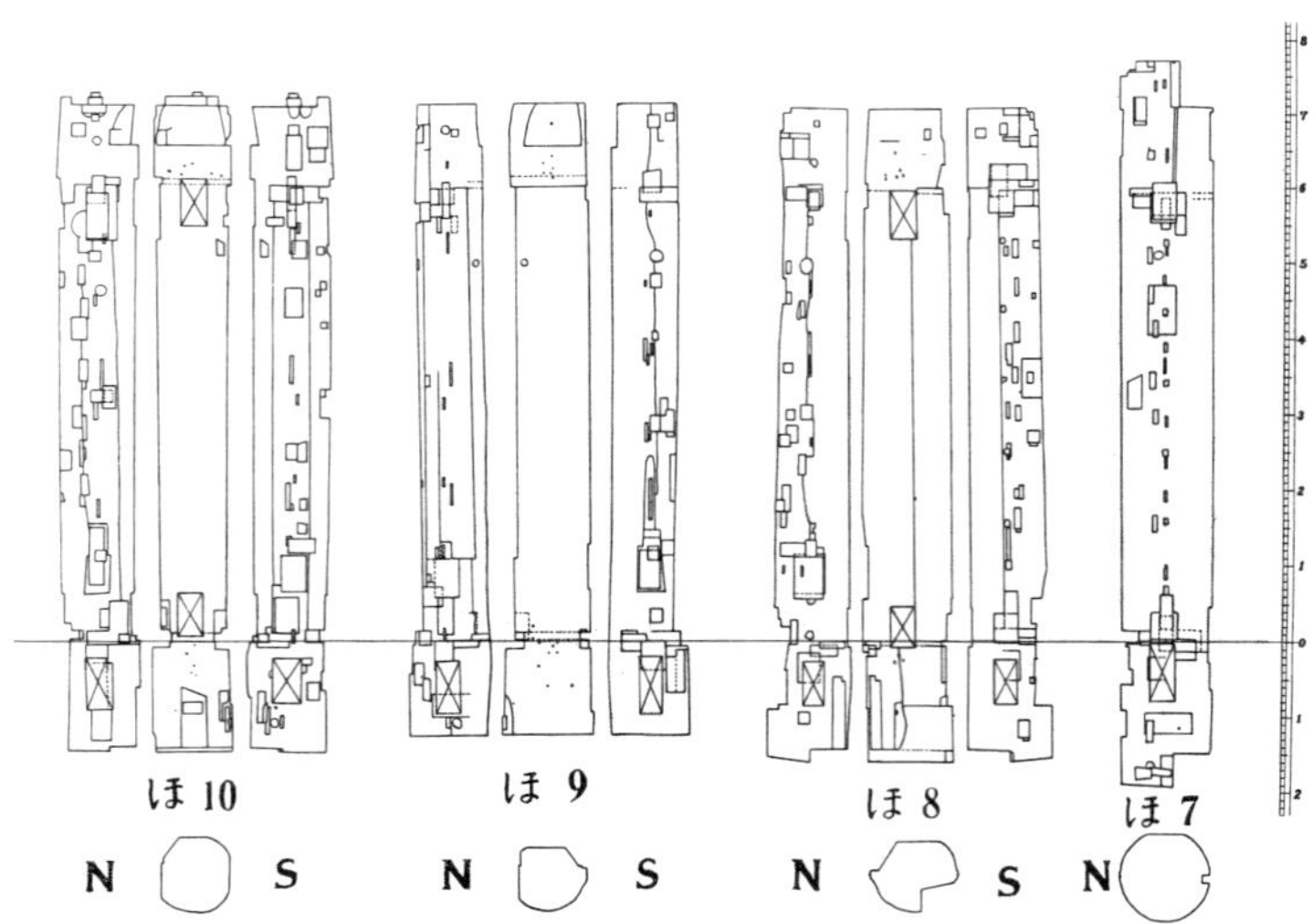

第 64 図　同　桁行西側通り柱（7〜10）に残る間仕切復原資料

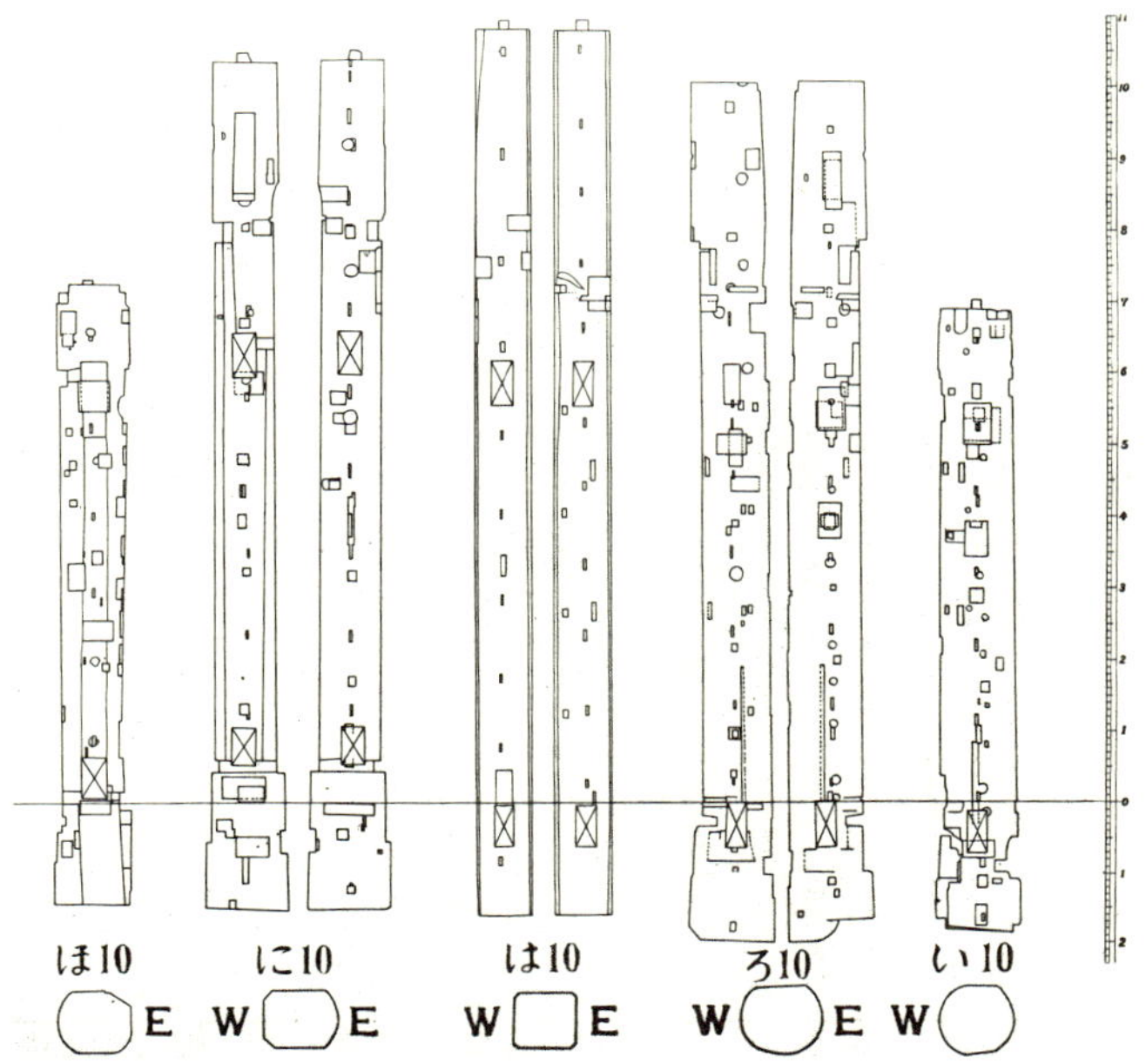

第 65 図　同　梁行北第二房中央通り柱に残る間仕切復原資料

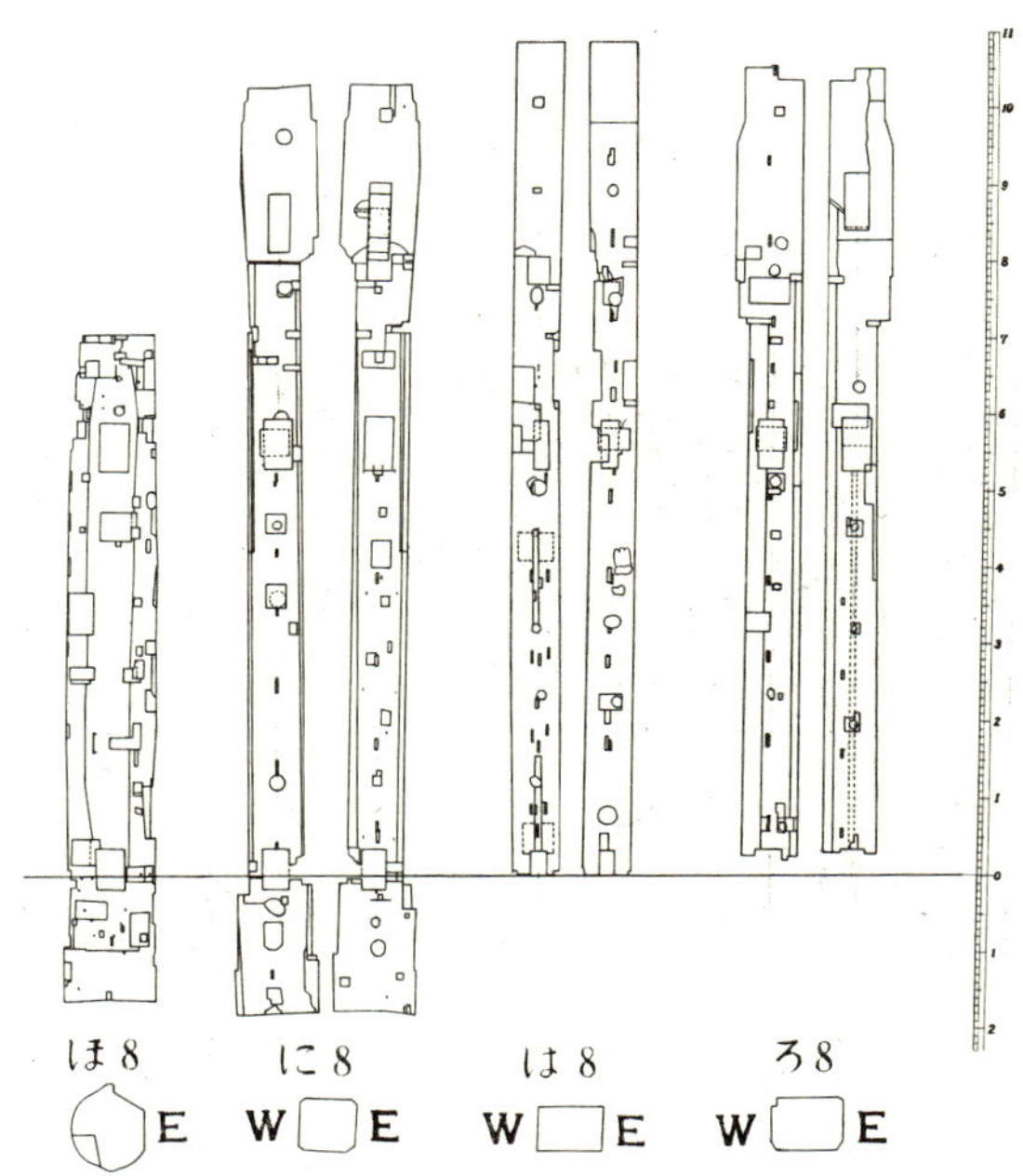

第 66 図　同　梁行北第三房中央通り柱に残る間仕切復原資料

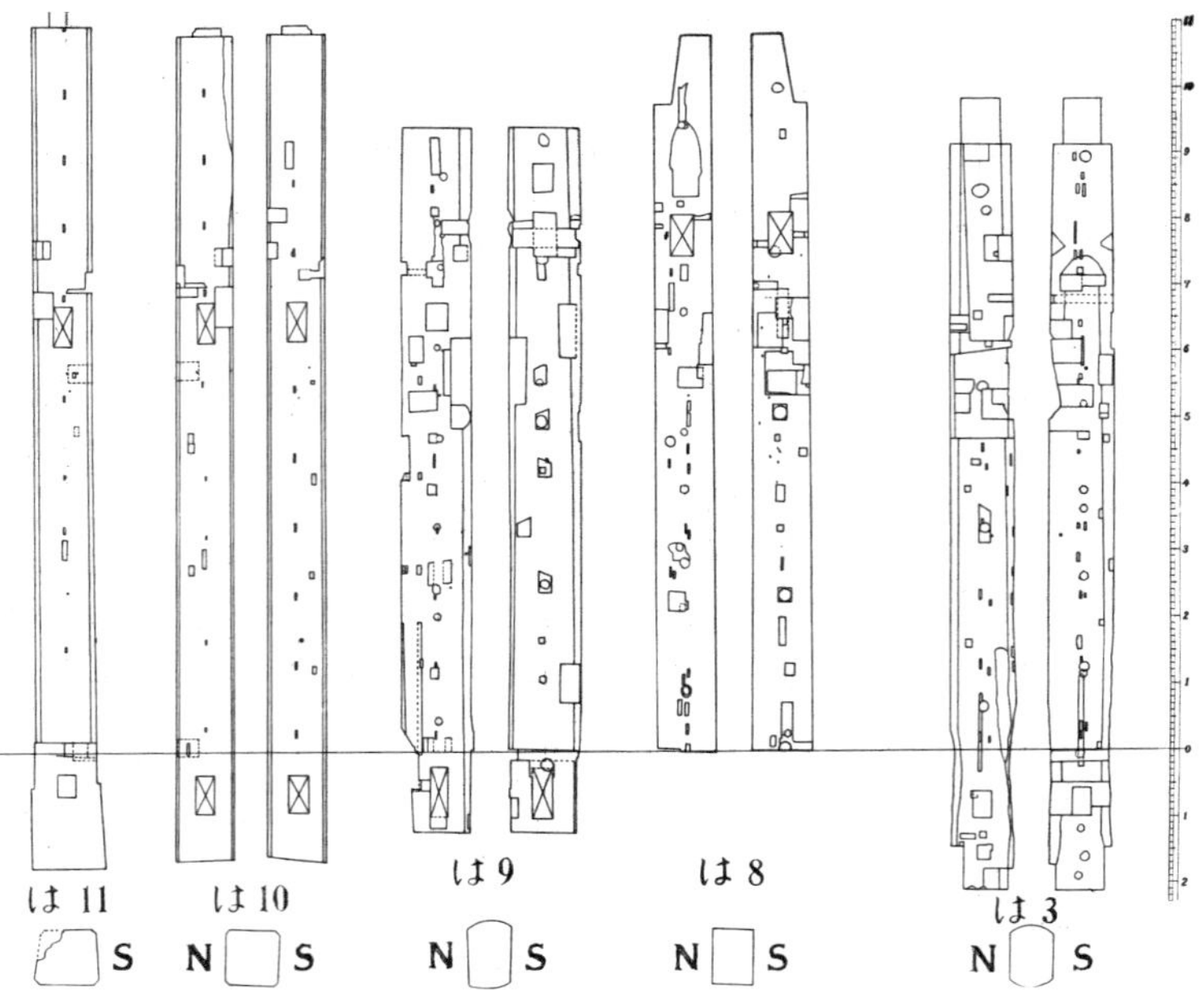

第 67 図　同　桁行棟下通り柱（3・8〜11）に残る間仕切復原資料

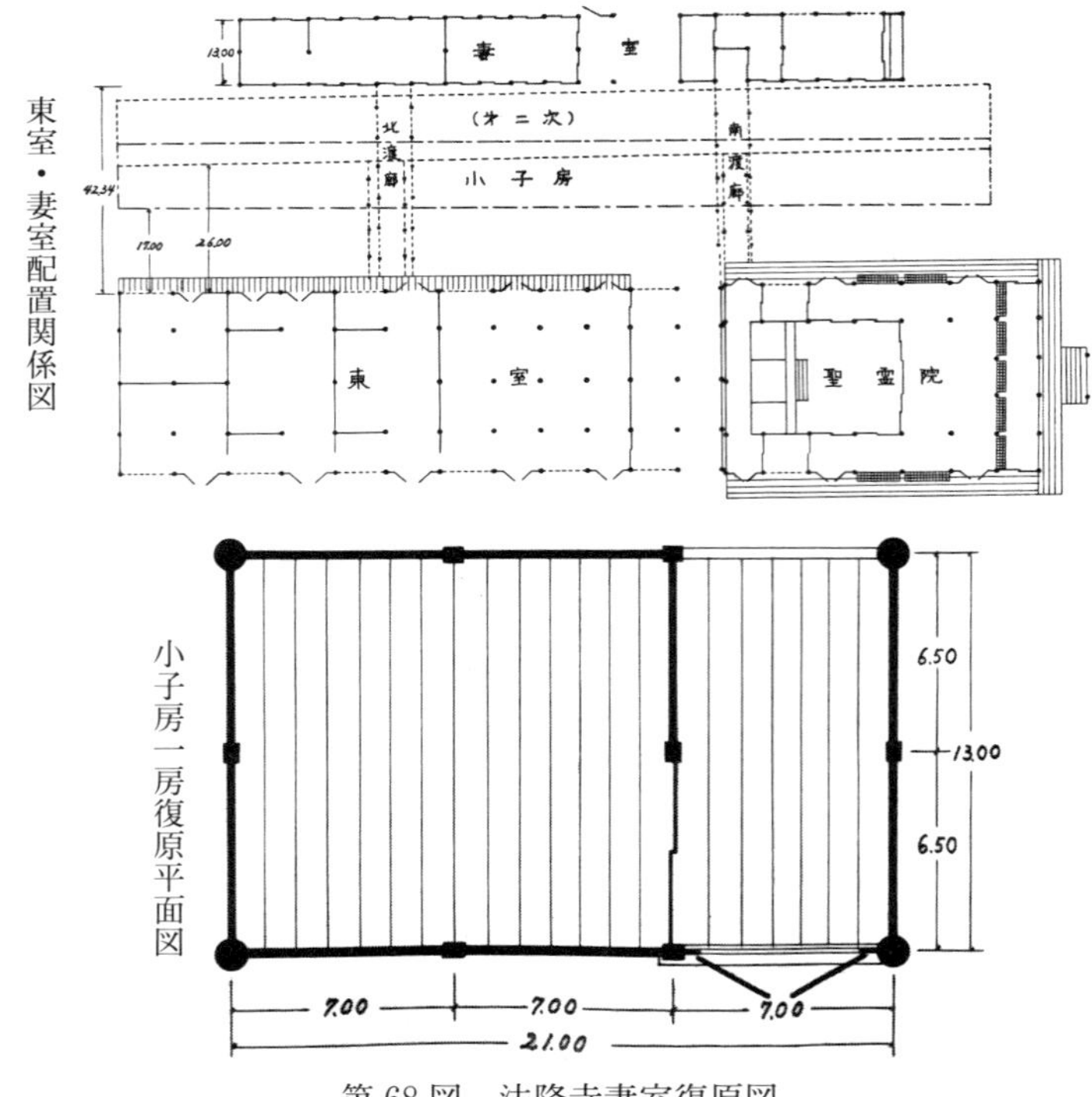

第 68 図　法隆寺妻室復原図

第六章　現存するその他の僧房建築

第一節　法隆寺西室

一　概　説

西室は伽藍中枢部の西方にあって、東室と同様南北に細長い桁行一九間、梁間四間、切妻造りの建物で、南方七間を三経院に、北方一二間を僧房にあてている。伽藍中枢部に対しては、東室が東回廊の東側から約五〇尺へだてた位置を占めるのに対し西室と西回廊西側間の距離は約九二尺で、東室に比べて回廊よりかなり遠ざかっている。『別当記』によれば西室は承暦年中（一〇七七～一〇八〇）に焼失し、その後、寛喜三年（一二三一）に再建された事を記録するが、(1) 現在の建物には寛喜三年の棟木銘があって、この時のものであることが明らかである。焼失した創建当初の西室については、大正十四年の防火水道工事中に、西回廊の西側から四四・一尺西方で雨落溝らしきものを発見しているが、これに建物の軒の出寸法約六尺を加えると、丁度五〇尺になり、東室と全く対称となるから、もとはその位置にあったものと考えられた。(2) 従って現在の西室は位置としても中世に全く新しく占定されたものであり、また建物の柱間寸法を見ても、梁行中央二間各々一〇・五五尺（これは鎌倉時代の尺度にして一〇・五尺に相当する。以下同じ）、両端間八・五五尺（八・五尺）、桁行は各柱間九・〇二尺および九・〇五尺（いずれも九尺）で、すべて鎌倉時代の完数に統一されており旧規をうかがわせるものはない。前章で述べたように「資財帳」に記された僧房四口の中、東室はその筆頭の長さ一七五尺、広さ三八尺とあるものに当るから、当初の西室はその次の長さ一八一尺、広さ三八尺の建物に相当するらしいが、現在の建物は桁行一七一・八四尺、梁間三七・二〇尺で、これは聖霊院と東室を合わせた大きさ、即ち当初の東室の規模とほぼ等しい。

ところで現在の建物は棟木銘、『別当記』の記事の両者によって、建立された時期が極めて明瞭であるにもかかわらず、細部についてはいろいろな疑問がある。それはまず再建の記事が次のように建物の墨書銘、『別当記』ともに二回あることと関連するらしい。

『別当記』

寛喜三年（一二三一）辛卯四月八日西室建造木造、同十八日柱立、同廿四日棟上、勧進聖人尊円、施主比丘尼常住、但南端七間三面南四間ハ号

三経院矣
文永五年（一二六八）戊辰十月二日西室造営　同三経院被立　番匠南都ヨリ被下

建物墨書銘

（三経院南端間棟木下面）
法隆学問寺西室棟上寛喜三季辛卯初夏廿四日庚辰別当前権僧正範円施主比丘尼常住 大勧進　尊円 勧進　寺僧等　大工妙阿弥陀仏（下略）

（西室東側北より第九柱底面）
奉行□東院北室圓□大工国光次郎大夫　別当中南院法印
文永年五年戊辰四月十二日　十間□……

次西室ハ昔之ノ者ハ焼失シ畢ヌ今新ク造レリ南ノ端シ三間ハ堂也
次ニ有馬道　次ノ北二間ハ勝鬘会ノ講師房也

十三世紀の中葉、喜禎頃（一二三五）の記録である『古今目録抄』によれば、

とあって、三経院の現状と多少相違しているから、文永の造営は建物内部の改変を行ったものと考えることも出来るが、『別当記』寛喜三年の記事中の「但南端七間」を重視すれば、最初南端のみを造り、この時北半を継ぎ足したと見ることも可能である。建物の現状からすると桁行一九間のうち、南端七間は柱間寸法が九・〇二尺であるのに、八間目に九・一五尺の間があり、それから北は一一間各間九・〇五尺となっている。九・〇二尺および九・〇五尺はともに完数の九尺と考えられるが、中間にやや広い間をはさんで南半と北半とで造営尺が異なる点は不審で、これを『別当記』と関連させると、寛喜には南方七間分を造り、文永に北方一二間を補足したのではないかと思われるのである。建物の墨書銘が寛喜のものは南方に、文永のものは北方にある点も、この推定に矛盾しない。次に『嘉元記』には「嘉元三年（一三〇五）四月廿八日　講師坊造営」の記事がある。現在の西室では北端より二〜五間、桁行柱間四間分が講師坊に相当し、ここには内部に丸柱を用いてある。このことは十八世紀中頃（一七四五年ころ）の現状を記した『古今一陽集』にも、

「南五間三経院　次二間作屋　次三間土間　次四間之内、北南一間空所　中二間之内　横西端二二間　號夏前講間　東端二間文殊

講間　次五間講師坊此坊丸柱也院室共惣間数拾九間」

とあって、この北端の講師坊が『古今目録抄』の位置ではないことは明らかである。とすれば、『嘉元記』の記事はあるいは全く別の独立した建物と考えることも出来るが、この移転に関係するのかもしれない。もしそうだとすると、ここにだけ丸柱を用い、天井も小組格天井であるから、旧僧房を改装するにしてはかなりの工事が行なわれたことになる。さらに『嘉元記』貞和五年（一三四九）には三経院の内陣を広げる記事があるが、その際新しく経営所となったために、居室が失われた分を、北へ造り次ぐこととなり、翌観応元年（一三五〇）に「講師坊ト西室トノ造アヒノ東向妻戸二間連子二間始立」てた。(3) この妻戸と連子の確実な位置を指摘するのは困難であるが「造アヒ」や始めて立てるという記事からすると、少くともこの時までは現状に見るように整然とした外観ではなかったことがうかがえる。

こうしてみると現在の建物は、寛喜三年から観応元年まで約一二〇年もの間に次々と造営が行なわれ、しかもそれが簡単な室内の改装といった程度に止まらないことが判る。その後も何回かの修理が行なわれたことを瓦銘や寺蔵文書等によって知るが、その年号のみを挙げると、応永四年（一三九七）、大永四年（一五二四）、天文四年（一五三六）、慶長五年（一六〇〇）、同十年（一六〇五）、同十一年（一六〇六）、元禄九年（一六九六）、享和二年（一八〇二）、文化七年（一八一〇）等である。現在の三経院西室のうち、様式的にみて明らかに後補と判断されるのは南面の向拝および広廂の一部で、他はほぼ統一された型式をもっているが、全部を寛喜三年と見るにはやや弱く、むしろ文永の造営を重視すべきものと思われるのである。

三経院の部分を除いて、西室の構造形式を記しておくと、桁行一二間、梁間四間、南側は三経院に連続して、北面は切妻造。屋根は本瓦葺。側柱はすべて丸柱で、上に大斗肘木を置く。軒は一軒の角棰。外面の間仕切は東西両側面共南より第一、三、五、六、八、一〇、一二各間は板扉、他は連子窓、北側は全部白壁とする。内部の柱は北方の八、一〇の柱列のみ丸柱を用い、その配置も棟通りにはなく、入側通りも中央の一本を抜いて正方形の四隅に立てた形であるが、他はすべて角柱で、これは入側柱通り、棟下通りの全部に碁盤目状に配される。内部は今は全部開放とされ、天井は丸柱で囲む北方二間四方の部分を除きすべて棹縁天井となっている。

二　創建当初の平面の復原

a　平面の現状

三経院・西室は昭和九年に徹底的な解体修理が行なわれ、現在の建物はその時整備されたものである。修理前の状況は図面や写真を見ると、特に西室はかなりひどい破損をこうむり、内部の床は全部取り除かれて大引だけが何本か残るにすぎず、西側面の造作は扉、窓ともに全くなく、開放とされていた。修理に際してはこれらの床や造作を復原し、とくに三経院の部分では仏壇の位置を変えて内陣の規模を復旧し、それに伴って外面する窓や戸口を復原した。こうした修理工事の後には、現在ならば詳細な「工事報告書」を提出し、旧状に復した部分等については一々その理由を記述するのであるが、当時はまだそこまでいっておらず、三経院の復原のみは現状変更の理由を報告しているが、西室については全く記録がない。これはおそらく床や、外面する造作の復旧は当然のことで、戸口や窓の配置、形式はともに東側面にならえばよいのであるから、問題はないと思われたためであろう。しかし現在の西室をみてゆくと、例えば東側の戸口と窓の配置にしても現状は交互に並んでいるが、今は窓とされた九の間には戸口であった痕跡があり、明治四〇年の実測図を見ても、八、九、一〇の三間は連続戸口である。ところが昭和修理の前にはすでにここが窓とされ現状と等しい。そうすると修理の際にここを窓としたのは単純に修理前の旧状を踏襲したものか、あるいは調査の結果に基づいて、戸口であったのは中古の仕事で、創建当初はやはり窓であったと判断されて復原されたのかが問題である。(4) こうした判断は建物の解体修理の際でなければ、現状をいくら調査してみても不可能なことで、従って現状調査から試み得る平面の復原は、かなり制約されたものとならざるを得ない。特に修理に際して、柱や天井貫を新材に取り換えられた部分については、完全に資料が湮滅してしまったわけで、全く手がつかないのである。しかし僧房であるから内部には必ず間仕切があり、人が住んでいた筈で、そうした実用的な面が判らなければ、僧房建築としては抜け殻同然である。そこでたとえわずかであっても創建時の平面の復原を試み、その間取の性格を考えることは、現存する数の少ない僧房建築にとって、重要な意義をもっているのである。

b　平面復原の資料

1　馬　道

現状の平面のうち、最も簡単に復原し得るのは、中央の馬道である。現在の西室では北端の間が土間とされ、ここが馬道のような状態であるが、この他にも馬道が二本あった。その第一のものは三経院の南から第五間で、『古今目録抄』に記された馬道にあたり、『嘉元記』貞和五年の記事では経営所と呼ばれた。『嘉元記』ではこの経営所を、三経院の拡張に伴って転用して、馬道と呼べないものになっていたらしいが、それでも東西両側面ともこの間のみは遣戸を用い、馬道の面影を伝えていた。(5) 第二のものは西室の南から第五間で、ここは現在戸口と窓が規則正しく交互に配置されている中にあって、特別に戸口が二間連続している部分である。しかし屋根裏を見ると、現在は他の間を通して張られている天井のすぐ上に、この間にだけ身舎の南北両側に叉首組を造り、化粧棟木を置いて棰をかけ、化粧天井とした構造が残されている（図面70）。従ってここがもとは馬道であったことは明瞭で、おそらく土間であったと考えられる。ところでこの二つの馬道は、記録によれば、同時には存在しなかったらしい。西室の造営事情についてはすでに記したが、おそらく文永に現西室を造り継いだ際に、第一の馬道をやめて経営所とし、第二の馬道が新たに設けられたと思われる。

2　外側の戸口と窓

連続して戸口が並ぶ西室第五・第六の間の中、第五間を馬道として解放と考えれば、他はすべて戸口と窓を交互に置いた配置となる。これからすぐに考えつくことは、二間一房制で、戸口と窓の一組が一房分にあたることは、この寺の東室と同様である。そこで馬道を中央にとると、今の西室としては南に二房、北に三房分と北端の特殊な間を設けたことになるが、三経院の北端二間も同じく戸口と窓を置いた形式で、これも一房分にあたるから、南北ともに三房分と考えてよい。このうち西室の第八、九、一〇、一一の四間、二房分は講師房にあたり、内部の柱の配置や天井の形式が異っていること、現状の戸口と窓の配置に疑問があること等はすでに記した。現状の構造でみると、この部分の小屋組が他と大分相違しているから、(6) あるいはもとは普通の住房であったのを、中古に今の仏堂風に改装されたとも思われるが、その断定は解体修理工事の際でなければむずかしい。しかしいずれにせよ現状では資料が限られ、ここに内部間仕切があった痕跡をもった柱はないので、その問題に深入りすることは出来ず、平面の復原も現状を確認するに止まるのである。ところで北端の二房分を除いて当初の他の四房分の戸口と窓を考えると、これはやはり現状の交互に置いた配置と推定される。三経院の北端一房の造作については、修理前には二間とも連続して連子窓であったが、修理中に柱や長押に残る痕跡によって、もとは南の間（第六間）が戸口であったことが明らかにされ、ここを戸口に復原された。修理による西室の復旧については、こうした資料を挙げての報告はないが、現状をみると現在戸口とされている間には、両脇の柱に内法長押下方の無目、および腰長押上方の半長押がもとから取り付いていたことを示す痕跡がある。逆に窓の部分には、こうした痕跡はないから、直接柱の仕口面が見えなくても復原は可能で、それは結局現状と変らないのである。さらに修理前の現状実測図を見ると、西側面の窓や扉は全部なくなっているが、もとは戸口であった柱間だけに、方立柱をそれも片方だけかろうじて残している。現状はそれを復旧したものであり、今見られる痕跡からしても、その復旧が正しいものと判断される。判りきったような戸口と窓の配置に、こうした検討を必要とするのは、修理工事の報告がないためであるが、この建物を重要文化財に指定した時（明治四一年）の調書や図面によると、西室の東側南より第三間は連子窓で、ここには三間連続して窓があったことが判る。それが昭和九年の修理前には、現状のように戸口とされていたから、この間に（おそらく法隆寺中門の修理工事に関連した時期）或程度復原的な改修が行なわれたと思われる。造作にこうした変遷があると、やはり一応は現状を疑い、出来得る限りの痕跡を求めて復原的に考察する必要が生ずるのである。

3

内部間仕切（図面71・72）

復原の資料となるものは主として、柱に残る痕跡である。柱以外には各柱通りを梁行に繋ぐ飛貫があり、この貫は天井を支えるものでもあるが、その下面にも旧仕口穴痕跡を残す。しかしこの貫下面痕跡は単純で、下方が壁であったことを示す間柱仕口穴（身舎では柱間を四等分、庇では三等分する位置）に限られているから、間取の復原には大して役に立たない。

柱に残る痕跡については、現状は旧仕口穴が全部埋木され、その際かなり大きな埋木をしたために、旧仕口穴の寸法とか確実な位置を知り得ない点に不満がある。旧仕口穴の形をそのまま埋木された場合でも、仕口穴自体は見られないので、例えばノミの切れ方等による新旧の判定を行なうことが出来ず、調査の結果はかなり不安定なものとなるが、この場合には埋木が大きすぎて一層困難なのである。[7]しかしそれでも或程度の復原は可能で、以下にその痕跡と判定を述べよう。なお本来は残存する柱全部の資料をあげるべきであるが、ここでは比較的新補材の少い西室の南より第一〜第四間についてのみ記し、他はまとめて結果のみを復原図に示した。記述の便宜上三経院と西室の境の柱列を一通りとし、これから北へ順次柱列に番号を附して、第五の通りとなる旧馬道の南側柱列までを取り上げ、また桁行の柱列にも東側（い）通りから西側（ほ）通りまで順次番付をした。

〔房境通りの壁〕

三経院と西室との境は、現在でも身舎のみは壁とされているが、もとは庇の間も壁であったことが、柱に残る壁間渡仕口穴の痕跡によって明瞭である。馬道の南側柱列にあたる五通りも、古材である東側柱（丸柱）及び同入側柱（角柱）に同様な壁の痕跡のみを残すから、資料のない西半分も含めて全部壁であったと推定される。図には「三通り」のみを挙げたが、各柱間とも壁間渡穴の痕跡だけである。従って房境通りは全部壁と考えられる。(8)

〔棟下通りの壁〕

棟下通りの柱で、古材はわずか二本に過ぎない。（は四）柱北面の痕跡が最も簡単でここは壁。注意されるのは現在の天井棹縁のすぐ下に見えている小さな仕口穴で、南面も同じものがあるが、ここには背、幅共三・〇寸の材が取り付いていた型が残されている。現棹縁は二・五寸角の下バ面取で、桁行に配され、身舎は柱間を四等分、庇は三等分した位置にあるが、全部同一寸法である。しかしこの痕跡からすると柱心通りのものは断面寸法が大きく、しかも面を取らないものと推定される。これは壁の止木であるから当然で、下方にも同じく壁止めを置いた枘の仕口穴が見えている。三〜四の間も上下の壁止め、中間に間渡仕口穴があってやはり壁。但し内法五・七尺（現在は畳が敷きつめてあるがもとは当然板敷である。内法寸法は現状に畳の厚さ約二寸を加えた）で鴨居の痕跡があって、ここを引違いの戸口としたことが判るが、これは後補と推定される。（は三）南面は壁の痕跡以外に、不明の痕跡があるが鴨居の圧痕はなく、これが戸口のためか否かを判定し難い。当初は壁であったと思われ、そうすれば棟下通りは全部壁と推定される。

〔入側通りの間仕切〕

これは表にして示すと、次頁のとおりである。

この表に示した痕跡のうち、まず注目されるのは（一〜三）の間と（三〜五）の間とでは天井の高さが異なることである。こ

東入側（ろ）通り各柱間・間仕切

柱番号		柱に残る痕跡	判定
ろ五	北面	内法長押取付首切、同止釘穴、下方痕跡なし	馬道開放
	南面	壁間渡仕口穴、二種（斜め方向は近世）上端壁止無目	壁
ろ四	北面	同右	
	南面	痕跡なし（上端の無目もなし）	開放
ろ三	北面	中心よりやや片寄って壁間渡穴あり、後補か	
	南面	鴨居枘穴、同圧痕（内法五・七〇）、下方戸当りのあった型、敷居	片引戸口
ろ二	北面	鴨居、仕口等右と同じ、但し下方に片側によった壁	
	南面	痕跡なし	開放
ろ一	北面	後補の壁間渡穴以外痕跡なし	

西入側（に）通り各柱間・間仕切

柱番号		柱に残る痕跡	判定
に五		新材	
		新材	壁
に四	北面	壁間渡仕口穴、上端壁止無目	
	南面	痕跡なし	開放
に三	北面	同右	
	南面	壁間渡穴	壁
に二	北面	同右	
	南面	鴨居枘穴、同圧痕（内法五・七〇）下方痕跡なし	片引戸口
に一	北面	同右、鴨居下方に片側によった壁間渡穴	

れは前者では棹縁を飛貫側面に大入れに落し込み、天井板を飛貫上面で張っているのに、後者は棹縁を飛貫上に置いているからで、この二種類の方式は三通りを堺として、南方は三経院の北端三間分を含めて前者、北方は後者と分れている。この天井型式の相違は先に述べた西室の造営事情と関連するものであろう。次に（四～五）の間は壁であったと判断され、天井のすぐ下面に壁止めの無目痕跡をもつことは、さきに棟下通りで記した壁の間と同じ方式であるが、（三～四）の間は下方の痕跡はなく開放と判定され、上方の無目もない。従ってここは現状と同様に天井棹縁があったもので、この通りの東西両側の小部屋は、天井が一続きに張られていたことが判る。また片引戸口と判定された箇所は一方の壁、他方の戸当り方立が共に中心より同方向の片脇へ寄っているから、片引と断定しうるのである。

〔梁行・各房の中央通りの間仕切〕

これも表示すれば次のとおりである。

二通り各柱間・間仕切

柱番号		柱に残る痕跡	判定
ほ二	東面	下方に後補の痕跡はあるが、当初の痕跡はなし	開放
に二	西面	鴨居圧痕、壁間渡穴、いずれも後補と考えられる。	
	東面	低い位置に鴨居枘穴（内法三・六〇）。上方壁穴、下方片側によって壁間渡穴	低い片引戸口
は二	西面	新材	
	東面	新材	壁
ろ二	西面	壁間渡穴、後補の鴨居圧痕あり	
	東面	鴨居枘穴、同圧痕（内法五・四〇）、下方痕跡なし	引違戸口
い二	西面	同右	
註記		この間の飛貫下面には何の痕跡もない。	

四通り各柱間・間仕切

柱番号		柱に残る痕跡	判定
ほ四	東面	新材	引違戸口
に四	西面	鴨居枘穴と思われる長いハギ木（内法五・五〇）、下方の壁間渡穴は小さすぎて近世のものと判断される。	
	東面	同右（内法推定五・五〇）。壁は中古。	片引戸口
は四	西面	同右（内法推定五・五〇）。下方片側によって壁間渡穴。（二列あるうち一方は中古）	
	東面	これらはいずれも鴨居仕口が二つあるらしい。すなわち（ろ四）西面の内法五・四〇の枘穴およびその下の内法四・八〇の枘穴である。壁間渡穴を一回分は全部中古のものと考えれば（ろ四）西面にだけもう一回分の壁穴がある	片引戸口
ろ四	西面		
	東面		引違戸口
い四	西面		
註記		中古に全部壁とされた。	

c　平面の復原的考察

以上の各柱間・間仕切を組合わせた結果復原された平面は69図のとおりである。すなわち最初にも記したように西室は二間一房制であるが、棟下通りで東西に区分され単位となる一房の大きさは柱心々距離で測って桁行二間、九尺等間、梁行二間、庇の間八・五尺、身舎の間一〇尺、計一八尺×一八・五尺である。この単位房は両隣及び背後の房との間をコ字形に壁で厳重に遮断され、外面にのみ南の間に戸口、北の間に連子窓を開いている。内部の間取は戸口から入った南側の間二間を通して一部屋にして使うのが普通らしく、北側の間は二部屋に分けて、全体としては三部屋の構成である。とくに北側の列の奥の部屋は、戸口の場所に相違はあっても一方にのみ設けて他の三方を壁で囲い、戸口も片引戸口を用いる等、きわめて閉鎖的である点は注目すべきである。従ってこの間取の使い方としては、北側奥の間を寝室にあてたものと考えられるが、これは元興寺極楽坊禅室、法隆寺東室の場合と全く同じ住まい方で、その広さもよく似たものである。さきに東室の項で記したが、東室の永和改修時の間取と西室とがよく似ていることも一見してあきらかであろう。なお単位房の細部については、まず柱の太さは側柱径〇・九五～一・〇二尺、内部の角柱は断面矩形で桁行方向に長手に用い、長辺七・〇～七・九寸、短辺五・五～六・一寸。床上面より飛貫下面まで七・一尺、天井板下面までは低い方で七・七尺、高い方で七・九五尺。外面する戸口及び窓は現在の形式が当初からのものと認められ、戸口は上下長押間に上方に無目、下方に半長押を用い、その間に方立柱を立て、これに楣、蹴放、方立を取付けて扉を釣る方式である。戸口の内法高さは五・五尺、扉は板唐戸。窓は連子窓で四周に框を廻らせ、上下長押間一杯に造る。戸口・窓ともに柱との間にごく狭い小壁を設ける。内部の造作は壁の部分には上・下ともに壁止めをおく。引違戸口に推定した処は、床上面から鴨居下面まで、内法五・五～五・七尺で、圧痕によると鴨居の断面は幅三・五～三・九寸、厚さ三寸位である。二本引とすると、かなり溝幅が広くとれ、建具も板戸のようなやや重いものを用いたと考えられるが、これは全くの想像に過ぎない。

三　法隆寺僧房の配置

前項までに東室および西室について復原的な考察を行ったが、ここで法隆寺僧房全体の配置を考えてみよう。天平十九年の「資財帳」に記された僧房四口の中、最初のものが東室にあたり、次のものが今の西室ではないが、東室と対称的な位置にあった旧西室にあたることはすでに記した。法隆寺にはこの他記録に残る僧房としては北室がある。『別当次第』、『古今目録抄』共に延長三年（九二五）に講堂と北室とが焼失したことを記すが、後者には「此講堂之東浦ニ在北室跡、石居少々残テ見ユ」とある。この焼失した講堂はよく知られているように「資財帳」には記されておらず、焼失した時の位置は現在の講堂の場所である。講堂が「資財帳」に見えないので、伽藍中心部に対する東西両室の配置から、創建当初に北室は現講堂の位置にあったのではないかと考えられたこともあったが、その地下調査の結果、現在では否定的な見解が強い。そうなるとやはり北室は『古今目録抄』のように講堂の東方に想定すべきものであろう。ところでもう一つ注意されるのは、『古今目録抄白拍子記』に「当時講堂災上之時、北室西連室八箇室等、被掩余災矣」とあることで、これによると北室は講堂の西にもあったことになる。西室はすでに述べたように承暦年中（一〇七七〜一〇八〇）に焼失し、その時北端の一房のみは焼け残ったとあるから、延長―承暦の間に西室が再建された証拠がない限り、これは別の建物でやはり北室と考えたい。「資財帳」中の四口の僧房をみると、第三番目のものが「長一五丈五尺、広三二尺」であるが、一房の長さを東室及び現西室にならって一八〜二〇尺とすると、この長さは丁度八房分にあたる。そうするとこれが講堂の西にあたった可能性は充分にあり、現在の地形を見ても、講堂の西は今の地蔵堂の前へかけてかなり平坦な地勢で、長さ一五五尺の建物を容れる余地はある。ここに東西方向に長い北室を想定すると、四口のうち、最後の「長一〇丈六尺、広三八尺」の僧房は講堂の東へ、やはり東西長手に置いて見たくなる。すなわち講堂を中央に挟んで東西に北室を配置したと考えるわけで、他に例のない三面僧房の配置である。僧房の配置をこのように想定してみると、講堂の位置がやはり問題で、これが「資財帳」の食堂にあたるのではないかという疑いが生れる。(9)後述するように伽藍配置中で僧房と食堂の関係は非常に密接であるが、食堂の両脇に僧房を配置した例は、一棟に納めてしまった東大寺戒壇院僧房を始めとしてかなり多くの例あり、法隆寺の場合もこれにあてはまるのではなかろうか。今の講堂には延長三年に焼失した前身堂があったが、その建立時期については地下調査の結果では、平安時代初期をさかのぼらないと推定された。しかしこの結論は仏壇の部分から発見された古銭によるもので、仏壇の造営のみ遅れたのではないかという疑問に、必ずしも充分な解答を与えてくれない。興福寺食堂の場合では、発掘調査の結果当初は仏壇がなく、後に作られたと推定されたが、同様な事情が法隆寺でもなかったとはいいきれない。この辺の事情は講堂周辺の発掘調査さえ行えは、おそらく容易に判るものと思われるが、現在では全くの想定に過ぎないのである。しかし僧房の配置が普通に三面僧房といわれる単純な形式ではないと思われる点は、古代寺院の伽藍配置を最もよく伝えている法隆寺であるだけに一層重要で、早急な解明を期待したいのである。

第二節　唐招提寺東室（礼堂）

一　概　説

唐招提寺東室は講堂の東方約五〇尺を隔てて南北に細長い建物で、桁行一九間・総長一七七・八五尺のうち、南方八間を礼堂、北方一〇間を東室とし、中間に一間の馬道を設ける。この建物は昭和十三年に国宝保存法による解体修理が行なわれ、現状はその時復原的に整備されたものであるが、工事中の現状変更、発見物等については詳細な『報告書』が刊行されている。従って修理後の現状には『報告書』以上に付け加えるものはない筈であるが、多少見解を異にする点があるので以下にそれを述べる。

唐招提寺は改めて記すまでもなく、鑑真和上によって天平宝字三年（七五九）に創められたものであるが、その造営事情は当時のいわゆる南都七大寺と呼ばれる官の大寺とは異っていた。現存する講堂が平城宮朝集殿を施入されたものであることは、よく知られた処であるが、『唐招提寺建立縁起』によれば、その他にも食堂、羂索堂、僧房の一部等が同じく施入によって造営された。この寺に現存する奈良時代の校倉二棟のうち、経蔵はそれ以前からあった二棟分の建物を用いて作られたことが、昭和二十七年の修理工事によって明らかにされたが、これは同縁起にある「在地主屋倉」にあたるものと考えられる。また現存する金堂にも、古材を転用したと推定される部材がかなり多量に混入しており、これは縁起によれば少僧都如宝が建立したものとあるが、その造営にはやはり始めから、すでにあった建物の材の一部を用いたものと思われる。こうした創立の事情は、官によらぬ大伽藍の造営ということが、いかに困難なものであったかを示しているが、伽藍の中心的存在ではない僧房建築では一層甚だしいものがあった。すなわち同『縁起』によれば、僧房としては、

東北一房一宇　東一房一宇　東二僧房一宇　東北後一僧房一（宇）　右。唐法載大法師造立如件
西北一僧房一宇　右。義浄大法師造立如件
西北二韓一宇大和上室　西一僧房一宇、西二房一宇　右。清河大使卿家施入如件
西小子房一宇　右。少僧都造立如件
西北後房一宇　西北後小子房一宇　右。少僧都如宝大師室
西南僧房一宇　右。薬師寺恵元大法師造立如件

とある。すなわち棟数にして一二宇、造立者は六人である。僧房の棟数が多いことだけならば、「大安寺資財帳」に記された僧房は一三条もあるが、造立者がこれだけ多いのは全くの異例に属し、伽藍の造営が容易でなかったことを思わせる

唐招提寺の僧房については、この他寺蔵文書中に「唐招提寺用度帳」と仮称される奈良時代の古文書断簡があり、その中に食堂、東北一房、東北第二房、西北第一房、佐官師御房、叡（胤）師房等の記載がある。これらの僧房の名称が前述した縁起中の記載と似ているものがあるから、この二つの記事によって僧房の大要がうかがえる筈であるが、この「用度帳」は釘や鉤等に関するもので一々の建物の規模を知ることは出来ない。また単なる名称によってその配置を想定することも困難なのである。従って現在の東室が、これらの僧房の中、何と呼ばれたものの後身にあたるものかは不明である。なお前記「用度帳」中に東北第一房及び佐官師御房には房内に経蔵を備えていたことを記載する点は注目すべきで、元興寺東室南階太房中に経蔵があったことと思い合わされる。僧房の中に経蔵を設けた例には、この他に元慶七年（八八三）の「観心寺資財帳」中に、

一、六間桧皮葺房　壱間（在東面庇　戸三具 身屋　板敷）　北端為経蔵

がある。

現在の東室については『招提千歳伝記』に「建仁二年（一二〇二）壬戌秋八月　解脱上人試修二念佛会一。勸レ人修二理東室一以爲二念仏道場一」とあって、この時再建されたものとする説が一般的であるが、様式的にはもう少し後のものと考えられる。というのは、軸部に飛貫及び腰貫を用い、戸口に当る柱間ではそれを楣及び蹴放に兼用しているが、建物全体としては和様の系統である。こうした手法が和様に用いられるのは、鎌倉時代も中期以降と考えられるからである。同じく『千歳伝』には弘安六年（一二八三）正月から翌七年にかけて東室及び礼堂を再補したことが見えるから、現在の建物はほぼこの時の形成になると思われる。建仁二年の修理は元興寺僧房の一部を仏堂に改造した建久八年（一一九七）の工事と類似したものであろう。

東室の小屋組は、現在下方一面に天井が張られていて下からは全く見えないのに、入側桁及び棟木を実肘木で支えるという、化粧屋根裏のような手法を用いている。これらの部材は、建物の下方にあって外から見える部分に比較すると、技法的にもまた材質からしても、一時代古いことは一見して明らかである。外観の組物は、丸柱上に平三斗組の斗栱を用いるが、見えない部分に実肘木があることは、今の僧房の前身堂が舟肘木斗栱の簡素な建物であったと想像される。この前身東室については『修理工事報告書』もこれ以上の詳細な点にはふれていないが、柱上にまず梁をおき、その上に実肘木を渡り腮にかませて桁を支える技法や、実肘木・大斗（棟束上で大斗肘木組）等の形式からすると、その建立年代を奈良時代まで溯らせることは困難に思われる。遺構が少いので比較する

好例がないのであるが、法隆寺大講堂の斗栱が多少これに似ている点があり、平安時代中期以降と推定されるのである。なおこの小屋組材を調査してみると、組み込まれて部材の全痕跡が判らないものが多いので、一々に旧用途を指摘することは不可能であるが、上面に渡り腮の仕口、下面には柱が直接に当る枘仕口穴があって桁と思われる材や、下面の所々にエツリ穴を存する部材がある。こうした仕口だけで部材の年代をきめることは出来ないが、一般的にいえば、エツリ穴が用いられるのは古代に限られるから、これらの材はかなり古いものと判断されるが、注意されるのは、その中に柱間心々距離の判るものが二丁あり、いずれも七・五尺である点である。現在の東室は桁行柱間寸法が総て九・三一尺、梁間は七・三五尺等間で、七・五尺の柱間寸法の場所はない。しかもその柱間寸法を見ると、桁行寸法の九・三一尺は奈良尺の九・五尺に、梁間の全長二九・四尺は奈良尺の三〇尺に当っているから、これは創建当初の規模を或程度伝えたものと思われる。そうするとこれらの古材はもともと東室に用いられたものではなく、他の建物からの転用材と推定される。北妻の虹梁も現在の柱間寸法とは異る柱当りが下面にあって、同様に転用材と考えられるが、これにも梁下面にはエツリ穴を存している。これらの転用材が何時の時代に東室に入ったかを知ることは出来ないが、実肘木にも同種の材がある所からすれば、平安時代以降であろう。従って、前身建物を寺の創建当初のものまで追求することは困難で、当初の僧房が平安時代に大修理を受けているものと推定されるのである。

二　平面の復原的考察

東室は桁行一〇間であるが、外面する造作をみると、南から窓、戸口、窓の三間を一組にしたものが、三組あり、北端の一間は戸口とされている。従って元興寺極楽坊禅室と同じ三間一房の型式であることは一見して明らかで、江戸時代初期と推定される寺蔵の「伽藍古図」にも三間ずつに仕切った状態が画かれている。(10)ところが『工事報告書』には外面する造作や、内部角柱位置の復原をかなり詳細に報告しているのに、内部間仕切については、いずれも仮設のものとして、再建当初は開放であったとされている。僧房の内部に固定した間仕切りを置かず、便宜にしたがって仮の造作を行って用いた例は、後述する興福寺西室のようにないわけではないが、その場合には住居という本質的な機能を失って、儀式的な場所に変化していることが前提となる。中世の興福寺西室が維摩会の講師坊として用いられ、また前述した法隆寺西室でも北端の講師坊には内部間仕切がないことからすると、中世以降の講師坊には固定した間仕切がなかったと考えられる節もある。東室は元禄十一年（一六九八）に南北二つに分割され、南を舎利殿、北を講師坊としているが、再建当初から全体を講師坊として用いた記録はない。そうするとやはり当初は住房として、間仕切りがあったと考える方が自然なのである。ところでその内部間仕切を現状調査によって復原するのは、ほとんど不可能に近いが、それでもいくつかの問題を指摘し得る。東室の内部には断面矩形の面取角柱が長辺を梁行方向に向けて、各柱通り全部に碁盤目状に配されているが、桁行方向の飛貫でそれらを繋ぎ、これに梁行に棹縁を落し込んで天井を張る。桁行に通した飛貫は戸口の楣を兼ねているから、戸口や窓のすぐ上に天井がくるわけで、床上面から天井板下面までは七・三四尺である。このような天井は現在のように内部を開放にして一つの大広間となった場合には低すぎるもので、小部屋に仕切ってみて丁度よい高さと考えられる。前記法隆寺西室の天井は低い方でも七・七尺あった。柱に残る痕跡を見ると、側丸柱、内部角柱のいずれにも、床からの内法高さ五・六尺位で、梁行方向の飛貫を通した痕を埋木している。飛貫が果して再建当初からあったものか否かは不明であるが、元禄十一年に改造された時に取外された部分もあるから、それ以前にすでにあったことだけは確かである。また桁行方向には大部分の柱に同じ高さで鴨居を一方の柱に枘差し、他方の柱には枘をスベリ落した仕口穴痕跡と思われる埋木がある。しかし戸口から入った所の入側柱通り一間には、この鴨居の痕跡はなく、相対する柱面にはその他の痕跡もない。そうするとここは開放であったことは明らかである。その他の柱間については古い角柱がまとまって残っている南より第三房の痕跡と判定を表示すれば次頁のとおりである（側柱及び房境通りの柱を除き房の内部にある六本の柱についてのみ記す）。この場合一番不安なのは、前述した開放の柱間以外には、梁行、桁行共に丁度よい内法高さの位置で鴨居に使える部材が全部の柱間にあることである。現在の埋木からはその中で新旧の差をつけることは出来ず、従ってその下方の間仕切を復原してみても、その組合せの場合には、時期が異るものを並列する恐れが多分に生ずるのである。

表に見るように柱面には壁（柱の中心にあるものと、やや片寄ったものの二種あり）、戸口（戸当りをとめた釘穴）等の痕跡を残しているが、注意されるのは相対する柱面のうち一方が開放または戸口、他方が壁という箇所がかなり多いことで、全体を壁で閉じた部分はわずかに一箇所しかない。戸口では片寄った壁をもった所は片引戸口と判断されるが、一方の柱のみに中心通りに壁がある柱間は引違戸口を建て、戸口幅を柱間一杯より狭くとったものと思われる。柱間の内法寸法は桁行で八・八尺、梁行は庇の間六・六尺、身舎の間六・七五尺であるから、戸口脇の壁で開口部の幅を調整したのであろう。資料の性質からいってあまり細部にまでは立入れな

南より第三房内部桁行通り各柱間・間仕切

		南通り柱		北通り柱	
		南面	北面	南面	北面
東入側通り	痕跡	楣、下方片寄って壁間渡穴	楣なし、下方痕跡なし	同右	楣、下方戸当りをとめた釘穴
	判定	片引戸口	開放		（片引）戸口
棟下通り	痕跡	楣、下方痕跡なし	楣、戸当り止め釘穴	楣、下方片寄って壁穴	楣、下方片寄った壁と柱心の壁あり（前者を後補とみる）
	判定	戸口	片引戸口		（戸口脇の）壁
西入側通り	痕跡	楣、下方片寄った壁（後補か）	楣なし、下方痕跡なし	同右	楣、下方壁
	判定	戸口	開放		（戸口脇の）壁か

南より第三房内部梁行通り各柱間・間仕切

		南通り		北通り	
		痕跡	判定	痕跡	判定
東入側通り柱	東面	飛貫、片寄った壁穴	片引戸口	同右	片引戸口
	西面	飛貫、下方柱心に壁穴	戸口（脇壁）	飛貫、下方壁間渡穴	壁
棟下通り柱	東面	飛貫、下方痕跡なし		同上	
	西面	飛貫、下に戸当りをとめた釘穴	戸口（脇壁）	飛貫、下に片寄った壁（後補か）	戸口（脇壁）
西入側通り柱	東面	飛貫、下方柱心に壁穴		同右	
	西面	飛貫、片寄った壁穴	片引戸口	飛貫、下方壁	同上か

いが、復原された間取（図面75）をみると、まず外側の戸口から入った部屋は、その奥の間と通して二間続きに用いていたことが注目され、法隆寺西室の間取と類似している。しかしその他は壁が少くて、今まで述べてきた元興寺や法隆寺等の例と比較すると非常に開放的である。特に中世の僧房は棟下通りで分割されるのが原則と思われたのに、ここでは棟下通りの間仕切も他と殆んど変らない。全体が開放的であることは、内部の角柱にも現われていて、唐招提寺東室のみは面取り柱を用いている[11]。こうした点からすると、この東室を常住の僧房と考え得るか否かが改めて問題になってくるが、例えば『春日権現験記絵巻』に画かれた興福寺僧房のように、時代が下ると間取が開放的になるらしい点も見逃すことは出来ず、結論は得られないのである。

第三節　東大寺二月堂参籠所

一　概説

東大寺二月堂参籠所は二月堂の西下方にある桁行一〇間、梁間四間、切妻造の建物で、中央一間を二月堂に通ずる馬道として、それから南四間を食堂、北五間を参籠所にあてている。規模は桁行総長八三・六尺、うち参籠所は四一・五尺、梁間は三一・二尺で、参籠所の一部に角柱を用いる他は、側・入側柱共に丸柱、斗栱は舟肘木組、軒は一軒の簡素な建物である。参籠所の創立された時期は詳かでないが、『東大寺続要録』造仏篇には治承四年(一一八〇)の兵火に焼け残った建物として、法花堂、二月堂、同食堂等を挙げているから、それ以前から存在したものと思われる。現在の建物については二月堂古記録に「大床宿所食堂湯屋は、禅院の本願中道聖守上人建立也」とあって、聖守上人は承久から正応頃（一二二〇～一二九〇）に活躍した人であるから、ほぼその間に再建されたものと考えられる。[12] しかしこの参籠所は、二月堂で修二会が行なわれる際に現在でも古式に従って使用されているように、長年間参籠に用いられてきたのであるから、後世の修補がしばしば行なわれ、再建時の部材が今の建物にどれだけ残っているかは疑わしい。舟肘木や妻飾りの細部から判断すると、様式上室町時代中頃と思われ、その頃大修理を受けていると推定される。[13] さらにその後も何回か修理が行なわれ、建物の小屋裏には天明六年（一七八六）及び明治三十七年の棟札があるが、小屋梁以上は全部天明六年に組みかえられている。参籠所は桁行五間、梁間四間で、側柱、入側柱及び妻中央柱は丸柱、棟下通り内部柱は角柱となっているが、総計二九本の柱の中、近世に取換えられたと推定される柱が一七本もある。特に内部の柱は入側通り丸柱の一本のみがやや古いと思われる以外は、全部近世の取換材である。また側廻りの古い柱も西側と北側（妻）のみはよいが、東側のものは全部古い柱二本を継木したもので、その中どちらが元来この通りの柱であるかの判定も困難である。外装も内部間仕切も後世ひどく模様替されたらしく、現在はかなり不規則なものとなっているのである。なお柱間寸法にも多少広狭があり、桁行は南二間七・五尺、次二間八尺、北端の間一〇・五尺、梁行寸法は東端の間七・二尺、その他の間各八尺程であるが、現在には相当にむらがあり、とくに梁行寸法が東庇と西庇で異るのは不審で、北妻から見ると左右非対称になっている。

二　平面の考察（図面78）

現在の平面は内部を棟下通りで東西に二分し、桁行方向には四分して八室に分ける。このうち基本になると思われる間取は、南端の桁行二間分で、ここでは棟下通りと、各桁行柱通りで仕切られて、縦長の部屋が四つある。その北側では同じく棟下通りで分れるが、桁行二間幅をとるから、南の二部屋分にあたる大きな部屋が東西に並ぶことになるが、いずれも外壁に接して半間分の通路を設けている。北端は一間幅で、棟下通りよりやや東へ寄って間仕切され、東西二部屋の大きさは多少異っている。この平面の復原は前述したように柱の取換えがあまりにも多くて、全く手のつけようがないのであるが、西側通りに存する古い柱をみると、南端の間に現存する連子窓と同じ高さで、北から二間目にも同様な連子窓が取り付いた痕跡をとどめ、その中間の二間は現在は引違戸口であるが両脇の柱面に方立を取り付けた溝を埋木しているから、ここには元は唐戸があったものと判明する。これからすると、西側は南から連子窓、戸口、戸口、連子窓であったことが判るが、北端の間は不明で、おそらくここには遣戸を用いた入口があったものと推定される。従って今まで述べた元興寺僧房以下の例のように、同一方式の繰り返しとはならないが、対称的に二房分を並べたやはり二間一房の間取で、北端だけは法隆寺西室や唐招提寺東室の北端の間のように、一間だけ特別な部屋をとったものと思われる。現状でも南二間と次の二間及びその北端の一間との境には、壁があって三区画に仕切られてこのことを裏付けており、中央にある二間幅の部屋は、おそらく近世になって拡張されたものと思われる。ところでこの参籠所は、そうした旧状も勿論大切であるが、たとえ後世の変更を受けているとはいえ、ここが現在でも修二会のたびに僧房として使われていることの意義を重視すべきで、とくに各室毎に粘土と瓦で炉状に築いた火鉢やカマド等の日常生活道具を置いている点は注目される。こうした日常生活の諸設備は、今まで述べた僧房では全部取払われて、全く判らなかったもので、ただわずかに法隆寺東室で床下に排水溝の設備が見出されたに過ぎない。しかしその用途については、色々な臆測は出来ても建物の方からそれを実証するような設備の痕跡までは見出せなかったのであるが、この参籠所ではカマドの脇に流し（洗い場）を置き水を捨てる穴を明けている。しかも八分された各室にはそれぞれに火鉢またはカマド（流し）のどちらかを置いていることが、この間取の使い方を具体的に示すものとして重要である。

修二会の際におけるこれら各室の参籠者を尋ねてみると（図面77）、最も重要な役である堂司が中央西側の大室を、次の和上が東側の大室を占めるが、これは一人だけではなくて堂司には総衆の一、北衆の二、中灯の一の三人が、和上には南衆の一及び二の二人が附き随うので、西の部屋は計四人、東の部屋は計三人の占者となる。(14)南端の間は西側に大導師と権処世界、東側に呪師と処世界を容れるが、役目としてはそれぞれ前者が重要で、後者は補作的な役である。すると堂司、和上、大導師、呪師の四役でそれぞれ各室を占居し、それに何人かずつ同居者があるといった構成で、その居住人員と室の大きさとは大体一人当り、柱間一間分、八尺×八尺位の広さになるのである。さらに以上の一一人の僧には各々一人ずつ従者が附随し、南から第二の間には南接する部屋の従者が二人ずつ（仲間、童子）北端の間には西側に四人、東側に三人の従者が居住する。(15)主人側の居室にはそれぞれに火鉢が置いてあり、従者の方にはカマドがあるから、(16)部屋と居住者の関係は一見して明らかであろう。こうした部屋の使い方で、まず旧状をよく伝えていると思われる南二間分を見ると、戸口に接して通路にもなる所は従者の間、その南脇の奥まった部屋が主人の間として用いられている点が注目され、堂司や和上の間も、直接外面せずに間に通路を置いて北脇の従者の間と連絡する関係は、部屋の大きさを居住人員に応じてとったものと考えれば基本的に同じ性格の使われ方である。何れにしてもここでは窓際と奥を一対にした幅一間、長さ二間の一区画に二人が当てられる程度の密度で、一房の居住者は二人の主人と二人の従者であることを原則としたものと解される。これは修二会といった一定期間を限られた臨時的な住居であるために、特に多人数が入るものと考えることも出来るが、法隆寺東室の項で述べたように、柱間一間四方、三・五〜四・五帖位を一人当りの居住面積とすることが、むしろ普通の状態であったらしい点からすると、こうした住い方は、かなりよく古式を伝えていると思われるのである。

第四節　法隆寺妻室

前節までにとりあげた僧房建築はいずれも大房に属するものばかりであるが、小子房の唯一の現存例として法隆寺妻室がある。僧房には「大安寺資財帳」、「元興寺堂舎検録帳」を始め、その他の記録にも明らかなように大房、中房、小子房の区別があるが、中房と小子房とは建物の大きさによって用いた便宜的な名称の相違と思われるので、大房と小子房の二棟と考えてよい。この大房と小子房との関係は奈良時代では一組となっていることを原則とし、僧房の一房分は大房中の一房とその背後の小子房中の一房とを合わせて成立っていた。このことは大房と小房が僧、沙弥等の階層に従って用いられ、互いに上下の関係におかれていることを推測せしめるが、それだけに小子房は大房に比べて一層実用的な建物であったと思われる。小子房の現存例が唯一に限られるのは、建物自体の規模が太房に比べてずっと小さいこともあるが、やはり実用的なだけに消耗が甚だしかったためであろう。

ところで法隆寺妻室については、東室の背面にあたる東側に平行して建っているので、東室に対しては大房と小子房との関係にあることは一見して明らかであるが、これが小子房そのものであることは今まで明らかにされてはいなかった。というのは今まで現在の妻室は、『嘉元記』に「文和三年甲午二月一日　東室庫裡（クリ）円城院坊始立之　同日棟上在之　奈良ヨリ旧坊ヲ買取テ立之」とある庫裡にあたるものと考えられていたからで、そうなれば配置の形式としては大房に対する小子房の関係であるが、それがどの程度古代における両者の関係を伝えているのかが判らないと思われたのである。現存する建物を見ても古材は用いてあるが、全体の様式としては室町時代程度と推定され、極端にいえば妻室の価値は、建物自体よりもたとえ中世以降のものとはいえ、これによって奈良時代の小子房の配置及び形態をうかがい得るという伽藍制度上の資料的価値が重視されたのである。ところが東室に引続いて行なわれた妻室の解体修理工事は思いがけなくも、この建物が他から運ばれたものではなく、平安時代に建立された小子房そのものであることを解明した[17]。この調査は工事の進行に合わせて現在続行中で、最終的な結論にまでは未だ到達していないが、大よその調査経過とその結果を示せば次のとおりである。

すなわち①　妻室は現在東室の東側柱列より約四二尺東に隔たって建ち、桁行一九間（一二五尺）、梁間二間（一三尺）切妻造の細長い建物であるが、今のものは慶長九年に古材を用いて再建されたものである（南妻の叉首束に墨書銘を発見）。②　古材には柱、桁、梁、棰等各種のものがあるが、これらはいずれも同一建物の古材と認められ、しかもかなり多量にあるからそれによって復原は可能である。③　復原された建物の構造は東室とよく似たもので、柱上にゴヒラ使いの桁を直接おき、それに渡腮仕口の陸梁をかけ、梁上は叉首組で棟木を支え、棟木上で棰を組んで込み栓止めとして側桁にかける構造で、棰は角棰であるがやはり一軒であった。④　この建物は様式的にみて平安時代の中頃、もしくはそれ以降と判断されるが、鎌倉時代に降るものではない[18]。⑤　復原された建物は、残存する桁や梁の数量が多いことからして、現在の妻室より長かったと推定されたが、特に注目されるのは、痕跡によって柱間寸尺が判る桁がかなりあり、その数値に広狭がある点であった。⑥　その柱間寸法は五・八～七・〇尺まで何種類かあるが、この数値はちょうど東室の一房分（桁行二間、一六・五～二一尺）を三等分したものに相当し、両者はきわめて密接な関係があることが判明した。[19]従ってこの建物は東室と平行して建っていたものとみられる。⑦　さらに構造を細かくみると、柱には円柱と角柱の二種類あり、その配置はまず側通りでは東室の一房分にあたる柱間寸法で丸柱を立て、丸柱の間を三等分してその各位置に角柱を配置すること、梁は丸柱上にかかって両側桁を繋ぐが、さらにその間に三等分した南側の角柱位置上にも梁をかけること、これらの梁の下面中央には角柱を立て、従って棟下通りには角柱が連続して並ぶ間と、一間とんで並ぶ間とが交互に配置されることが判明した。こうした柱の配置は僧房以外にあり得ないものである。⑧　ここまでくると復原された建物は東室に附属した小子房で、東室の二間一房分を三間に割った三間一房の形式であると考えられた。小子房の大きさは興福寺が大房の梁間四五尺に対して小子房は一五尺であるから、東室の梁間三七尺に対して一三尺の梁間は適当と認められる。⑨　地下調査によって現妻室は慶長九年に今の場所へ移されたもので、もとはもっと東室に接近していたことが明らかになったが、その位置は二回分あって、第一次は東室との距離一七尺、第二次は二六尺で、この際にはともに聖霊院の南端から東室の北端まで、すなわち創建時の東室全長分の長さと平行して建っていた（図面68）。⑩　復原された小子房にも創建時から慶長に改築される間に、一度大規模な修理工事を行った痕跡があり、これが建物の移動に伴うものか否かはわからないが、いずれにせよ復原された規模・形式の小子房が当初にはかなり接近して建っていたのが、順次に後退して現在の妻室に至った経過は明らかである。⑪　また地下調査によって、東室で保安再建時に作られたと推定された瓦敷の排水溝と全く同種のものが、第一次、第二次ともにあったことが明らかにされたが、その位置は両次とも三間一房の南端の間東側にあたる。⑫　柱に残る痕跡によって、建立当初平面の標準的と思われるものを復原し得るが、それによると、一房は桁行三間、梁間二間で房境には壁を設けて隣の房との間を区切る。梁を房境通りとその一間南にかけ、その下中央に柱を立てるから、内部は南側の桁行柱間一間分の細長い部屋と、北側の柱間二間幅のほぼ正方形の部屋との二部屋に分れる（図面68）。各柱間の間仕切は正面（西側）は南端の間戸口（唐戸）、中央及び北の間壁、背面（東側）は南端の間開放または戸口、または窓、[20]中央及び北の間壁。内部の部屋境は西の間戸口、東の間壁である。なお、内部には両室とも床を張った。⑬　こうして復原された間取を見ると、南一間は正面に戸口を開き、背面も壁とはならないから、ここが通路のような部屋に当り、前述した排水溝が背面に設けられていることからすると、奥の部分には流し元があったと考えられる。北側の部屋は桁行、梁行共に二間で、ほぼ一三尺四方の広さをもつが、南の通路の部屋に対して戸口を開くだけで、周囲を完全に壁で囲った閉鎖的な部屋である。通路をかねた日常生活の雑事をまかなう場所と、それに対してのみ戸口を開いた閉鎖的な部屋とから成立つこの平面構成は、前述した二月堂参籠所と全く同じもので、それはまた法隆寺西室や東室の中世の間取と共通している。⑭ 従って小子房の間取は、基本的には大房と変らず、大房が細分化される際には、むしろ小子房の間取へ近づくことが注目される。例えば法隆寺東室保安再建時の間取をみると、通路及び台所の二間を庇に、閉鎖的な二間を身舎にとった構成であるから、これは小子房の場合に桁行方向に並べたものを、梁行に二部屋置いた形で、両者は全く同じ平面構成である。⑮ なお、東大寺三面僧房では太房と小子房を同じ三間一房としているから、それが原則のように考えられたのであったが、この小子房では大房を二間一房とするのに三間一房制である。さきに興福寺の小子房を例にとったが、小子房の梁間は一五尺前後の狭いもので、これを住居として間仕切するためには、必ずしも太房の柱間寸尺に捉われる必要はない。しかしこの小子房のような実例がないと、そんな簡単なことでも判らないのである。⑯ 東室小子房が三間一房であったことを裏書きする記録が「法隆寺文書」、(『大日本史料』五―三) に収めるので、次にそれを記す。

沽却　東室之第七室小子房事
　合参間者但自馬道南也□□□之角壱坪者、栄眞院沽却畢
右件房、元者僧良増之相伝房室也、…而今依有要用、限直米弐石玖斗（中略）僧久福院永令沽却事既畢、（下略）
　嘉禄元年歳次乙酉十二月十七日　　僧良増

先に東室で房室が売買譲渡されているのをみたと同様、小子房も私房化したのである。⑰ 小子房が現在の位置に妻室として再建された際には、長さを縮小しただけではなく、柱間寸法を六・五尺定間にする等、当初の規模を踏襲することなく、全く当時の技法によった。この再建時の平面も復原することができたが、それは全長を南北に二分し、各々に広い土間をとって、その中にカマドを据え、それに附随して板敷の間等をおいた平面で、台所として設計されたことが判る。近世の記録にも妻室は南を聖霊院の御供所、北を東室の台所にしていることを記す。(21) ⑱ 小子房から妻室に至る間に一度大修理を行ったことを先に記したが、その時期は鎌倉末期頃と推定される。この時の平面は復原し得なかったけれども、東側面全体を壁で閉鎖したらしことだけは判明した。慶長再建の妻室

が東側面を全く同じように壁とするので、あるいはこの時すでに慶長時と似たような平面になったのかもしれない。そうとすれば小子房が住房と用いられたのは鎌倉時代までで、室町時代に入ると台所（御供所も機能は台所）に変化したものと思われる。これは丁度東室が住房から集会所へ移行する平面の変遷に対応するものである。

以上は現在調査中の妻室について、復原の結果のみをまとめたもので、本来は資料を一々提示すべきであるが、まだその段階に達していない。ここでは復原された平面と、東室との配置関係のみを図示することとした[22]（図面68）。

東寺西院御影堂

現存の僧房建築は中世以前のものについては以上で尽きているが、僧房から変形した特殊な建物として、教王護国寺西院御影堂がある[23]。西院は『東宝記』に「西院大師御在世之御住房也」とあって弘法大師の住房と伝え、現在の御影堂には大師御作といわれる不動尊像を安置して、その北面には後世の作ではあるが（天福元年一二三三）大師御影像を祀っている。現在の建物は康暦二年（一三八〇）の再建になり、その後明徳元年（一三九〇）に北面の礼堂を差し継がれている。この付け加えられた分を除くと、残りは『東宝記』に「當時様」及び「根本様」として揚げられた平面図に通じるから、かなりよく古式を存しているものと思われるが、それは身舎を五間×二間として、その四周に庇を廻らせ、北面に一間の孫庇をつけた平面である。このうち注目されるのは、不動尊像を安置する身舎の中央方二間分で、その東、北、西の三方を壁で厳重に仕切り、南面しては東の間に唐戸口を、西の間に連子窓を設ける。『東宝記』平面図・現状ともに、この建物は周囲に格子や遣戸を多く用いているが、その内部の入側部分にこうした戸口や窓を配置することは特殊な事情に基づくと考えられ、これは大師居住の僧房の形式を写したものであろう。唐戸が二重になり、その内扉には空海御筆の法式文をはめ込んでいた額縁が残るのも、住房の真正さを伝えようとしたものと思われる。住房が御影堂に移行する例には、鑑真和上をまつった唐招提寺開山堂や、智光住房と称して感得の曼荼羅をかかげた元興寺極楽坊等があり、中世に入ると御影堂とまでは称さないにしても、何らかの形で住房中に先師を祀ることが一般的な傾向となる。

なお、西院御影堂で身舎の東半部を吹放しとし、また外囲いの間仕切に開放的な格子や遣戸を多く用いている点は、寝殿造の形式と相通じており、この建物が僧房と寝殿との中間的な形であると考えられる。長保二年（一〇〇〇）の「造東寺年終帳」（『平安遺文』四〇五）には西院に「寝殿」と呼ばれる建物があったことを記し、『東宝記』の長治二年（一一〇五）の注進状には「五間四面桧皮葺大師御房」として現在の建築と同形式の建物をあげるから、こうした変化が西院ではかなり早くから生じていたことがわかる。三面僧房と呼ばれる長大な僧房建築の中での住房の変遷についてはすでに述べてきたところであるが、子院における僧房の変化が寝殿造と結びつくことを、この一例のみから判断することは速断のそしりをまぬがれないにしても、子院内の僧房が三面僧房とは別の方向に変化してゆくことを示す例として注目される。(24)

註

（1）『別当記』能算大威儀師条（一〇七五～一〇九六）「又西室爲雷火焼失、但北頭一坊許残在、其後不造立也」同範円僧正条「寛喜三年辛卯四月八日、西室建造木造、同十八日柱立、同廿四日棟上（下略）」

（2）この程度の発見遺跡から断定することは出来ないが、大体の位置としては誤らないであろう。

（3）経営所はもと桁行一間分であったものを、この時その分を三経院に取り入れ、北の居室を新たに桁行二間分とって、これを経営所とした。この新経営所が講師房の別名でないことは明らかであるが、元の経営所はその外面を遣戸としたことからすると、『古今目録抄』の馬道にあたるらしく、新経営所の二間が講師坊にあたる。そうすると、この時には『古今目録抄』の講師房はすでに北端へ移動した後であると考えられ、先の嘉元三年の記事をここにあてはめたいのである。

（4）三経院の復原についても、これに似た疑問がある。それは東側面の造作で、ここは七間であるが修理前には南端から順に戸口、蔀、蔀、蔀、戸口、連子窓、連子窓であったものを、戸口、蔀、蔀、戸口、戸口、戸口、連子窓にした。第三の間の蔀及び第五の間の連子窓を戸口に復原したのは、両脇の柱に戸口脇小壁用の板決りや無目および半長押の痕跡があり、また内法長押下面に方立柱の欠込痕があったりして、もとはここが戸口と判断されたためである。これについては『古今目録抄』や『嘉元記』等もここが戸口であったことを記すから問題はないが、第五間の戸口は『嘉元記』貞和五年の記事によれば、明らかに遣戸であった。この時三経院の内陣を拡張する工事が行なわれ、第四間を蔀にしてその旧戸口を第五間に移し、遣戸を西側面へ移したとある。そうすると第四の間の蔀を戸口に復旧すれば、第五の間も遣戸とすべきで、現在のようにここに戸口が三間連続した状況は、今までかつて存在したことのない非歴史的な外観なのである。こうしたことは止むを得ずにそうならざるを得ない場合もあるが、ここではその理由が明らかにされていない。この第五の間は『古今目録抄』の馬道にあたる所で、その存在意義は決して軽いものではない。内部の間仕切を完全には復原しなかったので、この馬道の存在を示すのは外面する戸口を復原することが最適と思われるのに、それを行なわなかったことの理由を全く報告していないのは困るのである。

(5) 前註参照。また『古今目録抄』裏書の記事は、三経院について「東西両方ニハ北端^(ハシ)、南ノ端^(ハシ)ニハ妻戸、中間三間ハシトミ也、後戸ハ妻戸也」とあるが、三経院が側面に三間蔀を並べたのは貞和五年以降のことである。したがって裏書はそれ以後の状況を記したもので、表書の方のみ嘉禎頃の旧状と考えられる。

(6) 他は全部普通の束組の小屋であるのに、ここだけ大きな叉首を組んでいる。

(7) 現在の修理工事では、旧仕口穴を傷つけないように埋木をするが、そうした細心の注意が払われるようになったのは、復原的な調査研究の重要性を認識された法隆寺昭和大修理工事以降のことである。西室の修理はその直前に行なわれた。

(8) 三経院北端一房の南境通りは全部丸柱が並んでいるが、その痕跡を見ると庇の間は両脇とも壁、身舎には戸口脇小壁の板ジャクリがあって、ここは二間共戸口と判定される。この戸口は貞和五年に新造されたものであることは、『嘉元記』に明らかであるが、壁の仕口穴は板ジャクリで失なわれたと考えれば、それ以前は壁であったと思われる。

(9) 正暦元年（九九〇）に再建された現在の大講堂は桁行八間（九八・七尺）梁間四間（五四・二尺）で、その前身堂も柱配置は少し異なるが同じく八間×四間で桁行・梁間とも総長は現状と等しいことが発掘調査で判った。「資財帳」には講堂の記載はなく、食堂が「長十丈二尺、広五丈七尺」と記され、ほぼ近似する。

(10) 『修理工事報告書』挿図3。本巻「僧房と経蔵」に伽藍中心部のみを掲載した（四〇六頁、図28）。なお寺の現状ではこの古図の僧堂（食堂）及び開山堂（西室のすぐ北）にあたる礎石位置がいくつか残存して判明し、また南大門は発掘調査によって確かめられたので、それらの点を加えて伽藍配置の復原図を作製した（76図）。

(11) 古材の内部角柱が全部頭継ぎされているので、報告書にはこれらの柱を前身僧房のものとしているが、柱自体にはそれ以上の積極的な痕跡はないから、やはり現在の建物のものと考える。なお、頭継ぎ材の中には面を取らない旧角柱と思われるものがある。

(12) この建物を明治三十九年重要文化財に指定した時の調書による。但し東大寺には同名の古書はなく、この二月堂古記録なるものが何を指すのか現在では判らない。

(13) 二月堂附近の建物は閼伽井屋、仏餉屋を始め大仏様になる建物が多いが、この参籠所のみは純然たる和様である。その点も現建物の建立年代をかなり下げて考えたい理由になる。（後注）昭和五六～九年に行われた解体修理で食堂部の柱に大永二年（一五二二）の刻銘が発見され、建物全体が再建もしくは大修理されたのが、それをさほど遡らない年代と推定された。

(14) 現在行なわれている修二会では、和上はいわば隠居役で全体の統轄を行うのは堂司である。

(15) 西側の間には他に加供奉行が入る。これは参籠者全体の世話をする係らしく、堂司に附属した部屋に居るのは当然かもしれないが、もとは二間一房ずつ二房の構成であったとすると、端の一間にこうした全僧房の世話係のようなものが屯していたとも考えられる。唐招提寺東室や法隆寺西室でも北端に一間余分の部屋があるのはこのためであろうか。

(16) 参籠中の正式食事は、南側にある食堂でとるのであるが、深夜の行法後の間食程度（粥・ゴボウ）のものをこのカマドで調理する。食堂へは道をへだてた西側の大炊屋から、食事を運ぶのである。

(17) この結果、先の『嘉元記』の記事は、東室の北方にあった塔頭「円城院坊」に関するものであることが明らかになった。この間違いは近世（慶長以降）妻室を東室庫裡または台所と呼んだことから、それと混同したものである。

(18) こうした簡単な構造の建物を、建築様式によって時代の判定をすることは困難であるが、桁の断面寸法の縦横の比例（幅六・五寸、厚さ五・五寸）が東室の保安再建時の桁と似ている点や、叉首組の叉首束が太く（見付幅七・〇寸、厚さ四・五寸）叉首棹が細い（見付幅四・二寸厚さ四・五寸）点等からして平安時代中期以降と推定される。また棰は棟木上で組み、その組手はハサミ組手の一種であるが「トメ仕口」になっていて、他に例を見ない方式である。さらに棰先にはかなりの反りがあって、その曲線は法隆寺大講堂の地棰とやや似た所がある。こうした各部分の様式から判断すると、上限を大講堂の建立された九九〇年、下限を東室が再建された一一二〇年の間の造営にかかるものと考えられる。

(19) 丸柱はいずれも変形されて、角柱、桁等に転用されており、丸のままのものは一本もない。しかし多少旧表面を残す部分もあり、それらを総合して径一尺位の丸柱と推定される。角柱も旧表面を完存するものはなく、かなり変形されているが、これは長辺六・五寸、短辺五・五寸程度で、側通りは長辺を桁行方向におき、棟下通りでは長辺を梁行方向においた。

(20) 一房の背面南端の間を復原する資料となる柱は四本あるが、これらの痕跡に一致するものがない。従って当初は開放であった可能性がある。このうち二本の柱には敷鴨居を取付けた痕跡があるから、引違戸口と推定されるが、これは多少時代が下るものと思われる。ここが開放であったとしても間取としては不合理な点はないが、房によっては最初から戸口や窓であったかもしれない。

(21) 「元禄九年（一六九六）諸堂修復仕様帳」に太子堂御供所東室台所とある。なお現妻室の慶長再建時の平面はこの仕様帳中の記事によって、復原し得るところが多い。

(22)（後注）解体修理後の妻室は発掘調査で判明した第二期の位置に、桁行長さを創建時の東室と揃えて復原された。そのため修理前の規模の桁行一九間・梁間二間は、修理後に桁行二七間・梁間二間に変更された。桁行二七間は三間一房を九房分とったもので、これは『古今目録抄』に「東室（十八間也）ハ九房ナリ一房ニ二間宛（アテナリ）、小子房モ又九房也、此モ二間ヲ為ス一房ト（下略）」とあるのを援用した。但し創建の東室には馬道があって一八間を八房にしたらしく、それに対応する小子房も同様と思われるから、修理後の現状は標準的な単位房を並列して小子房としての機能の示顕を重視したものといえよう。

(23)西院御影堂については昭和二十九年に屋根の葺替を主とする修理工事が行なわれ、『工事報告書』が刊行されているので、ここでは図面等は省略した。

(24)この他には中世まで下っても子院住房の現存するものはない。高山寺五所堂は明恵上人の庵室といわれていたが、実は経蔵であったことが近年明らかになった（明恵上人の高山寺庵室について――奈良国立文化財研究所年報一九五九）。

附　古代寺院の中に子院が営まれることはかなり早くから行なわれ、飛鳥元興寺における道昭の禅院（六六二年創設）等がその初見の例となるが、その後も唐院または唐禅院と呼ばれる子院を置いた寺院は多く見られる。こうした子院には僧房も附属していたことは、「大安寺資財帳」の禅院に関する記載等によって明らかであるが、それらの僧房は伽藍中枢部におけるものと特に変った点はなかったと思われる。それはこれ等の子院が建物としては独立した一画をなすのであるが、宗団の組織としては独立した存在ではなかったと考えられるからである。ところが平安時代に入って弘仁十三年（八二二）に空海によって東大寺の中に営まれた真言院は、本寺とは別に定額僧をおき、「不レ向二食堂一令二修行一」めた（『東大寺要録』）。こうなると子院が本寺とはやや離れた組織となって独自の歩みを始めることになる。東寺西院は別当である空海の住房であるから、これとは多少意味が異っているが、三面僧房以外に主要な僧房が営まれ始めた点では共通しており、その後この傾向は古代寺院全般にわたって助長されるのである。しかし『東大寺要録』等に現われた寺内の諸院の僧房を見ると、やはり細長い連房型式のものばかりで、これが寝殿造に変るのは東大寺では治承四年の火災後の復興の際を普通とした（『続要録』）。一方、京都においては仁和寺や醍醐寺の僧坊には古代的な三面僧房型式でない房が営まれ、ここでは多少共寝殿造の影響が入っているものと想像される。寝殿造の住房が明確に現われるのは延暦寺の里坊で、十楽院、三条白河房（『門葉記』）等がその代表的なものであるが、この傾向は京都における平安朝寺院の一般的なものといえる。東寺西院の御影堂が寝殿的な要素をもっている点はこうした背景を考える必要があり、南都では古代伽藍の伝統がかなり後までも保たれたのである。

中世僧房建築復原資料図

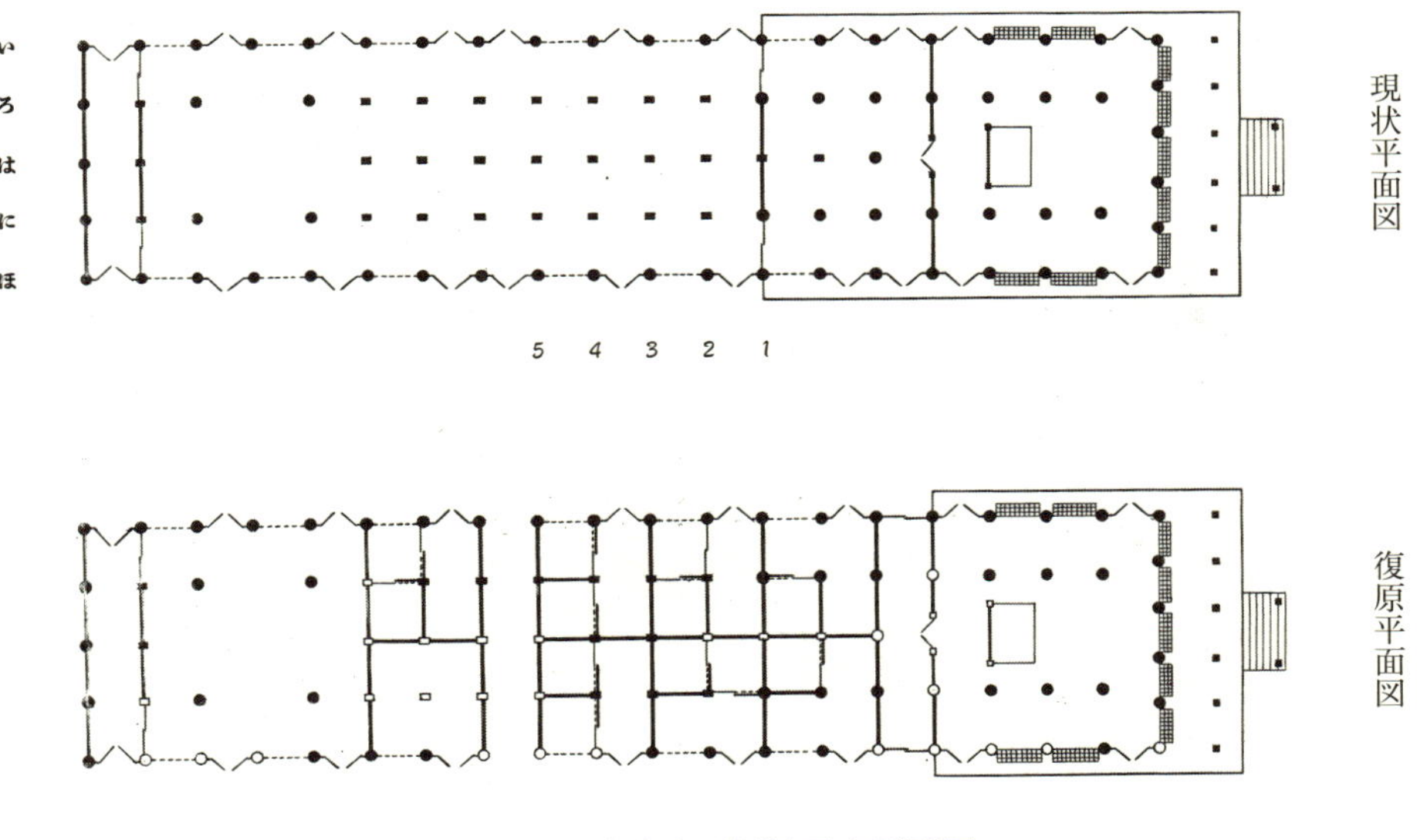

第 69 図　法隆寺三経院西室平面図

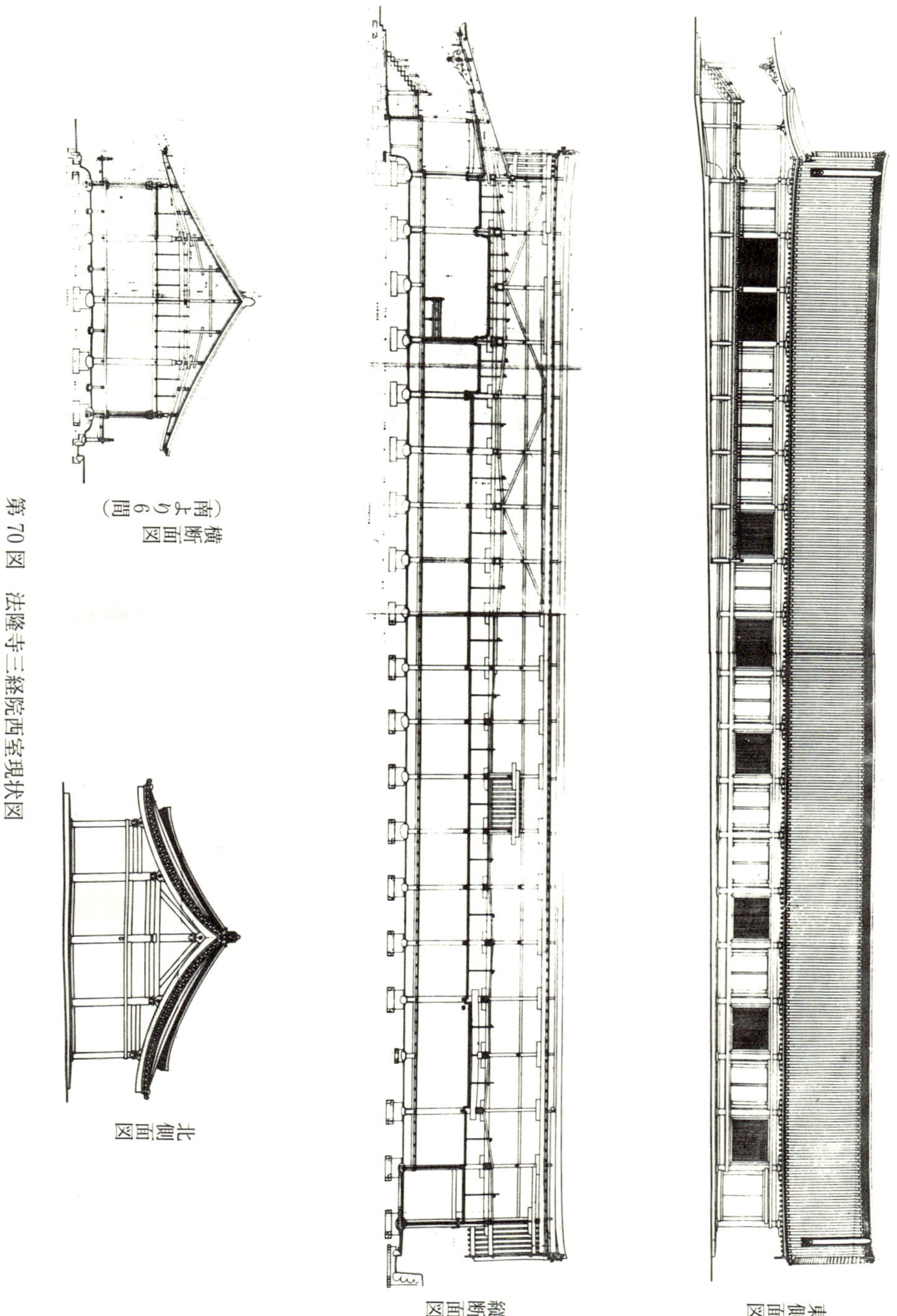

第70図　法隆寺三経院西室現状図

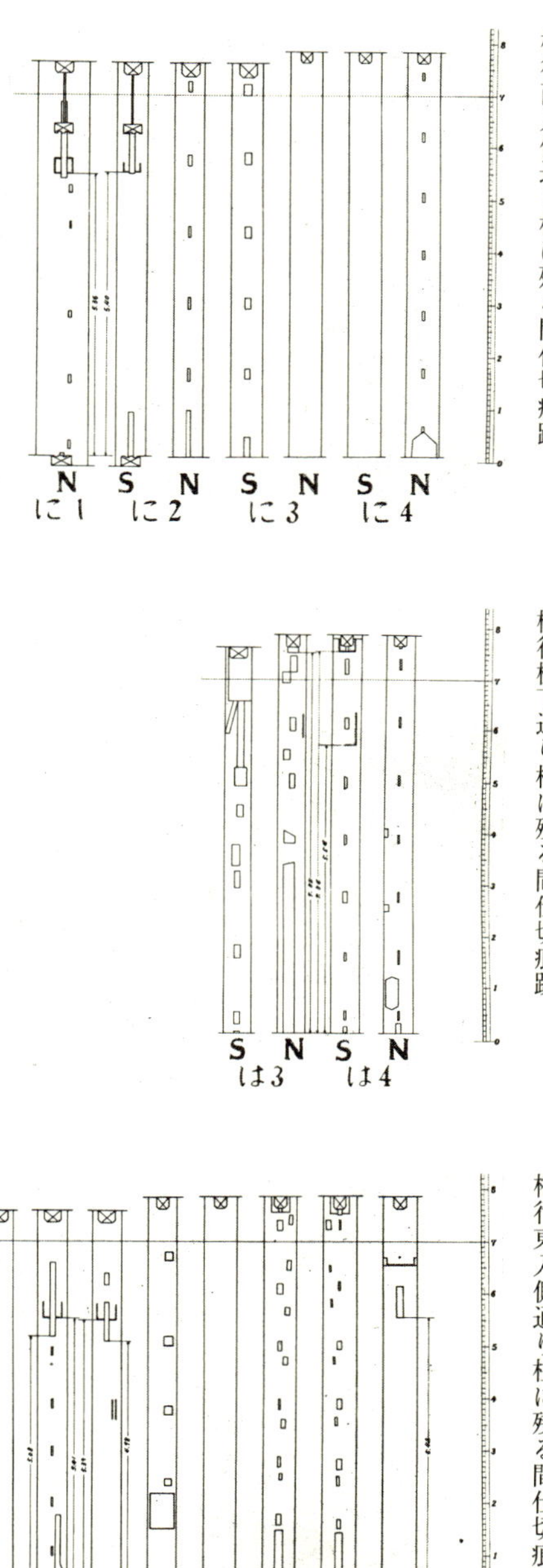

第71図　法隆寺西室南より第一、第二房の柱に残る間仕切復原資料1

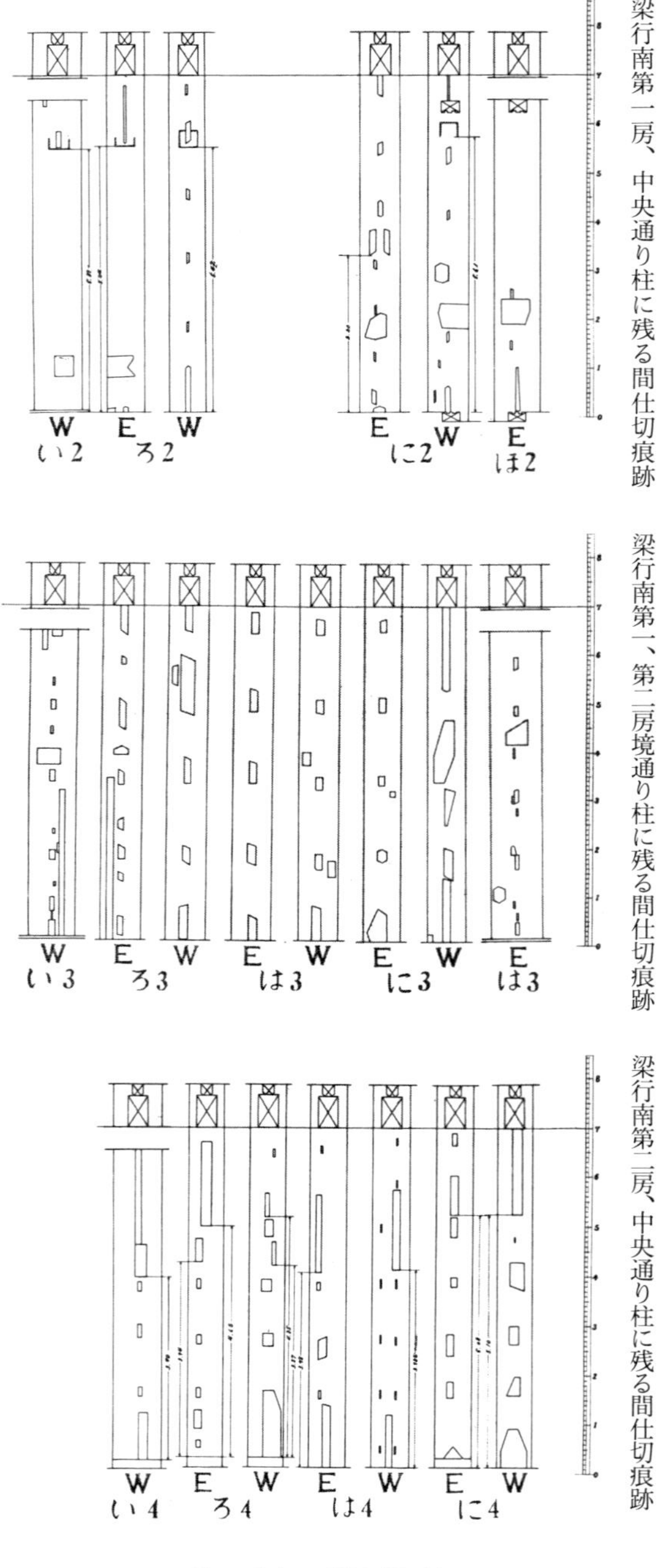
梁行南第一房、中央通り柱に残る間仕切痕跡
W E W E W E
い2 ろ2 に2 は2
梁行南第一、第二房境通り柱に残る間仕切痕跡
W E W E W E W E
い3 ろ3 は3 に3 は3
梁行南第二房、中央通り柱に残る間仕切痕跡
W E W E W E W
い4 ろ4 は4 に4

第72図　同復原資料2

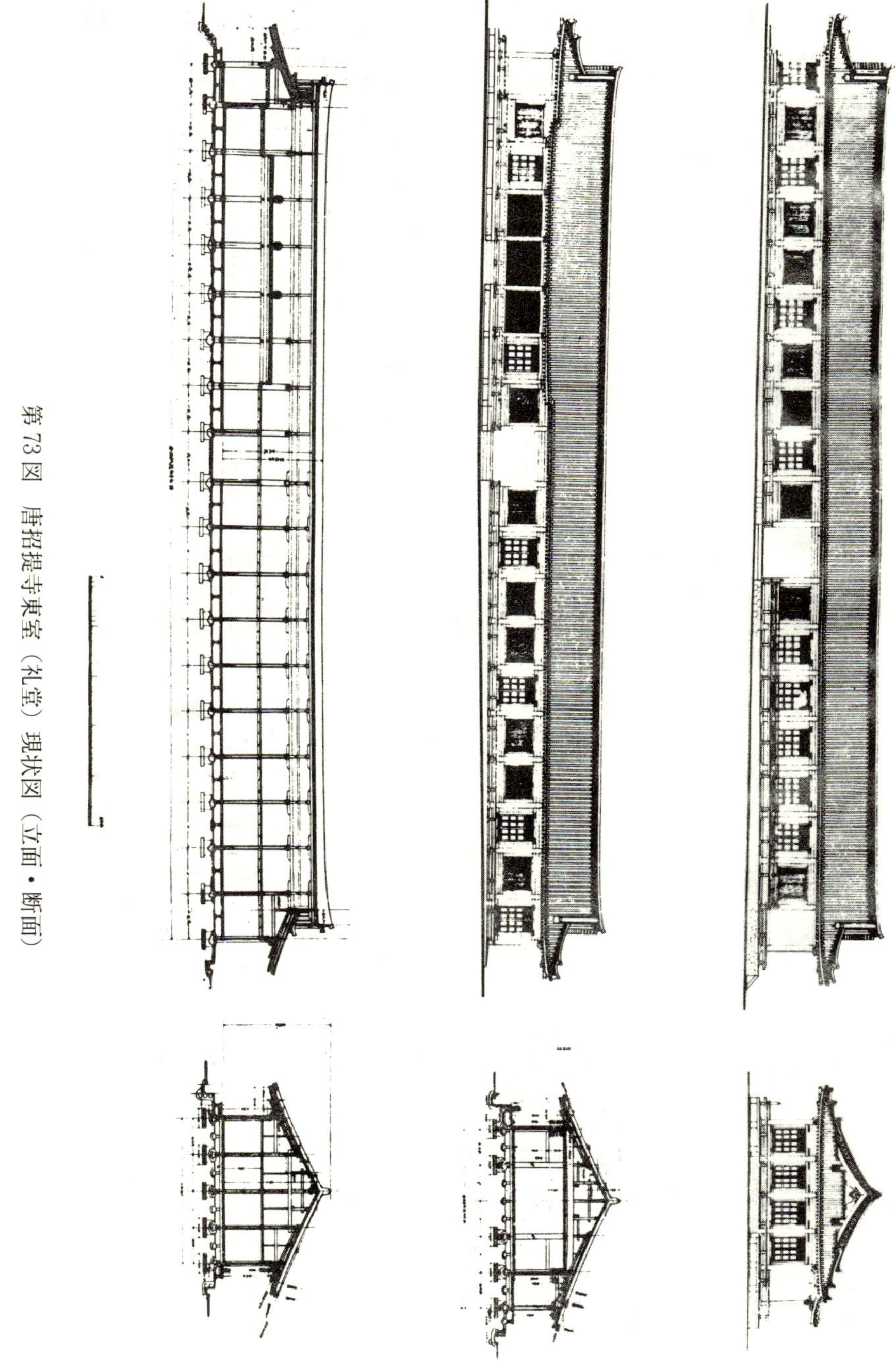

第73図　唐招提寺東室（礼堂）現状図（立面・断面）

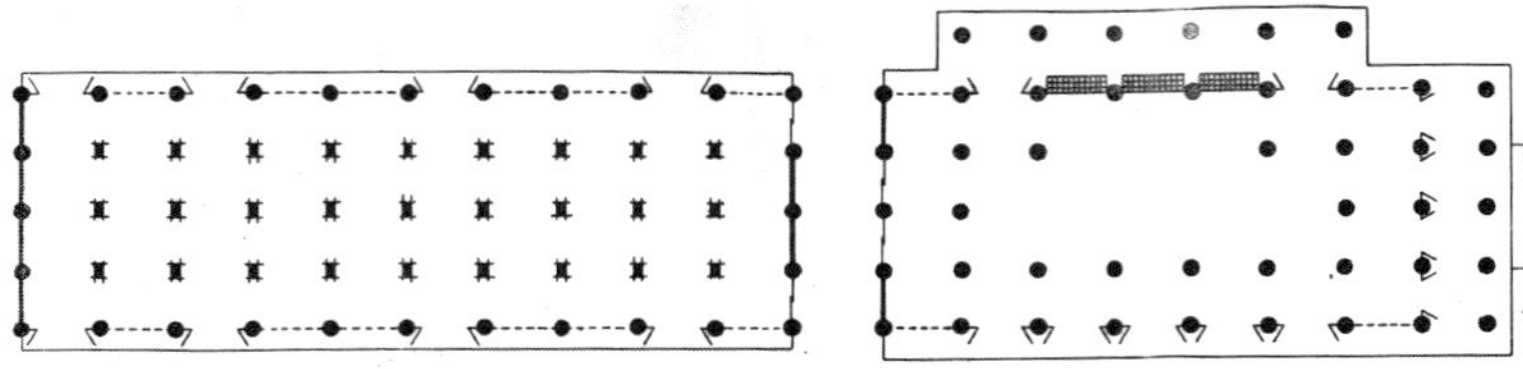

第 74 図　唐招提寺東室（礼堂）現状平面図

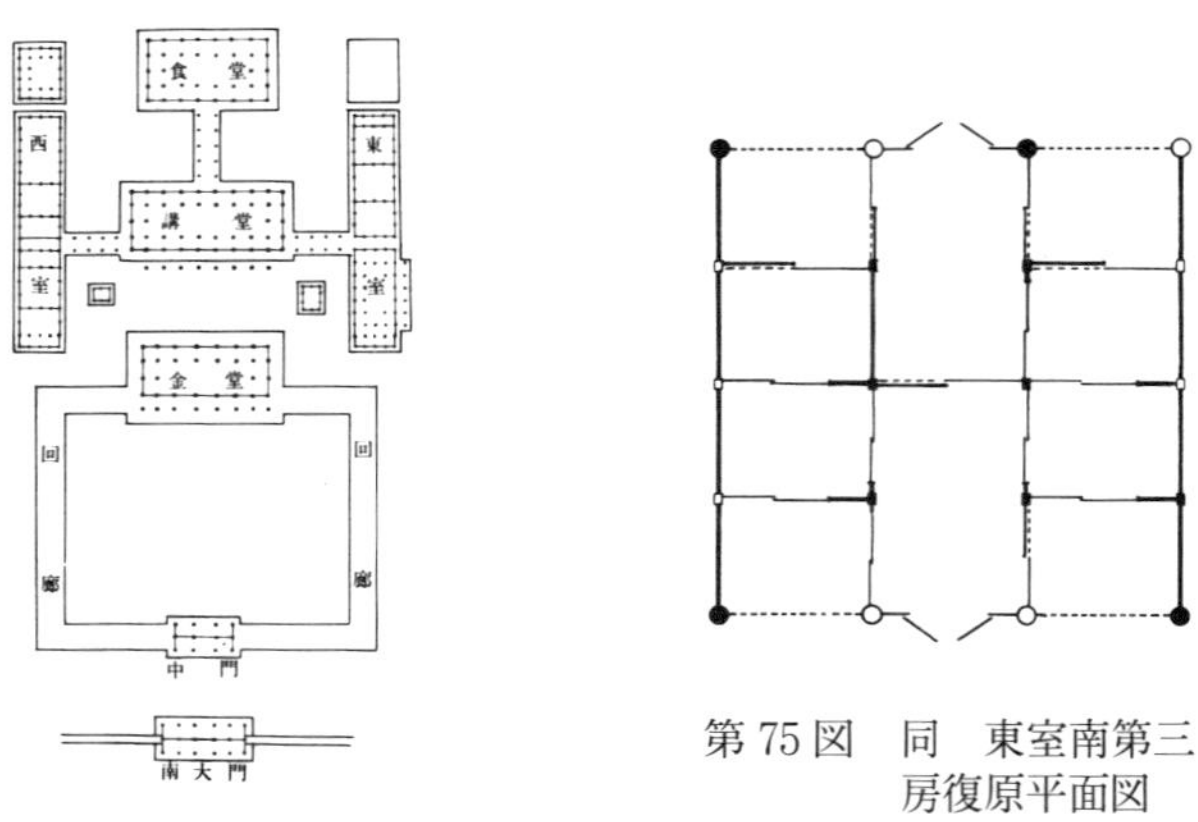

第 76 図　唐招提寺伽藍配置復原図

第 75 図　同　東室南第三房復原平面図

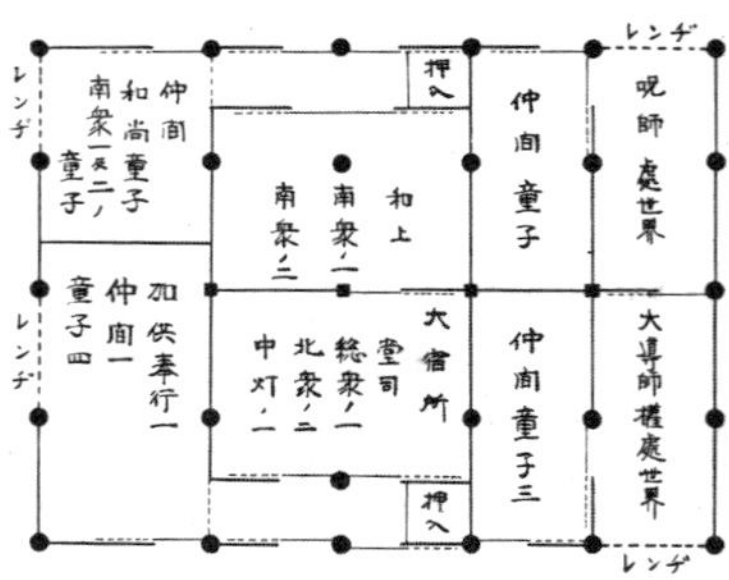

第 77 図　東大寺二月堂参籠所修二会の占居者図

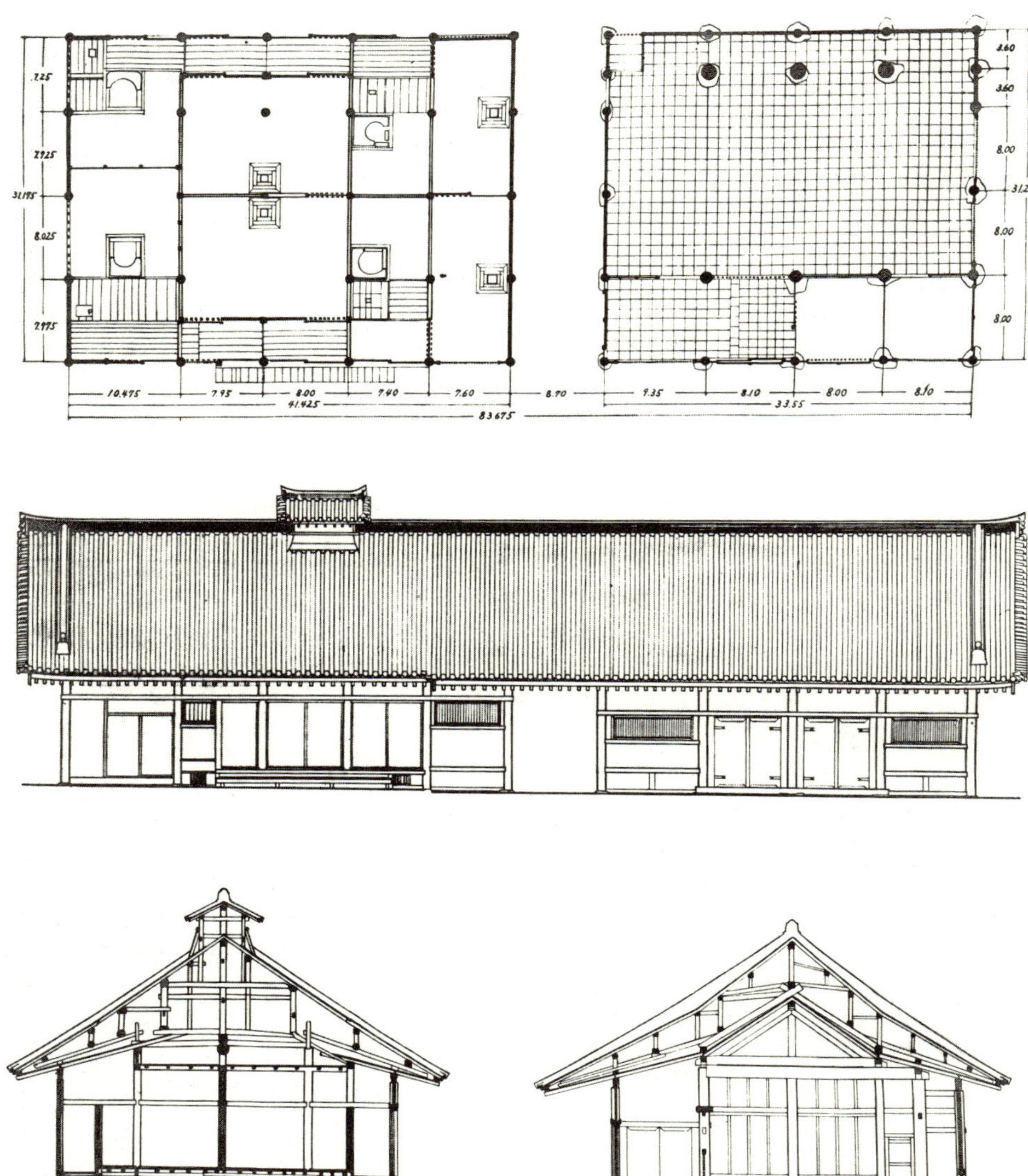

第 78 図　東大寺二月堂参籠所現状図（平面、立面、断面）

第七章　遺跡・古記録等から知られる僧房の配置と平面

前章までに現存する僧房建築の復原的考察を行ったが、古代寺院の僧房に関する資料はこの他にもないわけではない。それは寺院跡の発掘調査や、古図あるいは「資財帳」等の古記録から知られる僧房である。これらは建物そのものではないから、条件がよい場合でもようやく間取の大要が判る程度に過ぎないが、それでも前述した遺構と比較して、奈良時代の僧房を解明する裏付となる点も少くないのである。

第一節　東大寺三面僧房の平面構成

東大寺の三面僧房に関しては正倉院に殿堂平面図と呼ばれている麻布に書かれた大きい平面図が蔵されている。(1) この図については、その規模が『東大寺要録』に引く延暦元年の「新検記帳」にあげられた僧房の寸法と著しく異なるので、従来種々の疑問が投ぜられていた。ところが昭和二十六年八月正倉院鉄筋コンクリート宝庫（東宝庫）新築に際し、石田茂作博士に委嘱してその一部を発掘調査した結果、凝灰岩の礎石や石敷等を見出したのであったが、その遺跡は正に正倉院蔵の殿堂平面図によく一致することが判明したのである(2)（図面79・80）。この両者から考察すると、大房がコの字形に配されて北棟の延長が四一間、東及び西棟の延長は二三間となるが、隅四間は双方に参入されているので、仮にこれを北室につけて数えると、東・西室は各一九間となる。そして北室の中央の一間は大講堂に続く軒廊と柱間寸法を合わせてやや広くされており、東西室の南より第九間も講堂側面に通ずる軒廊のためにずっと広められているらしい。そしてこの大房の外方を中房や小子房で囲うようになっている。図によると大房と中房の中間の庭にも建物が配されているが、発掘されたのは北室の西半中央部附近にあたる大房と中房のみで、小子房や中屋の存在は未だ確かめられていない。元興寺の例等には大房と小子房が記載されるだけで中房の名称はないが、この場合の小子房というのは、今仮に中房と名付けたものに当るらしい。そうすると古図のような小子房は、あるいは計画だけで建立されなかったのかもしれない。大房の梁行寸法は奈良尺にして一三尺四間・計五二尺、桁行寸法は各間一四・五尺とみられる。中房も桁行寸法はこれと全く一致させてあり、梁行は三間で三五尺らしく、中央間一三尺、前後の間一一尺とみるべきもののようである。

次に大房の各房内の構成をみると、北室、東・西室共標準となる一房の構成は同様らしく、問題のあるのは馬道の脇の間や、北室と東・西室の隅に当る部分の扱方であるが、これには今触れないこととする。一房は桁行三間、梁間四間、寸尺にして桁行各間一四・五尺、計四三・五尺、梁行各間一三尺計五二尺からなる三間一房の型式で、元興寺の僧房と根本において相通ずる。但しこちらではその凝灰岩礎石の配列で知られるように本柱にすべて丸柱を用い、身舎内の間仕切壁のおそらく戸口脇と見られる箇所にのみ角間柱を用いたらしい。それだけに桁行の柱間隔はずっと拡げられ、一房の幅は元興寺のものの二倍に近くされている。これに対して梁行柱間寸法は二〜三割の延びであるから桁行方向に充分ゆとりを持っている。

発掘結果によると、礎石間にはやはり凝灰岩の地覆石と見られるものが置かれており、それによって、正倉院殿堂平面図と合わせて間仕切装置等も或程度推定出来る。殿堂平面図には戸口の箇所が朱書で示されており、発掘ではその部分だけ幅の広い地覆石を用いた箇所も発見されている。基壇石等は未だ発見されていないが、床面には凝灰岩を敷いた部分が残されおり、礎石が立派に円柱座を造り出し、地覆石等も整然としていることから推して、内部はすべて土間のまま使用され、元興寺の僧房のように床板張にはされていなかったものと考えられる。

内部の間仕切装置で元興寺のものと著しく相違する点をあげると、

1　前面一間が回廊状の吹放しになって、房境にも間仕切を設けていないこと。

2　身舎を三分し、中央一間を通路にして両脇に独立室を作っていること。

である。元興寺の場合、背面庇を三分してその中央一間を通路にしたらしいことが察し得られたが、身舎は一室とされていた。なお殿堂平面図によると、この通路は前面回廊との境で閉されて戸口を造っているが、背面は側通りでも閉されておらず、これに対する中房の中央通路も前面が開放になって、背面のみ閉されている。また同図によると、中庭に桁行三間・梁行二間の小さい建物が、桁行に長いのと、梁行に長いのと交互に配されているが、その梁行に長くおかれた建物の中軸線は房境と合わせてあって、ここでは小建物も縦に二分されると同時に庭も厳重に仕切られている。こうして中庭は大・中房の間に完全に囲まれるので、この庭に面する通路の出口は戸締りされなかったのであろう。元興寺の場合でも背面中央間は方立を取付けた形跡がなく、開放になっていたと認めてきたのであるが、これも後方に立つ小子房と関連させて考えないと理解出来ないものであろう。

東大寺の僧房については、これ以上の間取の詳細は推定する他ないが、元興寺僧房から推定すると、背面庇両脇間の外側は窓とされたであろうが、身舎と前面回廊状開放部との境は壁とされたであろう。用途としては身舎の両脇間は寝室、背面庇の両脇間は昼間使用の個室、前面開放の間は共通のホールとして使用されたものと思われる。そうとすれば一見異る元興寺僧房の間取の場合と用い方は全く同じであったといえる。東大寺のものは前面を開放にしているが、これは基壇上に立って前面に丸柱が並立しているからこそ効果的に実現出来たものである。また身舎を三分し、中央に通路をおいて両脇の室を独立させたのは面積が広く、特に室が桁行に長いから可能であったのであって、元興寺の場合も身舎の広い室は自然に中央を通路に用い、両脇を寝所に利用したと想像される。

第二節　東大寺戒壇院の僧房

僧房の平面が古図と記録によって判明する例には、東大寺図書館蔵の「戒壇院古図」がある（図面81）。戒壇院は唐僧鑑真が天平勝宝六年（七五四）大仏殿前に戒壇を設けて聖武天皇以下に授戒したのち、その壇土を移して大仏殿西方に建立した仏殿で、受戒金堂を中心に講堂・食堂・鐘楼・経蔵・僧房・回廊等を備えた独立の小寺院である。治承四年（一一八〇）の兵火に大仏殿と共に焼けたが建長頃までに再興成り、文安三年（一四四六）に火を失して焼け、享徳二年（一四五三）に復興された。更に永禄十年（一五六七）の兵乱に焼け、慶長七年に仮堂が立ち、享保十八年（一七三三）に現堂を建立した。この図はおそらく享徳再建後の状態を示したものと思われるが、伝統を重んずる戒壇院のことであるから大体は文安焼失前のものに拠ったと思われ、鎌倉時代の始めに再建したものに近いであろう。

図によれば、講堂の北に談義所があり、その両側と講堂の東西に僧房が設けられている。後世の改造が加っているためか、室の間仕切が不規則になった所もあるが、桁行五間の談義所の両脇に、桁行三間を一房とする僧房が各三房づつ続き、何れも梁間四間のうち三間を室とし、南に一間の広縁乃至歩廊が造られる。講堂の東西には梁間二間、桁行三間を一房とする僧房が各五房分づつ続く。もっとも内部の間取は規則正しく三間一房で繰返されておらず、間仕切を用いずに広い室にした部分もある。『円照上人行状記』

（『続々群書類従』三）には、「戒壇院北室房宇二十三間、中央五間、元是食堂、東有二三房一（三間一房）西有二三房一（三間一房）（中略）實（蓮実）公亦造二東面七間僧房一　西面七間未レ能二企造一（後略）」とあるから、図の談義所は元の食堂にあたり、三間一房制の僧房が両脇に三房ずつある点も符号する。

そこでこの談義所両脇の僧房を東大寺の僧房の間取と比較してみると、

1　前面一間を吹放しにすること、2　各房共、後方三間を通じ中央間を通路とすること、は共通しており、異っているのは身舎を棟下通りで区分して、通路の両脇には三部屋並ぶこと、及び通路の北端の間が戸口になっていることである。

『東大寺要録』巻四　諸会章第五　戒壇院の所を見ると、その僧房について、

戒壇院　金堂　講堂　軒廊　廻廊　僧房　北築地　鳥居　脇戸等（中略）

抑此僧房惣六院也。受戒之時。戒和上十師等。所二寄宿一也。上古律宗以レ此為二本所一矣。禅林律師之時。下二行供料一律学之輩令二居住一焉。近日粗有二住輩一歟。而構隔之間。於二往古柱等一。恣彫レ穴着レ疵。倩以於二常住者一。雖二要須事一於二非例者一可レ停二止之一。

（中略）巳上忍辱山寛遍僧正記文

とあるが、寛遍僧正は『別当次第』によって、平治元年から永万二年（一一五九～一一六六）の間、東大寺を支配したことが知られるから、当時僧房が六院よりなって、かなり荒廃していたことが判る。

また寛和二年（九八六）の「円融院御受戒記」には（『要録』、『群書類従』一五）戒壇院食堂五間を御在所にあてたことが見えるから、先の古図に示された平面構成は、戒壇院創建当初（天平勝宝六年（七五四））のものをかなり忠実に踏襲したものと思われる。ただし先に引用した『要録』の記事からすると、常住の僧房となったのは康和二年（一一〇〇）頃で、それまでは受戒時のみ用いられたらしいから、内部の間仕切は多少変っていたかもしれない。[3]

なお受戒時における僧房の使い方を示す資料が、『要録』雑事章、「東大寺始行授戒作法記」にある。それによると食堂のすぐ東脇の房を和上房、西脇の房を羯磨、教授房（以上受戒時の三職）にあて、他は大小十師房、綱所房等にあてているが、大小十師房は一房五人づつとし、綱所房等は六～八人づつとしたらしい。[4]最初にあげた古図の書入寸法によると、食堂東西の僧房は、桁行柱間各一〇尺、梁行柱間各九尺と推定されるから、内側通路両脇にある小部屋の広さは一〇尺×九尺（約四・五帖）となるが、その六部屋か

らなる一房中に五～八人の僧が割りあてられたことは、すでに法隆寺東室の項で述べた僧房の一人宛面積とほぼ一致するものとして注目される。

中世における戒壇院北室についてはその占有者を示した図と思われるものが、東大寺図書館で見出された。それは凝然述、「梵網戒本疏日珠抄第四」の紙背文書に含まれていたもので、この書の奥書には次のように記されている。

于時建治二年歳次丙子六月廿四日於南都東大寺戒壇院述之
華厳宗沙門　凝然報齢三十七

于時弘安六年癸未六月六日於同寺院委細治定
華厳宗沙門　凝然報齢四十四

また同じ紙背文書中に、建治二年（一二七六）の戒壇院に於ける梵網経講問人衆を書き上げたものがあって、この図中の僧が数人含まれている。凝然は戒壇の中興開山と称された円照の譲りをうけて建治三年（一二七七）住持となった。従ってこの図が建治～弘安のものであり、また他の凝然自筆文書と較べて、凝然自身の筆によると判断されるのである。

この図には中央に五間の禅堂が描かれ、その左右に各三房づつの僧房が図示され、各房は梁行に三分、桁行に三分され、中央に宅所と記し、両脇の各室に僧名を入れてあるが、これはおそらくその占拠者を記したのであろう（図面82）。この図の描き方で一つ問題となるのは、これが僧坊全体を図示したもので、従って前一間は歩廊に該当すると見るか、歩廊を省略して北三間のみを記したものと見るかの問題である。禅室内には柱が二列描かれていること、僧房でも梁行に三分された中央間を少し広く図示していることを思えば、前者の場合に当るし、禅室内南列入側通柱を記入したのが誤だとすれば後者に当る。何れにしても、各間の占居者をみると、ここで梁行中央間を持つ人は必ず前通りまたは後通りに今一つの室を持つこと。凝然のみは一箇所でかたまって前後の室を含めて三室取っていること。それから前面の室と背面の室を持つのは良順一人、その他の人は何れも前面または背面の一室のみを持つこと等が注目される。このことはこの僧房の使い方を暗示しているようで、最も多い組合わせは中央の室と背面の室を持つ場合で六組ある。これは寝室と窓に面した室との組合わせで、一番典型的なものであり、照観、有海、凝然、欽海の場合のようにこの両室が隣り合っているのが本来の形であろう。

第三節　興福寺三面僧房

興福寺三面僧房の礎石は今なおかなりよく残されている（図面83）。もっともその石には後世のものも多少混じているようであるし、移動したものもあるようであるが、大体において旧規を伝えていると思われる。そのことを証明する手掛りとしては「興福寺流記」の記事があり次のとおりである。

一　三面僧房　天平十六年記云
東西僧房二間　各高一丈六尺六寸、広四丈五尺、宝字記云、二丈長十一間、間別一丈九尺、宝字記廿丈二尺
小子房二間　各高一丈二尺、広一丈五尺長同㆓大房、宝字記同也、
北僧房一間　高東西
北僧房一間　高広并同㆓東西方㆒、長十九間、間別二丈二尺宝字記云、長四十丈八尺、広同㆓東西㆒
小子房　長如㆓大房、高広并如㆓東西小子房㆒宝字記云、広一丈五尺

三間僧房に関してはすでに大岡実博士の研究があるが、(5) 博士の調査された昭和二年二月の頃以後埋れて今は見えていない礎石が多少ある。改めて測り直してみると次のようになる。まず北室の礎石をみるとほぼ規則正しい間隔に配置されている事が判る。今その東半の礎石のよくのこった部分における本柱礎石間隔の平均値を出すと二二・〇六尺、天平尺に換算して二二・五尺を得る。

次に北室全体の長さを求めるために、西端の礎石より東端の礎石までの長さを測ると三七六尺ある。但し東端の間は二間分の長さが四二・七尺で、平均値から考えると一・四尺位狭い。なおその東に更に一間あったことは確実であるから、これと先の平均柱間一間分を加えると三九九・四六尺となる。これを流記の四〇・八丈と見て、現尺との換算値を出すと、〇・九七九となり、無理のない値といえる。しかし大岡博士も指摘されている通り四〇・八丈を総長とすると、その柱間が全部二二・五尺でなかったことは明らかで、これは中央の部分に異った柱間があったためである。今講堂及び講堂北室間の軒廊の柱間から推定して中央三間各一六尺の柱間

であったと仮定すると全体は四〇・八丈となり、間数も一九間となって、ここに「流記」の記録と全く一致する。次に梁間の長さを「流記」に求めると四・五丈とある。礎石の梁間の方向の間隔の平均は奈良尺の二・二五丈と見られるから、丁度その二分の一に相当するが、講堂・北室間の距離が両者を結ぶ軒廊（倉馬道）の長さから算定し得るので、今残る礎石の列は身舎にあたる南面より数えて第二及び第四列である事が知られる。従ってこれも「流記」の記載と一致するわけである。

次に東・西室に関して大岡博士は礎石の現状は後の改造を受けたものとして、「流記」の丈尺のみに従って復原されているが、昭和三十年七月ガス管布設工事に当り、西室の東、北及び南三方の凝灰岩基壇地覆石・羽目石等が発見されたことよりすると、現状が無視し難いことが判ってきた。

発見西室南及び北側基壇地覆石外角間の総長は二一九・二六尺、これに対して両端礎石中心間距離の実測値は二〇三・二尺である。従って計算による柱心から基壇地覆外面までは、その差一六・〇六尺の半分八・〇三尺となる。しかし北端に四つならぶ礎石の中心と見られる所から、北側地覆石外面までの実測値は六・七尺で、計算と合わない。そこで南端の礎石を見ると、その北隣の礎石との間の距離が他とかけ離れて短く、またこの礎石が道路に沿って植え並べられた松のすぐ北に接していて、北へ移動されているおそれがあるので、これを修正する必要を認める。この端の間の寸法をその北方に続く各間の寸法と揃えるためには、少くとも一・二尺を加算しなければならないが、そうすると両端柱間総長は二〇四・四尺となり、基壇外面間の寸法二一九・二六尺との差の半分は七・四三尺で、実情と余り矛盾しないこととなる。次に礎石配置の現状を見ると奈良尺にして北六間は二二・五尺、南五間は一五尺の柱間であったと推定できそうである。そう仮定するとその総長は二一〇尺となって、現尺での実測値二〇四・四尺との比は・九七三三となる。念のため北五間分の実測総長一〇九・五尺を奈良尺で二二・五尺の五倍、一一二・五尺と仮定すればその比もまた・九七三三となって一致する。これは「流記」で東西室の長さを二〇二尺としているのとは一致しないが、一一間であることとは一致する。

なお通じて礎石の配置状況よりすると、北室と西室の北六間の二二・五尺の間は小礎石によって三分され、西室の南五間の一五尺の間は二分されていたと見られ、小区分された各間は共通に七・五尺であったと考えられる。

東室については、礎石の配置も非常に異っており、総長も不明であるが、基壇の総長については間接的に知り得る資料がある。それは東室そのものではないがそのすぐ東に僅か三〇尺程へだてて並行する小子房の南側基壇（凝灰岩の地覆、羽目、葛石まで完存）を昭和三十一年三月に、食堂細殿跡発掘調査と関連して発見したからで、基壇と食堂南側柱心との距離一一九尺は、先の西室の南側基壇が講堂南側柱心から一二一・二尺となるのに近似している。(6) 伽藍配置を実測した結果は、講堂と食堂の南側柱線が一直線に連なることが知られており、また東室は当然小子房と同長と考えられるが、建物が大きいから切妻螻羽の基壇出も広い筈で、そうなれば東室の南側基壇は西室のそれと一線に並ぶと見てよい。こうして南が押えられると、北は北室に接する関係上殆んど動きがとれないので、これからすると一応西室と同長と推定されるのである。ところがこちらの礎石の間隔を見ると、西室より一層乱れていて判断に苦しむのであるが、北から奈良尺にして一九尺で割ることが最も好都合に思える。講堂前端の間と食堂の同間とを結ぶ線で軒廊があり、これが東室及び東小子房を馬道として貫くので、この部分に北室中央に見られるような柱間の異同があるらしい。これは奈良尺の二〇尺と推定される。馬道から南も一九尺間と考えれば、一九尺の間一〇と二〇尺の間一となり、計二一〇尺で西室総長と一致する。そしてこれは「流記」の一一間、間別一・九丈とあるのに符合する。

なお小子房については、前記発掘調査の際に、東小子房の東側基壇の一部を発見したが、礎石跡は探索するも不明に終った。しかし寺蔵の伽藍古図中に北小子房の記載があり、それによって梁間二間、七・四尺等間であることが判るが、これは「流記」の記載に一致している。小子房と大房との距離は、北室について同古図に三二・五尺と記しているが、小子房の梁間と軒出寸法を加えた約二〇尺を、東小子房の東側基壇から計って西側柱位置を推定すると、大房との間隔が約三二尺となってこれに一致する。

以上の結果を元興寺僧房及び法隆寺東室と比較してみると、次のことがいえる。

1　北室及び西室北半は柱間寸法が奈良尺にして二二・五尺あり、それが三分されている点は元興寺僧房と全く一致する。また身舎の柱間寸法が二二・五尺である点も同様である。但し興福寺のものの総梁間は四五尺で、元興寺の総梁間が四三尺である点が異なる。(後注) すなわち興福寺では庇の柱間寸法が身舎の柱間寸法の半分の一一・二五尺であるのに対し、元興寺では一〇・二五尺となっている。

2　東室の桁行柱間寸法一九尺は法隆寺東室の一七・五〜二一尺に近い。しかしこれが二間一房か、三間一房かを現状の礎石配置から判定することは困難である。但し西室南端の一五尺の箇所五房分は二間一房と考えられる。

なお興福寺には三面僧房以外に食堂の東方にもう一つ僧房があり、これを東室と呼び、三面僧房中の東室を中室と称している。この東室については特に詳説する必要を認めないが、他に伽藍配置上見逃せない僧房がある。それは北階僧房で、『貞信公記』に次のような記事がある。延長三年（九二五）十一月十日「山階寺北下階僧房馬道以東焼亡」。延長四年十二月十三日「有奏、中文、山階寺僧房材木料給大和正税、宣旨、仰元方朝臣」。三面僧房の北室が「上階」と呼ばれていたことは記録や古図に明らかであるが、その北には「下階」と呼ばれた僧房があったらしい。昭和三十年にこの附近のガス管埋設工事の際、遺跡には当らなかったが、上階小子房のすぐ北で約六尺も旧地表が下っていることが判った。上階と下階はその高さからきた便宜の名であろう。下階僧房は割合早くなくなってしまったとみえて、この後の記録には見当らない。従って建物の大きさは知りえないが、馬道で東西に分かれているから上階僧房と同じ程度はあったのであろう。三面僧房といっても、単純に講堂の三方を取り囲むだけではないことを知らなければならない。

興福寺の僧房については、以上に述べた創建当初の配置や平面の問題以外に、中世以降の僧房の使い方を示す資料がいくつかある。その中でも注目されるのは『春日権現験記絵巻』に画かれた僧房で、内外の造作や、大小房の関連が明らかである。この絵巻は延慶二年（一三〇九）に画かれたもので、おそらく当時の僧房の実際の状況を伝えたものであろう。(7) また寺蔵古図中に西室を維摩会講師坊として用いた時の指図があるが、それによると内部を幕、屛風、明障子等で柱位置と無関係に仮設的に囲ったことが判る。したがって通常はおそらく開放された大広間で、住房としては用いられなかったものと思われる。指図の書かれた時期は室町時代と推定され、嘉暦二年（一三二七）焼失後、応永頃に再建された僧房に関したものと考えられるから、『春日権現験記絵巻』の時代より一層僧房の会所化が進んだことを示している。

第四節　その他の諸寺の僧房

一　川原寺僧房

川原寺は六六〇年代（天智朝）に創立され、大官大寺、薬師寺、飛鳥寺と並んで藤原京期における四大寺と呼ばれた寺の一つであるが、昭和三十一・三十二年の発掘調査によってその伽藍の全貌がほぼ明らかにされた。特に僧房については、現在のところでは我国における発見僧房遺跡の最古の例であるばかりでなく、それが講堂の三方を囲む三面僧房の形式であること、礎石の配置によって或程度間取を考察し得ること等が明らかにされた点は重要である(8)（図面85）。

僧房は中門から発して金堂に取付く回廊の北側両端に接して始まり、講堂を中に包んでコ字形に閉じる。建物の長さは北側で三〇八・五尺、東西両側で二五三・五尺、梁間は約三七尺である。梁間四間の中、内庭に面して回廊の延長とも見られる同梁間（一二・六尺）の吹放し部分をとり（回廊・僧房前面廊との境には、戸口があった）、その外側三間分（七・七七尺等間）を房とする。これを桁行七・七七尺等間に割付けるが、礎石を房境ごとに並べて、房の内部には置かないので、桁行三間を一部屋とした区画と、桁行二間の部屋とがあることがわかる。しかもそれが一定の順序で並んでいて、桁行三間の部屋の両脇に二間の部屋を置いた形式が一ブロックとなり、それが東・西室では各々四ブロックずつ、北室は東・西室と接続する隅の部分を除くとやはり四ブロックあることが判明した。僧房の前面一間通りを開放にして通路としたことは、東大寺三面僧房や同戒壇院僧房と同じ平面構成である。房の内部はこの一ブロックが間取の基本になるものであることは明らかであるが、礎石間に戸口や壁の痕跡を示すものでもなければ、その詳細はわからない。しかし法隆寺、元興寺、東大寺等の例を参照して、その間取りを想定してみると図（図面86）のように二つの案が考えられる。戸口の位置や窓と壁の区別等は全くの仮定であるから問題にならないが、A案は三間一房制の元興寺と、二間一房制の法隆寺を単純にあてはめてみたもの、B案はブロックの独立性を重視して、二＋三＋二の七間全体を一房と考えたものである。すでに明らかなように、奈良時代の僧房はいずれも正面に開放的な部分をとり、中央身舎に閉鎖的な大室を、背面の庇に小部屋を設ける方式であるが、この川原寺の場合には身舎と庇の区分が判らず、むしろ梁間三間の身舎の前面のみに庇を附けたような平面である。従って奈良時代の例をそのままあてはめるわけには行かないが、前面の開放的な庇と、後方の閉鎖的な身舎という住居としての平面構成の基本は、全く共通したものなのである。

二　大安寺の僧房

大安寺は「資財帳」によって奈良時代の伽藍の規模がかなり詳細な点まで判明する寺院として、よく知られている。その僧房の配置については大岡実博士の御論考がある。[9] これは「大安寺流記資財帳」に載せる僧房等の記事[10]を整理して、その配列を復原されたもので、これによってその配列が始めて明解にされたのであるが、なお二、三修正したい点が生じた。その一つは昭和二十九年八月の大安寺南大門、中門並に回廊の発掘に於て、中門脇の回廊東端及び西端から外方へ渡廊が延び、南北に長い建物に達している形跡が認められたことであり、[11] 今一つは大岡博士が興福寺等の例に倣い食堂を講堂の東方に擬定されたのは、「資財帳」の記載順序から推して食堂が北方におかれたと考え得られることによって修正を要する点である。[12] 第一の点では大岡博士が僧房を講堂の左右及び北方から東北方・西北方に長く続くものとされたが、南方へずれて回廊南端の東西から始まり（東西僧房南列）、講堂の両脇（同北列）からその北方に及んで（北室）止まることとなる。第二の点からは講堂北廊と食堂前廡廊との間に食堂前廡廊が東西に延びて十字形の廊ができ、それだけ二棟の北室の間が開くと考えられることである。なお未だ各僧房間の距たり等について不明な点はあるが、以上によって配列を図示してみると図面第87図のようになる。唯ここで問題となるのは「北東中房長廾七丈、広三丈」とあるものの配列である。これを北太房の東棟の北にこれと平行しておくとすれば、十字廊にまで達することとなって北太房を東西に離した意味がなくなるし、これを南北に長く配するとこれだけが北方に長く飛出すこととなるが、他にも色々な建物があったことであるからこれだけではおかしくとも支障ないのかもしれない。何れにしてもここで重要なことは、北太房がこれによって東西に距たり、講堂と食堂が廡廊を中間にして南北に対立するという格好な外観を得た点で、元興寺僧房の配置と共通していることである。薬師寺の食堂と僧房の関係もこれとよく似たものと推定され、未発掘のため詳細は不明だが復原図を作ってみた（図面88）。

なお「資財帳」によれば、大房と中房とが一組になっており、小子房は一部分にしかないことがわかるが、東大寺三面僧房の項で述べたように、ここでは中房が元興寺や興福寺の小子房にあたるものと考えられる。中房の梁間はすべて三〇尺であるが、大房の中に二九尺とあるのはおそらく三九尺の誤りであろう。ところでこれ等の僧房の面積を、法隆寺の例にならって機械的に算出すると、大房は六棟計五〇二七一平方尺、中房は五棟計四二〇三〇平方尺、小子房は二棟四六九二・〇平方尺で、総計は一三棟計九六九九三平方尺となる。これを「資財帳」に記された見前僧八八七人（僧四七三人、沙弥四一四人）で割って一人当りの面積を計算すると、一〇九・三平方尺、すなわち約一〇尺四方の広さになる。この一人宛面積が法隆寺の場合と近似していることはさきに述べたが、僧と沙弥を分けて、僧は大房に、沙弥は中房及び小子房に住むものと仮定して大房の面積を四七三人で、中房と小子房とを合わせた面積

(四六七二二平方尺)を四一四人でそれぞれ割ってみると、前者は一〇六・三平方尺、後者は一一二・八平方尺となって、大体総平均値に近いことが注目される。唐招提寺の僧房では、『護国寺本諸寺縁紀集』の中の「唐招提寺縁起」に「西北後小子房一宇如宝大師室」とあって、小子房中に少僧都如宝が住んだことを記しているから、大小房の区分はさほど問題にならないのかもしれないが、大安寺の場合には上述の仮定が大体あてはまりそうである。もっとも唐招提寺の場合は西北後小子房が鑑真居住の「西北二韓一宇大和上室」と一対になるらしいので、特別な例の可能性もあろう。

なお、『大安寺住侶記』(『菅家本諸寺縁起集』中の大安寺条も同じ)には東・西・北の三方に僧房を配し、各々は一〇間で二間一房ずつ五房に割り付けられていることを記すが、中に書込まれた住僧の名を見ても判るように全くの偽作である。但し大安寺が寛仁元年(一〇一七)に焼亡後、再建された僧房は二〇間僧房であったことが嘉保元年(一〇九四)の「官宣旨」(『大日本史料』三ノ三)に見えているから、あるいはこの僧房が二間一房制であったのかもしれない。しかしこれから創建時の僧房を律することはできない。

三　国分寺等の僧房

上述した寺院以外に現在までのところ発掘調査等によって、僧房の配置や規模が判明する寺を列記しておくと、国分寺では陸奥(昭和三十一～三十四年調査、考古学協会、研究報告)、出雲(昭和三十一年調査、東大寺と国分寺(石田茂作))、駿河(昭和三十一年調査、同前)等の各国分寺、ほぼ同時代の寺で甲可寺(昭和五年調査、『紫香楽宮址の研究』)、新治廃寺(昭和十四年調査、『常陸国新治郡上代遺跡の研究』)、やや下って平安京の東寺(境内古図)及び西寺(昭和三十五年調査、未報告)等がある。これらの諸寺の僧房の配置は附図に示したが、柱間寸法の判るものについてその数値を拾っておくと、甲可寺僧房は三面僧房の形式で、礎石がよく残っており、北側二一間、東西両側一〇間。隅の部分を仮に北室に入れると北室二一間(中央一間馬道)、東・西室六間となる。柱間寸法は東西北の三房共、桁行柱間奈良尺の一〇尺(馬道は二〇尺)、梁間は四間で身舎にあたる中央二間各八・〇尺、両端庇の間七・五尺、計三一尺。小子房(北室)は桁行柱間を北大房に合わせ、梁間は六尺二間の一二尺である(図面94)。陸奥国分寺は北室一棟だけで、発見礎石跡の数は少いが、大体の柱間寸法は次のように推定される。すなわち桁行二一間、中央一間は馬道で一五尺、その他各間一一・五尺、総計二四五尺。梁間は四間、身舎の二間は一〇・五尺、両脇庇の間は各九尺、計三九尺(以上いずれも奈良尺)である。棟下通りの礎石の配置からすると、この僧房は二間一房制であったらしい（図面89）。出雲国分寺もやはり北室一棟だけで、桁行九間、各一〇尺等間、計九〇尺、梁間四間、中央二間一〇尺、両脇庇の間八尺、計三六尺（同じく奈良尺）である。この僧房で注目されるのは、北から一間入った入側柱通りと背面庇の梁行方向に礎石の間に地覆石を敷き並べた所と、それのない柱間とがあって、間取がわかりそうな点であるが、遺跡の破壊がかなり甚だしく間取を判定するまでは至らない。

平安京の東寺については、寺蔵の古図がほぼ創建当初の状況を伝えたものと考えられるが、大・小房を三面僧房の形式に廻らせることが判るだけで、柱間寸法は不明であった。しかし最近西寺僧房の一部を発掘調査して、これが桁行、梁行共各柱間一三尺と判明したので、東寺の方も同じ柱間と考えられる（図面95）。

以上の僧房の梁間寸法だけを集めてみると、陸奥国分寺三九尺、出雲国分寺三六尺、甲可寺三一尺、東（西）寺三九尺となる。梁間が四〇尺を超えるものは東大寺、興福寺、元興寺等でごく少数の官大寺に限られていることが知られよう。小子房の例は甲可寺の梁間一二尺があり、これは興福寺一五尺、法隆寺東室小子房（妻室前身房）一三尺と比べて大差ない。しかし東大寺や大安寺の中房は実際には小子房に相当するものと考えられるから、やはり官の大寺は大房と同様にかなり大きかったのかもしれない。

第五節　「資財帳」等に見る僧房の規模

以上の考察によって、僧房には大房、中房、小子房の別あり、復原された元興寺僧房や、法隆寺東室は大房に属し、それは東大寺大房と同一方式の間取を持つことが明らかにされた。東大寺中房と類似の平面を示すようなものは他に未だ見出されていないが、東大寺戒壇院北室の前面歩廊を除けばこれに相当するものとなろう。小子房は法隆寺妻室前身建物が唯一の現存例で、これは平安時代に建立されたものであるが、奈良時代の形式をよく伝えるものと考えられる。次に奈良時代の諸大寺の「資財帳」には大房中房小子房の別を附して記したものがあり、またその別を附さないまでも寸法から考えてそれを察し得るものもあるので、それらを摘記した上、その平面の内容について推定してみよう。

先ず大房・中房・小子房の別の判然とするものでは、「大安寺資財帳」の記事がある。それによると、

大　房　長さ　二七四・五尺　広さ　三九・〇尺（東・西房　南列）
　　　　　　　二四五・〇　　　〃　（　同　　北列）
　　　　　　　一二五・〇　　　〃　（北太房）
中　房　　　　二七四・五　　　三〇・〇（東・西房　南列）
　　　　　　　二九〇・〇　　　〃　（　同　　北列）
　　　　　　　二七〇・〇　　　〃　（北東中房）
小子房　　　　一〇〇・〇　　　一二・〇（南列）
　　　　　　　二九一・〇　　　不明（おそらく一二尺）（東小寺房）

東大寺にも大、中房、小子房の別があるが、その梁間の寸法は発掘結果と殿堂平面図から推定すると、

大房　五二尺　　中房　三五尺　　小子房　一三尺

そして一房の大きさは桁行四三・五尺となっている。興福寺には大房と小子房とのみあり、「流記」によると、その梁間は、

大房　四五尺　　小子房　一五尺

一房の桁行は二二・五尺である。法隆寺では「法隆寺流記資財帳」によると、

長さ　一七五尺　　　広さ　三八尺（東室）
　　　一八一尺　　　　　　三八尺（西室）
　　　一〇六尺　　　　　　三八尺（北室、東列ヵ）
　　　一五五尺　　　　　　三二尺（　同　　西列ヵ）

とあって、最後のものは梁間が小さいが、いずれも大房と思われる。小子房は妻室前身房が梁間一三尺である。「西大寺資財帳」に現れる僧坊は何れも檜皮葺で規模は小さいが、

長さ　七〇尺　　　広さ　四〇尺（十一面堂院東僧房、同西一僧房）

九〇尺　　　　四〇尺（四王院東南房、同西南房）
五七尺　　　　三六尺（四王院東北房）
五六・五尺　　一六尺（四王院小房）
五六・五尺　　一四尺（四王院小房）

延喜五年（九〇五）の「資財帳」ではあるが、奈良時代の伽藍規模をそのまま伝えていると思われる観世音寺の僧房は、
大　房　長さ　三四二尺　　広さ　三五・五尺
小子房　　　　一九〇・五尺　　一四尺
　　　　　　　一一〇尺　　　　一一尺
「西琳寺文永流記」には天平十五年帳を引いて、大房と小子房とが東西に一組ずつあったことを記すが、
大　房　長さ　一〇〇尺　　広さ　三三尺
小子房　　　　一〇間　　　　不明
唐招提寺東室は旧僧坊の規模を伝えるらしいが、その梁間は奈良尺の七・五尺を四間とって三〇尺である。しかしこれはこれでも後に述べるように大房に属すると思われる。

次に大房と中房の相違を考えてみると、大房に比して中房は梁間も小さく従ってこれが何間に分れていたかが問題となる。中房らしいもので間取を多少とも窺いうるのは東大寺の中房のみであるが、これは正倉院蔵殿堂平面図によれば、桁行の柱割は大房と同じで梁間が三間にされ、室も梁行に三分されている。各房の中央に通路があって、そこからそれぞれ両脇の室に入るようにされているが、外部に面する室の外側は壁にされていたか窓にされていたか不明であるため、用途に対する判断も困難である。これに対して多少共示唆を与えるのは東大寺戒壇院の北室である。その南側の吹放しは東大寺僧房のものと似ているが、ここではむしろ食堂に行く通路と見ることも出来、これを除く部分が梁行に三分されていることも、東大寺の大房とは異なるのである。そうとすれば、凝然自筆の指図の示すように、中通りの室を寝室と考え、寝室を持つのは上位の僧であり、それらの僧は必ずさらに側の室を持ち、下位の僧は側の一室のみを与えられたと見ることが出来よう。要するに大房よりも寝室が小さいこととなるのである。小子房は妻室の例で

は梁行一杯に部屋をとったもので、寝室の広さは大体中房と等しい。従って以上の推定が成立すれば大房は梁行に四間、中房は三間、小子房は二間を持つことがその構造上の特色と見られる。規模の相違の他に桁行に長い室を取る場合と、梁行に長い室を設ける場合とあるので、梁間何尺以上が大房といったような判断は下されないが、一間を仮に八尺とすると四間分の梁間は三二尺となるので、これくらいが大房の最小限と考えて大過なかろう。唐招提寺東室はこの例である。三間の中房でも東大寺のように梁間三五尺にもなるものもあるが、大安寺の中房は梁間三〇尺であるから、一間の奥行は一〇尺平均と見られる。東大寺小子房は梁間一三尺で殿堂平面図に見るように一ならびの室を設けていたが、興福寺のは一五尺で、これを二分した間の幅は七・五尺、大安寺のは一二尺で、間の幅は六尺、西大寺では一六尺及び一四尺で、間の幅は八～七尺となっていたであろう。これは何れの寺でも極めて狭いものとなっているることが目につく。一房分の長さは大房の室の長さと一致させるが、その間の柱割は必ずしも大房に一致させずに、梁間の寸尺と見合って適当に割付けるらしいが、何れにしてもこれは身分の低い者の住いであったことが察せられる。

次に高さについては「大安寺資財帳」に記載がある。これはその寸尺からみて柱高を示したものと見られるが、大房、中房、小子房でその差はあまりなく、大房で一〇・五尺、中房で一一尺、小子房で一一尺、及び九尺等の数値が出ている。大房が割合に低いのは斗栱で高かったためであろうが、これによって大体軒先の高さを揃えたのであろう。これに対して元興寺大房では側柱総長一一・二尺、縁上端から測れば九・五尺、法隆寺東室は側柱総長一〇・六五尺である。[13]大安寺僧房には基壇があったらしいことはすでにふれたが、興福寺僧房にも凝灰岩の基壇が発見されていてその構造は元興寺に似ると思えるので、基壇の存在のみで床板張の有無は断定出来ない。大安寺の僧房が土間であったとすれば、その柱高を元興寺僧房のものと比較するに当っては、元興寺僧房の縁から上の柱高を取らねばならない。しかし大安寺僧房も床板張だったとすれば、むしろその柱総長を比較すべきである。また法隆寺東室は柱上に斗栱を用いないので、こうした点に比較の難点があるが、何れにしてもその寸尺がかなりよく接近しており、内部空間等の取扱い方も従って大差なかったことを考えさせる。それらは当然のことながら、金堂や講堂等のように高いものではない。

なお、今まで扱った僧房はいずれも大規模な伽藍における僧房ばかりであるが、小さな寺院の例として天平宝字六年（七六二）造営の石山寺の僧房の規模を、その造営関係の古文書（『大日本古文書』五）から摘出すると次のとおりである。[14]

1　三間僧房　長さ二六尺　広さ二四尺、

2　上僧房　　長さ三〇尺　広さ一八尺

3・4　中及び下僧房、長さ二一尺　広さ一六尺

これらはおそらく一棟が一房分にあてられたものと思われ、大伽藍中の壮大な僧房建築とは全く趣を異にし、むしろ当時の一般の住宅に近かったものと想像される。

平安時代の例では、貞観十五年（八七三）の「資財帳」に記された広隆寺の僧房が注目されるが、まずその規模は、

1　九間僧房　長さ八九尺　広さ一六尺、

2　一一間僧房　長さ九六尺　広さ一五尺

3　六間僧房　長さ九六尺（五〇尺ヵ）　広さ一六尺

4　六間僧房　長さ五〇尺　広さ一六尺

これらの僧房には「隔房各三間、毎房有戸二具、毎房敷板」とあって、三間一房制であったこと、前後に戸口を一間ずつ設けたらしいこと、内部に床を張ったこと等が知られる。また庇を前後に附けたことを記す建物も、広さを一六尺としているから、庇の寸法は問題にならないらしく、下屋のような構造であったと思われる。(15)

以上に述べた僧房は金堂・講堂等のすぐ近くにあって伽藍中枢部の一部をなすものであるが、大規模な古代寺院にはこの他にも僧房をもつものが多い。このうち各種仏堂を中心に営まれる子院の僧房についてはそれぞれの特殊事情があるので、これを一括して問題にすることは出来ないが、各寺院共通のものとして客房がある。僧房は律でも「四方僧物」または「十方僧物」といわれるように、必ずしも寺内の見前僧のみに居住を限るものではなく、僧侶一般の施設と考えられており、修学僧等の便宜にも用いらるべきものであった。客房はおそらくそうした来住僧のための僧房と思われ、大寺には必ず建てられたらしいが、「資財帳」等にその名を挙げて記された例には、法隆寺、西大寺、観世音寺、広隆寺、西琳寺等があり、東大寺では天平宝字六年三月一日附造東大寺司解状に客房院の語が見える。これらのうち建物の規模が判るものを次にあげると、

法隆寺　　1　長さ四七尺　広さ一五尺　2　長さ六二尺　広さ一八尺

西大寺　　　長さ五九・三尺　広さ一八・四尺

観世音寺　1　長さ四〇尺　広さ一七尺　2　長さ四〇尺　広さ一五・八尺
広隆寺　（五間客房）長さ四二尺　広さ一六尺

これらの客房はいずれも規模が小さく、梁間一五〜一八尺のものばかりであるから、小子房よりはやや大きい程度であったことが判る。(16)

註

（1）この図は天沼俊一博士が「東大寺講堂院並に食堂院」の復原に用いられたもので、その復原平面図は同博士著『日本建築史要』昭和七年（一九三二年）にも掲載されている。今回の調査中に正倉院蔵の原本を拝見する機会を得て、特に北室と東西室が接続する隅の部分や講堂脇軒廊が馬道として通る箇所に接する東・西室の広い房室の間取等を検討し、多少修正するところがあった。

（2）この発掘結果はまだ公式に報告されていないが、実測図等を借用することができた。

（3）『要録』には前記の文に引続いて「又此僧房外廊之北戸者、本是内之左右之隔也中古人為レ防二賊人一、取レ彼二外廊一耳、」とあるから、一房の中央に通路をとり、左右に部屋を配した点は変らないと思われる。またこれからすると、通路の北端の戸口は元はなかったのかもしれない。そうなると東大寺三面僧房中の大房背面入口と同じに扱われたことになるが、戒壇院僧房に小子房があったことを記す記録はない。

（4）この記録では、南北方向の東西僧房にまで割付けているから、「円照上人行状記」にある東西房は当初からあったものと思われる。また北僧房の西端房のみは全く記載がない処を見ると、ここは使用しない房であるらしい。後述する凝然自筆の古図ではここを旦過という特別な名称で呼んでいる。旦過は禅宗の行脚僧が一夜の宿泊をする旦過寮で、客房の意である。

（5）大岡実「興福寺建築論上」（『建築雑誌』五〇五号、『南都七大寺の研究』昭和五十三年抄録）

（6）『興福寺食堂発掘調査報告』（奈良国立文化財研究所学報第七冊）

（7）画かれた西室は三間一房で、正面中央間を板扉・両脇間を内法一杯連子窓とする元興寺禅室と同型式の外観をもち、内部は小部屋に仕切って住居として使うものと、連房にして仏堂風に用いる箇所がある。

（8）発掘結果の詳細については『川原寺発掘調査報告』（奈良国立文化財研究所学報第九冊）参照。

(9) 大岡実「大安寺僧房の配置」(「建築史」第三号、『南都七大寺の研究』昭和五十三年抄録)

(10) 合食堂前廡廊　東西、各長五十五尺、広一丈三尺　高一丈五尺

合通左右廡廊陸条　一行経楼、一行鐘、長各二丈七尺、広一丈四尺　高八尺　二向講堂、東西長各九丈　広一丈　高一丈五寸　一講堂北廊、長五丈二尺　広一丈八尺　高一丈八尺　一食堂、長九丈九尺　広一丈八尺　高八尺五寸

合僧房壱拾参条　二列東西太房南列、長各廿七丈四尺五寸　広二(三)丈九尺　高一丈五寸　二列東西太房北列、長各廿四丈五尺、広高如上　二列東西南列中房、長各廿七丈四尺五寸　二列東西中房北列、長各廿九丈一尺　広三丈　高一丈一尺　二列北大房、長各十二丈五尺　広三丈九尺　高一丈五寸　一列北東中房　長廿七丈　広三丈　高一丈一尺　一列小子房南列　長十丈　広一丈二尺　高九尺　一列東小子房　長廿九丈一尺　並蓋檜皮

(11) この渡廊の寸法は一三尺五寸の間三間、計四〇尺五寸となる。また昭和三十五年八月に道路拡張工事を行った際に小規模な発掘調査を行い、旧講堂の位置と推定される大安寺小学校の東方で、凝灰岩壇上積の基壇を発見した。これは東北大房の西側基壇と推定されるが、測量してみると大体において中門両脇回廊から出る渡廊とかなりうまく納り、南及び北列の僧房はほぼ一線に並ぶこととなる。

(12) 「資財帳」には「合寺院地壱拾伍坊　四坊塔院、四坊堂并僧房等院、一坊半禅院食堂并大衆院、一坊池并岳、一坊半賤院、一坊苑院、一坊倉垣院、一坊花園院。」とあり、村田治郎博士はこれを南から始めて、反時計廻りに北へ続く順序で書き記したものと考察された。村田治郎「薬師寺と大安寺の占地」(「史迹と美術」二四、昭和二十九年)。

(13) 側桁の下端の位置を計ると、元興寺では床上面より一一・三五尺、法隆寺は土間であるから礎石上面より一〇・六五尺で大体近似する。同時代の他の例では伝法堂が床上面より側桁下面まで一一・三五尺、『正倉院文書』から推定される藤原豊成殿は同じく床上面から桁下面まで一二尺である。こうしてみると床のあるものはその上面から、ないものは地表面からの側桁高さが一一尺前後になる例が多いことが判る。後述する観世音寺僧房も柱高は一四尺であるが床高が二尺あって、床上面から柱天まで一二尺であった。

(14) これについては福山敏男博士の詳細な御研究がある。「奈良時代における石山寺の造営」(『日本建築史の研究』昭和十八年所収)参照。

(15) この広隆寺僧房では建具に蔀を用いているが、庇の構造が古文書等に見られる奈良時代の住宅建築と等しいことと関連して、これは一般住宅から導入されたものと考えられる。なお建具全般の問題については関野克博士の御研究がある。「中世住宅建築に見られる建具の発展」(建築学会論文集二一)

(16) 客房のあった場所として「西大寺資財帳」、「元興寺長元検録帳」がともに「正倉院」中に記しているのは注目される。

(後注) 興福寺三面僧坊のうち西室については平成二十五～六年の発掘調査で規模が判明した。本文では南方五房を桁行一五尺の二間一房、北方六房を桁行一二・五尺の三間一房と考察したが、このうち二間一房は南端二房のみで、その北の三房分は三間一房の二室とするのが正しく、結局全体としては南端に二間一房(桁行一六尺)が二室、北方は三間一房(桁行一二・五尺)が八室で、計十房とな

る。桁行総長は二一二尺となり、また梁間は「流記」の四五尺ではなく、身舎二間各一一尺、庇一〇尺、計四二尺と訂正された。

なお同様に発掘調査で規模だけでなく、間取についても或程度判明した例に讃岐国分寺がある。昭和六十年に講堂跡（上に一廻り小さい鎌倉時代後期建立の現在の本堂〔重要文化財〕が建つ）の北方で発見されたもので、東西に長い北室である。規模は桁行二一間、梁間三間各四 m 等間で、内部にも碁盤目状に柱を立てる。桁行三間が一室となる三間一房制で、中央三間の室を挟んで両脇に各三房づつが並ぶ形式である。一房は桁行・梁間とも三間の正方形平面となるが、この一辺は奈良尺の四〇尺に当り、従って桁行総長二八〇尺、梁間四〇尺である。

礎石だけでなくその間を結ぶ地覆石がよく残り、これが扉位置を示すことから間取もほぼ判る。即ち方三間の一房は前面柱列には間仕切跡がなく、南側の一間通りは開放的な空間となる。前から二列目と背面（四列目）には中央間に地覆石列があり、その上面に蹴放の当り跡があって両脇は摩耗しているので、ここは土間の通路であった。この中央通路の両脇柱筋には二間とも地覆石が並ぶが、その上面は幅の広い土居を据えているので、ここは前者と同じ戸口でも下方が一段高くなった形式であることが判る。すなわちこの戸口から入った処は低い床板張りなのである。

以上をまとめると一房は前面一間通りを開放、後方は中央通路の両脇に居室が二部屋づつ並ぶ間取となり、東大寺三面僧坊とよく似た構成となる。居室部分が土間でなく低い床張りであったのが判るのは貴重である。なお北室中央の方三間の箇所は正面と背面の側柱筋中央間に地覆石列があるので、ここは全体を一室にしたと推定され、おそらく食堂に宛てたものと思われる。なお小子房は発掘では見当らず、存在しない可能性が高い。

遺跡・古図等による僧房復原資料図

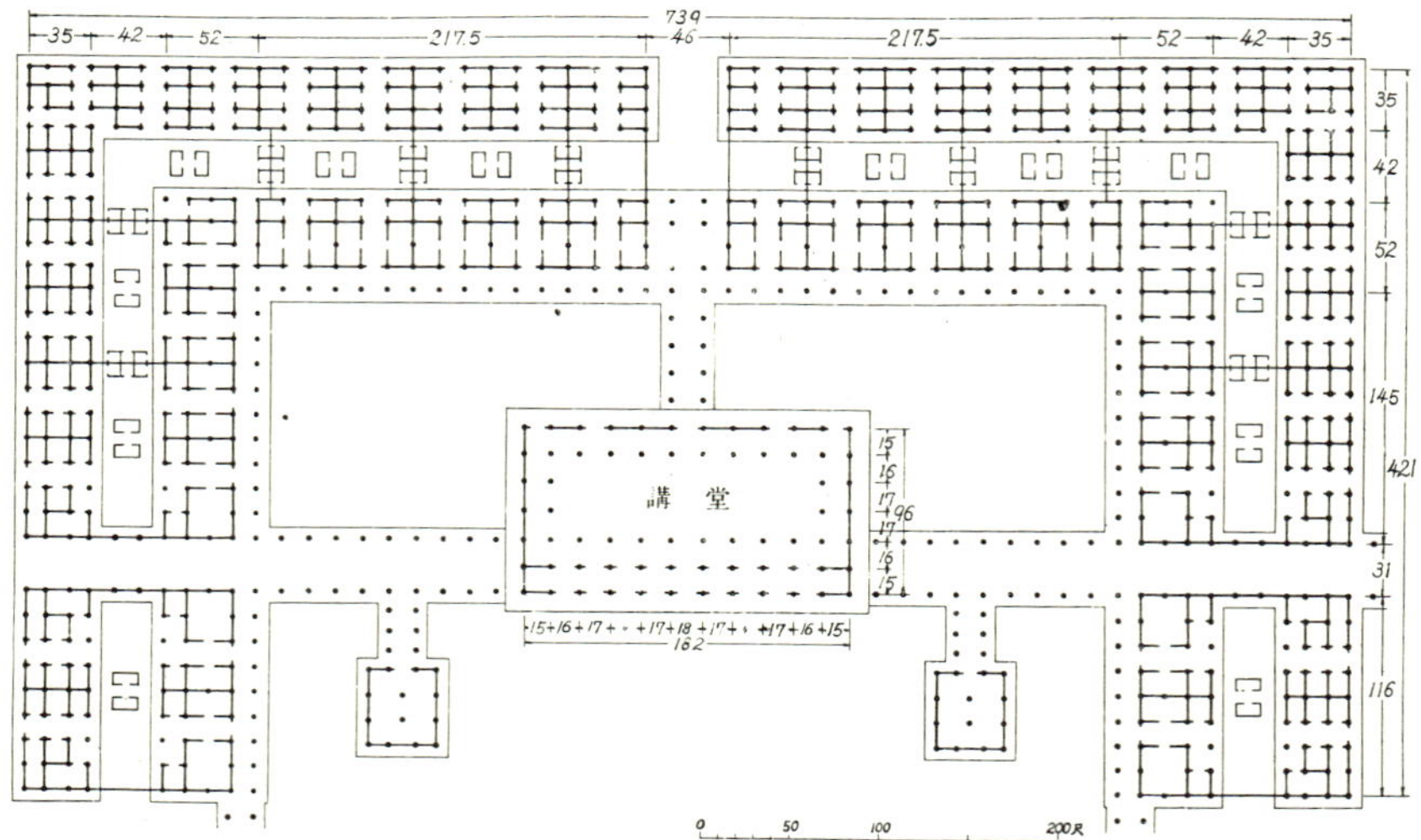

第 79 図　東大寺三面僧房平面復原図

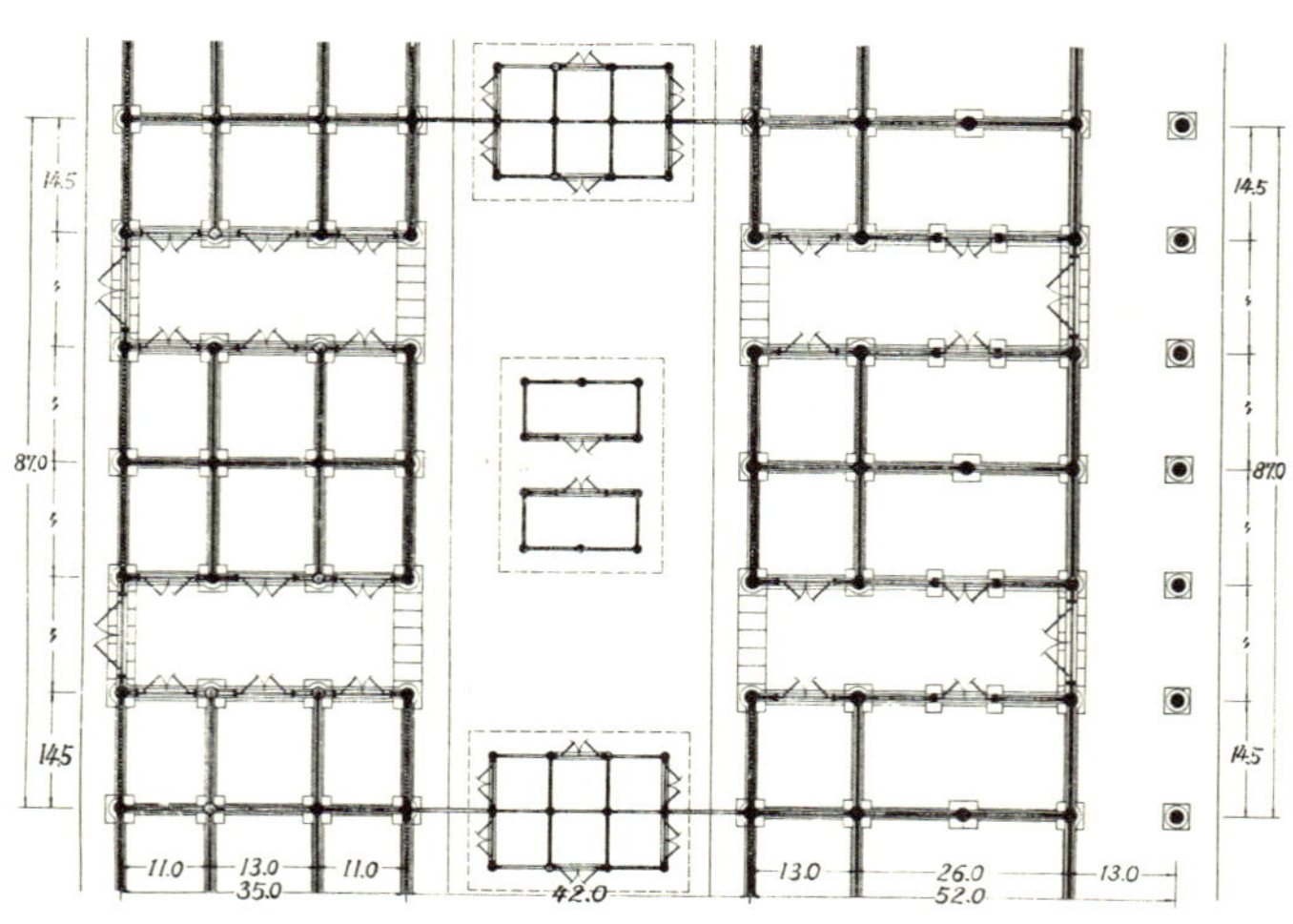

第 80 図　同上単位房復原図

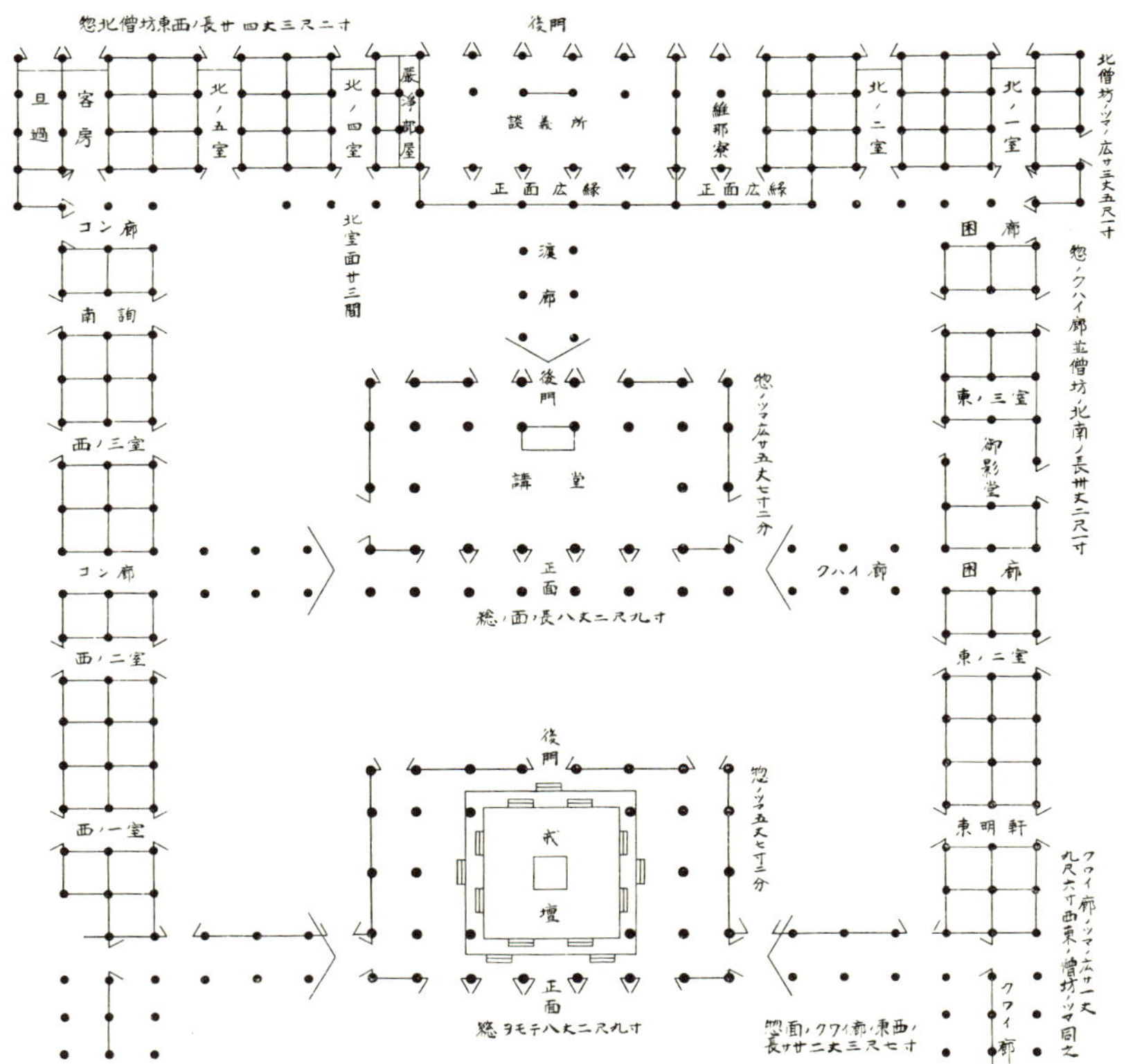

第81図　東大寺戒壇院古図

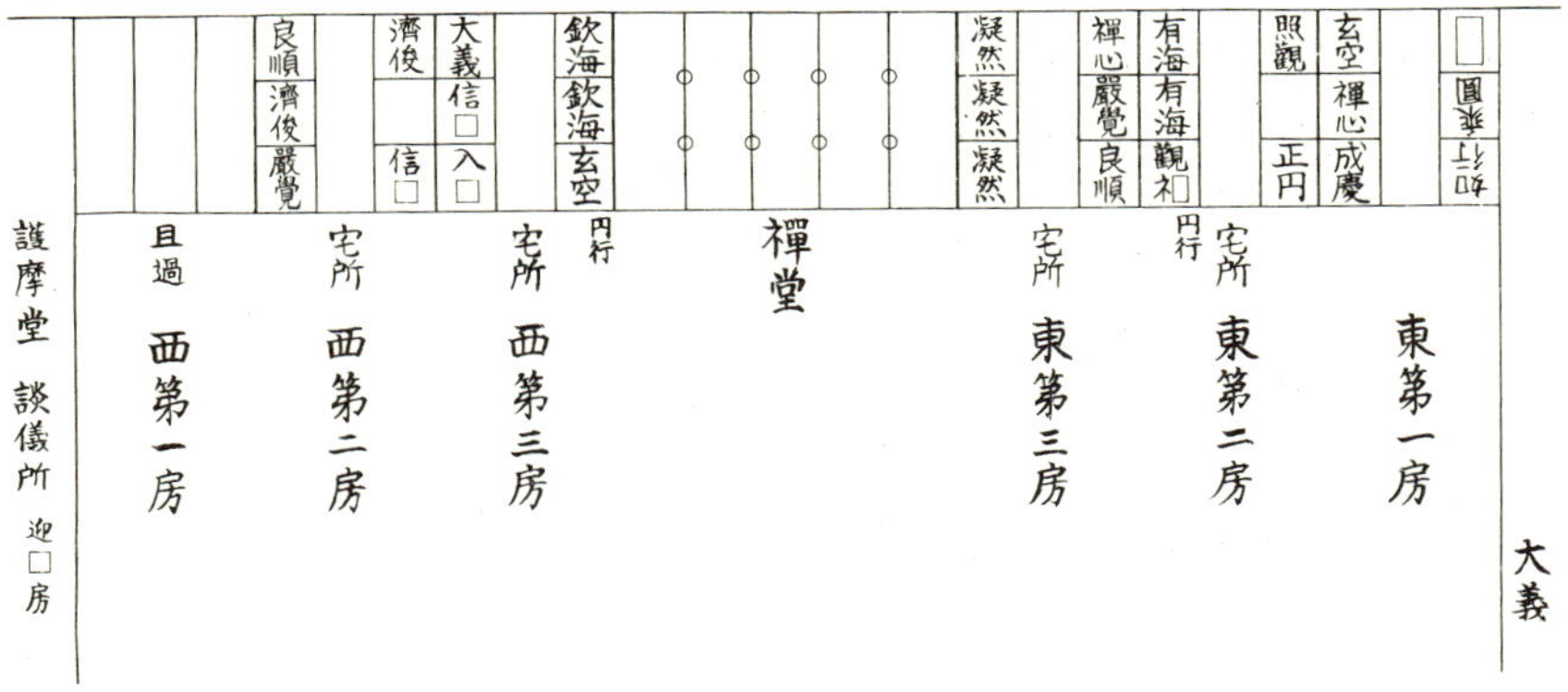

大義

圓華□

玄空　禪心　成慶
照觀　正円
東第一房

有海　有海　觀礼□
禪心　嚴覺　良順
宅所
東第二房
円行

凝然　凝然　凝然
宅所
東第三房

禪堂

欽海　欽海　玄空
円行
宅所
西第三房

大義　信□　入□
濟俊　信□

良順　濟俊　嚴覺
宅所
西第二房

且過
西第一房

護摩堂　談儀所　迎□房

第82図　「梵網戒本疏日珠抄」裏書にある図

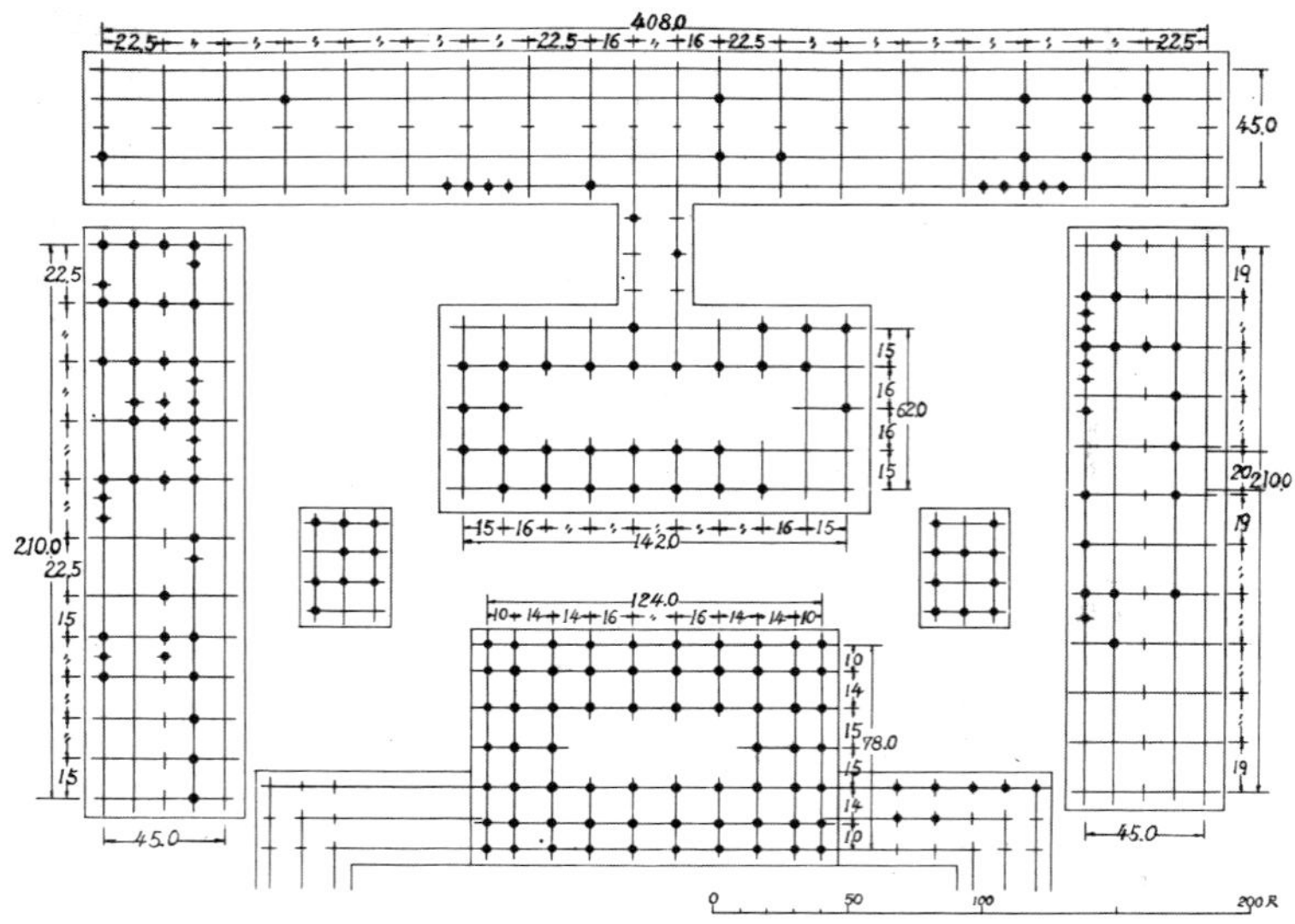

第 83 図　興福寺三面僧房礎石配置図

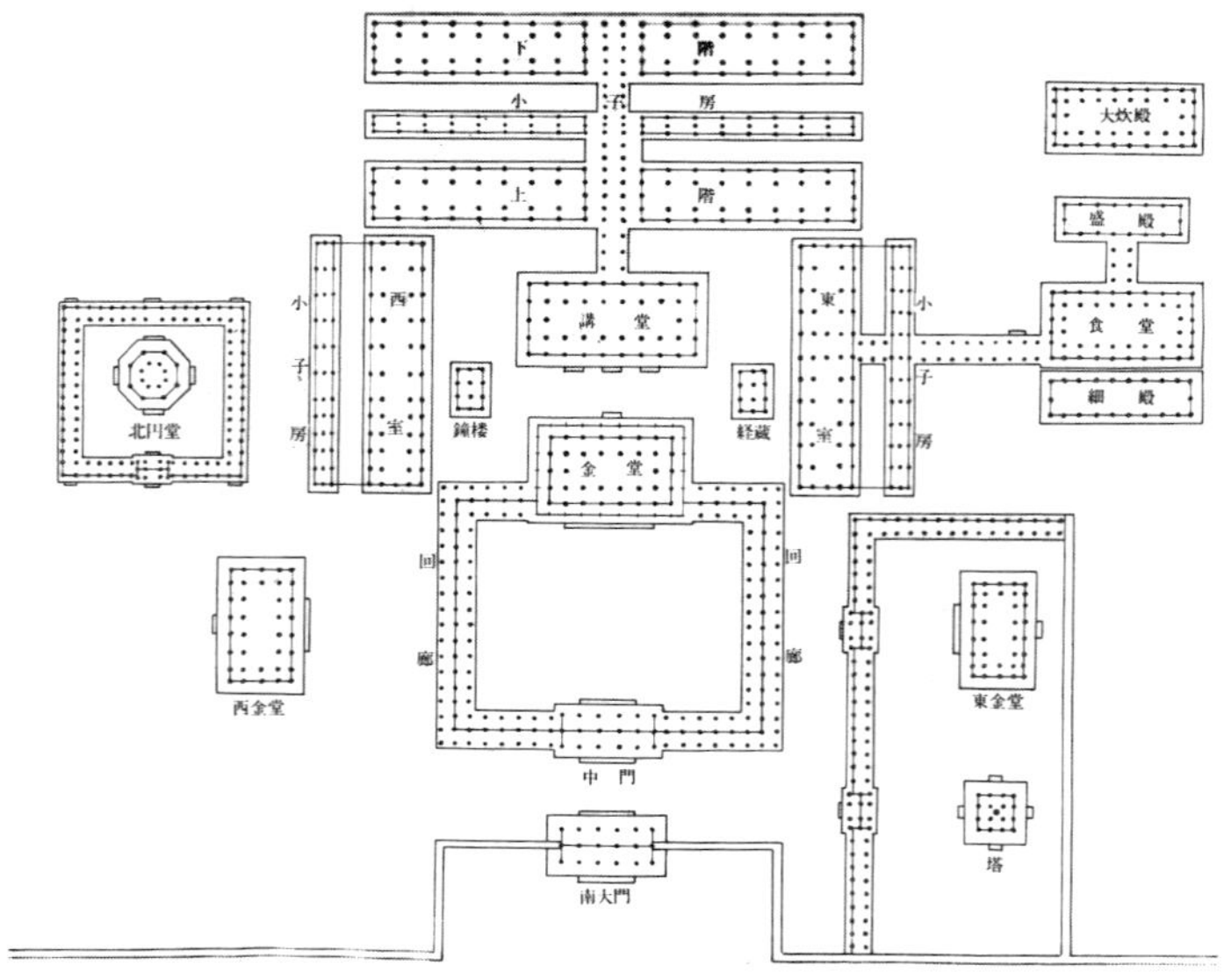

第 84 図　興福寺伽藍配置復原図

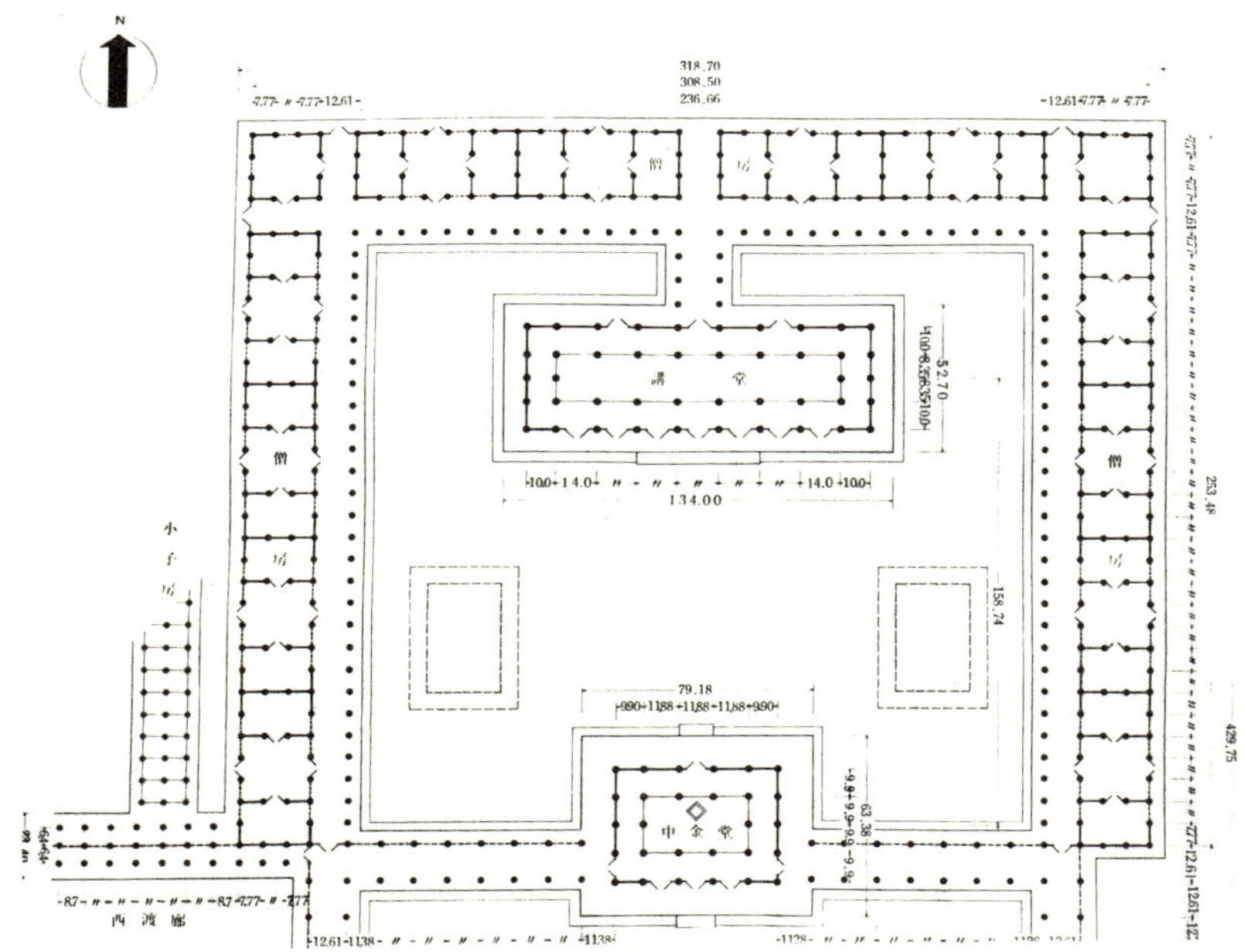

第 85 図　川原寺三面僧房配置復原図

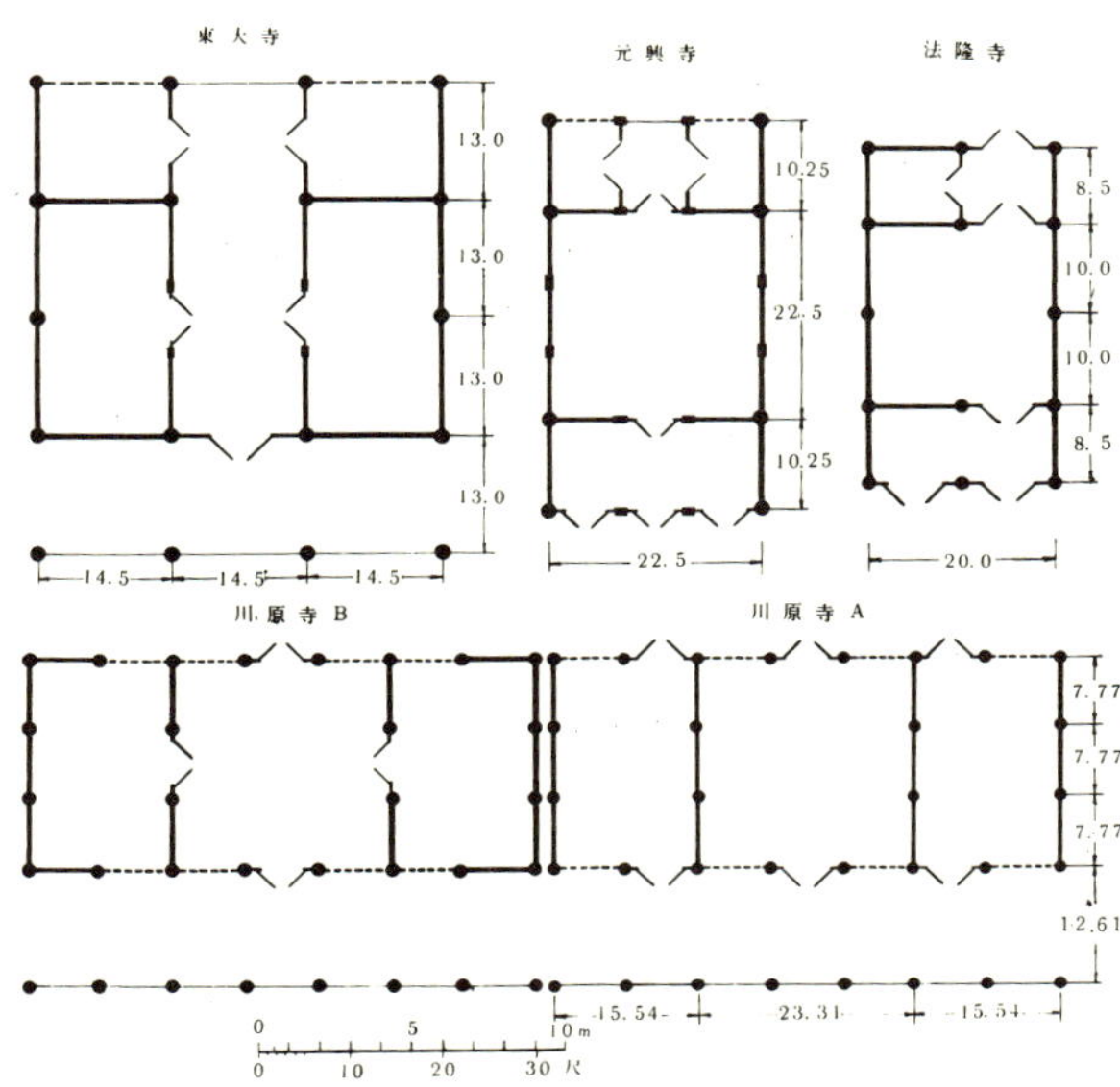

第 86 図　川原寺僧房間取想定図

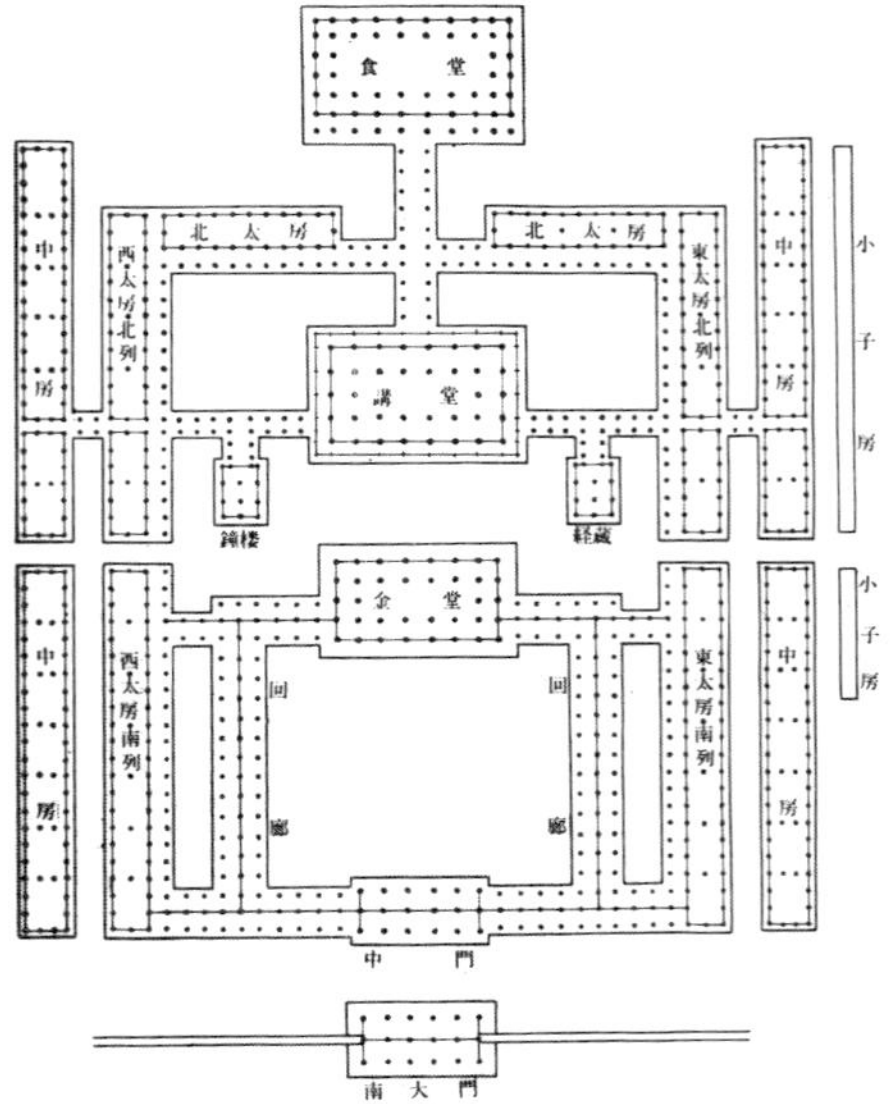

第 87 図　大安寺伽藍配置復原図

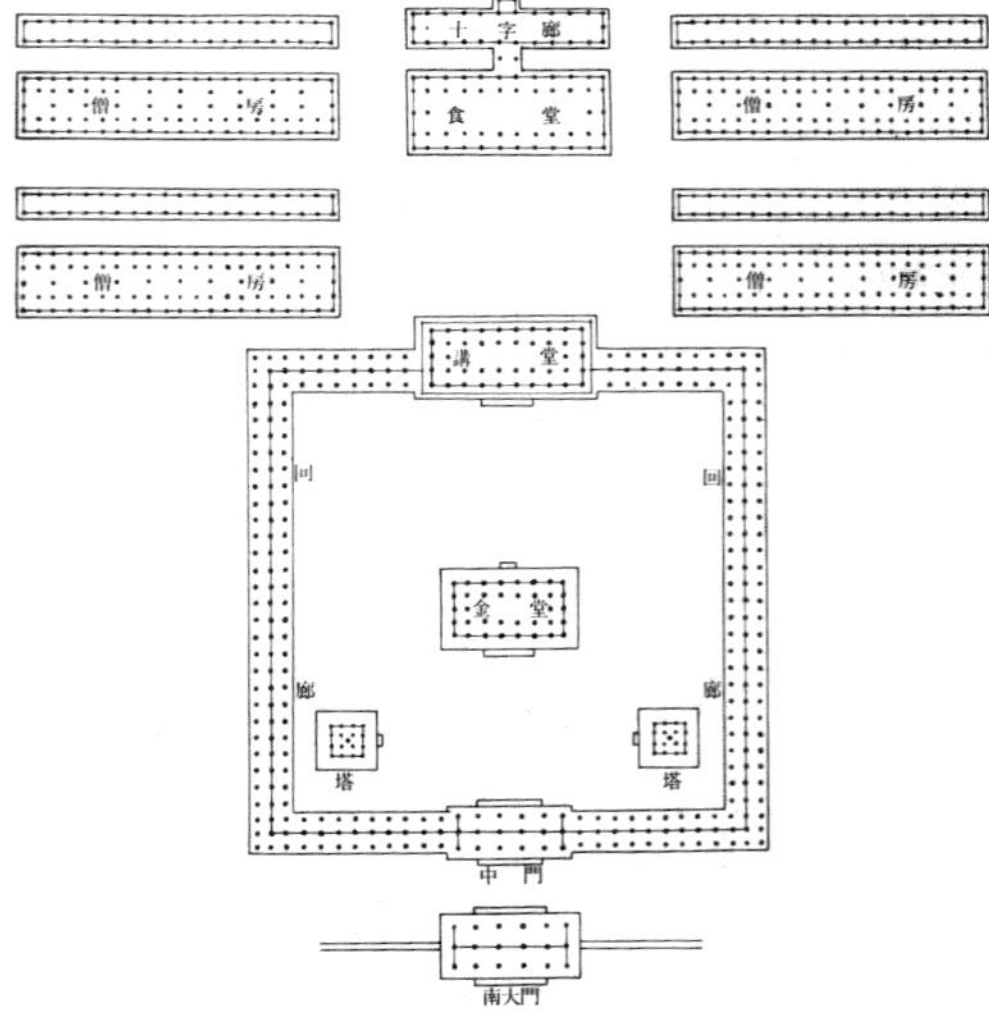

第 88 図　薬師寺伽藍配置復原図

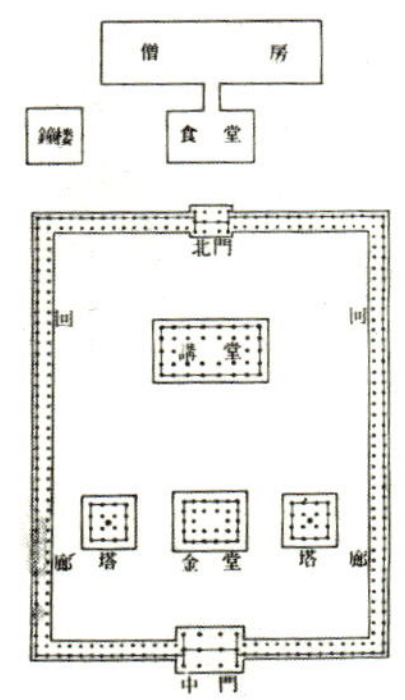

第 90 図　新治廃寺伽藍配置復原図

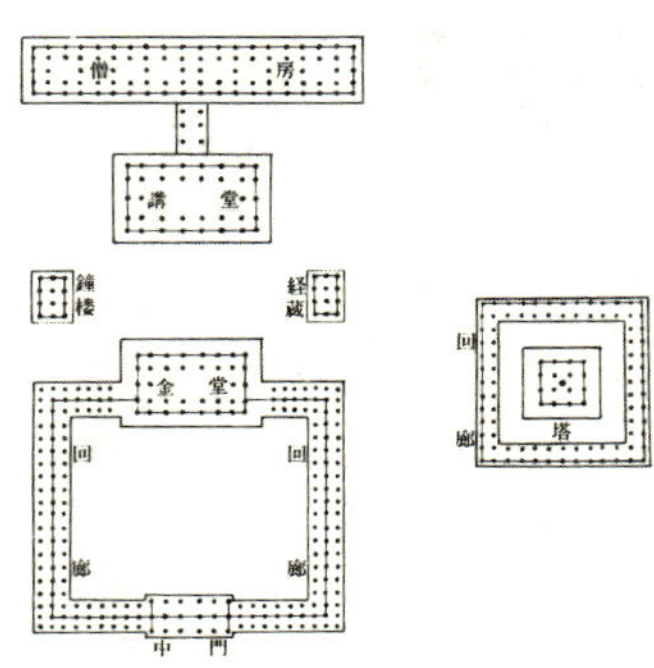

第 89 図　陸奥国分寺伽藍配置復原図

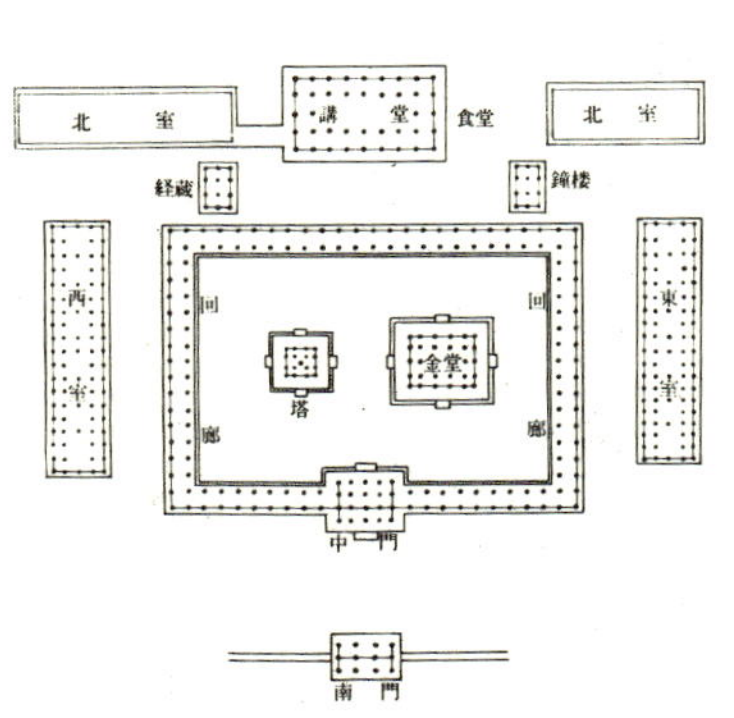

第 92 図　法隆寺西院伽藍配置復原図

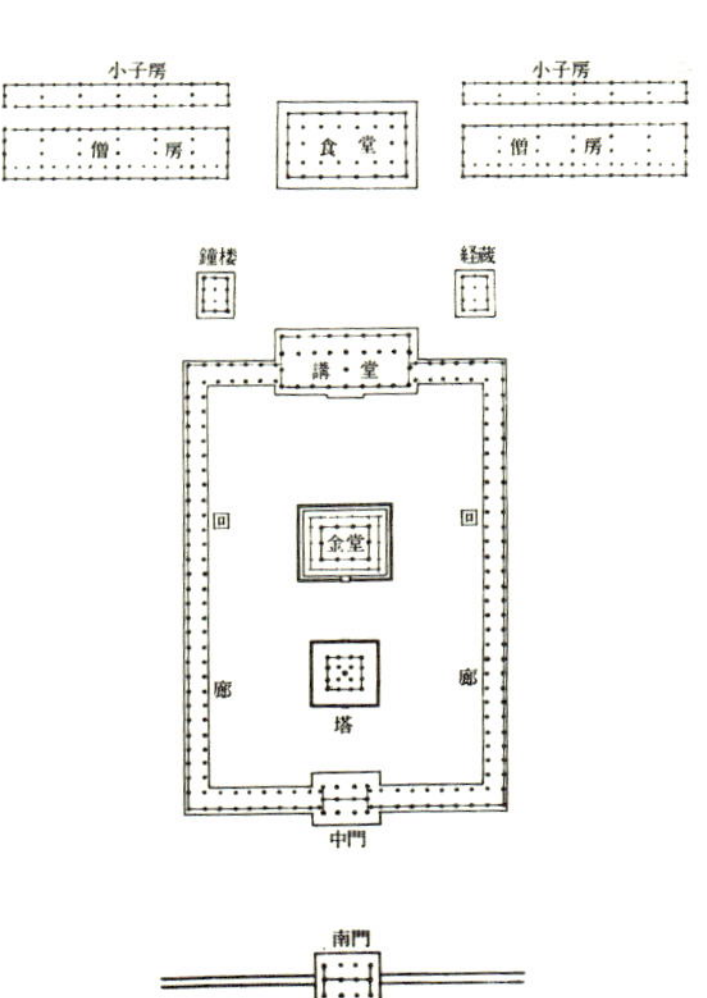

第 91 図　四天王寺伽藍配置復原図

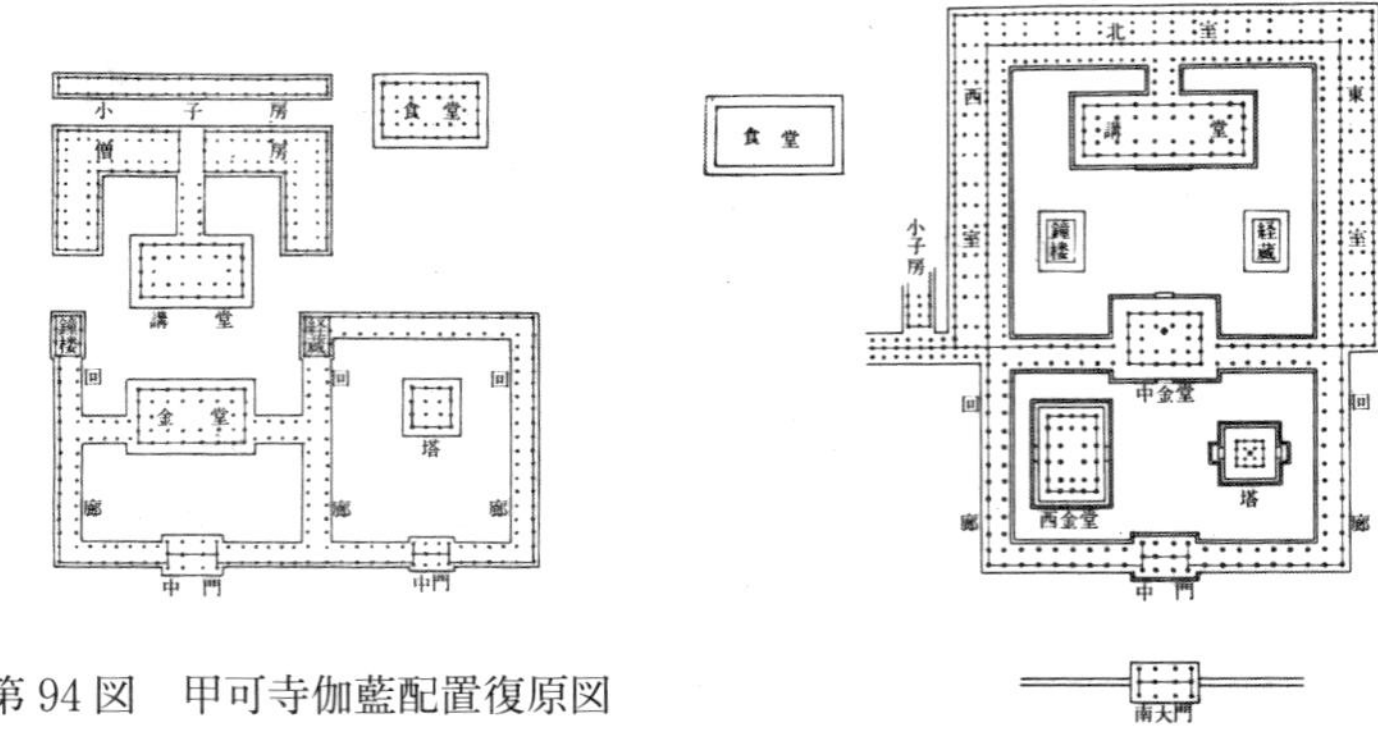

第 94 図　甲可寺伽藍配置復原図

第 93 図　川原寺伽藍配置復原図

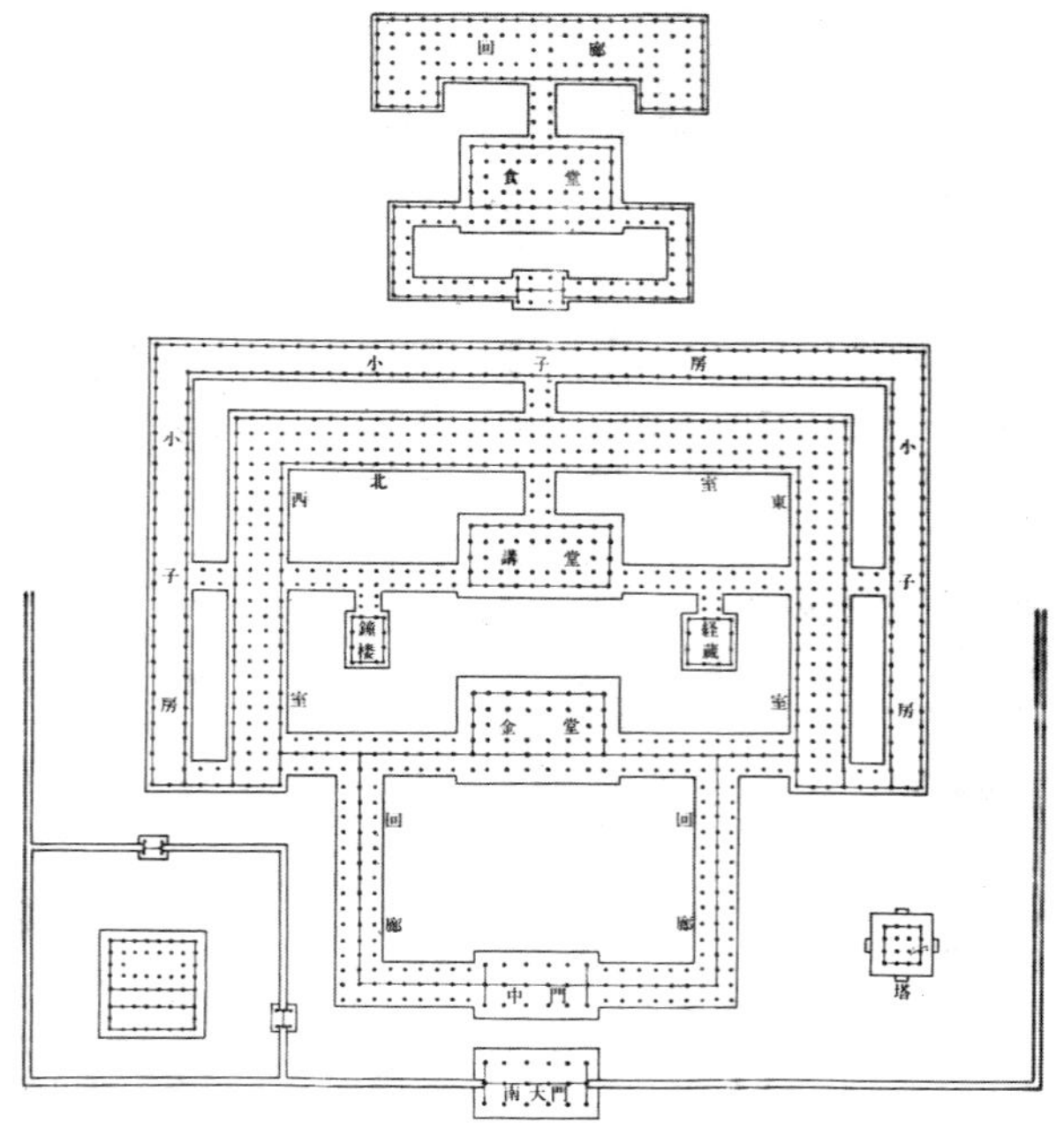

第 95 図　東寺伽藍配置復原図

総括

第一節　僧房の配置

天平十九年（七四七）の「大安寺伽藍縁起并流記資財帳」に金堂や講堂の存する一郭と僧房とを合わせて、「堂幷僧房等院」と呼んでいることからも明らかなように、僧房は伽藍中枢部の一部分にあたり、その配置も仏殿院の形態と密接な関連をもっている。さきに元興寺僧房の復原に附随して、その配置形式が普通に三面僧房と呼ばれるものと著しく異なっていたことを明らかにしたが、ここで現在までに知られている奈良時代の寺院の僧房の配置形式について分類を試みると次のとおりである。なおこの分類には小子房は大房に付属するものと考え、大房のみを取り上げた。

1　仏殿院の北方中央に東西方向に一列だけ存するもの、
　陸奥国分寺、出雲国分寺、駿河国分寺、東大寺戒壇院、観世音寺、新治廃寺

2　東西方向の僧房一～二列を仏殿院の北方東西に分置するもの、
　（一列）四天王寺、西琳寺（二列）元興寺、薬師寺

3　仏殿院の東西両側に南北方向の一列ずつを置くもの、
　唐招提寺

4　講堂の三方を取囲むいわゆる三面僧房形式のもの、
　川原寺、興福寺、東大寺、甲可寺、東寺

5　三面僧房形式で北方中央部があくもの、
　大安寺、法隆寺

6　以上は伽藍中軸線に対してほぼ対称であるが、大寺でも不規則な配置をもったもの、
　西大寺

ここに挙げた寺院の中、今まで記述しなかったものについて説明を加えると、1の観世音寺は「資財帳」中の大房が一棟のみで、長さも三四二尺とあることから、講堂の北方に一列だけおいた形式と推定される。寺蔵伽藍古絵図も同様な配置である。（後注）2の四天王寺は『御手印縁起』に東坊二四間、西坊二四間とあり、近世初期の伽藍古図によれば講堂の北方東西に配されている。四天王寺の伽藍配置がよく古式を伝えてきたことからして、僧房の位置もほぼ旧状を踏襲したものと考えられる。西琳寺も「流記帳」に東西僧房の存在を記すが、同帳中の他の部分に西僧房東第一房とあるので、これらはいずれも東西方向に長い建物であり、従って四天王寺と同じ形式と推定される。薬師寺は『長和縁起』に旧流記帳を引いて「合僧坊八条、大坊四烈」とあり、また同縁起の別の箇所には東南僧房、西南僧房を再建することを記すが、『七大寺日記』等には北僧房西端、東端等の記事が見える。これらの記載は元興寺僧房に関するものとよく似ており、僧房の配置も東西方向に長い建物を東西に二列ずつおいた元興寺の形式と考えられる。（後注）6の西大寺は普通の寺院ならば中央の仏殿院に附属するはずの僧房がなく、十一面堂院および四王院中にある。これらの僧房の「資財帳」中の名称は、例えば十一面堂院では、東僧房（長七丈、広四丈）、西一僧房（長七丈、広四丈）、西二僧房（長三丈、広一六尺）、西三僧房（長四丈五尺、広一六尺）とある。後の二棟は小子房と思われるから、大房は東西にあったことになるが、小子房は西方にだけあり、四王院についても似たような記載で、東西僧房が対称ではなかったことがうかがわれる。

上記の分類は僧房の配置形式だけについて行ったものであるが、これを伽藍全体の配置の一部としてみれば、次の二点が注目される。まずその第一は分類2の寺院が、不明確な西琳寺を一応除いて、いずれも食堂を講堂の北方、伽藍中軸線上に配置する形式であることで、(1)僧房は講堂と食堂間に東西に分置される。これに対して4の三面僧房形式の寺院では、食堂を講堂の東方（興福寺、東大寺、甲可寺）また西方（川原寺）に置き、それを2と同様中軸線上に置いた場合には5の形式となる。すなわち僧房の配置が食堂の位置を講堂の北にとるか、東あるいは西の横位置とするかによって異なり、北方に置いた場合には、食堂の前面を僧房で遮断しなかったものと考えられる。次に第二は同じく分類2の寺院が、講堂の両脇に回廊を取り付ける形式であることから、回廊の形式との関連である。中門から発した回廊が金堂両脇に連なる伽藍形式と、講堂に取りつくものとがあることはすでによく知られているが、分類2はいずれも後者に属し、4は全部前者に属する。講堂両脇に中門からの回廊があれば、興福寺や東大寺のような三面僧房形式が成り立たないことは明らかであろう。

分類2および4、5を比較して注目される上記の二特点は大寺院に関するものであるが、小寺院の場合にもほぼこれがあてはまりそうである。1の戒壇院はその最も単純な形式で、食堂を講堂の北方に置き、その両脇に僧房を分置する形を全体一棟の中に納めたものである。また新治廃寺は講堂の北を中門から連続した北回廊によって閉じ、その北方に食堂と僧房を前後に並列させた配置であり、観世音寺も講堂両脇に回廊がついた形式であるから、いずれも分類2の変形と考えられる。陸奥、出雲、駿河等の国分寺では食堂の位置が不明であるが、おそらくは三面僧房中の北室だけを存する形式であろう。一方、3の唐招提寺は、食堂を北に置いたもので、5の北室を省略した形式である。とすれば前記の分類は大きく分けて2および4とその中間形式である5の三種類に限定される。なお食堂を講堂の横に置いた寺院では、これを食堂院として独立した名称を附す例があるが（興福寺、東大寺、西大寺）、東寺では伽藍中軸線上にあって、その前面を回廊で囲み、独立した一廓を形作る。そして僧房は三面僧房形式となって、上記の原則にあてはまらない。これは寺の造営の途中で東寺が空海に与えられ、真言寺院に変化したことと関係があるのかもしれないが[2]、もう一つさらに根本的なことは伽藍配置の形式化という問題である。それは西大寺ですでに顕著に現われ、同寺では食堂院を講堂（弥勒金堂）の東方に配置するにもかかわらず、僧房は十一面堂院、四王院、小塔院、正倉院等の中に分置されていて、両者の配置計画上の関連は全く見られない。これは食堂が日常的な食事の場所という実用的性格よりも、食堂院として独立したために生じた伽藍形式の整備という面が重視された結果と考えられ、東寺も同様に思われる。従って僧房の配置を左右する前記の原則もあてはまらなくなってしまうのである。以上、各寺院の伽藍配置の形式を歴史的にみれば、奈良前期までの寺院には回廊を講堂の両脇に取付け、食堂を北方に置いた例が多く、奈良後期では回廊が金堂に取付く例が多い。そこでごく大まかないい方をすれば前記分類中2は奈良前期までの、4は主として奈良後期の型式で、5はその中間にあたることになるが、実際には平行して行なわれる期間の方が長く、例えば4の川原寺は飛鳥時代後期の寺院である。そして奈良時代の末期になると、伽藍配置の形式的な整備のみが重視され、僧房も配置としては必ずしも乱れるわけではないが、その機能的な意義は失なわれるのである。

第二節　僧房の規模と構成

僧房に大房、中房、小子房の別があったことは、「大安寺資財帳」の記載や東大寺殿堂平面図、同遺跡の実情等から知られるが、普通には元興寺（「長元八年検録帳」）、興福寺（「流記」）のように、大房と小子房のみからなる例が多く、大安寺、東大寺等の中房も実質的には小子房と同様と考えられる。また「資財帳」等で特に註記はなくとも、その梁間の寸法から、その何れに属するかを判定し得るものもある。大中小房の用途上の区別は判然とはしないが、東大寺の大・中房が一組になって、その前後に戸口を設け、相対する中庭に面してはどちらも戸締りをしないらしいことや、復原された元興寺僧房の背面戸口が開放にされていたことから知られるように、大中房あるいは大小房は互に密接な関連をもっており、一組となっていることを原則としたらしい。法隆寺東室では「資財帳」中に小子房の記載はなく、復原された大房は背面で戸締りをされているから、初めは大房だけと思われるが、これは小子房の造営がおくれたためである。一房の桁行方向の割方は大小房で正しく一致し、大小房を通じて厳重な間仕切を設け、それが建物の中庭にあたる処にも及んで、隣の坊と完全に遮断されていた。すなわち同じ一房中の大小房は主屋と副屋の関係にあり、相互に交通し得るようになっていたことが注意される。このことは大小房が僧あるいは沙弥等の階層に従って用いられ、互に上下関係におかれているものであることを推測せしめる。大房と（中）小房の間は（中）小房の梁間の一・五～二・〇倍程度離れるのを標準としたらしいが、東大寺や元興寺ではこの中庭には附属屋をおく。「資財帳」にはこうした房中の小建物までは記載しないであろうから、他の寺院でも中屋がなかったと考えるのは早計であるが、それには中屋の用途が不明で、どの程度の存在理由があるのかが判らない。（後注）しかしいずれにせよ中屋の有無によっては大小房間の距離には大差はないらしく、中屋も各房毎にはっきりと区画されていた。

大中小房は梁間の寸法や構造に大体の規準があったらしく、梁間は官の大寺では大房四〇～五二尺、中房三〇～三五尺、小子房一三～一五尺程度、中規模な寺院では大房三〇～四〇尺、小子房一二～一五尺程度であった。また構造上の相違は大房が梁行を四間、中房は三間、小子房は二間を普通とした。次に大房一房の桁行の長さについては柱間三間を一房としたものと、二間を一房としたものとがある。元興寺、東大寺、同戒壇院等が前者に、法隆寺東室、陸奥国分寺等が後者に属するが、中には興福寺のように北室と西室の北半は三間を一房にしているのに対し、西室の南半や東室（中室）では二間を一房にしていたらしい例や、川原寺のように三間の部屋と二間の部屋とを組合わせた例もある。中世の例ではあるが、法隆寺西室や東大寺二月堂参籠所は二間一房であり、唐招提寺東室は三間を一房とする。この三間一房と二間一房とは後述するように間取の基本的な性格は全く同じであり、桁行の長さも元興寺や興福寺の二二・五尺に対して法隆寺東室は二一尺であるから大差はない。そうすると両者を撰択する必然的な理由を見出すことは出来ないが、官の大寺には三間一房の例が多い点からすると、これを本格的なものと考え、二間一房は多少格の低いものと思われる。

これに附随して問題になるのは、大房に一房の形が梁行に長いものと桁行に長いものとがある点で、前者は元興寺、法隆寺、興福寺等、後者は東大寺である。間取からいえば桁行に長い方が窓に面する部分も長くなるし、身舎にしても、これを中央の通路と両脇の室に分つことが出来る。一方、梁行に長いものは比較的狭い面積に多人数を収容するに好都合なわけである。従って部屋の居住性の点からすれば、桁行に長い方が好適で、これからすると大安寺や西大寺の大房の梁間が三九～四〇尺と比較的狭いことも、あながち僧房が貧弱なためと解するのは当らないことになる。僧房の規模は一房の大きさが確定しないと単なる柱間寸尺だけを比較するのはあまり意味がないのである。

一房の広さが判っている例を次にあげると（桁行×梁行）東大寺四三・五尺×五二・〇尺、興福寺北室二二・五尺×四五尺、元興寺二二・五尺×四三尺、陸奥国分寺二三尺×三九尺、法隆寺東室二一尺×三七尺、東大寺戒壇院三〇尺×三六尺等であるが、東大寺の例を除くと案外に同じ位の広さであることが判る。一棟の僧房中に含まれる室数は六房（戒壇院）八房（法隆寺）、一〇房（興福寺東西室、元興寺西室）、一二坊（元興寺東室）、一六坊（興福寺北室）と色々であるが、東西僧房は八～一〇房、北室は一〇～一六房程度を普通としたらしい、また一つの寺院の僧房が何房分あったかをみると元興寺は東室二棟各々一二房、西室二棟各一〇房で計四四房、興福寺は東西室各一〇房、北室上階一六房であるが、下階僧房を同じ一六房と仮定すると計五二房、東大寺は東西室各六房、北室一〇房で計二二房である。東大寺の一房は中央の通路で二分されるからこれを二房分と考えれば四四房となるから、官の大寺では四〇～五〇房程度を必要としたらしい。これに対して陸奥国分寺、駿河国分寺等は北室一列だけがあって、一〇房に分割されており、これ位が国分寺の規準房数と思われる。なお僧房中に経蔵をもった例があるが、その実際の状況は全く不明である。(3)

復原された元興寺僧房と法隆寺東室の間取を比較すると、前者が三間一房制、後者が二間一房制であるから、一見大きな差がありそうなのにその基本的な性格は全く等しく、それはまた規模や間取計画が多少異なる東大寺三面僧房にも通じている。すなわち両側を壁で厳重に仕切られた各房の内部は前面庇と中央二間の身舎と背面庇とにわけられ、前面庇は開放的に扱われ、身舎は正背面に戸口を一つずつ開くだけで閉鎖的な空間となり、背面庇は通路にあたる小室と、その脇の小室に区分される。元興寺と法隆寺とで多少異なるのはこの背面庇の取扱いで、元興寺では背面中央間の通路の入口には戸口を用いず、両脇の小室は窓に面している。一方法隆寺では通路の外面にも扉をたて、脇の小室はその外面を壁で閉す。この背面戸口の有無は前節で記したように小子房との関連によるもので、大房の間取としては直接関係はない。小室の外面を壁とするか窓とするかは、この室の用途に大きな影響を及ぼすが、法隆寺の場合には通路の室との間の間仕切が軽いもので、むしろ背面の庇全体を一部屋と考えれば、元興寺の窓に面した小室と大差ないものと思われる。東大寺三面僧房では前面庇を吹放して回廊状とした他は、身舎及び背面庇の扱いは全く等しい。この平面構成は当時における僧の住い方を示すもので、桁行五間からなる邸宅であった法隆寺伝法堂前身建物が、前面二間の開放部分と後方三間の閉鎖的部分に分れていた平面構成とよく一致する。それがまた「貞観儀式」によって知られる大嘗宮正殿の「堂と室」との構成に似ていることも明らかであろう。従って、身舎の密閉部分が寝室にあてられたことは容易に想像されるが、前面庇の部分はここが吹放しにされた東大寺や川原寺等の伽藍配置形式から見ると、儀式の際に有効であったと思われるから、単なる昼間の居住部分ではなく、もう少し公式の性格をもった空間であったと考えられる。背面の小室は伝法堂前身建物や大嘗宮正殿には見られないもので僧房平面の特色と思われるが、川原寺僧房では背面庇がないからそれを同じ身舎中で横に配置したものと解される。この小室は主人となる僧が用いたものか、従者で用いたものかの判断がつき難いが、連子窓をもった元興寺の場合は僧の勉学修業の場と考えるのが最も常識的であろう。

僧房の内部は元興寺では板敷とされていたが、法隆寺東室、東大寺三面僧房、川原寺僧房等はいずれも土間であったと思われる。

後者についてはあるいは全くの土間ではなく、転ばし根太程度の低い床が部分的に設けられた可能性もあるが、元興寺僧房の床高が約二・五尺であることに比べれば、全体を土間と考えてよい。この外にも板敷であったか否かを「資財帳」等の記載から知り得るものがあり、例えば西大寺では板敷と記されたものと、そうでないものとがあるのは、土間の僧房もあったことを示すのであろうか。しかし東大寺僧房でも内部の造作は一房毎に適宜行われたらしく、広隆寺では貞観十五年の「資財帳」に「毎房敷歩板」とあるのに、「仁和三年帳」には「歩板在玄葉法師房、余房下敷之」とある等の点からすると、低い板敷等は各房毎に居住者の便宜によって造られたものであろう。元興寺のように高い床を持った場合には、入口の戸口や窓等の造作もすべて同一規準で作られなければ困るわけで、その一部に土間の部屋を作ることは出来ない。そうとすれば板敷と土間とが混在し得ることは、床が低く全体としては土間に近いものであったと想像され、西大寺や広隆寺はこれにあてはまると考えられる。高い床を持ったと推定される僧房は元興寺以外に興福寺、観世音寺（床高二尺）[4]等であるから、全体としては土間または低い床の僧房の方が多かったのではなかろうか。但し法隆寺や東大寺のように土間である場合には、椅子・寝台式の生活が営まれたと考えざるを得ないが、元興寺のは板敷であったことから座式の生活が営まれたと速断することは謹まねばならない。というのは元興寺僧房背面の窓は、窓台の位置が床上端から窓台上端まで三・一五尺もあってかなり高いからで、これを中世に入って再建された禅室の窓台の著しく低く（南面では床上すぐに窓。北面では窓台上端まで一・七尺）、座居に適しているのと異なるからである。因みに同時代の住宅である藤原豊成殿では、窓台の高さは床上二・三尺と推定され、また仏殿ではあるが伝法堂の窓は高さ二・二尺である。正倉院に椅子や寝台の蔵されていることからしても、本格的な大陸風を取入れた寺院建築では、土間の生活が営まれたとして不思議はなく、貴族の住宅もまた椅子式の生活であったと考えられる。これ等に比較すると、中世の僧房はいずれも窓が低く、法隆寺西室は床のすぐ上に窓框を置き、唐招提寺東室は窓台の高さは一尺、その上に窓框をのせるから框上面までをとっても一・二五尺位で、禅室とほぼ同じ状態なのである。

次に僧房の構造については、元興寺と法隆寺ではかなり相違している。元興寺では柱上に平三斗組の斗栱を置き、地円・飛角の棰裏を見せて荘麗に作られ、ほとんど仏殿等と異ならないが、法隆寺東室は柱上に斗栱を用いずゴ平使いの桁を直接にのせ、棰も一軒であった。この種の構造は現存するものとしては神社建築や住宅風の建物に限られているが、もとは寺院建築にも用いられていたことを、この法隆寺の例以外にも唐招提寺や当麻寺で、同様に修理工事を機会として発見された古材の復原的研究によって明らかにされた。寺院の中心となる仏殿院には斗栱を用いた荘麗な建築様式を採用しても、実用的な附属建物がこうした簡明な技法によったことは、建築集団である伽藍の構成からすれば当然のことであるが、それが法隆寺の場合には伽藍中枢部の一郭にあたる僧房にまで及ぼされている点は注目される。しかし内部の構造としては、そうした外観の相違にもかかわらず両者はよく似ており、居住者を寒さから防ぐために身舎に天井を張りつめ、戸口を少くする等、見栄よりも実用面が強調されて僧房特有な必要性が強く出ているのである。その天井板の張り方が元興寺では緩い傾斜を持たせた大和葺式に、法隆寺では中央を張り上げた緩いドーム形式になっていることも相互に類似しており、しかも他の建物に見難い点は大きな特色である。ところで構造としては柱に丸柱だけを用いた法隆寺や東大寺等の場合と、角柱を間柱として併用した元興寺、興福寺等との相違が注意される。法隆寺では身舎に虹梁と陸梁を交互に用い、その上の屋根構造も叉首組と束との相違はあるが、各桁行柱位置全部に一応小屋組を作り屋根を支える。これに対して後者の場合には丸柱を坊境にのみ用い、従ってその間隔はきわめて遠く、屋根構造もこの本柱によって支えられ、角間柱は専ら間仕切用である。(5)これは間口に比べて梁行の深いこの種の僧房では、一房の身舎を大体正方形に近い形にとるため、桁行の柱間隔が狭くなるので、全部丸柱で処理する場合には甚だ重苦しい感じとなり、またその柱によってふさがれる面積も多くなるので、空間の無駄の少い角間柱を間仕切用に用いたものと想像される。実際には細長く続くこの種の僧房では、丸柱のみを並行するよりも変化もつき、房の独立性も強調されて、その意匠上の効果も決して悪くはない。丸柱の間隔が広いだけに当然頭貫や桁も材が太くなるし、全体に木割も豪壮になって、外観も堂々となるのである。しかし同じ三間一房制ではあっても東大寺僧房は総丸柱になり、とくにそれが吹放しとされた前面庇の部分は、歩廊と同じような取扱いであったと思われる。回廊状の前庇は僧房が土間であったために可能となるものであるが、それは逆に総丸柱とすることを必然たらしめる。一房の間取が中央に通路を取り、その両脇に室を並べた形であることも、元興寺の間取より一歩進んだ方式であるが、規模が大きいために可能となったと同時に、土間であるから通路を作りやすいという事情も考えられる。こうした点からすると、東大寺が総丸柱である理由は、規模の大きいこと、床なしの土間であったことの二つが挙げられるが、これを僧房一般についてもあてはまるものとすれば、すでに記したように二間一房と、三間一房とでは、一房の桁行寸法に大差がないのであるから、二間一房では総丸柱であることがむしろ普通で、三間一房でも土間の場合には総丸柱であったと推定される。これに対して角間柱を用いるのは、床を持った三間一房制の僧房のみに限定されるのではなかろうか。なお、僧房の床の有無と基壇の有無とは必ずしも相関連したものではないらしく、興福寺では床があるのに凝灰岩積の基壇が存在した。一方、元興寺では基壇がなく、その代用に縁が必要であったと考えられる。

以上は大房の間取と構造であるが、小子房は奈良時代の残存の例がなく、法隆寺東室小子房は平安時代中期頃の建物と推定される。この小子房の構造は東室とよく似てやはり斗栱を用いないが、内部を床張りとしたのは建立時期が下るためであろう。東室でも創建当初は土間であったが、後に床張りとなる。従って大房の二間一房に対して、この小子房では一房の桁行長さを三間に割り、房境の側柱にのみ丸柱を用いて他は角間柱を用いる点等も、あるいは奈良時代でもそうであったかもしれないが、そのまま規準的なものとするには躊躇されのである。内部の間取は梁間二間を通して使い、桁行一柱間分の細長い通路状の部屋と、二柱間分のほぼ正方形の部屋とに分れ、後者は直接外面には戸口を開かず、通路の室に対してのみ一間の戸口を置いて、きわめて閉鎖的な空間である。そうすればこれは通路と寝室を横に並べた形で、大房の間取がそれを梁行に前後に並べるのと平面構成の基本としては大差はないと思われる。これも前記の床張りや角柱の使用等と同様、どこまで奈良時代の小子房の間取を伝えているのか不明であるが、構造がきわめて古式である点からすると、これをもって奈良朝の小子房を想像しても大きな誤りとはならないであろう。

なお、大房・小子房を通じて、建具には板扉が用いられ、窓は連子窓と考えられる程度で、造作材には特殊なものはなかったらしい。窓には縦連子ばかりでなく横連子も用いられたが、後者は恐らく経蔵という特殊な空間のためであろう。いずれにせよ奈良時代の僧房と中世以降のものとの最も大きな差異の一つは、遣戸の存在の有無で、板扉による開き戸を用いる限り、室をあまり細分化するわけには行かず、大きな空間を共同で使用せざるを得ないのである。

第四節　奈良時代僧房の変化

一　僧房間取の変化

間取の変化はまず身舎の大室が分割されることから始まる。元興寺僧房ではいつの頃か明らかでないが、身舎の棟通りを三分する位置に二本の角柱が立ち、それと房境の壁との間に壁を作って、身舎内部を臼字形に分割した。これは全体としてはまだ一室であるが、事実上は中央一間通りを通路として使い、両脇に三方を壁で囲われた四つのアルコーブが出来たのであり、寝室としては好条件を具えるに至ったものとみられる。それが鎌倉時代に入って禅室に再建されると、各室は完全に独立して中央が通路となり、両脇に二室づつの部屋が出来て、身舎内に四つの小室が独立することとなるのである。この変化は二間一房の法隆寺東室の場合も全く同様で、平安時代末期の保安年間に再建された際には身舎中央に小柱を立て、房境の柱との間を一方を戸口、一方を壁として、身舎内部をE字形に分割し、一間通りを通路とし、その脇に独立した二部屋が生れる。さらに元興寺の場合に中古（平安時代）の間取と禅室（鎌倉時代）間取との相違は、単に室の独立性が強まったというだけではなく、中古では庇の小室と身舎の小室との間は壁とされ、両者は中央の通路を通して連絡されていたのが、禅室ではこの間の壁を遣戸に変え、窓ぎわの庇の室と、奥の身舎の室とを一組にして用いるようになる。法隆寺もこれと同じ変化をたどり、鎌倉時代中頃の寛元二年に改修された際には、庇と身舎の間の壁を除いてやはり引遣戸口とし、縦に二部屋を一組とする間取になる。こうした身舎内部の変化は奈良時代の一房が棟通りで仕切られて、前後に区分される傾向を段階的に示しているもので、元興寺の中古平面や法隆寺の保安平面は中間的な間取であり、禅室や寛元平面に至って明確になるのである。法隆寺の身舎中央の小丸柱が角柱に変るのも、棟下通り間仕切が強化されたことと関連する。身舎内部のこうした変化に対応して、庇の取扱いも従って全く前後対称的となり、背面の戸口と窓、あるいは壁という造作配置を正面の外囲いにも用い、また前面の庇も小室に分割されて独立した室を形成する。すなわち中世僧房間取の特色は何よりもまず単位となる一房が、元来の半分にしかあたらないということであり、次にはそれが小さな独立室に分けられて、共同生活の場ではなくなってしまったことである。また法隆寺東室の場合のように土間から床敷となり、生活が坐式となったことも小部屋を必要とする原因である。但し元興寺禅室で、背面庇の独立室では鴨居の上を開放とせず、壁で区切られるのを普通とするのに対し、前面庇の場合はこの鴨居上が開放となるものがある点等は、時に建具を取外して庇全体を通した広い部屋として用いる場合があったことを想像させるが、これは奈良時代の前面庇の面影を残しているのであろう。また禅室では正面と背面の戸口や窓の方式を異にしている点も、それを全く等しくした法隆寺西室や唐招提寺東室と比較して、幾分でも前代の名残をとどめているものと思われる。このように奈良時代の僧房が、中世再建にあたって突然その間取を改めたのではなく、平安時代の長い間に実生活に即して徐々に改まったものが、この期に及んで徹底したのであった。なお、すでにふれたようにこうした変更を可能にした大きな原因の一つとして遣戸が普及したことを忘れてはならない。

以上の生活様式と間取の変化に対応して構造面での変化は、内部全体に低い天井を張るようになることと、窓の高さが低くなることがまず挙げられよう。と同時に内部の柱が角柱に変化して行くことも、引遣戸口の使用や天井によって上方の構造部分が隠されてしまうことと関連したもので、それはまた一般住宅史における寝殿造から書院造へ変化する要因ともなるものである。法隆寺西室や唐招提寺東室では側柱に丸柱を用いて外観を整えるが、内部はすべて角柱にし、法隆寺東室の場合も中世以降修理の手が加わる毎に内部の柱は角柱に取替えられ、または角柱らしく見せようとして旧丸柱の面を削り落している。また内部全面に張られた天井は、その上部の小屋構造にも影響を及ぼす。というのは奈良時代の僧房は元興寺では房境通りだけに小屋組を置き、法隆寺でも房境の叉首組が主体で、房の中央の束組は補助であるというように、房境と中央の柱列とでは小屋組の構造が全く異なっていたのであるが、法隆寺西室や唐招提寺東室では桁行各柱通りが全部同じ構造となって、特に房境を強めることはない。全面的に張られる天井によって意匠と構造の分離が生ずることは日本建築の一般的な傾向であるが、それが僧房にもあてはまるわけである。

二　僧房の退化

僧房の間取の変化は、単に生活様式が変ったというだけではなく、その裏には宗団内部における僧房自体の機能の低下という問題がある。平安時代の中期以降になると、古代的な寺院の中にも子院を設けることが盛に行なわれるが、子院の増加に反比例して伽藍建築としての長大な僧房中に居住する僧の階層的な面での下降が起り、おそらく居住人員も子院に放出されて減少した。この二つはまた奈良時代のように大きな一房分の広さを必要としない結果をもたらし、すでに元興寺や法隆寺の僧房で見たように、内部の細分化という方向に進むのであるが、この傾向はまた別に僧房を住居としてではなく、仏堂風に用いる風潮を生じた。これは平安末期に勃興した大衆信仰が古代寺院の中に流入する際の一形態として現われるもので、寺内に他の適当な建物がない場合には僧房の一部を転用するのが、むしろ通例であった。僧房にはもともとそうした転用の可能性が多分に含まれていることは唐招提寺開山堂や、元興寺僧房について指摘したとおりである。

元興寺東室南階大房の東半が平安時代の末に堂に改造されたことは詳細に取扱ったが、これが更に再建されて独立したのが現本堂である。その内陣を僧房身舎の一房分に象り、各面に間柱を入れ、天井まで板天井にしていることは旧堂の名残を忠実にとどめたものである。本堂がめずらしく東正面にされているのは旧堂に倣ったものであり、その正面を六間という偶数間とするのも、この内陣の大きさに制約されたためであることもすでに注意しておいた。このように僧房の一部を堂に改める傾向は平安末から鎌倉時代にかけての一つの流行であった。法隆寺東室では保安再建に際して、その南三房分を堂にして前面に広庇をつけ、聖徳太子の像を安置した。その後弘安七年に至って再び新造したのが現聖霊院である。同寺西室も寛喜三年再建に当って南端の二房を堂に改めて三経院とし、聖徳太子が義疏を著された三経を講ずる所としたのである。唐招提寺東室の南半を仏堂にしたのはおそらく建仁年中の改造によって始まり、弘安六年に修造された際には南方八間に及ぶ現在の礼堂が成立したのであった。寺観をととのえ古宗復古の精神に乗って再興された僧房建築が、このような堂に一部を転用するようになるのは、当時の一般的要請であったのであろう。さらに時代が下ると子院の発達で居住者が減少するなかで、会所や講師坊など一時的に使用される施設に変化するのも一つの活用手段であった。

それにしても興福寺では享保二年（一七一七）に講堂から出火して伽藍中枢部が焼失した時には三面僧房も完備しており、それまで六回にわたる火災の都度復興されてきたのであった。住居としての機能が退化しても古代伽藍の構成要素として僧房建築がいかに重要視されてきたかが窺えよう。

註

（1）薬師寺の食堂が講堂の北にあったことは『長和縁起』『七大寺日記』等によって明らかである。四天王寺も古図に食堂を北に配している。

（2）同寺講堂が真言寺院としては金堂の性格をもった仏殿であることは足立康博士も指摘されたところで（「東寺講堂とその真言仏像」「建築史」二ー二、『日本彫刻史の研究』昭和十九年所収）、その他にも空海の住房として別に西院が営まれるといった特殊な事情を考慮する必要がある。

（3）復原された元興寺東室南階大房中の経蔵は、おそらく『正倉院文書』中にある一切経蔵にあたるのであろう。

律論疏集伝等本収納并返送帳　天平十五年五月
　八月十五日　納律論集伝、章等合一三六巻　帙一二枚
　右置元興寺北宅一切経内　受酒主　細名注別紙

（4）「同資財帳」、大房の箇所に柱高さ一四尺、壁の高さ一二尺とあるから、床高二尺と推定される。

（5）この構造方式は現存しているものでは他に法隆寺夢殿のような八角円堂に見られるのみである。

（後注）その後の発掘調査（一九七六～七年）で観世音寺僧房は講堂の背後に位置する東西に長い建物で梁間四間（八・九・九・八計三四尺）、桁行は中央三間を柱間のやや広い食堂（推定）に宛て（一五・一六・一五）、両脇には三間一房（一〇・一〇・一〇）の単位房を各五房づつ並べて総計では三三間（三四六尺）となることが判明した。延喜五年（九〇五）の「観世音寺資財帳」には大房三三間、長三四丈二尺、広三丈五尺五寸とあり、ほぼ一致する。また薬師寺僧房は本項ではその配置を元興寺に倣って考えたが、これも発掘によって食堂の東西に接して北室が建ち、両端で南へ折れて東西僧房が接続する形式であることが判った（「古代の僧房とその発展」の中に復原図を示した。三八九頁）。これはいわば食堂を中心に抱えた三面僧房ともいうべきものであろう。なお薬師寺西僧房では束石の配置から土間の内部に板敷床を設けていたことが判明し、その復原平面図を本書三七三頁に掲げた。また薬師寺では大房と小子房間の中庭に設けた中屋の土間面に火を取扱った痕があり、カマドを据えたものと思われた。中屋の機能を示すものとして注目される。

南都古寺の僧房建築

元興寺極楽坊本堂（国宝）

桁行六間　梁行六間　寄棟造　妻入　正面一間通り庇付　本瓦葺

極楽坊は元興寺東室南階大房の後身に当る。元来は東西に細長い僧房のうち智光住室と伝える一房のみを極楽房と呼んでいたが『七大寺日記』、智光曼荼羅の著名化と共に念仏道場として発展し、[1]建久八年（一一九七）頃には一二房あった大房のうち八房が残り、途中に馬道をとって東三房を曼荼羅堂、西四房を影向堂（禅室）としていた。[2]本堂はこの曼荼羅堂をその後寛元二年（一二四四）に改築再建したもので、[3]禅室との間の隙間が旧馬道に当り、本堂地下に三房分の礎石跡が発掘されている。[4]再建後、嘉慶二年（一三八八）に須弥壇を造替し、[5]応仁二年（一四六八）から文明六年（一四七四）の修理では、建具や間仕切を変更して平面を一般の密教本堂風に模様替えした。[6]近世にも建具等は改変され、堂内荘厳の板絵類も何時しか撤去されるなど、小修理はたびたびあり、[7]明治以後の荒廃は殊に甚だしかったが、建物は庇部分を除くと根本的な修理改造はなく、軒廻りや屋根下地まで当初の材がよく保存されていた。昭和二十六―三十年に解体修理が行われ、今日では建具や平面もほぼ建立当初の姿に復旧されている。

堂は桁行六間・梁行六間・寄棟造で東妻を正面とし、そこにごく狭い一間通りの吹放しの庇をつける。正・側面とも中央二間を各一一・〇一五尺、両端の間は八・一八尺とし、その中間を桁行は一〇・〇六尺、梁行は九・〇七尺にとって桁行方向が計二尺弱長い。中央二間は、古材を用いて旧僧房の母屋に当る方二二・五尺（天平尺）をそのまま踏襲した内陣を、側柱筋では二等分しているもので、正・側面とも六間という偶数の珍しい柱間もそのためである。ただし次の間や両端の間の柱間寸法が何を規準に定められたのか明らかでない。柱間装置も風変りで、東正面は六間とも菱欄間と格子戸で密教本堂の内・外陣境のような内向きの構えとするのに対して、南北両側面は東寄りの中央三間を両開き桟唐戸で広く明け放ち一見この方が正面にみえる。この三間の両脇の間は潜り戸状の低い片開き戸で、このように外部に片開き戸を用いるのも珍しい。禅室に接する背面は中央二間を両開き桟唐戸にするほかは土壁で

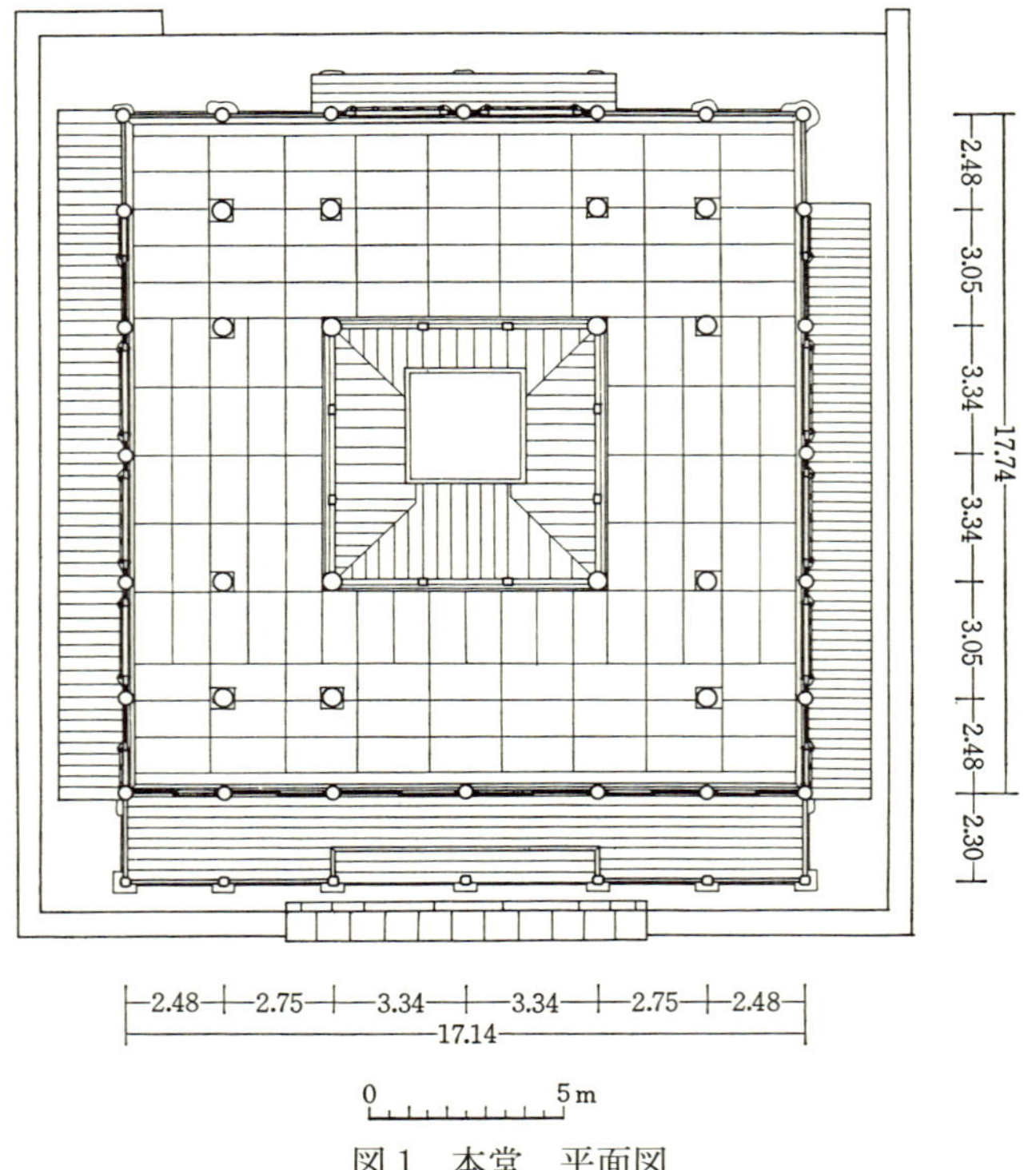

図1　本堂　平面図

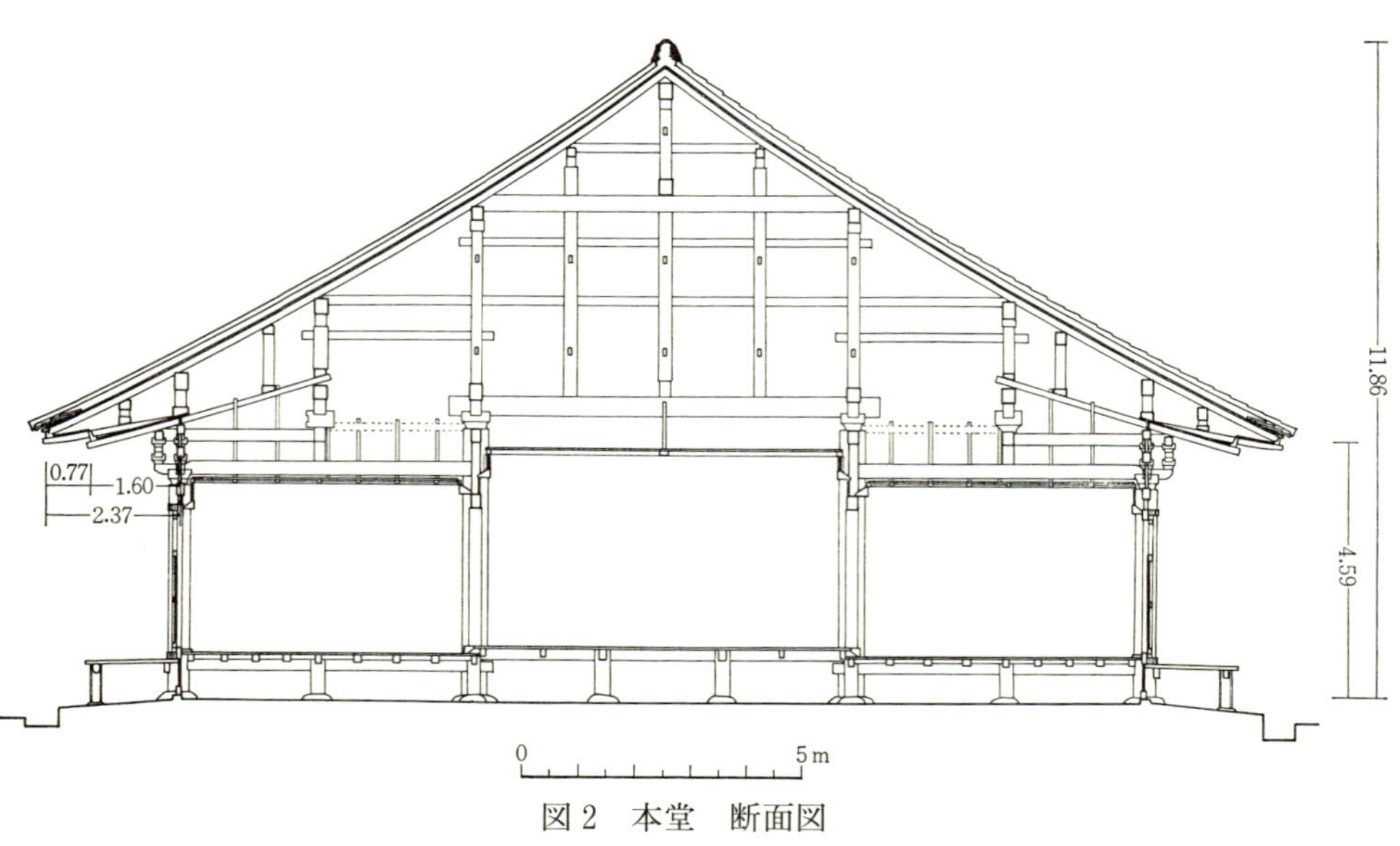

図2　本堂　断面図

閉じる。正面庇は内部と同高の板敷とし、両側面は一段低い切目縁を柱筋一杯に納めて正・背面へは縁を廻らせない。背面は戸口前に直接階段を置いている。

基壇はなく、自然石の礎石に円柱を用い、足固貫・内法貫・頭貫を通す。正面を除く三方の足固貫は化粧となって同高で廻り、戸口下の蹴放を兼ねる。頭貫には大仏様繰形の木鼻がつく。組物は出組で柱筋に繰形付実肘木を用い、中備は間斗束で通肘木を支えた上に丈の低い板蟇股をおいている。軒は角垂木二軒、支割寸法は各間ごとに異なって一定しない。内部は組物を隠して一面に小組格天井を張り、方一間の内陣は一段床を高め、天井も高く鏡天井とする。内陣周囲は四面とも吹放し、拭板敷の堂内には間仕切が全くない。前面の庇は面取り角柱で大斗肘木の簡素な組物を用い、軒は打越垂木だけの一軒とする。両脇の縋破風を主屋の軒隅より飛檐軒の出だけ内方へ寄せるなど、全体的に庇は軽く扱われ、主屋に対して向拝の役割を果している。

この堂は常行堂と類似の同心円状の平面をもち、現在は阿弥陀仏を本尊とする。そのため寛元再建時から阿弥陀堂として造られたとする説もあるが、現本尊は後世の移入らしく、中世には常に曼荼羅堂と呼ばれてきた。前身堂では僧房の中央大室（母屋）を内陣にみたてて念仏の講中が繞堂し、そのさまは常行堂と全く同じであったと推測される。現本堂はそれを拡大整備したもので、その際にはやはり常行堂が手本とされたのであろう。しかし桁行を少し長くして棟方向を僧房と揃え、内部入側柱のうち東面北より第三柱は初めから省略してあるなど前身堂の姿を多く採り入れ、一間四面堂系の厳格さはない。そうした前身堂の面影を最もよく残すのは内陣である。

内陣は方一間で四面を各三等分して矩形の角柱を立てる。これは三間一房制の旧僧房の構造の踏襲で、一房（桁行二二・五天平尺）は房境を円柱とし、側柱・入側柱筋とも角柱で三等分していた。母屋（梁行二二・五天平尺）は房境の間仕切用に梁行も三等分して角柱を立て、前後の庇との間も壁と扉で仕切った広い一室であった。現内陣はその母屋部分をそのまま再現したもので、角柱はすべて前身堂の古材を再用している。天井も旧僧房の古材を用いた鏡天井で、僧房では中央をやや高めてゆるい切妻型であったのを平らに改め、周囲に天井長押や蟻壁を設けて外陣の小組格天井と調和させたに過ぎない。内陣は現在全く間仕切がないが、当初は周囲を囲われていたらしい。痕跡からみると東南北の三方は鴨居を入れて下方は格子戸引違、上方は欄間と推定され、背面にあたる西側は三間とも壁か或いは中の間のみ戸口で両脇は壁であった。解体修理の際、天井裏から発見された多数の板絵はこうした欄間や壁に装着してあったのであろう。床板を対角線で区切って四方木口に張るのも、そうした荘厳と対応させたものと思われる。しかし本尊となった智光曼荼羅がどのような形で祀られていたのかは不明で、内陣荘厳の亡失が当時の庶民信仰の実態を分り難くさせ、ひいては本堂自体の性格をあいまいにしている。

この本堂でもう一つ問題があるのは正面の庇である。既述のようにここも現在は吹放しであるが、これは文明六年の修理時に東正面を桟唐戸と連子窓に改めたのに伴って周囲を廻縁に改造し、庇もその一部の広縁となった形を踏襲しているもので、その際庇柱が全部取替えられたため、昭和修理では柱の太さや床高など資料の明確な個所だけ復原した。しかし主屋の隅柱には前方へ向う間仕切痕跡があり、また主屋正面の柱間装置が堂内の間仕切のような形式であることからも、庇には当初何らかの囲いがあったと推定される。隅柱の痕跡が上方にはないので、京都三十三間堂前面の向拝のように側面だけ妻戸としたかもしれず、床高を主屋と等しくすることと併せて初期の向拝の用途や形態を考える上に重要な遺構であるが、残念ながら細部がわからない。

こうした柱間装置のいくつかの不明の点を除くと、この堂は鎌倉中期の典型的な構造・技法をよく伝えている。貫や木鼻、桟唐戸などに大仏様の細部が入った新和様で、足固貫を化粧にして蹴放と兼用させる点や、繰形付実肘木を用いるのは東大寺念仏堂（嘉禎三年〔一二三七〕）と類似する。頭貫の上バを柱頂より上方へ出し、大斗は下面を欠き取って頭貫をまたぐ形で据えられる。これは大仏様でも初期の遺構に限ってみられ、念仏堂よりむしろ大仏様の要素は濃い。横幅が短く丈の高い素朴な形の蟇座も初期のものに近い。禅室はより濃厚に大仏様の技法を採り入れているので、同系の工匠によるのであろう。東大寺では重源の没後大仏様の新技法を支えた工人たちを寺外へ放出する動きがみられるが、そうした一派の作風と思われる。組物の壁付通肘木上、側桁との間の狭い空間を、中備の板蟇股と柱上の実肘木の繰形とを斜め上下に向い合せて飾るのは技巧的で、大仏様系新和様の装飾として抜群の意匠である。この種の板蟇股は福井明通寺本堂（正嘉二年〔一二五八〕）や香川本山寺本堂（正安二年〔一三〇〇〕）にみられるが、当本堂のものが最も古い。

内部は方一間の内陣を除く周囲全面を一連の小組格天井とする。同様な構成は三間堂では兵庫鶴林寺太子堂や大分富貴寺大堂など平安末期に例が現われ、低平な室内は周囲を化粧屋根裏とする古代的な造型と比べると住宅風となって、落着いたこまやかな雰囲気がいかにも和様的であるが、五間堂以上ではこの堂がやはり最も古い。当本堂は他の密教本堂のように外陣・脇陣・後陣などに区分されず、周囲が一連の空間となる点に庶民的念仏道場の特色をもつ。しかし組物等を比較的簡素な形にしながら装飾性を十分にもたせる外部意匠や、従来より一歩踏み出した斬新な室内構成などは、鎌倉中期以後大発展をとげる中世密教本堂建築の最先端を行くものといえよう。

なおこの堂には僧房以来の古材が屋根裏に多数転用されているが、瓦にも天平時代もしくはさらに以前の飛鳥寺から移したものの再用がかなりみられ、軒先瓦は天平時代と鎌倉時代の二種類を混用し、また平葺では行基式の丸瓦が多く用いられている。軸部が殊に木太いのも前身建物の伝統を継ぐもので、この堂は古代の伝統と中世の新技法の調和の中から生れた南都新和様の代表的な遺構なのである。

内陣の須弥壇は既述のように嘉慶二年の造替で、上下を対称に繰形付框座で飾り、その間を四面とも三区に分けて格狭間を入れる。正高欄は地覆と平桁だけで四方中央をあけて両脇は蕨手とする。格狭間の形は秀れ、束を吹寄せにした高欄も簡素でしゃれている。正方形であり、かつ四方正面の構えをもつのが特色で、同じく正方形の内陣とよく対応するが、現在その上にのる厨子が本来のものかどうか疑わしいので、もと須弥壇上がどのようになっていたのか不明である。厨子は大形の一間春日厨子で三方を扉とし、背面には戸袋状の張出しを設けて中に板絵曼荼羅を嵌め込む。基台部などに古材を含むが、後世の補修が甚だしく、現状は江戸初期頃の形態と思われる。『極楽坊記』によると永正十二年（一五一五）頃には内陣中央に石浮図を祀っていたので[8]、厨子は不用の筈であり、或いは基壇状の形でその上に石塔をのせていたのかもしれない。なお本堂北側の縁は西端一間分が一段低く張られ、ここに閼伽棚が据えられている。縁は痕跡によって復原されたもので、高さの変更は特殊な用途を示唆するが、現在の閼伽棚がここにあった証拠はなく、近年は解体して別途収納してあったのを昭和修理の際、便宜的にこの位置を選んで再建した。閼伽棚は形式・技法からみて南北朝頃のものであろう。

註

（1）『後拾遺往生伝』に一上人が極楽房の百日念仏講に連なり、その功徳で保安元年（一一二〇）に往生をとげた話がある。また現本堂内陣東面の角柱に百日念仏講に対する田地等の寄進文が陰刻されているが、その年紀は嘉応三年（一一七一）が最も古く、以下建仁元年

（一二〇一）二通、承元三年（一二〇九）、建暦元年（一二一一）、貞応元年（一二二二）、天福元年（一二三三）各一通の計七通がある。これらによって極楽房の百日念仏講が十二世紀初め頃より行われ、次第に盛大化したことがうかがえる。

（2）禅室と本堂に再用されていた旧僧房の古材および地下調査の結果による（浅野清・鈴木嘉吉「奈良時代僧房の研究」〔『奈良国立文化財研究所学報』四〕昭和三十二年）。なお旧僧房から曼荼羅堂への改造には貫が用いられ、その内法貫の一本に建久八年六月九日付の百日念仏講の勤行日課表の墨書がある（この貫は現本堂小屋裏に転用されていた）。また『讃仏乗抄』第八に建久八年の元興寺極楽房願文（念仏結衆同心合力）があり、建久八年には事新しく百日念仏講の定めが設けられたことが分る。これは恐らく仏堂への改造が完成したことを記念したものであろう。

（3）「棟札」

記録　元興寺極楽坊造営事寛元二年甲辰 四月拾五日乙酉柱立 六月二日辛未棟上

（右の下に続く）

大勧進主　□□□蓮　□憲　西念　証寂　□権律師西安　□□□□真寛　□□□藤井行成　[　]已上　□往生講衆一百余人　□結縁衆二百余人

（4）奈良県教育委員会文化財保存課『元興寺極楽坊本堂・禅室及び東門修理工事報告書』昭和三十二年。

（5）「須弥壇羽目板裏面墨書」（西面）

当堂仏壇造替事嘉慶二年戊辰卯月十一日始之／勧進申□□并番匠等所□□□□併薦尸骨於此壇内／期開生□□然往□者□件／当住持南山宗沙門重然／当知事小□□永□

（6）『大乗院寺社雑事記』応仁二年十月十八日条

一、行向極楽坊畢。修理之趣一見了。近比見事也。興隆之当住也。

「連子框墨書」（元来東正面両端の間用に作られたが、のち北面に転用）

文明六年甲午潤五月九日造立　住持比丘順円

（7）安政六年（一八五九）に曼荼羅堂以下境内の諸建物の屋根修理を行ったことが寺蔵の修理届書で分るほかは記録に欠ける。

（8）『極楽坊記』

元興寺極楽坊本堂（国宝）

堂の縦横六間也。中央方一間四面。各図安養。中心有石浮図矣。

元興寺極楽坊禅室（国宝）

桁行四間　梁行四間　切妻造　本瓦葺

禅室は旧僧房の四房分を鎌倉時代にそのまま改築したもので、柱位置や規模はもとと等しく、円柱の間を角柱で三等分して扉と左右の連子窓で一組を構成する三間一房の形式も天平以来の制を踏襲している。ただし外部からみえる部材は柱の一部を除くとすべてその時新材に取替えられており、組物や軒・妻飾などもすっかり当時の技法に改められているので、建物は鎌倉時代の再建といわざるを得ない。「本堂」の項で記すように建久八年（一一九七）頃には旧元興寺東室南階大房は一二房のうち八房分が残り、東三房は堂に改造されていた。馬道を挟んで西四房は従来通り僧房であったが、東三房の改造後間もなく改築されたのが禅室である。その年次を確かめる史料はないが、軒先の鼻隠板まで備える現建物の濃厚な大仏様技法は、重源没後急速に姿を消す点からみて、十三世紀初頭を下らないと思われる。或いは東三房の改造と禅室の改築とが建久八年に同時に行われたとも考えられるが、一方の仏堂が貫を補強した程度の姑息的な改修なので、禅室の全面的な改築は一時期遅れるとみるのが妥当であろう。

いずれにせよ禅室改築時には現本堂の位置には軸組や構造は旧僧房のままの前身堂が建っており、禅室はそれと柱高、軒先の線、棟高等をほぼ揃えて再建されたものとみられる。再建後の沿革についても不明であるが、一般的に奈良の大寺の僧房は室町時代に入ると住居としての性格を失って急速に乱れるので、ここでも当初整然と区切られていた内部間仕切は次第に撤去されたらしい。近世ではさらに北面東端に唐破風付玄関を設け、[1]広間や床の間付の座敷に間取りを改め、側廻りはすべて明障子に改修している。この間に間柱の角柱は半数近く抜き去られ、また西端房の北庇部分は欠損する状態となった。[2]明治以後は小学校や裁縫学校に使われたのち放置されたため廃屋に近い惨状を呈していたが、昭和十八—二十五年に解体修理が行われ、ほぼ鎌倉再建当初の旧形に復原された。[3]ただ内部は使用上の便宜もあって僧房の小部屋への復原を北面西端の一房だけに限り、東方三房分は間仕切のない広間となっている。

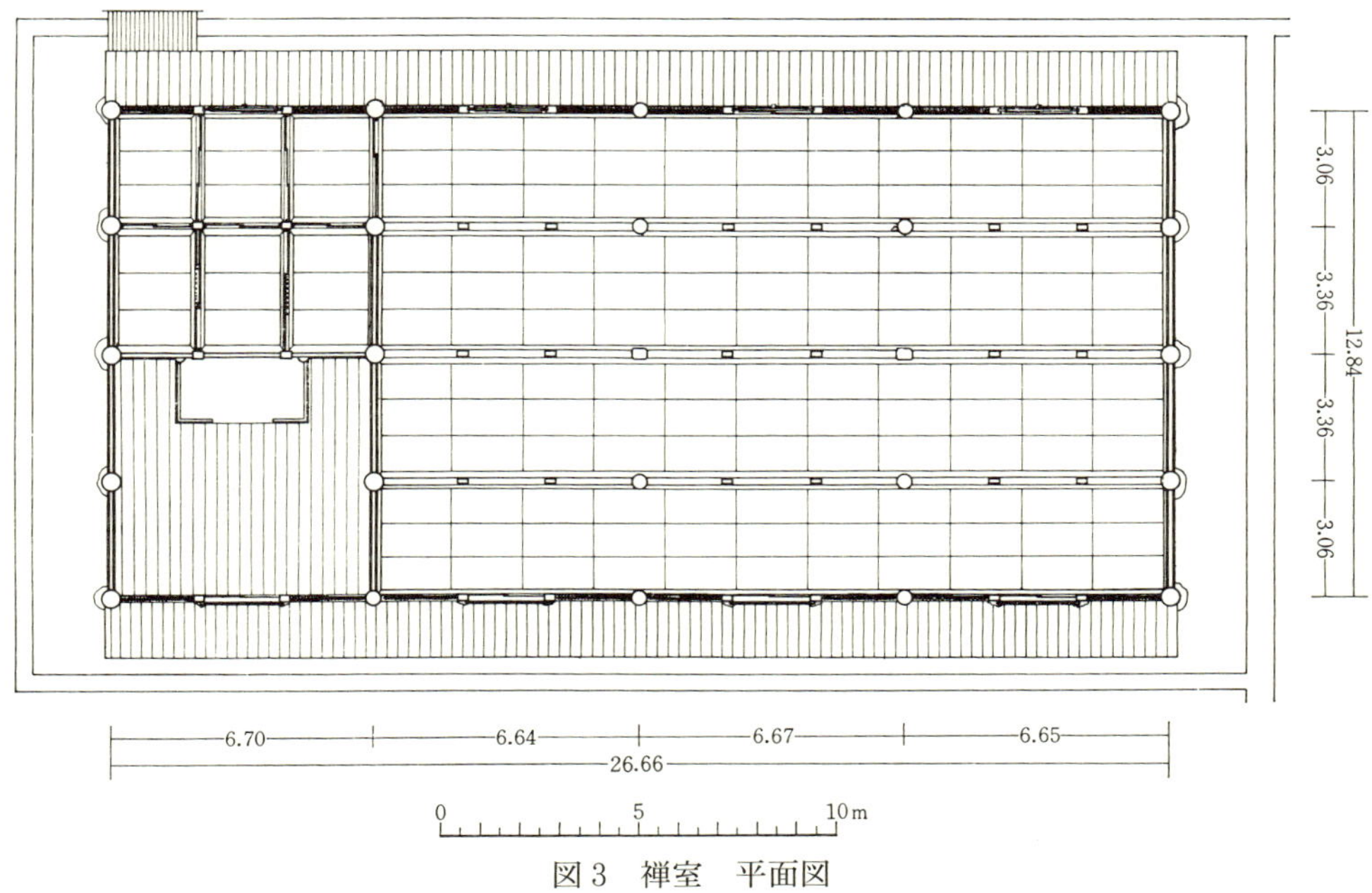

図３　禅室　平面図

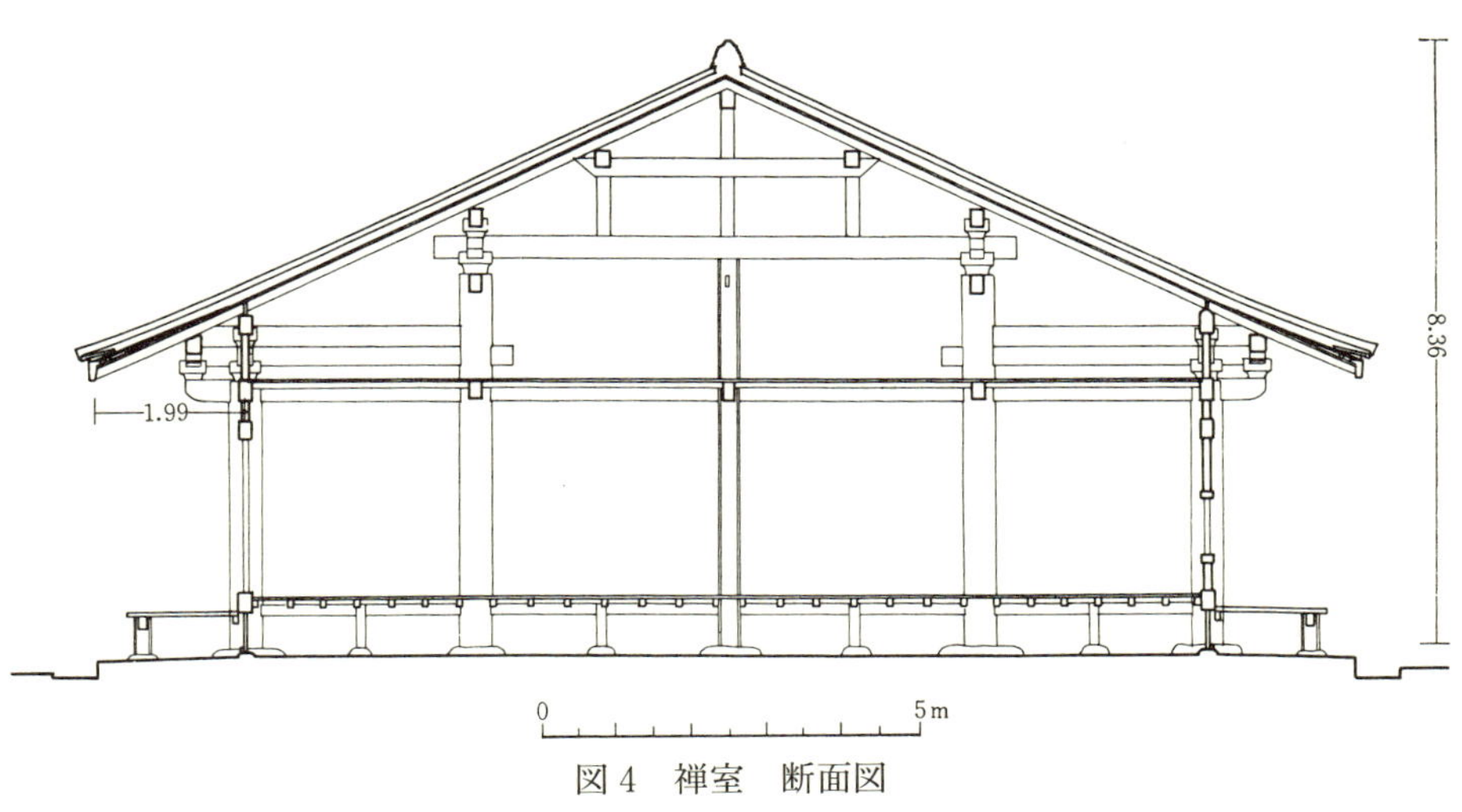

図４　禅室　断面図

建物の規模は桁行四間・梁行四間と表示されるが、この場合の桁行一間は円柱ごとの間隔で平均約二一・〇尺（二一・五天平尺）と広く、それが一房分の間口に当る。梁行は中央二間各一一・一尺、両脇の間一〇・一尺で、これは換算すると母屋が二二・五、庇が一〇・二五の総計四三天平尺となる。桁行・梁行ともに旧僧房の柱間寸法をそのまま踏襲しているが、細長い建物のため天平創建時から各間ごとにむらが多く、現禅室はそれを調整したために梁行方向では多少寸法の延びがみられる。東西に長い切妻造で床板を張り前後に縁を設ける。各房ごとに角間柱で間口を三等分し、中の間を扉、両脇の間を連子窓とする。ただし正面と背面では扉や窓の形や大きさが異なり、正面は角間柱をそのまま方立として上下の貫に藁座で大きな桟唐戸を釣込み、窓も床上から内法貫までの高い連子とするのに対して、背面は間柱や貫が枠組となって板扉をその中に嵌め込むやや小さな戸口が造られ、窓は上下を壁にした低いものにしている。これは禅室が本来棟通りで前後に仕切られ、同じ一房でも南向きと北向きの二種に分れていたためで、南向きは開放的、北向きは閉鎖的な外構えにして採光や防寒に心を配っているのである。両妻は全部土壁で、元来は各房境も梁行方向に同様な厚い壁で仕切られ、桁行方向は完全に四つの区画に分割されていた。

基壇をもたずに円柱を自然石の礎石上に立て、軸部は足固貫・内法貫・頭貫で固める。足固貫と頭貫は妻通りの四間にも同高で廻らし、前者は床板を側面に嵌め込んで外部では戸口下の蹴放や連子の窓台に利用され、後者は天井受けになっている。正・背面側柱通りの角間柱は足固貫と内法貫の間に立って下方は床束で支えられ、上方の内法貫と頭貫間にも短い束を挿入している。組物は平三斗と挿肘木を併用した特殊な出組で、頭貫と組合う梁行の天井桁を前方へ延出させて斗と実肘木で出桁を受け、柱筋には三斗を置いて本桁を据える。円柱の通りでは母屋との繋梁を大斗上に渡し、その先端を延ばして出桁下の実肘木と組合せるが、角間柱の個所では頭貫上を間斗束とするので腕木だけで軒を受ける簡潔な構造となっている。軒は直線の角垂木による一軒で鼻隠板を打つ。妻飾は二重虹梁蟇股で、構造の基本は変らないのに、東妻と西妻では板蟇股や虹梁の形が少しずつ異なる。(4) 頭貫の木鼻や出桁下の実肘木には大仏様独特の繰形を施し、東妻では珍しく二重目の虹梁鼻にも繰形をつけている。破風下で側桁・入側桁・棟木の各先端を隠す猪目懸魚を飾るほかに、母屋の二重梁上の桁隠として兎毛通（うのけどうし）状のものを用いるのも他に類のない手法である。屋根は本瓦葺で降棟をつけないのは古式であり、また本堂と同様に前身僧房以来の古瓦を多量に用いて、丸瓦の一部は行基葺にされている。平瓦を裏伏せに並べただけで切妻端の葺きじまいを処理する形式も簡素で古めかしいが、これも他に例がない。

元興寺極楽坊禅室（国宝）

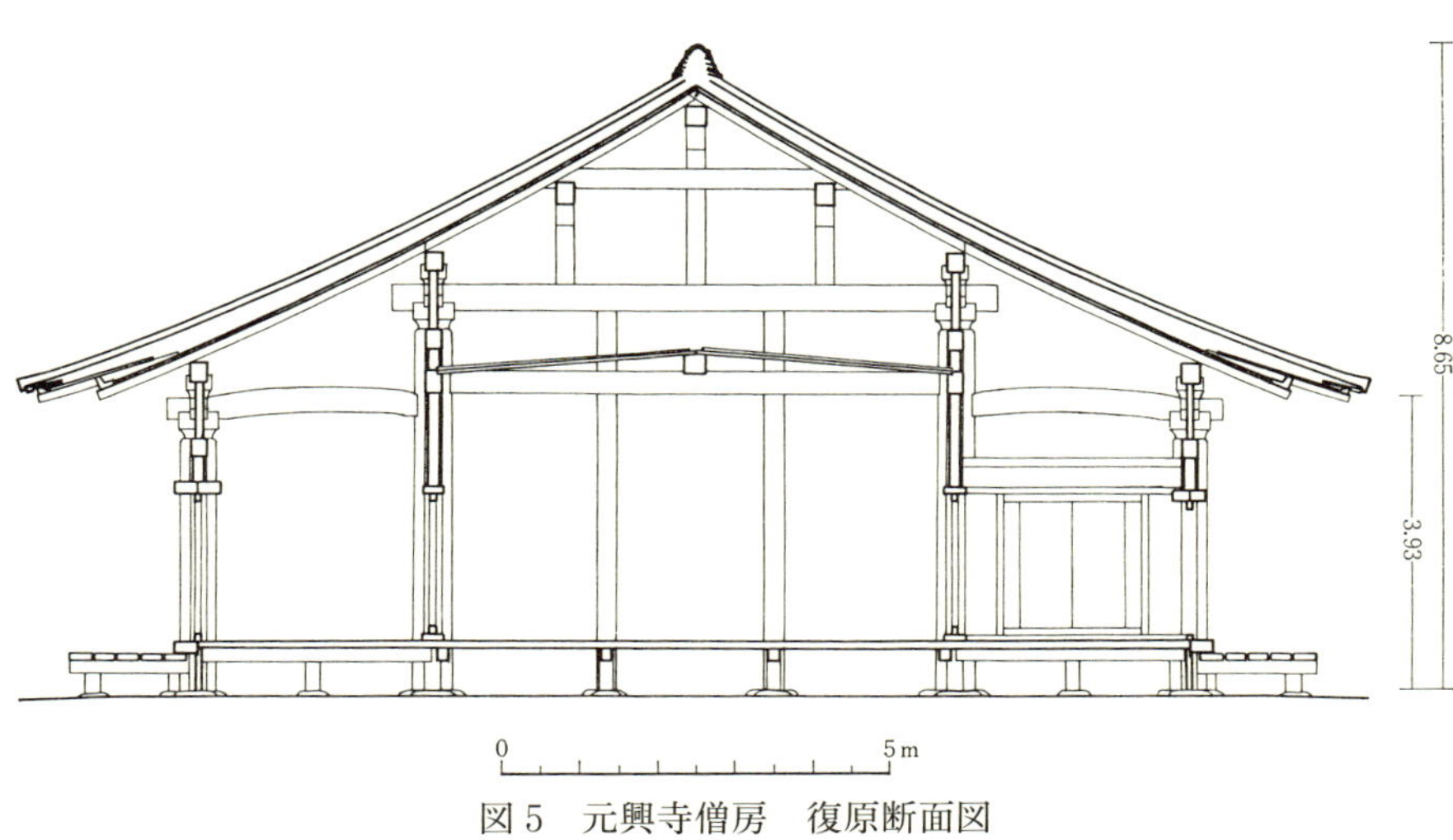

図５　元興寺僧房　復原断面図

内部は入側柱筋には外と同様に円柱と角間柱を立て並べ、棟下通りは円柱をやや太い角柱に替える。ただ西から第一・二房境だけには妻柱と同様な円柱を用いるが、これは南面西端房が影向堂と呼ばれる広い一室となっているためで、堂内を左右対称の構成にする必要上円柱としたものである。拭板敷で全面に低い板天井を張る。天井は庇では天井桁に区切られた矩形の小間ごとに棹縁を梁行に一本ずつ入れ、母屋はこれに準じて各柱筋とその中間とに棹縁を渡している。棹縁はかなり太く、一種の根太天井といってよい。

影向堂も入側通りの角柱二本が取除かれてやや広い一室となり[5]、正面に置仏壇が据えられているだけで、外観・内部とも他と変らない。なお大広間、復原された小間とも現在は畳を敷き詰めているが、すべて仮設である。また、扉や連子の内側で子持障子を嵌め込むのは、北側の板扉の個所だけが痕跡による復原で、南側には本来はなかった[6]。

復原房の内部は角柱で三行二列の六室に間取りされ、各室とも縦約一〇尺、横は七尺強で三畳大の広さとなる。戸口筋の室を中心として左右に窓筋の室が前後二列に並び、間仕切もほぼ左右対称に作られているが、奥の部屋で中の間と両脇の間の境は片引戸口を高低二種に使いわけている。全体約五・五尺の低い内法で表側の部屋は中の間と両脇の間境を三本引の襖とし、また各列とも前後の部屋境を舞良戸引違にする[7]。窓筋の部屋を前後二室一組にして住居の単位としていたらしく、窓側が昼の居室となり、奥は寝室に宛てられたものと考えられる。戸口筋は共有空間で前方の室は入口ホールの役を果し、奥は納戸であろう。ただしこの納戸は東方の三房では棟通りに低い片引戸口を設けて南面房と北面房の連絡通路にもなっており、単

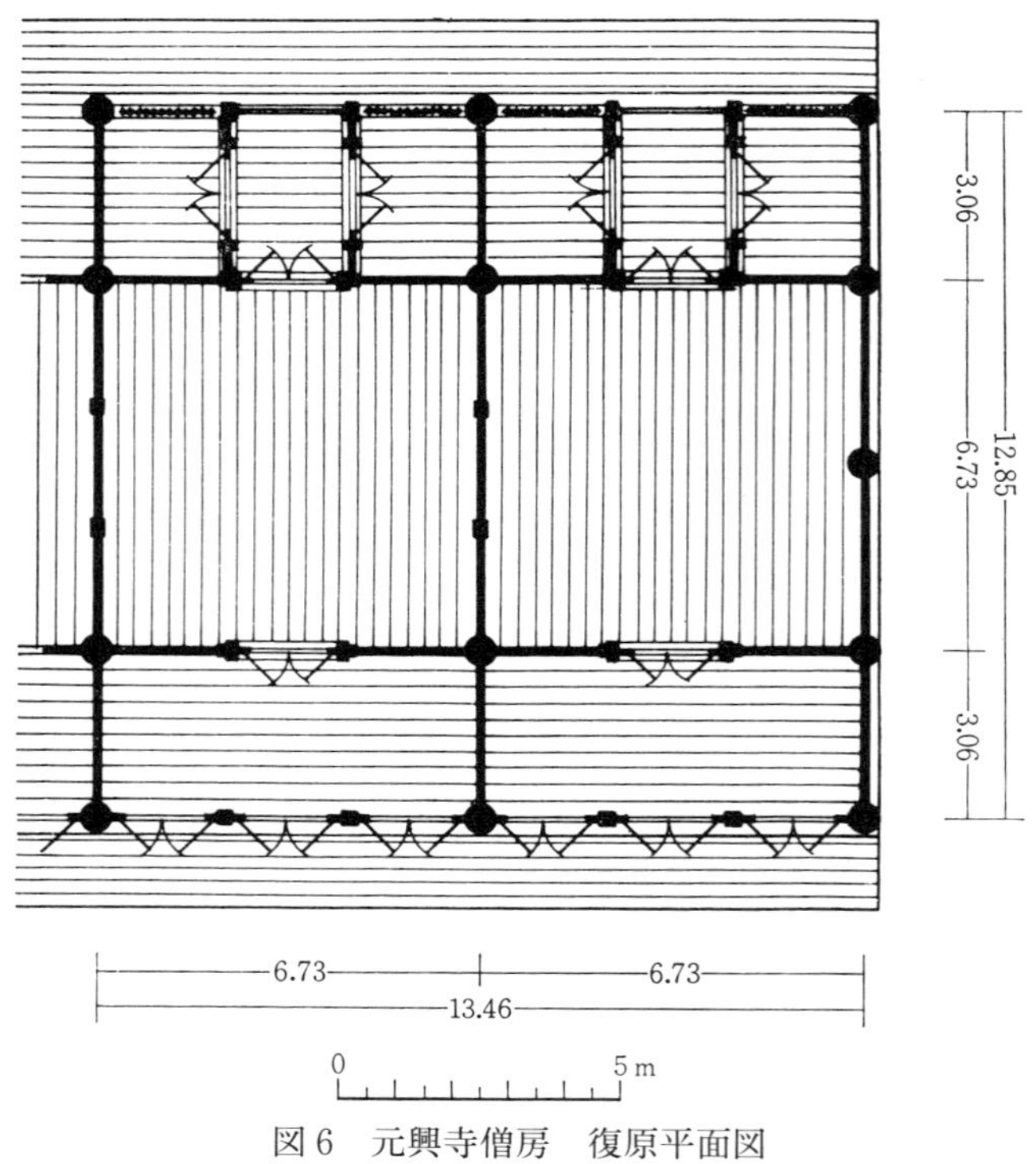

図 6　元興寺僧房　復原平面図

図 7　元興寺僧房　復原模型

純な物置ではない。東方三房分も本来はこれと同様に小部屋に区分され、禅室には南面に三房、北面に四房の計七房の住房があった。

この建物は側柱高や屋根高が天平創建の僧房とほぼ等しい。小屋組等に旧僧房の古材を多量に用いる関係上、柱間寸法は従来と揃える必要があったが、ほとんど新材で作り直した軸組や軒の出まで旧状にならったのは、現在の本堂の位置に元来は一連であった僧房の東半部が残存していて、それとの調和を計ったためで、鎌倉時代としては珍しく野屋根をもたないのも旧僧房の構造をそのまま踏襲したものである。中国建築は伝統的に野屋根を用いず、それを学んだ飛鳥・天平時代の建築も同様であった。しかし平安時代中頃からの改良で日本的な野屋根が生れ、以後はこれが普遍化する。ところが鎌倉時代に再び新しく中国からの建築技法を採り入れた大仏様は野屋根のないことや全体に木太い点など、天平建築と共通するところが多い。そのため天平建築の修理や改造には応用し易く、貫を用いての補強や、木鼻等の装飾的細部の付加が早くから行われた。東大寺転害門の建久六年の修理や、同法華堂礼堂の正治元年（一一九九）の改修はその例である。この禅室もその応用例の一つで、[8]恐らく東大寺系の工匠が隣接する天平建築と調和させながら、従来より強い構造の建物を造り出すために大仏様の技法を採用したのであろう。柱を同長とし三斗組も踏襲して本桁の高さを揃える一方、挿肘木を加えて組物を補強する巧妙な技法は簡単でありながらまことに要領を得ている。軒の出も現在の一軒分が旧地軒に、本桁から出桁までの距離が旧飛檐軒の出にそれぞれ近似し、旧僧房の二軒が一軒に改められても全体の長さは変らない。頭貫を柱上バより高く納める技法や鼻隠板の使用も大仏様の初期的特色で、特に後者は重源在世中の建築か、承元頃（一二〇七—一〇）の東大寺鐘楼にしかなく、鐘楼の軒が多分に和様化して二軒となっているのに比べると、禅室の剛直な技法はより大仏様本来のものに近い。鎌倉時代に再建された僧房は唐招提寺東室や法隆寺西室など他にも例があるが、禅室は当初の間仕切装置も復原されて当時の僧房の住い方がほぼ察せられるだけでなく、大仏様の技法を自由に駆使して和様に新しい息吹きを与えた点で技術面でも高く評価され、南都新和様の成立を考える上に重要な遺構である。

なお転用されていた古材から判明した旧僧房が禅室と異なる主な点を記すと、まず外観では組物は平三斗（中備間斗束）、軒は二軒で、一房は正面を三間とも板扉、背面は両脇の間を連子窓、中の間は開放としていた。これは天平時代の僧房が梁行四間を通して一房としたためで、間取りも母屋と庇で用途や性格が明瞭に区分されている。母屋は前後の各中の間が出入口となるほかは、周囲を全部壁で囲まれた広い一室となっていた。この母屋には高い天井が張られるのに対して前後の庇は化粧屋根裏で、南庇は横長の一室とし、北庇は両脇を小部屋に分ける。閉鎖的な母屋の主室が寝室になり、板扉を明け放つと広縁状となる南庇は昼の居室になった。また北庇の連子窓に面する小部屋は書斎の役割を果したものと思われる。他の例から類推するとこうした一房には五—八人の僧が共同生活をしていた(9)。

ところが時代の下降につれて子院の発達や寺院制度の変化で僧房での共同生活は次第に崩壊し、ついには個室化する。禅室はその典型で、恐らく窓際と奥の二室を一組とした個室が一人分であった。部屋が小さく分けられるのと同時に低い天井が全面に張られ、母屋と庇の区分も薄らぐ。天平時代には北面の小部屋の連子窓もかなり高い位置に設けられて一部には倚子式の生活も行われたかと想像されるが、禅室では窓は丁度坐って机に向うのに適した高さとなっている。個室化と座式生活向きの改良とが古代と中世の僧房の大きな変化なのである。痕跡によると禅室では南面房と北面房では中央奥室両脇の片引戸口の設け方に差があり、ごく低い内法のものは北面房にだけあって南面にはなかったらしい。また前室の中の間と両脇の間の境も南面房では内法上を開放とした部分もあった。南面房のほうが全体的に開放的な性格が濃いのは防寒上当然としても、格式の点でも北面房より高かったと思われる。天平時代の僧房は大房と小子房が一組となり、前者は主人格の僧侶、後者はその弟子や従者たちの住いに宛てられたらしいが、禅室で南と北の房室が連絡しているのは、そうした師弟関係での用途に便宜を与えるためかもしれない。

註

(1) 寺蔵の江戸時代の古図には唐破風付玄関が付設された姿が画かれている。なお修理で撤去した内部の雑作には慶安・寛文・享保・明和等の各紀年墨書があり、近世には頻々と雑作の変更が行われたことが分る。

(2) 修理前には西北隅の桁行四間分(西第一房三間と次の房の西端一間)の庇部分が欠失していた。この部分の礎石や部材が寛文三年(一六六三)建立の庫裏に転用されているので、この改変はその頃とみられるが、取壊しの理由は明らかでない。

(3) 奈良県教育委員会文化財保存課『元興寺極楽坊本堂・禅室及び東門修理工事報告書』昭和三十二年。

(4) 東西両妻の架構で最も相違の目立つのは板蟇股で、西妻は脚の端を斜め直線に落すだけの簡素な形式であるのに対して、東妻のものは反転曲線の繰形をつける。肩の茨の位置も東妻のほうがやや下り、全体として優美な感じが強い。こうした妻飾の形式の差が成立年代の違いによるとすれば、禅室を再建した時には本堂の位置に僧房旧東半部が残存していたために、東妻はたとえば馬道に面する側となって妻飾も省略され、それを寛元二年（一二四四）の本堂再建に伴って現在の形に整備したとも考えられる。しかし現存の部材からは東西両妻とも妻飾部分を後世に改造した痕跡は全く認められず、軸部も禅室は当初から桁行四間の長さであった。東大寺法華堂北門（鎌倉中期）が妻飾には禅室西妻、中備には東妻と類似の板蟇股を用いる点からみて、両妻は必ずしも年代が異なると考える必要はないのかもしれない。

（5）影向堂内も当初は入側通りに角柱が立ち、僧房と同じ室内構成で、ただ間仕切がないだけであった。その後天井裏に梁を挿入して角柱を除去しており、梁の部材の古さからみるとその改造は鎌倉末期と思われる。

（6）北面の板扉個所は足固貫の上面に一筋溝の痕跡があって内側に子持障子を嵌め込んだことが分る。北面の窓は上下の框の旧材が発見されなかったが、防寒上やはり内部に障子をたてたものであろう。これに対して南側の戸口や窓には元来障子はなく、現状は仮設である。

（7）襖と舞良戸は発見された鴨居の溝幅の差による推定復原であるが、薄い襖が鎌倉時代から使われたか否か疑問があり、或いは両者とも舞良戸であったかもしれない。

（8）安政六年（一八五九）に焼失した元興寺五重塔も江戸時代の実測図でみると鼻隠板が打たれている。これが寛元二年の修理の時のものであるか否か不明であるが、鎌倉初期には天平建築は多かれ少かれ大修理を要する状況になり、大仏様を利用した修理がかなり広く行われたと推定される。

（9）大安寺や法隆寺の「資財帳」にみえる僧房の面積を当時現住していた僧の数で割ると、一人当りほぼ一一〇平方尺となる。元興寺僧房は一房が二二・五尺×四三尺で約九七〇平方尺あるので、最盛期には一房に八人程度の僧が生活したと思われる。

法隆寺聖霊院（国宝）

桁行六間　梁行五間　切妻造　妻入　本瓦葺　正面一間通り庇付　向拝一間　檜皮葺

聖霊院は聖徳太子の影像を安置する堂で、元来はここまで東室であったが、十二世紀初頭に顚倒し、保安二年（一一二一）に再建された時に南端三房分を堂に改め、太子影像を祀った（『別当記』、『太子伝私記』）。これが聖霊院の創立で、大阪四天王寺の聖霊院が『大同縁起』にあらわれるのに比べ時代が降るが、法隆寺では聖霊会は早くから東院で行われていて、この場合はむしろ御影堂的な要素が濃い。『白拍子』や『太子伝私記』裏書によると、東室南端の聖霊院以前にも太子影像を安置して聖霊院と呼んだ場所があったようにみえるが、信をおき難く、保安二年に影像・堂とも新造されたものとしてよいであろう。[1] この保安の建物は『太子伝私記』の記載からもある程度その形態が推察されていたが、現堂の解体修理の際、再用されていた古材などの調査で、原形は現在の三経院・西室と似て東室と一続きの建物で、組物も用いないごく簡素な堂であったことが判明した。

現聖霊院はこれを弘安七年（一二八四）に全面的に建て直したもので、『別当記』に聖霊院新造のため二月中旬に旧建物を取り壊して太子影像は食堂に遷座、同十月二十七日に再建なって帰座供養したとある。一部に古材の再用はみられるものの、まったく新規の再建で、東室よりやや梁行を広くしたほか、組物や二軒の採用で軒高や軒の出を大きくし、屋根も高めて独立の堂となった。

その後、建武二年（一三三五）に内陣厨子の戸口の改造、暦応四年（一三四一）に欄間格子の造営（『別当記』）、延文元年（一三五六）に外陣両脇の脇陣境障子絵の彩画、同二年妻庇の葺替え、同六年向拝蟇股の取付けなどの記録がある（『嘉元記』）。厨子の戸口は痕跡によると当初は幣軸がなかったのを建武に現状のように改めたと思われ、また内陣の正面と左右両脇の吹寄菱格子欄間も暦応に造られたようである。襖の彩画や向拝の蟇股も装飾的細部の補足で、これらからすると弘安再建後約八〇年もの長期間にわたって逐次堂の荘厳が整えられたらしい。応永十三年（一四〇六）および同二十三年に大規模な屋根葺替えがあって、[2] 瓦はこの時ほとんど全

法隆寺聖霊院（国宝）

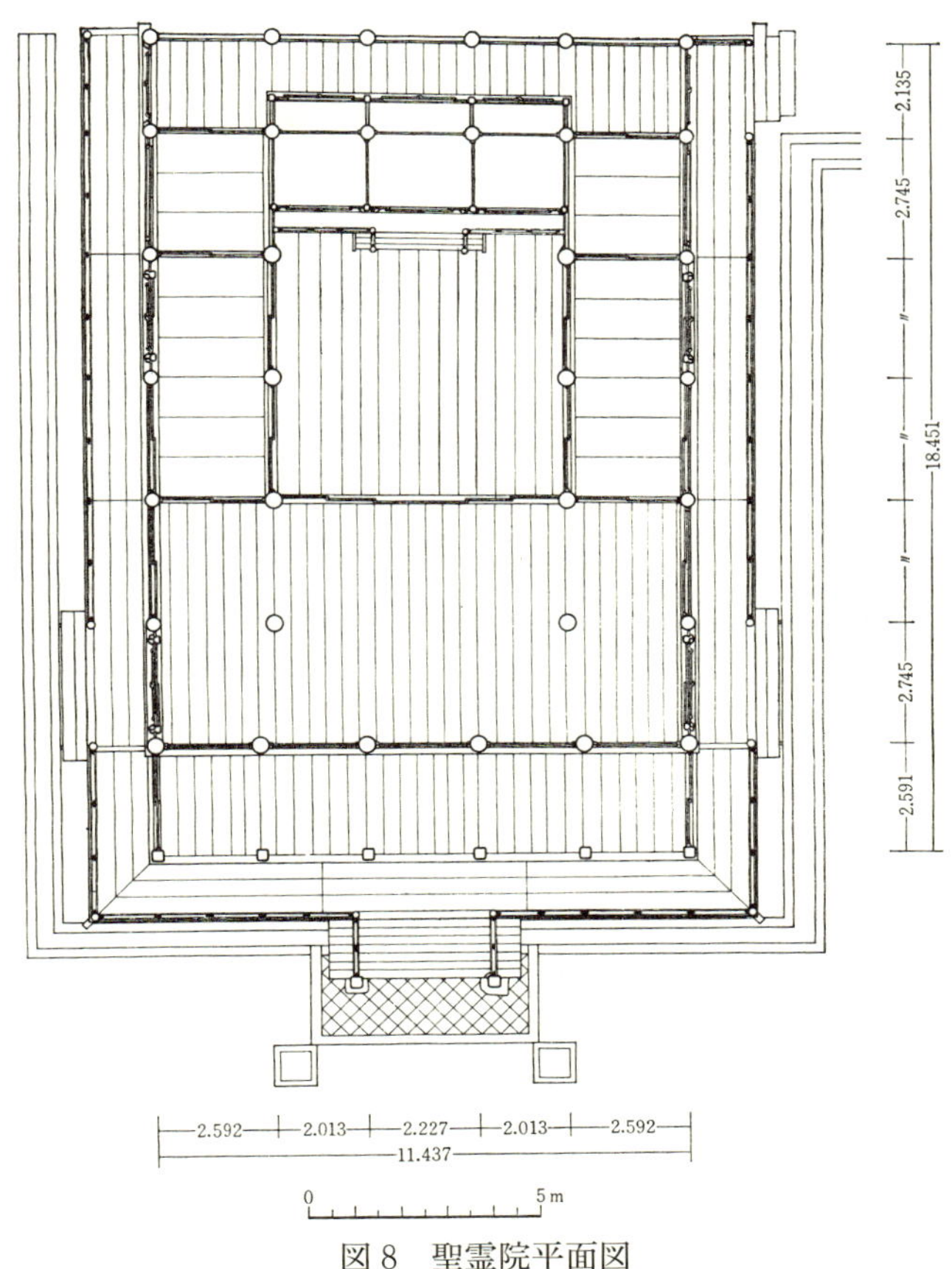

図8　聖霊院平面図

部を取替えたと考えられているが、(3)このようなことも珍らしく、弘安再建の工事が造作や屋根では多少不十分であったことを推測させる。そのほか、室町初期頃に東面北端間が従来は壁であったのを、低い引違戸口に改めているが、これは室町初期頃妻室を東へ移した時、妻室との間に渡廊を設けたことに起因するらしい。(4)

慶長・元禄の修理は聖霊院にも加えられ、慶長五―七年（一六〇〇―〇三）に妻飾・小屋組の改造、向拝・縁回りの造替え、(5)元禄四年（一六九一）および十―十一年に造作の修理を行った。(6)元禄十―十一年の修理では須弥壇の丈を高めて厨子を上げるとともに半間後退させ、これに伴って天井も上げるなど、内陣全体の造作の改造をしている。東側面も北端間の室町初期改修の引違戸口を扉、北より第二間の壁を連子窓に改め、これで東西両側面の戸口や窓形式がまったく対称となった。その後、天保十年（一八三九）に小屋組改修があり、(7)屋根替えなどの小修理はそのほかにもたびたび行われている。昭和十八―二十三年に解体修理を受け、ほぼ全面

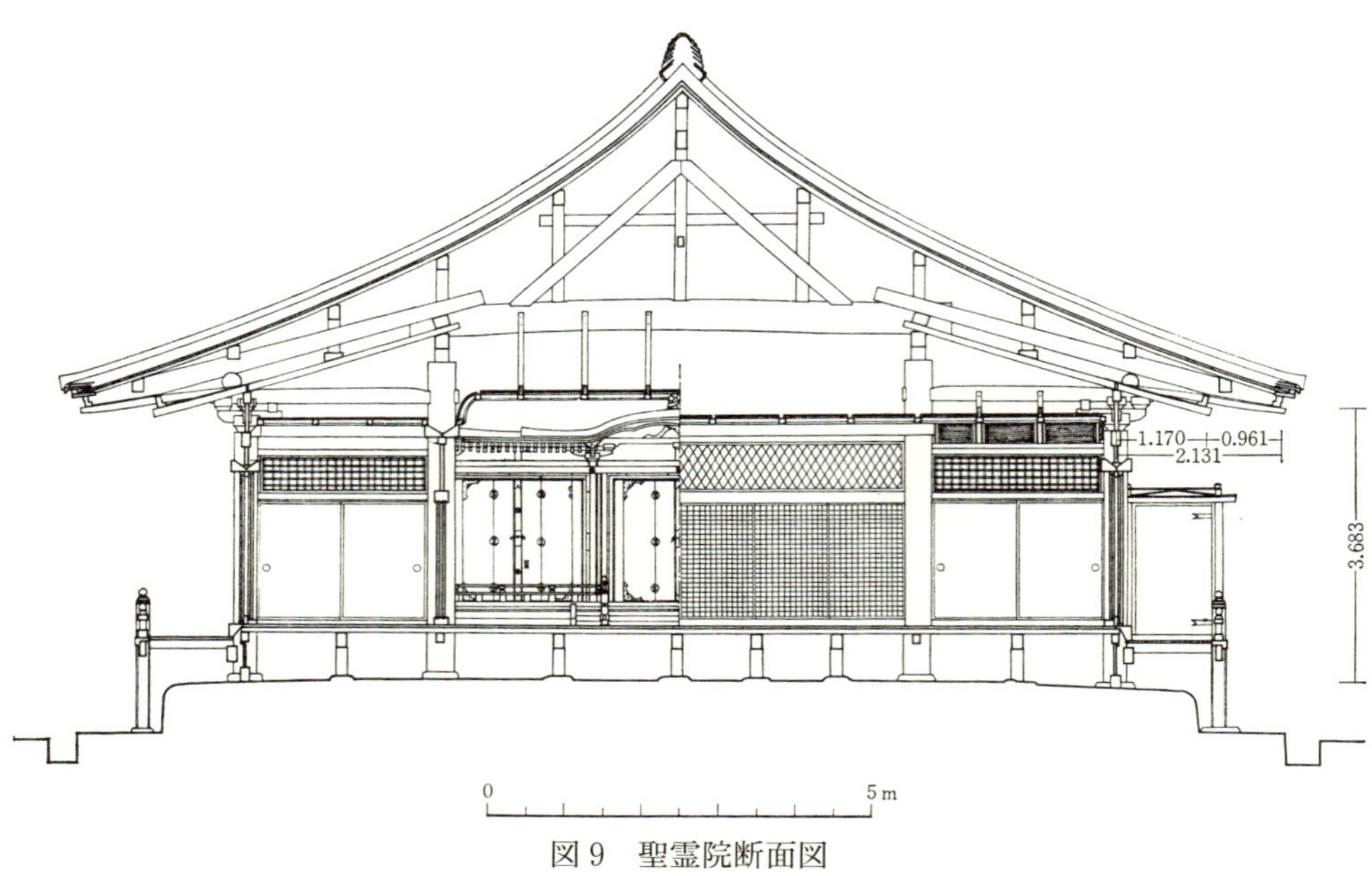

図9　聖霊院断面図

的に弘安再建当時の姿に復されたが、向拝回りは旧規が不明なので慶長造替時の形式に整備され、また東側面北方の戸口・窓は元禄改修以来の東西対称形式がそのまま残された（『修理報告書』）。

堂は南下りの敷地にしたがって正面ではかなりの高さをもつ亀腹上に建ち、礎石は凝灰岩切石と花崗岩を混用している。主屋は円柱に足固貫・頭貫・切目長押・内法長押を用い、板敷の床を張る。広庇は面取角柱で、床を主屋より切目長押一段だけ下げている。東室に接する北側を除いた周囲三方に高欄付きの榑縁をめぐらし、広庇の部分は縁も一段低い。縁の正面には木階を設け、また両側面の主屋南端扉口前方に腕木で支えた登り段が取付けられている。

主屋の側回りは正面五間とも蔀戸、背面はすべて壁、両側面は南より第一・第四・第六間を板扉、第二・第三間を蔀戸、第五間を連子窓とするが、前述のように東側北端二間は本来土壁であった。広庇は全体吹放しで、両側面には竹の節欄間を備えた杉戸をたてるが、その上方も繋虹梁までの間は開放である。組物は主屋の両側面が出三斗、正面が平三斗で、中備はともに間斗束とする。ただし正面は大梁まで達する長い柱の途中を欠いて頭貫を落し込み、半造りの組物を嵌め込んだもので、三経院のこの部分が飛貫だけで広庇の垂木を受けているのと比べると大変に技巧的である。軒は二軒繁垂木、ほぼ六支掛に近いが、北端間のみは一支寸法が異なるため組物と合わない。妻飾は南北ともに豕叉首、棟木を大斗肘木、指桁を三斗組で受け、破風板は広庇の取付く南妻も棟から軒先まで一連に架けている。広庇は面取角柱に舟肘木を置いて桁を支え、木舞裏の一軒疎垂木を打って、内部はそのまま化粧屋根裏をあらわす。主屋との繋虹梁を両側面だけに設け、肘木・桁・虹梁・垂木・木舞などもすべて面取りとするなど、主屋の重厚堅実に対し構造的にはるかに簡素であり、かつ軽快な意匠となっている。傍軒の垂木尻を主屋破風板の前面に打添えた障泥板（あおりいた）に掛けている点が注目され、三経院が主屋の南妻破風板を軒先まで延ばさないのと比べ古式である。

向拝は慶長にすっかり造り替えられていて、角柱の面も広庇より小さく、正面には木鼻付きの虹梁を架けて蟇股を置き、組物は平三斗を用いる。蟇股には慶長七年の墨書がある。[5]元禄修理時に手挟を付加していたが、昭和修理で撤去された。軒は打越垂木とせず、広庇の茅負に垂木尻を掛けているが、この部分の広庇の垂木端の風蝕がはなはだしいので、もとの向拝は一段下って広庇軒下に納まり、おそらく四本柱で支えた独立のものと考えられている。

内部は外陣・内陣・脇陣・後陣に区画している。正応二年（一二八九）に大壇が造られていることからもわかるように、法隆寺真言密教の道場となっており、その平面構成は密教寺院の中世本堂とまったく等しい。内外陣境および同脇陣境を低い格子戸と吹寄菱格子欄間で仕切り、外陣は小壁に盲横連子を置いた小組格天井、内陣は折上小組格天井を張る。両脇陣と後陣は大面取りの棹縁天井である。両脇陣が前後二室に区分されてともに畳敷となり、また外陣境を含めて脇陣の間仕切がすべて襖となっている点が、通常の密教本堂より住宅風であるが、延文元年に障子絵を描いた記録からみても、最初から襖仕切であったらしい。ただし現在の外陣境間仕切は元禄修理時に吹放しに改造されていたのを、昭和に復原したもので、後方の襖は天明頃彩画されたものである。[8]

内陣後端には幅いっぱいに須弥壇を設け、高欄を置いて、壇上に三間厨子（図11）を造り付ける。全体漆塗りで、大面取角柱に地長押・内法長押・頭貫を用い、出三斗組で二軒繁垂木、中の間は唐破風造とする。すべて実際の建築と変らぬ技法で造られていて、軒唐破風付きの片流れ屋根も杮葺である。大棟は木製半造りで内陣背後柱の頂上前面に打付けてあり、そのために内陣天井は背面通りの折上部がない。現在、正面三間はともに幣軸をめぐらした扉構えであるが、痕跡からみると、もとは幣軸はなく、広い中の間は方立柱付きの扉口、両脇の間は方立を直接柱に添えた扉口で、建武二年に現状に改修されたと考えられている。その記事に以前は正面一間のみ扉であったとする点からみると、両脇の間は前面に帳をかけていたのかもしれない。内部は板壁で三室に区分され、各室とも小組格天井を張る。厨子の背後の後陣の物置は室町時代の増設である。既述のように後陣は東側面が元来は壁で、全体が物置に

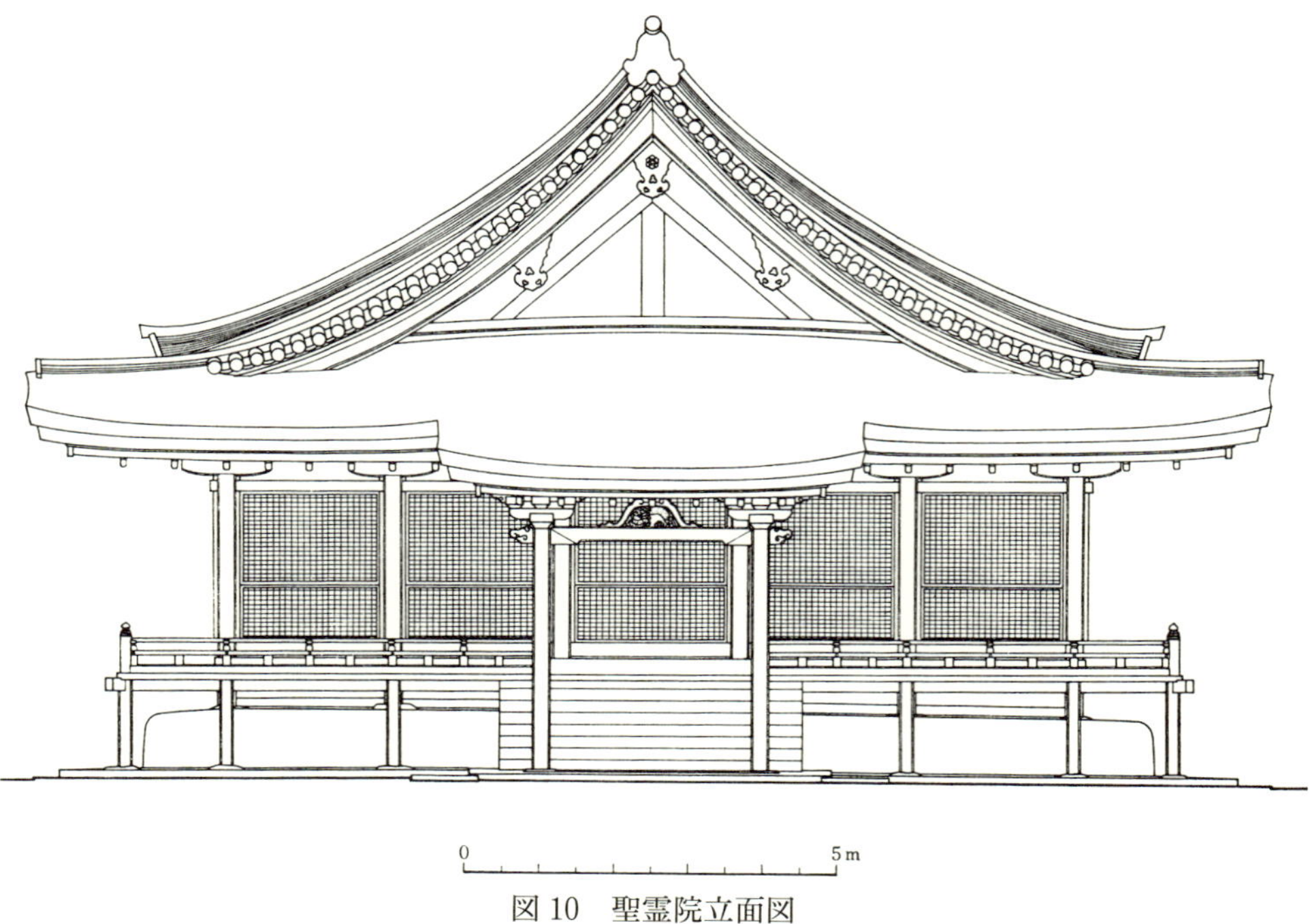

図 10　聖霊院立面図

図 11　聖霊院厨子正面図

使われたものらしい。

主屋の柱間寸法は桁行南から五間が九・〇六尺、北端間が七・〇四五尺で、それぞれ当時の九尺および七尺に当る。完数である点からも弘安造立時にまったく新しく計画されたことがわかるが、保安の建物にも天平尺の九尺（八・八曲尺）が三間あるので、これを基準にとって南妻から割付け、物置になる北端間にしわ寄せしたのであろう。梁行は母屋が、天平尺の二一尺（二〇・六四曲尺）で東室の母屋とほぼ一致する。これは東室に創建当初の大梁が残存していたので、保安には一連の建物であった聖霊院も同一寸法の梁行が適用され、弘安再建の際にもこの保安の前身建物の大梁を再用したために昔のままの梁行になったもので、聖霊院の歴史を物語っている。弘安にはこれを二〇・五尺とみなし、背面通りは中央七・三尺、両脇六・六尺に割付けている。これに対して南妻は庇の梁行八・五尺を合せた計三七・五尺をほぼ五等分して中央間七・九尺、脇四間各七・四尺に割っており、中央三間は計二二・七尺となって母屋寸法より広い。そのため妻柱が内部の入側柱筋と合わないという、通常の切妻構造では考えられない柱配置になっている。保安の聖霊院は南妻も入側柱を後方と揃え、それを三等分した柱配置であるが、その前方の広庇は梁行全長を五等分するので、広庇と主屋の柱筋が一致しない。現聖霊院はこの点を解消して主屋の柱を広庇に合せたので、正面観はいかにも整然としているが、妻大虹梁の端が直接柱で支えられない構造上の無理を生じている。広庇の梁行は八・三鎌倉尺で前身聖霊院の寸法を踏襲したらしい。なお主屋南妻柱筋の約二・五尺南方に旧東室の南面基壇跡が発掘され、広庇の土壇は保安再建時に継ぎ足されたことが判明している。礎石も東室当時は大部分が凝灰岩切石で、しかも円柱座を造り出した上面を当初から下に置いて据える転用材であったが、保安・弘安の建替えに焼損の痕をもった花崗岩礎石を転入して、現在は両者が混用されている。

建物細部の技法はすべて伝統的な和様で、鎌倉後期の純和様建築の典型といってよい。足固貫や連三斗（北妻側柱上組物）がわずかに新様式の影響を示すが、これはすでに寛喜三年（一二三一）造立の当寺東院礼堂に使用されている。ただ連三斗の頭貫先端の巻斗を皿板付きの大仏様形式としており、礼堂が普通の斗で上面の肘木含みをごく浅くしたのに比べ、はるかに納まりがよくなっている。後世の連三斗の大半はこの形式で、聖霊院はその最古の例である。頭貫は隅で七分の増しをもたせ、側面では頭貫下バも南端で八分あげているので、隅柱は一・五寸の延びをもつ。正面は頭貫下バを水平に納めている。軸部高さの基準となる側面中央柱の足固貫上バから柱天までは、ほぼ九尺で、北端を除く柱間寸法に一致し、それがともに一〇尺となる東院礼堂と軌を一にしている。当代の矩計の一方法を示すものとして注目されよう。垂木は六支掛であるが、北端間も柱間寸法を完数値にとっていて、一支寸法がやや長く(五・八七寸、他は五・六六寸)、垂木割が全体を統一する基準にまではまだなっていない。むしろ支外垂木を一支六・五寸にして、地垂木の出(桁心より木負前角まで)はこれを基準に流れに沿って六支三・九尺とって定めたかと思われる節もあり、軒回りは部分ごとに簡便な規矩の方式があって処理されたらしい。木負の前角を鋭角に木造りして前面の投げ勾配を木負・茅負平行にしているが、これも東院礼堂ですでにみられ、中世では広く行われた技法である。

側回りの扉・蔀の配置は住宅風で、妻入の前面に広庇を取付けた基本的な構造の一致と相まって、寝殿造の対屋を彷彿させる外観を形成している。しかし保安創立の聖霊院は後述のように主屋の側面を扉と壁で重々しく閉鎖し、正面の広庇も吹放しでなく前面を蔀で囲って、僧房の妻に礼堂を添えた建物の成立ちをそのまま示しており、現建物は太子を祀る寝殿として、意識的に住宅風の姿に整えたものと思われる。

古い建具をよく残し、当時の形式や納りが具体的に判明する点は貴重で、とくに蔀戸まで遺存するのは珍らしく、西側南より第三間の弘安以来の蔀戸は、全国的にみても現存最古の遺品である。蔀戸は相欠きに組んだ格子を周囲框へ突き付け、框の側面からその木口を釘留めとした形式で、後世の枘や打抜き仕口で組み固める工法と比べ、単純かつ素朴である。西側面第五間の連子窓も弘安のもので、内部に明障子をたてるため、連子子は方形の内側角を落した不整五角形に造られている。

内陣正面は格子戸六枚建てとするが、突止めの三本溝に片側三枚ずつの片引きで、その召合せ框をそれぞれ『形に造り、前の戸に続いて自然にうしろの戸が引出され、所定の位置までくると止まるような巧緻な工夫がしてある。内陣側面の引違格子戸は周囲框が同じ厚さで全部上下敷鴨居の溝に納まるいわゆるドブ溝で、柱際と召合せにそれぞれ細い方立をたてて隙間を塞いでいる。これらは敷鴨居ばかりでなく、建具も当初のまま遺存して初めてわかる細部の納りで、中方立付きの引違戸は今では鎌倉時代の典型的手法と解され、各地で復原されているが、その唯一の現物がここにある。格子戸の下框裏側に梃子状の小木片を埋め込んだ落し錠が隠されているのも面白い。

内陣厨子は須弥壇の高さを復旧したため、その羽目板と登高欄が新補材に替ったほかは、一部の金具を除きすべて当初のままよく保存されている(正面の幣軸・扉は建武)。ことに中の間の唐破風は優美な虹梁と繊細華麗な蟇股で知られ、唐破風として現存最古の

図 12　保安の聖霊院復原模型

例であるばかりでなく、最優の作とされる。破風板から造出しの兎毛通・桁隠、獅子口など、戸外に建つ通常の建物では遺存し難い細部の優品がみられ、擬宝珠高欄の形式も当代の典型である。聖霊院は形姿の優美と細部技法の優秀さにおいて、鎌倉後期を代表する名建築の一つに数えられるとともに、古材保存状態の抜群さから資料的価値もまた非常に高い。

保安の聖霊院の主屋は東室全長桁行一八間のうち南端六間を占め、梁行を背面は東室と同じ四間、正面は五間とし、その前面に広庇・向拝を設ける。この平面は建物が東室と一続きになるほかはほぼ現堂と類似し、ことに母屋の梁行二一天平尺は現建物に踏襲されている。庇は八・二尺前後であった(9)。桁行柱間寸法は北から八・三五尺が二間、つぎに八・八〇尺三間が続いて南端は九・六三尺と想定されている。前二者はそれぞれ天平尺の八・五尺と九尺に当り、旧東室の規模の踏襲である。南端間が広いのはここだけ礼堂にあてるため拡張したものと解され

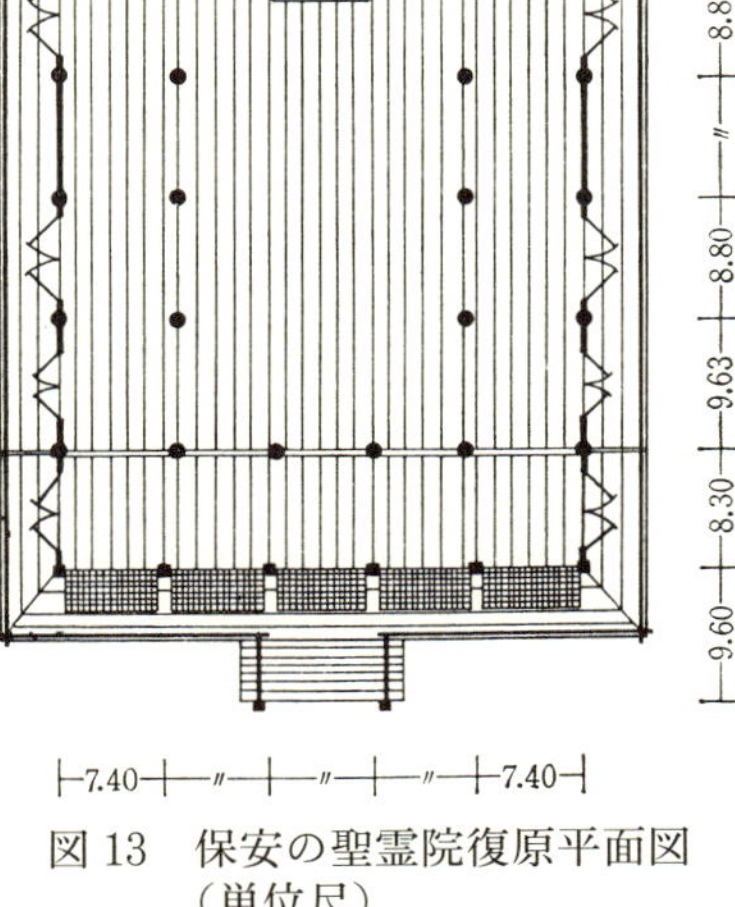

図 13　保安の聖霊院復原平面図（単位尺）

ているが、地下調査の結果からみると、この想定には多少疑問がある。(10)

構造は側・入側とも円柱を用いて組物なしに直接桁を受け、母屋には大梁を桁に渡腮で架け、庇は繋梁で結ぶ簡単なもの。南妻だけは舟肘木を用い、妻飾は豕叉首、内部は大梁上に真束を立てて棟木を受ける。軒は丸垂木一軒で、野屋根を造らず、庇は化粧屋根裏、母屋には棹縁天井を張る。形式・柱高とも当然東室と一致するが、繋梁は南妻と壁の個所だけに限られていた点が異なり、また東室境の母屋中央柱など角柱を用いた個所もあったらしい。南妻の広庇は現堂と同規模で、面取角柱・舟肘木・木舞裏の一軒疎垂木もほぼ同じで、ただ屋根が流し板に瓦棒を載せた木瓦葺であった。向拝と高欄付きの簀子縁があったことは『太子伝私記』の記事に明らかであるが、その古材は見当らなかった。

柱間装置は柱の旧位置の判定が困難なためかなりの推測が入るが、広庇は正面五間とも蔀戸、両側面が板扉で周囲をすべて囲われ、主屋と広庇境は建具がなく開放となる。主屋両側面は扉口が二間続くところと、扉口・壁が隣接し合うところがあったことがわかって、図12・13のように想定された。東室は保安再建後、二間一房の北の間を土壁・南の間を扉として、壁と扉口が交互に並ぶ外観になるので、聖霊院もある程度それに倣い、必要に応じて扉を二間並べる個所を設けたものと思われる。内部の間仕切も不明で、わずかに背面一間通りは現堂の当初と等しく物置状の独立した部屋となることや、それより一間南方の柱筋を後壁とした仏壇の存在が推測されたにすぎない。

註

(1) 奈良六大寺大観第四巻『法隆寺』Ⅳ「聖徳太子及び侍者像」の項参照。

(2) 「東流北降棟鬼瓦銘」(右側面) 瓦大工ヒコ次郎コノトシナヲカエテ/スワウ三郎(寿王)ニナル/ヲウエイ十三子ン四月十五日 (前面左下) 吉重

「同鳥衾銘」コノタウノサシカワラワ/マル二千三百枚/ヒラ四千七枚/ノキ二百三十アフミ二百十枚/フスマ百八十枚/カレコレ合六千八百九十アリ

「丸瓦銘」瓦大工タチハナウチノ/吉重寿王三郎/シヤウラウエタウノウワ/フキノ瓦八千マノ内/ヲウエイ廿三子ン八月十四日/

キノトルサ（ママ）

「丸瓦銘」

シヤウラウエ（聖霊会堂）タウノウワフキ（上葺）ノ／瓦ハシメ（初）ノツクリ（造）ワキンカウエ（金光院）ノ／ハウス（坊主）ノアソハス（遊）又フキ（又葺）ノトキ（時）ワ／十石ソウ（十石僧）ノアソハス（遊）

ソノトキ（其時）ノ／フキヤウ（奉行）ワサウサキン（サウサ院）ノハウス（坊主）／ミロクイン（弥勒院）ノハウス（坊主）タチハナ（橘）ノハウス（坊主）／トウサウキン（東蔵院）ノハウス（坊主）／ナカせウチトノ（中小路殿）アカイ（閼伽井）

ノ／ケンネンハウ（賢念房）合六人フキヤウ（奉行）／ヲウエイ廿三子ン八月十日瓦大工ヒコ次郎

以上のほか大棟南・北両端鬼瓦に応永二十三年の銘、両側面平降棟鬼瓦四個とも応永十三年の銘があり、そのほかにも上記と類似の箆書が相当数ある。

（3）現聖霊院には前註のように応永年間の瓦が多く、平瓦や丸瓦も大部分がその時のもので、それ以前に遡ると思われる瓦はまったくなかった。なお応永十年の『聖霊院上葺種子帳』（全文は『修理報告書』に収録）によれば、応永十年、十一年の計五貫文を稲の種子に替え、以降この出挙による利分の増加を計って、応永二十三年十二月に檜皮葺替えを行っている。

（4）この時、聖霊院北端と東室より、小子房（妻室）に通じる掘立柱の渡廊を設けている（『妻室修理報告書』）。

（5）「講堂大棟西鳥衾銘」（「大講堂」の項の註（7）参照）

「主屋正面東より第三柱方立見え隠れ墨書」（『修理報告書』による）

慶長六年六月廿九日あん大工弥介金蔵新蔵与吉弥介与四郎

「向拝蟇股上面墨書」

平政盛金剛善四郎……／清蔵第廿八歳而刻彫……／聖霊院御宝前大床□□也／慶長七暦壬寅六月十日／造立之

「慶長修理棟札」

（表）

夫大和国平群郡法隆学問寺者。仏法最初之伽藍。鎮護国家之霊場也。倩思草創之旧貫。本願聖徳太子者。／本地位高乎。雖卜居於西方蓮刹之春霞。外用迹近乎。移影於東城扶桑之秋水。忝生豊日之王家。殊備推古／之儲君。因茲一天安寧為本懐。三宝弘通為至極。始披異域之典籍。解仏教之幽致。遂起数箇之精舎。為衆／生之福田。就中御願之勝地雖及四十六箇。秀称吾寺者斯処也。然則異朝来到之（ママ）明哲。多令住于当寺。三国無双之霊／宝。永留此砌。恣一千余廻之今。親向当初建立之古構。恐普之下四海之内。其類惟些哉。雖然星霜旧積棟梁陰傾。凉／燠久送庭宇荒廃。箇　豊臣朝臣右大臣秀頼公。仏法再昌之御願至厚。人民撫育之尊志最深。命片桐東市正忽

／促修営修造之大功。寺町四面之間飽満永代不朽之営業。仰可仰去。後代再営之時節。大聖之所記是新貴可。貴者重来後／身所示銘肝。若尓　信心大壇越。金楼之月下久富百年之春秋。珠砌之花前永専万国之政道。重乞住持梵宇遥／及慈尊下生之時弘通。仏法遠至楼支出世之期。乃至余善緇素結縁上下共。預身心安楽之徳益。仍御願志趣如件。

（右の下につぎの人名を記す）

法　印舜清　伝燈大法師光盛　一朝惣棟梁橘朝臣中井大和守正清
権少僧都長乗　伝燈大法師正秀　小　工　藤原宗右衛門尉宗次
権律師光祐　伝燈法師隆政　寺職工　平金剛正太夫政盛
奉行職綱
権律師長算　伝燈法師仙尊　番匠大工　藤原左太夫家次
権律師実秀　伝燈法師頼春　平　宗　十　郎
五師大法師覚祐

慶長十一年丙午仲秋吉祥日
奉行片桐東市正旦元　瓦大工　藤原新右衛門宗次
藤原甚三郎　家次
官使下代　松山宗左衛門尉
梅戸平右衛門尉

（裏）　御タイシタウ

なおこの棟札は慶長修理の完成時に各堂にあげたもので、現在聖霊院のほか三経院・南大門・伝法堂のものが残存し、また塔にはその写がある

（6）元禄四年は同年の『年会所記録』および『伽藍修覆銀算勘帳』、同十―十一年の修理は同九年の『破損修復一式請切仕様入札根帳』をはじめ、同十・十一年の『修復方惣勘定帳』などにあり、これらはほぼ全文を『修理報告書』に収録。

（7）「小屋梁墨書」
天保十己亥年五月吉祥日修覆之／于時修理奉行弥勒院権律師千学　番匠／福井小路／辰巳　三郎兵衛／安信

（8）脇陣後方の襖に「法眼周圭光貞画之」「勧進／阿弥陀院権少僧都千範　法橋泰信筆」の銘があり、周圭は天明年中に東院絵殿の絵を

描いているから、この時描き替えられたものとみられる。

（9）東室の庇の梁行寸法七・八尺（八天平尺）と合わないのは、保安再建時には母屋のゆがみをそのままに、側柱筋を一直線にして修理しており、場所ごとに繋梁の長さが異なるのを、わずかの残存資料で比較したためである。修理前の東室は、東庇が北端七・八六尺、南端八・〇七尺、西庇が北端八・三一尺、南端八・一四尺で、各所まちまちであった。

（10）発掘による旧東室礎石跡をみると、現東室に続く北より第一間が八・七尺、第二間九・三尺（あるいはともに九尺で二間）と考えられ、北端二間に狭い八・三五尺をとるのは無理がある。旧礎石配置をそのまま踏襲したのではなく、何か別の基準で桁行柱間寸法は割付けられているのであろう。

法隆寺東室（国宝）

桁行一二間　梁行四間　切妻造　本瓦葺

東室は聖霊院の北に接して建つ細長い建物で、元来は桁行一八間であったのを、保安二年（一一二一）再建に近い大修理の際に南端三房分を堂に改め、さらにそれが弘安七年（一二八四）に現聖霊院に建て替えられ、現在の規模となった。この保安再建の記録は『別当記』に定真大僧都任中（康和三―天永元年（一一〇一―一〇））東室大坊がことごとく顚倒したので、つぎの経尋律師が新たに造立したとあるもので、これだけをみると、いかにもまったく新しく再建したようにとれる。そのために従来、現東室は天平十九年（七四七）の「資財帳」に載る四口の僧房の由緒を伝えるものではあっても、天平時代に遡る遺構ではなく、また位置や規模も、どの程度旧状を踏襲したものか疑問と考えられていた。

しかし昭和十八―二十三年の聖霊院解体修理の際、創建当初の東室の礎石跡や、旧基壇の一部が発見され、保安の再建がほぼ旧規によったことが確かめられた。さらに昭和三十二―三十五年の東室の解体修理では、思いがけず、創建当初の柱や梁・桁・垂木などがそのまま現建物にも使われていることが判明し、礎石も大半が当初のものであって、現東室は後世数次に及ぶ大修理でかなりの変形を受けながらも、その規模や構造の大要は奈良朝以来のものであることが明らかになった（『修理報告書』）。さきの顚倒の記録も、少くとも北端三房分に当る桁行六間程度は倒壊をまぬがれ[1]、保安再建時にはこれを大修理しながら南方でも旧材を一部再用して、ふたたび旧規模通り建て直したと解されるにいたったのである[2]。

東室の北端より現聖霊院の南端までの桁行総長は約一七〇・八尺で、天平尺の一七四・六尺となり、「資財帳」の僧房四棟のうちの「一口。長十七丈五尺。広三丈八尺」が東室に当ることも明確となった。東室と対称的な回廊西側には三経院・西室がやはり南北棟の細長い建物として存在するが、この方は位置も回廊から遠のき、規模や構造も中世まったく新たにして再建されたものであるの

法隆寺東室（国宝）

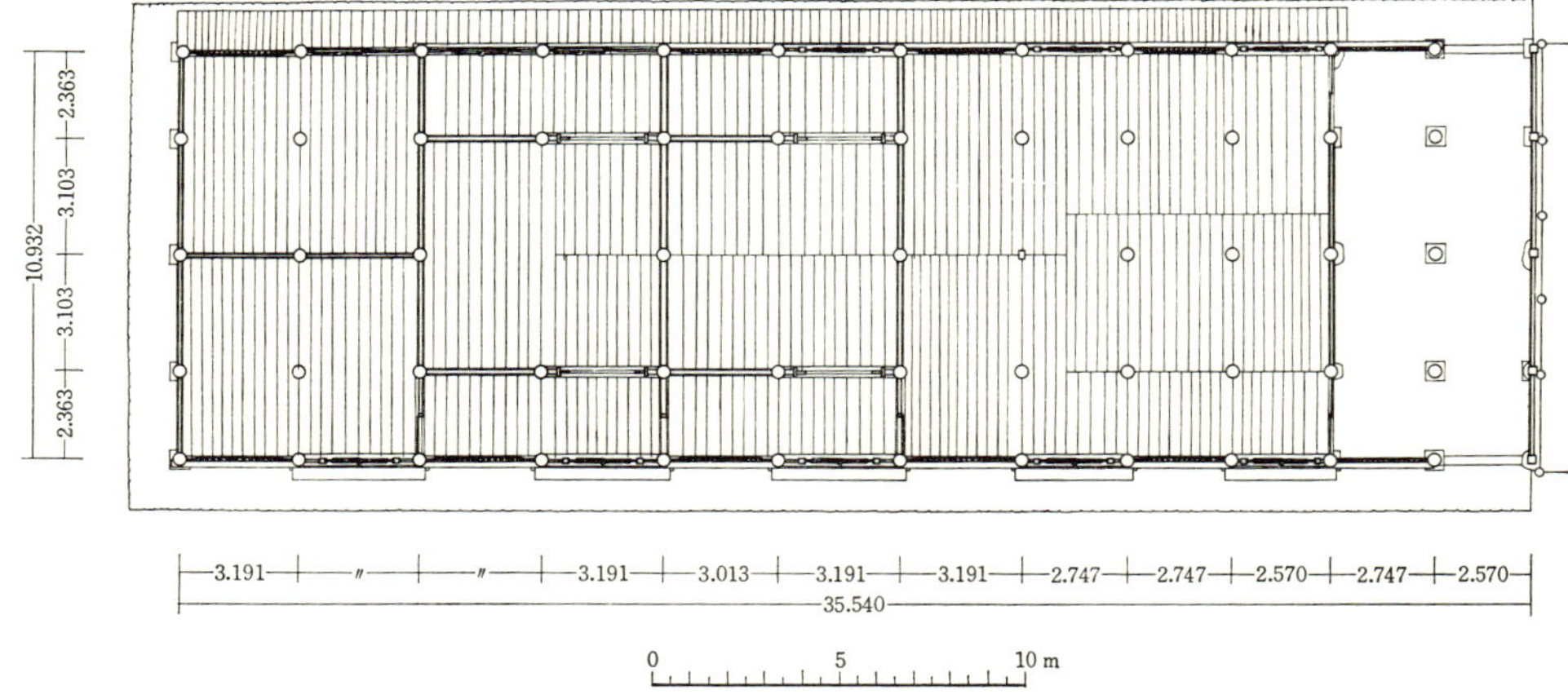

図 14　東室現状平面図

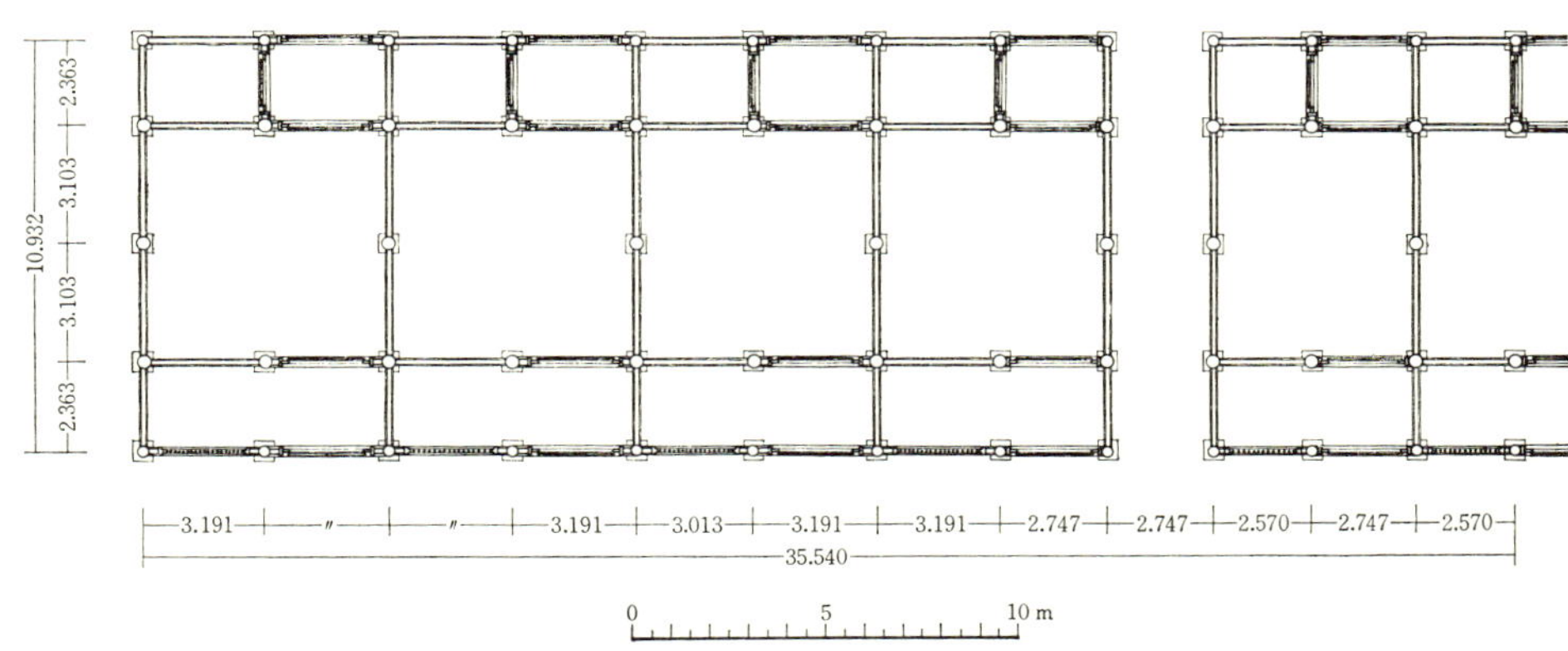

図 15　東室復原平面図

に対して、東室は西院伽藍創設以来の僧房であり、「資財帳」に記す僧房の唯一の遺構なのである[3]。

東室の創建年次は明らかでないが、寺院にとって僧房は不可欠の施設であり、ことに東室の大梁が回廊の虹梁の形と近似するので、回廊とさほど隔たらぬ時期の建立と考えられる。伽藍中枢部を構成する建物として、おそらく経蔵など後方の施設が完備する以前に、回廊一郭とともに造営されたもので、白鳳時代に遡るのであろう。

その後の沿革は明らかでないが、十二世紀初めに大破して保安二年に再建に近い大修理がなされたことはすでに記した。この際には柱を約七寸切り縮め、また母屋内部に柱を加えて僧房の間取りや柱間装置を改変したことも、痕跡などから判明している。床も当初は土間もしくは転根太程度のものであったのを、保安には板敷としている。その後、寛元四年（一二四六）（『嘉元記』）、永和三年（一三七七）[4]、文安二年（一四四五)[5]などに修理があり、間取りや構造がさらに改造された。ことに永和三年には従来なかった足固貫・内法貫を補加して床組・天井などを改め、また北端五間分の側柱上に舟肘木を挿入、小屋組も改修して野垂木を初めて設けた。間取りでは保安と寛元の修理によって棟下通りに間仕切壁が生じ、当初は梁行全幅を一房分にとっていたのを、東西二房に区分するなどのことがあったものの、二間一房の制度は鎌倉時代までよく踏襲されてきたのであるが、永和修理頃には秘密経蔵などが造られ[6]、本来の居住用途から離れていった。

慶長年間(一五九六―一六一五)の修理はかなり大掛りで解体に近く、柱・桁・繋梁・小屋組などの相当量が取替えられていて、慶長時の番付墨書が各所にみられる[7]。とくに回廊に面する西側は桁・垂木を全部新調して、それまでの丸垂木を角垂木に替え、また永和には北方だけしかなかった舟肘木を、聖霊院境の馬道部分を除いた南方まで取付けるなど、外観の整備に力がそそがれた。しかし内部は大改修の結果、集会所[8]・休息所・物置などとなり、僧房としての機能は完全に失われた。その後元禄五―十年(一六九二―九七)、正徳二年(一七一二)、元文五年(一七四〇)、天明四年(一七八四)などにも小修理のあったことが寺蔵古文書によって知られ[9]、また明治二十六年には北より四間分を小部屋の物置に仕切ったほかは、その南桁行五間を大広間の講堂に改修するなどのことがあった[10]。

昭和修理では当初の構造形式が判明しただけでなく、その間取りや柱間装置までほぼ明らかになったが、建物があまりにも後世の改変を受け、また長大なために南北各部ではその時期や技法にも差があるので、旧材の保存と痕跡資料による限界を考慮して[11]、中間的な形態に復原整備されている。すなわち軸組の主要構造部と側回りの扉口・窓などは永和修理時の形式に整えたが、西側面の垂木や北面妻飾は慶長改造時の形式を存続した。また内部は北より第二房および第三房に当る部分をできるだけ創建当初の構造・間取りに復旧したが、北端の二間は永和時の小部屋割りに整え、南方では間仕切をやめて広間と馬道に整備してある。このように東室の現状は一時期のものに復原されてはいないが、これは仏堂などと異なり、時々の居住形式や用途による変更をはげしく受けた僧房の歴史をできるだけ具体的に表示しようとした結果で、復原修理としてはごく特殊な例である。

建物の南端は聖霊院に接してその屋根下に納まり、北妻は大梁・繋梁を架けて豕叉首とする。桁行の柱間寸法は天平尺の一〇・八尺、一〇・二尺、九・三尺、八・七尺と四種類あって、これらが不統一に入り混っている点が通常の建物と異なり、『太子伝私記』

図16　東室復原模型（断面）

でも「東室者。間寛狭不定」と指摘されている。梁行は天平尺で母屋二一尺、庇八尺である。本来の礎石は凝灰岩切石で、側柱・入側柱とも円柱を用い、組物はなく柱上に直接扁平な桁を載せる。これに渡腮で母屋に大梁、庇に繋梁を架けることは古式の神社建築などと等しく、切妻屋として最も簡単な構造である。(12)ただ内部棟下通りにも二間ごとに円柱を立てる点が僧房の特色で、この二間分が一房に当ることを柱配置でも明示している。母屋の大梁も中央柱の立つ房境筋は直材を用いるが、中間は虹梁を架け、小屋組も陸梁上は叉首組、虹梁上は棟束立と、一間おきに別種の構造になる。母屋・庇とも直の丸垂木を用いて入側桁上で折線をなし、その上に直接瓦を葺く。庇はこれが化粧天井となり、軒も一軒である。母屋は大梁の上バに太い棹縁を四等分位置に渡して板天井を張るが、陸梁と虹梁が交互に配されるため、各房ごとに中央が虹梁沿いにむくった、穹窿状の珍らしい形式となる。

以上が創建当初の構造の概要であるが、その形式を現在そのままみられる個所はなく、わずかに東側面南半部で柱上の組物のない付近が古い外観の面影を伝え、また北より第二・第三房の復原された内部が、当初の室内構成をほぼ再現しているにすぎない。ただし当初は床がなく、長押も用いなかったから、上下長押を打ち、切目縁まで設けた東側面の現在の立面とは大差があり、復原房内の天井高も床をとって想像する必要がある。なお現状は保安再建時に約七寸切り縮めた柱高を踏襲していることも留意されたい。

つぎに当初の間取りや柱間装置は、桁行二間を一房として房境は梁行全長を壁で仕切り、一房は方二間の母屋と東西の庇で構成される。母屋と庇境は前後とも南寄りの間を出入口、北を壁とし、側柱筋は正面に当る西側が二間とも戸口（あるいは北の間だけは窓）、東側は南が戸口、北が壁となり、さらに東庇は内部中央柱筋に出入口が設けられて南北二室に区分される。その結果、一房は閉鎖的な広間の前面に開放的な前室がつき、裏側には通路状の小室と、その脇の小部屋が設けられる平面となるが、これは三間一房制の元興寺僧房ともよく似ていて、天平時代僧房の間取りの基本形式と考えられる。[13] 戸口の形式は判然としないが、長押や楣の痕がまったく見当らないので、辺付と上下框による枠組を利用した扉と思われ、この間取りや柱間装置は北より第二・第三房内にほぼ復原されている。

現状の柱間装置は当初の形態とまったく異なり、側回りに腰長押・内法長押を打って、西側面は北端より連子窓と扉を交互に配置し、東側面は北端間連子窓、つぎ三間は狭い扉、または片引きの格子戸、第五間からは連子窓と扉が一間ごとになっている。この状態はほぼ永和改修時の姿をあらわしており、正面に当る西側は戸口と窓の二間が一組で一房を構成したことをよく示し、戸口前には簡単な踏段も設けられている。一方東側の北寄りで風変りな戸口のあるところは、[14] 永和時に経蔵や物置にあてられた個所である。南寄りの窓と扉を交互に並べる部分も、実は資料不足のため便宜的に西側に倣って整備したもので、永和時にはおそらく引違戸なども加わり、東側全体はかなり雑然とした姿であったと思われる。保安再建以後、棟下通りに間仕切壁が設けられて、当初の一房が東西二房に分かれ、鎌倉時代末まではそれぞれ独立した居住区画に用いられたらしいが、やがて裏側が物置に利用されることが多くなって、東西両側面の外観には大きな差を生じたのであろう。西側面の戸口と窓の構成は当寺西室・唐招提寺東室・元興寺極楽坊禅室などと等しく、中世の僧房の典型的形態である。

なお内部では棟下通りの柱についてだけ簡単に触れると、二間ごとの房境の円柱は当初からのもので、北一房の中央の円柱は保安に細い円柱を挿入したのが永和に太く取替えられたもの、第四房の中柱に当る北より第八柱筋の角柱は寛元修理時に加えられた形式の復原である。中世の僧房は間仕切が引違戸となったため、次第に内部に角柱を用いるようになり、東室でも古い円柱を、立ったまま削り落して表面を角柱状に改めていた。北より第九・第一〇柱筋に二本円柱が並ぶのは、旧礎石配置からの復原で、当初はこの間が馬道と考えられる。二間一房ずつ北から四房とってつぎに一間の馬道があり、南はまた二間一房に割付けられていた。すると桁行一八間では南半部が四房半となって半端が生ずるが、南端の房は「殿堂平面図」（正倉院蔵）にみる東大寺僧房などと同様、他よりやや広くとって三間を一房としていたのであろう。いずれにせよ『太子伝私記』の「東室九(ハ)房(ナリ)。一房二(ニ)間充(アテナリ)」の記載は当初の平面にはあてはまらない。保安再建後は馬道を廃し、東室一二間を六房に区画したことが柱の痕跡から判明するので、聖霊院に改造した南端六間と合せて旧状を想定した記事と思われる。従って旧馬道より南方部は房境の位置が当初と保安以降では異なることとなり、構造上の必要もあって、現状は各柱筋全部に棟下通りの円柱を立てている。

当初の構造形式をみると、胴張り付きの柱、円弧状の虹梁、丸垂木の使用などが注目される。柱は下方約三分の一を同じ太さとして、それより上方をほぼ直線状に細めるもので、当寺金堂・五重塔・中門のように底部も細めて全体が徳利形をなすものとは異なるが、薬師寺東塔の基底部高さ約一・五尺までを同径、以上を長く直線に逓減した柱に比べると全体的にやや膨らみがつき、両者の中間形式に当るものと思われる。虹梁は全体がゆるい円弧状をなして、天平時代の虹梁が下面両端に水平部をもって小円弧で急に反り上がる形態であるのと根本的に相違している。西院回廊の虹梁が同形式で、おそらくこれが天平以前の典型的な形なのであろう。丸垂木は法隆寺の現存遺構としては、東室だけに限られているが、実は東室の丸垂木もやや細手の心持材が当初のもの、太い心去材は保安再建時に他の建物の廃棄材を転用したものである。同時に校木も転入しているので、校倉のものかもしれず、法隆寺でも付属的な建物には丸垂木の例がかなりあったらしいことがわかる。

東室でのもう一つの新発見は、ほぼ全部の柱と礎石が現東室の創建時にすでに他から転用されたものであることがわかった点である。柱には壁間渡穴など東室としての痕跡以外に、類似しているがずっと浅い仕口痕があり、太い柱を一—二寸程度細く削り直して再用したと認められた。長さも多少切り縮められている。礎石は凝灰岩で上面に円柱座を造り出した形式であるが、東室では最初から円柱座を下面に反転して用いており、修理前に柱座が見えていたものは、中世修理の際さらに反転したことが確かめられた[15]。円柱座上面には径約一・三五尺の柱型が残り、細められた現柱径一・二尺の旧状と適合しそうなので、両者は元来同一建物の材であり、その数量の多さや壁跡の相似などからすると、やはり僧房のような建物ではなかったかと考えられる。それは西院伽藍以前の創建法隆寺の僧房かもしれず、「一屋も余ること無し」とした『書紀』の火災記事にも疑問を投げかけるが、これだけではそれ以上深入りできない[16]。

註

（1） 北端三房には梁・桁などの古材が残存し、ことに柱は南半部では古材でも当初の位置から移動しているものが大半であるのに対して、北妻より第五柱筋付近まではよく旧位置を保っているので、完全に倒壊してから再建されたとは考え難い。

（2）聖霊院地下発掘の旧東室礎石跡と古材から判明する保安創立建物の柱間寸法が多少異なることからすると、保安再建時には聖霊院部分のみは柱配置に移動があったらしい。

（3）西院伽藍には回廊の両側約五〇天平尺（柱心々距離）を距て、ほぼ対称に東室と西室があったほか、北室の存在も『太子伝私記』から知られる。その位置は講堂の東方、東室の北で、東室より一段高い敷地を占め、東西棟である。また講堂旧基壇の発掘結果をみると西方に渡廊があるので、前記の北室と対称的に西側にも東西棟の僧房があったらしい。すると東室・西室および講堂両脇の東西の北室で三面僧房を形成したと考えられ、『資財帳』の僧房四口のうち、最初に記されたものが東室、第二が西室、残り二棟が北室に当るものと推定される。

（4）「北妻腰貫（旧飛貫を慶長に転用）木口墨書」（『修理報告書』による）

永和三丁巳年／五月八日

なお『古今一陽集』東室の項に「此室内設経蔵自北第四間。（中略）貞治之比所営造也」とあり、また寺蔵の『応安年中以来法隆寺評定記』に「（元中三年）此頃東室修理」とあるのも、すべて一連の修理を示すものと考えられる。

（5）「北より第三房内飛貫側面墨書」（『修理報告書』による）

文安二年／□（二）月此南室／造営了。日祐三十二借住

永和修理時に補加された貫の表面を削って書いたもので、この室だけの造作を改めたと考えられる。

（6）『嘉元記』に「延文二年丁酉三月十六日夜。子貝以前幸前二良子息金剛丸。東室四室蔵西面。為盗人密入。而顕宗房一室東面令止住人也」とあって、永和以前から一部に蔵があったことがわかる。

（7）慶長の紀年銘は発見されなかったが、講堂大棟西鳥衾銘では七年に東室の修理が終っており、番付墨書の書き方や新補材への刻印など、金堂・塔以下寺内諸建物の慶長修理時の技法と同じものがみられた。

（8）『斑鳩故事便覧』に「下臈分山之集会所」とある。

（9）元禄五年および七年は『伽藍修覆銀算勘帳』に小額の繕大工手間賃がみえ、元禄九―十年は寺内の他の建物と同時に修理した仕様書・入札目録書があって、詳細が判明する。正徳・元文・天明はいずれも『修復方惣勘定帳』などによるもので、すべて小部分の修理である。

(10)「講堂中央に設けられた二間×一間の上段の間の内法長押墨書」
　奉為。聖徳皇太子三拾五年之尊像安置。／明治廿六年九月十八日仏法久住利益有情之。／内務省弐千弐百五拾円御下附金之内(ニテ)。東室此間衆議所(ハナルヲ)／柱四本抜(キ)講堂(トス)。修理奉行僧都佐伯寛応。

(11)一二間×四間の東室に必要な柱は六五本で、そのうち現存するのは五九本であったが、その内訳は創建時の柱は三一本、保安・寛元は三本、永和は五本、慶長は八本、元禄は五本、明治は一〇本と分類された。この総計が六二本であるのは大引などに転用された材を加えたものである。これらの柱は後世修理のつど表面をはなはだしく痛められて旧柱間装置の痕跡を失っているので、部分的な間取りや柱間装置がわかっても全体としては不明な個所が多く、創建当初のように画一的に単位房が並ぶと推定される場合以外は建物の全貌をとらえがたい。

(12)残存していた当初材は柱が三一、側桁一、入側桁二、虹梁三、陸梁二、繋梁一、棟木一である。柱は現状では入側通り一五、棟下通り三、側通り一三であったが、側通りには旧内部柱を保安再建時に転用したものがあって、その内訳は旧側柱六、旧入側柱三、棟下柱四と判定された。丸垂木は母屋にかかるものが三二、下方の地垂木が三三で、その他聖霊院からも四二本と断片三四個が発見されている。なお聖霊院の保安時の柱の中にも東室当初来のものが含まれているが、梁や桁には見当らない。

(13)浅野清・鈴木嘉吉『奈良時代僧房の研究』(『奈良国立文化財研究所学報』四) 昭和三十二年。

(14)東側面北より第二・第三・第四間は狭い扉（内開）の外側に片引き、または引分けの格子戸をたてた二重戸締りになっている。

(15)修理前の柱礎石は六二個のうち凝灰岩切石が四六個で、うち一〇個は中世に反転されていた。反転の礎石は大半がいちじるしく沈下したのを高く据え直したもので、当初は柱座が下方に向いていた圧痕を土中に明瞭に留めていた。なお礎石には当初から花崗岩自然石を用いた部分も数カ所あり、両者が混用されたことがわかる。聖霊院でも円柱座付き凝灰岩礎石が一八個用いられていた。

(16)東室以前の古材転用と明瞭に認められるのは柱のほかは繋梁一丁だけで、虹梁・陸梁は天平尺の二一尺に適合して造られているので、東室より遡るとは考えられない。東室の桁行柱間寸法に大小があるのを、古材を用いたためとする推測も生れているが、遺存する旧桁・棟木などには転用の痕跡がない。従って前身建物の規模は不明というほかなく、用途なども推定である。ただ講堂にも類似した凝灰岩礎石が使われているので、かなり長大な建物が付近にあったことは想像される。

法隆寺妻室（重要文化財）

桁行二七間　梁行二間　切妻造　本瓦葺

妻室は聖霊院・東室のすぐ東側に沿って建つ細長い建物である。東室に付属する小子房で、本来は東室小子房の名称が正しいが、近世大改造をうけて建物の規模や用途がまったく変ってから妻室と呼ばれている。(1)

古代寺院の僧房は大房と小子房が一組をなしているのが通例で、両者は中庭を挟んで建ち、建物を一房ごとに区画するだけでなく、中庭も房ごとに仕切っていた。そして主屋である大房には主人となる僧が居住し、小子房は従者の住いにあてられるとともに、日常生活の雑用の場でもあった。今日大房の遺構は当寺の東室・西室をはじめ、唐招提寺・元興寺などに何棟かみられるが、小子房はこれが唯一の遺例であり、しかも大房と並存して両者の関連を具体的に知り得る点はまことに貴重である。

小子房の創建年次は明らかでない。天平十九年（七四七）の「資財帳」には僧房四口を載せるが、広さ（梁行寸法）からみるといずれも大房で、小子房は当時まだなかったらしい。記録ではずっと降った嘉禄元年（一二二五）に「東室之第七室小子房」とあるのが初見である。(2)現建物は形式技法からみて平安時代の建立と考えられるが、付属建物だから大房からあまり遅れぬ時期、すなわち平安初期とする考え(3)と、保安二年（一一二一）に東室が再建（実は大修理）された頃とする説（『修理報告書』）とがあって、年代に大きな開きがある。この点はのちに改めて触れよう。寛元四年（一二四六）に東室とともに修理され（『嘉元記』）、『太子伝私記』には「東室九房。一房二間充。小子房又九房也。此二間為二一房一」と記されているが、この内容には臆測による誤りを含んでいる。(4)その後、室町初期頃に大修理があって東側全体と南北両妻柱筋および西側の一部に補強の腰貫・足固貫を加えたことがわかり、間取りも相当改変した形跡がある。当初の位置から約九尺東方へ移ったのも、この時と考えられている。(5)

慶長六年(6)（一六〇一）さらに東方約一六尺離れた場所に移されたが、この際は移転というより旧建物の古材(7)を利用してまったく別

法隆寺妻室（重要文化財）

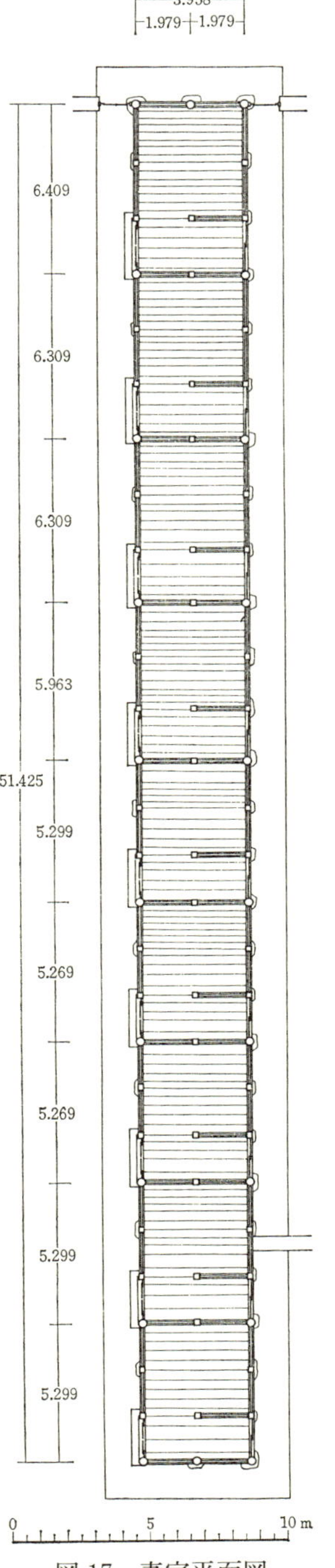

図 17　妻室平面図

の建物を建てたと解してよく、旧円柱は削って角柱に改め、角柱は削って細くし、あるいは桁に転用し、桁・梁・垂木も切り縮めて、規模・構造とも旧状とはまったく異なることとなった。当初の全長一七〇尺ほどが桁行一九間一二五・三尺に縮小され、用途も南半分が聖霊院の御供所、北半分が東室の台所にあてられた。御供所・台所とも八―一二畳の座敷、板敷配膳室、土間の炊事場、板の間（物置）を配列するよく似た平面で、僧房は二組の厨に変じたのである。以後元禄[8]・明和[9]の修理改造を受け、さらに明治―大正にも南妻に式台玄関の付設、綱封蔵への通路として中央部馬道の設置などがあって建物の変貌ははなはだしかった。昭和三十五年―三十八年に解体修理が行われたが、古材の調査によって当初の構造や基本となる一房の平面が判明するとともに、地下調査で旧位置も明らかになったので、復原されて面目を一新した。しかし妻室を室町初期に東に移転したのは現聖霊院が弘安再建に際し、梁行や軒の出を拡大し、従来より両建物が近接することになったのを避けるためと考えられたので[10]、当初の位置へは復さず、第二次の場所に再建されている。なお『古今一陽集』は『嘉元記』の文和三年（一三五四）造立の「東室庫円城院坊」を妻室にあてているが、これは江戸時代に妻室が厨に使用されていたための誤解である。

建物は桁行柱間寸法が多少異なるほかはまったく同形式の三間一房が九房連続する姿となっている。礎石は自然石、柱は一房の両端を円柱、中間二本を矩形の角柱とし、組物を用いず直接桁を載せる。梁は両端の円柱筋とその一間北寄りとに桁に渡腮で渡し、豖叉首を組み、棟木を載せ、棟木上で組んだ角垂木を桁へ垂らして一軒の軒先を造り、野小屋はなく直接本瓦を葺いている。内部は梁下にほぼ方形の角柱を立てて南寄りの二間×一間と北の二間×二間に区分し、南側の室は西側面を扉、東面を引違板戸、北側の室は東西とも外面を壁で閉鎖する。両室境は西の間を出入口にあてて無目鴨居で下は開放、上部は小壁、東の間は壁である。両室とも化粧屋根裏で、低い床を張り、西面扉前に上り段を設ける。房境は全面を壁で仕切っている。南北両妻もこの房境の構造がそのままあらわれ、ただ中央柱を円柱にして外観を整えたのと、梁を下木、桁を上木にして傍軒の枯出しに備えた構造が異なるにすぎない。また両端の房には叉首束足元から棟木下面へ方杖を入れて桁行の変形を防いでいる。

房境の柱筋は東室の二間一房の房境通りと一致し、各房の桁行柱間寸法はこの三等分となっている。しかしこれは発見された旧桁の痕跡による柱間寸法がまちまちで、それが広狭不定の東室の一房の三分の一に近似することから、理論的に想定された数値で[11]、当初の建物がこれほど寸分の誤差もなく房境を揃え、またうまく三等分されていたわけではない。ことに南端三房分は聖霊院に当って旧東室の柱間寸法自体に推定が多く含まれているので、それにならった小子房の寸尺も多少信頼度が落ちる。従って桁行総長もおおよその長さを示すものと考えたほうがよい。嘉禄元年の記録では小子房に馬道があったことがわかり、そうすると現建物のように一律に九房が連続するのではなく、間数の異なる房が含まれていた可能性もある。

側柱の高さは一〇尺で、これは東室の当初の柱高より七寸低く、保安に切り縮められた時とほぼ一致する。房境を円柱にして中間を角柱で三等分する形式は元興寺僧房（大房）にも例があり、矩形断面の角柱であることも類似している。組物のない簡単な構造形式は東室と等しいが、房境だけでなく中間の大梁上も叉首組とするのは東室の小屋組が母屋の天井で隠されるのに、これは全部が見える室内意匠によるのであろう。垂木はかなりの反りをもち、棟で三枚組・込栓打に組合せる仕口を留につくっているのが珍らしい。柱間寸法と無関係に一支は〇・九六五尺で等間に配置されている。棟木は叉首の頂部三角形にとがった部分に大入れでかぶせて据えてある。唐招提寺経蔵の前身建物などにその例はあるが、現存の建物としてはこれが唯一である。棟木下の方杖は東室にもその痕跡があって、こうした簡単な建物にはむしろ古くから使われていたらしい[12]。鎌倉初―中期の檜皮葺もしくは板葺の簡単な小屋組にも、これに類似した筋違の使用がみられるが、小屋組構造の発展につれて、むしろその後は消滅していった。小屋組の中に貫が採り入れられて、方杖（一種の叉首とみてよい）から筋違、やがて貫を何段にも縦横に組む構造へと変化したのである。

単位房の南側の室の西面の扉口は柱に方立・楣仕口痕があってはっきりしているが、東面は顕著な痕跡がなく、開放・引違戸・窓など色々な可能性が考えられた結果、今は仮に引違板戸に整備されている。それはこの室の用途とも関連するもので、地下調査によると南側の室の東面の中央には、室内から東へ向かって瓦を敷き並べた排水溝がほとんどの房で発見され、これは南側の室の東寄りを台所風に用いたことを示すものと考えられた。そうした場合、扉ではいかにも重々しく、開放ではまた不都合なので、中間的な引違戸に整えたのである。しかし南北朝―室町初期頃、東側全体に胴差を入れて閉鎖したところからすると、当初も窓で閉されていたことは十分考えられる。室境の出入口も本来は扉か引違戸で間仕切られたはずであるが、いずれとも決め難いまま、痕跡による無目鴨居だけを復旧してある。いずれにしても北側の室は閉鎖的で暗く、寝室または物置に用いたものと思われる。

現建物の建立年代は、桁の幅が丈より大きい点や、桁・梁の下面に木舞がらみの縄を通す壁のえつり穴を用いることからみて、平安時代を降るものではない。しかし垂木の大きな反りや、丁寧に留で組合せた拝みの仕口、さらに桁・梁・棟木などが、矩形とはいえ、かなり正方形に近いことなどは、年代を下げたくなる要素であり、一方、叉首頂部を直接棟木へ大入れにする工法は天平時代そのままである。内部の房境まで角柱とするのは大房では鎌倉に入ってからの変化であるが、小子房の場合にもそのままあてはまるかどうかはわからない。梁行寸法一三・〇六尺も天平尺ではないというだけで、年代の決め手にはなり難い。

桁や垂木の痕跡からすると、建立以来慶長六年に解体されるまで一度も垂木の打替えがない点や(13)、慶長再建時に垂木は大半旧材を転用しているのに、その中に二次的な取替材をまったく含まないことは、建立後慶長までの経年をあまり長くとるには不都合となろう。一方、東室の保安再建に続く建立と仮定すると、当時はすでに僧房の制度がくずれて、南は聖霊院となり、東室も棟下通りで東西二房に分割される傾向へ進んでいるので、そうした時期に何故小子房が新たに生れたかの疑問がおこる。あるいはすでに古く小子房は建立されていて、平安末期に旧規を踏襲して新しく建て替えられたとすればよいのかもしれないが、ここでは疑問点だけをあげて後考にまちたい。

註

（1）元禄九年（一六九六）の『法隆寺諸伽藍破損御修復諸色入札目録帳』には太子堂御供所東室台所の名称が使われているが、『古今一陽集』には妻室の名がみえ、これは御供所の南端にある畳敷広間を指すらしい。その後天明古図では御供所全体を妻室、北半分を東室台所と呼び、天明四年（一七八四）の『修理方勘定明細書』では建物全部を妻室としている。

（2）『法隆寺文書』（『大日本史料』五の三所収）
（瑞裏書）

「東室公文也」

沽却　東室之第七室小子房事
合参間者。但自馬道南也。□□□之角壱坪者。栄真院沽却畢。

右件房。元者僧良増之相伝房室也。而今依有要用。限直米弐石玖斗。相副本公験。僧久福院永令沽却事既畢。仍為後代証文。放新巻文状。如件。

嘉禄元者（マヽ）歳次乙酉十二月十七日　　僧良増　（花押）

（3）奈良県教育委員会『奈良県文化財全集七』（法隆寺Ⅴ）昭和四十三年

（4）東室は馬道を設けると九房ではなかったらしく（「東室」の項参照）、したがって小子房も疑問がある。また小子房は三間一房が正しいのを、東室の二間一房にあわせるなど、かなり臆測的な記述と思われる。しかし東室と同長の小子房があったことは間違いない。

（5）修理中の地下調査の結果、小子房の遺跡は二カ所にあって、最初は東室と側柱心々一七尺の距離であったのを、つぎに約二六尺の位置に移動したことが明らかにされた。第二次の土壇中には鎌倉末期の遺物が含まれている。

（6）「南妻叉首束墨書」（『修理報告書』による）
南無阿弥陀仏／南無御汰（沙）□／慶長六年六月十五日

（7）慶長改造の御供所・台所に転用されていた旧小子房の古材は、柱二五（円柱一三、角柱一二）、桁一六、梁一五、棟木二、垂木二七七であった。

（8）元禄九年の『法隆寺破損修復一式請切仕様入札根帳』五冊の中に、聖霊院・東室などと同冊で「太子堂御供所東室台所共桁行拾九間半梁間弐間西廂四間半」の分があり、修理内容の詳細が判明する（『修理報告書』に全文を載せる）。

（9）「南より第二室天井板墨書」（『修理報告書』による）
明和五戊子年　司山□専大／大工茂兵衛
そのほか天明四年の『修理方勘定明細帳』に東室と妻室の壁を修理したことがみえる。

（10）第二次の位置は東室との距離が北端で二六・二尺、中央南寄り（東室南端）で二七・一尺と、やや斜めに南で開く配置になっていて、これは現聖霊院が東室より東へ張り出しているために、小子房も東へ逃げたためと考えられた。

(11) 桁・棟木は一房分を一木で通して、房境に継手をつくるが、すべて両端が切り縮められていて、柱間寸法は三間の中央間だけが判明する。それもかなりの長さを残して実際に旧柱枘孔で心々距離が測れるのは桁九丁で、他の桁七丁、棟木二丁はえつり穴などで折返して柱間寸法を推定した。桁の柱間寸法は、⑴七・〇七―六・九四尺、⑵六・五七尺、⑶五・八五―五・七七尺の三群に分かれ、（1）は東室の北より第一―第三房（二一・〇六―二〇・四八尺）、⑵は第四房（一九・六〇尺）、⑶は第五房以南（一七・五五尺）の三分の一に相当して、もとはそれらの房に並行した個所のものと想定された。

(12) 残存した棟木は二丁で、そのうち北端のものに方杖の痕があった。復原された現建物では南北両端の房だけに方杖を入れているが、おそらく中間にも何カ所か用いられていたであろう。

(13) そのために第一次の位置から第二次の位置への移動は建物を解体せず、曳屋したものと考えられている。しかし構造が簡単で足固貫や腰貫の使用もない細長い建物は曳屋よりむしろ一旦解体するほうが移築は容易で、この点からすると移転そのものに疑問がある。あるいは現建物は最初から第二次の場所で建立され、それが室町初期頃大修理された際に基礎にも手が加えられて、鎌倉末の遺物の混入をみたのかもしれない。

法隆寺三経院及び西室（国宝）

桁行一九間　梁行正面五間　背面四間　切妻造　妻入　本瓦葺　正面一間通り庇付　向拝一間　檜皮葺

三経院・西室は回廊の西側にやや離れて建つ南北一九間に及ぶ長大な建物で、今は南方の七間を法華・勝鬘・維摩の三経を講ずる三経院、北方を西室とする。東側の聖霊院・東室と同様、本来は全体が僧房であったのを、南端だけ堂に造ったもので、両建物は成立ち・外観とも近似している。ただ東室は伽藍創設以来の建物が現存するのに対して、西室は当初の建物が承暦年中（一〇七七—八一）に焼失し（『別当記』、『太子伝私記』）、旧規を伝えるものはない。西回廊に近く東室と対称の地点に旧雨落跡らしきものが発見されていて、当初の西室は回廊と現建物のほぼ中間にあったと考えられている。三経院は天承二年（一一三二）の「源義施入状案」[1]によると、大治元年（一一二六）に開浦寺三昧堂[2]を移して造立したもので、創立は聖霊院の保安二年（一一二一）にわずか数年遅れるにすぎない。『白拍子』や『古今一陽集』では、西室の南妻に早くから三経講讃の道場が定められていて、西室が焼けた時にもこれが残り、それを源義が新たに手を加えて三経院にしたように伝えているが、『別当記』には北頭の一坊だけ残ったとあって、南と北の大差がある。これだけで断定するのは難しいが、どうも大治創立の三経院は旧西室とは無関係に思われ、むしろそれと離れた現三経院付近に営まれたのではなかろうか。

現在の建物は棟木銘[3]と『別当記』の記事によって寛喜三年（一二三一）に建立されたことが明らかである。ところが『別当記』には三七年後の文永五年（一二六八）にも「西室造営。同三経院被立。番匠南都ヨリ被下」の記録があり、建物にも西室柱底面に同年の墨書がある[4]。この後者の墨書は柱を倒さない限り書けないもので、寛喜建立後三〇数年でそのような大修理を必要としたとは考え難い。『太子伝私記』の記事は現状と多少相違しているから[5]、旧棟木など一部古材を再用して文永にすっかり建て直したとも考えられるが、『別当記』の「但南端七間三面。南四間号三経院矣」をそのままとって、寛喜には南端七間だけを造り、文永に北方を継ぎ足したとみることも可能である。[6] この点で注目されるのは現建物の柱間寸法で、桁行一九間のうち、南端七間が九・〇二尺、八間目が九・一五尺、九間目以北は九・〇五尺であって、九・〇二尺と九・〇五尺はそれぞれ当時の九尺に当るから、中間にやや広い間を挟んで南半分と北半分では使用尺度が相違し、造立時期が異なる可能性を示唆している。ただし建物の現状から継ぎ足しの痕跡を認めることは難しく、断定は避けなければならない。

つぎに嘉元三年（一三〇五）に講師坊造営の記事がある（『別当記』、『嘉元記』）。現在の西室では北端より第二—五間の桁行四間分が講師坊に相当し、[7] ここには内部も円柱を用いてある。『太子伝私記』にも講師房の記事があるが、それは三経院の北端二間分に当るらしく、[5] この時にそれを北方に移したのであろう。西室は本来内部をすべて角柱としているから、その際円柱に替えて内部を改装したものと思われる。[8] さらに貞和五年（一三四九）には三経院の内部を北へ一間拡張して、従来の四間を五間に改め、そこにあった桁行一間通りの経営所を北の二間へ移した。そして翌観応元年（一三五〇）に経営所で居室が失われた分を北へ造り継ぐこととなって、「講師坊西室造アヒノ東向妻戸二間連子二間始立」ている（『嘉元記』）。これは現西室の南端二房分（第八—一一間）に当るらしく、始めて立てるとあることからすると、この時までは現状のような扉口と窓を交互に配置する整然とした外観ではなかったことがうかがえる。

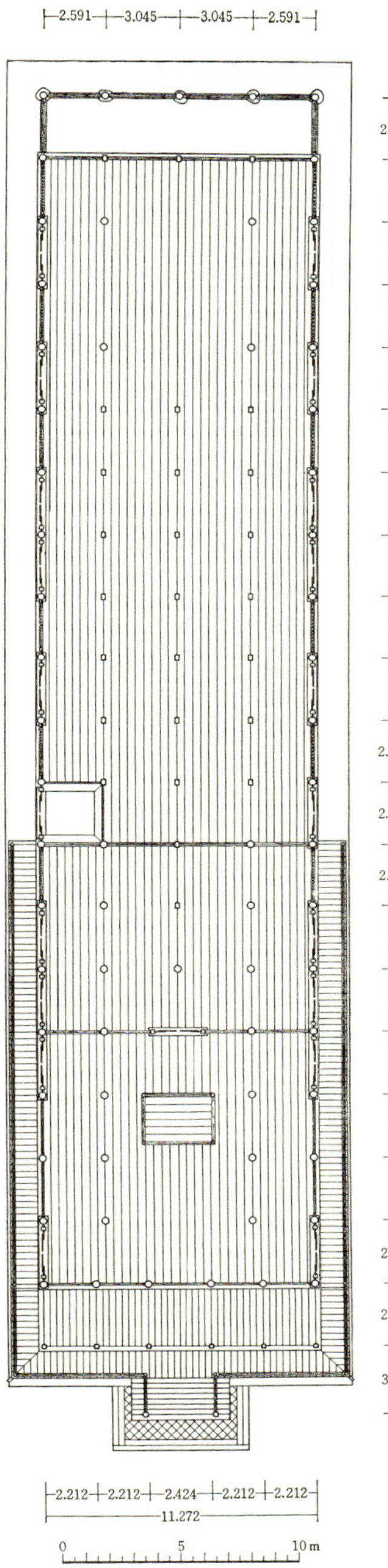

図18　三経院・西室平面図

こうしてみると現在の建物は、寛喜三年から観応元年まで、一二〇年もの間につぎつぎと改造が行われ、しかもそれが簡単な室内の改装といった程度にとどまらなかったことがわかるが、残念ながら昭和七―九年の解体修理時の調査では、具体的な変遷過程を明らかにするまでにはいたっていない。

屋根葺替えなどの小修理は元弘二年（一三三二）の妻庇葺替え（『別当記』）以下、瓦銘や寺蔵文書によって、応永四年(9)（一三九七）、大永四年(10)（一五二四）、天文四年(11)（一五三五）、慶長五年(12)（一六〇〇）、同十一年(13)、元禄九―十年(14)（一六九六―九七）、正徳五年(15)（一七一五）、享和二年(16)（一八〇二）、文化七年(17)（一八一〇）、安政二年(18)（一八五五）などが知られる。この間に内部間仕切の改造も数多くあったらしく、天明古図の間取りは現状といくぶん異なり、『古今一陽集』の記述とも一致しない。明治初年に三経院内の仏壇を二間後方の柱筋へ移している。三経院の東側に花頭窓のある下屋(19)がついた古い写真も残っているが、明治四十年の指定調査までには取払われており、当時西室は内部の床と西側の建具が全部なくなっていた。以後も西室東側の建具には改修があって、明治四十年に連子窓・扉とも三間連続した個所があったのを、昭和修理前には一間ごとに配置する現在と同じ状態に改められているが、内部と西側は荒廃したまま放置されていた。昭和の解体修理では三経院のみは復原されて、仏壇や柱間装置を旧状に改めたが、西室は外観の整備に主力が注がれ、内部は間仕切のない広い一室となった。

桁行柱間寸法は広庇とも各九尺等間（現曲尺よりやや延びあり、梁行も同じ。また南より第八間のみ九・一五尺）、梁行は母屋一〇尺二間、庇八・五尺の計三七尺である。北端一間を除いて全体に床を張り、広庇は主屋より縁長押一段落ち、三経院の周囲三方だけに高欄付きの切目縁を設ける。広庇はまったくの吹放しで、三経院主屋は正面五間とも蔀戸、両側面前より第一・第四―六間板扉、第二・第三間蔀戸、第七間連子窓とする。西室は南より扉・連子が二組続いてつぎが扉、それからまた扉・連子が三組あって、北端は土間入口の内開板扉となっている。背面は全部壁である。葛石一段の低い基壇上に建ち、南下りの地形にしたがって三経院はさらに亀腹を縁下に設ける。礎石は自然石、柱は主屋は円柱、広庇は大面取角柱。地覆・足固貫・縁長押・内法長押・頭貫で固め、組物は大斗肘木、軒は角垂木一軒である。妻飾は大梁に豕叉首、棟木を大斗肘木で受ける。広庇は舟肘木に木舞裏一軒疎垂木、両側面だけ繋虹梁を入れ、すべて面取り。向拝は角柱、虹梁木鼻付き、出三斗組手挟付き、中備蟇股、木舞裏疎垂木である。

内部は南端四間が堂で、聖霊院と異なり間仕切のない一室となっているが、中央方二間を折上小組格天井、周囲一間通りを外まわり小壁横連子欄間付き小組格天井として、内外陣の別を天井であらわしている。内陣後端中央には細い面取角柱で一間の来迎壁を造り、前面に高欄付きの低い仏壇を置く。堂の北面は中央に方立柱で狭い扉口を設けるほかは土壁である。ここから北は三経院・西室とも側通り頭貫と同高の飛貫を梁行各柱筋に通して、その上面に低い棹縁天井を張りつめ、居室らしい落着いた空間が続く。しかし三経院北端三間は堂と同じく内部を円柱（第七柱筋棟下のみ角柱）とし、ことに堂の北に接する一間通り（南第五間）のみは他と異なり組入天井を張るので、ややいかめしい。三経院・西室境は母屋を土壁、両脇の庇を舞良戸で仕切っているが、柱の痕跡からすると全体壁であった。西室は内部に碁盤目状に矩形の角柱を立て、北端一間通りを壁で区切って土間の物置とするほかは、いま全体を一室としている。ただ北より第二―五間の桁行四間分はその中央方二間の四隅だけに円柱を立て、ここは長押で一段高くした棹縁天井を張って堂のような構えにしている。なお三経院・西室とも現在は素木造であるが、西室には木部丹塗り、垂木木口黄土塗りの痕があり、元禄修理の仕様帳[20]にもその塗替えがあって、もとは西室だけ彩色されていた。

細部について二、三外見からでも気がつく点を記すと、三経院の堂の部分は昭和の修理で当初（貞和に拡張される前）の形態に復原されていて問題はなく、天井・仏壇なども当初材である[21]。貞和の拡張、明治の仏壇移動の際にも内陣の折上天井はそのまま残し、外陣天井を後方へ延していた。外陣天井下の横連子欄間は弘安頃になると聖霊院・薬師寺東院堂など盛んに行われるが、これはその早い例である。仏壇の羽目の横連子も、厨子と一体でない独立の壇としてはおそらく最古であり、形式も秀れている。広庇の角柱の面は五・七分の一で聖霊院の七分の一より大きい。主屋南妻には繋梁と同高に飛貫を通して、これを広庇の垂木掛としている。そのため柱心通りの垂木は柱へ直接彫り込んで納めており、聖霊院とは大差がある。主屋の破風板は入母屋風に一旦広庇上部で切り、軒先は障泥板を用いる。この点は破風板を軒先まで一連にかける聖霊院の方が古式であるが、春日造でも中世のものは破風が分かれるので、必ずしも後世改変の結果とはいえない。向拝は形式からすると室町初期頃造り替えられたものらしい。ただし組物はもと平三斗で、手挟はなく、いまは元禄五年に聖霊院に新造した部材を同十年に取外して転用したものが使われており、蟇股もその際の新造品である[22]。縁回りは昭和にすっかり新しくされていて旧規を知り難い。『太子伝私記』によると擬宝珠高欄は広庇の周囲縁だけにあって、後方にはなかった。

堂の北の一間通り（第五間）は現在東西両側面とも板扉で、そのために第四―六間の連続三間が扉になっているが、貞和に堂にとりこまれる以前は両側遣戸の経営所であった。貞和に第四間の扉を第五間へ移し、第四間は蔀に改めたことが明記されている（『嘉元記』）ので、扉が三間続くことはかつてなかったのである。第五間と第六間の境に現在間仕切はないが、痕跡からみると全体壁で仕切られ、第五間は堂の北扉口に続く通路状の部屋であったらしく、これが『太子伝私記』の馬道に当るのであろう。(23)

記録にはでないが馬道はもう一つあった。それは西室のほぼ中間、南より第一二間で、ここもいまその北と二間続いて扉となっている。この間は現天井上に軒先から続く化粧屋根裏の両下造の垂木が、南北両側の舟肘木・豕叉首とともに残存していて、元来馬道であったことを明示している。両脇柱筋も全面壁で仕切られていた形跡が残り、土間の通路になっていたと思われる。以上の二つの馬道を除くと、堂から北の部分は規則正しく扉と連子が一間ごとに配置されることになり、しかも西室中央の馬道を中心にして、南北ともに三組ずつ並ぶ（北端の物置は別）。この一組桁行二間が一房に当ることはいうまでもない。しかし実際にはこのうち北端二房分が円柱の講師坊に改められていて、僧房として内部間仕切が造られたのは四房分であったようである。

僧房の間取りや柱間装置の復原は現状からはなかなか難しいが、ほぼつぎのように考えられる。まず外観は南の間が扉、北の間が床上いっぱいまでの連子窓で、内部は入側筋・棟下筋とも角柱を立て、房境は全体を壁で閉鎖するほか、棟下筋にも壁を設け、東西両房に分けられる。この桁行二間、梁行二間が単位房で、それをT字型に仕切って南の二間×一間（一間は九尺だから約九畳）と、北の一間×一間（四・五畳）二室とした。北側の奥の室は矩折の間仕切のうち一面を壁、他を片引戸として、ここに寝室もしくは納戸、その前の窓の内側の部屋は居間に用いたらしい。扉口に続く奥行の長い部屋は玄関ホールと通路にあてたのであろう。この平面は当寺東室の中世の姿と相似し、また唐招提寺東室など三間一房の場合もほぼ似た間取りであった。

註

（1）「源義施入状案」（竹内理三編『平安遺文』二二一六）
三経院　奉注仏像経巻并燈油兼住僧依拠料田畠等事。合。一。仏像。一。経巻。一。仏具。一。田畠。一。源義大法師新施入田畠事。
（以上内訳略）
右。件仏具并田畠等敬奉納如件。抑其志者。以去大治元年丙午七月十九日。彼改開浦三昧堂。造立於此三経院。因之任本施主素懐。所施

入也。随毎月廿二日聖霊御遠忌。勤修講経。月別如次講讃法花勝鬘維摩三部経王。是偏為寺家興隆仏法也。（後略）

天承弐年正月十四日　五師大法師源義敬白

（2）開浦寺は仁平四年（一一五四）二月十四日付の「法隆寺五師林覚後家等解」（『平安遺文』二七九四）に「法隆寺西辺開浦寺敷地」とみえ、また『古今一陽集』三経院の条に「西郷桜之開浦院三昧堂」とあって、開浦寺（院）は法隆寺西大門のすぐ外の西郷にあったことがわかる。ただ西郷桜池の傍には後に東大門の東に移された金光院があり、『古今一陽集』は開浦寺と金光院を同一の寺としているようにもみえる。

（3）「三経院南端の間棟木下面墨書」

法隆学問寺西室棟上

寛喜三季辛卯
初夏廿四日庚辰

別当前権僧正範円

施主比丘尼常住
大勧進尊円　大工妙阿弥陀仏
勧進寺僧等

宗友
葛井成末
源成利
葛井行成
葛井行末
葛井国宗
三国国行
葛井有宗
源近清

（4）「西室東側北より第九柱底面墨書」（高田十郎「法隆寺金石文集」『夢殿』第一三冊）による）

奉行□東院北室円□／大工国光／次郎大夫／別当中南院法印／文永五年戊辰／四月十二日／十間□

この時の工匠は南都から来たと『別当記』にあるから、国光は弘安四年（一二八一）長谷寺の鎮守を造営した興福寺の工匠国光と同一人であろう。

（5）『太子伝私記』には本文に南端三間を三経院、次一間馬道、次二間講師房とあるのに、裏書では三経院の東西両面が南北端妻戸、中間三間蔀戸とあって計五間となり、矛盾している。ことに裏書の柱間装置は『嘉元記』貞和五年改造後の状況と等しく、不審である。これは本文・裏書とも間違いがあって、三経院の堂が四間で、両端妻戸、中央二間蔀戸、そのつぎに馬道、その北二間が講師房と解したほうがよさそうである。なお西堂の傍書に「瓦葺　一九間也」とあり、これが当初（嘉禎頃）からのものとすれば、寛喜造営の最初から建物は全長が建立されたこととなるが、墨色・書体に差があり、後の書入れの可能性が濃い。

（6）『白拍子』では「文永年中玄雅僧正執務の時、西の連室六箇の室をば僅に梁棟の構をなしつつ、勝万大会講匠止住の為にとて、北より二箇の室をば其功を終え給なり」として、文永造立と嘉元三年講師坊造営とを混同しているが、梁棟の構すなわち軸組だけを造ったように伝えている。

（7）『古今一陽集』には当時（延享二年（一七四五））、「南五間三経院。次二間作屋。次三間土間。次四間之内。北南一間空所。中二間之内。横西端二二間。号夏前講間。東端二間文殊講間。次五間講師坊此坊丸柱也。院室共惣間数拾九間」とあり、北端五間を講師坊とする。

（8）円柱を二間×二間の母屋四隅にだけ配置するために、この部分だけは他の大梁より一段低い所に井桁状の梁を組み、また小屋組も他は束組であるのに、ここは登梁状の大きな合掌を組んでいる。これらの構造はいかにも後世の改造らしいやり方になっている。

（9）「軒丸瓦銘」ヲウエ二二年（ヒノトノウシノトシ）六（下欠）／瓦ツクルナリ　九（下欠）

（10）「丸瓦銘」大永四年三月十一日

（11）「軒平瓦銘」天文四年五月十六日

（12）「講堂慶長八年大棟西鳥衾銘」慶長五年之時御奉行ました衛門殿
同　御奉行かたきり一之かミ殿
一御太子たうなる
一三きやうゐんなるついかきなる
一くわいろう西方なる
（下略）

（13）「慶長修理棟札」

（表）

夫大和国平群郡法隆学問寺者。仏法最初之伽藍鎮護国家之霊場也。聖徳太子／御草創之後一千余歳之今。右大臣豊臣朝臣秀頼公。命片桐東市正。寺町四面之間。住持／相続之梵閣悉以修営再興之処也。然則後代修造之年限。親相当大望之所記。再（来脱カ）／後身之妙詞更無疑滞者哉。可貴可仰。若爾　信心大檀越金楼之月下久富百年之／春秋。珠砌之花前永専万国之政道而已。

慶長十一季（丙午）八月吉祥日　奉行片桐東市正且元　官使下代（松山宗左衛門　梅戸平右衛門）

（右の下につぎの人名を二段に記す）

専寺職綱　法印舜清／権少僧都長乗／権律師光祐／権律師長算／権律師実秀／五師大法師覚祐」伝燈大法師光盛／伝燈大法師正秀／伝燈法師隆政／伝燈法師仙尊／伝燈法師頼春

（右の下につぎの人名を記す）

番匠大工　一朝惣棟梁橘朝臣中井大和守正清／小工藤原宗右衛門尉宗次／寺職工平金剛大夫政盛／同藤原左大夫家次／同平宗十郎
瓦大工　藤原新右衛門宗次／藤原甚三郎家次

（裏）　三キヤウキン

「軒平瓦銘」慶長十一年三月九日／からくさ西京大工年／拾七歳

(14)『法隆寺破損修復一式請切仕様入札根帳』（元禄九年）その他。

「軒平瓦銘」石見掾／元禄十年／丑ノ八月廿二日

(15)正徳の檜皮葺替えは『修復方惣勘定帳』（正徳五年）および『普請方請払帳』（同）にある。

(16)「軒平瓦銘」享和二年十月日

(17)「平瓦銘」文化七年／午九月十五日／円城井瓦や／利介

(18)「安政修理棟札」（注4の「法隆寺金石文集」による）

安政二乙卯載
法隆学問寺三経院大床修覆
十二月十二日

（右の下につぎの人名を二段に記す）

修理奉行宝珠院権律師頼賢／年会伍師普門院権律師妙海／公文所弥勒院定朝法師／沙汰衆阿弥陀院千懐法師」大工当所本町／井筒屋庄蔵／魚屋新助／出垣内亀治良／請負檜皮師／郡山梶治町宗七

(19)明治六年頃から東本願寺の説経場が置かれ、明治十三年に改造・拡張されて、この花頭窓のついた下屋が造られた。

(20)『仕様入札根帳』（元禄九年）に「一。東側北妻外之分屋根裏迄煮塗。木口黄土。小壁裏板裏側胡（甲）粉塗。角連子緑青ぬり。念ヲ入何反も塗可申候。西側も同事ニ塗可申候」とある。

(21)『別当記』に弘長元年（一二六一）九月後嵯峨院の行幸の際、三経院を御所にあてるため、仏壇を取除いた記事があり、現仏壇はその後の文永造営時のものであろう。

(22)『仕様入札根帳』（元禄九年）

一。御拝平三ツ斗升形肘木共悪敷所仕直し。今度持送リ仕足可申候。内外へ升壱ツ宛。枠肘木・さね肘木共仕足可申候。持送リハ聖霊院御拝之持送りを取放し。此所へ用可申候事。

一。同柱貫之上蟇股檜ふしなしにて新敷仕直し。彫物鹿師（獅子）ニほたん両面籠ほり鉇目ヲ付可致候。輪立之厚サニほり物之置上ケ程厚ク可致候。升形実肘木仕足可申候事。

(23)第五間の南北両側梁行柱筋には叉首台状の化粧材の大梁が残存しており、風蝕の痕もあるが、ともに他からの転用材の可能性もあるので、直ちにこれを馬道の跡を示す資料とするのは疑問がある。

唐招提寺礼堂（重要文化財）

桁行一九間　梁行四間　入母屋造　東面五間向拝付　本瓦葺

礼堂は講堂の東方にある南北に細長い建物で、桁行一九間のうち、南方八間を礼堂、北方一〇間を東室とし、中間に一間の馬道を設けている。この建物は元来僧房で、江戸時代の古図（「僧房概説」図28）を見ると、講堂の西側にもほぼ対称に細長い建物があり、東僧房と西僧房とが相対していたのであったが、西僧房は天保四年（一八三三）に焼失した（天保五年『伽藍諸堂間数書』）。

僧房は僧の住いであるから、その創建は当然寺の創立時まで遡る。『建立縁起』には東北一房、東一房など総計一〇房があり、これらは法載・義浄・如宝等の造立と藤原清河の施入によってでき、そのうち西北二房は鑑真の住室であったと記している。

この創建時の僧房と現建物との関連は後に触れることとして、現在のような礼堂・東室の形態が成立したのは建仁二年（一二〇二）である。『招提千歳伝』に「建仁二年壬戌秋八月解脱上人試みに念仏会を修す。人に勧めて東室を修理し以て念仏道場と為す」とあり、この時、従来は細長い建物全体が東室であったのを、馬道から南の部分を堂に改造した。

現建物はこの建仁二年再建とする説が一般的であるが[1]、内法貫、足固貫を入れて軸部を組み固める宋様式の新工法が和様にも使われるようになるのは、一二三〇年頃以降であり、頭貫の木鼻の形式も建治元年（一二七五）改修の講堂より下る。『千歳伝』にはさらに「弘安六年癸未東室及び礼堂再補。正月より始む。同七年甲申東室及び礼堂修造落成す」とあるが、これが現建物の再建を示すものであろう。

弘安七年（一二八四）再建後の状況を材質・手法および建物に残された痕跡や文献史料などでみると、室町中期・慶安・元禄などに修理があったことがわかる。室町中期頃各柱礎石上に高さ三〇—五〇㎝の根継ぎ石を挿入して建物全体を引上げたのが第一回の大修理である。これは周囲に土砂が堆積して柱の根元を腐朽させるようになったためで、宝蔵や経蔵も同様に地上げされている。また

唐招提寺礼堂（重要文化財）

同じ頃、礼堂東側の向拝が、それまで梁間約一〇・五尺の広いものであったのを、七・三尺に縮小した(2)。江戸時代に入って慶安四年（一六五一）にこの向拝部分の両脇にも柱を加え、向拝を主屋に取込むように拡張して、馬道より南方を梁間五間の建物とし、屋根もそのために礼堂部は北の東室より棟を半間東へ寄せ一段高く改めた(3)。さらに元禄十一年（一六九八）には東室の南半桁行五間の内部を舎利殿に改造し、北半は念仏会に用いる講坊にあてた（『千歳伝』）。礼堂は宝永四年（一七〇七）にも部分的な修理が加えられた(4)。

このように後世の改造で礼堂は規模が拡張され、東室は常住の僧房としての役割を捨てて舎利殿と臨時的な控室に改変されていたのであったが、昭和十五年の解体修理で復原され、現在はほぼ弘安再建時の姿に整えられている。ただし礼堂東側の向拝は室町時代に縮小されたままの規模を踏襲しており、また東室の内部は本来は壁や建具で小室に仕切られていたはずであるが、もとの間仕切が不明なので、全部間仕切のない広い一室にしてある。

南の礼堂部分は低い切石積の基壇を設けるが、地盤が北へ高くなるので、北半は雨落溝をめぐらすだけである。礎石は自然石、柱は礼堂の向拝柱と東室の内部が角柱であるほかはすべて円柱で、軸部は前に触れたように足固貫・内法貫で固められ、柱頂部に頭貫を渡す。組物は出三斗で、入側柱から側桁に相欠きに取付けた繋梁の先端を同時に受けるが、礼堂で格天井を高く張った個所では繋梁が略され、木鼻だけが形式的に組まれている。中備は間斗束、軒は角の二軒繁垂木で、南北両妻は入母屋造としている。内部は馬

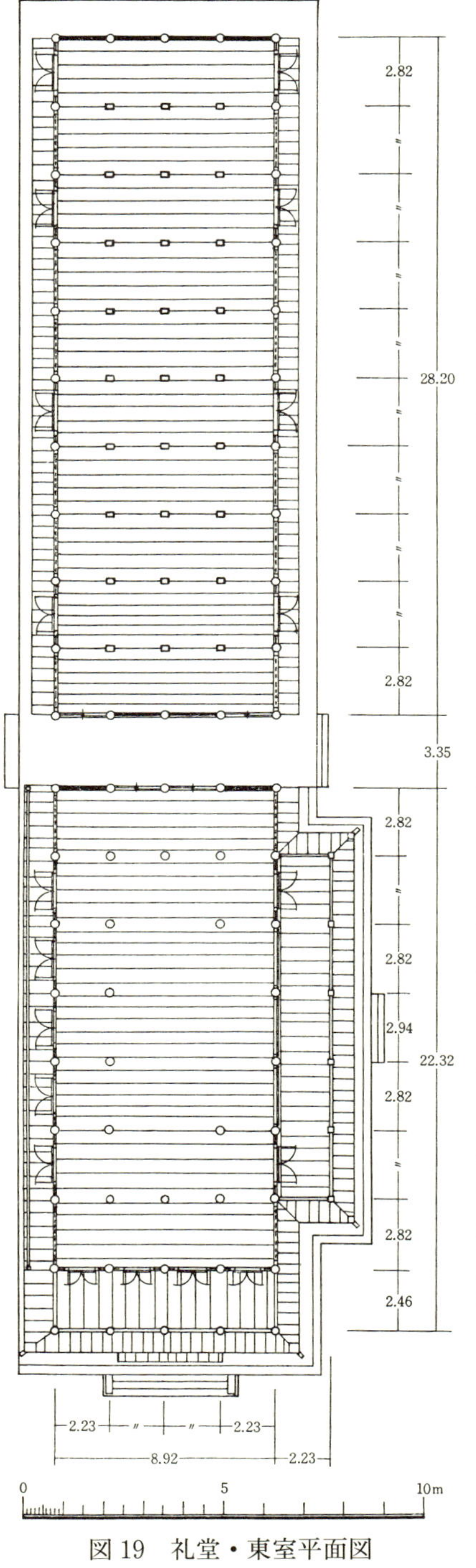

図 19　礼堂・東室平面図

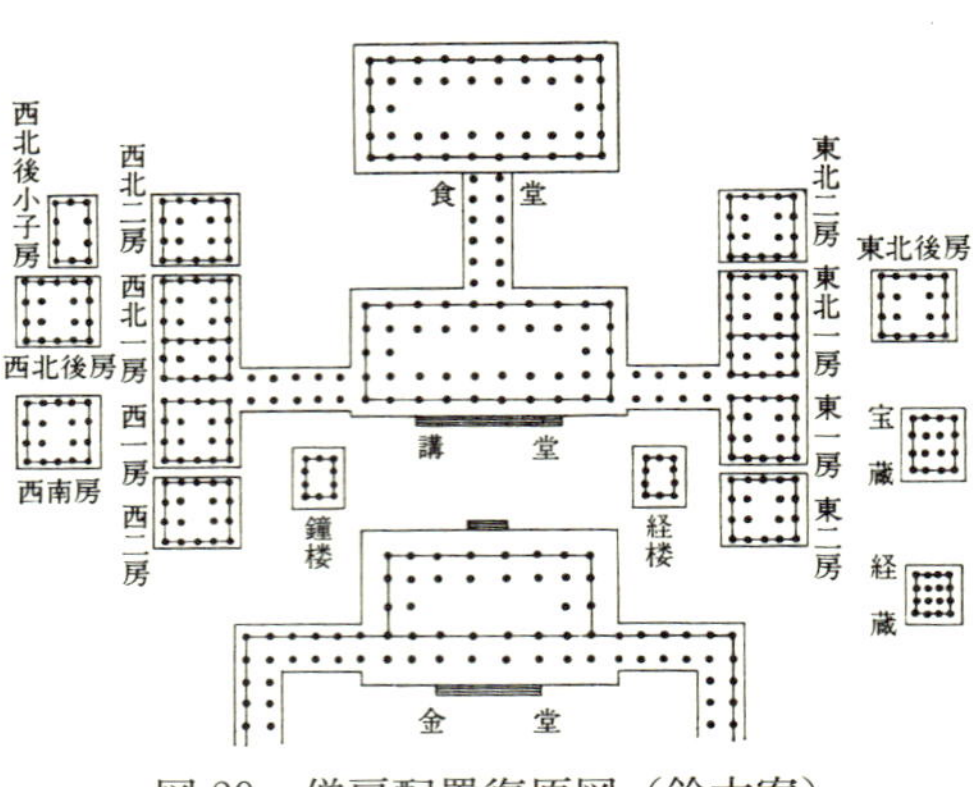

図 20　僧房配置復原図（鈴木案）

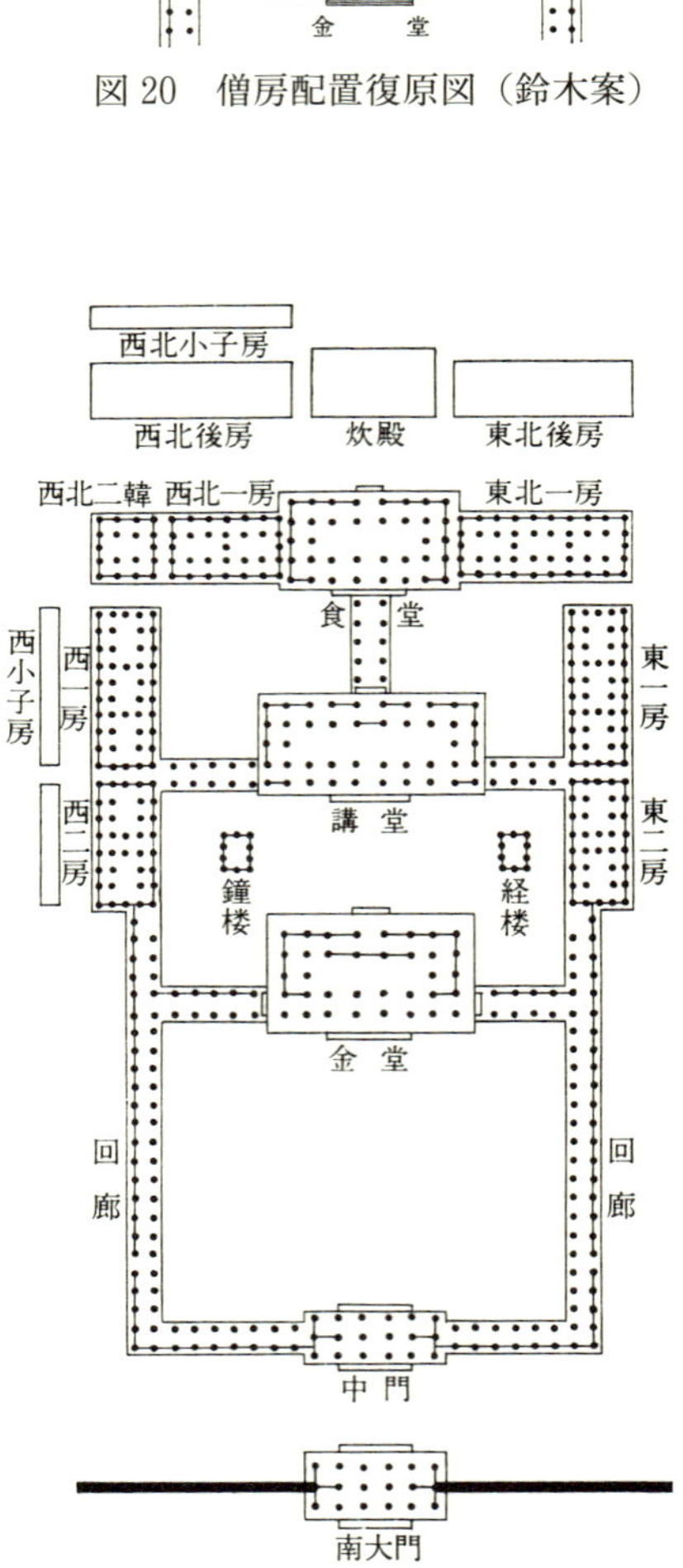

図 21　伽藍配置復原図（工藤案）

道以外は板敷で（現在は使用上の便宜から畳を敷いている）、馬道と北妻を除き周囲には切目縁がめぐる。

これら各部の構造や形式は一九間の全長を通じて同一であり、現礼堂・東室が一時期の造営によって成立っていることがわかる。しかし礼堂と東室では用途がまったく異なり、平面構成も一応無関係であるので、つぎに細部を別々に見てゆこう。

礼堂桁行八間のうち、南端の一間は吹放しの広縁で、東面の向拝もこの広縁を除く桁行七間の中央五間に設けられている。広縁と向拝は床も一段低く造られ、また南端間だけは八・一三尺と他より狭いので、広縁は主屋に取りこまれた向拝に当り、礼堂は七間四間の主屋の南面と東面に向拝が取付いた形態と考えると理解し易い。

主屋に当る七間の東面は中央三間に蔀戸を釣り、その両脇各一間は戸口、これに対する西面は中央五間を戸口とし、両端間は東西面とも連子窓とする。南面は四間とも戸口、北面の馬道境は中央二間が引違戸、両端間は壁である。長押を蔀戸の個所のみに用い、戸口は上下の貫に蟇座を打って桟唐戸を釣る。内部は主屋部の入側柱筋に相当する五間×二間に柱を立て、天井も中央五間通りを一段高めた格天井（板を斜め張りとし、俗に解脱天井という）、両端の一間通りを低い棹縁天井としている。

図 23　東室小屋裏大斗肘木組物

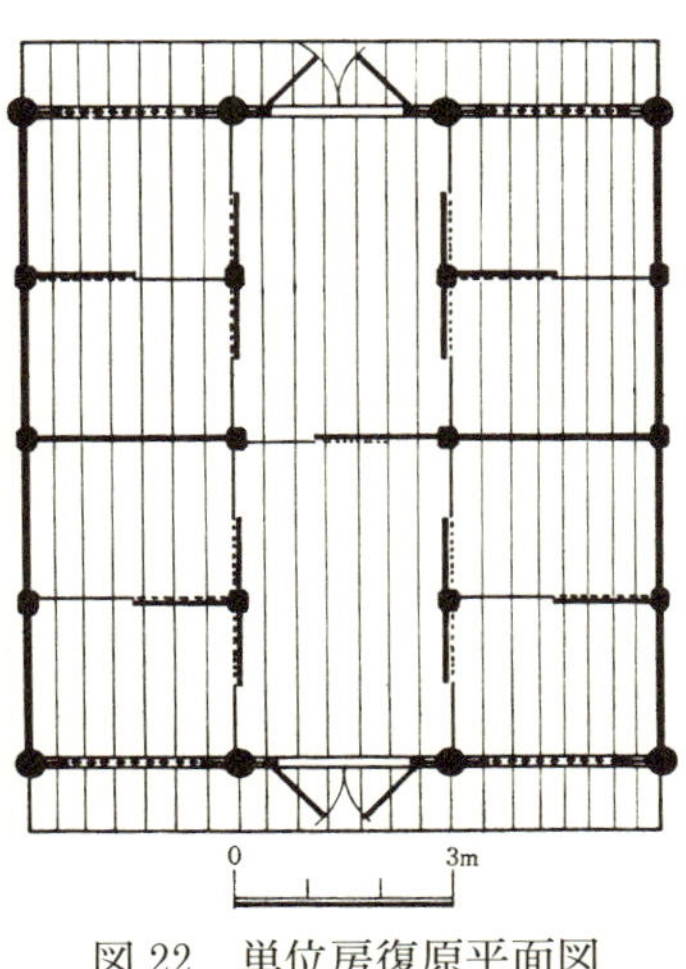

図 22　単位房復原平面図

このように礼堂は東正面の堂としての構成が濃厚で、入側柱のうち東面中央の二本を省略するのもその現われであり、南面はむしろ細長い建物の南妻を整える程度の消極的な意味しかもたないことがわかる。これは礼堂が舎利をまつる経楼（鼓楼）に向って礼拝するための施設であることを明示するもので、現在内部北端の両脇に設けられている小部屋や、その一間南寄りの来迎壁は元来なかったものと報告されているから[5]、いまのように釈迦像が安置されたのは、かなり時代が降ってからのことかもしれない。

東室は桁行一〇間で東西両側面とも戸口の両脇間を連子窓にした三間一組の柱間装置が南より三組並び、北端に一間余分の個所があって、ここは戸口としている。内部は各柱筋ごとに面取角柱を配し、一面に低い棹縁天井を張る。桁行三間分が僧房の一坊で、東室は三坊と北端の一間で構成されていることが、外観からも明瞭に認められるが、三間を一坊とすることは創建当初からの形式らしい。『建立縁起』には法載の住所が三間房であったことを記すし、鑑真の住房の後身と考えられる開山堂も三間であった（『七大寺巡礼私記』）。桁行各間は九・三一尺でこれは九・五天平尺に、また梁行各七・三五尺は七・五天平尺で梁行総計は三〇尺になるなど、柱間寸法も天平時代のものを踏襲していると思われる。

『建立縁起』や『用度帳』によると当初、東北一房・同二房、東一房・同二房、東北後一房、西北一房・同二房、西一房・同二房、西北後房、西南後房の一一房とこれに付属した小子房二棟があったことがわかる。これらの配置や規模についてまだ定説はないが、東室の平面からみて注意されるのは、馬道とその三間おいた南の間だけが他よりやや広いほかは、すべて九・五天平尺の間で、三間一坊が南では間隔をおいて二組（南第二―第四間、同第六―第八間）、北では連続して三組（第一〇―第一八間）とれる点である。このうち馬道より南の二組（二棟）を東一・東二房と仮定すると、北は東北一房・同二房[6]にあてられる。東北一房には経蔵が付属していたので、三間の房舎以上の長さを要し[7]、九間でも二房分と考えてよい[8]。

このように馬道を境に南を東房、北を東北房とすると、東北後房は東北房の東方、宝蔵の北に位置することとなるが、『建立縁起』ではまさにそのような配置として注記されている。西僧房についても、西南僧房が薬師寺恵元の造立であるので、これを除くと、東僧房とまったく対称的となり、東室は東および東北房の後身と考えられるのである[9]（図20）。

現在の東室の内部の間取については、旧柱の残存するものが僅少で不明な点が多い。各房の境が壁で仕切られていたことは元禄改修前の古図にも画かれており、痕跡も明瞭であるが、一房の内容は確かめ難い。他寺の僧房の例を参考として、桁行三間分を棟下の柱筋で仕切り、半分の桁行三間、梁間二間の六室を一単位と考えると、東室の場合は中央の戸口から入った室と、その奥の室とは間仕切のない長い部屋であったらしい。そしてその両脇の窓際二室およびその奥の二室は各境に梁行には鴨居の高さに内法貫を通し、桁行は鴨居を入れていた。この貫や鴨居下は袖壁をつけた片引戸口や引違戸の間仕切が設けられていた痕跡がある。

扉口から入った細長い部屋が玄関広間兼中廊下に当り、両側に三畳大の四室の小部屋が配されるが、片側の二室が一人の僧の占有分となり、窓際が居室、奥の暗い所が寝室にあてられたであろう（図22）。

なお東室は、小屋組に二重梁組の古式を残し、棟木下に大斗肘木、母屋桁下に舟肘木が用いられているほか、梁や桁・垂木にも古材が再用されている（図23）。これらの古材は前身建物のもので、内部の角柱も古いものは頭に約九〇cm継木されているから、以前の東室は軸部の丈が低く、大斗肘木の組物で屋根裏を表わした簡素な建物であったと推定される。ただしこの前身建物は大斗や肘木の様式からすると平安時代のものと考えられ、創建時の僧房の形はなお不明である。

また、この東室の修理中に現在の地盤より下に瓦や凝灰岩を用いた溝が発見され、新田部親王邸の遺跡と考えられているが、その全貌は明らかにされていない。

註

（1）『国宝唐招提寺礼堂修理工事報告書』（昭和十六年）も建仁二年再建としている。

（2）根継ぎ石による地上げ、東側向拝梁間の縮小の時期は確定しがたい。

（3）慶安四年に礼堂屋根を改造したことは、修理前の礼堂大棟南端鬼瓦につぎの銘があったことからわかる。（北端および平降棟鬼瓦にもほぼ同文の銘がある。）

奉御舎利堂再興　勧進沙門湯屋院　奉行弥勒院　慶安四年九月吉日　西在家村瓦屋重三郎

『千歳伝』には元禄十一年に東室を舎利殿に改造したことを記し、鼓楼階段の銘で元和四年にはまだ鼓楼が舎利殿と呼ばれていることがわかるが、これらの鬼瓦銘はそれがよく揃って残っている点およびその大きさから、初めからこの建物（現礼堂）用として造られたものであり、この頃すでに礼堂を舎利堂と称したことを示す。元和の後、舎利は一時期礼堂に安置され、さらに元禄に東室へ移されたのであろうか。

（4）修理前、礼堂南妻広縁の柱筋に虹梁を渡し、中間の柱二本を抜きとっていたが、虹梁にはつぎの墨書があった。

宝永四亥ノ十月四日大地震にゆがみ□わり取替　同子ノ正月より修復三月上旬に修　同前大工喜多喜右衛門　同善右衛門　善兵衛

また礼堂の南から五番目の柱筋の繋虹梁にもつぎの墨書があった。

礼堂修復元禄十一戊寅正月ゟ同七日ニ成就ス蔵松院英範識之
又宝永四年丁亥十月四日八ツニ大地震諸堂尽ゆがミ中門くずれ
同十一月中旬ゟ十二月上旬迄鳶十人斗来ゆがミ直し鳶頭ハ京ノ次良兵へ
諸ゝ修覆ハ年預弥勒院識之
大工頭梁門前　喜多善右衛門　同善次良
同　喜右衛門　同善兵衛

（5）註1の『礼堂修理工事報告書』一九頁に「（当初は）内部間仕切は全くなかった」と報告している。

（6）『建立縁起』には東北二房はないが、『用度帳』に出ている。

（7）元興寺東室南階大房にも連続する房の一部に経蔵があったことが判明している。（浅野清・鈴木嘉吉「奈良時代僧房の研究」『奈良国立文化財研究所学報』四　昭和三十二年）

（8）なお現東室北妻柱筋の下から井戸が発見されていて、弘安再建までは北妻は今より一、二間南寄りであったと推定される。

（9）工藤圭章「唐招提寺の造営と伽藍配置」（『仏教芸術』六四号　昭和四十二年）では、大寺の例にならって、東一・二房を現礼堂・東室に、東北房を講堂の北にあった食堂の脇に南面して配置されると推定したが（図21）、現地形からみるとやや無理がある。諸国の国分寺でも、二間または三間を一房として一〇房が標準であったらしい点からしても、東北房や西北房も南北に長い後の東室・西室位置に納められていたと考えられる。

東大寺二月堂参籠所（重要文化財）

桁行一〇間　梁行四間　切妻造　本瓦葺

参籠所は、俗に「お水取り」と呼ばれる修二会の際、練行衆の宿所と食堂にあてられる建物で、二月堂の西下方に棟を南北に長く延ばして建っている。天平時代の寺院は集団生活の規律がきびしく、僧は寄宿舎のような僧房に住み、食堂に集まって食事をとっていた。それが平安時代以降は子院や坊に分かれて生活するようになり、今日では僧侶の日常生活が、散在する坊や塔頭で行われるのが常態となっている。しかし東大寺の場合は、修二会の期間中は練行衆がこの参籠所で集団生活し、六時の行法を行う厳しい修行にあけくれる。それはわずか二週間ではあっても、古代寺院における僧房の生活を再現するもので、参籠所もまたそれに適応する間取りや設備をそなえている。現在の建物は中世再建のもので、間取りなども必ずしも古代僧房の踏襲とはいえないが、実際にこの建物によって古代的な寺院生活が営まれる点はまことに貴重で、古代寺院制度を知るうえにも重要な遺構である。

現在の建物は「二月堂古記録」に、「大床宿所・食堂・湯屋は新禅院の本願中道聖守上人建立也」とあり、聖守は建治三年（一二七七）から弘安五年（一二八二）まで大勧進であった人であるから、その間の建立とする説がある。[1] しかしこの文献はその所在も明らかでなく、文章も新しいものなので信憑性が少い。しかも「東大寺修理新造等注文案」（『大日本古文書』東大寺文書六）によれば、弘安六年に「二月堂渡屋」と「同湯屋」が修理されており、聖守が建立したとすればあまり修理が早すぎる。参籠所は今日まで引続いて実際に参籠の場として使用されているため、後世の補修がしばしば行われており、今の建物に鎌倉建立時の材がどれだけ残っているかは疑わしい。組物や妻飾の細部は、様式上室町中期と思われ、その頃大修理か再建かされたのであろう。その後も何回か修理が行われ、建物の小屋裏には天明六年（一七八六）および明治三十七年の棟札がある。[2] 住居に用いられるため、北半の宿所の部分はとくに後世の改修が大きく、内部の柱は大半が近世以降に取替えられ、小屋組も大梁まで組替えられているが、その改修はおそらく

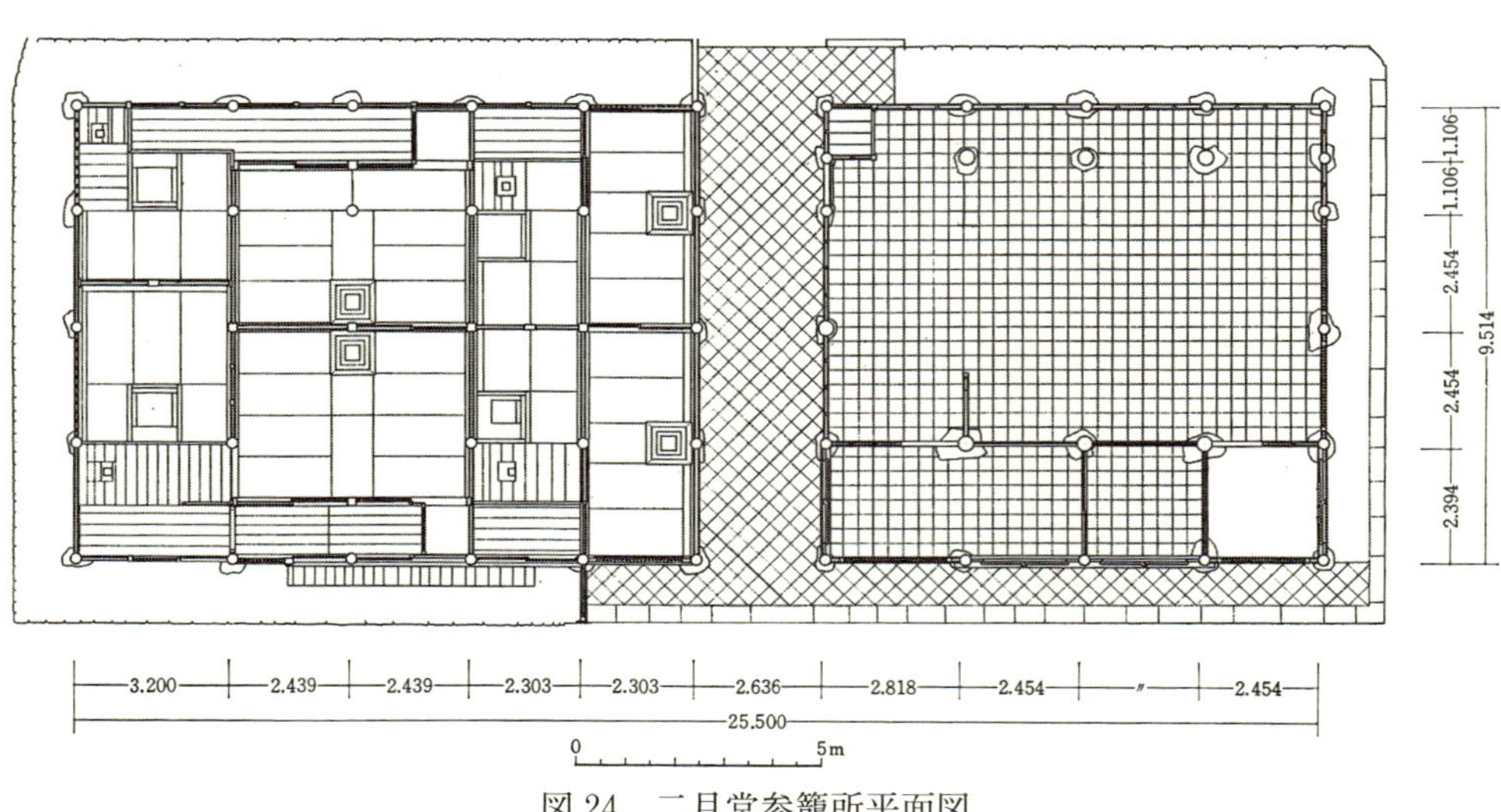

図 24　二月堂参籠所平面図

天明であろう。文化財指定後も屋根の部分修理が行われた程度で、まだ根本的な修理は受けていない。そのため宿所は後世の便宜的な改造が目だち、やや雑然とした外観を呈している。

堂は西面し、切妻造で、中央一間を二月堂軒廊と結ぶ馬道とし、それから南四間を食堂、北五間を宿所とする。柱間寸法は桁行でかなり広狭があるほか、梁行でも東庇と西庇では八寸差がある変則的なもので、妻からみると左右非対称になっている。雨葛石だけの低い基壇上に建つが、葛石は食堂の南と西面を切石として、その部分の軒内と馬道部分は瓦を四半に敷きつめ、他は玉石の葛石で軒内も土間である。切石と四半敷は近世の改修らしい。礎石は自然石で、宿所の内部に角柱を用いるほかは、側柱・入側柱とも円柱とし、組物は舟肘木で、軒も角垂木一軒とする。妻飾も両脇の庇に繫梁、中央二間の母屋に大虹梁を架け、上に豕叉首組をあげる簡明な構造で、万事簡素で実用的な建物である。内部は食堂では床を瓦の布敷、天井を虹梁・豕叉首組の化粧屋根裏とし、宿所は小部屋に分かれて、各室とも低い床板張りに畳敷、天井は母屋のみ棹縁天井、庇は化粧屋根裏としている。食堂の瓦敷床は礎石を覆って施工されているから後補で、元来は漆喰叩きの土間であった。

建物の概要はこの程度にして、つぎに用途別にしたがって各区を別々にみてゆこう。

食堂は南端の四間×四間で、前記のとおり内外を瓦敷の土間床とし、正面中央二間と両側面前端間を扉口、正面の両端間と南側面の中央二間を連子窓とするほか、他はすべて土壁である。柱には地覆・腰貫・内法貫を通すが、内法貫は母屋のを一段高くし、内法長押も従って母屋と庇では段違いとする。ただし背面（東面）の庇には長押を用いない。舟肘木のため頭貫はなく、また内部では庇の繋梁を省略して代りに内法貫と背違い下方に繋貫を渡す。扉口は両開きの板扉を正面の二間は外開き、側面前端間は内開きとするが、正面の扉口が内側に引違い格子戸を嵌めて丁寧な構えであるのに対して、妻戸は二重長押にして内法高を低め、格式の差を設けている。なお正面の軒を馬道とその北一間までを含めて、他より長く出しているが（六・四尺、他は四・〇尺）、法会の上堂に当ってこの軒下で列を整えるなどの便宜上、後世改造されたのであろう。

内部は正面庇の間を前室、母屋と東庇を吹放しの広間とする。前室と広間境は中央二間が腰貫を入れて、その上下に格子戸を嵌殺す目隠しの障壁となり、両端間は外寄りを袖壁とする半間の吹抜け戸口となっている。現在正面の向って右手扉口のうち、すなわち前室の南より第二間に当る部分を、三方から板で囲って訶梨帝母天像を祀っているので、本来正面から入ったのち、左右に分れて広間へ入堂するように設計されている前室の機能が果されていない点は惜しまれる。訶梨帝母天は、庫裡や食堂の守護神であるから、安置することは不合理ではないが本来の位置ではない。広間の内部は東入側柱三本を半間後退させ、母屋部分を広くとっているが、化粧屋根を支える大梁を本来の大虹梁下に挿入していることでも明らかなように、これは江戸中期頃の改造で、当初は正規の入側柱筋に柱が立ち並んでいた。両側面後端間の中央にある柱も、この改造と関連して付加されたもので、これがなくなると、南妻の立面もずっと整う。広間内には固定的な施設はなく、置畳の床子を母屋の四辺に配置し、僧はこれに列座して食事をとるようになっており、西北隅に厨子を置いて聖僧像を安置するのも古式通りである。

宿所は馬道から北の桁行五間で、正・背面の五間に戸口や連子窓を並べ、側面は馬道脇を四間とも土壁、北妻も一部に高い後補の連子窓を設けるだけで、ほぼ全面を土壁とする。正・背面の柱間装置は大半が後世改造されたもので、現形態の成立時とみられる室町中期まで遡るのは、正面南端間の連子窓一カ所にすぎない。正面はこの連子窓以外は、現在南より第二・第三間が引違い板戸の戸口、第四間が半間ずつ片引板戸と連子窓、北端間も土壁に狭い片引戸口であるが、柱の痕跡からすると、当初は第二・第三間は板扉両開きの戸口、第四間は南端と同じ連子窓であったことがわかる(3)。一方背面は、柱が全部後世修理の際古い柱二本を継ぎ合せたものに替っており、旧状を明らかにし難い。しかし、南端間の連子窓は元来のものを踏襲しているらしく、その北方第二―第四間の袖壁付片引戸口も形式は古めかしい。そこで、南より第四間が当初は南端間と同様に連子窓であったとすれば、建立時には、正・背面と

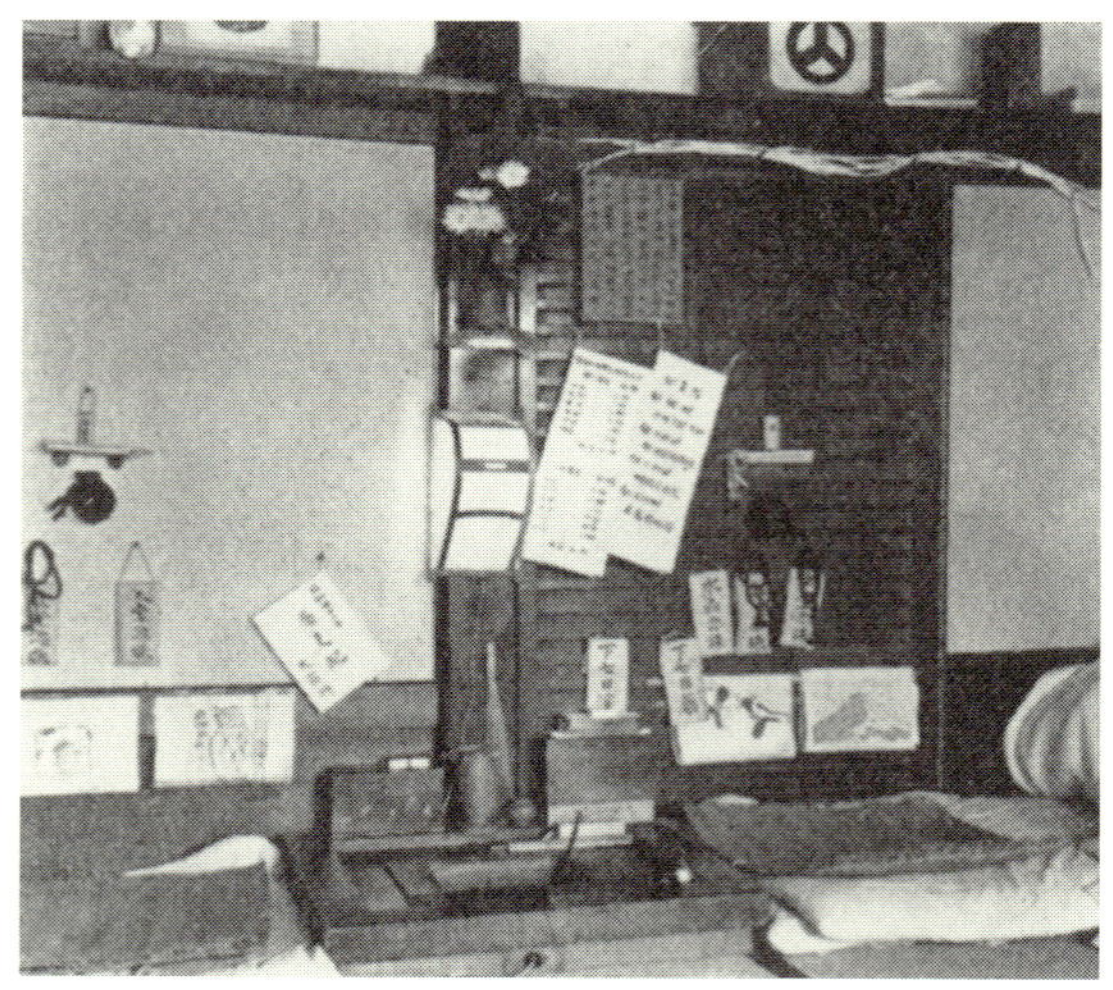
図 25　参籠所内部

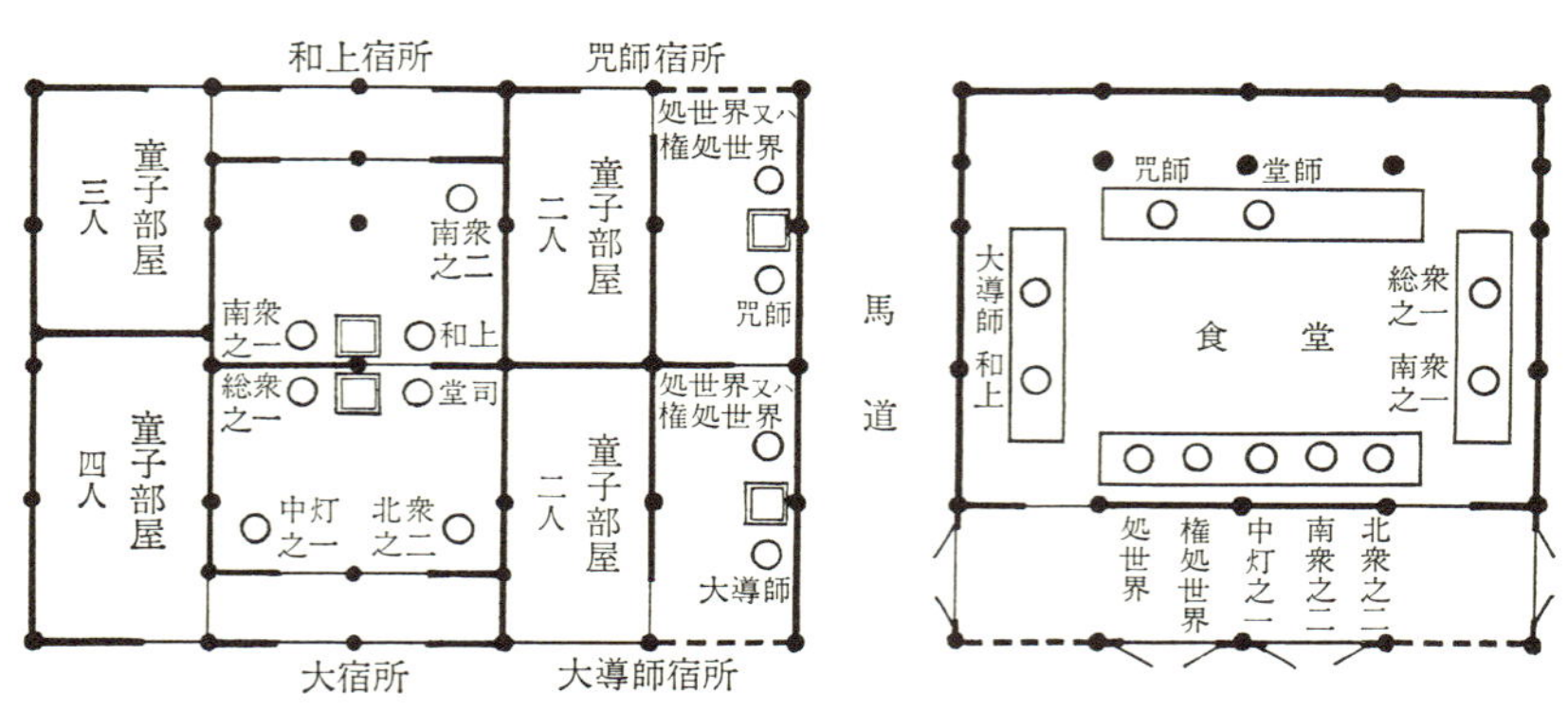

図 26　現行参籠時の練行衆配置図

も南四間は窓、戸口、戸口、窓の配列であったこととなる。ただし正・背面では意匠に差がつけられ、戸口は正面が板扉両開きの格式的なもの、背面が土袖壁に片引板戸を建てる実用的な構えである。北端の一間は、現在正・背面とも約三分の二を土壁、南端を片引戸口とするが旧状は明らかにし難い。

内部は、棟下通りを南から三番目の柱筋で十文字に区画し、四つのブロックに分かれる。南西の二間×二間が大導師宿所、南東の同じく二間×二間が咒師宿所、北西と北東の三間×二間が大宿所と和上宿所である。各宿所はさらに梁行の間仕切で、主人の僧が入る主室と、その従者が入る童子部屋に区分されており、内部は結局総計八室の小部屋に分かれる。注目されるのは、大導師宿所や咒師宿所で明らかなように、隣りの坊境は壁で区切られ、戸口に面する部屋が従者の居処に、窓に面する部屋が主人の居間にあてられ、両室境も片引戸口一カ所のほかは壁で仕切られていることで、両室は一応独立し、ことに主室は奥まって静寂さが保たれる巧みな平面になっている。大宿所と和上宿所は、現在南寄りの方二間が主室で、主室には外部に面して半間幅の廊下状の前室がつき、一応外からは直接入れない原則は守られているが、この前室は近世に改造されたもので、[4]本来は一間×二間の二部屋に仕切られ、外面を扉口と窓にする大導師および咒師宿所と対称的な構えであったと認められる。[5]その北側の童子部屋境も、現在は外寄りの一間に戸口があって連絡されているが、柱の壁痕によると、当初はすべて土壁であり、南から二間目の柱筋と同様、もとは土壁で厳重に仕切られていた。

このように、桁行二間、奥行二間を一単位とし、それを中央で区切って細長い一間×二間の二部屋とした二間一坊の住区が、前後左右対称に四坊集まっているのが、この参籠所本来の平面で、それに北端の一間通りが付属するのである。単位房は隣接する坊との間を壁で区切られて独立した一郭をなし、外からの戸口に面する室を童子部屋に、隣りの窓の奥の室を主人の居室にあて、前者には竈と流し、後者には据付けの火鉢を備える。大導師宿所を例にとって現在の使い方をみると、主室には大導師と処世界（時には権処世界）の二人がこもり、童子部屋にそれぞれの童子一人ずつが入る。こもりの僧は食堂で作法による食事をとるが、童子は各自の部屋で食事し、その分や主人の夜中の間食程度のものは部屋の竈で煮焚する。主室の火鉢は暖房と喫茶用で、夜は一室に二人ずつ寝るのである。参籠所全体の修二会中の占居者の配置は図26の通りであるが、これでみると大宿所や和上宿所は、住僧の人数が多いために広くされたことがわかる。しかし、痕跡によると、建物は上述のとおり二間一坊で、しかも現在は一一人の練行衆が、古くは一六人以上であったので、[6]一坊には四、五人ずつこもったことになる。柱間一間が七・五―八尺で、一部屋は約七畳の広さとなるが、そこに四、五人が共同生活し、竈や流しでさらに狭くなった隣室に、その従者が寝起きするのが往時の姿であった。「資財帳」などによると、天平時代の僧房では一人の住僧が約四、五畳の面積を占めていたことがわかるので、[7]参籠所の場合はやや過密であったことになるが、これは限られた期間の住居のせいであろう。しかしその差も大きくはなく、古代寺院の僧房の日常生活もほぼ練行衆と同様であったことがうかがえる。なお北端の一間は他よりかなり広くとられ、痕跡からみると、当初は棟通りに土壁があって前後二室に区分されていたことがわかるが、その用途は明らかでない。童子部屋には各一名ずつの仲間がつき、全体の世話役である加供奉行もいっしょに参籠するので、[8]当初はこうした補佐役的な人々の宿所にあてられたのかもしれない。

参籠所は二間一坊形式の僧房の典型であるばかりでなく、その住い方を今日まで古式のまま伝えている意義は重大で、天平時代の寺院生活を理解するうえに欠くべからざる建物である。

註

（１）村田治郎「東大寺の建築」（近畿日本叢書『東大寺』）昭和三十八年　近畿日本鉄道株式会社。

明治末年の指定調書にこの「二月堂古記録」を引いているが、現在ではそれがどのような古文書であるのか不明である。

（２）寛文十一年修理（『年中行事記』及び『二月堂修中練行衆日記』）、貞享二年修理（『二月堂修中練行衆日記』）、文政三年修理（『年中修理方日記』）。

「棟札」

⑴奉修補二月堂四方宿所　納所権少僧都成範

天明六丙午年十二月　普請奉行修理方役人　森岡立哲
赤井寿詮
吉田次郎右衛門
大工　上田文治
上田庄五郎

⑵奉修補二月堂食堂四方宿所

東大寺住職佐保山普円
明治卅七年二月　執事長筒井寛聖　執事三宅英慶　大工上田嘉六　竹松　政吉
修補奉行執事雲井春海　小工山田梅吉　大　奈良吉
執事清水公賢　小　奈良吉

なおこのほか、鳥衾に寛永九年の銘、鬼瓦に寛文十一年の銘がある。ことに後者は、寛文七年に二月堂が炎上したのち、復旧修理が行われたもので、『諸伽藍略録』にもその記録がある。

（３）第二・第三間は柱に方立の小脇板を嵌めた板溝があり、第四間は連子窓台の大入れ仕口穴がある。

（４）廊下と奥室境は角柱を立てて間仕切を設けているが、柱・敷鴨居等はすべて江戸中期頃の新しい材である。この改造の際、大宿所中央の入側柱が切除かれたことが、天井裏に補入された梁によって判明する。

（５）内部は柱の大半が近世に取替えられているので、当初の間取りを復原考察する資料に乏しい。しかし、側柱には当初材が残り、各坊中央柱の内側に南二坊と同様な間仕切壁痕があり、戸口と窓の配列も類似するので、二部屋に区切られた同一の構えと考えられる。

（6）『七大寺巡礼私記』には「堂衆一五、六人」とあるが、鎌倉時代の二月堂練行衆の参籠数を『二月堂修中日記』によってみると、初めの七日とあとの七日でかなりの違いがあるが、その多い方をとると、鎌倉時代初期には二一人から二六人で、二六人が最も多い。末期の文保三年（一三一九）から元徳二年（一三三〇）でも二二人乃至二六人で、これも二六人が多いが、この頃の建物の状態が不明なので、今の建物にこれだけの人数が籠ったかどうかはわからない。

なおこれよりのちの『碧山日録』長禄四年（一四六〇）二月には「其徒二〇人」とみえ、『東大寺雑集録』所収の蓮乗院演清の記（永禄十一年条）には、

一。二月堂参籠。練行衆拾□［治］承回録ニモ□（廈大殿炎焼）後年拾六口ト云々。先例有頼者也。

と記している。

なお現在の一一人は修法上最小限度の人数のよしである。

（7）鈴木嘉吉「僧房の生活」（『世界美術全集』三）昭和三十六年（本書所収）。

なおこれは僧房面積を現住僧の数で除して得られた僧一人当りの面積であって、従者や付帯施設を考えれば、実際に僧の住いにあてられたのはこの半分の広さ、すなわち二、三畳と推定される。

（8）各宿所の童子部屋に仲間が一人ずつつき、大宿所の童子部屋にはさらに加供奉行一人が練行衆と同時に泊りこむ。しかし、近年参籠所の西北に別棟で仲間部屋を建立し、今では仲間・加供奉行はそこで寝泊りしている。

（後注）建物は昭和五十六～五十九年に解体修理が行われたが建立年代を示す資料は発見されなかった。ただ食堂西入側通り南より第三柱から「大永二年四月四日…」の刻銘がみつかり、これが最も古い落書なので、恐らくそれよりあまり遡らぬ時期の建立と推定された。また修理中に古材等の発見がなく、現在も毎年一定の規律にしたがって使用されている建築なので現状変更等は行わず旧状通り修復した。なお平面図は当初本文に用いたものが室内の炉や洗い場を明示していなかったので、修復後の現状図に差し変えた。本文ではふれなかったが主室の炉は暖房と喫茶用であるが童子部屋の炉はそれより一まわり大きく炊事用で、練行衆が下堂して正食以来始めて口にする粥や童子の食事等がここで作られる。

薬師寺僧房（遺跡）

昭和四十五―五十四年の間に行われた発掘調査で、講堂の後方に建つ食堂、その両脇に軒を接して東西に長く連なり、端では南へL字型に折れ曲る東西の僧房、僧房と講堂両脇回廊間の細長い空地の中に南北方向では両建物と接するほど一杯に建つ東西対称の鐘楼・経楼などの遺跡が明らかにされた。

食堂は基壇の広さが、天平尺で（以下同）東西一六〇尺、南北七三尺、西側柱筋の礎石跡で梁行は四間と確認されており、『薬師寺縁起』の「長十四丈、広五丈四尺五寸」がほぼ正しく、桁行は一一間と推定されている。梁行の前後両端間（庇）が一二・五尺、中央二間（母屋）が一四尺ほどで、桁行は中央間のみ一五尺、他は一二・五尺等間となるらしい。この食堂の背後には中央間に軒廊で取付き、後方で東西に細長い棟を延して全体で十字形になる十字廊が付属しており、その遺跡も一部発掘された。軒廊は梁行一五尺、南側に桁行三間、北側に一間各一〇尺で南北棟の突出部を形成し、東西棟は桁行の柱配置を食堂と揃えて全長一四〇尺、梁行は八・五尺二間となっている。

東西僧房は食堂と棟通りを合わせて並ぶ。食堂と僧房の間隔は柱心々で二三尺しかなく、食堂の軒の出が約一三尺、僧房の螻羽の出が六尺程度なので、両者の軒先は三―四尺しか離れずにごく接近して建っていたことになる。東僧房の前面葛石が食堂側の妻柱通りから約五三・六mで入隅となって南へ曲り、さらに約三一・八mで角に達することから僧房はL字型の配列になることがわかる。入隅部分までの東西方向の棟は一八〇尺あって、桁行二〇尺の単位で九房に分割されているが、それから南へ折れ曲った南北棟部分の割付けは礎石位置が未確認のため明らかでない。

単位房は桁行二〇尺、梁行三八尺で、梁行は中央二間各一〇尺の母屋の前後に九尺の庇をつけた形式になる。桁行二〇尺を正面の

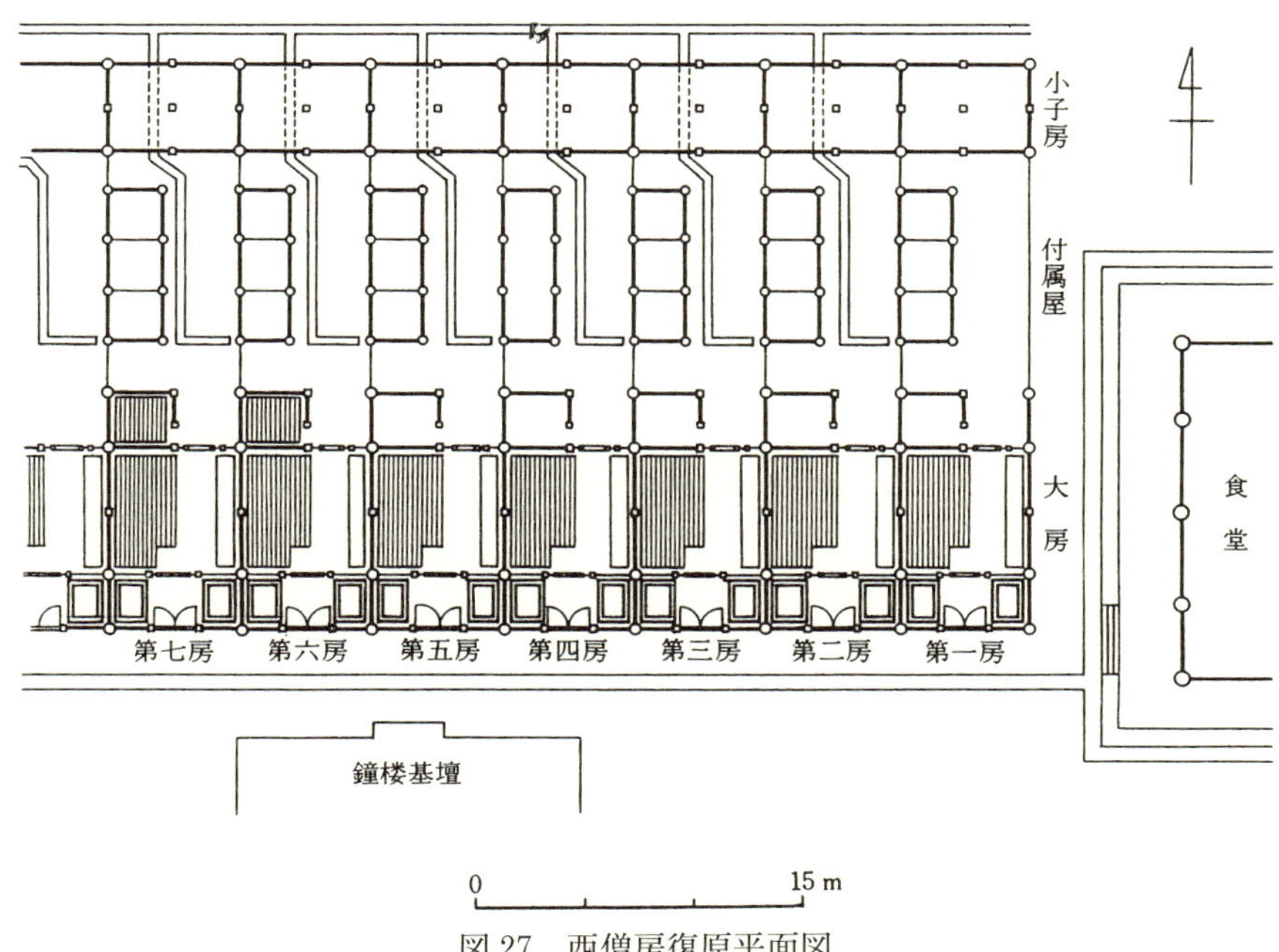

図 27　西僧房復原平面図

側柱列、入側柱列ともに三等分して角柱をたて、背面側は一〇尺ずつ二間に分けている。大寺の僧房には桁行三間を一房とする型と二間一房の型と二種類あり、三間の方が中央を扉、両脇を連子窓とする左右対称形に整えられる利点があるが、薬師寺僧房は正面のみを整えた折衷型といえよう。内部は土間で母屋の二〇尺四方が一室となってその西半部には板敷の床が作られ、反対側の土間の壁際に棚が据えてあったことが束石などから判明した。前面の庇の両脇にもベッド状の床子が置かれ、背面は二分された一方が一〇尺×九尺の広さの小部屋となり、他は側柱筋に間仕切を設けずに外部と一連の通路状の土間となっている。扉や壁の個所も地覆石の形状からわかり、僧房の柱配置だけでなく、間取りや設備まで明らかになったのは珍らしい。これは天禄四年（九七三）火災後の遺跡がそのまま埋もれていたためで、逆に『縁起』に記す僧房再建が、少くともこの東西僧房の旧位置では行われなかったことを証している。

大房の北側には中庭をへだてて並ぶ小子房があり、小子房・中庭ともに大房の一房分ずつ桁行に仕切られ、中庭には片側に寄せて付属屋が造られている。小子房は桁行を大房と合わせて各房一〇尺二間とし、梁行は七尺二間である。付属屋は八尺等間の三間×一間で、方一間ずつの小部屋に分れていたらしく、床面に火を使用した痕もあった。正倉院蔵の「東大寺殿堂平面図」で大房と小子房（東大寺の場合は中房）の組合せや中庭に立つ付属屋の存在が知られていたが、その形態が発掘の結果判明したのは薬師寺が始めてである。

鐘楼・経楼は東西僧房の食堂脇から第四―六房の前方に配置された。基壇の広さは桁行（南北）六六尺、梁行（東西）五三尺で、各面中央に階段をもつ。礎石跡は検出されなかったが桁行中央の階段幅が一二・五尺あるので、桁行三間各一二・五尺、梁行も二間同寸と推定され、『縁起』の「長三丈七尺、広二丈五尺」とほぼ一致する。ただしこうすると側柱から基壇縁までの広さが各辺一四尺もあり、軒の出は一五―一六尺にも達して軸組の規模に対し過大となるので、裳階か袴腰のようなものがついていた可能性も考えられ、通常の楼造とは異なっていたらしい。

（後注）この西僧房の大房は伽藍整備事業の一部として昭和五十一年に外観復元により再興され、内部は東端一房のみ復元された。（三九六頁、図19）

僧房概説

僧房の生活

図1　二月堂参籠所　参籠所は，12 m に 9 m ほどの建物で，お水取りの間は 12〜13 人の僧と同数の童子（従者）とが住まう。僧と童子は隣合わせた部屋に分れており，この 2 部屋が 1 房となって 4 房計 8 室に区画されている。

図2　二月堂修二会の食堂　瓦敷きの床面に細長い台床を置き，僧侶はその上にすわって食事をする。奈良時代の僧房には床板をはらない土間式の例がかなり多いが，これと似た椅子，寝台式の生活がおこなわれたと思われる。

二月堂の付属建物

お水取りで有名な東大寺二月堂の修二月会は奈良時代から始まると伝えられ、いまでも毎年古式のままにおこなわれている。ふだんは塔頭寺院に別れて生活している僧侶も、半月にわたるこの行事中は、二月堂のすぐ下にある参籠所に集まって共同生活を営み、日夜をわかたぬ四時の行法に没入する。仏堂の内部でおこなわれる行法のみに限らず、参籠中は行法座臥すべてきびしい戒律に規制され、日々の食事や入浴も行法の一つとして、この間は外部との連絡も断って、定められた役割にしたがった生活がおこなわれる。しかし修二月会の行事は僧侶だけでおこなわれるのではなく、その下にあって日常生活の雑事を担当する人々もいることを忘れてはならない。仲間、童子などの名称で従者となってともに参籠するもの、食事や入浴などの準備をするものなど、その人数は籠りの僧よりも多いのである。二月堂の周辺にはこの集団生活のために必要な建物が集まって一郭をなしている。すなわち堂のすぐ下には馬道を隔てて食堂と僧房（参籠所）（図1・2）があり、それから少し離れたところに、大きな浴室や台所およびそれに付属した多くの建物がある。

古代寺院の居住施設

いまでは修二月会に付随して、年に一度だけおこなわれるこの集団生活が、奈良時代の寺院生活の日常であった。「資財帳」などによると当時の大寺院は、三〇〇メートルから四〇〇メートル四方もある広大な区域を占めていたが、中心となる伽藍地はそのうち三分の一ぐらいで、その他の部分は大衆院、賤院、倉垣院、花園院、苑院などおもに僧尼の日常生活をまかなう施設である。伽藍地にしても南大門、中門、回廊、塔、金堂、講堂などが立ち並んだ背後には、これらを取囲むように僧房が整然と配置され、そのすぐそばに食堂が置かれて、後半部はすべて僧房を中心とした居住施設といってよい。すなわち寺院は仏法を安置する堂塔と、これを守る僧尼および大衆の作業、居住施設を合わせた一大建築集団なのであるが、注目すべきはこれら全部にほぼ一定した配置計画が適用された点である。中心部をなすいわゆる七堂伽藍の形式や、大衆院以下の建物の種類や配置は、もちろん寺によって少しずつ異なるが、大局的にみれば奈良時代の寺院は相互によく似ており、かなり画一的な寺院生活がおこなわれたと考えられる。仏教が国家仏教ともいわれて政府の厚い保護をうけていた奈良時代には、僧尼は衣食を官給されてその身分も高いものであったが、一方、律令によって寺院以外のところに住むことを禁ぜられ、またきびしい戒律による修行が要求された。僧尼は僧房に寄宿して修学し、寺内にはこれをささえる大衆がともに住んだが、これらすべては強力な律令による保護と統制をうけていたのである。

廃物利用の古材から

寺院の内部におけるこうした僧侶や大衆の生活を具体的に知る手がかりは、僧房以下の建物とその内部施設、調度などである。しかし現存する奈良時代の建築遺構は堂塔、寺門、校倉などの類に限られ、数多く存在したはずの日常生活に関連する建物はほとんど残っていない。それでも古代の伝統をよく伝えている南都の地には、中世に再建された僧房や食堂、浴室（大湯屋）などが多少あり、その建物を実際に用いるお水取りもあって、だいたいの様子は想像される。また発掘調査によっても、たとえば武蔵国分寺では伽藍の北方に寺の瓦を竈に用いた竪穴住居を発見し、賤院におかれた奴婢の住居跡と推定された。しかし中世の建物には当時ようやく発達してきた引違戸などが多く用いられていて、そうした便利な間仕切り装置がまだなかった奈良時代の居住形式とはかなり相違していると思わなければならず、発掘では建物の大きさがわかる程度であるから、古代の寺院生活の実際についてはわからないことばかりであった。ところが僧房だけは近年におこなわれた元興寺と法隆寺の修理によって、奈良時代の僧房の構造や間取りが明らかにさ

図4　元興寺極楽坊禅室背面　奈良時代の僧房を13世紀初頭に建て替えたもので，内部は小部屋に区画され，窓の位置も座式生活に適するように低くされた。南側では連子窓を床上いっぱいにとるが，こちらは防寒を考えたらしい。

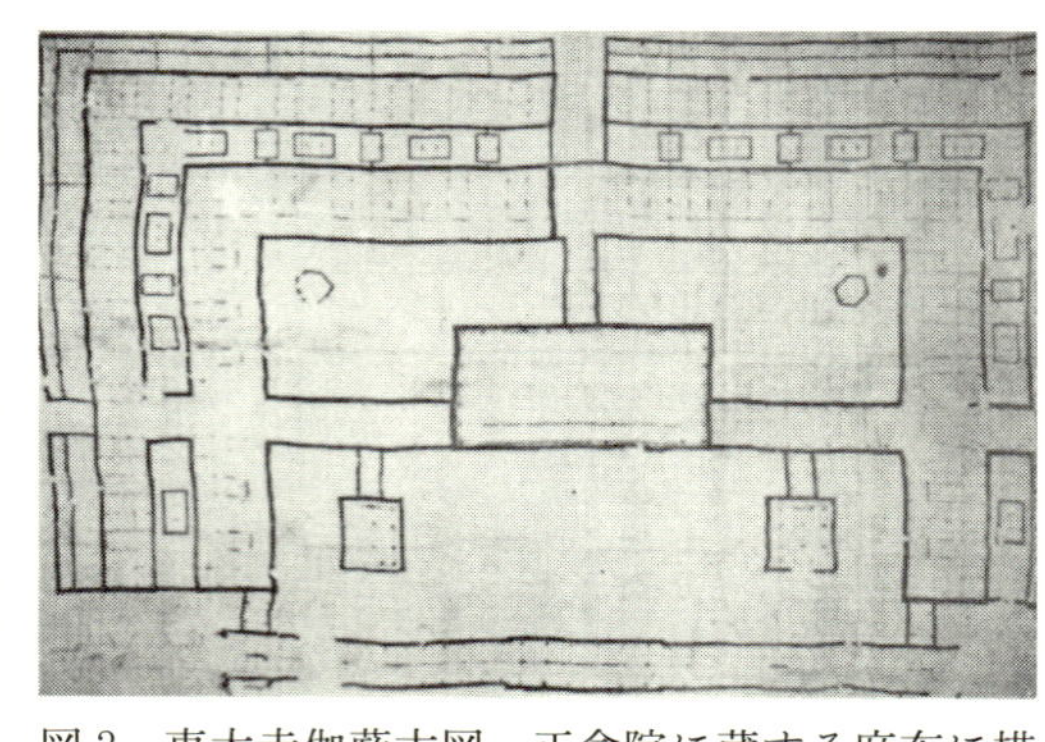

図3　東大寺伽藍古図　正倉院に蔵する麻布に描かれた「殿堂平面図」によって，三面僧房の配置や内部の間取りをかなり詳細に知ることができる。近年一部の発掘調査がおこなわれ，遺跡の実状がこの図とよく一致することが確かめられた。

れた。修理された建物はいずれも中世に再建されたものであるが、建物を解体してみると外からは見えない天井裏などにもとの僧房の古材を廃物利用してあることがわかり、これを手がかりに復原されたのである。その結果ある程度具体的にその住まい方を考えられるようになったので、以下にこれを述べよう。

僧房の規模

僧房は細長い建物で、長さは五〇メートルから八〇メートル、長いものは一〇〇メートルを越え、幅は大房で一〇メートルから一五メートル、小子房では三～四メートルあった。大房と小子房とはわずかの距離をおいて並行して建っており、これが僧房の一セットである。東大寺や興福寺では講堂の三方に東室、北室、西室とよぶ僧房を配置して、これを三面僧房という（図3）。しかし僧侶の数が少なければ、一棟か二棟で間に合うわけで、一棟のときは北室だけを置き、二棟の場合は三面僧房の北室を省略した形と、北室を二つに分けた形とがある。また大安寺では一三棟もあったので、講堂付近だけでは足らずに、金堂院の両わきにも僧房を置いて伽藍中枢部をすっかり取り囲んでしまう配置であった。飛鳥・白鳳の寺院には四天王寺や薬師寺のように中門から発した回廊が、講堂に取りつく伽藍配置があり、この場合には講堂の両わきに僧房を置けないから、三面僧房といってもいろいろな配置があったのである。しかしいずれにしても僧房は中枢伽藍の一部として、儀式などの際には重要な役割を果す建物で、規模も大きくその外観や構造も仏殿に準じた。したがって僧房は住まいといってもかなり堅苦しいもので、開放的な日本住宅などとはまったく別な雰囲気をもっていたのである（図４）。

僧房の構成

細長い僧房は梁行の柱どおりによって区画され、だいたい同じ大きさの住房が並ぶ。この分割方法には正面の柱間二間を単位とする二間一房と、三間一房とがあるが、小子房も同様に区画するので、一房は大房と中庭を隔てた小子房という主屋と副屋の構成となる。この単位房は建物の内部で隣との間を壁で厳重に仕切るばかりでなく、中庭やそこにつくられた物置小屋も間仕切りして、まったく独立した住宅と変らないのである。一房の大きさは寺によって差があるが、元興寺と法隆寺を例に取れば、元興寺では大房の幅（梁行）が約一三メートル（四三尺）、長さ（桁行）は約六・七五メートル（二二・五尺）で、これを柱間三間に分け、三間一房制であった。一方法隆寺では大房の幅は約一一メートル（三七尺）、長さは約六・三メートル（二一尺）で二間一房制とした。小子房は桁行の長さは大房と等しく、法隆寺では幅約四メートル（一三尺）、この間の中庭は約五メートル（一七尺）であるが、元興寺の小子房の大きさはわからない。しかし興福寺の僧房は一房の桁行約六・七五メートル（二二・五尺）、梁行約一三・五メートル（四五尺）で、元興寺とよく似た大きさの大房をもち、その小子房は梁行約四・五メートル（一五尺）、中庭の幅は約九・六メートル（三二尺）であったから、だいたいの見当はつく。そうすると元興寺の一房は大房約八九平方メートル（二七坪弱）、小子房三〇・五平方メートル（九・二五坪強）の計約一一八・八平方メートル（三六坪）に中庭六六平方メートル（二〇坪）が付属し、法隆寺では大房約七一平方メートル（二一・六坪）、小子房二五平方メートル（七・六坪）の計約九五・七平方メートル（二九坪強）に中庭三三平方メートル（一〇坪）の広さであった。寺院の規模に比例して元興寺僧房のほうが一房あたりの面積でもかなり広かったが、それでも三間一房と二間一房とでは桁行の長さは大差なく、大寺院には梁間の大きな僧房がつくられ、一房の面積も大きくされたことがわかる。細長い一棟の僧房は普通八房から一二房に分れ、必要によってその中間に馬道を設けていた。

僧房の間取り

内部の間取りを述べる前に構造を簡単にしるすと、梁行の大きな大房は身舎と庇で構成されて仏殿などと大差ない。いま元興寺を

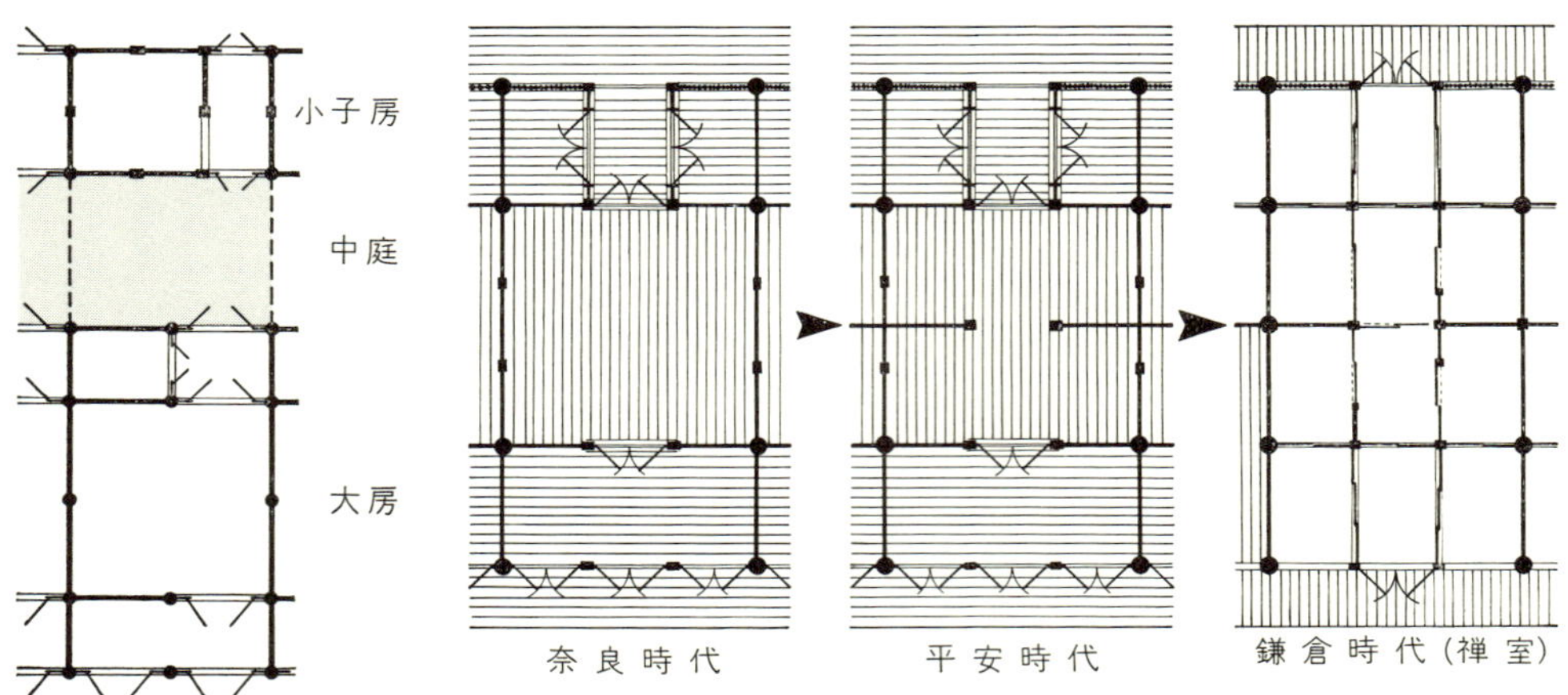

図6　法隆寺僧房の単位平面図　1房は大房と小子房からなり，前者は身舎の大室を寝室とし，前方の開放的な室を昼間の生活空間としたが，後者は室が一並びしかなく，壁に囲まれた寝室とその前室の2室で構成された。

図5　元興寺僧房の間取り変遷図　はじめの大きな部屋が順次間仕切りされて12の小部屋ができる。これは舞良戸や襖などの便利な建具が生れたために可能になったのであるが，逆に生活の変化がそうした間仕切りを要求したともいえる。

例に取れば、梁行は六・七五メートル（二二・五尺）の身舎と両わきの約三メートル（一〇・二五尺）の庇からなり、柱の上には平三斗組の斗栱を置き、身舎は大梁、庇は繫梁で連結される。大梁上に束を立てて棟木をささえ、棰は棟木から入側桁までと、その下方の地棰とをかけ、軒には飛檐棰を用いて二軒とした。従って両隣との境を壁で厳重に仕切られた梁行の長い一房の平面は、六・七五メートル（二二・五尺）平方の大きな身舎の前後に、その半分ほどの細長い庇の空間がつく形となるのである。法隆寺でも一房の桁行六・三メートル（二一尺）に対して身舎の梁間六・三メートル（二一尺）、庇は二・四メートル（八尺）であるから、身舎の部屋を正方形にすることが普通であったらしい。この身舎および庇の各部屋の間仕切はつぎのようである。まず三間一房の元興寺では、前面庇は横長の一室で、その外側すなわち僧房の正面は三間とも連続して戸口を開いて、ここを明るい開放的な部屋とした。身舎は内部に間仕切りを設けず、庇との境は中央間を戸口、両脇間を壁としたから、四方をほとんど壁で囲まれた大きな部屋の前後に一つずつ戸口を構えた暗い空間となった。背面の庇は三つにくぎられ、外部に面しては中央間を戸口、両脇間を連子窓としたので、通路の役目をする中央の室と窓をもった両わきの独占した小室とに区画されていた。従って一房の平面構成としては前面に開放的な室、中央に大きな閉鎖的な室、背面に通路と小部屋という配置となるのである（図5）。二間一房の法隆寺も、図6に示したようにまったく同じ間取りであるが、このほうは床を張らずに土間であったから前後の縁はない。

住まいの特色

図で明らかなように、こうして復原された間取りは現在のわれわれにはちょっと想像もつかない原始的なものとなった。中央の大室はわずかに前後に戸口をもつだけで、光線もとどかぬがらんとした空間であり、その前庇はまた思い切って開放的な部屋である。しかしこの平面構成は当時の住宅の基本であったらしい。といっても比較する資料はごく限られていて、古代の住宅建築としては橘夫人宅であった法隆寺東院伝法堂の前身建物ぐらいなのであるが、桁行五間の妻入り建物のうち前方二間分を吹き放して開放的に取り扱い、後方三間分を壁と戸口とで閉じて大きな室とする、よく似た平面であった。要するに住居としては明るい開放的な部屋と、閉鎖して外界から身を守る部屋の二つが根本的に要求されており、これはまた大嘗宮正殿が堂と室を前後に並べた構成であることと相通じている。従って身舎の大室が寝室にあてられたことは容易に想像され、前面庇の部分は昼間の生活空間であった。構造面からみても、元興寺、法隆寺ともに身舎には天井を張りつめて防寒に留意したが、庇は天井を張らずに棰をそのままみせていた。また背面の小室は伝法堂前身建物や大嘗宮正殿にはない余分なもので、これは従者の部屋と考えられる。

内部の生活

この従者に関連して一房に居住した僧侶の数を調べる必要がある。天平十九年（七四七）の「資財帳」によると、法隆寺には当時僧一七六人、沙弥八七人、計二六三人の僧侶がおり、これを収容する僧房は四棟あった。いろいろ問題はあるが機械的に僧房の全面積を人数で割って一人当りの面積を求めると、だいたい四畳半ぐらいの広さとなる。同じように僧四七三人、沙弥四七四人がいた大安寺の場合を計算すると、これは六畳ぐらいである。そうすると一人あたり四・五畳から六畳が一応の標準らしく、これを復原された一房にあてはめると、元興寺、法隆寺ともに一房には一二、三人程度となり、これが大房と小子房とに分れて住むのである。大房には僧、小子房には沙弥となることも考えられるが、唐招提寺では少僧都如宝が小子房に住んだことからすると、おそらく上流の僧とその従者とが大房を占め、小子房には中級の僧と従者が住んだものと想像される。それにしても大房には九人前後、小子房には四人程度の居住者があり、小子房の間取りは省略したが、大房ではいままで述べた間取りに住んでいたのである。従って寝殿づくりのように身舎のなかにりっぱな帳台を置いたりする余地はなく、まったくの共同生活がおこなわれたと思われる。その生活様式も法隆寺をはじめ、東大寺、大安寺などの僧房が土間床であったらしいことからすると、唐風を模した椅子、寝台式と考えられる。床板を張った元興寺僧房でも、窓台の高さが床から九〇センチ（三尺）もあったから、坐式とは想われない。

僧房の変化

平安時代にはいると寺院内部に子院を営むことがさかんにおこなわれ、京都で新しくつくられた寺院には醍醐寺や仁和寺のように三面僧房をつくらない大寺もあった。しかし伝統を伝える南都では子院の増える傾向はあっても、僧房の意義は中世まで持続された。それにしてもその間に生活様式は大きく変化し、僧房の間取りも変った。その要点を二、三拾うと、まず引違戸などの間仕切り装置の発達によって内部を小部屋に仕切るようになったこと、生活が座式になって僧房はすべて床張りとし、連子窓もそれに適するように低く設けられたこと、またこれに関連して内部全体に低い天井を張りつめて、落ち着いた居室の雰囲気をつくったことなどである。元興寺を例にとれば一房は三行四列の計一二室に分割され、前後はほぼ対称に扱われて、外部に面しては正背面ともに中央を戸口、両わきを窓の構えとした。戸口のある中央通りの部分を除くと、その両わきに窓に面した部屋とその内方の室とが対になってこれが四組できるが、窓側を居室、内方を寝室にあてたものと考えられる（図5）。奈良時代の一房は四組の居住単位に分割され、かつての共同生活は消えて、それぞれのプライバシーが尊重されたのである。

図7　興福寺僧房の内部　1309年につくられた『春日権現験記絵巻』のうちの僧房で，舞良戸を用いる点からみて，当時の実状を描いたものと思われる。柱間3間を1房とし，中央を戸口，両わきを連子窓とした外観は，元興寺極楽坊禅室とよく似ている。

古代の僧房とその発展

古代の僧房

現在では寺院建築全体をさす伽藍という言葉は、梵語のサンガラーマ（僧伽藍）の略称で、元来は僧侶が仏道を修行する清浄閑静な場所という意味である。インドの初期仏教寺院では舎利を祀ったストゥーパを中心に小さな僧室が雑然と配置されていたが、一～二世紀頃になるとストゥーパ・祠堂・僧房の組合せが確立するとともに、多数の僧侶を収容するために僧房は大型化し、中心部の後方または両脇に、広い中庭を方形にとり囲んで僧室を配列する大建築群が生まれた。中庭には多くの場合、禅堂となるホールが建ち、僧侶の生活に必要な各種の建築も付属する。これが僧伽藍であり、衆園とか僧園などと訳されている。集団生活を律する種々の規約が作られ、相互の研鑽の中で仏教の教義も深みを加えていった。

日本に仏教が入った初めの頃は、その教義よりも金色に輝く仏像や美しい経典・法具などの香り高い文化にまず魅せられていた。敏達十三年（五八四）、蘇我馬子が石川の自邸の東に仏殿を営んだ際、仏に仕えるものとして一一歳の善信尼をはじめとして三人の少尼をあてたのは、そのことをよく示している。三尼は播磨国にいた還俗の高麗僧からいちおう得度を受けたものの、なにぶん若年のことゆえ、おそらく仏教の教義を理解しうるには至らなかったであろう。未婚の内親王や女王から選ばれた伊勢神宮奉仕の斎王との類似を思わせる。

しかし排仏派物部氏との戦いに勝利をおさめ、その記念と勢威発揚の意味で馬子が崇峻五年（五九二）から造営を開始した飛鳥寺は、日本で最初の本格的な仏教建築であると同時に、制度上も整ったものとなった。推古四年（五九六）に塔が完成して伽藍の形態が整うと、馬子は長男善徳を寺司に任じ高麗僧恵慈・百済僧慧聡を住まわせている。恵慈は聖徳太子の師として名高い。同十年に来朝した百済僧観勒・高麗僧僧隆・雲聡なども飛鳥寺に止住したらしい。

推古三十二年、観勒を僧正として僧尼を統制する組織を定め、同時に全国の寺僧を校したところ、四六か寺に僧八一六、尼五六九、合計一三八五人であった。単純に計算すると一寺平均三〇人となるが、当時の寺院の大半は帰化氏族などの氏寺であり、遺跡からみ

図8　川原寺伽藍復原模型

るとごく小規模なので、政治の中心地にあった飛鳥寺にはおそらく数百人に及ぶ僧尼が止住したものと思われる。その中には推古十八年来朝して、日本に初めて絵具・紙・墨・碾磑などの製法を伝えた高麗僧曇徴も含まれていたであろう。観勒も暦・天文・地理・兵術などの書を携えて来朝したが、そうした新しい学術・産業の伝播者としての僧侶の止住が、当時の寺を最新文化の中心にしていた。西の広場の槻樹の下で蹴鞠が行なわれ、また寺に接して造られた須弥山をもつ庭園が、饗応・宴遊など政治的行事の場所となったのも、飛鳥寺が単なる仏教修行の場でなく、いわば文化センターの役割を果たしていたことをよく表わしている。そしてこの点は飛鳥・奈良時代を通じて古代寺院がもち続けた大きな特色であった。

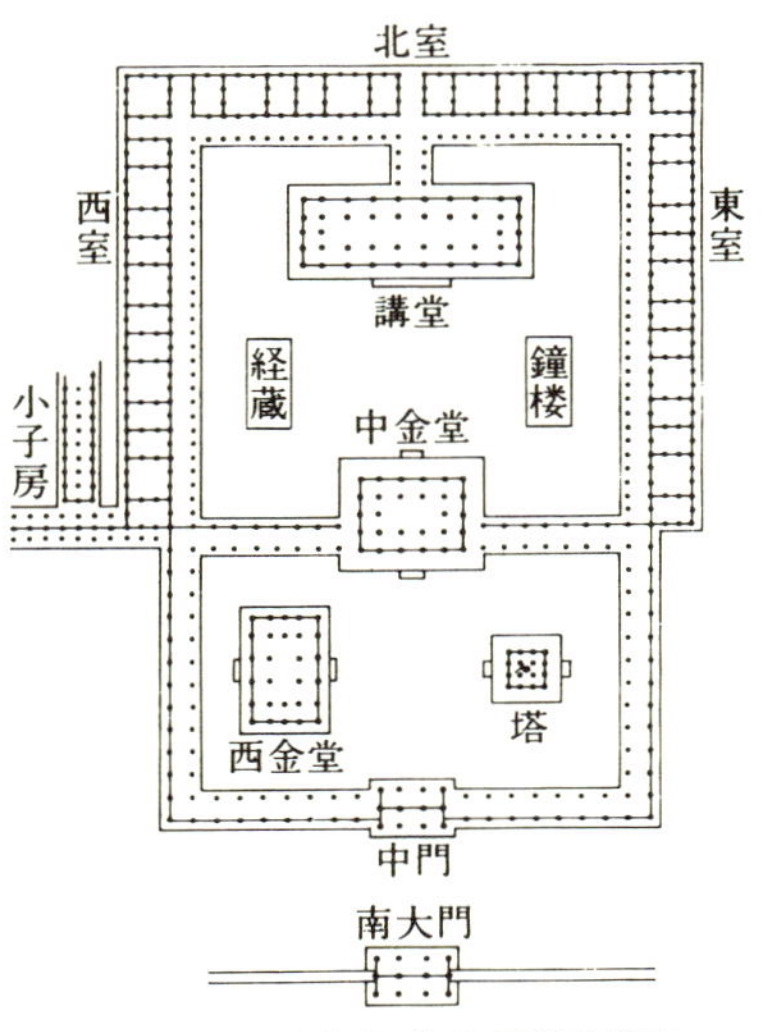

図9　川原寺伽藍配置復原図

飛鳥寺は塔を中心にして三棟の金堂を配し、中門から発した回廊がこれを取り囲んで、その背後に講堂を置く大伽藍であるが、残念ながら僧房はまだ発掘されていない。古代寺院のうち現在までに僧房の具体的な姿がわかる最も古い例は、天智朝（六六二～六七二）に建立された川原寺で、講堂の東西および北をコの字形に囲んで造られた大規模な三面僧房（図8・9）である。講堂の南に中金堂があり、両脇に回廊が取り付くが、僧房の内庭側の一間幅が通路になっていて南端で回廊に結ばれ、結局講堂を中心にして四辺に廊がめぐり、その両側と後方とに房室を連ねた形になっている。中国や朝鮮での僧房の発掘例がまだほとんどないので確言はしがたいが、川原寺が日本における唐式建築の最も早い例であることからも、おそらくこの僧房の形態は唐で行なわれたものをそのまま伝えたのであろう。ほぼ同じ頃の建立とみられる近江の南滋賀廃寺の僧房もよく似た配置をもっている。川原寺の僧房は梁行が四間三六尺、桁行は北室が三〇八・五尺、東西室は二一七尺の長大な建築であった。そして桁行を二間（約一五尺）と三間（約二三尺）の二種類に区切ってそれが一房となっていた。長さ七〇～九〇メートルに及ぶ細長い建物の前面を吹抜けの廊とし、後方を小部屋に仕切った姿はインドの僧園以来の伝統を保ち、欧州でのキリスト教における修道院の形態とも通じて、森厳な僧侶の住いにふさわしいものであった。

配置と規模

古代寺院の僧房は普通三面僧房とよばれるように、川原寺のごとく講堂の三方を囲った配置が最も整った形式であるが、そのほかにも各種の変化があった。まず川原寺と同じ配置の例は興福寺（図10）、東大寺、京都の東寺および西寺で、このうち全体を床板張りにしたらしい興福寺を除くと、内庭側に回廊をとって隅では北室と東西室が連続する点も共通している。大安寺もこれとほぼ似た形で、東西両室は北列と南列に分かれて講堂だけでなく金堂院の脇まで延び、南端は南回廊の東西への延長部まで達していた。南列僧房まで加わったのは止住僧の数が多かったためであろう。ただし北室は東西二棟に分かれ、中央が広くあいていた。これはその後方に食堂があって、前面をさえぎるのを避けたためと推定されるが、食堂の位置がまだ確かめられていないので不明な点も多い。先

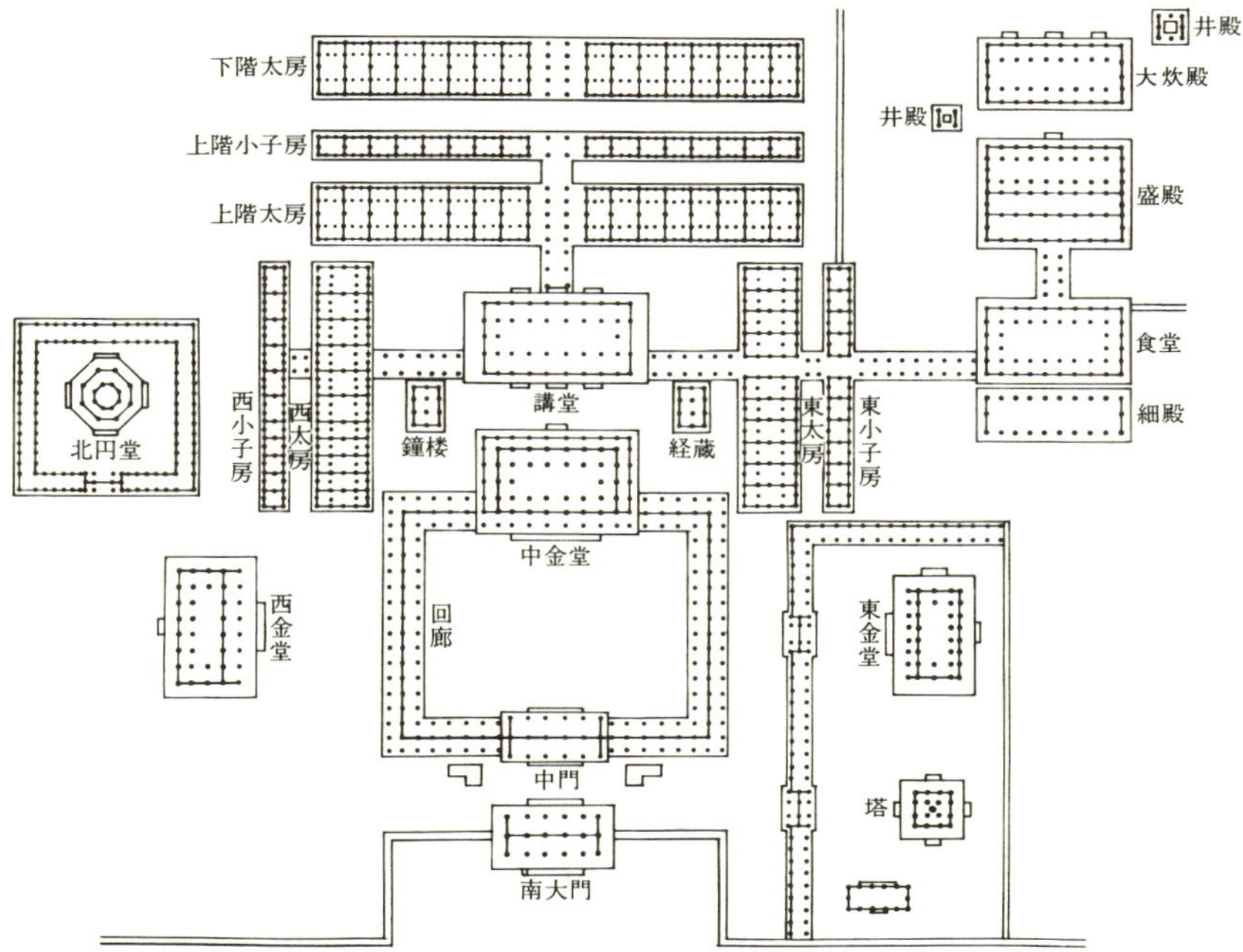

図 10　興福寺伽藍配置復原図

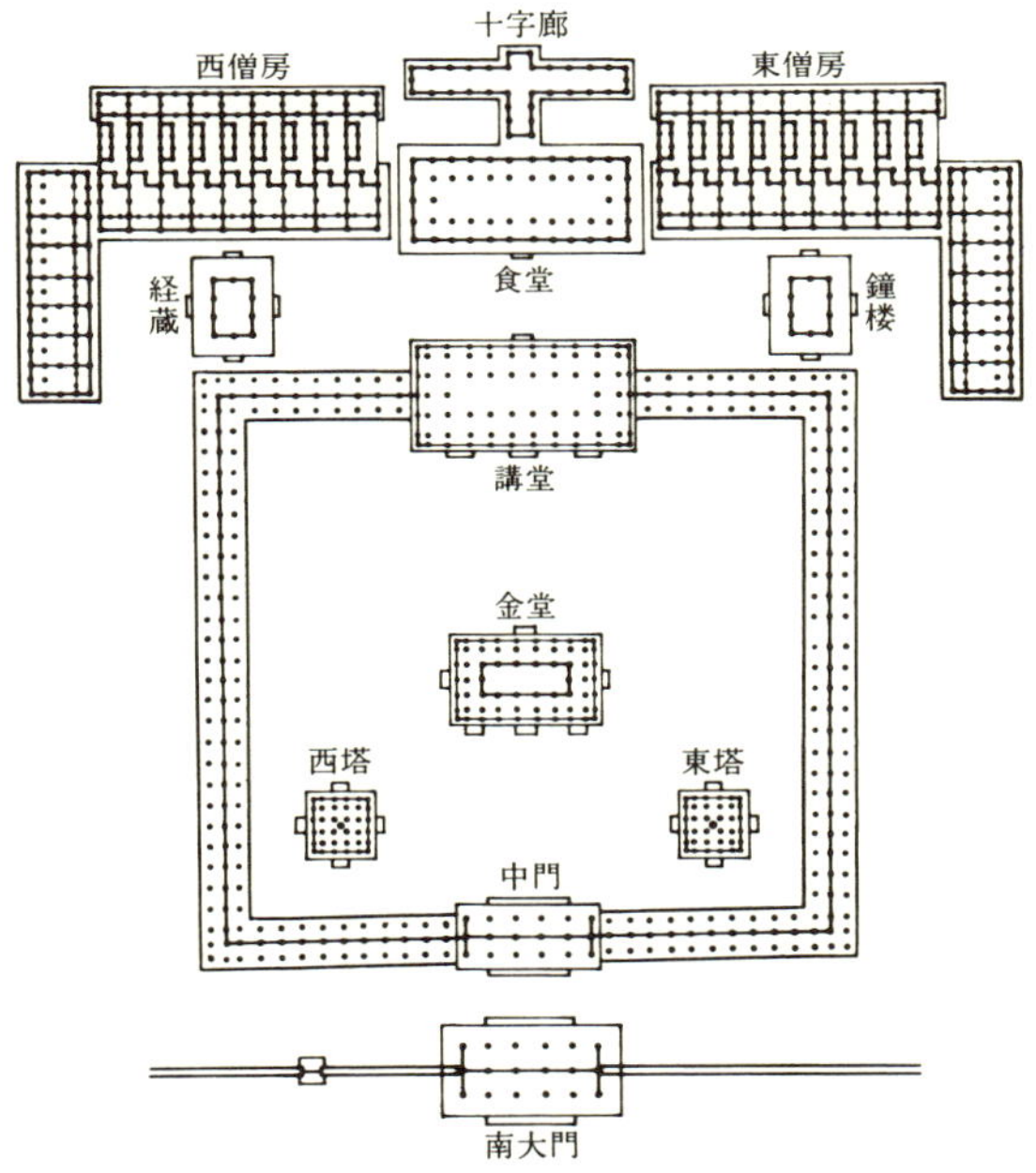

図 11　薬師寺伽藍配置復原図

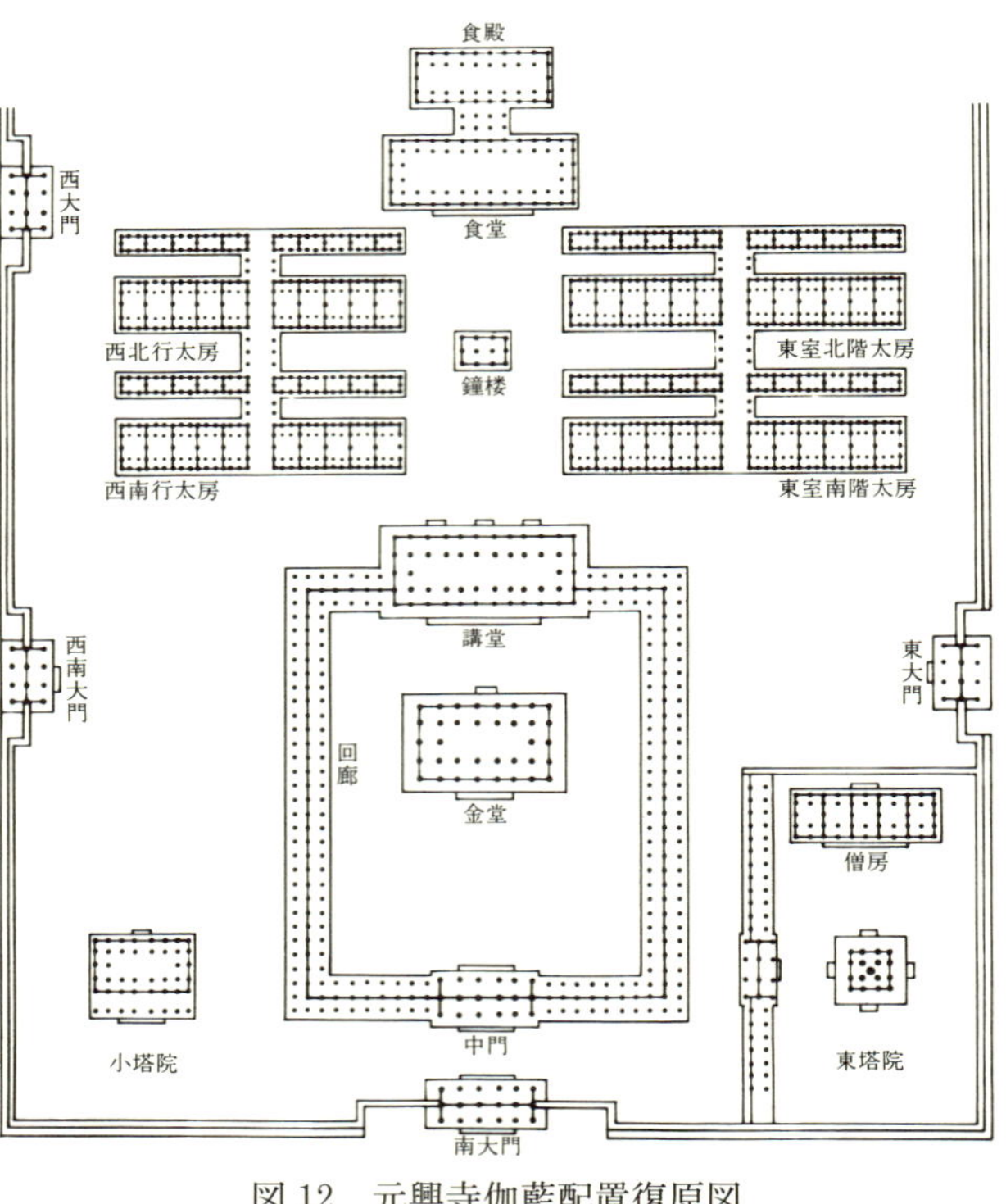

図 12　元興寺伽藍配置復原図

の三面僧房の場合、興福寺と東大寺は講堂と並んで東方に食堂院が設けられ、東室の馬道を通って結ばれていた。川原寺の食堂も別に西方にあったらしく、整った三面僧房の配置とするには食堂が横位置におかれる必要がある。しかし主要堂塔を伽藍の中軸線上に配列する中国建築の原則からも食堂を講堂の後方に並べた例が多くみられ、僧房の配置も変化する。

食堂が中央後方に位置した場合の典型的な形式は薬師寺（図11）にみられ、北室を二棟に分けて食堂の両脇に密接して設け、他端を南へ折り曲げて東西両室とする。薬師寺は金堂を独立させて回廊を北まで延ばし、講堂両脇に接続させる配置であるために、僧房が講堂をとり囲む緊密性はのぞめないが、飛鳥・白鳳時代の寺院にはこの形式が多く、従って整然とした三面僧房にならない例が多い。飛鳥寺を移して中枢部の配置には古式を伝えた元興寺（図12）もその一つで、僧房は北室を東西に分け、それぞれ南階と北階の二列にしている。四天王寺も北室が食堂の東西にあったらしい。法隆寺は回廊の両脇に南北棟の東室および西室を添わせるが、これは背後にすぐ丘が迫って僧房を後方におく余地がなかったためである。なお僧房の名称はこうした配置に応じて寺ごとに異なり、興福寺のように整然とした三面僧房の場合でも、数多くの僧を収容するために前後二列にした北室の南を上階、北を下階僧房と称し、また食堂の東方にも僧房を設けてこれを東室とするので、三面僧房の通常の東室は中室と呼ばれている。

僧房の規模については別表のように長さ二〇〇尺から三〇〇尺程度が多く、梁行は四〇尺前後のものが多い。梁行は原則として四間であるが大安寺や東（西）寺のように三間の例もある。なお今までふれなかったが、僧房は大房だけでなく、その裏側に同じ長さ

僧房の規模（天平尺）

寺	室	規模	室	規模	根拠
川原寺	北室	308.5×36	東・西室	217×36	資料・遺跡
興福寺	北室	408×45	東・西室	各 210×45	資料・資財帳
東大寺	北室	481×52	東・西室	各 344×52	遺跡・古図
法隆寺	北室カ	155×32 106×38	東・西室	175×38 181×38	遺構・資財帳
大安寺	北室	各 125×39	東・西室 南列 北列	 各 274.5×39 各 245.0×39	遺跡・資財帳
薬師寺	北室	各 180×38	東・西室	各長さ不明×38	遺跡
元興寺	西室	南階・北階 各 225＋馬道×43	東室	南階・北階 各 270＋馬道×43	遺構・検録帳
東(西)寺	北室	400×36	東・西室	270×36	遺跡

で梁行の狭い小子房が付属し、小子房も大房と同じ幅で割り付けられ、一房は大房・中庭・小子房のセットで成り立つのが原則であった。小子房は梁行二間が普通で法隆寺の一三尺、薬師寺一四尺、興福寺一五尺などが標準であるが、東大寺や大安寺では梁行三間で三五尺および三〇尺あり、こうした大きなものは特に中房と呼ばれている。

以上は中央の官寺の最も整った例で、小寺院や地方寺院は住僧の数も少なく、僧房も一棟だけのことが多い。その多くは講堂の後方に東西に置かれ、規模も長さ一五〇～二〇〇尺程度、梁行三〇～四〇尺であった。なおこうした小規模な僧房のうち注目されるのは東大寺戒壇院で、北室の桁行二三間のうち中央五間を食堂にあて、東西を各三間ずつ三房に分割している。薬師寺でも食堂と両脇の僧房は軒を接していたが、それを一棟に連ねた形であり、地方寺院には類似例が多いと思われる。さらに私寺的な小寺院や山寺では僧房も小さく一～二房ずつの独立した建物であった。天平宝字六年（七六二）造営の石山寺では三間僧房（長さ二六尺・広さ一四尺）、上僧房（三〇尺×一八尺）、中および下僧房（各二一尺×一六尺）の四棟が古文書で知られるが、いずれも一棟一房と思われ、大伽藍中の壮大な僧房建築とは全く趣を異にした一般の住宅風のものと想像される。唐招提寺も「建立縁起」に記す僧房の数が多く、しかも東一房一宇、東二房一宇などと、房室の番号順らしい表記法なので、桁行三間の単位房がそれぞれ一棟となり、軒を接して配列されたのであろう。有力者の寄進によって造営され、伽藍の形態もかなりの長年月をかけて整えられた唐招提寺のような私寺には、むしろそのほうがふさわしいと思われる。

図 13　元興寺極楽坊本堂

間取りと構造

僧房は細長い建物を桁行二間または三間ずつに区切って一房とする。しかしその間取りや構造がわかったのは、元興寺東室南階太房の後身である極楽坊禅室および本堂（図13）の解体修理の際、奈良時代の柱・梁・桁などが鎌倉時代に今の建物に造り替えた時に転用されていて、それをもとのように組み合せると天平時代の姿が復原し得たからである（図14・15）。その後、法隆寺東室（図16）の修理でも、全く後世に建て直されたと考えられていた建物の北端二房分だけは古く、丹念に部材や痕跡を調査してゆくと白鳳時代末期の僧房の間取りが判明し、平面の性質は元興寺と全く同じであることが明らかになった。現存する僧房建築はこのほかに寛喜三年（一二三一）建立の法隆寺三経院・西室（図23）、弘安七年（一二八四）修造の唐招提寺礼堂・東室（図24）の二棟だけであり、これらからは中世再建後の間取りや使い方は知られるが、古代の資料はない。また小子房は法隆寺妻室が平安時代初期の再建ながら唯一の遺例で、先年の修理の際に当初の形態に復原されている。一方、発掘調査の結果間取りが判明するものも近年増加し、川原寺のように間仕切の位置がわかる程度のものから、東大

図15　元興寺僧房復原模型

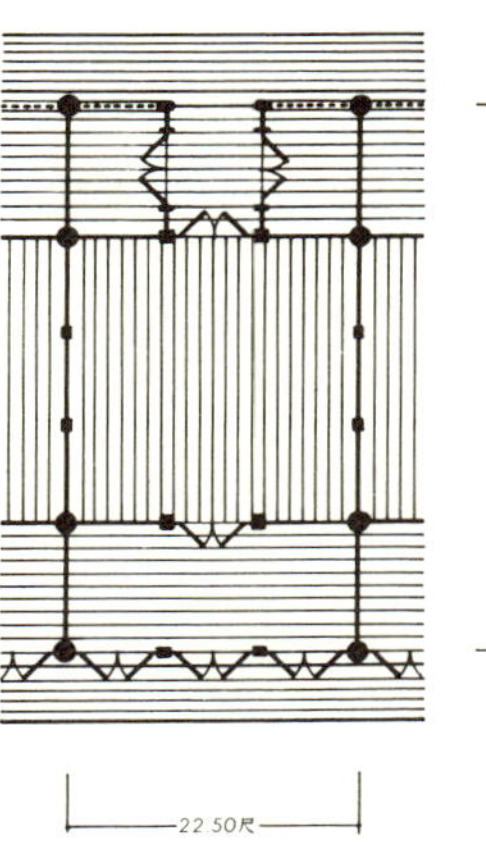

図14　元興寺僧房復原平面図（一房分）

寺では古図と遺跡を照合して扉口と壁の区別が可能となり、薬師寺ではさらに座牀や棚の据えつけ場所まで判明している。

元興寺僧房（図14・15）は桁行三間（二二・五尺）が一房で全体に板張りの床を設け、前後に縁がつく。梁行は四間で中央二間（二二・五尺）に大梁をかけて身舎とし、前後に庇（一〇・二五尺）をつけた構造である。房と房の境の柱筋には身舎の部分も三等分して間柱をたて厚い壁で仕切る。身舎と庇の間も中央間だけ扉にして両脇を壁で仕切り、その結果、身舎は方三間の大きな一部屋となっている。前方の庇も横に長い一室で、正面は三間とも扉とし、ここはかなり開放的な空間である。一方、背面の庇は一間ずつの小部屋に区切られ、両脇の小部屋は外側を連子窓として中央に向かって出入口を作る。中央室は外部との境に扉を設けず、中庭への通路状の入込み部となる形をとっている。内部は身舎だけにゆるい舟底形の天井を張るが、庇は垂木がそのまま見える化粧屋根裏である。

こうして復原された僧房の間取りは古代の住宅とよく似ている。天皇即位の際に造営される大嘗宮は、そこで神と一体の生活を過ごすことによって以後の天皇自身を神格化する臨時的な宮殿であるが、その正殿はこの制度が始まった飛鳥時代ないしそれ以前の住宅の形を伝えると考えられている。その平面は妻入の桁行五間・梁行二間を二分して奥の三間を室、前の二間を堂とし、室は周囲を壁で囲われて正面中央だけに扉を開く閉鎖的な場所、堂は固定した壁がなく簾を垂らすだけの開放的な空間である。元来は貴族の住宅を移建した法隆寺東院伝法堂も、住宅の時にはこれとよく似て三間の室と二間の堂に分かれた平面であった。これらと比べると僧房の身舎の大室が室に相当し、前面の庇部分が堂にあたることが容易に知られよう。室が寝室であり、堂が

図 16　法隆寺東室

昼間作業の場であった。背面の小部屋は連子窓がつくことからも特別な部屋で、書斎とか個室的な使われ方をしたと思われる。

法隆寺東室は二間一房制であるが、間口（二一尺）や奥行（三六尺）は元興寺と大差なく、房境では中央に柱を立てて壁で仕切り、ほぼ正方形（二一尺×二〇・五尺）の身舎が大きな一部屋となって、前面の庇が開放的な空間となり、背面に連子窓付きの小部屋があることとも軌を一にしている。房境では中柱があるので水平な梁を用いるが、中央通りには身舎に円弧状の大梁をかけ、この上に直接天井板を張るので、身舎の大室の天井は周囲が水平で中央が円弧状に高まるゆるいドーム形を画く。ただ元興寺と違って内部は全面土間であった。土間は大陸伝来の中国式であり、板敷床が日本住宅の伝統とする解釈からすると、元興寺と法隆寺では住い方にかなりの相違がありそうな感じを受けるが、両者の連子窓の高さを比べると、床から窓台まで法隆寺二・五尺、元興寺三・〇尺、窓の内法はともに四・八尺で両者相似する。この窓の高さからすると床板張りであっても坐式ではなく、椅子や床子を用いた立式の生活をしたのであろう。とすると土間と床板張りとは本質的な差ではなかった。今のところ板敷と考えられる僧房は元興寺以外では興福寺ぐらいしかない。もっとも転ばし根太で低い板敷を設けるのは簡単で、京都広隆寺の貞観十五年（八七三）の「資財帳」に「房ごとに歩板を敷く」とあるのはその状態を指し、基本は土間であった。

僧房は構造も他の堂塔に比べるとずっと簡素で、法隆寺東室は柱上に直接桁を置き、叉首組で棟木を支えて一軒の垂木をかける最も単純な形式をもち、この構法は神社建築と全く等しい。白鳳時代末期建立の陸奥多賀城付属高崎廃寺の僧房は当初掘立柱であり、のちに礎石建てに改めている。同例は国分寺や国分尼寺にかなりみられ、地方寺院では掘立柱の僧房が多かったらしい。これらに比べると元興寺僧房は柱上に三斗の組物を置き、軒も二軒として格段に立派である。発掘調査の成果を取り入れて近年再興された薬師寺僧房（図19）は、大斗肘木の組物で二軒をもつ形に復原された。官の大寺の僧房は二軒にして組物は三斗または大斗肘木が標準であったらしい。面白いのは身舎の天井で、元興寺では長い厚板を一枚おきに上下に置き並べた緩い切妻造の大和葺の形式とし、また法隆寺は中央でむくるドーム形の板張天井としている。当時の住宅は一般には天井がなく、あっても天蓋状に必要な部分にだけ置いたと考えられているのに対して、これほどしっかりした密閉の天井を設けたのは、防寒だけでなく室内意匠にも充分な注意が払われたことを示している。僧房は住宅としても最上級のものであった。

僧房の生活

ところで土間での生活をかなり具体的に知りえたのは薬師寺僧房で（図17）、一房は正面三間・背面二間の変則的なものであるが、構造上は桁行一〇尺等間を二間ずつとった二間一房制である。左右対称となる三間制を正面だけに採り入れ、外観を整えたのであろう。間口二〇尺・奥行四間三八尺の規模や平面は法隆寺や元興寺と類似し、当時の大寺の一房の大きさがほぼきまっていたことがわかる。興福寺も二二・五尺×四五尺であった。薬師寺僧房は発掘の結果小さな凝灰岩製の礎石が床面に残り、床や棚の位置が判明するとともに、多くの出土品によって天禄四年（九七三）焼失当時の生活がかなり具体的に判明したのが面白い。まず前面の庇では左右の連子窓の内側に床子が置かれ、身舎の大室は土間と床上部に二分されて入口部分だけは床を欠き取り、土間の壁添いには深三尺の棚が作られている。棚の付近からは各房とも杯・皿などの日常雑器が多量に出土した。前室からの出土品は少ないが特定の房では二彩釉鉄鉢・白磁碗・灰釉花瓶など舶載品を混じえた高級な陶器・磁器が発掘され（図18）、当時の僧侶の生活の豊かさを示した。金銅仏や金銅厨子金具・ガラス玉の出土した房もある。僧房の前面は中央を扉、両脇を連子窓とするが、元来は吹放しに近い開放的

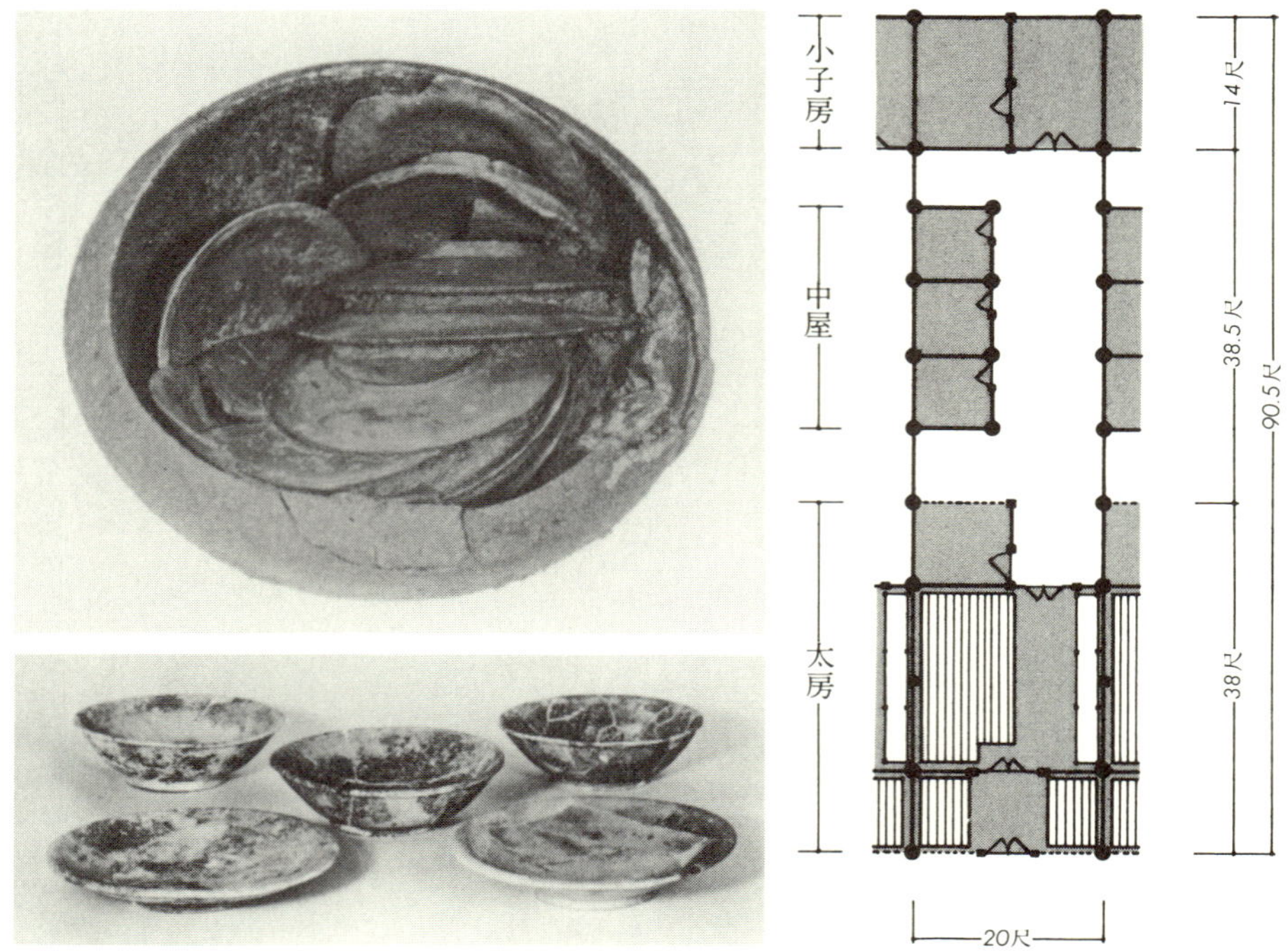

図 18　薬師寺僧房発掘出土品　土師器の皿を入れた二彩鉄鉢陶器（上)、緑釉陶器（下）

図 17　薬師寺僧房復原平面図（一房分）

図 19　薬師寺僧房復原房内部

な場所であった。共通の広間を個室に改め、おそらくそこが上級の僧の居間になったのであろう。

僧房の中庭に建てられた付属屋が判明したのも珍しい。八尺等間の桁行三間・梁行一間の規模をもち、方一間ずつの小部屋に分割されていて中には炉跡を残すものもある。従来こうした中屋は東大寺古図などから、倉庫や便所など各種の説があったが、僧侶につかえた人たちの炊事場や作業場として使われたらしい。古い伝統をもつ東大寺二月堂のお水取りでは、参籠所（図25）の一房のうち、下手の部屋に炉があって、童子や仲間が湯茶や粥の準備をしているが、元来はこうした中屋か小子房で行なわれたのであろう。

一房に何人の僧侶が住んで集団生活を営んだのか、なかなかわからない。奈良時代の寺院ごとに官寺は、国から資格を認められ一定の賜封を受ける僧侶の集まりであるから、その性格は仏教を中心にして広く学問を研究する国立大学のようなものであった。指導的な僧を中心にしたいくつかの学派が一寺の中でも共存し、おそらく一房ごとの住僧もそうした師弟関係からきまったのであろう。教授・助教授・講師・助手と並ぶ大学の研究室と類似し、まだ資格を得る前の学生や上級の僧の雑用をつとめる人々も共同生活を営んだものと思われる。そうした一房ごとの人数を知る手がかりとして、「資財帳」に僧房の規模と現住僧数の記載があるものから一人当たりの面積を求めると、二六三人の法隆寺では約八五平方尺（約四・五畳）、八八七人の大安寺では約一一〇平方尺（約六畳）となる。しかし僧房の中には回廊や馬道などの共有部分があるので実際に居住用となるのはさらに狭い面積であり、おそらく八〇～一〇〇平方尺であったろう。そしてこれを今までに述べてきた各寺にあてはめると平均して一房には一二～一三人となり、これが大房と小子房に分かれて生活していたこととなる。主な部屋は大房の身舎の大室だけであるから、それは大部屋を中心とする全くの集団生活であり、僧堂で修行中の禅僧に似たごく簡素なものであったと想像される。薬師寺の前面の庇の改修は国家仏教の衰えとともにそうしたきびしい集団生活の規律もゆるみ、住僧も減じて僧房にややゆとりを生じてからのことであろう。そしてここに現われた個人的空間の確保が、以後の僧房の変化の主流となっていった。

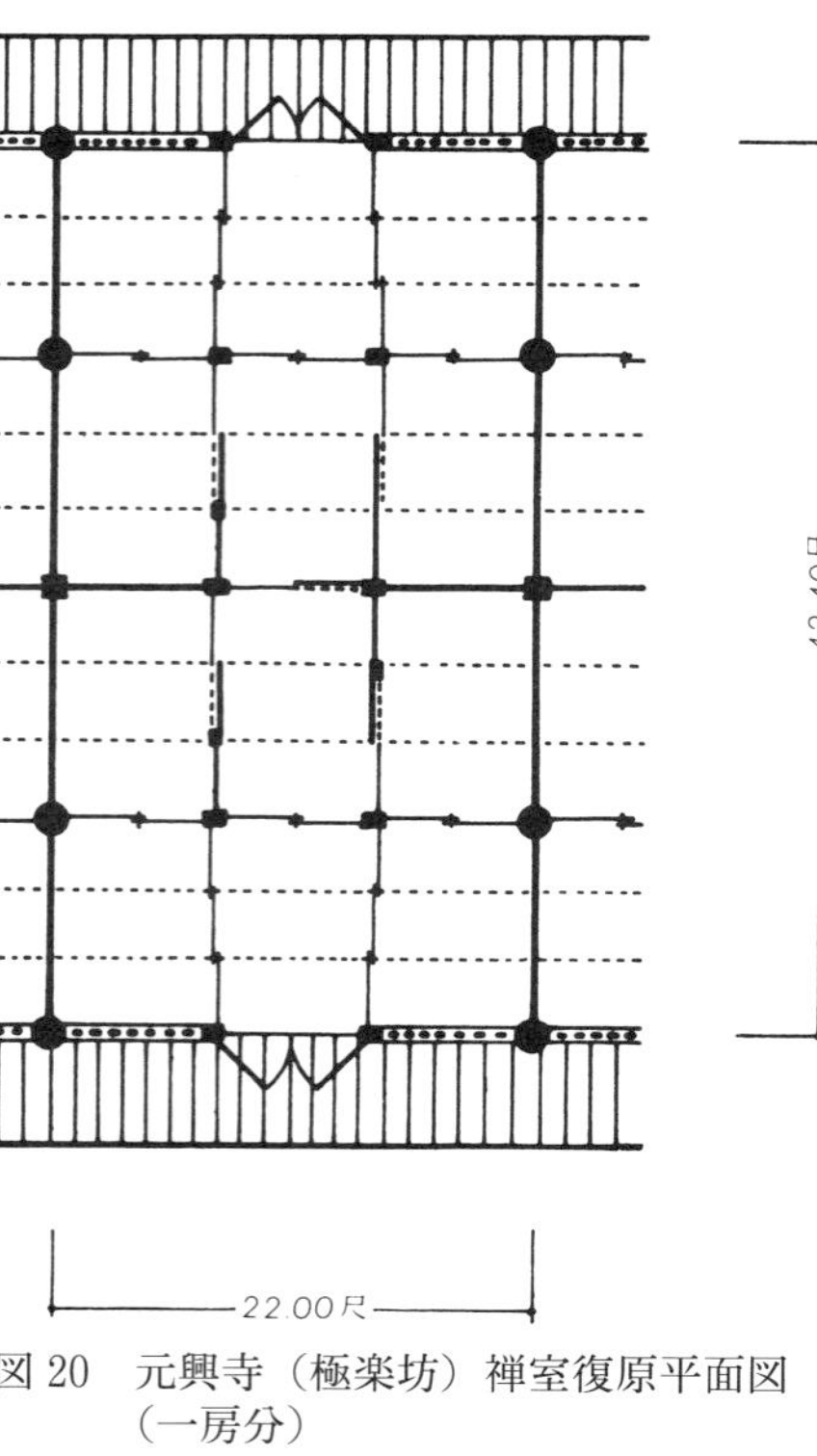

図20　元興寺（極楽坊）禅室復原平面図（一房分）

間取りの変化と転用

間取りの変化はまず身舎の大室が棟通りで前後に分割されることから始まる。元興寺僧房（図14）ではいつの頃からか明らかでないが、棟下通りの三等分位置に角柱二本が立ち、両脇間に壁が作られて身舎の内部が一間幅の中央通路を挟んで左右に各二室ずつの小部屋を配置した形に変わる。法隆寺東室も保安年間（一一二〇〜二四）再建の際、身舎の中央に小柱を立て、棟下通りの一方を壁、他方を戸口として、田字形の片側は通路、他は二室の小部屋となるように改造した。梁行方向の間仕切装置がいずれもさほど厳重なものでなく、屏風か簾程度と思われるので、小部屋の独立性はまだ弱いが、とにかく元来は数人で共用していた大部屋の内部が法隆寺では二人、元興寺では四人の各専有空間に分かれたのである。法隆寺では同時に正面の柱間装置も一方が扉、他は連子窓に改められて正背面とも同じ構えとなり、また内部全体に板敷床が設けられた。

鎌倉時代に入るとこの間取りはさらに変化し、庇と身舎の境の壁が取り除かれて引違戸にかわり、連子窓ぎわの庇の小部屋と奥の身舎の小部屋とを一組にして用いるようになった。それが現存する元興寺極楽坊禅室の間取りで（図20）、禅室は当時八房分残っていた元興寺東室南階大房の西方四房を、規模はそのままに鎌倉時代初期に建て直したものなのである（図21）。その細部をみると正面も背面と同じ中央扉・両脇連子窓となり、もとの一房は棟下通りで分割された前後ほぼ対称の二区画に分かれて、これが新たな一房になっていることがわかる。単位房は四畳弱の六室で構成され、中央の戸口筋の室をはさんで窓際の前室と奥室が並ぶ。窓側が昼の居間、奥が寝室となったものであろう。戸口筋の前方の室は入口ホールの役を果たし、奥は納戸らしい。この室と左右両室境は大半

図 21　元興寺（極楽坊）禅室

図 22　元興寺（極楽坊）禅室復原房内部

が壁で一方の端に内法の低い片引戸をつける閉鎖的な構えとしている（図22）。

このように奈良時代の僧房の一房を前後に分割し、さらに一間ごとの小部屋にわけて前後に並ぶ二室を一組にして居住区とする平面は、鎌倉時代の僧房すべてに共通であった。法隆寺東室は寛元二年（一二四四）の改修でその形となり、寛喜三年（一二三一）建立の同西室（図23）も、現在は内部間仕切がすっかり取り払われているが、当初は東室とほぼ同様な間取りであったことがわかる。扉を挟んで両脇に連子窓を設け、三間一房の制であったことを外観によく残す唐招提寺東室（図24）も、内部は元来元興寺禅室のように仕切られていた。東大寺二月堂のお水取りの期間中の宿所となる参籠所（図25）も、基本は二間一房の中世僧房の形を今でもよく保っている。

こうした間取りの変化に対応する構造面での改変は、坐式の生活に合わせて内部全体に低い天井を張るようになることと、窓の位置が低くなることがまずあげられよう。と同時に内部の柱が角柱に変わってゆくことも特徴的で、法隆寺西室や唐招提寺東室は側柱は太い丸柱にして外観は堂々とした姿に整えるが、内部はすべて角柱にしている（西室の講師房部分は丸柱）。これは小さく分割された室内空間の納まりとしては丸柱より角柱のほうが落ち着き、また間仕切の引違戸にも角柱のほうが具合がよいためで、同じ変化は寝殿造住宅でも平安時代末から起こり、やがてすべてが角柱の書院造住宅へ移り変わる歴史と軌を一にしている。法隆寺東室でも中世以降修理の手が加わるたびに内部の柱は角柱に取り替えられ、古い丸柱は太鼓落しに面を取られてだんだん角柱のようになっていった。

平安時代に発展した天台・真言の密教寺院では長大な僧房を必要とせず、また南都の諸寺でも平安時代中期からは子院が発達して高位の僧の住いとなるために、従来のような僧房は必ずしも必要としないこととなるが、伝統的な伽藍の姿を維持すべく中世に入っても南都では僧房が再建された。しかしそれはすでに奈良時代の厳しい集団生活の場ではなく、個室に分かれた集合住宅の様相を呈していた。法隆寺には嘉禄二年（一二二六）に東室の房を売却した証文や、師より伝受した証文が残されており、房室が個人所有となっていたことがわかる。

なおこうして本来の役割を果たしおえた僧房は他の用途に転用される場合も多い。その最も代表的なものは元興寺極楽坊本堂で、ここは元来東室南階大房の馬道より東の部分であったが、平安時代後期に浄土教が盛行すると、かつての智光の住房にその感得と伝

図 23　法隆寺西室

図 24　唐招提寺東室

図 25　東大寺二月堂参籠所内部

図 26　野中寺僧房内部

える極楽曼荼羅を祀り、やがて発展して保安頃（一一二〇年頃）には百日念仏講を行なう道場となり、建久頃（一一九〇年頃）には三房分を連続させた仏堂風に改造、さらに寛元二年（一二四四）に現在の本格的な堂に建て直した。僧房は先師への追慕の場所として御影堂もしくは開山堂に転化しやすく、唐招提寺では鑑真が別に影堂を建てて旧住房は僧に与えるよう遺言したにもかかわらず、弟子たちはそこを肖像安置所とした。京都東寺の大師堂も空海止住の僧房の後身で、現在でも空海の持仏と伝える不動尊を祀る中心部は方二間で前面の一方を扉、他を連子窓とし、かつてここが二間一房制の僧房の身舎の大室であった姿をよくとどめている。

このように直接居住者と関連させず、いわば仮託した形で仏堂化したのが法隆寺聖霊院で、ここは元来東室の南端三房分であったが、保安二年（一一二一）顛倒した東室を建て直す際に、聖徳太子を祀る仏堂に改め、さらに弘安七年（一二八四）、全面的に建て替えて現在の建物となった、これと対称的な西室の南端に設けられた三経院（一一三一年）も、法華・勝鬘・維摩の三経を講ずる道場として、聖徳太子信仰の一端を担っている。一方、唐招提寺では建仁二年（一二〇二）に解脱上人が東室の馬道から南の部分を堂に改修して念仏道場とした。これが今の礼堂に当たる箇所で、現在の建物はさらに弘安六年（一二八三）の修造を経ているが基本は変わらない。礼堂の名はその西方に建つ鼓楼（一二四〇年）の上階に舎利を安置し、これを礼拝する会式の場となったからで、この堂は南正面だけでなく東面にも向拝がつき、むしろ東側が正面のような形をもっている。いずれにせよ僧房の一部が元興寺極楽坊の念仏講をはじめ、法隆寺の聖徳太子信仰、唐招提寺の舎利信仰など、古代末期から中世初期にかけて勃興した庶民信仰の場として利用されたのは注目すべきで、そこに激動期における南都寺院の経営の一端をのぞきみるとともに、僧房がたいへんに活力のある建物であったことをあらためて感じさせる。ただし興福寺のように古代・中世を通じて財力豊かであり、高い格式を守り続けた寺では、火災のつど再建された僧房も古式を守り、ただ内部だけは間仕切のない大広間にして、維摩会の講師房や集会所に用いていた。

なお僧房は近世初期からことに盛んになった教学の気運にのって、各宗派ごとに子弟教育の施設として造られた檀林では、江戸時代を通じて数多く建てられた。真言宗の檀林である大阪野中寺の僧房（図26）はそうした学寮の代表的な遺構で、沙弥寮と比丘寮の二棟に分かれ、前者は畳敷の三畳、後者は四畳半を単位室として、各室ごとに入口の踏込み土間、物入、床の間を設け、裏側には吹放しの通し縁がつく構成になっている。それぞれに入口をもち、各室境は厳重に壁で区切られている点に僧房の伝統を伝えている。

僧房と経蔵

奈良時代の大寺院では講堂の前方両脇に同形・同大の鐘楼・経蔵が建つ伽藍配置の例が多く、これを七堂伽藍の中に数えている。法隆寺や大安寺の天平十九年（七四七）の「資財帳」では、いずれも「楼二口（一口経楼 一口鐘楼）（下略）」とあって、正式名称は共に楼であり、実際にも法隆寺の経蔵は〝楼造り〟と呼ばれる構造形式の建築である。どうも経楼では語感が悪いために経蔵と呼び慣わしたらしく、「興福寺流記」は「経蔵一基・鐘楼一基」と記している。こうした伽藍配置の最も古い例は天智朝の創建とみられる川原寺で、奈良時代に入ると平城京で最も早く建立された興福寺がこの配置の典型となった。但し興福寺に続いて養老二年（七一八）に飛鳥京から移された元興寺は鐘楼だけで経楼はなく、また同様に移建の薬師寺では鐘楼・経蔵が講堂の後方左右に配置されているから、奈良時代初期には未だ自由度が大きかったらしい。

ところでこうした独立の経蔵（楼）ではなく僧房の中に経蔵をもつ例がいくつかある。その第一は東大寺で、『正倉院文書』・天平宝字六年（七六二）四月一日の「造東大寺司告朔解」に木工所作物として「作僧房経蔵　功廿三人」をあげるが、残念ながらそれ以上のことは判らない。第二は元興寺で、『東南院文書』・長元八年（一〇三五）の「元興寺堂舎損色検録帳」に「一僧房　東室南階大房十二房　件房　南北両面飛檐垂木木尻　瓦負等　所々朽損（中略）西端房雨不止　并経蔵戸一具破損　自余所々雨漏之　同小子房十二房（下略）」とあり、東室南階大房の西端に経蔵が設けられていた。この東室南階大房の後身が現在の元興寺極楽坊本堂および禅室で、特に禅室は旧僧房の礎石四房分を再用して鎌倉時代に同規模で建て替えられたものである。解体修理の際、前身の僧坊に使われていた大量の天平古材が発見されたが、禅室からは高い位置に横連子窓を設けた丸柱・角柱各一本（いずれも側柱）が出現し、それによって復原図も作られた（図27）[1]。恐らくこれが経蔵に当るのであろう。但し現在の本堂・禅室は旧僧房の八房分に当り、元来の十二房は東西両方に延びていたと思われるので、実際の経蔵の位置は禅室より西方の伽藍中軸線に近い所と想われる[2]。『正倉院文書』・天平十五〜十七年（七四三〜五）の写経所の「収納並返送帳」には「置元興寺北宅一切経」「元興寺北宅経」「元興寺収置北宅経」「元興寺一切経」などの名称が見えるが、これらはいずれも東室南階大房の経蔵に納められていたのであろう。元興寺の僧房は通常の三面僧房では北室に当る位置に東西各二列づつ配置されたので、それが通称となったものと思われる。

第三は唐招提寺でこれが最も興味深い。唐招提寺には『建立縁起』（『諸寺縁起集』所収）に「一経楼一基（納仏舎利半合并仏卉像 経律論疏一切宝物等）　鐘楼一基鐘一口　右少僧都造立也」とあり、現在もその後身の鼓楼（仁治元年（一二四〇）建立）と鐘楼（近世の四足造）が講堂前方の東西に

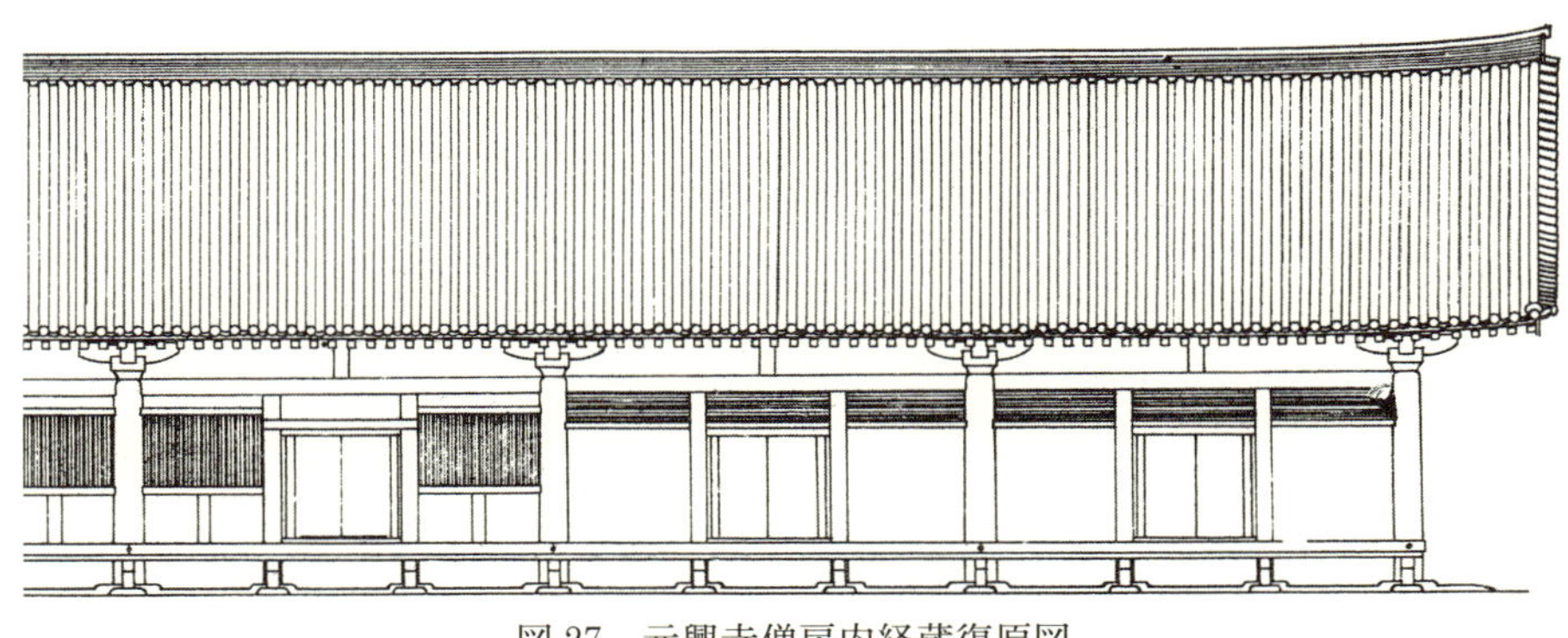

図 27　元興寺僧房内経蔵復原図

建っているが、創建期には僧房内にも経蔵があった。鑑真存命中のものと推定される『唐招提寺用度帳』と呼ぶ断簡に、釘や建築金具を用いた箇所として東北第一房経蔵、佐官師御房経蔵の名称がみえるのがそれである。後者はその前に西北第一房とあるものの別称とみられる。

唐招提寺の現在の僧房は講堂の東側に建つ南北棟の長大な建物で、弘安七年（一二八四）の再建になり、講堂側面前端間に揃えて馬道を設けて南方を礼堂、北方を東室としている。江戸時代の古図には西側にも同大の西室が画かれ（図28）、共に軒廊で講堂と結ばれていたが、西室は天保四年（一八三三）の火災で失われた。このように大規模な僧房を講堂の両脇に並べる伽藍配置は南都の大寺にふさわしいが、創建期には多少様相が異り各房ごとの独立性が強かったらしい。それは『建立縁起』に「東北一房一宇、東一房一宇、東二僧房一宇　東北後一僧房一宇」などとしてそれぞれを一棟に数えているからである。「用度帳」も「東北第一房」「東北第二房」「西北第一房」をあげている。こうした創建期の僧房の実態は摑み難く発掘調査も行われていないが、現在の僧房は三間一房制でこれは『建立縁起』に「蔵北有三間房、和尚之弟子法載住處云々」と記すのに等しく、また柱間寸法も天平尺で造られていて創建僧房の規模を踏襲するとみられることから、一九六九年に私はその配置復原図を作ってみた（図29）(3)。

この復原図で最も注目されるのは講堂両脇の軒廊に接する東北第一房と西北第一房に経蔵が附属することである(4)。『用度帳』には「同房経蔵内□」（東北第一房）、「佐官師御房経□(蔵カ)内室□」「同内室世美□」とあり、経蔵には内室があった。一方『建立縁起』をみると不思議な記事がある。それは講堂の項の末尾に「東西近廊　八角堂二基唐義静造一基東義演大徳造」と記すもので、この八角堂は従来から不明とされてきた。どうもこれが経蔵の内室に当るのではなかろうか。同書の経楼・鐘楼の項には小字で「復東西有六角之円堂。義浄如宝住房也」と記され、八角と六角の違いはあるが、義浄の住房内に円堂があることを伝えている。『建立縁

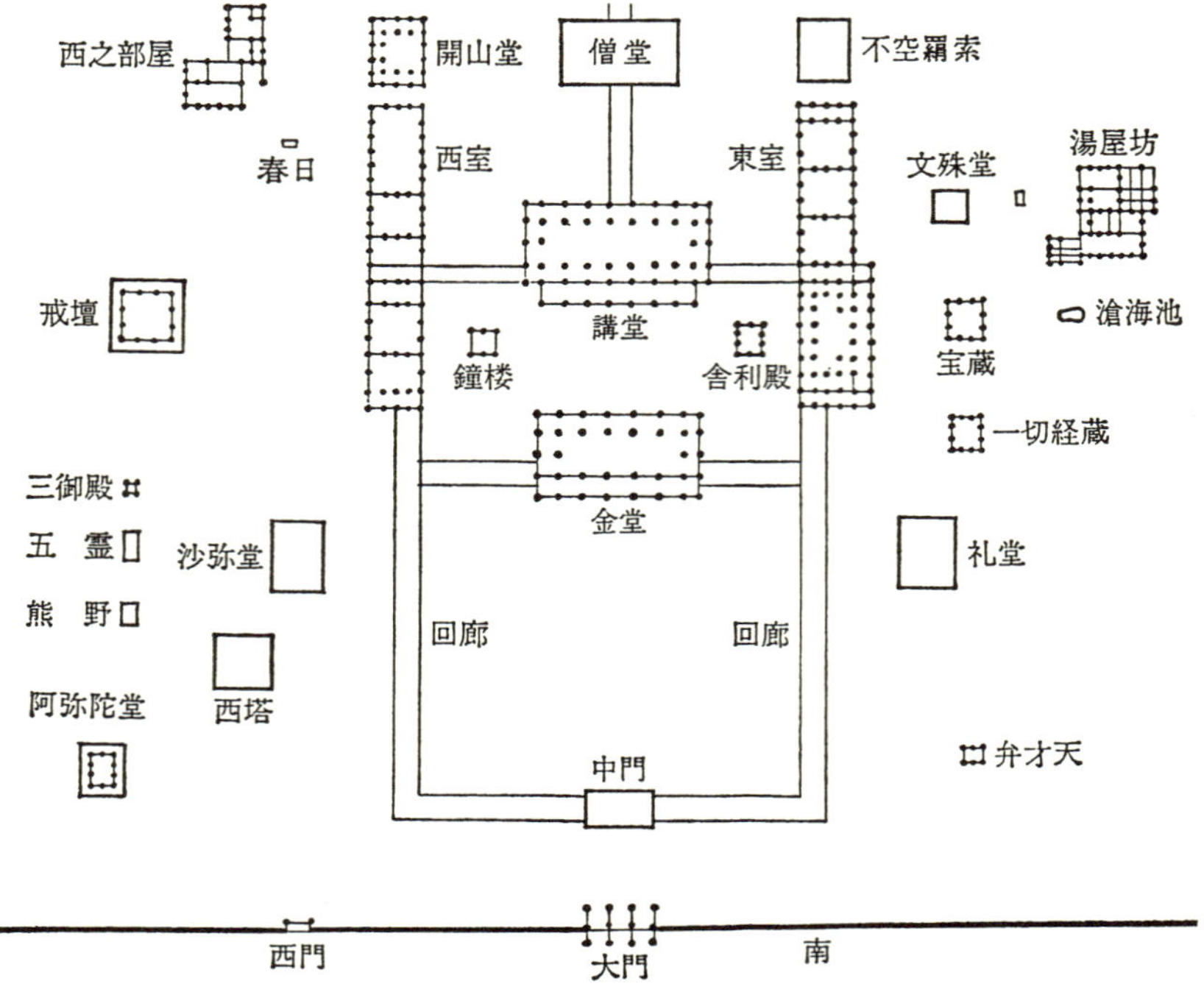

図 28　唐招提寺伽藍古図（江戸時代）

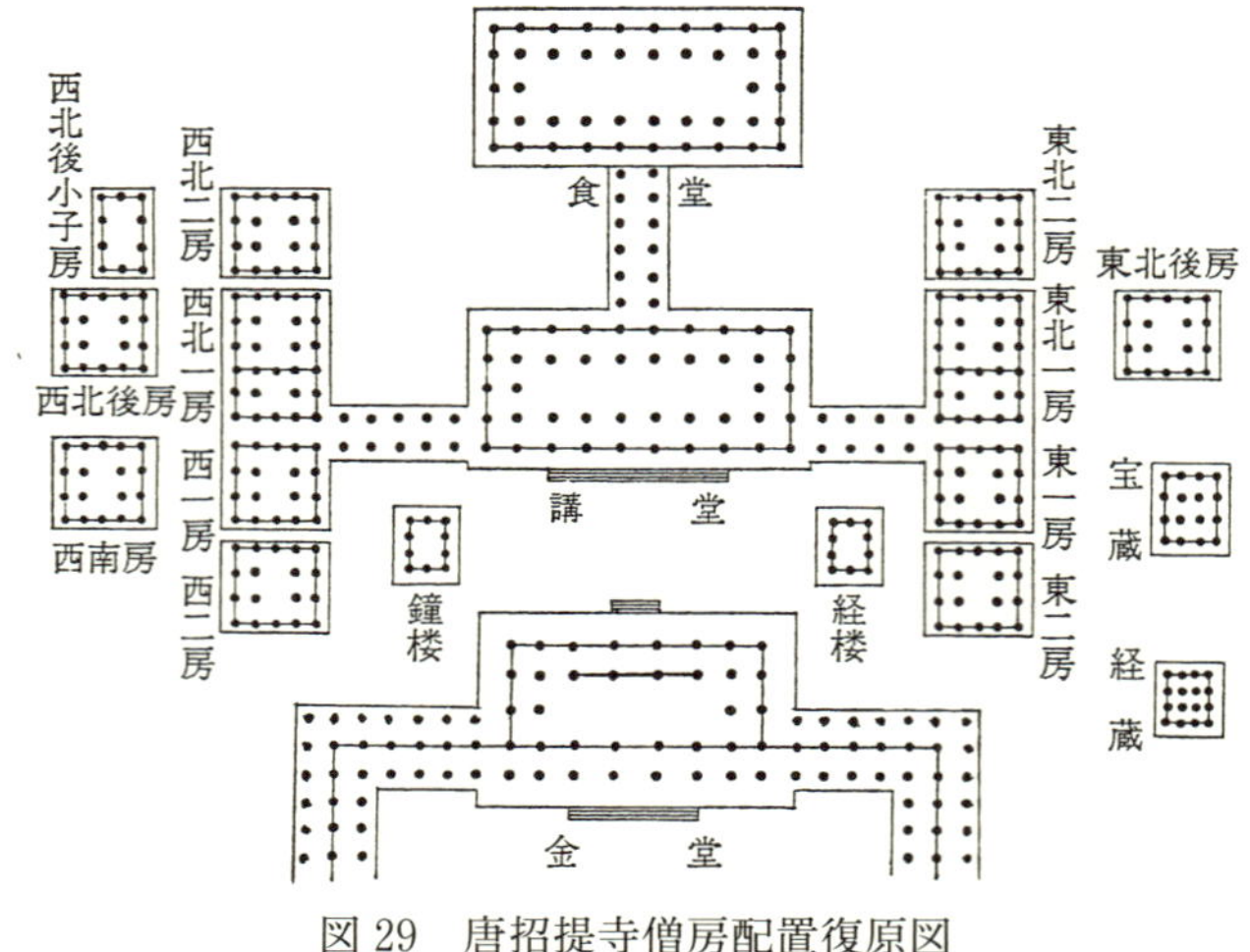

図 29　唐招提寺僧房配置復原図

起』の記事には多少の混乱があるが「西北一僧房一宇　右義浄大法師造立如件」と記すので、その経蔵の八角堂もしく六角堂を同じ義静（浄）が造るのは当然とも云え、それが内室に当るのは間違いないであろう。

経蔵の内部に八角造りの経庫を置く形式は輪蔵と呼ばれる。中国でも最も古い建築は北宋時代（九六〇〜一一二七）の正定・隆興寺転輪蔵で、日本には鎌倉時代になって禅宗と共に輸入された。岐阜県高山市の安国寺経蔵（一四〇八年）が現存最古の遺構である。しかし中国の輪蔵は南北朝時代に梁の武帝（在位五〇二〜五四九）の帰依をうけて傅翕（フキュウ）が建てた双林寺に創ると伝え、大蔵経を収めるための画期的発案であったと云う。唐招提寺の八角堂が回転したかどうか判らないが、おそらく鑑真一行が将来した多くの経典の収納庫として、本国に倣って造られたものであろう。

なお余談になるがこのような輪蔵形式ではなく、前庇付の主屋の内部に切妻造の経室を設けて経棚を作りつけた方式の経蔵もある。俊乗坊重源が建久六年（一一九五）に施入した宋版一切経を納めるために上醍醐に建立した醍醐寺経蔵で、平安時代には同様な経蔵が各所にあり、その唯一の遺構であったが、惜しくも昭和十四年に焼失してしまった。

以上、古代寺院の僧房に経蔵をもつ例をあげたが誠に少い。唐招提寺のように講堂の両脇に取付く軒廊の先端に経蔵があり、いつでもそこから経典を取り出せる状況は、講経の場としての講堂の機能を高めて好都合のように思われる。発掘の結果、当初の軒廊の幅（梁間）は一六尺もあって、それを鎌倉時代再建時に一二尺に縮少したことが判った。これが現在の礼堂・東室間の馬道の幅で、恐らく経蔵がなくなって広い廊が不用となったためであろう。こう考えると講堂の三方を僧房が囲むいわゆる三面僧房形式の伽藍では、唐招提寺方式で僧房内に経蔵を設ける例が他にもあってよさそうに思えるが、今のところ見当らない。なかでも東大寺は古文書に「僧房経蔵」を作る記事があって期待されるが、正倉院に残る「殿堂平面図」では僧房の中にそれらしいものはない。恐らくこの図が計画図で実態とは多少異るのであろう。それにしても何故、唐招提寺は利便性の高い経蔵を僧房の中に設けたのであろうか。もしそれが本国の例に倣ったものとすれば、中国と日本では当時、経典に対する考え方や取り扱いに大きな差があったのかもしれない。即ち中国では経典をかなり日常的に活用していたのに対して、日本では大切にしまい込んでいた。そんな想像が浮ぶのである。

註

（1）『奈良時代僧房の研究』（「奈良国立文化財研究所学報第四冊」昭和三十二年）所収。丸柱の両側に横連子窓がつくので二房連続して同形式と推定され、復原図では禅室の前身の旧僧房を四房分と仮定してその西端をこれに当てている。

（2）『損色検録帳』によると東室は南階・北階とも一二房であるのに対して西室（西南行及び西北行）は一〇房になっている。この差は東室に経蔵が二房分あったためかもしれない。

（3）「礼堂」（奈良六大寺大観第一二巻唐招提寺）所収、（本巻三六〇頁、図20）なおその後、境内防災工事や金堂解体修理工事に伴う発掘調査で、金堂の両脇に取付く回廊が従来考えられていた単廊ではなく、梁間二間各一〇尺の複廊と判明したので本文では修正した。

（4）復原図では経蔵の桁行を二間と推定したが、これは興福寺の三面僧房がいずれも三間一房であるのに、西室の南端だけに二間一房が二室連続する箇所があって、何か別の用途に使われたらしいのを参考にした。

『古代寺院僧房の研究』図版リスト

「遺構の復原を主とした奈良時代寺院僧房の研究」

〔口絵〕

1　元興寺極楽坊全景
2　禅室南側全景
3　禅室背面
4　禅室内部
5　「元興寺堂舎損色検録帳」（長元八年・『東南院文書』〔正倉院宝物〕）
6　行基葺屋根
7　行基葺詳細
8　禅室旧斗栱再用状況
9　解体禅室軸部
10　本堂野棰
11　本堂野棰取除き後
12　本堂地棰取除き後
13　本堂繋梁に再用の旧天井桁
14　旧天井桁及び妻二重梁
15　旧天井桁下面
16　旧天井桁仕口
17　旧桁の継手
18　旧角間柱
19　旧角間柱
20　旧丸柱断片
21　本堂内陣東側角柱に刻まれた銘文
22　旧飛貫墨書
23　元興寺伽藍古図
24　復原僧房模型（完成正側面）
25　同（軸部）
26　同（背面）
27　法隆寺東室（西側）
28　同（北妻及び東側）
29　同　東室創建以来の柱
30　同　創建以来の虹梁及び陸梁
31　同　東室東面
32　同　東室復原室内
33　東室と妻室
34　法隆寺東室（修理前）
35　法隆寺西室
36　唐招提寺東室
37　東大寺三面僧房図
38　東大寺三面僧房（単位坊）

〔図面〕

『古代寺院僧房の研究』図版リスト

あとがき

本書の大部分を占める「遺構の復原を主とした―奈良時代寺院僧房の研究」は、昭和三十五年に東京大学に提出した学位論文である。戦後の学制改革で新制大学が発足し、大学院に博士課程が設けられると、それまでの論文のみによる旧制度の学位請求方式は昭和三十五年度で廃止されることになり、学生時代から御指導を賜った太田博太郎先生の御命令でとりまとめた。将来研究者として歩むためにも肩書があったほうが良いよと云う先生の暖いお言葉があったが、その後、眼前の仕事に追われるままにご期待に応えられなかったことは慚愧に堪えない。

この論文は昭和三十二年に刊行した『奈良国立文化財研究所学報第四冊　奈良時代僧房の研究―元興寺僧房の復原を中心として』を共著者である浅野清先生の御了承を得て、大幅に書き直すと共に、その後に解体修理が行われた法隆寺東室・同妻室の新資料を加え、また現存する建築遺構を出来るだけ復原考察して成稿した。元興寺僧房の古材調査は私の古代建築研究の出発点となった思い出深いものである。本文では古材の形や痕跡を詳記しているが、これは実際に浅野先生が古材を手にとりながら口に出して私に教示して下さったもので、それがまたご自身の判定を確認する作業でもあった。今から思うと「古建築調査の手引き」と云った内容だが、それは先生が法隆寺昭和大修理の中で学ばれた大きな成果の一端なのである。

この元興寺僧房調査は途中で大きな転機が二件あった。一つは間取りの復原考察で、最初は古材の第二次痕跡による復原を半ばあきらめていた。仕口痕跡は当初（第一次）のものは見分け易いが、後になると仕事が不揃いになって判定が難しくなるからである。しかし「建久八年」の墨書をもつ旧内法貫と思われる古材が発見され、貫穴仕口を手がかりに第二次痕跡を整理できることに気付いた。ところがその時には資料となる角柱の古材はすべて解体前のように本堂の小屋束として組立てられている。そのためこの再調査は極めて難渋したが、どうにかやり遂げることができた。

もう一つは復原対象の建物の長さを検討する中に、従来は東大寺のものと考えられてきた長元八年の「損色検録帳」が、元興寺の記録であることに気付いた点である。その結果、建物の素性が明らかになって、復原考察も安心して進めることができるようになったのであるが、それは既に報告書をかなりまとめかけたところで、そのため一部に軌道修正による不統一さが生じてしまった。そんなこともあって、本論文はできるだけ判り易くと心掛けて書き直し、浅野先生の高閲も賜わったのである。

本論文は図面を多用する必要上、当時は複写技術も未発達のため、既に印刷された「学報」の図面を転用したこともあって、ごく少部数を筆写作製した。本書では文章・図面ともできるだけ旧原稿のまま製版したが、口絵には正倉院の許可を得て「損色帳」を加えるなど、多少変更した箇所もあり、またその後の調査・研究で修正や追加が必要な箇所には最小限度の「後注」を付した。

第二編の「南都古寺の僧房建築」は岩波書店が昭和四十四年（第十二巻　唐招堤寺一）から同四十七年（第一巻　法隆寺一）にかけて出版した『奈良六大寺大観』、同五十二年出版の『大和古寺大観』（第三巻　元興寺極楽坊他）に執筆した僧房関連建築の解説を集めたものである。先の論文では建築自体の形や構造の説明がほとんど出来なかったので、それを補足する意味で加えた。なお薬師寺僧房（遺跡）は昭和五十六年の『六大寺大観』第二刷（第十四巻　西大寺）に補遺としたもので、原題は「伽藍食堂・僧房・経蔵・鐘楼」である。また第三編の「僧房概説」はいずれも美術全集に掲載した一般向きの概論で、「僧房の生活」は（『世界美術全集第3巻・日本(3)奈良』昭和三十六年、角川書店）、「古代の僧房とその発展」は（『日本古寺美術全集第5巻・興福寺と元興寺』昭和五十五年、集英社）に執筆した。なお「僧房と経蔵」は今回新しく書き加えた。図面や写真で重複するものがあるのは原著に従ったためで御容赦賜りたい。また伽藍配置復原図では同じ寺院でも異なる場合があるが、これは執筆年代が新しいほうがその後の発掘調査成果を採り入れたものとなっている。

旧著の再録にあたって写真等の掲載にご厚誼を賜わった各寺院・所蔵者に感謝申し上げるとともに転載を許諾した諸版元にも御礼申し上げる。

半世紀以上も前に書いた私の論文の出版を強く勧めて下さったのは中央公論美術出版の小菅勉社長である。原文が筆写原稿のため大変にご苦労をおかけしたが、このようにまとめて頂いたことに厚く感謝したい。また御後援下さった刊行会の方々にも御礼を申し上げる次第である。

鈴木嘉吉

〔著者略歴〕
鈴木嘉吉（すずき・かきち）
1928年東京生まれ
1952年東京大学工学部建築学科卒業
奈良国立文化財研究所平城宮跡発掘調査部長
文化庁文化財保護部建造物課長　同文化財監査官
奈良国立文化財研究所長
（財）文化財建造物保存技術協会理事
（主な著書）
『奈良時代僧房の研究』
『日本古寺美術全集』5「興福寺と元興寺」（共著）
『日本の美術』65「上代の寺院建築」
『奈良の寺』2「法隆寺西院伽藍と西院諸堂」
『不滅の建築』（共著）
『大和の古寺』3「元興寺極楽坊・般若寺・十輪院」他

古代寺院僧房の研究 ©

平成二十八年四月　十五日　印刷
平成二十八年四月二十五日発行

著者　鈴木嘉吉
発行者　小菅勉
印刷　理想社
製本　松岳社
用紙　日本製紙株式会社

中央公論美術出版
東京都千代田区神田神保町一-十-一
電話〇三-五五七七-四七九七

製函　株式会社加藤製函所

ISBN 978-4-8055-0762-9